陝西省“十二五”古籍整理重大項目
陝西省社會科學基金重點項目

陝西古代文獻集成

【第十六輯】

陝西古代文獻集成編纂委員會 編
主編◎賈三强

玉機微義

[明]徐彦純 劉純 纂集
焦振廉 張琳葉 趙仁龍 王曉琳 禹思宏 朱媛媛 點校
李亞軍 審校

醫經小學

[明]劉純 纂集
張琳葉 王曉琳 胡玲 點校
李亞軍 審校

陝西新華出版傳媒集團
陝西人民出版社

圖書在版編目（CIP）數據

陝西古代文獻集成. 第十六輯 / 賈三强主編. — 西安：陝西人民出版社，2018
ISBN 978-7-224-13063-8

Ⅰ. ①陝… Ⅱ. ①賈… Ⅲ. ①地方文獻－彙編－陝西－古代 Ⅳ. ①K294.1

中國版本圖書館CIP數據核字(2018)第296502號

《玉機微義》 焦振廉 張琳葉 趙仁龍
王曉琳 禹思宏 朱媛媛 點校
李亞軍 審校
《醫經小學》 張琳葉 王曉琳 胡 玲 點校
李亞軍 審校

陝西古代文獻集成·第十六輯

編　　者 賈三强
出版發行 陝西新華出版傳媒集團 陝西人民出版社
（西安北大街147號 郵編：710003）

印　　刷 中煤地西安地圖制印有限公司
開　　本 787mm×1092mm 16開 43印張 4插頁
字　　數 660千字
版　　次 2018年12月第1版 2018年12月第1次印刷
書　　號 ISBN 978-7-224-13063-8
定　　價 256.00元

ISBN 978-7-224-13063-8

陝西省古籍保護整理出版工作
領導小組編纂委員會

主　任　方光華　陝西省人民政府副省長

副主任　高　陽　陝西省人民政府副秘書長

　　　　程寧博　中共陝西省委宣傳部副部長

　　　　任宗哲　陝西省文化和旅游廳廳長

　　　　司曉宏　陝西省社會科學院院長

委　員　劉　强　陝西省發展和改革委員會副主任

　　　　王建利　陝西省教育廳廳長

　　　　史高領　陝西省科學技術廳副廳長

　　　　王愛民　陝西省民族宗教事務委員會主任

　　　　習雲傑　陝西省財政廳總會計師

　　　　羅文利　陝西省文物局局長

　　　　徐　曄　陝西省文史研究館館長

　　　　雷　湛　陝西省地方志辦公室主任

　　　　明平英　陝西省檔案局局長

　　　　周天游　陝西省古籍整理專家委員會主任

　　　　白寬犁　陝西省社會科學院副院長、陝西省古籍整理專家委員會副主任

　　　　賈二强　陝西省古籍整理專家委員會副主任

顧　問　司曉宏　任宗哲　郭立宏

主　編　吴敏霞

副主編　王祥瑞

前　言

陝西有着悠久的歷史，是文明隆盛之區。傳説中華夏民族的始祖炎帝和黄帝都曾在這片土地上活動，並且留下了相關的遺址遺跡。對今天中華文明和文化傳統影響最大的周秦漢唐王朝，肇興於這片土地，同樣留下了數不清的文物遺存。這些文化遺産雄辯地證明，陝西是中華民族的發祥地之一，也是中華民族一步步走向强盛的歷史見證。有越來越多的國内外人士來到這裏，觀賞半坡遺址、周原故地、秦兵馬俑、漢武帝陵、大夏統萬城、唐長安城以及終南風物等，領略這裏恢弘、悠遠、博大、精深的文化。

世界上很多地方的著名古跡，比如英國的史前巨石陣、復活節島上的巨人石像與秘魯納斯卡地畫，在相關的歷史文獻中，找不到絲毫的記載，因此只能是一個一個神秘的千古不解之謎，甚至有人將其解釋成外星人留下的奇跡，這當然大大影響了它們具有的文化意藴。而陝西的周秦漢唐遺跡和文物，絶大多數可以與傳世的文獻相印證。用文物與文獻相互印證研究歷史的方法，從漢代起就有學者運用。在清代乾嘉學者，尤其是後來的王國維先生那裏，成爲一種科學的學術研究手段，是歷史研究的利器。秦始皇陵兵馬俑坑棚木明顯被焚燒過，這在《史記》中有記載，是楚霸王項羽所爲；而遊客們在遊覽唐大明宫遺址，驚嘆其恢弘的氣勢時，也不由得會想到古代典籍中記載的發生在這裏的歷史事件，如盛唐時“九天閶闔開宫殿，萬國衣冠拜冕旒”的朝貢場面，大唐落日西沉時血雨腥風的“甘露之變”等，這些事件都深刻地影響了中國歷史的走向。設想一下，如果没有文獻的佐證，這些文物古跡將會怎樣地黯然失色。因此，如果將這些可視的文物古跡視作壁上之龍，那些可讀的傳世文獻就如同龍的眼睛，一經點畫，飛龍就會騰起在天，活靈活現。

與文物文化相輔相成的是，這裏同樣有着深厚的文獻文化傳統。陝西存世文獻的品質之高，舉世罕有。《周易》極力探究宇宙産生和運行的根本法則，《周禮》爲萬世定立典章制度的企望，《史記》“究天人之際，通古今之變，成一家之言”的抱負，展示了早在西漢以前這片土地上志士仁人的闊大胸襟。這種特質對於秦地之人已經浹髓淪肌，融入血脈。而《詩經》中産生於周秦故地的諸多詩篇，從莊嚴的宗廟祭祀到民間青年男女嘹亮的情歌，無所不包，則又體現出這裏人民生活的豐富多彩。漢唐時代在這裏産生的諸多歷史、哲學和文學作品，至今仍有着典範意義，是中華民族精神寶庫中異常珍貴的遺産。

無論在陝西生活或者工作的人，不僅有責任將這塊中華民族風水寶地産生的文化遺産保護好，而且還要發揚光大。新中國成立後的20世紀50年代，我們國家幾乎還是一窮二白的時候，國家投入鉅資發掘了半坡遺址，並修建了保護性的建築。70年代又發掘了震驚世界的秦始皇陵兵馬俑，並在遺址上建立了博物館。改革開放以來，特别是近年來，陝西省提出建設文化大省、强省的戰略目標，而這對文化遺産的保護無疑是重要内容。近年來，隨着經濟的發展，政府在文化遺産保護方面的投入不斷加大，周原遺址、西安漢城遺址、曲江遺址、大明宫遺址、大唐西市遺址的發掘保護，爲世人矚目，已成爲陝西和西安古代文化的亮眼名片。

但是對於古代文獻的保護和整理，則稍顯落後。正是意識到了這一點，陝西省政府决定在“十二五”和“十三五”期間，在這些方面加大投入，進行建設。《陝西古代文獻集成》是其中的重大課題。這裏説的陝西古代文獻，指的或專寫陝事，或作者爲陝人，或書籍爲陝版。前兩者是主要的整理内容，陝版圖書除了在圖書史或版本目録學史方面具有較重要的意義外，從内容方面來看，與其他地域出版的圖書並無本質區别的，不作爲此次整理的重點。由於人力、物力、財力的限制，這批整理的文獻，原則上只收録那些没有經近人整理過的古籍或雖經近人整理，但是整理品質不高的古籍。這樣，一些多次經前人整理的古籍，雖然有很高的歷史意義和學術價值，如上述的《周易》《史記》等書，就不再進入整理者的視域。經過專家推薦，課題組嚴格篩選，選取了300餘種古籍作爲整理對象。這些古籍，絶大多數是宋、金、元、明、清人撰作的。

毫無疑問，在以周原、豐鎬、咸陽和長安爲中心的周、秦、漢、唐文明之後，隨着我國政治、經濟、文化中心的東移南下，從宋代開始，在整個中華文明中，陝地風光不再，逐步被邊緣化，整體上處於衰落之勢。但它仍是中華文明的重要組成部分，有時甚至引領風華。這可以關學、明清文學和戲曲的傳世文獻爲例。

北宋的關中大儒張載是早期的理學家，他“爲天地立心，爲生民立命，爲往聖繼絶學，爲萬世開太平”的宏偉誓言，激勵了數不清的中華民族志士仁人修齊治平的理想。張載是宋明理學中導夫先路式的學者，他創立的關學深刻地影響了“二程”的洛學、朱熹的閩學，而這三者構成了理學鼎立的三足。張載奠定的重實踐功夫而相對輕視繁瑣論證的關學傳統沾溉陝西學風民風甚深。從宋代至近代，宋代藍田“四吕”，元代楊奂、蕭𣂏，明代王恕父子、吕柟、馬理、馮從吾，清代“三李”、王思敬，直至近現代的劉光蕡、賀瑞麟、牛兆濂等，歷時近千年，構成了不絶如縷的關學體系。這種不尚空談而重實踐的傳統也培育出了關中諸多磅礴豪放的義士和勤敬忠孝的百姓。

明清時代陝西的文學成就也同樣值得大書特書。明代前期度過了慷慨悲歌的改朝换代短暫風光，中國文學進入了百年孤獨時期，充斥文壇的是歌功頌德、神仙道化和説教衛道之風。張廷玉主編《明史·文苑傳》稱之爲："永宣以還，作者遞興，皆冲融演迤，不事鉤棘，而氣體漸弱。弘正之間，李東陽出入宋元，溯流唐代，擅聲館閣。"正是對這段時期文學柔靡之風的概括。而到了明弘治、正德、嘉靖年間，中國文學進入了復興時期，其標志是前七子翩然登上文壇。前七子中的主要人物李夢陽是慶陽人，時屬陝西，康海是武功人，王九思是户縣人。而前七子中的另一位領軍人物何景明，雖是河南信陽人，但卻與上述三人交往密切，還擔任過陝西提學副使之職。繼唐代之後，陝西文學又一次進入亂花迷眼的大好時期。萬斯同《明史稿·文苑傳》説："關中自李夢陽、康海、王九思後，作者迭興，若吕柟、馬理、韓邦奇、邦靖、馬汝驥、胡纘宗、趙時春、王維楨、楊爵輩，彬彬質有其文，而（張）治道輩鼓吹之，一時號爲極盛。"這段文字中提到的絶大多數人，都是科舉中高第中進士的文人。例如康海和吕柟，分别在明弘治十五年（1502）和正德三年（1508）先後中狀元，這也是陝西科舉史中的佳話。這個文人群體詩文創作成就極高，當時在北京官場中流行的"西翰林"之説，就是指翰林院中陝人極多的盛况。500年後的今天，追憶當年，仍令人神往。明嘉靖三十四年十二月（1556年1月）關中發生大地震，當時身在關中的文壇領軍人物馬理、韓邦奇、王維楨等人罹難，使陝西文學盛况戛然而止。但是清代初年，王又旦和"三李""一康"爲代表的三秦詩派又異軍突起，爲陝西文學贏得了聲譽。這一文學現象近年來也受到了學界的關注。

戲曲是我國獨有的藝術。如果將"代言體"作爲其起源和本質特徵，從青海大通縣孫家寨出土的新石器時期陶盆上帶尾飾的群舞、周穆王時傳入中國的傀儡戲和産生於周幽王時的俳優藝術等資料看，完全可以説周秦之地也是中國戲曲的發源地之一。而宋代以後，陝西代言體類的表演藝術總體走下坡路。明代大戲曲家康海、王九思的横空出世，使這一頽勢中止。而在明清之際作爲“亂彈之祖”的秦腔的出現，更是使流行了近400年之久的宫調聯曲體戲曲走向了窮途末路，而以秦腔爲代表的板腔體戲曲流行於大江南北、長城内外，成爲中國戲曲的主流。“花部亂彈”是清人對板腔體戲曲的俗稱，秦腔也因而被戲曲界稱爲“花部亂彈之首”，對包括京劇在内的近現代以板腔體爲主的各地戲曲影響深遠。

這些文獻，在這次整理中都有收録。我相信，這批文獻的整理出版，將會使學界和廣大對古代文化有興趣的讀者朋友們獲益良多。

我要衷心感謝從事這項課題的100多位省内外專家學者，正是你們數年的艱苦努力，爲實現我們陝西建設文化大省、强省的戰略目標做出了卓有成效的貢獻，也爲我們陝西文化增添了一項標志性的成果，在此謹致深深的謝忱。

賈三强

丁酉年秋

目録

總凡例

一、《陝西古代文獻集成》收録範圍，爲傳統近代以前陝西傳世文獻。陝西爲清代版圖所轄區域。陝西文獻概指陝人著述或述論陝事者。

二、本叢書僅收録未經今人整理，或雖經今人整理，然而品質尚有提升空間之古代文獻。

三、本叢書以點校爲主要整理方式，亦有個别作者前期已完成校注本，且有較多史實箋證，於讀者有裨益者，亦適當收入。

四、諸書底本之墨釘“■”、闕字“□”均一仍其舊，空闕或漫漶之字亦示以“□”，部分残缺之字外框以“□”。

五、底本之誤，原則上不改，而在校記中説明。一些明顯之常識性錯誤，如古籍中常見“已、已、巳”不分者，則徑改，不出校記。

六、諸書各有特點，且其整理成於衆手，故點校前言、凡例和附録等不强求統一。

七、諸底本中原有之注，用小號字排印，置於原處。

八、本叢書多有一輯多種者，其前後排序按作者之生卒年月。

九、因本叢書諸作之整理完成時間不一，故每十輯爲一批次，按經、史、子、集和時代先後順序編排。

玉機微義

[明]徐彥純　劉　純　纂集
焦振廉　張琳葉
趙仁龍　王曉琳
禹思宏　朱媛媛　點校
李亞軍　審校

點校説明

《玉機微義》，五十卷，綜合性醫書，明初徐彦純、劉純纂。

徐彦純，字用誠，明初會稽（今紹興）人，“蚤歲嘗客吴中，以《春秋》教授鄉之俊彦”（劉純《玉機微義序》）。亦精於醫，《中國中醫古籍總目》著録其人撰有《本草發揮》四卷，又有《玉機微義》。

劉純，字宗厚（一作“景厚”），里籍吴陵，今屬江蘇泰州，“約生於元至元六年（1340），卒於明永樂十年（1412）前”（任雨笙等.明代醫家劉純生平初探.中華醫史雜誌，2000.3）。劉純称“吾宗累世簪纓，名門右族，吾父橘泉翁始從丹溪朱彦修學此術”（劉純《雜病治例·蘭室誓戒》），及至劉純，已“窮而在下，不能躬耕自食其力，故托迹於醫，以自養自晦也”（《玉機微義》莫士安序）。“純早年居淮南，於陳復初契家齋堂得東原郭文才甫家傳《瘡科心要》一卷，持行四方，按法每擇用之”（《玉機微義》卷十五），可知其人早年行醫淮南，後“以事移關中，遂家焉”（《傷寒治例》蕭謙序），與清雍正《陝西通志》卷六十四人物十方伎稱劉純“洪武時居咸寧”吻合。劉純稱“余嘗居涼州……天氣常寒，人之氣實腠密，每見中風，或暴死者有之，蓋折風燥烈之甚也。時洪武乙亥秋八月，大風起自西北，時甘州城外路死者數人”（《玉機微義》卷一），按洪武乙亥即洪武二十八年（1395），此時的劉純已遷居甘肅，且先至涼州（今武威），後至甘州（今張掖），並終老於其地。所著有《玉機微義》《醫經小學》《雜病治例》《傷寒治例》《壽親養老補遺》《太素脈訣》等。

劉純《玉機微義序》有“始純從學於江左馮先生庭幹，間嘗請其義，授以會稽徐先生所著書一帙”語，可知早先從學於馮庭幹，馮氏爲授學而“授以會稽徐先生所著書一帙”，此爲徐氏之原作。劉純因其書能“摭金劉守真、元李明之、朱彦修諸氏論集，本乎經旨而折衷其要，發明中風、痿、痰、泄、瘧諸門診證方例”而欽重不已。其後，劉純訪得徐彦純從弟徐用中，才“獲詢先生學行，知深於醫者也”（劉純《玉機微義序》），其時徐氏已去世十二年。劉純由此動念，“以先生所著，取咳、熱、火、暑、燥、濕、寒等門診證方例，妄意續於諸門之末”（劉純《玉機微義序》），此爲《玉機微義》之成書。缘此，《玉機微義》爲徐用誠原輯，劉純續增。文淵閣四庫全書本《玉機微義》提要稱“用誠原本名《醫學折衷》，分中風、痿、傷風、痰飲、滯下、泄瀉、瘧、頭痛、頭眩、欬逆、痞滿、吐酸、痓、癘、風癇、破傷風、損傷十七類”，可知《醫學折衷》原只十七類。劉純“以其條例未備，又益以咳嗽、熱、火、暑、濕、燥、寒、瘡瘍、氣、血、內傷、虛損、積聚、消渴、水氣、腳氣、諸疝、反胃、脹滿、喉痹、淋閟、眼目、牙齒、腰痛、腹痛、心痛、癍疹、黃疸、霍亂、厥、痹、婦人、小兒三十三類，始改今名”，則“玉機微義”之名爲劉純所定。四庫館臣稱“用誠原本名《醫學折衷》”，但考諸《玉機微義》，除劉純序稱徐用誠有“本乎經旨而折衷其要”語，卷一劉純按語有“是以徐先生折衷諸經之旨”語外，未見“醫學折衷”字樣。

《玉機微義》凡五十卷，卷各一門，凡五十門，各門選録《素問》以下醫書有關論述，其中於金元諸家采擇尤多，更重朱丹溪之學，其後以“按”、“謹按”爲題，評點諸家之說而多有創見，尤是其書精義所在。另，醫學至金元而呈爭鳴之勢，新說紛呈，雖皆有所創見，但難免偏頗之嫌。徐用誠撰於前，劉純續於後，而成《玉機微義》，實有綜合諸家而貫通學術的意味，對有明一代綜合性醫書如王璽《醫林類證集要》、徐春甫《古今醫統大全》、樓英《醫學綱目》，乃至《證治準繩》的出現或有引領意義。

據《中國中醫古籍總目》，《玉機微義》傳本較多，僅有明一代即有刻本十種，至清代復有四種刻本，此外尚有日本刻本兩種。其書入選《四庫全書》，於是又有文淵閣四庫全書本。現存最早的版本爲明正統四年（1439）姑蘇陳有戒序刻本。

陝西省中醫藥研究院館藏明刻本一種，十冊，綿紙，高二十八點六釐米，寬十八點一釐米。正文半頁十一行，行二十四字，雙欄，黑口，書體仿宋，大字疏朗。前有楊士奇《玉機微義序略》，半頁七行，行十四字，黑口，上魚尾，題下署“東里楊公士奇”六字。此序及正文前三卷紙質略顯細膩，字迹相對細瘦，字體略小，應爲後補。卷四至卷五十共四十七卷，以及書末劉純《玉機微義序》、莫士安《玉機微義序》，紙質一律，應是原版。劉純序、莫士安序皆正文七行，行二十字。書簽原注“明刻本，明萬歷以前”刻本。此次整理用爲底本。

陝西省中醫藥研究院館藏尚有清康熙四十二年（1703）長洲張屢豐、沈佩游重訂之天德尚賢堂刻本，凡十六冊，首尾完整，爲清代所刻《玉機微義》諸本中最早的，且经过“重订”，对其書中讹、夺、衍、倒订正頗多。此次整理用爲主校本，简称“天德尚賢堂本”。

《玉機微義》收入《四庫全書》子部醫家類，此次整理以影印文淵閣四庫全書電子版《玉機微義》爲參校本，简称“文淵閣四庫全書本”。

遵循叢書的整理原則，以校勘爲主，大略如下：

凡底本文字有誤，校本不誤者，謹慎依據校本改正，出校說明。如底本卷一局方青州白丸子方中有“川烏頭半兩，去皮臍”句，“臍”原作“劑”，據文義必是“臍”，屬形近而誤，而主校本天德尚賢堂本、參校本文淵閣四庫全書本皆作“臍”，於是改“劑”爲“臍”，並出校記：“臍”，原誤作“劑”，今據天德尚賢堂本、文淵閣四庫全書本改。

凡底本有脱文，校本不脱者，謹慎依據校本補入，出校說明。如底本卷三有“賊風虛邪者，陽受之”句，“賊風虛邪”原作“賊虛邪”三字，按文義必脱“風”字，屬脱文，而主校本天德尚賢堂本恰作“賊風虛邪”，於是據以補“風”字，並出校記：“風”，原脱，今據天德尚賢堂本補。

凡底本有衍文，校本不衍者，謹慎依據校本删去衍文，出校說明。如底本卷三十六有“以水一斗煮取三升”句，“煮”下原有“服”，文義不屬，屬衍文，而主校本天德尚賢堂本、參校本文淵閣四庫全書本皆無“服”字，於是據以删“服”字，並出校記：“煮”，此下原衍“服”字，今據天德尚賢堂本、文淵閣四庫全書本删。

凡底本有文字顛倒，校本文從字順者，謹慎依據校本乙正顛倒的文字，出校說明。如底本卷二十九有“以血養目而已”句，“血養”二字原倒，文義不屬，屬文字顛倒，而主校本天德尚賢堂本、參校本文淵閣四庫全書本皆作“血養”，於是據以乙正顛倒的文字，並出校記：“血養”，原倒，今據天德尚賢堂本、文淵閣四庫全書本乙正。

凡底本、校本文字有異，以校本義勝者，不改底本，出校說明。如底本卷三十六有“薑五片煎，去濁查，取清熱服”句，其中“查”字有“渣滓”義，雖非訛誤，畢竟生僻，而主校本天德尚賢堂本恰作“渣”，於是保留原文，出異文校記：“查”，天德尚賢堂本作“渣”。

底本無目録，今據正文新編目録，置於正文前。

除個別生僻且易引起歧義的字詞外，原則上不作注釋。

底本方藥部分原題“某某門”，與醫論部分重復，今據天德尚賢堂本統一改爲“某某治法”。

整理者

二零一七年十二月

目録

玉機微義序略

東里楊公士奇

此编辑於会稽徐彦纯，吴陵刘宗厚续有增益，皆明於医者。凡五十卷，門分類集，於論病因證治，條理粲然，既詳備矣。夫醫家神農、軒岐、伊尹及秦越人、張仲景之書，萬世所宗，不可易也。歷晉、唐、宋，代有明者。近代張元素起北方，蓋得神授，深造閫奧。再傳李明之，三傳王好古，南方朱彦修得私淑焉，遂爲醫家之正派，彦純、宗厚，又私淑彦修者也。論者謂元素醫家之王道[一]，蓋王道以養民爲本，元素之法，厚脾土爲要，此知本之務也。是編主《素》、《難》、《金匱》及元素一派之旨，若諸家治法不倍此者，亦旁采而附益之。雖中醫，執此施治，可以成功。如病者有能知之，亦必不爲庸醫所誤。其所濟利豈小補哉？

【校記】

［一］“元素醫”，原脱，今據文淵閣四庫全書本補。

玉機微義卷之一

中風門

中風敘論之始

《內經》曰：風之傷人也，或爲寒熱，或爲寒中，或爲熱中，或爲偏枯。風善行而數變，至其變化，乃爲他病。歷陳五臟與胃之傷，及風病名，皆多汗而惡風。（詳見本文）

按：《風論》發明風邪，係外感之病，有內外、臟腑、虛實、寒熱之不同，別無癱瘓痿弱、卒中不省、僵仆喎邪、攣縮眩運[一]、語澀不語之文，後世始與痿證混殽矣。

《要略》云：風之爲病，當半身不遂，經絡空虛，賊邪不瀉[二]，或左或右，邪氣反緩，正氣即急，正氣引邪，喎僻不遂。邪在於絡，肌膚不仁，在經即重不勝，邪入腑則不識人，入臟即難言，口吐涎。

《千金》云：岐伯中風大法有四：一曰偏枯，半身不遂；二曰風痱，於身無痛，四肢不收；三曰風懿，奄忽不知人；四曰風痹，諸痹類風狀。

按：後世編集中風方治，皆祖《要略》、巢氏、《千金》之論，但不當以外中風邪立名，而與內臟痿證衮同出治[三]，此千古之弊也。

【校記】

[一]“眩運”，眩暈。運，通“暈”。

[二]“瀉”，原脱，今據天德尚賢堂本、文淵閣四庫全書本補。

[三]“衮”，天德尚賢堂本作“混”。

中風脈法

《要略》云：脈微而數，中風使然。又云：頭痛脈滑者中風，風脈虛弱也。又寸口脈浮而緊，寸口脈緩而遲，皆曰中風也。

《脈經》云：浮而大者，風。又浮而緩，皮膚不仁，風寒入肌肉。又滑而浮散者，癱瘓風。又診人被風，不仁痿蹶，其脈虛者生，堅急疾者死。

中風不治證

髮直吐沫，搖頭，上竄直視，口開手撒，眼合遺尿，不知人，或面赤如粧，或頭面青黑，汗綴如珠，聲如鼾睡，皆不可治。

風分在臟在腑之異

《病機機要》云：風本爲熱，熱勝則風動，宜以靜勝其燥，是養血也。治須少汗，亦宜少下。多汗則虛其衛，多下則損其榮，宜治在經。雖有汗下之戒，而有中臟、中腑之分。中腑者多著四支[一]，有表證，而脈浮，惡風寒，拘急不仁。中臟者多滯九竅，唇緩失音，耳聾鼻塞，目瞀，大便結秘。中腑者宜汗之，中臟者宜下之。表裏已和，宜治之在經，當以大藥養之。

《發明》云：中血脈則口眼喎斜，中腑則支節廢，中臟則性命危，三治各不同。中血脈，外有六經之形證，則從小續命加減。中腑，內有便溺之阻隔，宜三化湯等通利之。外無六經之形證[二]，內無便溺之阻隔，宜養血通氣，大秦艽湯、羌活愈風湯主之。

按：此分在表、在裏、在經之三證，立汗、下、調養之三法，可謂開後世之盲聾。但所用諸方，學者宜詳審之。

【校記】

[一]"支"，天德尚賢堂本、文淵閣四庫全書本並作"肢"。

[二]"形"，原脱，今據天德尚賢堂本、文淵閣四庫全書本補。

治風不可下論

《發明》云：治風當通因通用，惟宜宣發以散之，不可便以苦寒之藥妄下，龍、麝、朱砂、牛黄諸鎮墜之藥瀉之。

按：此言風本外邪，惟宜宣散，此風在表之時也。如傷寒中風，傳入於胃，亦未嘗不可下。論中便字、妄字，可見其意。便者，有早與急之義；妄者，謂有不當下之義。

治風不可利小便

如小便少，不可以藥利之。既以自汗，則津液外亡，小便自少。若利之，使榮衛枯竭，無以制火，煩熱愈甚。當俟熱退汗止，小便自行也。兼此證乃陽明經，大忌利小便。

濕病似中風論

《元戎》云：酒濕之爲病，亦能作痹證。口眼喎斜，半身不遂，渾似中風，舌强不正，當瀉濕毒，不可作風病治之而汗也。《衍義》論甚當，《易簡》所言與此相同。

按：此則知口眼喎斜、半身不遂之病，豈止風之一端而已？况六氣皆能中人，其證亦有縱急、搐搦、不知人等證，不可不以脈證分別。

中風先調氣説

嚴用和云：人之元氣强壯，榮衛和平，腠理緻蜜[一]，外邪焉能爲害？或因七情飲食勞役，致真氣先虚，榮衛空疏，邪氣乘虚而入，故致此疾。若內因七情而得者，法當調氣，不當治風。外因六淫而得者，亦當先調氣，後依所感六氣治之，此良法也，宜八味順氣散。

按：此説真氣先虚，榮衛空疏，邪氣乘虚而入，擴前人所未發。但既曰虚矣，邪又入矣，補虚散邪，理所當然，而止曰調者，意其謂因病而氣壅不通，調其通暢條達，則真氣自復、邪氣自行之義，惜乎不能詳也，况中風治法豈止一端而已。

【校記】

[一]“蜜”，天德尚賢堂本、文淵閣四庫全書本並作“密”。

氣中論

許學士云：世言氣中者，雖不見於方書，然暴怒傷陰，暴喜傷陽，憂愁不已，氣多厥逆，往往得此疾，便覺涎潮昏塞，牙關緊急。若便作中風用藥，多致殺人。惟宜蘇合香丸灌之便醒，然後隨寒熱虚實而調之，無不愈者。經云：無故而瘖，脈不至，不治自已。謂氣暴逆也，氣復則已。審如是，雖不服藥自可。

按：氣中之說，即七情內火之動，氣厥逆，由其本虛故也。用蘇合香丸通行經絡，其決烈之性，如摧枯拉朽，恐血氣虛者非所宜也。後云不治自復之意，蓋儆用藥之失[一]，實勝誤於庸醫之手也。

【校記】

［一］“儆”，天德尚賢堂本作“警”。

四肢不舉有虛有實

《病機》云：四肢不舉，俗曰癱瘓。經謂土太過則令人四肢不舉，此真膏梁之疾[一]，非肝腎經虛。其治則瀉[二]，令氣弱陽虛，土平而愈，三化湯、調胃承氣湯選而用之。若脾虛亦令人四肢不舉，其治可補，十全散、加減四物去邪留正。

按：四肢不舉，世俗皆以爲中風病，此云脾土太過、不及皆能致之，其可一概用藥乎？

【校記】

［一］“梁”，天德尚賢堂本、文淵閣四庫全書本並作“粱”。

［二］“則”，原脱，今據《素問病機氣宜保命集》卷中補。

論風非外來乃本氣病

《發明》曰：經云：陽之氣，以天地之疾風名之。此中風者，非外來風邪，乃本氣病也。凡人年逾四旬，氣衰之際，或因憂、喜、忿、怒傷其氣者，多有此疾，壯歲之時無有也。若肥盛，則間有之，亦是形盛氣衰而如此。治法當和臟腑，通經絡，便是治風。然亦有賊風襲虛傷之者也，治法輕重有三，見前，分在經、在腑、在臟之異。

按：此云本氣自病，乃與劉河間論內熱所生相合。但彼云熱而此云虛，虛之與熱，並行而不相悖也。

風本於熱論

河間曰：風病多因熱甚。俗云風者，言末而忘其本也。所以中風有癱瘓者，非謂肝木之風實甚而卒中之也，亦非外中於風，良由將息失宜而心火暴甚，腎水虛衰，不能制之，則陰虛陽實而熱氣拂欝，心神昏冒，筋骨不用而卒倒無知也。多因喜、怒、悲、憂、恐五志過極，而卒中者，皆爲熱甚故也。若微，則但僵仆，氣血流通，筋脈不攣，緩者發過如故。或熱氣太甚，欝滯不通，陰氣暴絕，陽氣後竭而死。痰涎者，由熱甚則水化制火而生。偏枯者，由經絡一側得通，否者痹而癱瘓也。口噤筋急者，由風熱太甚，以勝水濕，又津液滯於胸膈，以爲痰涎，則筋太燥，然燥金主於收斂勁切故也。或筋反緩者，乃燥之甚，血液衰少也。諸筋攣易愈，諸筋痿難復，以見燥之微甚也。

治風用汗吐下三法

子和云：諸風掉眩，皆屬肝木。掉摇眩運，目喎筋急，手搐瘛瘲，皆厥陰肝木之用也。經云：風淫所勝，平以辛涼。世何以熱藥治風邪？予治驚風癇病，屢用汗吐下三法，隨治隨愈[一]。木欝達之者，吐之令其條達也。汗者，風隨汗出也。下者，推陳致新也。失音悶亂，口眼喎斜，可用三聖散吐之。如牙關緊急，鼻內灌之，吐出涎，口自開也。次用通聖散、涼膈散、大人參半夏丸、甘露飲，除熱養液之寒藥排而用之。

按：此法的係邪氣卒中、痰涎壅盛實熱者可用，否則不敢輕易也。

【校記】

[一]後“隨”字，原脱，今據《儒門事親》卷一補。天德尚賢堂本作“隨治而愈”。

論中風不當與痿證同治

丹溪曰：今世所謂風病，大率與諸痿證衮同論治。良由《局方》多以治風之藥通治痿也。古聖論風痿，各有條目，源流不同，治法亦異。夫風病外感，善行數變，其病多實，發表行滯，有何不可？《局方》治風之外，又歷述神魂恍惚、起便須人、手足不隨、神志昏憒、癱瘓嚲曳、手足筋衰、眩運倒仆、半身不遂、脚膝軟弱、四肢無力、顫掉拘攣、不語語澀、諸痿等證，悉皆治之。不思諸痿皆起於肺熱，傳入五臟，散爲諸證，其昏惑、瘛瘲、瞀悶、瞀昧，暴病欝冒、蒙昧、暴瘖、瘛昧，皆屬於火。曰四肢不舉、舌本强、足痿不收、痰涎有聲，皆屬於土，悉是濕熱之病，當作諸痿論治。若以外感風邪治之，寧免虚虚實實之禍乎？若夫岐伯、仲景、孫思邈之言風，大意似指外邪之感[一]。劉河間之言風，明指內傷熱證，實與痿證所言諸痿生於熱相合。外感之邪有寒熱虚實，而挾寒者多。內熱之傷皆是虚證，無寒可散，無熱（當作“實”）可瀉。

謹按：中風之病，古方冠諸方首，以其爲人之大病也。夫風乃六淫中之一，天之邪氣自外而入者也。古人用藥，皆是發散表邪、通行經絡之劑，以其自表而入，亦當自表而出也。至於東垣分在經、在腑、在臟而有汗、下、調養之法，可謂詳備精密，則又通表、裏、中三法而治矣。若劉河間以爲熱甚制金，不能平木，或濕土過甚，反兼木化，皆非外中於風，乃因內熱而生，迥出前古之論。我先師丹溪先生謂數千年得經意者，河間一人耳。由是觀之，若病從外邪而得，元氣壯實者，當從古方發散之例，但用藥不宜小續命湯，須分所挾有寒熱溫涼之異，受邪有臟腑經絡之殊。若病因內熱而生者，當從劉河間之論，但有用藥不宜如子和專以吐汗下爲法。蓋病邪有虚有實，難一概論，又況痿病實與內熱所生相同，醫者須宜識此。或問：外邪之感與內熱之傷，何者爲多也？丹溪曰：西北氣寒，爲風所中，誠有之矣。東南氣溫而地多濕，有風病者，非風也，皆濕生痰，痰生熱，熱生風也。經曰亢則害，承乃制是也。治痿之法，詳見痿條，此不贅及。

【校記】

[一]“邪”，原脱，今據天德尚賢堂本補。

內因似中風論 續添

盧砥鏡曰：經云：神傷於思慮則肉脱，意傷於憂愁則肢廢，魂傷於悲哀則筋攣，魄傷於喜樂則皮槁，志傷於盛怒則腰脊難以俯仰也。何侍郎有女，適夫，夫早世[一]，女患十指拳攣，掌垂莫舉，膚體瘡瘍粟粟然。湯劑雜進，飲食頓減。幾於半載，適與診之，則非風也，正乃憂愁悲哀所致耳。病屬內因，於是料內因藥，仍以鹿角膠輩，多用麝香熬膏，貼痿垂處，漸得掌能舉，指能伸，病漸近安。

謹按：經云風之傷人也，爲病善行而數變，變至他證之類，故爲治不得其病情者，往往或以風爲他證，或以他證爲風，皆不免乎得失之誚。惟近代河間、東垣、丹溪諸先生者出，始論他證之非中風，治法當異。此又盧氏治例，可謂深達病情之機者，即河間所論五志過極爲病之例，非真中風也。而王安道又曰：人有卒暴僵仆，或偏枯，或四肢不舉，或不知人，或死，或不死者，世以中風呼之，而方書亦以中風治之。因嘗考諸《內經》論風爲諸證，其卒暴僵仆，不知人，四肢不舉者，並無所論，止有偏枯一語而已。及觀《千金方》，則皆引岐伯之旨。《金匱要略》具脈證邪在絡、在經、入腑、入臟之異。由是觀之，則卒暴僵仆不知人，偏枯四肢不舉等證，固爲因風而致者矣，乃用大小續命、西州續命、排風、八風等諸湯散治之。及近代河間、東垣、丹溪三子者出，所論始與昔人有異。河間主於火，東垣主於氣，丹溪主於濕，反以風爲虚象而大異於昔人矣。吁！昔人之與三子者，果孰是與？果孰非與？若以三子爲是，則三子未出之前，固有從昔人而治愈者矣；以昔人爲是，則三子已出之後，亦有從三子而治愈者矣。故不善讀其書者，往往不得其奥。以余觀之，昔人與三子之論，皆不可偏廢但三子以類乎中風之病視爲中風而立論，故使後人狐疑而不能決。殊不知因於風者，真中風也，因火、因氣、因於濕者，類中風而非中風也。三子所論者，自是因火、因氣、因濕而爲暴病暴死之證，與風何相干哉？如《内經》所謂三陰三陽發病，爲偏枯痿易，四肢不舉，亦未嘗必因於風而後能也。夫風、火、氣、濕之殊，望、聞、問、切之間，豈無所辨乎？辨之爲風，則從昔人以治，辨之爲火、氣、濕，則從三子以治，如此庶乎析理明而用法當矣。惟其以因火、因氣、因濕之證，强引風而合論之，所以真僞不分，名實相紊。若以因火、因氣、因濕證分而出之，則真中風病彰矣。所謂西北有中風，東南無中風者，其然與？否與？

斯辨諸子所論，名實相紊而不明真中風之異，可謂精切，又何疑丹溪東南無中風之語哉？夫風者，天地之大氣也，五運之造化，四時之正令耳，上下八方無所不至者，且人在氣中，形虚者即感之傷之中之，有輕重不同，實八風虚實之異耳。矧有痿、濕、火、熱、痰、氣、虚諸證而似中風，故古今治例不一。是以徐先生折衷諸經之旨，辨已上諸證不得與中風同治，又豈惟三子所論哉？然王氏以擴充其例，因有是辨，亦不害其爲叮嚀也。余嘗居涼州，即漢之武威郡也。其地高阜，四時多風少雨，土藝粟麥，引泉灌溉，天氣常寒，人之氣實腠密，每見中風或暴死者有之，蓋折風燥烈之甚也。時洪武乙亥秋八月，大風起自西北，時甘州城外路死者數人，余亦始悟經謂西北之折風傷人至病暴死之旨不誣，丹溪之言有所本也。人蓋不經其所，雖審經意，故莫不有疑者也。吁！醫之不明運氣、造化、地理、病機之微，而欲行通變之法者，難矣哉！

【校記】

[一]“早世”，早死。

中風治法

發表之劑

金匱續命湯（《千金》名西州續命）：治中風痱身不收，口不能言，冒昧不知痛處，拘急不能轉側。

麻黄三兩，去節　桂枝去皮　當歸　人參　石膏碎，綿裹　乾薑　炙甘草各二兩　川芎一兩　杏仁去皮尖，十四枚

右咀[一]，水煎。

按：心、肺、脾、胃、肝之藥也，又太陽經血氣藥也。

千金大續命湯：比前方無人參，有黄芩、荆瀝。（《元戎》作竹瀝）

【校記】

[一]“咀”，天德尚賢堂本此下有“每服一兩”四字。

局方小續命湯（出《千金》）：治卒暴中風，不省人事，半身不遂，口眼喎

斜，手足戰掉，語言蹇澀，神清氣亂，及治諸風云云。

防己　肉桂去粗皮　杏仁去皮尖，炒黄　黄芩　白芍　甘草煨　川芎　麻黄去節　人參去芦，各一兩　防風兩半　附子炮，去皮臍，半兩

右爲粗末，每三錢，薑五片，棗一枚，煎。

按：心、肺、脾、胃、肝、三焦、命門藥也。

《古今録驗》有白术，無杏仁；《救急》無芎藭、杏仁，只十味；《延年》無防風。《機要》春夏加石膏、知母，秋冬加桂、附、芍藥。

易老六經加減法（詳見本方）**：**

麻黄續命湯、桂枝續命湯、白虎續命湯、葛根續命湯、附子續命湯、羌活連翹續命湯。

按：續命湯，治太陽外感風邪之藥，然外感挾寒者多，故用桂枝等輩。《千金》等方所收此類之藥甚多，無分經絡，不辨虚實寒熱，所謂雖多，亦奚以爲？易老分六經，庶乎活法也。

丹溪曰：《局方》比《要略》少當歸、石膏，多防風、附子、防己，果與仲景意合否也？仲景謂汗出則止藥，《局方》則曰久服差[一]，又曰治諸風似皆非仲景意，然麻黄、防己可久服乎？諸風可通治乎？

【校記】

[一]“差”，天德尚賢堂本作“瘥”。

局方排風湯：治風虚冷濕，邪氣入臟，狂言妄語，精神錯亂，及五臟風發等證。（詳見本方）

白蘚皮　當歸酒浸　肉桂　白芍　杏仁　甘草炒　防風　芎藭　白术各二兩　獨活　麻黄去根節　茯苓各三兩

右粗末，每服三錢，薑四片，水煎。

丹溪曰：此云治邪氣入臟，而又曰風發，又似有内出之意。夫病既在五臟，道遠而感深，用麻黄以發其表，寧不犯誅伐無過之戒乎？

按：此與小續命相類而無所發明，因世俗用之，故收入。其餘雷同發散風寒者，並略去。

寶鑑秦艽升麻湯：治風寒客手足陽明經，口眼喎斜，惡風寒，四肢拘急，脈浮緊。

升麻　乾葛　甘草　芍藥　人參各半兩　秦艽　白芷　防風　桂枝各三錢

右咀，每一兩，連鬚葱白二根，同煎。

按：此治風寒外入陽明經，即小續命之變法也。古人續命雖有加減之不同，大抵多因太陽一經之藥，今特留此方，以見風邪所傷有六經之異也。

寶鑑不換金丹：退風散熱。

荊芥穗　僵蠶　天麻　炙甘草各一兩　羌活　川芎　白附子　烏頭　蝎稍　藿香葉各半兩　薄荷三兩　防風一兩

右爲末，煉蜜丸彈子大，每一丸細嚼，茶、酒任下。塗喎處亦可。

按：古方治風，解表多兼用熱劑，至守真開發，涼劑始行。然此等方極多[一]，姑存此以見意。若防風通聖散，治風熱雖佳，則又表裏之劑也[二]。

【校記】

[一]“此”，原脱，今據天德尚賢堂本、文淵閣四庫全書本補。
[二]“又”，原脱，今據天德尚賢堂本、文淵閣四庫全書本補。

攻裏之劑

機要三化湯：中風，外有六經之形證，先以加減續命湯治之，內有便溺之阻隔者，此方主之。

厚朴　大黄　枳實　羌活各八分

右剉，每服一兩，水煎。

此治風邪入裏之下藥也，即傷寒用承氣之意，非內實者不可用[一]。

子和搜風丸：治風熱上攻，眼昏耳鳴，鼻塞頭痛，眩運痰逆，涎嗽，心腹痞痛，大小便結滯。

人參　茯苓　天南星　薄荷各半兩　乾生薑　寒水石　生白礬各一兩　蛤粉　黄芩　大黄各一兩　滑石　牽牛各四兩　藿香一分　半夏一兩

右爲末，水丸小豆大，生薑湯下，日三。

按：此方名爲搜風，其實乃下實熱痰之藥。

【校記】

[一]“用”，原脱，今據天德尚賢堂本補。

發表攻裏之劑

宣明防風通聖散：治一切風熱。

防風　川芎　當歸　芍藥　大黄　芒硝　連翹　薄荷　麻黄各半兩　石膏　桔梗　黄芩

各一兩　甘草二兩　滑石三兩　白术　山梔　荊芥穗各半兩

一方去芒硝，加牛膝、人參、半夏。

右㕮末[一]，生薑煎[二]。

按：此乃肺、脾、膀胱、胃、肝、心經之藥也，又表裏血氣之藥也。海藏云：防風、麻黄，汗劑也；大黄、芒硝，下劑也；梔子、滑石，利小便也。發表攻裏，合而並進，故治雜病則佳，治傷寒、傷風有失。仲景云：發表攻裏，本自不同。在大定間，此藥盛行於世而多效，何哉？當時雖市井之徒，口腹備，衣著全，但志樂而形不苦，然是涼藥亦多效而少失[三]。變亂之際，齏鹽糟糠，有所不充，加以天地肅殺之運，敢用涼藥如平泰之世耶？故多失而少效。有如仲景用桂枝，當漢之末也，韓祗和戒桂枝，當宋之隆時，時世之異，不可不知。

【校記】

［一］“末”，天德尚賢堂本此下有“每服一兩”四字。
［二］“生薑煎”，天德尚賢堂本作“加生薑煎”四字。
［三］“藥”，原脱，今據天德尚賢堂本補。

川芎石膏湯：治風熱。

防風通聖散去朴硝、麻黄，加人參、寒水石、甘菊、砂仁。

右爲末，水煎。

按：此乃通聖散加減藥法也。劉、張此等方極多，兹不詳録。

調血養血諸劑[一]

機要大秦艽湯：治中風，外無六經之形證，內無便溺之阻隔，知是血弱不能養於筋，手足不能運，口强不能語言，宜養血而筋自榮也。

秦艽　石膏各二兩　甘草　川芎　當歸　芍藥　羌活　獨活　防風　黄芩　白芷　生地黄　熟地黄　白术　白茯苓各一兩　細辛半兩

春夏加知母一兩。

右剉，每服一兩，水煎。天陰雨，加生薑七片。

羌活愈風湯：療腎肝虚，筋骨弱，語言難，精神昏憒，此藥安心養神，調陰陽無偏勝，治中風內外無邪，服此藥以行中道。

羌活　甘草炙[二]　防風　蔓荊子　川芎　熟地黄　細辛　枳殼　人參　麻黄　甘菊　薄荷　枸杞　當歸　知母　地骨皮　黄芪　獨活　白芷　杜仲　秦艽　柴胡　半夏　前胡　厚朴　防己各二兩　白茯苓　黄芩　芍藥各三兩　石膏　蒼术　生地黄各四兩　桂一兩

天陰雨加生薑。

右每服一兩，水煎。如微汗，加麻黄；如通利，加大黄。更有四時加減法。就以此湯嚥下四白丹，清肺養魄，二丹元安神定志和血，是動以安神，静以清肺。

【校記】

[一]“諸”，天德尚賢堂本作“之”。

[二]“炙”，原誤作“皮”，今據天德尚賢堂本、文淵閣四庫全書本改。

天麻丸：治風因熱而生，熱勝則動，宜以静勝其躁，是養血也。此藥行榮衛，壯筋骨。

天麻　牛膝各六兩，同酒浸三日，焙乾　萆薢另研細　玄参各六兩[一]　杜仲七兩　附子一兩，炮　羌活十四兩或十五兩[二]　當歸十兩　生地黄一斤

一方有獨活五兩，去腎間風。

右爲細末，蜜丸桐子大，常服五七十丸，病大，至百丸，空心食前溫酒或白湯下，良久則食。服藥半月後，覺壅塞，以七宣丸疏之。

按：已上三方，東垣云調經養血安神之劑，然風而挾虚，理宜補養。仲景治風虚脚氣用八味丸，略露端緒，而世人莫能擴充之也。《局方》骨碎補丸治肝腎風虚，换腿丸治足三陰經虚，專用疏通燥疾之藥，既失之矣。此三方較之《局方》雖優，亦所得不償所失也，何以爲然？秦艽湯、愈風湯雖皆有補血之藥，而行經散風之劑居其太半，將何以養血而益筋骨也？天麻丸養血，壯筋骨，庶幾近理。

【校記】

[一]“六”，原脱，今據天德尚賢堂本、文淵閣四庫全書本補。

[二]“十五兩”，原脱，今據天德尚賢堂本、文淵閣四庫全書本補。

理氣之劑

局方烏藥順氣散：治風氣攻注，四支骨節疼痛，遍身頑麻，及療癱瘓語言蹇澀，脚氣步履艱難，脚膝痿弱。

麻黄　陳皮　烏藥去木，各二兩　白僵蠶去絲嘴，炒　乾薑炮，半兩　川芎　枳殼麸炒　甘草炒　白芷　桔梗各一兩

右爲細末，每服三錢，水一盞，生薑三片，棗一枚，煎服。

按：嚴氏調氣之説或出於此也。太陰、陽明氣藥也，藥性主治，恐未必然。

嚴氏八味順氣散

白术　白茯苓　青皮　香白芷　陳皮　烏藥　人參各一兩　甘草炙，半兩

右爲末，每服三錢，水煎。

按：嚴氏謂真氣虚而得此疾，法當調氣，故用此藥補虚行氣。雖此論迥出前人，其用藥則未也，何者？四君子，補脾胃中氣藥也，更用白芷去手陽明經風，烏藥通腎胃間氣，陳皮理肺氣，青皮泄肝氣，若風果在手陽明經而肝、肺、腎、胃之氣實者可用。但人身經有十二，皆能中邪，五臟之氣互有勝負，此方安能盡其變乎？又況真氣先虚之人，亦難用此也。

理血之劑

良方治風六合湯：治風虚眩運。（《機要》同）

四物四兩　秦艽一作防風　羌活

右粗末，水煎服。

愈風湯：療產後中風口噤，手足瘛瘲，如角弓狀，亦治血暈四支强直。

荆芥略炒，爲末

右每服三錢，豆淋酒調下，用童便亦可，其效如神。

治婦人產後中風，口吐涎，手足瘛瘲。

當歸　荆芥等分

右爲細末，每服二分，水一盞，酒少許，煎七分，灌下之，咽即醒。

按：風本陽邪，故《内經》曰陽受風氣，又曰賊風虚邪者陽受之，所以諸方皆用氣分之藥多，血分之藥少。惟此二方，以產後得疾多因血虚，故專用行血之藥。

通關透肌骨之劑

局方至寶丹：療卒中急風不語，中惡氣絶，又療心肺積熱，及小兒諸癇，急驚心熱。（詳見本方）

安息香一兩半，爲末，以無灰酒攪澄飛過，濾去砂石，約取淨數一兩，慢火熬成膏子　生烏犀屑　生玳瑁屑　琥珀　硃砂　雄黄各一兩　龍腦一分　麝一分　牛黄半兩　銀箔　金箔各五十片，一半爲衣

右將生犀、玳瑁爲細末，入餘藥研匀，將安息香膏重湯煑凝[一]，成後入諸藥，和搜成劑，入不津器中盛，並旋丸如桐子大[二]。

【校記】

［一］“凝”，原脱，今據天德尚賢堂本、文淵閣四庫全書本補。

［二］“子”，原脱，今據天德尚賢堂本、文淵閣四庫全書本補。

牛黄清心丸：治諸風瘓瘲不隨，語言蹇澀，心忪健忘，恍惚去來，頭目眩冒，胸中煩欝，痰涎壅塞，精神昏憒云云。

牛黄一兩二錢　麝香　龍腦　羚羊角末各一兩　當歸　防風　黄芩　白术　麥門冬　白芍各兩半　柴胡　桔梗　白茯苓　杏仁　芎藭各一兩二錢半　肉桂　大豆卷　阿膠各一兩七錢半　蒲黄　人參　神麯各二兩半　雄黄八錢　甘草五兩　白斂[一]七錢半　乾薑七錢半　犀角末二兩　乾山藥七兩　金箔一千二百片，内四百片爲衣　大棗一百枚[二]，蒸熟，去皮核，研爛成膏

右爲細末，煉蜜與棗膏丸，每兩作一十丸，用金箔爲衣，每服一丸，溫水化下，食遠服。（詳見本方）

《發明》云：凡用丹劑者，爲風入骨髓，不能得出，故用龍、麝、牛、雄、犀、珀、珠、金，皆入骨髓、透肌膚之劑，使風邪得以外出也。若中血脈、中腑之病，初不宜用龍、麝、牛黄，恐引風入骨髓，如油入麪，莫之能出。若中臟，痰涎昏冒煩熱者宜用之，下痰鎮墜清神。

【校記】

［一］“白斂”，天德尚賢堂本作“白蘞”。

［二］“枚”，原誤作“核”，今據天德尚賢堂本改。

治痰通經諸方

局方青州白丸子：治半身不遂，口眼喎斜，痰涎壅塞，手足頑麻。

半夏七兩，水洗過，生用　川烏頭半兩，去皮臍[一]，生用　南星三兩，生用　白附子二兩，生用

右製度丸法，見《局方》。

【校記】

［一］“臍”，原誤作“劑”，今據天德尚賢堂本、文淵閣四庫全書本改。

三生飲：治卒中昏不知人，口眼喎斜，半身不遂，並痰厥氣厥。

南星一兩，生用　川烏去皮，生用　附子去皮，生用，各半兩　木香二錢半

右每服五錢，水二盞，薑十片，煎八分服。

按：中風之病，多因痰得，已上二方，乃行經治寒痰之藥也。相類之方極多，玆不再録。

局方省風湯：治中風口噤，口眼喎斜，筋脈攣急，抽掣疼痛，風盛痰實。

防風　南星生用，各四兩　半夏水浸洗，生用　黄芩　甘草生用，各二兩

右生薑煎湯淬，每半兩[一]。

按：此治風痰挾熱之藥也。

【校記】

[一]“右生薑煎湯淬，每半兩”，文淵閣四庫全書本同，天德尚賢堂本作“右咀，每服一兩，水二盞，生薑十片，煎至一盞，溫服”一十九字。

濟生導痰湯：治痰涎壅盛，或胸膈留飲痞塞。（方見痰門）

按：此治痰泄痞之藥，世俗用之者眾，姑存之。

千金地黄煎：治熱風心煩悶，及脾胃間熱，不下食。

生地黄汁　枸杞子汁二升[一]　生薑汁　酥各三升　荆瀝五升　天門冬　人參各半斤　茯苓六兩　大黄　梔子各四兩　竹瀝五升

右十一味，以五物爲細末，先煎地黄等汁成煎，內藥末，調服方寸匕[二]，日再，漸加至三，以利爲度。

【校記】

[一]“二升”，天德尚賢堂本、文淵閣四庫全書本並作“各二升”三字。

[二]“匕”，原脱，今據天德尚賢堂本補。

竹瀝湯：治四支不收[一]，心神恍惚，不知人，不能言。

竹瀝二升　生葛汁一升　生薑汁三合

右三味相和，溫暖，分三服。

荆瀝湯：凡患風人多熱，常宜服此。

荆瀝　竹瀝　生薑汁各五合

右三味相和，溫暖，爲一服。

【校記】

[一]“支”，天德尚賢堂本、文淵閣四庫全書本並作“肢”。

三因小竹瀝湯：治中風涎潮，譫語昏塞，四支縱緩。

秦艽去苗　防風去蘆　附子炮，去皮臍　獨活各一錢

右㕮咀，以水四盞煎至二盞，入生地黄汁、淡竹瀝各半盞再煎，去滓，分四服，無時。

丹溪曰：竹瀝，《本草》言大寒，其意以與石膏、芩、連同類，而諸方治產後胎前諸病，及金瘡口噤，與血虛自汗，消渴尿多，皆是陰虛之病，無不用之，何世俗因其大寒二字，棄而不用？《內經》云陰虛則發熱，夫寒而能補，正與病對，竹瀝味甘性緩，能除陰虛之有大熱者，大寒言其功也，非以氣言也，又況假火而成[一]，何寒之有？

按：竹瀝等方，兼大黄、附子者，分寒熱之異用，兼荆瀝者，視痰氣之虛實。葛汁、秦艽、獨活、地黄、門冬等又隨經而用也，不可不知。

【校記】

[一]"火而"，原脱，今據天德尚賢堂本、文淵閣四庫全書本補。

雜方

《衍義》治風涎潮，塞氣不通。

皂角炙，一兩　白礬生，兩半　輕粉半錢

右末，水調一二錢，灌之，須臾吐涎。用礬者，分膈下涎也。

易簡稀涎散：治中風四支不收，涎潮膈塞，氣閉不通。

晉礬二兩　豬牙皂角

右爲細末，每服一錢至二錢，溫水調下。

寶鑒分涎散：治中風涎潮，作聲不得，口噤，手足搐搦。

藿香　乾蝎　白附　南星　硃砂　膩粉　粉霜各二兩

右研和勻，每服一錢至二錢，薄荷湯調下。未吐利，再服。

千金葈耳散：治諸風。

右以葈耳葉曝燥，爲末，酒調服方寸匕，日三。若吐逆者，蜜和爲丸，服十丸，准前汁一方寸匕，日三。

濟生豨薟丸

右以豨薟草，五月五日、六月六日採葉，九蒸九曝，凡蒸用酒、蜜洒，晒乾爲末，蜜丸桐子大，空心酒下百丸。

《聖惠方》治中風口喎。

巴豆七箇，去皮爛研，如左喎塗右手心，右塗左。仍以暖水一盞安向手心，須臾便正，洗去藥，頻抽掣手中指。

宣明防風天麻散：治風麻痹走注，肢節疼痛，中風偏枯，或暴瘖不語，內外風熱壅滯，解昏眩。西北方人多用之，與後方同。

防風 川芎 天麻 白芷 小草烏 白附子 荆芥穗 當歸 甘草 羌活各半兩 滑石二兩

右爲末，熱酒化蜜少許，調半錢，加至一錢，覺藥力運行，微麻爲度。或蜜丸彈大，熱酒化下一丸或半丸，白湯化下亦得。

經驗如聖散：治中風身體麻木走痛，眩運頭疼，牙關緊急，手足搐搦，涎潮悶亂，及破傷風一切證。

蒼术一斤 川芎八兩 細辛四兩 防風 白芷各八兩 草烏四兩 川烏五兩 天麻二兩

右爲末，每服半錢或一錢，溫酒調下，茶清亦得。如風狗、蛇、蝎等所傷，先用漿水口含洗淨，用此貼上，仍服之，至效。金瘡出血不止，貼上立定。

灸法

風中脈則口眼喎斜，中腑則肢體廢，中臟則性命危。凡治，莫如已上發表、調氣血、治痰諸法，然此可扶持疾病，若要收全功，火艾爲良也。

灸風中脈，口眼喎斜：

聽會二穴，在耳前陷者中，張口得之，有穴動脈應手。

頰車二穴，在耳下二韭葉陷者宛宛中，開口得之。

地倉二穴，在横口吻傍四分外，近下有脈微動者。

凡喎向右者，爲左邊脈中風而緩也，宜灸左喎陷中二七壯；喎向左者，爲右邊脈中風而緩也，宜灸右喎陷中二七壯。

灸風中腑，手足不遂等疾：

百會一穴，在頂中央旋毛中。

肩髃二穴，在肩端兩骨間陷者宛宛中，舉臂取之。

曲池二穴，在肘外輔骨屈肘曲骨中，以手拱胸取之，紋頭陷中是。

風市二穴，在膝外兩筋間，平立，舒下兩手着腿，當中指頭者宛宛中。

足三里二穴，在膝下三寸胻骨外，大筋內，筋骨之間陷者宛宛中，舉足取之。

絕骨二穴，在足外踝上三寸動脈中。

凡覺手足痹，或不仁，或痛，良久乃已，此將中腑之候，宜灸此七穴。病在左則灸右，在右則灸左。

灸風中臟，氣塞涎上，不語昏危者，下火立效：

百會一穴，如前。

風池二穴，在顳顬後髮際陷中。

大椎一穴，在項後第一椎上陷中者。

肩井二穴，在肩上陷罅缺盆上，大骨前一寸半，以三指按之，當其中指下陷者中，舉臂取之。

曲池二穴，如前。

間使二穴，在掌後三寸兩筋間陷中。

足三里二穴，如前。

凡覺心中憒亂，神思不怡，或手足麻痹，此將中臟之候，不問是風與氣，可速灸此七穴，但依次第灸之，各五七壯，日別灸之，隨年壯止。如素有風人，尤須留意此灸法，可保無虞。此法能灸猝死，經云凡人風發，强忍怕痛不肯灸，忽然猝死，謂是何病？風入臟故也。

吐劑（方見痰飲門）

玉機微義卷之一

玉機微義卷之二

痿證門

諸痿因肺熱相傳

《內經》曰：肺熱葉焦，五臟因而受之，發爲痿躄[一]。心氣熱生脈痿，故脛縱不任地；肝氣熱爲筋痿，故宗筋弛縱；脾氣熱生肉痿，故痹而不任；腎氣熱生骨痿，故足不任身。然治痿獨取陽明，陽明者，五臟六腑之海，主潤宗筋，宗筋主束骨而利機關也云云。故陽明虛則宗筋縱，帶脈不引，故足痿不用也。（詳見本文）

【校記】

[一]“躄”，原誤作“蹷”，今據《素問·痿論》改。

痿因內臟不足所致

陳無擇云：人身有皮毛、血脈、筋膜、肌肉、骨髓，以成其形，內則有肝、心、脾、肺、腎以主之。若隨情妄用，喜怒勞佚，致內臟精血虛耗，使皮血筋骨肉痿弱，無力以運動，故致痿躄，狀與柔風、脚氣相類[一]。柔風、脚氣皆外所因，痿則內臟不足之所致也。

【校記】

[一]“脚氣”，《三因極一病證方論》卷九作“脚弱”。

痿因血少

《原病式》曰：病痿皆屬肺金。大抵肺主氣，病則其氣膹鬱。至於手足痿弱，不能收持，由肺金本燥，燥則血液衰少，不能營養百骸故也。

治痿與治痹不同

張子和曰：痿因肺熱，相傳四臟，其脈多浮而大，今人便作寒濕脚氣治之，驟用燥藥、針艾、湯蒸，痿弱轉甚。此證與治痹頗異，風寒濕痹猶可蒸湯、燔灸，惟痿因熱而成，若作寒治，是殺之也。

治痿大法

丹溪曰：《內經・痿論》肺熱葉焦，五臟因而受之，發爲痿躄。又曰諸痿皆屬於上[一]，指病之本在肺也。又曰昏惑，又曰瘛瘲，曰瞀悶，曰瞀昧，曰暴病，皆屬於火。又曰四支不舉，曰舌本强，曰足痿不收，曰痰涎有聲，皆屬於土。又《禮記》注曰：魚肉，天產也，以養陽作陽德。以爲倦怠，悉是濕熱之病，當作諸痿治之。何《局方》治風之方兼治痿者十居八九？不思諸痿皆起於肺熱，傳入五臟，散爲諸證，大抵只宜補養，若以外感風邪治之，寧免實實虛虛之禍乎？或曰：諸風掉眩，皆屬於肝，諸暴强直，皆屬於風，至於振掉，不能久立，善暴僵仆，皆以木病[二]。風者，木之氣，何爲皆屬於火？曰舌本强，痰涎有聲，何爲皆屬於土？《痿論》未嘗言及，而吾子合火土二家之病，而又與倦怠並言，總作諸痿治之何也？予曰：按《原病式》曰風病多因熱甚，俗云風者，言末而忘其本也，所以中風而有癱瘓諸證者，熱甚故也。又《病源》曰：脾之脈連舌本，散舌下，今脾濕受邪，故舌强。又河間曰：胃膈熱甚，火氣炎上，故津液湧而爲痰涎潮上，因甚稠粘難出，故作聲也。一以屬脾，一以屬胃熱，謂之屬火與土，不亦宜乎？或曰：《內經》治痿之法獨取陽明，何也？曰：諸痿生於肺熱。只此一句，便見治法大意。經曰：東方實，西方虛，瀉南方，補北方。此固是就生尅言補瀉，而大經大法不外於此。五行之中，惟火有二，腎雖有兩，水惟其一[三]，陽常有餘，陰常不足，故經曰一水不能勝二火，理之必然。金體燥而居上，主氣，畏火者也。土性濕而居中，主四支，畏木者也。火性炎上，若嗜欲無節，則水失所養，火寡於畏而侮所勝，肺得火邪而熱矣。木性剛急，肺受邪熱，則金失所養，木寡於畏而侮所勝，脾得木邪而傷矣。肺熱則不能營攝一身，脾傷則四支不能爲用，而諸痿之病作。瀉南方，則肺金清而東方不實，何脾傷之有？補北方，則心火降而西方不虛，何肺熱之有？故陽明實則宗筋潤，能束骨而利機關矣。治痿之法，無出於此。駱龍吉亦曰：風火相熾，當滋腎水。東垣先生取黄柏爲君，黄芪等補藥爲輔佐，而無一定之方。有兼痰積者，有濕多者，有熱多者，有濕熱相半者，有挾寒者，臨病製方，其善於治痿乎？雖然藥中肯綮矣，若將理失宜，聖醫不治也。但是患痿之人，若不淡薄食味，吾知其必不能安全也。

謹按：五痿等證，《内經》特立篇目，所論至詳。後代諸方，獨於此證概多缺略，考其由，皆因混入中風條内故也。丹溪先生痛千古之弊，憫世之罹此疾者，多誤於庸醫之手，故叮嚀告戒，極其明白，有志之士，必當於此究心焉。若夫陳無擇謂痿因内臟不足所致，誠得之矣。然痿之所不足者，乃陰也，血也，而諸方悉是補陽補氣之劑，能免實實虚虚之患乎？且無擇以三因立方，可謂諸方之冠，其於此證猶且未明[四]，况求之於他者乎？

【校記】

［一］“上”，原誤作“土”，今據《素問·痿論》改。

［二］“以”，天德尚賢堂本作“以爲”二字。

［三］“惟”，原誤作“雖”，今據天德尚賢堂本、文淵閣四庫全書本改。

［四］“於”，原誤作“餘”，今據天德尚賢堂本改。

痿證治法

雜方

東垣清燥湯：治濕熱成痿，以燥金受濕熱之邪，是絕寒水生化之源，絕則腎虧，痿厥之病大作，腰以下痿軟癱瘓不能動。

黄芪一錢半　蒼术一錢　白术　橘皮　澤瀉各半錢　五味子九箇　人參　白茯苓　升麻各三分　麥門冬　當歸身　生地黄　麴末　豬苓　酒黄柏各二分　柴胡　黄連　甘草炙，各一分

右咀，每半兩，水煎，空心熱服。

健步丸：治膝中無力，屈伸不得，腰背腿脚沉重，行步艱難。

羌活　柴胡　炒滑石　甘草炙　瓜蔞根酒洗，各半錢　防風　澤瀉各三錢　酒防己一兩　川烏　酒苦參各一錢　肉桂半錢

右爲細末，酒糊爲丸桐子大，七十丸，空心，煎愈風湯送下。

按：此方專泄濕熱在下焦之劑。

三因加味四斤丸：治腎臟肝虚，熱淫於内，致筋骨痿弱，不能勝持。

蓯蓉酒浸　牛膝酒浸　天麻　乾木瓜　鹿茸燎去毛，切，酥炙　熟地黄　菟絲子酒浸軟，另研細　五味子酒浸，各等分[一]

右爲末，蜜丸桐子大，五十丸，溫酒米飲下，食前。

按：此方云熱淫於內而用溫補，何也？然陰血衰弱，血不養筋，筋緩不能自勝持，陽燥熱淫於內，故用此養陽滋陰，陰實則水升火降矣。

【校記】

[一]“等”，原誤作“一”，今據天德尚賢堂本改。

玉機微義卷之二

玉機微義卷之三

傷風門

敘風之爲病

《内經》曰：風爲百病之長。又曰：風勝則動。又曰：賊風虛邪者[一]，陽受之。又曰：傷於風者，上先受之。

按：風本陽邪，故善動善變甚，傷於陽者，所以各從其類也。

【校記】

[一]“風”，原脱，今據天德尚賢堂本補。

傷風脈法

《脈經》云：脈浮而大者，風。

《傷寒論》云：太陽病，脈浮而緩者，名曰中風。又云：太陽中風，陽浮而陰弱。

論傷風與傷寒六經傳變相同

陳無擇云：經曰春傷於風，乃四時之序也。或表中風，在經絡中，循經流注，以日傳變，與傷寒無異。但寒泣血，故無汗惡寒，風散氣，故有汗惡風，爲不同。仲景太陽經分傷寒、傷風不同，而後人纂集者不分門類，但以傷寒、暑濕、時氣、疫沴[一]，凡太陽病皆謂之傷寒。今别立傷風一門，且依先哲以太陽經爲始，分注六經，學者當自知。

按：此分傷風六經用藥，可謂發諸家之未備。在足太陽膀胱經用桂枝湯，足陽明胃經用杏子湯，足少陽膽經用柴胡加桂湯，足太陰脾經用桂枝芍藥湯，足少陰腎經用桂附湯，足厥陰肝經用八物湯，其方以桂枝湯三味加以各經之藥，皆是辛溫解散之劑。然既云與傷寒傳變相似，此六方亦何以盡其變也？學者當求仲景之法以調治之可也，今不載其方。（詳見本文）

謹按：傷風一證，仲景與傷寒同論，其藥雖有麻黄、桂枝之分，至於傳變之後，亦未嘗悉分之也。諸家之論，皆與感冒四氣並中風條內衮同出治[二]。唯陳無擇別立傷風一方，在四淫之首，且依傷寒以太陽爲始，分注六經，可謂詳密。但以風本外邪，諸方例用解表、發表而治，然受病之源亦有不同者。且風爲天地浩蕩之氣，四時八風之變，未嘗無也，然人亦未嘗悉傷之也[三]，間有受傷者，皆因不能法道清净，腠理不密，表上陽虚之所致也。《內經》曰清净則內腠閉拒，雖有大風苛毒，弗之能害是也。又有挾痰熱[四]，其氣拂欝，風邪易於外束者，若表虚受風，專用發表之藥，必致汗多亡陽之證。若內挾痰熱而受風者，亦宜內外交治，不可專於解表也。或曰：此云表虚，與成無已《注傷寒》中風表虚同與[五]？予曰：不同也。彼以太陽中風而於有汗、無汗分虚實，實者加麻黄，虚者加葛根，俱解表也。此云表虚者，當固守衛氣而散風者也。

【校記】

[一]"沴"，四時之氣不和而生的惡氣。

[二]"衮"，天德尚賢堂本作"混"。

[三]"悉"，原脱，今據天德尚賢堂本、文淵閣四庫全書本補。

[四]"挾"，天德尚賢堂本、文淵閣四庫全書本此上並有"內"字。

[五]"與"，天德尚賢堂本作"歟"。

傷風治法

辛溫解表之劑

仲景桂枝湯：治太陽經傷風自汗。

桂枝　芍藥各三兩　甘草一兩

右咀，生薑三片，棗一枚，煎。

按：此發散足太陽經風邪之藥也。

局方神术散：治傷風頭痛，鼻塞聲重。

蒼术五兩　藁本　白芷　細辛　羌活　川芎　甘草炙，各一兩

右末，三錢，水一盞、薑三片、葱三寸煎。傷風鼻塞，葱茶調下。

按：此足太陽、少陰、手陽明經藥也。

辛平解表之劑

消風百解散：治頭疼發熱，咳嗽，鼻塞聲重。

荆芥　白芷　陳皮　麻黄　蒼术　甘草

右咀，薑三片，葱白三根，煎。

按：此手太陰、陽明經藥也。

川芎茶調散：治諸風上攻，頭目昏疼，鼻塞聲重。

薄荷八兩　荆芥　川芎各四兩　羌活　白芷　甘草各二兩　細辛一兩　防風一兩半

右爲末，每服二錢，食後茶調下。

按：此足太陽、少陰、手太陰、陽明、厥陰經藥也。

消風散：治諸風上攻，頭目昏眩，項背拘急，鼻塞聲重，及皮膚頑麻，瘙癢癮疹，婦人血風。

荆穗　甘草炙　陳皮去白　厚朴各半兩　白僵蠶　人參　茯苓　防風　芎藭　藿葉　蟬蜕去土，炒　羌活各二兩

右爲末，每服二錢，荆芥茶清調下。瘡癬，溫酒調下。

金沸草散：治肺經受風，頭目昏疼，咳嗽聲重，涕唾稠粘。

荆芥穗四兩　前胡　麻黄　旋覆花各三兩　甘草炙　赤芍　半夏各一兩

右咀，薑三片，棗一枚，煎服。《活人書》減麻黄、赤芍，加細辛、赤茯苓。

按：此手足太陰經藥，出陽明旋覆、代赭石例，解利痰飲之藥也。

辛涼解表之劑

柴胡升麻湯：治頭痛壯熱，惡風體疼，鼻塞咽乾，痰盛咳嗽，涕唾稠粘。

柴胡　前胡　黄芩各六兩半　荆芥七兩半　赤芍　石膏各十兩　升麻五兩　桑白皮　乾葛

右咀，薑三片，豉十粒，水煎。

按：此足少陽、陽明經藥也。

辛涼解表攻裏之劑

錢氏大青膏：發散風邪。

天麻一錢　白附子末生用，一錢半　蝎尾去毒，生，半錢　麝香一字匕　硃砂研，一字　青黛研，一錢　天竺黄一字匕　烏稍蛇肉半錢

右同再研細，生蜜和成膏，每服半皂子大至一皂子大，月中兒粳米大，大人彈子大，同牛黄膏，溫薄荷水化下，一處服之。

宣明防風通聖散（方見中風門）

謹按：傷風諸方俱是解表之劑，蓋以風從外入之邪也，其所挾有寒、熱、溫、涼之不同，故此分辛溫、

辛平、辛涼之異。然風雖外邪，傳變入裏，亦宜隨證施治。錢仲陽論傷風，當發散者用大青膏解，不散，有下證者用大黃丸，可謂得仲景之奧矣。諸方於此，俱未曾論及也。又前論表虛受風與內挾痰熱之方，亦未詳備，學者當自求之。所謂大黃丸，亦附於後。

攻裏之劑

大黃丸

大黃　黄芩

二味，各等分，水丸。

玉機微義卷之三

玉機微義卷之四

痰飲門

痰飲脈法

《要略》云：脈雙弦者，寒也，皆大下後裏虚[一]。脈偏弦者，飲也。肺飲不弦，但苦喘短氣。又云：脈浮而細滑者，傷飲。脈弦數，有寒飲，冬夏難治。脈沉而弦者，懸飲内痛，其人短氣，四支歷節痛。脈沉者，有留飲。

陳無擇云：飲脈，皆弦微沉滑。或云：左右關脈大者，膈上有痰也，可吐之。

病人百藥不效，關上脈伏而大者，痰也。眼皮及眼下如灰烟黑者，痰也。

【校記】

［一］“裏”，原誤作“善”，今據《金匱要略方論·痰飲咳嗽病脈證並治》改。

仲景四飲

《要略》云：四飲者，懸飲、留飲、支飲、痰飲是也。其人素盛今瘦，水走腸間，瀝瀝有聲，謂之痰飲；飲後水流在脇下，咳唾引痛，謂之懸飲；飲水流於四支，當汗出而不汗，身體重痛，謂之溢飲；咳逆倚息，短氣不得卧，其形如腫，謂之支飲。又有留飲者，背寒如手大，或短氣而渴，四支歷節疼，脇下痛引缺盆，咳嗽則轉甚。又有伏飲者，膈滿嘔吐，喘咳，發則寒熱，腰背痛，目泪出，其人振振惡寒，身瞤惕。病溢飲者，當發其汗。懸飲者，法當下之。痰飲者，當以溫藥和之。

按：古方謂四飲生六證者，即四飲加伏飲、留飲也。或云五飲者，即留飲、伏飲合爲一證也。《三因》

爲痰飲用溫藥，從小便去之，支飲則隨證汗下，以補四飲之治法。愚嘗觀仲景治飲諸方之意，在表者汗之，在裏者下之，挾濕則分利之，寒熱溫凉，隨其所屬以治之，何必拘此四證？

痰分三因

陳無擇云：人之有痰飲者，由榮衛不清，氣血濁敗，凝結而成也。內則七情汩亂，臟氣不行，鬱而生涎，涎結爲飲，爲內所因；外則六淫侵冒，玄府不通，當汗不泄，蓄而爲飲，爲外所因；或飲食過傷，色慾無度，運動失宜，津液不行，聚爲痰飲，屬不內外因。其爲病也，爲喘爲咳，爲嘔爲泄，爲眩暈嘈煩，忪悸惲愯[一]，寒熱疼痛，腫滿攣癖，癃閉痞膈，如風如癲，未有不由痰飲所致。

按：此分三因爲病之狀，至爲切當，而其論中所引三因之藥，有外因而用裏藥者，有內因而用表藥者，其意詳見方後論中。

【校記】

[一]"惲愯"，音yún huò（雲獲）：心動。

論治痰理氣之說

嚴氏云：人之氣道貴乎順，順則津液流通，決無痰飲之患。古方治飲，用汗、下、溫、利之法，愚見不若以順氣爲先，分導次之，氣順則津液流通，痰飲運下，自小便中出矣。

按：嚴氏謂氣順則痰自下之說，蓋以人之七情鬱結，氣滯生涎，聚爲痰飲，治者能使氣道通利，則痰自降下也。然有病人元有痰積，其氣因痰而結滯者，豈但理氣而痰能自行耶？必先逐去痰結，則滯氣自行，豈可專主一說？又云：人身無倒上之痰，天下無逆流之水，此乃齊東之語。夫水性潤下，搏而躍之，則可使過顙[一]。痰性順下，被火泛上，亦可至巔。今庸醫莫察其義，又每口誦以語人，良可悲夫。

【校記】

[一]"顙"，音sǎng（嗓）：額。

論痰爲諸病

王隱君論云：痰證古今未詳，方書雖有五飲[一]、諸飲之異，而莫知其爲病之源。或頭風眩，目運耳鳴，或口眼蠕動，眉稜耳輪俱癢或痛，或四支游風腫硬而似疼非疼，或爲齒頰癢痛，牙齒浮而痛癢不一。或噫氣吞酸，心下嘈雜，或痛或噦，或咽嗌不利，咯之不出，嚥之不下，其痰似墨，有如破絮、桃膠、蜆肉之状，或心下如停冰鐵，心氣冷痛，或夢寐奇怪之状，或足腕酸軟，腰腎骨節卒痛，或四支筋骨疼痛難名，並無常所，乃至手麻臂疼，状若風濕，或脊上每日一條如線之寒起者。或渾身習習如臥芒刺者，或眼黏濕癢，口糜舌爛，喉痹等證，或繞項結核，状若瘰癧，或胸腹間如有二氣交紐，噎塞煩悶，有如煙火上衝，頭面烘熱。或爲失志顛狂[二]，或中風癱瘓，或勞瘵荏苒之疾，或風毒脚氣，或心下怔忡，如畏人捕。或喘嗽嘔吐，或嘔冷涎緑水黑汁，甚爲肺癰、腸毒、便膿、攣跛。蓋內外爲病百般皆痰所致，其状不同，難以盡述。蓋津液既凝爲痰，不復周潤三焦，故口燥咽乾，大便秘，面如枯骨，毛髪焦槁，婦人則因此月水不通。若能逐去敗痰，自然服餌有效。余嘗用一藥，即衮痰丸，以愈諸疾，不可勝數矣，今特相傳於世云。

《脈經》云：病人一臂不遂，時復移在一臂，其脈沉細，非風也，必有飲在上焦。

《活人書》云：中脘有痰，亦令人憎寒發熱，惡風自汗，胸膈痞滿，有類傷寒，但頭不痛、項不强爲異。

按：所敘病證，患者十居八九，足見痰之爲病誠多也，何則？人血氣流行，無一息間斷，纔有壅滯，津液凝閉，欝而成熱，痰遂生焉。人於六淫七情、飲食起居之際，豈能一一中節而無所壅滞乎？故余特敘《脈經》、《活人》二條，以證隱君之説有所本也。但所製衮痰丸一方，難以通治諸疾。

【校記】

[一]"飲"，此下原衍"痰"字，今據天德尚賢堂本删。

[二]"志"，原誤作"忘"，今據天德尚賢堂本、文淵閣四庫全書本改。

論飲專主於濕

《原病式》云：積飲、留飲，積蓄而不散也。水得於燥則消散，得濕則不消，以爲積飲，土濕主痞故也。

論痰證有五

子和云：凡人病痰者有五：一曰風痰，二曰熱痰，三曰濕痰，四曰酒痰，五曰食痰。蓋風痰者形寒飲冷，熱痰者火盛制金，濕痰者停飲不散，酒痰、食痰者飲食過傷所致。

按：痰乃積飲所化，故《原病式》列於太陰濕土之條。又，子和有五痰之說，蓋其則一出於濕，而所挾所因有五者之異，故王隱君之方書論痰有五，曰風痰、寒痰、熱痰、氣痰、味痰。夫味痰者，因飲食酒醪厚味而然也；氣痰者，因事逆意而然也；熱痰者，因飲食辛辣炙煿、重裀厚服而然也；寒痰者，因冒寒涼而然也；風痰者，因感風而發或風熱怫鬱而然也。此皆素抱痰氣，因風寒氣熱味而作，非別有此五種之痰也。愚謂治法當以痰爲本，以所挾之氣爲標也。

論痰清濁

王隱君云：論痰清白者爲寒，黃而濁者爲熱，殊不知始則清白，久則黃濁。清白稀薄漬於上，黃濁稠黏凝於下。嗽而易出者，清而白也，咳而不能出，則黃濁結滯者也。若咯唾日久，濕熱所欝，上下凝結，皆無清白者也。甚至帶血，血敗則黑痰，爲關格異病，人所不識。又清白者氣味淡，日久者漸成惡味，酸、辣、腥、臊、焦、苦不一。

按：此以痰之新久分清濁，可謂得病機之情矣。

飲當去水溫補轉劇論

子和云：留飲一證也，古人有四飲、五飲之分，皆觀病之形状而定名也。予論飲之所得，其來有五：有憤欝而得之者，有困乏而得之者，有思慮而得之者，有痛飲而得之者，有熱而傷冷得之者，飲證雖多，其因無出於此。夫水，陰物也，但積水則生濕，停酒則發燥，久則成痰。在左脇者同肥氣，在右脇者同息賁，入肺則多嗽，入大腸則爲瀉，入腎則爲湧水，在太陽則爲支飲，皆由氣逆而得之。故在上則面浮，在下則胕腫，在中者支滿痞鬲痰逆。在陽不去者，久則化氣；在陰不去者，久則成形。今之用方者，例以飲爲寒積，皆用溫熱之劑，以補之燥之，水濕未除，反增心火。況留飲無補法，氣方補則轉增，豈知《內經》所謂留者攻之也？且白术、參、苓，服之尚加閉塞，況燔針艾火，其痞可知。前人處五飲丸，用礬石、巴豆、烏、附，雖是下攻，終同燥熱。今劉河間以十棗湯加大黃、牽牛，製三花神佑丸，新得之疾服之，氣流飲去而愈。昔有病數年不愈，予診之，左手皆微小，右手皆滑而大。微小爲寒，滑大爲燥，以瓜蒂散湧其寒痰數升，汗出如沃。次以導水丸、禹功散去腸中燥垢亦數升，其人半愈。然後以淡劑流濕降火，開其胃口，不逾月而差。

按：此論飲乃水濕所爲，發爲諸證，不宜溫補，可謂詳明。但專以三花神佑丸爲說，則失之太峻也。（詳見總論中）

論《局方》用熱藥治諸氣痰飲嘔吐鬲噎之誤

丹溪曰：夫氣之初病也，其端甚微。或因飲食不謹，或外觸風雨寒暑，或内感七情，或食味過厚，偏助陽氣，蘊爲膈熱，或資禀充實，表密無汗，津液不行，清濁相干。氣之爲病，或痞或痛，或不思食，或噫腐氣，或吞酸，或嘈雜，或膨滿。不求病原，便認爲寒，遽以辛香燥熱之劑投之數貼，時暫得快，以爲神方。厚味仍前不節，七情又復相仍，舊病被劫暫開，濁液易於攢聚，或半月，或一月，前證復作，如此延蔓，自氣成積，自積成痰，此爲痰爲飲爲吞酸之由也。良工未遇，謬藥又行，痰挾瘀血，遂成窠囊，此爲痞爲痛爲嘔，以爲噎鬲反胃之次第也。飲食湯液，滯泥不行，滲道蹇澀，大便或秘或溏，下失傳化，中焦愈停。醫者不察，猶執爲冷，翻思前藥，隨手得快[一]，至此賓主皆恨藥欠燥熱[二]，顒俟久服，可以溫脾壯胃，消積行氣，以冀一旦豁然之效。不思胃爲水穀之海，多血多氣，脾爲消化之器，氣清和則健而運行不息。今久得香熱之味偏助，氣血沸騰，其始也胃液凝聚，其久也脾氣耗散，傳化漸遲。醫者又曰虚而積寒，非尋常草木可療，徑以烏、附助佐丹劑，專意服之，積而久也，血液俱耗，胃脘乾槁，遂成鬲噎，亦曰反胃。仲景論飲有六，分别五臟諸證，可表者汗之，可下者利之，滯者導之，鬱者揚之，熱者清之，寒者溫之，偏熱偏寒者，反佐而行之，挾濕者淡以滲之，挾虚者補而養之，治法至矣。第恨醫者不善處治，病者不守禁忌，遂使藥助病邪，展轉深痼，去生漸遠，深可哀憫。

按：此論嘔吐痞滿，噫腐吞酸，噎鬲反胃，致病之由，皆以氣之初病誤服燥熱，結爲痰飲所致，故列於痰飲門中，而於彼諸證内不詳載，宜於此通考焉。

謹按：痰之爲病，仲景論四飲六證，無擇敘内外三因，俱爲切當。蓋四飲則敘因痰而顯諸證者，三因則論其因有所傷而生痰者也，唯王隱君論人之諸疾者，悉出於痰，此發前人所未論，可謂深識痰之情狀而得其奥者矣。製衮痰丸一方，總治斯疾，固爲簡便，較之仲景、三因有表裏内外而分汗下溫利之法，則疏闊矣，況又有虚實寒熱之不同者哉。夫痰病之原，有因熱而生痰者，亦有因痰而生熱者，有因風寒暑濕而得者，有因驚而得者，有因氣而得者，有因酒飲而得者，有因食積而得者，有脾虛不能運化而生者。若熱痰則多煩熱，風痰多成癱瘓奇證，冷痰多成骨痹，濕痰多倦怠軟弱，驚痰多成心痛癲疾，飲痰多成脇痛臂痛，食積痰多成癖塊痞滿，其爲病狀，種種難名。王隱君論中頗爲詳盡，學者但察其病形脈證，則知所挾之邪，隨其表裏、上下、虛實以治也。若夫子和謂飲無補法，必當去水，故用吐汗下之三法治人常愈。又論熱藥治痰之誤，固爲精切，亦有挾寒、挾虛之證，不可不論。夫久痰凝結，膠固不通，狀若寒凝，不用溫藥引導，必有拒格之患。況有風寒外束，痰氣內鬱者，不用溫散，亦何以開鬱行滯也？又有血氣虧乏之人，痰客中焦，閉塞清道，以致四支百骸發爲諸病，理宜導去痰滯，必當補接兼行，又難拘於子和之三法也。大凡病久淹延，卒不便死者，多因食積痰飲所致，何以然？蓋胃氣亦賴痰積所養，飲食雖少，胃氣卒不便虛故也。亦有治痰用峻利過多，則脾氣愈虛，津液不運，痰反亦生而愈盛。法當補脾胃，清中氣，則痰自然運下，此乃治本之法，世謂醫中之王道者，正此類也。

【校記】

[一]“快”，原誤作“失”，今據《局方發揮》改。

[二]“欠”，原誤作“火”，今據天德尚賢堂本、文淵閣四庫全書本改。

論痰證有似邪祟

（詳見補虛門）

痰飲治法

解表之劑

仲景大青龍湯、小青龍湯：並治溢飲者，當發其汗。（二方並見傷寒門）

按：二方太陽經發散風寒之藥，辛溫之劑也。小青龍用乾薑、細辛、半夏以治水氣，蓋傷寒表未解，心下有水飲，水寒相摶，乃爲喘咳諸證，故用此發汗散水，《金匱要略》借爲治飲之方也。

三因參蘇飲：治痰積停積胸膈，中脘閉，嘔逆痰涎，眩暈嘈煩，或頭痛發熱，狀如傷寒。（方見《局方》）

按：此出少陽柴胡例藥，治感冒異氣挾痰飲之病。本方云：前胡、葛根但能解肌，枳殼、橘紅輩自能寬中快膈，毋以性涼爲疑。愚觀藥性非涼，亦是辛平之劑。

局方金沸草散：治風化痰，除頭項强，寒熱咳嗽。

旋覆花　荆芥　前胡　麻黄去節，各一兩　甘草炙　赤芍　半夏製，各三錢

右㕮咀，薑、棗煎。《活人》金沸草散去麻黄、赤芍，加茯苓、細辛。

按：此出陽明旋覆花代赭石例，解利治痰之藥也。《局方》氣味辛平，《活人》則辛溫。

攻下之劑

金匱十棗湯：治懸飲內痛。

芫花熬 甘遂 大戟各等分

右搗篩，以水一升半煮大棗十枚，至八合，去柤，內藥末，强人一錢匕，羸人半錢，平旦服之。不下，更加半錢。快下後，以糜粥自養。

按：此出少陰水氣例藥，芫花之辛以散飲，二物之苦以泄水，甘遂直達水氣所結之處，乃泄水之聖藥。性有毒，不可輕用，下同。

三因控涎丹：凡人忽患胸背手足、頸項腰胯隱痛不忍，筋骨牽引釣痛，時時走易不定，乃是痰涎在心鬲上下[一]，變爲此疾。或手足冷痹，氣脈不通，誤認癱瘓，非也。

甘遂去心 紫大戟去皮 真白芥子各等分

右爲末，糊丸桐子大，晒乾，食後臨卧，淡薑湯或熟水下五七丸至十丸。痰猛，加丸數。

一方妙應丸，亦只上三味。驚痰，加朱砂；痛者，加全蝎；酒痰，加雄黄、全蝎；驚氣成塊者，加穿山甲、鱉甲、玄胡索、蓬术；臂痹，加木鱉子去油殼；熱痰，加盆硝；寒痰，加丁香、胡椒、桂。

【校記】

[一]"鬲"，天德尚賢堂本作"膈"。

宣明三花神佑丸：十棗湯加牽牛、大黄、輕粉。（詳見下劑）

按：已上二方，仍十棗湯加減法也，並出少陰水氣例。前方去芫花，加白芥子，本草主上氣發汗，胸膈痰冷，蓋胸有痰，非此不達。此方加牽牛、大黄，大瀉血氣之濕熱，而輕粉又去涎積也，虚家不可輕用。

金匱厚朴大黄湯：治支飲脇滿者。

厚朴一尺 大黄六兩 枳實四枚

右水五升煮二升，溫服。

按：此即小承氣湯，陽明可下例藥也。

王隱君袞痰丸：

括曰：甑裏翻身甲掛金，於今頭戴草堂深。

相逢二八求斤正，硝煅青礞倍若沉。

十七兩中零半兩，水丸桐子意常斟。

千般怪證如神效，水瀉雙身却不任。

按：此以大黄、黄芩爲君，大瀉陽明濕熱之藥；礞石以墜痰，沉香則引諸氣，上而至天，下而及泉，爲使也。以上二方，有實熱者可用。

脾胃論蠲飲枳實丸：逐飲消痰，導滯清膈。

枳實　半夏　陳皮去皮，各二兩　黑牽牛半斤，取末，二兩

右末，水煮麪糊丸桐子大，每五十丸，薑湯下。

瑞竹堂方神仙墜痰丸：

皂角不蛀者，去皮弦，酥炙黄色，去子净，一兩六錢　生白礬一兩二錢　黑牽牛一斤，取頭末，四兩

右爲細末，清水丸桐子大，每五十丸，空心溫酒下。

寶鑑大利膈丸：風痰實滿喘嗽，風氣上攻。

牽牛四兩，生用　半夏　皂角　青皮各二兩　槐角一兩，炒　木香半兩

加檳榔、大黄各五錢。

右爲細末，薑汁糊丸桐子大，食後薑湯下五十丸。

滌痰丸：治三焦氣塞，下痰飲酒食。

木香　檳榔　青皮　陳皮　三棱　大黄煨　枳殻　半夏各一兩　黑牽牛二兩，炒，取末

右末，糊丸桐子大，每服五十丸，食後薑湯下。

按：已上四方所用牽牛、皂角、木香、檳榔者，並出厥陰例藥也。牽牛以大黄引之則入血，以諸氣藥引之則入氣，本瀉氣中濕熱之藥，大能脱人元氣，用者戒之。

透羅丹：治痰實咳嗽，胸膈不利。

皂角酥炙，去皮弦，一兩　黑牽牛微炒，一兩　半夏一兩　巴豆去油，另研，一錢　杏仁麪炒黄，去皮尖，一錢　大黄一兩，紙裹，水浸，慢火焙乾

右爲細末，生薑自然汁爲丸桐子大，食後薑湯下三十丸。

按：此仲景備急丸加減法也，破堅積結聚，寒熱兼用之藥也。

三因破飲丸：治五飲停蓄，結爲癥癖，支滿胸脇，搶心疼痛。

蓽撥　丁香　胡椒　砂仁　青皮　烏梅肉　巴豆去皮　木香　蝎梢各等分

右以青皮同巴豆漿水浸一宿，次日漉出，同炒橘皮焦，去巴豆，将所浸水淹烏梅肉，炊一熟飯，細研爲膏，如菉豆大，每服五七丸，臨卧薑湯下，津咽

亦得。

按：此破堅積寒癖，大熱之藥也。

局方妙香丸：治一切久遠沉積。

巴豆 膩粉 硇砂 朱砂 牛黄 水銀 腦 麝

右分兩、修製見本方。

按：此用巴豆、硇砂削堅破癖，加以腦、麝等辛香飛竄，通達五臟，入骨透肌之藥也。

錢氏白餅子：

巴豆二十四箇，去皮膜，水一斗煮水盡爲度 半夏湯浸七次，焙，爲末 輕粉 滑石 天南星各一錢

右研匀，巴豆後入，眾藥以糯米飯爲丸小豆大，捻作餅子，煎葱白湯下。

按：此錢氏用治小兒風痰驚涎，癲癇驚搐，下痰之藥也。以上所用巴豆等方，蓋以痰飲癖積，結聚堅固，非此不能除，故易老號斬關奪門之将，然大宜詳審，不可輕用。

古方巴豆加減，寒熱溫涼，五色佐使之藥甚多，用之各随其宜。（並見《元戎》）

吐劑

仲景瓜蒂散

子和三聖散（並見吐劑）

稀涎散：

豬牙皂角 碌礬 晉礬 藜蘆

元戎勝金丸

薄荷 瓜蒂 藜蘆 朱砂 豬牙皂角

按：已上用瓜蒂藥，並出三陽可吐藥例。古今吐法以病在頭，或在胸中，但在上焦者，皆可用也，在經絡者亦可用，吐法中就有發散之義焉。諸亡血虚家，不可用此。

分利之劑

仲景五苓散：治瘦人臍下悸，吐涎沫而癲眩者，水也。（方見濕門）

治濕和中之劑

金匱苓桂术甘湯：治心下有痰飲，胸脇支滿[一]，目眩。

茯苓四兩 桂枝 白术各三兩 甘草二兩

右水六升煑取三升，三服，小便即利。

按：此太陽經藥也。

茯苓湯：治胸中有痰飲，自吐出水後，心胸間虚，氣滿不能食，消痰氣，令能食。

茯苓　人参　白术各三兩　枳實二兩　橘皮二兩半　生薑四兩

右水六升煑取一升八合，分溫三服。

按：此足太陰、陽明經藥也。

枳术湯：治心中堅大如盤，水飲所作。（方見水氣門）

按：此足太陰、陽明經藥也。

澤瀉湯：治心下有支飲，其人苦眩冒。

澤瀉五兩　白术二兩

右以水二升煑取一升，分溫再服。

按：此足太陰、陽明、太陽、少陰經藥也。

小半夏湯：治心下水，支飲，嘔吐不渴。

半夏一升　生薑半斤

右以水七升煑取一升半，分溫再服。

按：此足太陰、陽明經藥也。

小半夏加茯苓湯：治卒嘔吐，心下痞，隔間有水，眩悸者，《三因》名大半夏湯[二]。

半夏一升　生薑半斤　茯苓三兩

右同煎，服如前。

按：此足太陰、陽明、太陽、手太陰經藥也。

按：已上諸方並出太陰痰飲例藥也。白术除濕益燥，和中益氣，半夏治寒痰，和胃勝濕，茯苓、澤瀉逐水利小便，上下分消其濕也。

【校記】

[一]“脇”，天德尚賢堂本作“膈”。

[二]“大”，原脱，今據天德尚賢堂本補。

局方橘皮半夏方（方見本方）

局方二陳湯：治痰飲爲患，嘔吐惡心，頭眩心悸等證。（方見本方）

桔梗半夏湯：治胸痞痰涎不利，氣逆嘔噦。

桔梗　半夏　陳皮

右等分，細末，生薑水煎，薑糊丸亦可。加枳實，減半夏，名桔梗湯。

嚴氏導痰湯：治一切痰飲，頭目眩暈，或痰飲留積不散。（方見本方）

右剉，薑煎。

按：已上所用橘、半等，乃足太陰、陽明經藥也，出太陰嘔噦例。

許學士神术丸：治痰飲。

茅山蒼术一斤，米泔浸一宿，去皮，切片，焙乾爲末　生油麻半兩，水二盞研細，取漿　大棗十五箇，煮，取肉研，旋入麻漿拌和藥

右末，爲丸桐子大，日晒乾，每服五七十丸，溫酒空心下。

按：此足陽明、太陰經藥，治濕發散之藥也。

仁齋加味二陳湯：治痰攻眼腫痛，並酒家手臂痛重或麻痹[一]。

二陳湯中加蒼术、片子薑黄、製枳殼各少許。

芎夏湯：逐水利飲。

二陳湯加川芎、白术、青皮、枳殼。

右剉，薑五片，煎。蓋川芎、半夏能逐水也。

按：此二方乃二陳湯加蒼术、川芎等藥，是亦治濕帶表之藥也。

【校記】

[一]“或”，原誤作“成”，今據天德尚賢堂本改。

治風痰之劑

局方青州白丸子（方見小兒門）

按：此足太陰經藥，出厥陰例。治風痰，行經通痹之熱藥也。

局方玉壺丸

南星　半夏　天麻　白麪

辰砂化痰丸

南星　半夏　辰砂　白礬

右主治、修製並見本方。

易老水煮金花丸：治風痰，脈弦咳嗽。

南星　半夏各一兩，生用　寒水石一兩，燒存性　天麻五錢　白麪三兩　雄黄一錢

右爲細末，滴水爲丸小豆大，每服五七十丸至百丸，煎漿水沸，下藥，煮浮爲度，漉出，淡漿水浸，另用生薑湯下。或通聖加半夏、局方川芎丸、防風

丸，皆可用也。

按：已上三方並出太陰嘔噦例，治痰挾風之涼藥也。

良方天南星丸：治婦人風痰。

天南星　白附子並炮　皂莢仁炒黄　半夏麯各一兩　晉礬半兩，枯

按：此足太陰、厥陰經藥也。

治熱痰之劑[一]

仲景小陷胸湯：

半夏　黄連　栝蔞實

右先以水二盞煎栝蔞實至一盞半，下諸藥，煎八分，溫服。未利，再服。

嚴氏半夏丸：治肺熱痰嗽。

瓜蔞仁另研　半夏湯洗，焙，各一兩

右件和勻，薑汁打糊丸。

按：此小陷胸加減法也。

機要小黄丸：治熱痰。

人參　黄芩　南星　半夏　生薑

右薑汁糊爲丸。一方南星、半夏、黄芩，只三味。

宣明茯苓半夏湯：治風熱痰涎。

二陳湯中加黄芩。

按：此手足太陰經藥也。

人參半夏丸：化痰治涎，止咳定嗽，諸痰不可盡述。

人參　茯苓　南星　薄荷葉各半兩　半夏　乾生薑　生白礬　寒水石各一兩　蛤粉二兩　藿香葉一分

一法加黄連半兩，黄柏二兩。

右爲末，麪糊丸如小豆，薑湯下二三十丸，食後。

【校記】

[一]"治"，原脱，今據文例補。

治寒痰之劑

深師消飲丸：治停飲，胸滿嘔逆，腹中水聲，不思飲食。

白术二兩　茯苓半兩　枳實炒　乾薑各七錢

右細末，蜜丸桐子大，溫水下三十丸。

寶鑑溫胃化痰丸：治膈內有寒，脾胃傷飲，胸膈不快，痰涎不已。

半夏三兩 陳皮 乾薑 白术各一兩

右爲末，薑汁糊丸桐子大，薑湯下二十丸。

局方溫中化痰丸：治停痰留飲。

青皮 良薑 乾薑 陳皮

右主治、修合見本方。

局方丁香五套丸：治脾胃虛弱，不能宣行水穀，故爲痰飲，結聚胸膈，嘔吐不食。（方見本方）

按：已上諸方乃溫胃燥濕、治寒痰溫裏之藥也。若久痰凝滯，內蘊濕熱，誤服燥熱，多成吞酸膈噎等病，用者審之。

發明半夏溫肺湯：治中脘痰水冷氣，心下汪洋嘈雜，多唾清水，脇脹不食，此胃虛冷所致，其脈沉弦細遲。

旋覆花 細辛 桂心 人參 甘草 陳皮 桔梗 芍藥 半夏各半兩 赤茯苓三分

右咀，四錢，薑七片，煎。

丁香半夏丸：治心下停飲冷痰。

檳榔三分 丁香 半夏各一兩 細辛 乾薑 人參各半兩

右細末，薑汁糊爲丸，每服三十丸，薑湯下。

機要薑桂丸：治寒痰。

南星 半夏 官桂各一兩

右細末，糊丸桐子大，每服五七十丸，薑湯下。

按：已上三方，治寒燥痰、溫中散表寒之藥也。

理氣之劑

局方四七湯：治七情氣鬱，結聚痰涎，狀如破絮，或如梅核在咽喉之間，咯不出，咽不下，並治中脘痞滿，痰涎壅盛，上氣喘急。

紫蘇葉二兩 厚朴三兩 茯苓四兩 半夏五兩

右剉，生薑、棗煎服。

百一選方三仙丸：治中脘氣滯，痰涎不利。

南星 半夏各五兩，用薑汁作麯 香附五兩

右末，糊丸桐子大，每服四十丸，薑湯下。

《機要》去香附，加橘皮，名玉粉丸，治氣痰。

指迷茯苓丸：治中脘留伏痰飲，臂痛難舉。

半夏二兩　茯苓一兩　枳殼炒，半兩　風化硝二錢半

右末，薑汁糊丸，薑湯下三十丸。

按：已上三方，用南星、半夏所以勝痰，而兼用諸氣藥，即嚴氏順氣則痰自下之意。然紫蘇、枳殼，肺氣藥也，厚朴，脾胃氣藥也，香附，肝氣藥也，隨臟氣而用，不可不分。

降氣墜痰溫補之劑

局方蘇子降氣湯：治虛陽上攻，氣不升降，上盛下虛，痰涎壅盛。

俞山人降氣湯（治證同前）

黑錫丹：治痰氣壅盛，上盛下虛，心火炎熾，腎水枯竭。

靈砂丹：治上盛下虛，痰涎壅盛。此藥最能鎮墜，升降陰陽。（四方並見本方）

按：已上諸方並係類聚溫熱之藥，而出證皆云治上盛下虛，氣不升降。夫所謂盛者即心火之炎，虛者即腎水之弱，火炎水弱，則有升無降，故津液湧而爲痰涎於上。今以金石丹藥、濕熱香燥之藥，而欲補下焦之虛，如抱薪救火爾。若以爲下焦陽虛而議治者，亦非也。夫陽火之虛，則陰水必盛，痰涎津液自然隨氣而降，又何必用此藥也？

金匱腎氣丸：治短氣有微飲，當從小便去之。（方見補虛門）

按：仲景以腎虛有飲，故用此補腎逐水，以其中有澤瀉、茯苓故也。而嚴氏以此方治腎虛寒而不能攝養腎水，使邪水溢上，多吐痰唾。夫腎既虛寒，則陽火必盛，未審所録攝養腎水者何物耶？夫腎水乃天一所生，人之根蒂，痰涎乃津液敗濁而成，豈可直指腎水不攝而邪水溢上耶？若云腎水虛弱，陰虧難降，使津液敗濁而爲痰水，故用此藥，於義則明白矣。

謹按：痰病多生於濕，故古方多用南星、半夏之類，然亦有所挾之邪，故藥有風寒暑濕之異。又人身體段有上下表裏，故在表者汗之，在裏者下之，在上者湧之，在下者分利之，治飲之法，可謂詳矣。或曰：陳無擇以大小青龍、五苓、承氣爲外因，參苓、八味、參蘇爲內因，十棗、葶藶、大小半夏、控涎、破飲爲不內外因，今吾子所編諸方，意不侔此，何也？予曰：大小青龍，外因之表藥，五苓、承氣，外因之裏藥也；參苓、八味，內因之裏藥，參蘇飲，內因之表藥也；十棗、葶藶、控涎、破飲，不內外因之下藥也，大小半夏，不內外因和中藥也。彼以三因立論，故敘藥止以所因爲主，而不分其表裏內外之異，今予以表裏內外分類諸方，則難拘其所因也。

玉機微義卷之四

玉機微義卷之五

滯下門

腸澼生死脈法

《內經》曰：腸澼便血，身熱則死，寒則生。腸澼下白沫，脈沉則生，浮則死。腸澼之屬，身不熱，脈不懸絕，滑大者生，懸澀者死，以臟期之。又曰：陰陽虛，腸澼死。又曰：泄而脫血，脈實，皆曰難治。

按：此云生死，亦是大概言之，必須更兼證以詳審之。下同。

《脈經》云：腸澼下膿血，脈沉小流連者生，數疾且大有熱者死。又腸澼筋攣，其脈小細安靜者生，浮大緊者死。

嚴氏云：凡下利之脈，微小者生，浮洪者難治。腸澼下膿血者，脈宜滑大，若弦急者死。

仲景治痢大法

下痢，脈沉弦者，下重；脈大者，爲未止；脈微弱數者，爲欲自止，雖發熱，不死。

下痢，手足厥冷，無脈者，灸之，不溫，若脈不還，反微喘者，死。

下痢，有微熱而渴，脈弱者，令自愈。

下痢，脈數，有微熱汗出，令自愈，設脈緊爲未解。

下痢，脈數而渴者，令自愈。設不差，必清膿血，以有熱故也。

下痢，反弦，發熱身汗者，自愈。

下痢，氣滯者[一]，當利其小便。

下痢，腹脹滿，身體疼痛，先溫其裏，乃攻其表，溫裏宜四逆[二]，攻表宜桂枝湯。

下痢，脈滑而數者，有宿食也，當下之。

下痢，脈遲而滑者，實也，痢爲未止，急下之。

下痢，脈反滑，當有所去，下之安。

下痢，不欲食，有宿食者，當下之。

下痢，腹滿痛，爲寒實，當下之。

下痢，腹堅者，當下之。

下痢，譫語，有燥屎，當下之。

下痢，三部脈皆平，按之心下堅，急下之。

下痢已差，至其時復發者，此爲下未盡，更下之安。

下痢，脈大浮弦，下之，當自愈。

風寒下痢者，不可下，下後心下堅痛，脈遲，此爲寒，宜溫之。

下痢，脈浮大，此爲虛，强下之故也。設脈浮革者，因而腸鳴，當溫之。

下痢，脈遲緊痛，未欲止，當溫之。

下痢，心痛，急當救裏，可與理中、四逆、附子輩。

下痢，大孔痛，宜溫之。

按：丹溪曰：仲景治痢，可下者十法，可溫者五法，或解表，或利小便，或待其自已，區别易治、難治、不治之證，至爲詳密，但與泄痢衮同立論而未分。今載於滯下門內，故於瀉痢條內不載，宜於此通考焉。

【校記】

[一]“滯”，文淵閣四庫全書本作“蔽”。

[二]“逆”，原誤作“物”，今據天德尚賢堂本、文淵閣四庫全書本改。

東垣治痢法

《病機機要》云：後重則宜下，腹痛則宜和，身重則除濕，脈弦則去風。膿血稠黏，以重劑竭之；身冷自汗，以毒藥溫之；風邪內縮，宜汗之；鶩溏爲痢，當溫之。又云：在外者發之，在裏者下之，在上者湧之，在下者竭之，身表熱者內疏之，小便澀分利之。又曰：盛者和之，去者送之，至者止之。兵法曰避其鋭氣，擊其惰歸，此之謂也。

《秘藏》云：假令傷寒，飲食䐜脹，滿而傳飧泄者，宜溫熱之劑以消導之；傷濕熱之物而成膿血者，宜苦寒之劑以內疏之。風邪下陷者升舉之[一]，濕氣內勝者分利之，裏急者下之，後重者調之，腹痛者和之。洞泄腸鳴無力，不及拈衣，其脈弦細而弱者，溫之收之；膿血稠黏，至圊而不能便，其脈洪大而有力者，寒之下之。

按：此分風寒、濕熱、表裏、溫補、寒下等治，至爲切當，學者尤宜熟玩。但其裏急後重腹痛之義未詳，今別論於左。

【校記】

[一]"之"，原脱，今據天德尚賢堂本、文淵閣四庫全書本補。

太陰受濕傳腎爲膿血痢

《機要》云：有太陰經受濕而爲水泄虛滑，身重微滿，不和穀味，久則防變而爲膿血。脾經傳腎，謂之賊邪，故難愈者。若先利而後滑，謂之微邪，故易痊。此皆脾土受濕之所爲也。

（再有風寒二證，在泄痢條下）

論風寒暑濕皆能作痢

陳無擇云：滯下之證，《內經》所載血溢、血泄、血便、注下，古方則有清膿血，近世呼爲痢疾，其實一也。多由脾胃不和，飲食過度，停積於腸胃，不能尅化，又爲風寒暑濕之氣干之，故爲此疾。傷熱則赤，傷冷則白，傷風則純下清血，傷濕則下如豆汁，冷熱交並，赤白兼下，治法當先用通利之藥疏滌臟腑。

嚴氏云：以巴豆等劑推其積熱，後辨以冷熱風濕之證，用藥調治。熱赤者清之，冷白者溫之，傷風而下清血者則祛逐之，傷濕而下豆汁者分利之，冷熱相並，溫涼以調之。仍須先調胃氣，切不可驟然用罌粟、訶子之藥止之澀之，使停滯不泄，多致危殆。

按：赤白分冷熱之說，河間論之甚詳。其云風下清血，濕下豆羹汁者，蓋謂風喜傷肝，肝主血，故下清血者爲風也。濕喜傷脾，脾胃爲五穀之海，無物不受，常兼四臟，蓋豆汁之色，如五色之相雜，故下豆羹汁者爲濕也。又云治法當先通利，此迎而奪之之義。若有虛者，亦宜審之，使果有積滯在腸胃者，方所當通利。然嚴氏謂巴豆等藥，使用之於傷冷物則可，若用之於熱者，爲害非輕。又云風則祛逐，所謂祛逐者，果何法何藥與？若以邪氣當祛逐，則豈獨於風而寒濕熱爲不可耶？此又失於明白。

論滯下分三因

陳無擇云：古方風停膚腠，下瘀血或下鮮血，濕毒下如豆羹汁，皆外所因之明文也。古方有五泄，因臟氣鬱結，隨其所發，使利膿血，作青黄赤白黑色，一一不同，即內所因也。又飲食冷熱，酒醴醯醢，縱情恣慾房室，致傷精血，腸胃黏溢，久積冷熱，遂成毒痢，皆不內外因。治之先推其歲運以平其外，察其鬱結以調其內，審其所傷以治不內外，條然明白，不致妄投也。

按：此所分三因治法，其理甚當，但外因六淫所傷者，古方用藥則多有之，內因臟氣鬱結與夫飲食、房勞而得者，諸方則未之見也。凡三因所傷，皆能干犯腸胃而爲痢，今陳無擇立論有三因之分，而用藥無三因之別，此又所當分而治者，失於開示焉。

時疫作痢

《大全良方》云：有一方一家之內，上下傳染，長幼相似，是疫毒痢也。治法雖當察運氣之相勝，亦不可狎泥，當先察其虛實冷熱，首用敗毒散，加人參、甘草、陳皮隨證用之。

按：時疫作痢，歲常有之，其謂當察其運氣之相勝，與病冷熱虛實之不同，誠爲確論。蓋欲學者知五運六氣有太過、不及、勝負之不同，以分風、寒、暑、濕、燥、火爲病而平治之也。然首專用敗毒散之義，何其自狎泥也？

論食毒作痢

陳無擇云：飲服冷熱，酒醴醯醢，腸胃黏溢，久積冷熱，遂成毒痢。嚴用和云：或有飲服冷酒寒物、房室勞傷精血而成久毒痢，則宜化毒以保衛之。

按：人之飲食過傷，恣食辛熱寒冷之物，皆能致傷腸胃，腸胃一傷，不能運化傳送，遂蓄積停滯而爲痢。經曰飲食不節，起居不時者，陰受之，陰受之，則入五臟，䐜滿閉塞，下爲飧泄，久爲腸澼是也。治法當先消化食毒，或可攻伐，然後隨寒熱溫涼以調之。此二論本諸《內經》，而世所未言者也。

論裏急後重

《病機》云：裏急後重，脈大而洪實，爲裏熱甚而閉，是有物結墜也。若脈浮大甚，不宜下。雖裏急後重而脈沉細弱者，謂寒在內而氣散也，可溫養自愈。裏急後重閉者，大腸經氣不宣通也，宜加檳榔、木香宣通其氣。《原病式》云：下迫後重裏急，窘迫急痛也，火性急速而能燥物故也。

按：裏急者，窘迫急痛是也；後重者，大腸墜重而下也。夫裏急後重，其證不一：有因火熱者，所謂火性急速而能燥物是也；有因氣滯，此大腸經氣壅而不宣通也；有因積滯壅盛者，是有物結墜也；有氣虛者，此大腸氣降而不能升也；有血虛者，所謂虛坐努責是也。治法：火熱者寒之清之，氣滯者調之，積滯者去之，氣虛而降者升之舉之，血虛者補之，各察其所因也。竊觀前論[一]，未爲詳盡。

【校記】

[一]“竊”，原誤作“切”，今據天德尚賢堂本改。

論泄痢而嘔

《病機》云：如痢或泄而嘔者，胃中氣不和也。上焦不和，治以生薑、橘皮；中焦不和，治以芍藥、當歸、桂、苓；下焦不和而寒，治以輕熱，甚以重熱藥。

按：此云泄痢而嘔，謂胃氣不和所致。蓋亦有胃中火逆衝上而嘔者，有胃虛而嘔者，有積滯毒氣上攻而嘔者，有陰虛而嘔者，豈可一於胃氣之不和而不它及耶?

論泄痢腹痛

《機要》云：腹痛者和之。如發熱惡寒，腹不痛，藥加黄芩爲主；腹痛甚者，加當歸，倍芍藥。

按：泄痢腹痛，其證甚多，皆因內氣欝結不行所致，理宜行氣散欝爲先。然亦有挾寒，有挾火熱者，有因積滯者，有血虛者，又宜随證處治爲當也。今《機要》云“和”之一字，總言之耳，蓋加當歸、倍芍藥之法，惟血虛可用。

論禁口痢

《百一選方》云：禁口痢，是毒氣上衝心肺所致，用石蓮肉以通心氣。

按： 痢而能食，知胃未病也。若脾胃濕熱之毒薰蒸清道而上，以致胃口閉塞而成禁口之證，理宜除胃口之邪熱，而此云毒氣上衝心肺，其毒不知指何者之邪？然亦有脾胃虛而得者，亦有誤服利劑，藥毒犯胃者，又有服澀熱之劑太早而邪氣閉遏於胃口者，必當求責。

論下痢吃逆

丹溪曰：吃病，氣自下衝上，屬火之象，古方悉以胃弱言之，殊不知胃弱者，陰弱也，虛之甚也。滯下之久，多見此證，乃因久下而陰虛也。（詳見吃逆本門）

辨痢色分五臟

《原病式》曰：瀉白爲寒，青黃紅赤黑皆爲熱也[一]。蓋瀉白者，肺之色也，由寒水制火，不能平金，則金肺自甚，故色白也；痢色青者，肝木之氣，由火甚制金，不能平木，故色青也。或言痢色青爲寒者，誤也。仲景少陰病下痢清水，色純青，熱在裏也，大承氣湯下之。及小兒熱甚急驚，痢色多青，爲熱明矣。痢色黃者，由火甚則水必衰，而脾土自旺，故色黃也。痢色紅爲熱，心火之色也，或赤，熱深甚也。至若痢色黑，亦言熱者，由火熱亢甚，則反兼水化制之，故色黑也。故傷寒陽明病云云，法當大承氣下之，大便不黑者難（恐作“易”）治，諸痢同法。

按： 世人多以瀉痢之青、白、黑三色爲寒，黃、赤二色爲熱，今觀河間分五臟之論，煥然耳目，而知世人之非也。或曰：《內經》視絡脈之色，曰寒多則凝泣，凝泣則青黑；熱多則淖澤，淖澤則黃赤。又曰黃赤則熱，多白則寒。世俗之論，豈非本於此與？愚曰：《內經》論經脈之常色，心赤、肺白、肝青、脾黃、腎黑也。陰絡之色應其經，但陽絡之色隨四時而行，應無常色。遇天氣之寒則經絡凝泣，故其色多青黑；遇天氣之熱則經絡淖溢，故其色多黃赤。此蓋因外氣之寒熱而浮絡相應而然。凡人之在冬月炎天與夫久坐遠行，其面色相應亦皆然，非如痢色之出於臟腑，随內氣所感而生也。況滯下之證，多因濕熱所致。《內經》曰：肺熱者，色白而毛敗；心熱者，色赤而络脈溢；肝熱者，色蒼而爪枯；脾熱者，色黃而肉蠕動；腎熱者，色黑而齒槁。此雖論痿，亦可見五臟之內熱皆能顯此五色。今滯下之論五色，意實相同，然此不可與浮絡之因外氣相應者同語也。

【校記】

[一]“黃”，原誤作“黑”，今據天德尚賢堂本、文淵閣四庫全書本改。

辨赤白分冷熱之誤

《原病式》曰：或言下痢白爲寒者，誤也。若果爲寒，則不能消穀，何由反化爲膿也？所謂下痢穀反爲膿血，如世之穀肉果菜，濕熱甚則自化腐爛，潰發化爲膿血也。其熱爲赤，熱屬心火故也；其濕爲黄，濕屬脾土故也；燥鬱爲白，屬肺金也。經曰諸氣憤鬱，皆屬於肺，謂燥金之化也。然諸瀉痢皆兼於濕，今反言氣燥者，謂濕熱甚於腸胃之內，而腸胃拂熱鬱結[一]，而又濕主乎否[二]，以致氣液不得宣通，因以成腸胃之燥，使煩渴不止也。假如下痢赤白，俗言寒熱相兼，其説尤誤。豈知水火陰陽寒熱者，猶權衡也，一高則必一下，一盛則必一衰，豈能寒熱俱甚於腸胃而同爲痢乎？如熱生瘡瘍[三]而出白膿者，豈可以白爲寒與？其在皮膚之分，屬金，故色白也。次在血脈之分，屬心火，故爲血也。在肌肉，屬脾土，故作黄膿。在筋部，屬肝木，故其膿色帶蒼。深至骨，屬腎水，故紫黑血出也。各隨五臟之部而見五色，是其標也。本則一出於熱，但分淺深而已。大法：下迫窘痛，後重裏急，小便赤澀，皆屬燥熱，而下痢白者必多有之，然則爲熱明矣。

按：河間謂赤白不當分冷熱，乃屬肺金心火之化。又謂五色各屬五臟，本則一出於熱，其論至當。但世患此疾者赤白居多，今既以不當分冷熱爲治，若專以辛苦寒退熱，此則治本之法。所謂心火肺金之化者，抑有別與？蓋心主血，肺主氣，白屬肺金，此氣受病也，赤屬心火，此血受病也，赤白相雜，血氣俱受病也。知此，則肝青、脾黄、腎黑之説，亦可得而互明矣。

【校記】

[一]“熱”，原脱，今據天德尚賢堂本補。

[二]“主乎”，原誤作“至於”，今據天德尚賢堂本改。

[三]“生”，原脱，今據《素問玄機原病式·六氣爲病》補。

論熱藥治痢之誤

《原病式》云：或曰白痢既爲熱病，何故服辛熱之藥亦有愈者耶？蓋辛熱之藥，能開發腸胃鬱結，使氣液宣通，流濕潤燥，氣和而已。蓋病微者可愈，甚者鬱結不開，其病轉加而死矣。凡治熱甚吐瀉亦然。夫治諸痢者，莫若以辛苦寒藥治之，或微加辛熱佐之則可。蓋辛能發散開通鬱結，苦能燥濕，寒能勝熱，使氣宣平而已，如錢氏香連丸之類是也。故治諸痢者，黄連、黄柏爲君，以其至苦大寒，正主濕熱之病。乃若世傳辛熱金石毒藥治諸吐瀉下痢，或有愈者，以其善開鬱結故也。然雖亦有驗者，或不中效，反更加害。

按：治痢用辛苦寒之劑，開欝、燥濕、勝熱三法俱備。世之用辛熱金石毒藥者誠非也，然亦有久痢腸胃虛滑者，亦當求責。

治痢通因通用之法

子和云：夫下痢膿血，腹痛不止，可用調胃承氣湯，加薑、棗煎，更下藏用丸，瀉訖，以五苓、益元調下。又一男子，瀉痢不止如傾，不敢冷坐，諸醫皆以爲寒治，延二十載。兩手寸脈皆滑，余不以爲寒。所以寒者，水也。以茶調散湧寒水五七升，又以無憂散泄積水數十行，乃通因通用之法也。次以淡劑利水道。

按：此用吐下以治痢，本《內經》通因通用之說。使腸胃虛滑者，其可下乎？中氣虛弱者，其可吐乎？今云可下者，謂有積滯在腸胃，壅塞不通者也[一]。可吐者，謂有痰飲在膈上，氣不能降，以致大腸不能收斂者也。丹溪曰：積濕成痰在肺中，宜大腸之不固也，清其源則流自清矣。正是此意。

【校記】

[一]“塞”，原脱，今據天德尚賢堂本補。

論《局方》用熱藥澀藥之非

丹溪曰：泄痢一證，《局方》用鍾乳健脾丸、朝真丹、訶藜勒丸、大溫脾丸等藥，皆用熱藥爲主治，澀藥爲佐使，當爲腸虛感寒而成滑者設也。彼瀉痢者將無熱證耶？將無積滯耶？《內經》曰：痢有膿血，多屬滯下。夫瀉痢證，其類尤多，先賢曰濕多成泄，此確論也。然有挾風者，固不可得而同矣。況風與濕之外，又有雜合受邪，似難例用澀熱之藥。《局方》出證有兼治裏急者，有兼治後重者，有兼治裏急後重者，此豈非滯下病乎？今瀉痢與滯下衮同論治，實實虛虛之患，將不俟終日矣。經曰：暴注下迫，皆屬於熱。又曰：暴注皆属火。又曰：下痢清白属於寒。属火熱者二，属水寒者一，瀉痢一證，似乎属熱者多，属寒者少。《局方》專以澀熱爲用，若用之於下痢清白爲寒者，或可矣。所謂下迫者，即裏急後重之謂也，其病属火，相火所爲，其毒甚於熱矣，投以澀藥，非殺而何？

滯下亦有挾虛挾寒

丹溪曰：或問河間之言滯下，似無挾虛挾寒者乎？否乎？予曰：泄痢之病，水穀或化或不化，並無努責，惟覺困倦。若滯下則不然，或膿或血，或膿血相雜，或腸垢，或無糟粕，或糟粕相混，雖有痛、不痛、大痛之異，然皆裏急後重，逼迫惱人，似乎皆熱證實證也。予近年涉歷，亦有大虛大寒者，不可不知，敢筆其略，以備采覽。予從叔，年逾五十，夏間患滯下病，腹微痛，所下褐色，後重頻並，穀食大減，時有微熱。察其脈，皆弦而澀，似數而稍長，却喜不甚浮大，兩手相等。視其神氣大減。予曰：此滯下憂慮所致，心血虧，脾氣弱耳。遂與參、术爲君，當歸、陳皮爲臣，川芎、炒芍藥、茯苓爲佐使，時暄熱甚，加少黄連，兩月而安。婁長官，年三十餘，奉養厚者，夏秋間患滯下，腹大痛。有人教服单煮乾薑，與一貼則痛定，少頃又作，又與之，定，由是服乾薑至三斤。八日視之，左脈弦而稍大似數，右脈弦而大稍減，亦似數，重取之似緊。予曰：此必醉飽後吃寒涼太過，而當作虛寒治之。因其多服乾薑，遂教用四物湯去地黄，加人參、白术、陳皮、酒紅花、茯苓、桃仁，煎，入生薑汁飲之，至一月而安。金氏婦，年近四十，秋初尚熱，患滯下，腹但隱痛，夜重於晝，全不得睡，食亦稍減，口乾不飲，已得治痢靈砂二貼矣。予觀之，兩手脈皆澀，且不匀，神思倦甚，飲食全減。因與四物湯，倍加白术，以陳皮佐之，與十數貼而安。此三病者，若因其逼迫而用峻劑，豈不誤人？

按：滯下之證，古人多與泄瀉同論，至《三因方》始能另立條目，蓋實有不同。夫病有從外感而得者，須分六氣之異，外既受傷，腸胃鬱結，遂成赤白等證，當随其寒熱溫涼以調之。有因臟氣發動，干犯腸胃而得者，須察其何臟相乘，以平治之。又有因飲食失節而得者，則又審其何物所傷，以消剋之。世之感此疾者，其因誠不越乎是三者[一]。但其受病之後，腸胃拂鬱，膿血稠黏，裏急後重，諸方雖有寒熱虛實之論，劉河間則以爲一出於熱。然考之《內經》，似亦熱多而寒少也。我丹溪先生則以爲亦有挾虛挾寒之證，深戒學者，須宜識此。世之《局方》不辨三因，專用澀熱之藥，其失甚矣。至河間立說，專用苦寒疏下之藥，則亦未甚爲當，何則？蓋病有虛實，治有先後。若病氣暴至，元氣壯實，積滯膠固，須宜下之。病久氣脱，腸胃虛滑不禁者，亦宜溫之澀之。大抵治痢，當從仲景、河間之法，可溫則溫，可下則下，或解表，或利小便，或待其自已。劉河間分別在表、在裏、挾風、挾熱、挾寒等證，後之作者無越於斯。但氣血一條，未嘗表出立論，其於芍藥湯下有曰：行血則便自愈，調氣則後重除。蓋謂溲便膿血，血之滯也，故曰行血自愈；奔迫後重，氣之實也，故曰調氣自除。誠哉是言，但膿血赤白亦有氣病、血病之分，後重裏急亦有氣實、血虛之異，學者又不可不察，詳見前論。

【校記】

［一］“乎”，原誤作“夫”，今據文淵閣四庫全書本改。

滯下治法

治熱之劑

仲景白頭翁湯：治熱痢重下者。

白頭翁二兩　黄連　黄柏　秦皮各三兩

右四味，以水七升煮取二升，去柤，服一升。不愈，再服。

按：此治痢在下焦，腎虚有熱也。經云腎欲堅，故用純苦之劑以堅之，出太陰例藥也，以其下痢屬太陰故也。

機要黄芩芍藥湯：治泄痢腹痛，或後重身熱，久不愈，脈洪疾，及下痢膿血稠黏。

黄芩　芍藥各二兩　甘草五錢

右咀，每服半兩，水一盞半煎一盞，溫服。

按：此手足太陰經之藥也。仲景用芍藥甘草湯以復其陰，酸以收之，甘以緩之，酸甘相合，以補陰血也。芍藥，白者補，赤者瀉，出太陽芍藥甘草例。

大黄湯：治泄痢久不愈，膿血稠黏，裏急後重，日夜無度。

大黄一兩

右細剉，好酒二大盞同浸半日許，再同煎至一盞半，去大黄，將酒分爲二服，頓服之，痢止。一服如未止，再服，取利爲度，後服芍藥湯以和之。利止，再服黄芩芍藥湯，徹其毒也。

按：此乃陽明調蕩滌邪熱之藥，用酒煎者，欲其上至頂顛，外徹皮毛也。

芍藥湯：下血調氣。經曰：溲而便膿血，知氣行而血止也。行血則便自愈，調氣則後重除。

芍藥一兩　當歸　黄連各半兩　檳榔　木香各二錢　桂二錢半　大黄三錢　黄芩半兩　甘草二錢，炙

右咀，每服半兩，水煎，食後溫服清。如利不減，加大黄。

按：此行血調氣，不熱之藥也。大凡用藥之雜與品味之多者，難以細分經絡，當觀其大體如何，此則太陽桂枝例藥也。

白术黄芩湯：服前藥，痢雖除，更宜此調和。

白术一兩　黄芩七錢　甘草三錢

右咀，匀作三服，水煎，服清。

按：此去濕熱、和中活血之藥也。

錢氏芍藥蘗皮丸：

芍藥　黄柏各等分

右爲末，水丸。

守真芍藥蘗皮丸：治一切濕熱惡痢。

芍藥　黄柏各一兩　黄連　當歸各半兩

右爲末，水丸如小豆大[一]。

按：此二方補陰降火，下焦之藥也，出太陽例。

局方黄連阿膠丸：治冷熱不調，赤白下痢。

阿膠炒，二兩　黄連三兩　茯苓二兩

右，水熬阿膠膏，溲和二末，爲丸，米飲服。

按：此補虚、退熱、除濕之藥也，出太陽例。海藏云：已上苦寒之劑，元病不經内傷冷物者，宜察其當服人之虚實[二]，及以脈別之。

【校記】

[一]“大”，天德尚賢堂本此下有“每服四五十丸，白湯下”九字。

[二]“其”，原誤作“亦”，今據天德尚賢堂本改。

治寒之劑

局方桃花丸：治冷痢腹痛，下如魚腦白物。

赤石脂煆　乾薑炮，各等分

右爲末，蒸餅糊丸，米飲下三四十丸，日三服。

按：此出陽明例藥方。

丹溪曰：桃花丸，即《要略》桃花湯也，仲景以治便膿血，用赤石脂丸者、乾薑、粳米同煮作湯，一飲病安，便止後藥。意謂病下焦血虚且寒，非乾薑之溫，石脂之澀且重，不能止血。粳米味甘，引入腸胃，不使重澀之體少有凝滯，藥行易散，餘毒亦無。《局方》不知深意，改爲丸藥，劑以麪糊，日與三服，果能與仲景之意合否也？

嚴氏當歸丸：治冷留腸胃，下痢純白，腹痛。

當歸酒洗　芍藥　附子炮，去皮臍　白术　乾薑炮　厚朴　阿膠　烏梅肉二兩　蛤粉炒，

各一兩

右爲細末，醋糊丸桐子大，每服五十丸，米飲送下。

局方訶藜勒散：治腸胃虚弱，泄利水穀，漸成痢疾。

青皮去穰　肉豆蔻麪裹，煨　肉桂五錢　附子炮，去皮臍，一兩　訶子仁四兩[一]

右爲末，每服三錢，薑三片，煎服。

按：《局方》以白痢爲寒，多用辛熱燥毒之藥。若用之於下痢清穀，腸虚感寒者，或可矣。若膿血稠黏，属火之證用之，非殺而何？但感寒之證，吾恐什百而一二也。

【校記】

[一]“四”，此上原衍“各”字，今據天德尚賢堂本删。

冷熱之劑

古方駐車丸：治冷熱下痢，腸滑赤白。

黄連六兩　乾薑　當歸各二兩　阿膠

右先以醋煮膠令消，入前三藥和匀，衆手丸桐子大，米飲下。

局方香連丸：治冷熱不調，下痢赤白，膿血相雜，裹急後重。

黄連去芦，二十兩，用吴茱萸十兩同炒令赤色，去茱萸不用　木香四兩八錢，不見火

右爲細末，醋糊丸桐子大，每服二十丸，空心米飲下。

按：此出太陰例藥也。

戊己丸：治胃經受熱，泄痢不止。

黄連　吴茱萸去梗，炒　白芍各五兩

右爲細末，麪糊丸桐子大，每服三十丸，米飲下。

按：此出厥陰已寒例。已上三方出證治冷熱下痢，蓋冷熱異氣，水火相反，豈能同在腸胃爲病耶？論中辨之詳矣。但其製方亦有暗合妙理，惜乎世人莫知其深意也。三方皆以黄連苦寒之藥爲君，正治濕熱之氣，佐以辛苦溫藥，所以開欝行滯，氣血宣通，病亦自已。乾薑、木香、茱萸三者，各隨經合宜而用，要在學者臨機應變，又不可拘執於此也。

治風之劑

機要防風芍藥湯：治泄痢飱泄，身熱脈弦，腹痛而渴，及頭痛而微汗。

蒼术防風湯：治泄痢，脈弦頭痛。

良方神术散：治春傷於風，夏必飱泄。（已上三方並見泄瀉門）

澹寮方倉廩湯：治下痢頭痛，心煩不食。

局方敗毒散四錢，加陳倉米百粒，薑、棗煎服。

按：此乃發散風寒之劑，出太陽例藥也。

治濕之劑

機要白朮芍藥湯：治脾經受濕，水泄注下。

蒼朮芍藥湯：同。

仲景五苓散

宣明益元散

（已上四方並見泄瀉門）

治暑之劑

局方黃連香薷飲：治感暑下痢鮮血。（方見暑門）

按：此解散暑熱，心肺藥也，出太陰厚朴例。

宣明桂苓甘露飲

子和桂苓甘露飲（方並見暑劑）

按：此三方解表，利小便，大瀉濕熱，氣分藥也，太陽經藥也。

攻下之劑

仲景大承氣湯（方見下劑）

按：此泄熱、蕩滌腸胃之劑，痞、滿、燥、實四證者可用，出陽明例藥也。

宣明玄青丸：治下痢勢惡，頻並窘迫，或久不愈，諸藥不能止，須可下之，以開除濕熱痞悶積滯。

黃連　黃柏　大黃　甘遂　芫花醋拌炒　大戟各半兩　牽牛四兩，取末二兩　輕粉二錢　青黛一兩

右爲末，勻水丸小豆大，初服十丸，每服加十丸，日三，以快利爲度。

機要厚朴枳實湯：治虛滑久不愈，多傳變爲痢，先以此湯，防其傳變。

厚朴　枳實炒，各一兩　訶子皮一兩半，生熟　木香半兩　黃連　大黃　甘草炙，各三錢

右爲末，每服三五錢，水煎服。

按：已上三方逐積去熱之藥也。大黃瀉血也，牽牛瀉氣也，甘遂、大戟、芫花泄水也，厚朴、枳殼泄痞滿也，各隨其病所宜，選而用之。

局方蘇感丸：去臟腑有積下痢。

以蘇合香丸與感應丸二藥和勻，如粟米大，每服五丸，淡薑湯空心下。

按：《局方》之學，多以此治痢去積，故録於此。然二藥之類聚溫熱，用於傷寒傷冷之物者則可，然有熱之人，積滯雖去，熱毒必行，其害何可勝言哉？

本事方靈砂丹：治一切積痢。

硇砂 朱砂並研細，各二錢半

右用黄蠟半兩，巴豆三七粒，去殼皮膜，同於銀石器內重湯煮一伏時，候巴豆紫色爲度，去二七粒，止將一七粒與前藥同研極勻，溶蠟和藥，旋丸菉豆大，每服三丸至五丸。水瀉，生薑湯下；白痢，艾湯下；赤白痢，烏梅湯下。空心服。

丹溪曰：仲景治痢之法，下者率用承氣加減，何嘗以砒、巴豆、丹、硇決烈燥毒之劑？蓋大黄之寒，其性善走，佐以厚朴之溫，善行滯氣，緩以甘草之甘，飲以湯液，灌滌腸胃，滋潤輕快，無所留滯，積行即止。此砒、丹、巴、硇熱毒類聚成丸，其氣凶暴，其體重燥，積垢雖行，毒氣未歇，借使有愈疾之功，其腸胃清淳之氣能免旁損暗傷之患乎？

消積之劑

脾胃論聖餅子：治瀉痢赤白，臍腹撮痛，久不愈。

黄丹二錢 定粉三錢 密陀僧二錢 舶上硫黄三錢 輕粉少許

右爲細末，入白麪四錢，滴水和如指尖大，捻作餅子，陰乾，食前漿水磨化服之，大便黑色爲妙。

元戎聖功丸：專治血痢。

膩粉三錢匕 定粉二錢匕

一法加蛤粉。右研勻，水浸蒸餅丸菉豆大，艾湯下。

止澀之劑

仲景桃花湯：治下痢，便膿血。

赤石脂一斤，一半剉[一]，一半末 乾薑一兩 粳米一升

右三味，以水七升煮米令熟，去滓，溫七合，内赤石脂末方寸匕，日三服。若一服愈，勿再服。

按：此方出手陽明例藥也，但赤治丙而白治庚也。

【校記】

[一]“一”，原脱，今據天德尚賢堂本補。

嚴氏禹餘糧丸：治腸胃虛寒，滑泄不禁。

禹餘糧石煅　赤石脂煅　龍骨　畢撥　乾薑炮　訶子麪裹，煨　肉豆蔻麪裹，煨　附子炮，去皮臍，各等分

右爲末，醋糊丸梧子大，每服七十丸，空心米飲下。

局方真人養臟湯：治冷熱不調，下痢赤白，裏急後重，腹痛脱肛。

罌粟殼去蒂蓋，蜜炙，三兩六錢　人參　當歸各六錢　肉桂八錢　訶子皮一兩二錢　木香二兩四錢　肉豆蔻麪裹，煨，半兩　白术六錢　白芍一兩六錢　生甘草一兩八錢

右咀，每服四錢，水煎服。臟寒，加附子。

水煮木香丸：治一切下痢赤白，膿血相雜，裏急後重。

罌粟殼去穣，二兩八錢　青皮去白，二兩八錢　甘草二兩四錢　當歸洗，去芦，六兩　訶子炮，去核，八兩　木香不見火，六兩

右爲末，蜜丸如弹子大，每服一丸，水八分盏煎化，溫服。

秘藏訶子散：治腸胃虛寒泄瀉，米穀不化，腸鳴腹痛，脱肛及作膿血，日夜無度。

御米殼去蒂蓋，蜜炒，半兩　訶子煨，去核，七分　乾薑炮，六分　橘皮半錢

右爲細末，分作二服，水煎，和滓熱服，空心下。

《十劑》云：澀可以去脱。以米殼之酸微澀上收固氣去脱，主用爲君；以訶子皮之微酸上收固血，治其形脱，橘皮微苦溫，益真氣，升陽，爲之使；以乾薑大辛熱除寒，爲臣，亦爲主治也。

按：已上諸方皆行溫熱之藥，固氣止血，緊澀腸胃，當爲腸虛感寒而成滑者設也。且滯下之證，多属於熱，兼有積滯，《局方》一門專主澀熱，似難例用。

宣明香連丸

木香　訶子肉麪煨　黄連炒，各半兩　龍骨一錢

右爲細末，飲丸黍米大，每服二十丸，米飲湯下。

機要訶子散：治泄痢腹痛，漸以泄下微少，宜此止之。法云：大勢已去而宜止之。

訶子皮一兩，半生半熟　木香半兩　黄連三錢　甘草炙，三錢

右爲細末，每服二錢，以白术芍藥湯下。如止之不已，宜歸而送之，加厚朴一兩，竭其邪氣也。

脾胃論訶藜勒丸：治休息痢，日夜無度，腥臭不可近，臍腹撮痛。

椿根白皮 訶子肉半兩 母丁香三十箇

右爲細末，醋糊爲丸如桐子大，每服五十丸，溫米飲下。

按：已上諸方，用溫涼之藥以止痢，較之《局方》專用澀熱，則變法矣。夫脱則用澀，理所當然。脱而挾寒，溫之熱之可也；脱而挾熱，涼而澀之可也。寒熱各随所宜而用，似難偏執一說。

宣明三聖散：治產後下血痢不止。

烏魚骨炒 燒綿灰 血餘灰汁脂者，各等分

右細末，每服一錢，煎石榴皮湯調下，熱服。

按：此專主止血之劑。

收斂之劑

嚴氏烏梅丸：治熱留腸胃，下痢純血，臍腹疞痛。

烏梅肉二兩 黄連三兩 當歸 枳殼各一兩

右爲細末，醋糊丸桐子大，每服七十丸，食前米飲下。

元戎烏梅散：治下痢，津少大渴，引飲不休。

烏梅焙乾，半兩 茯苓 木爪各一兩

一法加桂三錢半。

右咀，每服五錢，生薑三片，煎。

按：仲景烏梅丸治傷寒吐蚘，後人用治下痢，此皆酸收之義，出太陽桂苓例藥也。

血劑

局方胃風湯：治風冷乘虛入客腸胃，水穀不化，泄瀉注下，及腸胃濕毒，如下豆汁，或下瘀血，日夜無度。

人參 白茯苓 芎藭 桂 當歸 白芍 白术各等分

右粗散，每服二錢，入粟米數粒同煎，食前服。

按：此方名爲治風，而實非治風，乃補血和血、益胃氣之藥，下血痢而挾虛者，實可倚仗。出太陽桂苓例藥也。

良方加味四物湯：治血痢。

四物加阿膠、艾葉。

《保命集》一方，四物內加槐花、黄連、御米殼等分。

按：此補血溫血之藥，出厥陰例藥也。

宣明白术湯：治孕婦痢膿血。

白术　黄芩　當歸各等分

右爲末，每服三二錢，水煎，食前服。

補劑

良方十全大補湯：治一切婦人病痢，四十日諸藥不愈，六脈沉弱。大凡痢脈，宜沉宜弱，但服此藥而愈。（方見補劑）

右薑、棗煎成，加白蜜半匙，再煎數沸，服。

《良方》治妊娠下痢，腹痛，小便澀。

糯米一合　當歸炒　黄芪各一兩

右細切，和匀，水煎服。

按：此二方不分經絡。補血之劑，今人治痢而用此者蓋鮮矣，殊不知血氣虚脱之人與夫胎前產後之證，此法不可無也，故特立條目，以表章之。

雜方

《良方》治疫毒痢，敗毒散多加人參、甘草、陳皮，薑、棗煎服。

按：此方詳見論中。

嚴氏茜根丸：治一切毒痢及蠱注利，血下如雞肝，心煩腹痛。

茜根洗　川升麻　犀角　地榆　當歸　黄連　枳殼　白芍

右等分，爲末，醋煮米糊爲丸如桐子大，每服七十丸，空心米飲下。

按：此方消化死血、解飲食毒之藥。

《百一選方》治禁口痢，石蓮去殼，留心並肉，碾爲細末，每二錢，陳皮飲調下。此是毒氣上衝心肺，借此以通心氣，便覺思食。

《澹寮方》治禁口痢，毒氣上衝心肺者，敗毒散四錢，陳倉米一百粒，薑三片，棗一枚，煎。

又方[一]　治脾胃虚弱，禁口痢，用山藥一味，剉如小豆大，一半銀器内炒熟，一半生用，同爲末，米飲調下。

按：禁口痢，古人論之者少，故留此三方以備急。然石蓮之通心氣，敗毒散散表邪，山藥之補脾胃，果能開胃口而進食乎？

導氣湯：治下痢膿血，裹急後重，腹疼作渴，日夜無度。

黄連　黄芩　大黄　白芍　當歸　木香　檳榔

右㕮咀，水煎。

此方即前芍藥湯加減桂、甘草二味，今人多如此用，故收入。

【校記】

[一]“又”，原誤作“右”，今據文义改。

玉機微義卷之五

玉機微義卷之六

泄瀉門

（此門宜與滯下看）

瀉痢生死脈法

《内經》云：脈細皮寒，少氣，泄痢前後，飲食不入，是謂五虚，死。其漿粥入胃，泄注止，則虚者活。

《脈經》云：泄注脈緩，時小結者生，浮大數者死。又洞泄食不化，不得留，下膿血，脈微小連者生，緊急者死。

《脈訣》云：下痢，微小即爲生脈，大浮洪無差日。

仲景治痢大法

東垣治痢大法

（按此並見滯下門）

瀉分寒熱

《病機機要》云：臟腑瀉痢，其證多種，大抵從風濕熱論，是知寒少熱多，寒則不能久也，故曰暴瀉非陽，久瀉非陰。大便完穀下，有寒有熱。熱者脈疾，身多動，音聲響亮[一]，暴注下迫，此陽也；寒者脈沉而細，身不動作，目睛不了了，飲食不下，鼻准氣息者，薑附湯主之。若身重，四肢不舉，术附湯主之。

按：此以瀉之久暴分陰陽，正如傷寒之病，始爲寒，而終則傳變而爲熱也，然亦必以脈證參訂焉。

《原病式》曰：瀉白爲寒，青、黄、紅、赤、黑皆以爲熱也。大抵瀉痢，小便清白不澀爲寒，赤澀者爲熱。又完穀不化而色不變，吐利腥穢，澄澈清冷，小便清白不澀，身涼不渴，脈遲細而微者，寒也；穀雖不化而色變非白，煩渴，小便赤澀者，熱證也。凡穀消化，無問色及他證，便爲熱也。寒泄而穀消化者，未之有也。或火性急速，傳化失常，穀雖不化而飧泄者，亦有之矣。仲景云邪熱不殺穀，然熱得濕則飧泄也。

【校記】

［一］“音”，原誤作“者”，今據天德尚賢堂本、文淵閣四庫全書本改。

論瀉痢有濕有熱有風有寒

《機要》云：有太陰經受濕而爲水泄虚滑，身重微滿，不知穀味，久則防變而爲膿血。脾經傳腎，謂之賊邪，故難愈。若先利而後滑，謂之微邪，故易痊。此皆脾土受濕之所爲也。

有厥陰經下痢不止，其脈沉而遲，手足厥逆，涕唾膿血，此難治，宜麻黄湯、小續命汗之。此有表邪縮於內，當瀉表邪而愈。

有暴下無聲，身冷自汗，小便自利，大便不禁，氣難布息，脈微嘔吐，急以重藥溫之，漿水散是也。

論暴注屬火

子和云：夫暴注瀉水不已，《內經》曰注下也。注下，水利也，暴速甚者屬火，宜用冰調桂苓甘露飲、五苓、益元散，或以長流水煎，放冷，服涼膈、通聖，亦能治之。慎不可驟用罌粟殼、乾薑、豆蔻之類，縱瀉止，亦轉生他疾，止可分陰陽、利水道而已。

按：已上論所辨寒、熱、風、濕、火等證[一]，所以明六淫之邪皆能爲瀉爲注者，亦當各随所淫之邪分而治之可也。

【校記】

［一］“論所辨”，文淵閣四庫全書本作“所論辨”。

論胃氣下降爲飧泄

《機要》云：夫脾胃同濕土之化，主腐熟水穀，胃氣和平，飲食入胃，精氣則輸於脾土，歸於肺，行於百脈而成榮衛。若飲食一傷，起居不時，損其胃氣則上升，精華之氣反下降，是爲飧泄，久則太陰轉少陰而爲腸澼。

論春傷於風夏必飧泄

《機要》云：春宜緩形，形緩動則肝木乃榮，反靜密則是行秋令，金能制木，風氣內藏[一]，夏至則火盛而金去，獨火木旺而脾土損矣，輕則飧泄脈洪[二]，穀不化，重則下痢膿血稠黏。

《良方》云：經云春傷於風，夏必飧泄，蓋風喜傷肝，春時木旺不受邪，反移氣尅於脾土，脾既受尅，不能運化，因成積滯，夏秋之間再感暑濕風冷之氣，發動而成痢也。

【校記】

［一］“氣”，原脱，今據天德尚賢堂本補。“藏”，原誤作“臟”，今據天德尚賢堂本改。

［二］“洪”，原誤作“泄”，今據《衛生寶鑒》卷十六改。

論飧泄屬風宜汗

子和云：飧泄不止，完穀下出[一]，發汗可也，桂枝麻黄湯主之。此證以風爲根，蓋風随汗出也。

按：飧泄證，《機要》謂胃氣下流及春行秋令，《良方》謂春木旺，移氣尅脾。二論雖殊，要之皆因風木傳變而脾土受邪爾。子和謂風随汗解，此論固是，然亦須随其傳變而治，不可執此一法也。

【校記】

［一］“下”，原誤作“不”，今據《儒門事親》卷二改。

瀉分三因

《三因》：嚴氏云：泄瀉一證，經中所謂洞泄、飧泄、溏泄、溢泄、濡泄、水穀注下[一]是也，所因有內、外、不內外差殊耳。經云：春傷於風，夏必飧泄。又云：濕勝則濡泄，寒甚則爲泄，暑熱盛之亦爲泄。至於七情感動，臟氣不平，亦致溏泄。其如飲食不節，過食生冷而成泄瀉者，乃胃脾有傷也。但停滯泄瀉一證，直須積滯已消，然後用以斷下藥。今人往往便固止之，多成痢疾者矣。治法先理中焦，次分利水穀，治中不效，然後斷下。

按：此三因所分甚詳，但外所淫者既六，而立方止有其二，內之七情爲證，而又不詳及於治法。

【校記】

[一]“水”，原誤作“米”，今據《三因極一病證方論》卷十一改。

治瀉痢用吐下汗三法

子和云：一僧臟腑不調，三年不效。此洞泄也，以謀慮不決而成。肝主謀慮，甚則乘脾，脾濕不流，乃上湧痰半盆。又以舟車丸、濬川散下數行，仍使澡浴出汗，自爾日勝一日[一]，常以胃風湯、白术散調養之。

按：子和爲治，大率多用此三法。洞泄一證，縱其果有積滯鬱結之甚，元氣壯實者，亦不宜驟用此三法，況有積滯雖甚而元氣尤虛者哉？設使果當用此三法者，亦當如仲景察證以辨其吐汗下者，有可、不可下之殊。況仲景治痢又有合下、合溫之法焉，此得非孟浪乎？

【校記】

[一]“自”，原誤作“日”，今據天德尚賢堂本、文淵閣四庫全書本改。

丹溪論局方用熱藥澀藥治痢之誤

（按此見滯下門）

謹按：泄瀉一證，古方率以爲腸胃虛寒與風冷乘之爲論，故多行澀熱之劑。彼瀉痢者豈無積滯？豈無熱證乎？今觀《病機機要》，所論有屬寒、屬風、屬濕[一]、屬火之證，此因於外而傷者也。又云：厥陰經動，並胃氣下降，爲瀉痢。《三因》所言七情感動，臟氣不平，亦致溏泄，此則因於內而傷者也。外則當調六氣，內則當平五臟，況又有飲食所傷、腸胃停滯所致者，治法各不同也。然更有因胃氣下流而泄者，在法則當升舉；因風而成飧泄者，則當解散；因痰積於上焦以致大腸之不固而泄者，又當去上焦之痰而不治其瀉；因脾胃氣虛而泄者，又當補中益氣，使胃氣升騰而泄自止。蓋各求其本而治可也。

【校記】

[一]“屬”，原脱，今據天德尚賢堂本補。

泄瀉治法

治濕之劑

機要白术芍藥湯：治太陰脾經受濕，水泄注下，體重微滿，困弱無力，不欲飲食，暴泄無數，水穀不化，宜此湯和之。身重暴下，是大勢來，亦宜和也。

白术　芍藥各一兩　甘草五錢

右剉，每服一兩，水煎。

治濕瀉，**茯苓湯**，又治食瀉濕熱。

白术　茯苓各七錢半

右咀，每服一兩，水煎，食前服。一方有芍藥，三味等分，名白术散。

按：已上二方和中除濕，足太陰、陽明經藥也。白术之甘入胃而除脾胃之濕，芍藥之酸澀除胃中之濕熱，四支困，茯苓利水道而除濕，此三味，泄痢須用之藥也。

蒼术芍藥湯：如前證。

蒼术二兩　芍藥一兩　黃芩半兩

右剉，每服一兩。加淡味桂半錢，煎服清。

按：此解散濕熱，上中二焦之劑，太陰經的藥也。

良方胃苓湯：治夏秋之間脾胃傷冷，水穀不分，泄瀉不止。

五苓散　平胃散

右合和，薑、棗煎，空心服。

按：此乃表裏除濕之劑，東垣所謂上下分消其濕是也，太陽、太陰經藥也，出陽明飲痞例。

仲景五苓散

宣明益元散（方並見濕劑）

按：已上二方，除濕、利小便之劑，太陽經的藥也。

治風之劑

機要防風芍藥湯：治泄痢飧泄，身熱脈弦，腹痛而渴[一]，及頭痛微汗。

防風　芍藥　黃芩各一兩

右咀，每服半兩，水煎，服清。

按：此治風辛涼之劑，太陰、太陽經藥也。

蒼术防風湯：治泄痢，脈弦，頭微痛。

蒼术二兩 防風一兩

一方蒼术四兩，麻黃一兩，防風五錢。薑七片煎。

按：此足太陰、陽明經藥也。

良方神术散：治春傷於風，夏必飧泄。

蒼术一斤 藁本 川芎各六兩 羌活四兩 粉草 細辛一兩六錢

右粗末，每服三錢，薑三片煎。要出汗，加葱白。

按：已上三方治風勝濕辛溫之劑，此則太陽經藥也。

局方胃風湯：治大人小兒風冷乘虛入客腸胃，水穀不化，泄瀉注下。（方見滯下門）

按：此方名曰治風，其實和血之藥也。

【校記】

[一]"渴"，原誤作"得"，今據天德尚賢堂本改。

治熱之劑

局方戊已丸：治脾胃濕熱，泄痢不止。（方見滯下門）

按：泄瀉，《局方》多以爲寒，至劉、張始言有屬熱、屬火之證，故諸方中治熱瀉之方甚少。然仲景治傷寒挾熱下痢用葛根黄芩黄連湯，但人未之思耳。

治暑之劑

局方來復丹：治伏暑泄瀉如水。（方見本方）

《易簡》云：硝石性寒，佐以陳皮，其性疏快，硫黄且能利人，若作暖藥以止瀉，誤矣。蓋由啖食生冷，或冒暑熱之氣，中脘閉結，揮霍變亂，此藥通利三焦，分理陰陽，服之甚驗。

按：此出厥陰硫黄例藥也。

香薷飲：治伏暑吐瀉。（方見暑劑）

按：此治暑之表藥也，肺脾經藥也，出太陰厚朴例。

宣明桂苓甘露飲：治飲水不消，嘔吐泄痢，或下痢赤白。（方見暑劑）

按：五苓散、益元散加寒水石，解利濕熱，太陽經藥也。

治寒之劑

機要漿水散：治暴瀉如水，周身汗出，一身盡冷，脈微而弱，氣少不能語，甚者加吐，此爲急病。

半夏一兩，湯洗 附子半兩，泡 乾薑一作乾生薑 桂 甘草炙，各五錢 良薑二錢半

右爲細末，每服三五錢，漿水二盞煎至半盞，和滓熱服。

白术湯

白术 芍藥 甘草炙，各三錢 乾薑半兩，炮

右如前服。甚者去乾薑，加附子三錢，謂辛能發散也。

局方理中湯：治臟腑停寒，泄瀉不已。（方見寒劑）

按：此出厥陰已寒例藥也。已上用薑、附之藥，皆爲暴瀉氣脱如五虚等證救急之劑。所謂暴瀉，非陽者也，然有屬火者，亦當求責。

治風寒濕之劑

本事麴藭丸：治中風，或中風濕，臟腑滑泄。

川芎 神麴 白术 附子炮，等分

右爲細末，麪糊丸桐子大，每服三五十丸，溫米飲下。此藥亦治飧泄。

按：此出太陰例藥也。

止澀之劑

（按諸方論並見滯下門）

去積之劑

本事溫脾湯：治痼冷在腸胃間，泄瀉腹痛，宜先取去，然後調治，不可畏虚以養病也。

厚朴 乾薑 甘草 桂心 附子生，各二兩 大黄生，四錢，碎切，湯一盞漬半日，搦，去滓，煎湯時和滓下

右細剉，水二升半煎八合，後下大黄汁，再煎六合，去滓，服。

按：泄痢腹痛，其證多種，有積滯者，固宜取去，豈但痼冷一端而已？須詳證虚實寒熱，隨其所宜以調之。

升發之劑

東垣升陽除濕湯：自下而上者，引而竭之。

升麻 柴胡 防風 神麴 澤瀉 豬苓各半兩 蒼术一兩 陳皮 甘草炙 大麥蘗麪各三錢

如胃寒腸鳴，加益智仁、半夏各半錢，薑、棗同煎，非腸鳴不得而用之。

右作一服，水煎，早飯後熱服之。

升陽除濕防風湯：如大便閉塞，或裏急後重，數至圊而不能便，或有白膿或血，慎勿利之，利之則必致重病及鬱結而不通也，以此湯舉其陽，則陰氣自降矣。

蒼术泔浸，去皮乾淨，四兩 防風二錢 白术 白茯苓 白芍藥各一錢

右咀，除蒼术另作片子，水一碗半煎至二盞，內諸藥同煎至一大盞，熱服食前。

按：飲食入胃，氣上升，輸精心肺，然後下降。若脾胃有傷，不能上升，反下流腎肝而成泄痢者，法宜填補中氣，升之舉之，不可疏下。此東垣發前人所未論也。

調補脾胃之劑

錢氏白术散：治小兒泄瀉，胃熱煩渴，不問陰陽，並宜服之。

人參 白茯苓 白术 木香 甘草 藿香各一兩 乾薑按中論即是葛根，二兩

右爲粗末，每五錢，水煎服。

按：此太陰經四君子例藥也。治小兒陽明本虛，陰陽不和，吐瀉，亡津液，煩熱口乾，以參、术、甘草甘溫，補胃和中；木香、藿香辛溫芳香，可以助脾；茯苓甘平，分陰陽，導水濕；葛根甘平，倍於衆藥，其氣輕浮，鼓舞胃氣，上行津液，又解風肌熱，治脾胃虛弱泄瀉之勝藥也。

易簡白术湯：治證同前。

前方藿香改黄芪是也。

秘藏黄芪補胃湯：治一日大便三、四次，溏而不多，有時泄，腹中鳴。

黄芪 當歸身 柴胡 益智仁 陳皮各三錢 甘草炙，二錢 升麻六分 紅花少許

右咀，作一服，水煎，食前服。

補腎之劑

機要肉豆蔻丸：治腎泄久不愈，脉沉細無力者，效。

破故紙炒 肉豆蔻麪裹煨，各等分

右爲末，棗肉爲丸桐子大，飲湯下，空心。《本事方》破故紙四兩，肉豆蔻二兩，名二神丸，治脾腎虛弱。

本事五味子散：治腎泄。

五味子二兩 吴茱萸半兩，細粒緑色者

右二味，炒香熟爲度，細末，每服二錢，陳米飲下。有一親識，每五更初曉時必溏泄一次，此名腎泄，服此而愈。

局方金鎖正元丹：治腎虚泄瀉，小便頻數，虚冷之證。

五倍子 茯苓各八兩 龍骨煅 朱砂別研，各三兩 紫巴戟去心，一斤 補骨脂酒浸，炒，十兩 肉蓯容[一]洗焙 葫蘆巴焙，各一斤

右爲末，入研藥令匀，酒糊丸桐子大，每服三十丸，空心溫酒、鹽湯任下。

【校記】

[一]“容”，天德尚賢堂本、文淵閣四庫全書本並作“蓉”。

玉機微義卷之六

玉機微義卷之七

瘧門

《内經》敘瘧

《内經》云：夏傷於暑，秋必痎瘧。又云：先寒後熱者，名曰寒瘧；先熱而後寒，名曰溫瘧；其但熱而不寒者，名曰癉瘧。

按：《内經》論瘧，謂陰陽相並之虚實發爲寒熱，歷敘四時及六經五臟與胃之瘧，以至連日、間日發之早晏，最爲詳盡，學者必通考全文以熟玩之。

瘧脈

《要略》云[一]：師曰瘧脈自弦，弦數者多熱，弦遲者多寒。弦小緊者下之差，弦遲者可溫之，弦緊者可發汗針灸也，浮大者可吐之，弦數者風發也，以飲食消息止之。

《脈經》云：瘧脈自弦，微則爲虚，代散則死。

【校記】

[一]“《要略》”，原倒作“《略要》”，今據天德尚賢堂本乙正。

瘧備三因

陳無擇云：夫瘧備三因，外則感四氣，内則動七情，飲食飢飽，房室勞逸，皆能致之。經所謂夏傷暑，秋痎瘧者，此則因時而敘耳，不可專以此論。外所因證有寒瘧，有溫瘧，有癉瘧，並同《素問》。有濕瘧者，寒熱身重，骨節煩疼，脹滿自汗，善嘔，因汗出復浴，濕舍皮膚，及冒雨濕。有牝瘧者，寒多不熱，但慘戚振慄[一]，病以時作，此則多感陰濕，陽不能制陰也。五種瘧疾，以外感風寒暑濕，與衛氣相並而成。除癉瘧獨熱，溫瘧先熱，牝瘧無熱外，諸瘧皆先寒後熱。內所因證病者，以蓄怒傷肝，氣鬱所致，名曰肝瘧；以喜傷心，心氣耗散所致，名曰心瘧；以思傷脾，氣鬱涎結所致，名曰脾瘧；以憂傷肺，肺氣凝痰所致，名曰肺瘧；以失志傷腎所致，名曰腎瘧。所致之證，並同《素問》[二]。此五種瘧疾，以感氣不和，鬱結痰飲所致。不內外因，有疫瘧者，一歲之間，長幼相似；有鬼瘧者，夢寐不祥，多生恐怖；有瘴瘧者，乍熱乍寒，乍有乍無。南方多病有胃瘧者，飲食飢飽傷胃而成，世謂食瘧。有勞瘧者，經年不差，前後復發，微勞不任，亦有數年不差，結成癥癖在腹脇，名曰老瘧，亦曰母瘧。已上諸證，各有方治，宜推而用之。

按：無擇有七情感動、鬱氣成瘧之論，可謂發千古之未發。但所集隨證施治之方，皆是溫熱脾胃之劑，止有四獸飲云治五臟氣虛，結聚涎飲。夫以各臟君臣之藥，補虛瀉實之法，各各不同，豈可以一方通治七情之瘧哉？豈欲學者自求之與？嗟夫！醫之爲學，宋三百年，錢仲陽之下一人而已，其集方者尚如是，欲使人據證檢方，烏可得也？

【校記】

［一］"振"，原誤作"帳"，今據天德尚賢堂本改。
［二］"並"，原脱，今據天德尚賢堂本補。

論痰能致瘧

嚴用和云：《素問》謂瘧生於風，又夏傷於暑，此四時之氣也。或乘涼飲冷，當風臥濕，飢飽失時，致脾胃不和，痰積中脘，遂成此疾，所謂無痰不成瘧。一日一發易治，間日一發難愈，三日一發者尤其難愈。

按：此謂胃氣不和，痰積中脘而成瘧，則自內而生病於外也。與《素問》風暑外傷雖異，然外既受傷，則內氣必鬱亦生痰，此自外而生病於內也。瘧而挾痰，誠有之矣，其引以"無痰不成瘧"之一句，則失之偏也，其用藥治法亦且未詳。

瘧分三陽三陰淺深之異

《病機機要》云：經曰：夏傷於暑，秋必痎瘧。傷之淺者近而暴，傷之重者遠而爲痎。痎者，久瘧也，是知夏傷暑氣閉而不能發泄於外，邪氣內行，至秋而爲瘧也。有中三陽者，有中三陰者，其證各殊，同傷寒也。在太陽經謂之寒瘧，治多汗之；在陽明經謂之熱瘧，治多下之；在少陽經謂之風瘧，治多和之。此三陽受病，謂之暴瘧，發在夏至後處暑前，此乃傷之淺者近而暴也。在陰經則不分三經，總謂之濕瘧，當從太陰經論之，發在處暑後冬至前，此乃傷之重者遠而爲痎。痎者，老也，居西方，宜毒藥療之。

按：此分風暑所傷，有陰陽淺深之異，發前人所未論也。（詳見後論中）

瘧非脾寒及鬼食辨後添論斷

子和云：《內經》既以夏傷於暑而爲瘧，何世醫皆以脾寒治之，用薑、附、硫黄之類？甚者歸之祟怪，良可笑也[一]。又或因夏月飲食生冷之類，指爲食瘧，此又非也。豈知《內經》之論則不然，皆夏傷於暑，遇秋風寒而後作也。邪熱淺則連日，邪熱深則間日，並入於裏則寒，並入於表則熱。若此論，則了不相干於脾也。治平之時，其民夷靜，雖用砒石、辰砂有毒之藥，以熱治熱，亦能取效。擾攘之時，其民勞苦，內火與外火俱動，以熱攻熱，轉爲吐血、瀉血、瘡瘍、嘔吐之疾，豈與夷靜之人同治哉？余嘗用張長沙汗吐下三法愈瘧病極多，大忌錯作脾寒治之。

按：此云無脾寒及鬼瘧，皆是得之於暑，又謂平治與擾攘之時，治瘧不同，皆確論也。然食瘧則世亦有之者。然觀其用藥，以白虎加人參湯、小柴胡、五苓、桂苓甘露之類，則調之也，甚者當用承氣[二]、大柴胡下之，更不愈，以常山散吐之，悉是寒藥降火之劑，蓋以瘧從火之化也。又有謂治芻蕘貧賤之人與富貴膏粱不同之論，固是然，仍用溫脾散、辰砂丹劫藥，貧賤之人豈與治平時人同歟？貧賤者脾胃虚寒，其可用劫劑歟？此恐非出於子和之筆也，學者試思之。

或問：俗以瘧爲脾寒，何也？曰：此亦有理。天地之間，惟吴、楚、閩、廣人患此至多，爲陽氣之所盛處，其地卑濕，長夏之時，人多患暍、瘧、霍亂、瀉痢，傷濕熱也。本暑盛陽極，人伏陰在內，脾困體倦，腠理開發，或因納涼於水閣、木陰，及泉水澡浴，而微寒客於肌肉之間，經所謂遇夏氣淒愴之水寒迫之是也[三]。或勞役飢飽內傷而即病作，故指肌肉屬脾，發則多惡寒戰慄，乃謂之脾寒爾。實由風寒濕暍之邪郁於腠理，夏時毛竅疏通而不爲病，至秋氣斂之際，表邪不能發越，故進退不已，往來寒熱，病勢如淩虐人之狀，所以名“瘧”，即四時之傷寒，故十二經皆能爲病。古方治法多兼於理內傷取效，脾胃和而精氣疏通，陰陽和解，諸邪悉散。此實非脾病也，但病氣隨經升降，其發早暮日次不等，《內經·瘧論》中已詳[四]。季世以發表解肌、溫經散寒等法，亦未嘗執於燥脾劫劑也。又曰：既瘧本夏傷於暑爲病，世有不服藥餌，或人與符咒厭之，亦止，何也？曰：此夏時天地氣交，百物生發，濕熱熏蒸，禽蟲吐毒之際，人因暑熱汗出，神氣虚耗，感得時間乖戾之氣爲病，故與厭之亦止，若移精變氣之謂也。然古人稱瘧不得爲脾寒者，正恐人專於溫脾之説，不明造化之源而失病機氣宜之要故也。

【校記】

[一]“也”，原誤作“耶”，今據天德尚賢堂本改。

[二]“當”，原誤作“臟”，今據天德尚賢堂本改。

[三]“水”，原誤作“小”，今據天德尚賢堂本改。

[四]“《內經·瘧論》中”，原誤作“《內經》具病例”，今據天德尚賢堂本改。

痎瘧

丹溪曰：《內經》謂夏傷於暑，至秋爲痎。又曰：痎瘧皆生於風。痎瘧，老瘧也，以其隔兩日一作，纏綿未去。前賢或用峻劑，恐非禀受怯弱與居養所移者所宜[一]，始悟常山、烏梅、砒母劫劑，或誤投之，輕病爲重，重者危矣。夫三日一作者，陰經受病也。作於子午卯酉，少陰瘧也；作於寅申巳亥，厥陰瘧也；作於辰戌丑未日，太陰瘧也。瘧得於暑，當汗而解。或因取涼太過，汗欝成痰。其初感也，弱者即病，胃氣强者伏而不動，至於再感，復因內傷，其病乃作，宜其難差。夫感暑與風，皆外邪也，非汗多不解。來求治者，皆已經試劫劑，胃氣重傷，似難速愈，必先與參、术等補劑加減以取汗，得汗而虚，又行補養。下體屬陰，最難得汗，補藥力到[二]，汗出至足，方是佳兆。又有感病極深，邪氣必自臟傳出至腑，其發無時。若發於午之後、寅之前者，血受病也，爲難愈，須漸漸趲早，方是佳兆。故治此病者，春夏易，秋冬難，大忌飽食，以汗之難易爲優劣也。僉憲詹公，春得痎瘧，累試劫藥，綿延至冬。來求治，予知其久得汗，惟胃氣未完，非補不可。一味白术末之，粥丸，與二斤，盡藥大汗而安。如此者多，但略有加減，不必盡述。

按：《內經》以瘧從風寒暑而得之，乃天之邪氣所傷，當以汗解。仲景、河間悉用發表之藥，但以寒熱多少分經絡而治。然亦有三陰三陽之異也，蓋傷在陽者遲而暴，傷在陰者遠而深，在氣則發之早，在血則發之晏，淺則日作，深則間之。此雖分在陰在陽，是乃淺深之謂，皆當從汗而解也。《機要》謂在三陽經，其汗下和解同傷寒治。外邪解而內未已者，以早晚分氣血而用大柴胡、大承氣、桃仁承氣下之。久瘧，胸中欝欝，欲吐而不能吐，當以藜蘆散、雄黄散吐之。此爲暴病而氣實者設也。我丹溪先生論邪氣深入陰分血分而成久瘧者，必當用升發之藥自臟而出之於腑，然後自表作汗而解。若用下藥，則邪氣愈陷下而難出也。又久瘧之人正氣虚者，不可用劫藥損其胃氣。劫之數次不愈者，病若不變，必待春來氣升，瘧氣隨升發之氣而出方已。遇此者，當以補之。一婦人久痢，一子亦痢死，哭甚，數日後痢止瘧作。醫與四獸飲之類，凡兩月。

召予視之，一日五六作，汗如雨，無休歇，不能起臥，食少懶語，脈微數。予以痢後無陰，悲哀傷氣，又進濕熱之藥，助起旺火，正氣愈虛，汗既大出，無邪可治，陰虛陽散，將在旦夕，豈小劑之所能補？今用人參二兩，白术二兩，芍藥一兩，黃芪半兩，甘草少許，作一服，濃煎一鍾，日服四五次，兩日寒熱止。又二婦同病瘧：一者面光澤，予以濕在氣分，非汗不解，兩發汗出而愈；一者面赤黑色，予以暑傷血分，用四物湯加辛苦寒之劑，二日發唇瘡而愈。臨病處治，其可執一乎？前論又有食瘧、痰瘧、疫瘧、瘴瘧者，其方皆未備，學者又當隨證而思其所以治之。

【校記】

[一]“非”，原誤作“其”，今據天德尚賢堂本改。

[二]“到”，原誤作“得”，今據天德尚賢堂本改。

瘧門治法

解表之劑

仲景白虎加桂枝湯：治溫瘧。

知母六兩 甘草二兩，炙 石膏一斤，碎 桂枝三兩 粳米六合

右咀，以水一斗二升煮米熟，去滓，煎至三升[一]，溫服一升，日三服，汗出愈。

按：此太陽、陽明經藥也。

柴胡桂薑湯：治寒多微有熱，或但寒不熱，名曰牝瘧。

柴胡八兩 桂枝 黃芩各三兩 栝蔞根四兩 牡蠣 甘草炙 乾薑各二兩

右咀，水煎，服一升，日三。初煩，汗出愈。

按：此少陽、太陽經藥也。

機要桂枝羌活湯：治瘧處暑以前發，頭項痛，脈浮，惡風有汗。

桂枝 羌活 防風 甘草各半兩

右爲粗末，每服半兩，水一盞半煎至一盞，溫服清，迎發而服之。如吐，加半夏麯。

麻黃羌活湯：治證如前，惡風無汗。

麻黃去節 羌活 防風 甘草各半兩

右如前服，加法同。

按：已上二方，太陽經藥也。

【校記】

[一]“升”，原誤作“分”，今據天德尚賢堂本、文淵閣四庫全書本改。

治瘧病身熱目痛，熱多寒少，脈長，先以大柴胡下之，微利爲度，後餘熱不盡者，當服**白芷湯**以盡其邪。

白芷一兩 知母一兩七錢 石膏四兩

右粗末，依前服。

按：此陽明經藥也。

桂枝芍藥湯：治瘧寒熱大作，不論先後，此太陽、陽明合病也，謂之大爭。寒熱作則必戰，經曰熱勝而動也；發熱則必汗泄，經曰汗出不愈，知內熱也。陽盛陰虚之證，當內實外虚，不治，恐久而傳陰經也，此湯主之。

桂三錢 黄芪半兩 知母 石膏 芍藥各一兩

右粗末，每服五錢，加至一兩，水煎。

按：此太陽、陽明經藥也。

桂枝黄芩湯：如服前藥轉大發者[一]，知三陽合病也，宜此和之。

柴胡一兩二錢 黄芩 人參 甘草各四錢半 半夏四錢 石膏 知母各五錢 桂枝二錢

右爲粗末，依前服之。前服此藥已，如外邪已罷，內邪未已，再服下藥。從卯至午發者，宜大柴胡下之；從午至酉發者，知其邪氣在內也，宜大承氣下之；從酉至子發者，或至寅發者，知其邪氣在血也，宜桃仁承氣下之。微利後，更以小柴胡徹其邪氣可也。

按：此太陽、陽明、少陽經藥也。已上諸方並系發風寒暑熱之氣自外而入，中於三陽之經者也。

桂枝石膏湯：治瘧，無他證，隔日發，先寒後熱，寒少熱多。

桂枝五錢 石膏一兩半 知母一兩半 黄芩一兩

右爲粗末，分三服，水煎服。

按：此太陽、陽明經藥也。治隔日發，則邪氣所舍深者也。

麻黄黄芩湯：治瘧發如前證而夜發者。

麻黄一兩，去節 甘草炙，三錢 桃仁三十個，去皮尖 黄芩五錢 桂二錢

右爲細末，依前服。桃仁味苦甘辛，肝者血之海，血聚則肝氣燥[二]，經所謂肝苦急，急食甘以緩之，故桃仁散血緩肝。謂邪氣深遠而入血，故夜發，乃陰經有邪，此湯發散血中風寒之劑。

按：此治風暑深入陰分而夜發，乃血受病，邪氣所舍尤深者也。麻黄、桂枝、桃仁等乃太陽經血藥也，非三陰經藥也。

【校記】

[一]“發”，原脱，今據天德尚賢堂本補。
[二]“聚”，原誤作“驟”，今據天德尚賢堂本改。

溫熱燥脾之劑

寶鑒交解飲子：治痰瘧，辟瘴氣。

肉豆蔻　草豆蔻各二個，麪裹煨熟，一個生用　厚朴二寸，半生，半薑汁製　大甘草二寸，生、炒各半　生薑二塊，一生，一濕紙煨熟

右等分，銀石器內水煎，發日空心服，未愈再服，必效。

局方常山飲：治瘧疾發散不愈，漸成勞瘵。

知母　川常山　草果各二斤　良薑二十兩　甘草炙，一斤　烏梅去核，一斤

右咀，薑五片，棗一枚，水煎，溫服。

易簡七寶飲：治一切瘧疾，或先寒後熱，或先熱後寒，不問鬼瘧食瘧。

常山　厚朴　青皮　陳皮　甘草　檳榔　草果仁等分

右咀，每服半兩，於未發隔夜，用水一碗、酒一盞煎至一大盞，濾出，露一宿，再將滓如前煎，另放，亦露一宿，來日當發之早盪溫，面東先服頭藥，少歇再服藥柤，大有神效。

人參養胃湯：治外感風寒，內傷生冷，四時溫疫，或飲食傷脾，發爲痎瘧。

方見局方。平胃散加人參、茯苓、半夏、草果、藿香、生薑、烏梅，煎。

按：此平胃散加減法也，出太陰厚朴例。已上諸方悉是溫脾燥烈之藥，蓋認此疾爲脾寒故也。然人用之，亦或有效，遂指爲治瘧之良方。殊不知偶值病者陰陽相並，脾氣鬱結，暫得溫散則氣易行，濁液凝痰，中脘閉塞，因得燥熱，亦以暫開，所以氣通而疾止，《內經》所謂勇者氣行則已是也。此古人爲病氣淺而厚質者設也。若中氣虛弱之人，內有鬱火之證，復用燥熱，愈劫愈虛，咎將誰執?

嚴氏清脾湯：治癉瘧，脈來弦數，但熱不寒，或熱多寒少，口苦咽乾，大小赤澀。

青皮　厚朴　白术　草果　柴胡　茯苓　半夏　黄芩　甘草炙，等分

右咀，薑五片，煎。

按：此小柴胡湯加減也。治口苦咽乾，大小赤澀，則是內熱之證，用柴胡、黄芩所以瀉少陽之熱，乃前方溫脾之一變也。方名清脾，其義可知。然後以草果等藥，寒熱兼用，則是未能免俗也。

三因四獸飲：治五臟氣虛，七情兼並，結聚涎飲，與衛氣相搏[一]，發爲瘧疾。兼治瘴瘧。

半夏　茯苓　人參　草果　陳皮　甘草　烏梅肉　白朮各等分

右咀，同棗、薑等分，以鹽少許淹食頃，厚皮紙裹煨令香熟，焙乾，每服半兩，水煎，未發前並進三服。

按：此四君子加減也，出太陰藥例。

七棗湯：治五臟氣虛，陰陽相勝，乍爲痎瘧，不問寒熱先後，並治。

附子一枚，炮，以鹽水浸，再炮，如此七次，去皮臍

右剉，水一碗、薑七片、棗七個煎至八分，當發日空心溫服。

按：陳無擇謂七情感動，郁氣成瘧，故此二方以治五臟氣虛、結聚涎飲等證。未審孰爲補虛，孰爲散結鬱，孰爲導痰，學者宜自詳之。

【校記】

[一]“搏”，原誤作“轉”，今據天德尚賢堂本、文淵閣四庫全書本改。

消瘧之劑

仲景鱉甲煎丸：治瘧不差，結爲癥瘕，名曰瘧母。（方見《金匱》）

嚴氏鱉甲飲子：治瘧久不愈，腹中結塊，名曰瘧母。

鱉甲醋炙　白朮　黄芪　草果　檳榔　芎藭　橘紅　白芍　甘草炙　厚朴等分

右咀，生薑七片，棗一枚，烏梅少許，煎。

按：痎瘧多成癖於左脇之下，名曰瘧母，乃肝之積也。瘧屬少陽病，少陽東方之氣，故同歸於肝。又況久瘧病在血分，血亦屬肝所主也。當以鱉甲爲君[一]，佐使之藥隨證虛實用之，不必泥此也。

【校記】

[一]“爲”，原脱，今據天德尚賢堂本補。

消食之劑

三因紅丸子：專治食瘧。

蓬朮　三棱各二兩，醋煑一伏時　胡椒一兩　青皮三兩，炒　阿魏一分，醋化

右爲末，別研倉米末[一]，用阿魏、醋煮米糊爲丸桐子大[二]，炒土硃爲衣，

每服五十至百丸。

按：此出厥陰南星、半夏例，消積滯、通鬱氣之溫藥也。食瘧，既因飲食而得，亦當隨其所傷而治之。

【校記】

[一]"倉米"，原誤作"蒼术"，今據《三因極一病證方論》卷六改。

[二]"煮"，原脱，今據《三因極一病證方論》卷六補。

吐瘧之劑

子和常山散：吐瘧。

常山二兩，水煮，晒乾

右水煎，空心服。

機要梨蘆散[一]

雄黄散（方並見吐劑）

按：瘧因外感，病屬上焦，又胸膈多結聚痰涎，故用吐法以取效。然常山、砒霜之類發吐取涎，縱使獲安，脾胃不能不損，能用無毒之藥以取效者爲佳。

【校記】

[一]"梨"，天德尚賢堂本作"藜"。

截瘧諸丹

寶鑑溫脾散：治瘧疾寒熱發歇，多時不差。

紫河車　菉豆各一兩　甘草半兩　生砒一兩半，另研，子和作錢半

右爲末，與砒一處研勻，每服半錢，新汲水少許調下，須於發日隔夜夜深服藥。忌葷酒瓜果生冷魚腥肉物三日，孕婦勿服。但至心合此藥與人，並不吐[一]。此雖有砒一味，河車、甘草、菉豆三味性涼解得，新水亦解得。

一剪金：治瘧疾乃是聖藥也。

信豆　硫黄各等分

右作一處，乳鉢內杵爲末，用緋絹子捻藥一捻，在絹上裹如豆大，細絲牢纏定訖，剪下，每服一丸，星宿全時用新汲水送下[二]，空心服，毋令人知。或先一日夜服之。

辰砂丹：治瘧。

朱砂一兩，五錢入藥中，留五錢爲衣　信　雄黄各五錢，另研

右爲末，入白麪六錢研勻，滴水丸如菉豆大，硃砂爲衣，星宿全時用無根

水吞下。

宣明辟邪丹：治嵐瘴鬼瘧食瘧。

菉豆　雄黑豆各四十九箇　信砒半錢，另研　硃砂二粒　黄丹一錢，爲衣

右爲末，同入乳鉢内，滴水爲丸，分作三十粒，每服一粒，用東南桃心取七枝研汁，將井花水於發日早辰日欲出未出向日吞之。醋湯亦得。

三因紅散子

黄丹炒色變

右入建茶，合和二錢匕，白湯調下，或溫酒調下。一方用蒜，不以多少，杵黄丹丸雞頭大，每服一丸，臨晨面東新水下。

按：瘧丹多用砒霜，大毒之藥，本草主諸瘧風痰在胸膈，可作吐藥，蓋以其性之至燥，大能燥痰也。黄丹，本草能主驚癇癲疾，除熱下氣，亦是勝痰去積之藥。大抵瘧丹雖有燥痰之功，大傷胃氣，脾胃虚者切宜戒之。

謹按：治瘧之方，風暑外傷者解表之藥，《機要》詳矣。痎瘧之治，宜從丹溪所論。陳無擇論濕瘧有术附湯，此不詳載。又《機要》有中三陰經之論，而治法用藥雖有痎瘧入血之一方，然亦失於詳悉。嚴氏謂瘧生於痰，《三因》疫瘧、食瘧、瘴瘧、七情感動等瘧，而諸方未有可取，況亦多所缺略。竊觀其意，蓋以脾濕燥熱之方，可以兼治諸瘧，故不詳述，此缺略之所由也。學者知其名，識其意，苟能思之，則可得而施治矣，又何必待其詳也哉？

【校記】

[一]“並不吐”，天德尚賢堂本作“並不發吐”四字。

[二]“時”，原脱，今據天德尚賢堂本補。

玉機微義卷之七

玉機微義卷之八

咳嗽門

諸經敘咳

《內經》曰：五臟六腑皆令人咳，非獨肺也。皮毛者，肺之合也，皮毛先受邪氣，邪氣以從其合也，五臟之咳久，乃移於六腑。

本文腑臟咳狀見後湯液方下。

按：《咳論》五臟六腑，《千金方》又引心主咳，然則十二經皆有咳證也。

《千金方》曰：論云有風咳，有寒咳，有肝咳，有心咳，有脾咳，有肺咳，有腎咳，有膽咳，有厥陰咳，有肢咳。十咳之異：欲語，因咳言不得竟，謂之風咳；飲冷食寒，因之而咳，謂之寒咳；心下堅滿，咳則支痛，其脈反遲，謂之肢咳；咳則引脅下痛，謂之肝咳；咳而唾血，引手少陰，謂之心咳；咳而涎出，續續不止，引少腹，謂之脾咳；咳引頸項而唾涎沫，謂之肺咳；咳則耳無所聞，引腰並臍中，謂之腎咳；咳而引頭痛，口苦，謂之膽咳；咳而引舌本，謂之厥陰咳。風咳者，不下之；寒咳、肢咳、肝咳，刺足太衝；心咳，刺手神門；脾咳，刺足太白；肺咳，刺手太泉；腎咳，刺足太谿；膽咳，刺足陽陵泉；厥陰咳，刺手太陵。

按：此論五臟洎風、寒、肢、膽、厥陰經爲十咳，其引現證與經論臟腑咳證皆稍異。詳肢咳，即氣與支飲證也。經有三焦咳而無心主，此有心主而無三焦，然已發其秘矣。惜乎！胃、大小腸、膀胱咳及針治，皆略之不議。

脈法

《脈經》曰：關上脈微，爲咳；肺脈微急，爲咳而唾血；咳而脈弦澀，爲少血；脈緊者肺寒，雙弦者寒，浮緊者虚寒；脈浮而緩，傷風；脈細傷濕；數則爲熱，沉數者爲實熱；脈弦爲水，偏弦爲飲，脈沉爲留飲；洪滑多痰；咳脈，浮直者生，浮軟者生。

咳證死脈

咳而脈緊者，小沉伏匿者，咳而羸瘦，脈形堅大者，咳而脱形發熱，脈小堅急者，肌瘦下脱形，熱不去，咳而嘔，腹脹且泄，其脈弦急者，皆死不治。

論咳與嗽本一證

子和曰：《内經·陰陽應象論》云秋傷於濕，冬生咳嗽，《五臟生成篇》云咳嗽上氣，《診要經終篇》云春刺秋分，環爲咳嗽，《示從容篇》云咳嗽煩冤者，腎氣之逆也。此四篇中連言咳嗽，其餘篇中止言咳而不言嗽，如《生氣通天論》云秋傷於濕，上逆而咳，與《應象論》文義同而無嗽字[一]，乃知咳即嗽明矣。

謹按：咳與嗽，本兩字義，《内經》已作一證連言之。愚詳大抵咳者氣動也，陽也，嗽者兼血也，陰也。况是證其本雖殊，其標則一，故世俗不以爲疑，唯潔古發《内經》微旨，其義見下。

《病機機要》云：咳，謂無痰而有聲，肺氣傷而不清也；嗽，謂無聲而有痰，脾濕動而爲痰也；咳嗽，謂有聲有痰也，因傷肺氣，動於濕，因咳而有嗽也。夏月嗽而發熱者，謂之熱痰嗽，小柴胡四兩，加石膏一兩、知母半兩用之；冬月嗽而發寒熱，謂之寒嗽，小青龍加杏仁服之。蜜煎生薑湯、蜜煎橘皮湯、燒生薑、胡桃，皆治無痰而嗽者。此乃大例，更當随時随證加減之。痰而能食者，大承氣微下之；痰而不能食者，厚朴湯主之。

【校記】

[一]“應”，原誤作“大”，今據天德尚賢堂本改。

論嗽分六氣毋拘於寒

子和曰：《素問》言皮毛者肺之合也，邪因而客之，則爲肺咳，後人見是，斷嗽爲寒，更不參較他篇。豈知六氣皆能爲嗽？然可以辨其六者之狀：風乘肺者，日夜無度，汗出頭痛，痰涎不利；熱乘肺者，急喘而嗽，面赤潮熱，手足寒，乳子亦多有之；火乘肺者[一]，咳喘上壅，涕唾出血，甚者七竅血溢；燥乘肺者，氣壅不利，百節內痛，頭面汗出，寒熱往來，皮膚乾燥，細瘡燥癢，大便秘澀，涕唾稠粘；寒乘肺者，或因形寒飲冷，冬月坐臥濕地，或冒冷風寒[二]，秋冬水中感之，嗽急而喘。此非六氣之云乎？

按：此只述六氣爲病，故其論中集司天勝復爲咳之略，但無濕乘肺式，方治則又有之式，蓋脱簡爾。然丹溪先生論咳有因勞、因痰、因肺脹、因食積作痰，發熱致嗽，或嗽而聲嘶者，此因血虚受熱所致，皆內因病本之不同。如傷寒，小青龍湯治例爲水飲與表寒相合而咳，真武湯所主爲水飲與裏寒相合而咳，傷寒中風，往來寒熱，胸滿心煩，喜嘔而咳，加減小柴胡主之，爲陽邪傳肺，加味四逆散主陰邪傳裏而咳者，此皆外因傳變之例，豈可枚舉？但知咳證之標[三]，而不歷求其本也[四]。觀子和之論，然亦啟其微爾。

【校記】

[一]“火”，原誤作“寒”，今據天德尚賢堂本改。
[二]“冒”，原誤作“胃”，今據天德尚賢堂本改。
[三]“知”，原脱，今據天德尚賢堂本補。
[四]“而”，原誤作“一人故”三字，今據天德尚賢堂本改。

論咳分三因

陳無擇云：傷風咳者，憎寒壯熱，自汗惡風，口乾煩燥；傷寒咳者，憎寒發熱，無汗惡寒，煩躁不渴；傷暑咳者，煩熱引飲，口燥，或吐涎沫，聲嘶咯血；傷濕咳者，骨節煩疼，四肢重著洒淅。此屬外因。五臟咳而不已，則六腑受之者，此屬內因。如咳而發作寒熱，引腰背痛，或喘滿，此因房勞傷腎；或中滿腹脹，搶心痛，不欲食，此因飢飽傷脾；或咳而左脇偏疼，引小腹並膝腕疼，此因疲極傷肝；或吐白涎，口燥聲嘶，此因呼叫傷肺；或咳而煩熱自汗，咽乾咯血，此因勞神傷心。並屬不內外因也。假如尺脈浮澀而數，則知傷腎；右關脈濡，則知飲食傷脾；左關脈弦短，則知疲極傷肝。但不應人迎、氣口者，即是不內外因也。

嚴氏云：咳嗽始關於肺，終則聚於胃，使人多涕唾而面浮腫，氣逆也，治法當審脈證三因。若外因邪氣，止當發散，又須原其虚實冷熱。若內因七情，則隨其部經，在與氣口脈相應，浮緊爲虚寒，洪滑爲多痰，當以順氣爲先，下痰次之。有停飲而咳，又須消化之，切不可用烏梅、粟殼澀酸之藥。其寒邪未除，亦不可便用補藥。尤忌憂思過度，房室勞傷，遂成瘵疾矣。

按： 此論咳證，備三因，可謂詳悉，但外因現證與前子和論六氣異者，此蓋言邪氣外感，非乘客於肺之比也。惜乎！諸因方治未備，所論脈證治法極闡其微，至禁不可，便用澀補，甚得大法之要。大抵此證其原實多，故不可便用澀之補之也。然不能忌憂思，戒房室，而性躁及脱營之人，皆所難療。

論濕痰主嗽

潔古曰：嗽者，秋傷於濕，積於脾。經曰：秋傷於濕，冬必咳嗽。大抵素秋之氣，宜清而肅，反動之，則氣必上衝而爲咳嗽，甚則動於濕而爲痰也。是知脾無留濕，雖傷肺氣，不爲痰也。有痰者，寒少熱多，各随五臟而治之。假令濕在肝經，謂之風痰；濕在心經，謂之熱痰；濕在脾經，謂之濕痰；濕在肺經，謂之氣痰；濕在腎經，謂之寒痰。宜随證而治之。咳而無痰者，以辛甘潤其肺。咳而嗽者，治痰爲先，故以南星、半夏勝其痰而咳嗽自愈，枳殼、陳皮利其氣而痰自下。

按： 此論咳，因濕在於經，致痰爲咳，五臟亦皆有之，可謂發《内經》之秘矣。然至氣鬱津液不降，或停水飲所致，或腎氣虚弱，火炎水涸，津液湧而爲痰涎於上，此氣飲及真臟爲病，非諸經之留濕致病也。故易老云半夏止能泄痰之標，而不能治痰之本，是矣。詳已上所言，枳殼等利氣下痰，恐非易老語也。

論痰飲致咳[一]

（詳見痰飲門）

論嗽發早晏病本不同

丹溪曰：上半日嗽者，屬胃中有火；午後嗽者，屬陰虚；五更嗽多者，此胃中有食積。至此時滯肺氣不利，諸邪或痰皆然。春是春升之氣或外感，夏是火炎上最重，秋是濕熱傷肺，冬是風寒外來也。

【校記】

［一］“致”，原誤作“治”，今據天德尚賢堂本改。

論乾咳嗽治法

《原病式》曰：人瘦者，腠理疏通而多汗泄，血液衰少而爲燥熱，故多爲勞嗽之疾也。

丹溪曰：咳而無痰者，此係火鬱之證，乃痰鬱火邪在中，用苦梗以開之，下用補陰降火，不已則成勞。此證不得志者有之。

謹按：咳無痰者，本肺氣傷而不清，咳久則痰鬱於中，不能上出，故當用藥以開提之，實者宣法亦可施也。凡嗽久，亦有痰中兼血者，或帶血絲者，燥熱血少者，皆當取其化源，故曰滋陰降火。燥熱勞嗽，是宜合而論治。

論咳爲肺痿

《金匱方論》曰：熱在上焦者，因咳爲肺痿。得之或從汗出，或從嘔吐，或從消渴，小便利數，或從便難，又被快藥下利，重亡津液。故寸口脈數，其人咳，口中反有濁唾涎沫者，爲肺痿之病。若口中辟辟燥咳，即胸中隱隱痛，脈反滑數，此爲肺癰，咳唾膿血。脈數虛者爲肺痿，數實者爲肺癰。

按：此言肺痿屬熱，如咳久肺癟，聲啞聲嘶咯血，此屬陰虛火熱甚是也。本論治肺痿吐涎沫而不咳者，其人不渴，必遺尿，小便數，以上虛不能制下故也。此爲肺中冷，必眩，多涎唾，用炙甘草、乾薑，此屬寒也。肺痿涎唾多，心中溫溫液液者[一]，用炙甘草湯。此補虛勞也，亦與補陰虛火熱不同，是皆宜分治，故肺痿又有寒熱之異也。

【校記】

[一]“溫溫液液”，原誤作“溫液溫液”，今據天德尚賢堂本改。

咳嗽治法

治風之劑

局方消風百解散：治咳嗽聲重，身熱頭疼。

按：此手太陰、陽明藥也。

金沸草散：治咳因感風寒，頭痛聲重。

（方並見傷風門）

按：此手足太陰藥也。

敗毒散：治痰嗽，身熱鼻塞。

柴胡　前胡　羌活　獨活　桔梗　枳殼　茯苓　甘草　人參　川芎各等分

右㕮咀，水煎，每一兩或半兩。

按：此足太陽、少陽、手太陰藥也。

表裏氣血之劑

子和搜風丸（方見中風門）

按：此手足太陰、陽明、足太陽藥也。

按：已上諸方並出太陽解表例。但此丸下濕熱痰之劑也，實亦汗下之異。

治寒之劑

小青龍湯：治感風寒，表不解而咳，心下有水氣，或喘。（方見痰飲門）

《金匱》方治咳而脈浮，去芍，加厚朴、杏仁、石膏、小麥。

簡易九寶湯：治咳而身熱，發喘惡寒。

麻黃　薄荷　陳皮　桂心　紫蘇　杏仁　甘草　桑白皮　大腹皮各等分

右㕮咀，入葱、薑煎。

按：此手太陰、足太陽藥也。

散風寒下氣之劑

人參杏子湯：止嗽，散風寒，逐痰飲。

人參　半夏　茯苓　白芍　桂枝　乾薑　細辛　甘草各一錢　五味子半錢　杏仁一錢[一]

右㕮咀，入薑煎。

按：此手足太陰、足太陽、少陰藥也。

半夏溫肺湯：止嗽喘，治虛寒。（方見痰飲門）

局方華蓋散：治感寒而嗽，胸滿聲重。

蘇子　陳皮　赤茯苓　桑白皮　麻黃各一兩　甘草十兩

右㕮咀，入薑煎。

按：此手太陰之本藥也。

【校記】

[一]“杏仁一錢”，原脱，今據文淵閣四庫全書本補。

氣分之劑

金匱射干麻黃湯：治咳而上氣，喉中水雞聲。

射干　細辛　紫菀　欵冬花各一錢半　麻黃　生薑各二錢　半夏二錢半　五味子一錢　大棗二箇

右㕮咀，水煎，作一服。

按：此足太陽例藥也。

按：已上諸方並足太陽解表例，兼逐飲、降痰、下氣之法不同，況寒證亦有輕重，用者自宜取擇。

治暑之劑

人參白虎湯：治咳而身熱，脈虛發渴。

東垣清暑益氣湯：治中暑，身熱自汗，咳而脈虛。

局方黃連香薷飲：治暑熱乘肺，咳而脈洪。

（方並見暑門）

按：暑嗽亦自病本不一，姑録此三方，可見治例輕重亦殊。如消暑丸，亦其法也。（方見暑門）

治濕之劑

五苓散：治咳而煩，脈緊而細。

按：此足太陽藥，解表之劑也。

十棗湯：治咳而脈弦，有水氣者。

（方並見痰飲門）

按：此足少陰例下劑也。

白术湯：治咳而脈細。

白术　白茯苓　半夏各等分

右吹咀，每服一兩，薑煎。或爲末，每半兩煎取清汁，調神麯末二錢，頓服之。一方加黃芩等分[一]。

按：此足陽明、太陰藥也。

白术木香散：治喘嗽腫滿，欲變水氣者。

白术　豬苓　甘草　澤瀉　茯苓各半兩　木香　檳榔各三錢　陳皮二兩　桂枝一錢　滑石三兩

右爲末，每服五錢，入薑煎。

按：此足太陽、手太陰藥也。

已上三方並太陽例，但加半夏爲治痰，加薑、桂兼散寒溫胃，加木香、檳榔爲兼下氣爾。

機要欬氣丸：治咳久痰喘，肺氣浮腫。

青皮　陳皮　檳榔　木香　杏仁炒　郁李仁　白茯苓　澤瀉　當歸各一兩　馬兜鈴　苦葶藶各三兩　人參　防己各五錢　牽牛頭末一兩半

右爲末，薑汁糊丸桐子大，每三十丸至五六十丸，煎水下。

按：此手、足太陰氣血之藥也。

【校記】

[一]“芩”，原誤作“苓”，今據天德尚賢堂本改。

治燥之劑

千金五味子湯：治咳嗽不已，皮膚乾燥，唾中有血，胸脇疼痛。

五味子　桔梗　紫菀　甘草　續斷各一錢　竹茹三錢　赤小豆一撮　生地黃　桑白皮各半兩

右㕮咀，作二服，水煎。

按：此手足太陰藥也。

氣血之劑

子和神功丸：

大黃煨　訶子　麻子仁另研　人參各一兩

右爲末，入麻仁研勻，煉蜜丸桐子大，每三二十丸，溫水下。

按：此手足太陰、陽明藥也。丹溪曰：訶子治肺氣，因火傷極，遂欝遏脹滿，取其味酸苦，有收斂降火之功。若佐以海粉、香附、瓜蔞、青黛、半夏麯治嗽，非止澀之藥也。

治火之劑

黄連解毒湯：治咳而脈洪，喘急。

梔子仁湯：治熱躁而咳。

麥門冬湯：治火熱乘肺，咳唾有血。（方並見火門）

治熱之劑

仲景加減小柴胡湯：治咳而寒熱往來。

柴胡　半夏　黄芩　甘草　乾薑　五味子

右㕮咀，水煎。

地骨皮散

知母　柴胡　甘草　人參　地骨皮　茯苓　半夏

右㕮咀，入薑煎。

按：此二方足少陽例藥也。

海藏紫苑散：治咳中有血，虚勞肺痿。

人參 紫苑 知母 貝母 桔梗 甘草 五味子 茯苓 阿膠

右㕮咀，水煎。

人參蛤蚧散：治三二年肺氣上喘，咳嗽膿血，滿面生瘡。

蛤蚧一對，全者，河水浸五日，每换水洗，酥炙黄 杏仁去皮尖 甘草各五兩 人參 茯苓 貝母 知母 桑白皮各二兩

右爲末，磁器内盛，每日熱茶清點服。

按：已上二方，手太陰之的藥也。或曰：咳之病本不同，何用藥往往必本於肺然？咳者，因聲名病也，故多本於肺。經云：肺象金堅勁，扣之有聲，邪擊於肺，故爲咳也。且肺爲腑臟之華蓋，主於氣，生皮毛，朝百脈，布化精氣者也。或一臟一脈不利，或九氣所動，或天之六氣所感，或水穀寒熱内因所動，則肺亦病矣。故咳證雖曰病本不同，是以治例往往相類，但病有輕重、所兼之殊，方亦奇偶、溫涼之異爾。

宣明知母茯苓湯：治咳嗽不已，往來寒熱，自汗肺痿。

甘草 茯苓各一兩 知母 五味子 人參 薄荷 半夏 柴胡 白术 欵冬花 桔梗 麥門冬 黄芩各半兩 川芎二錢 阿膠三錢

右㕮咀，每一兩，入薑煎。

按：此足少陽例藥也。

手足太陰之劑

東垣加減瀉白散：治陰氣在下，陽氣在上，咳嗽嘔吐喘急。

桑白皮一兩 地骨皮七錢 甘草 陳皮 青皮 五味子 人參各五錢 白茯苓三錢

右㕮咀，每服半兩，水煎，入粳米二十粒。

寶鑑加減瀉白散：治咳而口乾煩熱，胸膈不利，氣喘促。

桑白皮一兩 地骨皮 知母 陳皮 桔梗各五錢 青皮 細黄芩 甘草炙，各三錢

右㕮咀，每服五錢，水煎，食後溫服。

按：此一方，手太陰氣分藥也。《寶鑑》曰：華陀云盛則爲喘，減則爲枯。《活人》云發喘者，氣有餘也。凡看文字，須要會得本意。盛而爲喘者，非肺氣盛也，喘爲氣有餘者，亦非肺氣有餘也，氣盛當認作氣衰，有餘當認作不足。肺氣果盛爲有餘，當清肅下行而不喘，以其火入於肺。衰與不足而爲喘焉？故言盛者，非言肺氣盛也，言肺中之火盛也；言有餘者，非言肺氣有餘也，言肺中之火有餘也。故瀉肺以苦寒之劑，非瀉肺也，瀉肺中之火，實補肺也。用者不可不知。然已上二方[一]，略有加減不同，故兩存之。

【校記】

［一］“二”，原誤作“一”，今據天德尚賢堂本改。

局方欵冬花散：止嗽祛痰，散風熱。

知母　桑白皮　欵冬花　麻黄　阿膠　貝母　杏仁　甘草　半夏

右㕮咀，入薑煎。

按：此手太陰之藥，出足太陽麻黄例，兼發表也。然治風與寒，皆宜解表。但亦有可下者，如傷風有下證同。況咳證多兼痰飲，宜後滚痰、小胃選用。

金匱澤漆湯：治咳而脈沉。

小柴胡内减柴胡，加紫、參、白前各五錢，桂枝三錢，澤漆三合，另煑

右九味㕮咀，内澤漆汁中煑取，溫服。

按：此出太陽解肌例，然未至爲肺痿藥也。

理氣之劑

三因參蘇飲：治咳嗽發熱。

局方四七湯：治咳而痰涎在喉嗌間不下。

二陳湯：治咳而胸膈不利。

蘇子降氣湯：治痰嗽喘促，氣不升降。

（方並見痰飲門）

東垣加减三奇湯：治咳嗽上氣喘促，胸膈不利。

桔梗　陳皮　甘草　青皮　人參　紫蘇　桑白皮各五錢　半夏七錢　杏仁三錢　五味子四錢

右㕮咀，每六七錢，入薑煎。

濟生橘蘇飲

前方减桔梗、青皮、人參，加貝母、白术。

寶鑑人參欵花膏：治肺胃虚寒，久嗽不已，咽膈滿悶，咳嗽痰涎，勞嗽。

欵冬花　人參　五味子各八錢　紫苑　桑白皮各一兩　杏仁八錢　木香　檳榔　蘇葉　半夏湯泡數次，各五錢

右熬成膏，入煉蜜，丸如雞頭大，每一丸，食後細嚼，淡薑湯下。

按：已上三方，理氣導痰之劑也，皆本手太陰例。比之前四方，此則兼有滋補之意，又當随臟氣而用之可也。

收斂之劑

局方人參清肺湯：治喘嗽，胸滿煩熱，聲瘖自汗。

地骨皮　知母　杏仁　人參　甘草　阿膠　桑白皮　烏梅　粟殼各等分

右㕮咀，水煎。

按：此以甘寒降火，兼酸收，辛金之散，涼而澀之也。

人參定喘湯：治咳而上喘。

人參　麻黃　半夏　阿膠　甘草　桑白皮　五味子各一兩半　粟殼二兩

右㕮咀，入薑煎，每半兩或一兩。

按：此以辛散之，甘緩之，酸收之，本於寒邪者可用。

宣明寧神散：治咳嗽多年不已，常自汗，服藥不效者。

粟殼一兩，醋炒　烏梅半兩

右爲末，每二三錢，沸湯調下。

按：此劫劑也，非虛脱者勿用，故止澀之藥似難例使。

滋陰之劑

金匱腎氣丸：治腎陰虛弱，津液不降，敗濁爲痰，致咳逆者。（方見補虛門）

按：此論見痰飲門。

良方補肺湯：治勞嗽。

桑白皮　熟地黃各二兩　人參　紫苑　黃芪　川五味子各一兩

右爲末，每二錢，水煎，入蜜少許服。

按：此二方少陰例藥也。然勞嗽諸方，如前治熱之劑，皆可選用。但因勞而嗽，則非嗽爲本也，良方劫勞散例是矣，故補劑不復具例。

治邪注之劑

深師四滿丸：治五嗽：一上氣嗽，二飲嗽，三鰈嗽，四冷嗽，五邪嗽。

乾薑　桂心　躑躅花　芎藭　紫苑　芫花根皮各二分　蜈蚣一條，去頭足，炙　細辛　甘草炙　鬼督郵　人參　半夏各一分

右爲末，煉蜜丸如大豆許，每五丸，米飲下，日三。未效，加至七八丸。忌羊肉餳葱生菜。

按：此太陽例藥。邪謂邪惡鬼注之疾，故立是方。如《千金方》謂夢與鬼交及飲食者，用通氣丸，全以蜈蚣是也。蓋曾有如是而治愈者矣，姑存之以備其旨。但今人罕能識，矧治療乎？且云通療五嗽，恐未必然

也。如鰈嗽，以臭而名之，病體豈無熱與濕熱乎？

治痰諸方

青州白丸子

水煑金花丸：治嗽而脈弦，面青，四肢滿，便溺秘，多怒。

按：此治風痰之劑也。

王隱君滚痰丸

機要小黄丸：治嗽而脈洪，面赤煩熱，心痛口乾。

按：此治熱痰之劑也。

局方溫中丸

機要薑桂丸：治嗽而脈沉，面色黧黑，小便急痛，足寒而逆。

按：此治寒痰之劑也。

（已上方並見痰飲門）

白术丸：治嗽而脈緩，面黄，肢體沉重，嗜臥不收，腹脹，食不消。

南星　半夏各製一兩　白术一兩半

爲細末，湯浸蒸餅爲丸桐子大，每五六十丸，薑湯下。

按：此治濕痰之劑也。

玉粉丸：治咳而脈澀，面白，氣上喘促，洒淅寒熱，悲愁不樂。

南星　半夏各製一兩　陳皮一兩

右末，浸蒸餅丸桐子大，每三四十丸，人參薑湯下。

按：此治氣痰之劑也。

瑞竹堂化痰丸：順氣快脾，化痰消食。

半夏　南星去皮　白礬　皂角切　生薑各一斤

右用水煑至南星無白點爲度，去皂筴不用，薑切，同曬乾。

陳皮　青皮去穰　紫蘇子炒　蘿蔔子[一]炒，别研　杏仁去皮尖，炒，研　葛根　神麯炒　麥糵炒　唐毬子　香附子各一兩，合前四味一處碾爲末

右浸蒸餅爲丸如桐子大，每服五七十丸，臨臥食後，茶、酒任下。

按：此治食痰之劑也。

【校記】

[一]"蔔"，原誤作"白"，今據天德尚賢堂本改。

丹溪小胃丹：治膈上熱痰濕痰，肩膊疼痛。

甘遂水濕麪裹，再浸半日　大戟長流水煑一時，再水洗　芫花醋拌勻，過一宿，瓦上微炒焦，各半兩　黄柏三兩，炒　大黄紙裹，温灰内煨，再切，酒浸炒，一兩半

右爲末，粥丸麻子大，每二三十丸，津唾下。

按：此治濕熱之劑也。

千緡湯

大半夏七箇，泡，切　皂筴去皮，一寸　甘草炙，一寸

右㕮咀，入薑三大片，煎服。

按：此治風濕之劑也。

導痰湯

半夏四兩　南星　枳實　赤茯苓　陳皮各一兩　甘草半兩

右㕮咀，每服一兩，入薑煎。

按：此理氣導痰之劑也。然諸飲致咳，導痰治積諸方，詳見痰飲門，茲不備録。

腑臟湯液諸方

小柴胡湯：治肝臟發咳，兩脇下痛，甚則不可以轉，轉則兩脇下滿[一]。（方見熱門）

黄芩加半夏生薑湯：治膽腑發咳，嘔苦水若膽汁。

黄芩　生薑各三錢　甘草炙　芍藥各二錢　大棗二箇　半夏半合

右㕮咀，水煎。

桔梗湯：治心臟發咳，咳而喉中如梗狀，甚則咽腫喉痹。

苦梗三錢　甘草六錢

右㕮咀，水煎。

芍藥甘草湯：治小腸腑發咳，咳而失氣。

芍藥　甘草炙，各四錢

右㕮咀，水煎。

升麻湯：治脾臟發咳，咳而右脇下痛[二]，痛引肩背，甚則不可以動。

升麻　白芍　甘草各二錢　葛根三錢

右㕮咀，水煎。

【校記】

[一]“脇”，原誤作“脚”，今據文淵閣四庫全書本改。天德尚賢堂本作“胠”。

[二]“脇”，原誤作“脚”，今據文淵閣四庫全書本改。天德尚賢堂本作“胠”。

烏梅丸：治胃腑發咳，咳而嘔，嘔甚則長蟲出。

烏梅三十箇　細辛　附子　桂枝　人參　黄柏各六錢　乾薑一兩　黄連一兩半　當歸　蜀椒各四錢

右酒浸烏梅一宿，去核蒸之，與米飯擣如泥，和諸藥末相得，加蜜，丸桐子大，每三十丸，白湯下。

麻黄湯：治肺臟發咳，咳而喘息有聲，甚則唾血。

麻黄三錢　桂枝二錢　甘草一錢　杏仁二十箇

右㕮咀，水煎。

赤石脂禹餘糧湯：治大腸腑發咳，咳而遺矢[一]。

赤石脂　禹餘糧各二兩，並打碎

右水煎服。

麻黄附子細辛湯：治腎臟發咳，咳則腰背相引而痛，甚則咳涎。

麻黄　細辛各二錢　附子一錢

右㕮咀，水煎。

茯苓甘草湯：治膀胱腑發咳，咳而遺溺。

茯苓二錢　桂枝二錢半　生薑五大片　甘草炙，一錢

右㕮咀，水煎。

異功散：治久咳不已，三焦受之，其狀咳而腹滿，不欲飲食。此皆聚於胃，關於肺，使人多涕唾而面浮腫，氣逆也。

人參　茯苓　白术　甘草　陳皮等分

右㕮咀，或爲末，每服二三錢，入薑、棗煎服。

謹按：已上諸方並傷寒例藥也，故存之以備其旨。然咳證以三因論之，則一臟一腑病機亦非止於寒也。

【校記】

[一]“矢”，原誤作“失”，今據天德尚賢堂本改。文淵閣四庫全書本作“屎”。

熏法

治久嗽，風入肺者，用鵝管石、雄黃、欝金、欸冬花碾末，和艾中，以生薑一片留舌上灸之，以煙入喉中爲度。如作筒子，捲藥燒煙吸之，亦妙。

灸法

《千金方》云：咳者，灸兩乳下黑白際各數十壯，即差。

又，以蒲當乳頭周匝圍身，令前後正中當脊骨，灸十壯。

上氣咳嗽，短氣氣滿，食不下，灸肺募五十壯。

上氣咳逆短氣，風勞百病，灸肩井二百壯。

上氣咳逆短氣，胸滿多唾，唾惡冷痰，灸肺俞五十壯。

玉機微義卷之八

玉機微義卷之九

熱門 發熱附

《内經》敘熱爲諸證

諸病喘嘔吐酸，暴注下迫轉筋，小便渾濁，腹脹大，鼓之有聲如鼓，癰疽瘍疹，瘤氣結核，吐下霍亂，瞀鬱腫脹，鼻塞鼽衄，血溢血泄，淋閟身熱，惡寒戰慄，驚惑悲笑譫妄，衄衊血污，皆屬於熱。

按：此病機皆《内經·氣交變論》、《五常政論》、《至真要論》等文，河間劉守真撮而爲六氣爲病。今但以身熱、發熱分例，如已下經言有諸病本之不同，故兹病機不復參附，一一見各類云。餘證仿此。

敘陰陽虛盛爲熱

經曰：夫熱病者，皆傷寒之類也。陽勝則熱，陰虛則內熱，陽盛則外熱。內外皆熱，則喘而渴，故欲冷飲也。陽盛則身熱，腠理閉，喘粗，爲之俯仰，汗不出而熱，齒乾以煩寃腹滿，死，能冬不能夏。有四肢熱，逢風寒如炙於火者，是人陰氣虛，陽氣盛也。人身非常熱也，爲之熱而煩滿者，陰氣少而陽氣勝，故熱而煩滿也。三陽之病發寒熱。病熱而有所痛者，是三陽之動也。

脈法

《内經》曰：大熱病，氣熱脈滿，是謂重實。尺寸脈俱虛，是謂重虛。粗大者，陰不足，陽有餘，爲熱中也。王註云：粗大，謂脈洪大也，脈洪爲熱。脈緩而滑，脈尺粗常熱者，皆熱中也。陽氣有餘，爲身熱無汗，脈反澀者，爲太過血少陰虛也。

謹按：經曰：脈至而從按之不鼓，諸陽皆然。王註云：病熱而脈數，按之不鼓動，乃寒盛格陽而致之，非熱也。形證是寒，按之而脈氣鼓擊於指下盛者，此爲熱盛拒陰而生病，非寒也。又曰：推而內之，外而不內，身有熱也。《傷寒論》曰：寸口脈微，爲陽不足，陰氣上入陽中，則洒淅惡寒。尺脈弱，爲陰不足，陽氣下陷入陰中，則發熱也。與《難經》言覆溢相乘及六難浮損沉實義，皆診法之至要，於熱證大宜諳識[一]。

《難經》曰：熱病之脈，陰陽俱浮，浮之而滑，沉之散澀。

《脈經》曰：弦數多熱。數爲熱，極數脈爲虛爲熱。數洪熱煩。脈來如懸鈎而浮，爲熱。滑數，心下結，熱盛。緊而數，寒熱俱發。沉細滑疾者，熱。脈盛滑緊者，病在外熱。脈沉而緊，上焦有熱，下寒。脈浮緊且滑直者，外熱內冷，內不通。寸口脈浮大而疾者，名曰陽中之陽，病苦煩滿，身熱頭痛，腹中熱。寸口脈實，熱在脾肺。數爲吐，爲熱在胃口。關脈滑數，胃中有客熱。緩而滑，爲熱中。牢脈，爲脾胃盛熱。尺脈實，爲身熱心痛，數爲臍下熱痛，浮爲下熱風。凡脈洪大，傷寒熱病也。

謹按：經曰：脈浮緊，發熱，爲傷寒卒病。脈浮而大者風，脈浮數無熱者爲風。脈浮如數而有熱者，氣也。皆與熱證脈相類。

《脈經》曰：熱病，脈小或細，喘逆，不得大小便，腹大而脹，汗出而厥逆泄注，脈大小不調，皆難治。熱病，已得汗而脈尚躁盛，此陰脈之極也，死。熱病，不得汗而脈躁盛者，此陽脈之極也，死。脈浮而澀，澀而身有熱者，死。

【校記】

[一]"熱"，原誤作"脈"，今據天德尚賢堂本、文淵閣四庫全書本改。

論熱在氣在血之分

東垣曰：晝則發熱，夜則安靜，是陽氣自旺於陽分也。晝則安靜，夜則發熱煩躁，是陽氣下陷入陰中也，名曰熱入血室。晝則發熱煩躁，夜則發熱煩躁，是重陽無陰也，當亟瀉其陽，峻補其陰。

論五臟有邪身熱各異

以手捫摸有三法：以輕手捫之則熱，重按之則不熱，是熱在皮毛血脈也；重按之至筋骨之分，則熱蒸手極甚，輕手則不熱，是邪在筋骨之間也；輕手捫之不熱，重力以按之不熱，不輕不重按之而熱，是在筋骨之上，皮毛血脈之下，乃熱在肌肉也。

肺熱者，輕手乃得，微按全無，日西熱甚，乃皮毛之熱，其證必見喘咳寒熱，輕者瀉白散，重者涼膈散、地骨散[一]。

心熱者，微按至皮膚之下，肌肉之上，輕手乃得，微按至皮毛之下則熱少，加力按之則全不熱，是熱在血脈也，其證煩心心痛，掌中熱而噦，以黄連瀉心湯、導赤散、硃砂安神丸。

脾熱者，輕手捫之不熱，重按至筋骨又不熱，不輕不重，在輕手重手其間，熱在肌肉，遇夜尤甚，其證必怠惰嗜臥，四肢不收，無氣以動，瀉黄散。

肝熱者，重按之肌肉之下至骨之上，乃肝之熱，寅卯間尤甚，其脈弦，四肢滿悶，便難轉筋，多怒多驚，四肢困熱，筋痿不能起於床，瀉青丸、柴胡飲子。

腎熱者，輕手重手俱不熱，如重手按至骨分，其熱蒸手如火，其人骨蘇蘇如蟲蝕其骨，困熱不任，亦不能起於床，滋腎丸主之。

按：此手太陰、少陰、足太陰、厥陰、少陰本病，爲皮毛、肌肉、骨分熱也。然面熱者足陽明，口中熱如膠足少陰，口熱舌乾足少陰，耳前熱若寒手太陽，掌中熱手厥陰、少陰、太陰，足下熱而痛足少陰，足外熱足少陽，身熱膚痛手少陰，身前熱足陽明，洒淅寒熱手太陰，肩上熱、肩似拔手太陽，中熱而喘足少陰，肩背熱及足小指外廉、脛踝後皆熱足太陽，一身盡熱、狂而妄聞、妄見妄言足陽明，熱而筋縱緩不收、陰痿足陽明、厥陰、手少陰，與前熱在氣血之分皆諸經現證，腑臟陰陽，是動所生之本病也。

【校記】

[一]“地骨散”，天德尚賢堂本作“地骨皮散”四字。

論表裏熱

《病機機要》云：有表而熱者謂之表熱，無表而熱者謂之裏熱。有暴熱而爲熱者，乃久不宣通而致也。有服溫藥而爲熱者，有惡寒戰慄熱者。治法：小熱之氣，涼以和之；大熱之氣，寒以取之。甚熱之氣，以汗發之，發之不盡則逆制之，制之不盡，求其屬以衰之。苦者治臟，臟屬陰而居內；辛者治腑，腑屬陽而在外。故內者下之，外者發之，又宜養血益陰，其熱自愈。

按：此但總言表裏之意，而未分所受標本之源，然合前後諸論觀之，則其病機著矣。

論雜病陰陽虛實寒熱與傷寒不同

《內經》曰：陰虛生內熱者，因有所勞倦，形氣衰少，穀氣不盛[一]，上焦不行，下脘不通，胃氣熱，熱氣熏胸中，故內熱。陽盛則外熱者，因上焦不通利，則皮膚緻密，腠理閉塞，玄府不通，衛氣不得泄，故外熱。陽虛則外寒，陰盛則內寒。（見寒門）

謹按： 趙嗣真曰：《素問》論陰、陽、虛、實四證者，雜病也；《難經・六難》之文，論脈也；《外臺》所述之文，論傷寒表裏也。但仲景所主陰陽虛盛之意，理實奧焉。經云：邪氣盛則實，精氣奪則虛。因正氣先虛，以致邪氣客之而爲盛實，於是有陽虛陰盛、陰虛陽盛二證之別。如《活人書》却將《素問》所論雜病陰、陽、虛、盛四證合而引證仲景傷寒二證之法，又改陽盛外熱作內熱，陰盛內寒作外寒，所論初未嘗合，因拓仲景所主陰陽虛盛之理而詳說之。蓋盛者指邪氣而言，虛者指正氣而言，陰陽虛盛，邪正消長之機。且正氣在人，陽主表而陰主裏；邪氣中人，表爲陰而裏爲陽。若夫表之真陽先虛，故陰邪乘陽而盛實，表受邪者陽虛也，脈浮緊者陰邪盛於外也，是謂陽虛陰盛，所以桂枝、麻黄辛甘之溫劑，汗之則陰邪消，溫之則真陽長，使邪去正安，故愈。又若裏之真氣先虛，故陽邪入陰而盛實，裏受邪者，陰虛也，脈沉實者，陽邪盛於裏也，是謂陰虛陽盛，所以用承氣酸苦之寒劑，下之則陽邪消，寒之則真陰長，邪去正安，故愈。如其不然，陽盛而用桂枝，下咽即斃，陰盛而用承氣，入胃以亡，是皆盛盛虛虛而致邪失正也。以是知仲景所主陽虛陰盛、陰虛陽盛二證之意深，蓋指一爲表證，一爲裏之邪正消長而言，非兼言表和裏病、裏和表病而謂之陰陽虛盛也。況和者，無病處也，虛者，受病處也，斯論可謂得仲景之心法。然陰虛生內熱，詳東垣、丹溪之說，則又有陰虛外熱之證，陽勝外熱，考之河間，往往有陽勝內熱之例，是皆原其病機也。然經言者，內因證也，本病也，河間、東垣、丹溪言者，極變之證也，標病也，所謂亢則害，承迺制之例。又按仲景論陰陽相搏名曰動，陽動爲陽虛，虛則汗出，陰動爲陰虛，虛則發熱，如不汗出發熱而反形冷惡寒者，三焦傷也。或病因醫所誤汗下之致惡寒發熱者，一爲陰陽不和，一爲陰陽陷下致病，若此諸例，豈止陰陽虛實而已？但所因不同，極變之異爾。

【校記】

[一]“不”，原誤作“上”，今據《素問•調經論》改。

論雜證發熱惡寒與傷寒不同

許學士曰：仲景云假令寸口脈微，名曰陽不足，陰氣上入陽中，則洒淅惡寒也，尺脈弱，名曰陰不足，陽氣下陷入陰中，則發熱也，此謂元受病而然也。又云陽微則惡寒，陰弱則發熱，此醫發其汗使陽氣微，又大下之令陰氣弱，此謂醫所病而然也。大抵陰不足，陽往從之，故陽內陷則發熱；陽不足，陰往乘之，故陰上入陽中則惡寒。陰陽不歸其分，故寒熱交爭，是以發熱而惡寒也。

《原病式》曰：身熱惡寒，熱在表也，邪熱在表而淺，邪畏其正，故病熱而反惡寒也。或言惡寒爲寒在表，或言身熱惡寒爲熱在皮膚，寒在骨髓者，皆誤也。仲景法曰無陽病寒不可發汗，又言身熱惡寒麻黄湯汗之，汗泄熱去，身涼即愈，然則豈有寒者歟？大法煩躁多渴，欲寒惡熱，爲病熱也。亦有亢則害，承乃制之，則病熱甚而反覺其冷者也，雖覺其冷而病爲熱，實非寒也。其病熱鬱甚而反惡寒，得寒轉甚而得暖少愈者，謂暖則腠理疏通而陽氣得散，怫熱稍退，故少愈也。其寒則腠理固密，陽氣怫鬱而熱轉甚，故病加爾。上下中外周身皆然，俗因之妄謂寒病，誤以熱藥投之，爲害多矣。

又曰：陰勝則寒，陽勝則熱者，謂裏氣與邪熱並之於表，則爲陽勝而發熱也，表氣與邪熱並之於裏，則爲陰勝而寒慄也。由表氣虛而裏熱，亢則害，承乃制，故反戰慄也，大抵本熱非病寒也。或傷寒病寒熱往來者，邪熱在表而淺，邪惡其正，故惡寒也，邪熱在裏而深，邪甚無畏，物畏其極，故不惡寒而反惡熱也，表裏進退不已，故爲寒熱往來也。此氣不並於表裏，故異於瘧而寒熱微也。

按：此數論並言雜病陰陽相乘，及火熱盛反兼水化爲病，亢則害，承乃制之例，但河間所引傷寒身熱寒熱，與仲景及《明理論》義不相合。詳趙氏曰《明理論》云：往來寒熱者，邪正分爭也。邪氣之入也，正氣不與之爭，則但熱而無寒，若邪正分爭，於是寒熱作矣。蓋以寒邪爲陰，熱邪爲陽，裏分爲陰，表分爲陽。邪之客於表也，爲寒邪與陽爭，則爲寒矣；邪之入於裏也，爲熱邪與陰爭，則爲熱矣。若邪在半表半裏之間，外與陽爭而爲寒，內與陰爭而爲熱，表裏之不拘，內外之無定，由是寒熱且往且來，日有至於三五，甚者則十數發也。若以陰陽相勝，陽不足則先寒後熱，陰不足則先熱後寒，此特論雜病陰陽二氣自相乘勝，然也非可以語傷寒斯論爲甚精切深合仲景之意。蓋不唯釋疑於《活人書》而已，可與前篇兼看。

又按：河間言惡寒爲寒在表，或身熱惡寒，爲熱在皮膚，寒在骨髓者，皆誤也。而《活人書》亦以此爲表裏言之，故趙氏曰詳仲景論止分皮膚、骨髓，而不曰表裏者，蓋以皮、脈、肉、筋、骨五者，《素問》以爲五臟之合，主於外而充於身者也。惟曰臟曰腑，方可言裏，可見皮膚即骨髓之上，外部浮淺之分，骨髓即皮膚之下，外部深沉之分，與經絡屬表，臟腑屬裏之例不同。況仲景出此證於太陽篇首，其爲表證明矣。是知虛弱素寒之人，感邪發熱，熱邪浮淺，不勝沉寒，故外怯而欲得近衣，此所謂熱在皮膚，寒在骨髓，藥用辛溫。至於壯盛素熱之人，或酒客輩，感邪之初，寒未變熱，陰邪閉於伏熱，陰凝於外，熱欝於內，故內煩而不欲近衣，此所爲寒在皮膚，熱在骨髓，藥用辛涼必矣。一發之餘，表解正和，此仲景不言之妙。若以皮膚爲表，骨髓爲裏，則麻黄湯證骨節疼痛，其可名爲有表復有裏之證耶？然仲景《傷寒》一書，人但知爲方家之祖，而未解作秦漢文字觀，故於大經大法之意反有疑似，而後世賴其餘澤者，往往類輯傷寒方論，其間失其本義及穿鑿者亦有之，矧以雜病爲論，但引其例乎？玆趙氏釋疑，可謂得其旨趣，且《黄帝針經》有論皮寒熱、肌寒熱、骨寒熱等例，如此則仲景所論分邪在皮膚、骨髓之殊，雖欲以盡證例之變，蓋自有所本云。

惡寒非寒惡熱非熱論

丹溪曰：經云惡寒戰慄者，皆屬於熱，又云禁慄如喪神守，皆屬於火。惡寒者，雖當炎月，若遇風霜，重綿在身，自覺凜凜戰慄、禁慄動搖之貌，如喪神守，惡寒之甚。《原病式》曰：病熱甚而反覺其寒，此爲病熱，實非寒也。或曰：往往見有得熱藥而少愈者，何也？予曰：病熱之人，其氣炎上，鬱爲痰飲，抑遏清道，陰氣不升，病熱尤甚，積痰得熱，亦爲暫退，熱勢助邪，其病益深。或曰：寒勢如此，誰敢以寒涼與之，非殺而何？予曰：古人遇戰慄之證，有以大承氣湯下燥糞而愈者。惡寒戰慄，明是熱證，但有虛實之分耳。經曰陰虛則發熱，夫陽在外，爲陰之衛，陰在內，爲陽之守，精神外馳，嗜欲無節，陰氣耗散，陽無所附，遂致浮散於肌表之間而惡熱也，實非有熱，當作陰虛治之而用補養之法可也。或曰：惡寒非寒，宜用寒藥，惡熱非熱，宜用補藥，甚駭耳目，明示我治之之法，可乎？予曰：進士周本道，年逾三十，得惡寒病，服附子百數而病甚，求予治。診其脈，弦而似緩，予以江茶入薑汁、香油些小，吐痰一升許，病減大半。又與防風通聖散去硝、黄，加地黄、當歸，百餘帖而安。周甚喜。予曰：未也。燥熱已多，血傷亦深，須食淡以養胃，內觀以養神，則水可生，火可降也。不從吾言，附毒必發。彼勇於仕進，一切務外，不守戒忌。予曰：若多與補血涼藥，亦可稍安。內外不靜，腎水不生，附毒必發。病安之後，官於婺城，巡夜冒寒，非附子不可以療，而性怕生薑，只得以豬腰作片煑附子，與三貼而安。予曰：可急歸。知其附毒易發。彼以爲迂，半年後果發背而死。又，司丞叔平生脚自踝以下常覺熱，冬不可加綿於上。常自言曰：我資稟壯，不怕冷。予曰：此足三陰之虛，宜早斷慾事，以補養陰血，庶乎可免。笑而不答，年才五十，患痿半年而死。觀此二人，治法或可知矣。或曰：傷寒病惡寒惡熱者，亦若是耶？予曰：若病傷寒者，自外入內，先賢言之詳矣，愚奚庸贅?

謹按：東垣曰：發熱惡熱，大渴不止，煩躁肌熱，不欲近衣，其脈洪大，按之無力者，或無目痛鼻乾者，非白虎湯證也。此血虛發躁，當以當歸補血湯主之。又有火欝而熱者，如不能食而熱，自汗氣短者，虛也，以甘寒之劑瀉熱補氣；如能食而熱[一]，口舌乾燥，大便難者，以辛苦大寒之劑下之。瀉熱補水之比，當細分之，不可概論，與已上皆宜參考。如言煩躁虛煩，亦與實煩不同。如傷寒煩者，爲真陽內欝，陰中伏陽之證，與陰虛躁熱病本亦異。

【校記】

[一]“如”，此上原衍“非”字，今據天德尚賢堂本刪。

虛中有熱宜灸論

《衛生寶鑑》云：奥屯周卿之子，年二十三，病發熱肌熱，消瘦，四肢困倦，嗜臥盜汗，大便溏多，不思飲食，腸鳴，舌不知味，懶於言語，時來時去，近半載。其脈浮數，按之無力，正應《脈訣》云臟中積冷榮中熱，欲得生精要補虛[一]。先灸中脘，引清氣上行，肥腠理；又灸氣海穴，乃生發元氣，滋榮百脈；灸三里，助胃氣，撤上熱，使下於陰分。以甘寒之劑瀉熱火，佐以甘溫養其中氣，又食粳米、羊肉之類固其胃氣，以慎言語，節飲食。至數月，病減得平復。

按：此證治乃陽虛而胃氣不足，陰陽不升降致發熱者，宜灸之以助陽，藥以甘寒瀉血中之火熱[二]，又非止陰虛之例也。

【校記】

[一]“生”，原脱，今據天德尚賢堂本補。
[二]“火”，文淵閣四庫全書本作“大”。

論骨蒸勞熱用吐下法

子和曰：皮膚枯乾，痰涎稠粘，四肢疼痛，面赤唇乾，煩躁，睡臥不寧，或時喘咳，飲食少味，困弱無力，虛汗黃瘦等證，先以茶調散輕涌訖，次以導水、禹功輕瀉三兩行，後服柴胡飲子、桂苓甘露飲、搜風丸、白术調中湯、人參散之類，量虛實用之。如咯血、吐血、便血，此亡血也，並不宜吐，吐則神昏。不可峻服熱藥，大忌炙煿酒麪，宜食蔬菜，冰水涼物亦慎不可禁[一]，過忌則胃口閉，形瘦脈大，乃死候也。諸勞仿此。

謹按：一切病候，必憑脈驗證施治，則自切當也。詳已上勞熱，未必不兼陰陽兩虛，濕熱自甚，或陰虛，或勞傷形氣，或脾胃虛損，爲熱之證，吐去痰涎及開提欝陷之氣，次以調養之法治之猶可。若便利，與禹功、導水重峻之劑，吾恐實實虛虛，不善用而藥之太過，多致殺人。且如積熱畜熱有餘之證[二]，非汗吐下法則不能已者，不善用而藥之不及，亦致誤人矣。當必憑脈驗證施治，庶不致藥有太過不及之失。

【校記】

[一]“禁”，原脱，今據《儒門事親》卷十一補。

[二]“畜”，天德尚賢堂本作“蓄”。

論虛熱發汗之誤

東垣曰：仲景論內外不足、發熱自汗之證，大禁發汗。若飲食勞倦雜病發熱自汗，表虛之證，認作有餘，便用麻黄發之，汗大出，則表益虛也。

謹按：仲景論傷寒分例，不可發汗者三十餘條，至一證有二禁者。若寒熱，有血弱氣虛者也，况雜病乎？然誤則致逆，爲禍至速，所謂一逆尚引日，再逆促命期矣。

論陰盛格陽身熱治例

東垣云：馮內翰之姪櫟同病傷寒，目赤而煩渴，脈息七八至，按之不鼓擊。經曰：脈至而從，按之不鼓，諸陽皆然。此陰盛格陽於外，非熱也。與薑、附之劑，汗出而愈。（詳見《試效方》）

按：此與王海藏治狂言發斑身熱脈沉細陰證例同，東垣又有治脚膝痿弱，下尻臀皆冷，陰汗臊臭，精滑不固，脈沉數有力，爲火欝於內，逼陰向外，爲陽盛拒陰，用苦寒藥下之者。此水火徵兆之微，脈證治例之妙。王太僕曰：紀於水火，餘氣可知。因並録之以勸。

論諸發熱病本不同

《此事難知》曰：一身盡熱，先太陽也，從外而之內者，先無形也，爲外傷。

謹按：仲景論傷寒證例，三陰俱有發熱，但微甚不同。趙氏曰：論中三陽皆有發熱。如少陰二證外，又有吐利，手足不逆冷，反發熱者，不死。少陰病，一身手足盡熱，以熱在膀胱，必便血。少陰病，四逆散中用柴胡，亦有治發熱意。又厥陰病先厥後發熱而利者，必自止下利，脈數，有微熱，汗出，今欲愈，面赤身微熱，爲欝冒，嘔而發熱，小柴胡，與夫太陰病中風，四肢煩疼，是三陰皆有發熱明矣，但寒傷陰經發熱則爲逆。

手足不和，兩脇俱熱如火，先少陽也，從內而之外者，先有形也，爲內傷。

《內經》曰：人數醉若飽以入房，氣聚於脾中，不得散，酒氣與穀氣相薄，熱盛於中，故熱遍於身，內熱而溺赤也。飲食不節，起居不時者，陰受之，入六腑，則身熱，不得卧，上爲喘呼。

《活人書》曰：傷食，令人頭痛，脈數發熱，但左手人迎脈平和，身不疼痛是也。

《難知》曰：脈人迎、氣口俱緊盛，或舉按皆實大，發熱而惡寒，腹不和而口液，此內外俱傷也。

按：已上辨內傷外感。（詳見內傷門）

《內經》曰：身熱，脈弦數，戰慄而不惡寒者，癉瘧也。

《要略》曰：發熱身疼，而身如熏黄者，濕也。一身盡疼，發熱日晡所劇者，此名風濕。汗出而身熱者，風也。

《活人書》云：中脘有痰，令人憎寒發熱，惡風自汗，寸口脈浮，胸痞滿，有類傷寒，但頭不痛、項不强爲異。

孫尚云：虚煩，與傷寒相似，身熱，脈不浮緊，不惡寒，但熱而煩，或不煩，頭不痛。脚氣爲病，大便堅，脚膝腫痛，兩脛或有腫滿，或枯細者，方其發時亦有發熱憎寒嘔惡，似傷寒證也。

《難經》曰：發熱惡寒，脈來浮數者，溫病也。身熱頭疼，自汗多眠，陽脈浮滑，陰脈濡弱者，風溫也。

《傷寒論》曰：脈虚身熱，得之傷暑。

東垣云：四肢發熱者，或口乾舌乾咽乾，蓋心生火，小腸主熱，火熱來乘土位，乃濕熱相合，故煩躁悶亂也。四肢者，脾土也，火乘之，故四肢發熱也。或身體沉重，走注疼痛，蓋濕熱相搏，而風熱鬱而不得伸也。

謹按：諸病表熱有相類，則脈氣病本之不同也，因類已上諸例。是故仲景論傷寒卒病發熱而惡寒者，發於陽也，其脈浮緊而澀，爲風寒客於榮衛之中也，分六經傳變，脈證至二百餘例。有因壞誤所致，及溫瘧、風溫、溫疫等證，皆冬傷於寒，發爲諸脈證之變。此《傷寒論》之所以作也。河間劉守真論熱病，因陽氣怫欝而爲熱，或欝結轉甚而惡寒，所謂亢則害，承乃制，陽極反似陰，與傷寒皆相類，此《原病式》之所以作也。東垣李明之論內傷脾胃之證，始得之多氣高而喘，身熱而煩，其脈洪大而頭痛，或渴不止，其皮膚不任風寒而生寒熱，與外感傷寒多相似，此《脾胃論》之所以作也。斯三君子之論，本推明《內經》病機之旨條，熱證標本之不同，勿視此以爲彼也。然學者不審其義，而各爲專門。是以丹溪朱先生曰：學先仲景書者，以傷寒爲主，恐誤內傷作外感；先東垣書者，以胃氣爲主，恐誤外感爲內傷；先河間書者，以熱爲主，恐誤以寒爲熱。不若先主於《內經》，則自然活潑潑地，蓋《內經》之義則精而博者也。然則微三君子之論，又何由知經義之積隱乎？但不審其義而各爲專門者，視此以爲彼，誤人多矣。吁！丹溪之旨微哉！切觀仲景之法，必憑脈驗證施治，變化無窮，深合《內經》之旨。如寒邪在表，以辛溫之藥汗之；在裏，以辛熱之藥溫之；傳變在半表裏者，以甘寒之藥和解之；傳變入裏者，以苦寒之藥下之，涼劑亦未嘗委而不用也。大抵固憑脈驗證，以自通變，不可執論專方如此，矧人身之病有水火徵兆之微。若王太僕曰：熱來復去，晝見夜伏，夜發晝見，時節而動，是無火也。是例固河間論亢則害，承乃制，《病式》亦庶幾矣。丹溪更有論陰陽爲惡寒非寒，惡熱非熱者。因人身之病，水火徵兆幽顯莫測，先哲推論亦且至矣。然仲景論傷寒脈法，亦未嘗不引雜病，河間論熱證脈法而且未詳，學者能本仲景，參叔和脈法，自辨內傷外感之分。殊如王海藏曰：仲景言弦澀爲陰，叔和言弦澀爲陽，雖有陰陽之別，則不離諸數爲熱，諸遲爲寒。仲景、叔和言本兩途，非相違背，合而論之，皆是也。仲景所言傷寒自外從氣而入，以弦脈爲陰，邪從外入，先太陽也；叔和所言雜病自內從血而出，以弦脈爲陽，病自內生，先少陽也。如此則形證有相類，脈氣病本之不同，學者審是則自然通變，不致視此以爲彼，拘於執論專方而已也。

熱證治法

發表之劑

易簡參蘇飲：治感冒發熱頭痛，或因痰飲凝積爲熱，狀似傷寒者。

前胡　人參　紫蘇　乾葛　半夏　茯苓各三分　枳殼　陳皮　甘草　桔梗　木香各半錢

右㕮咀，生薑五片，水煎服。

人參敗毒散（方見咳門）

按：此二方足少陽柴胡例藥。（參蘇飲解見痰飲門）

局方柴胡升麻湯：治發熱頭痛，惡風體疼，鼻塞咽乾痰盛。（方見傷風門）

按：此足少陽、陽明、手太陰藥也。

葛根解肌湯：治發熱惡寒，頭痛項强，傷寒溫病。

葛根四錢　桂一錢　黃芩　甘草　白芍各二錢　麻黃三錢

右㕮咀，入薑、棗煎。

按：此足太陽、陽明、太陰藥也。

知母葛根湯：治身熱頭痛，風溫溫毒證。

知母一錢半　葛根四錢　石膏三錢　甘草　木香　升麻　黄芩　南星　人參　防風　杏仁　川芎　羌活各一錢　萎蕤二錢半　麻黄二錢

右㕮咀，作二服，入薑煎。

按：此足太陽、陽明、手太陰藥也。（已上三方並足太陽例）

河間六神通解散：治發熱頭痛，發渴身疼，脈洪無汗。

麻黄二錢　甘草三錢　石膏　滑石　黄芩各四錢　蒼术八錢

右㕮咀，入薑、葱煎。

按：此足三陽、手足太陰藥也，出太陽例。

易老九味羌活湯：治發熱惡寒，無汗或自汗，頭痛項强，或傷風見寒脈，傷寒見風脈，並宜服之。

羌活　防風　蒼术各一錢半　川芎　白芷　生地黄　黄芩　甘草各一錢　細辛一錢

右㕮咀，水煎。

按：此足太陽、陽明、三陰藥也。

易老云：經曰有汗不得服麻黄，無汗不得服桂枝，若差失，則其變不可勝言，故立此法，使不犯三陽禁忌。爲解利神方，非獨治雜病藥也。

謹按：仲景論傷寒發表藥，分六經及解肌、可刺諸法，蓋恐藥致誤變逆，慎之至也。今集已上諸方，皆傷寒表藥之變法，宜詳審脈證而擇用之。然易老九味、河間通解，意雖不同，務在藥證相對，名實相符，方可行之，否則犯禁致逆，及失其立法之意也。是以許文正公曰：近世論醫有主河間劉氏者，有主易老張氏者。張氏用藥依准四時陰陽升降而增損之，正《內經》四氣調神之義，醫而不知此，妄行也；劉氏用藥務在推陳致新，不使少有怫欝，正造化新新不停之義，醫而不知此，無術也。然而主張氏者或未盡張氏之妙，則瞑眩之劑終莫敢投，至失幾後時而不救者多矣；主劉氏者或未悉劉氏之蘊，則劫效目前，陰損正氣，遺禍於後日者多矣。能用二家之長而無二家之弊，則治庶幾乎於此二方製法[一]。可見大抵學者當於經論中求之，知其所主，不可偏執於一家而已。

【校記】

[一]“治”，天德尚賢堂本此下有“其”字，義勝。

攻裏之劑

宣明三乙承氣湯：治臟腑積熱痞滿，燥實堅脹。

甘草　枳實　厚朴　大黄　芒硝

右㕮咀，入薑煎。

按：此足陽明例藥也。《發明》曰：漢張仲景作《傷寒論》，爲邪自外入傳於胃者，謂之入腑，腑之爲言聚也。胃爲水穀之海，榮衛之源，水穀會聚，變化而爲榮衛，邪氣入胃，則胃中之氣菀滯，糟粕秘結而爲實。實則瀉之，人所共知。如緩急輕重之劑，則臨時消息焉。不惡寒，反惡熱，發渴譫語，腹滿而喘，手足濈然汗出者，急下之，宜大承氣湯。如邪氣未深，恐有燥屎，少服小承氣湯試之。腹中轉失氣者，有燥屎也，乃可攻之，不轉失氣者，初硬後溏，尚未可攻，攻之則腹滿，不能食。若腹滿不通，與小承氣湯微和胃氣，勿令大泄。如發汗後不惡寒，但熱者，胃實也，當和胃氣，調胃承氣湯主之。成無己云：大熱結實者，與大承氣湯；小熱微結者，與小承氣湯。以熱不太甚，故於大承氣湯中去芒硝；又以結不至堅，故減厚朴、枳實也。如不至大堅滿，邪熱甚而須攻下者，亦未可投大承氣湯，必以輕緩之劑攻之，於大承氣湯減厚朴、枳實，加甘草，乃輕緩之劑以調胃也。設若大承氣反用調胃治之，則邪氣不服，小承氣證反用大承氣下之，則過傷正氣而腹滿，不能食，故有勿大泄之戒。此仲景所以分治之，未嘗越聖人制度，後之醫者，以此三藥合而爲一，且云通治三藥之證及無問傷寒、雜證、內外一切所傷。若依此說，與仲景之方甚相違背，及失軒岐緩急之旨，由是紅紫眩亂，迷惑世人，一唱百和，使病者暗受其弊，將何訴哉？倘有仁心審是者，當於《內經》、仲景方中求之，責使藥證相對，以聖賢之心爲心，則方之真僞自可得而知矣。

當歸承氣湯：治燥熱裏熱，火欝爲病，或皮膚枯燥，或咽乾鼻乾，或便溺結閟，通宜用此。

當歸　大黄各四錢　甘草　芒硝各二錢

右㕮咀，入薑煎。

按：此足太陰、厥陰、陽明藥也。凡血證下藥，詳見仲景抵當諸湯例，玆不備録，但此與前方可見有氣血之分。

發表攻裏之劑

宣明雙解散：治一切風熱積熱。

益元散　防風通聖散各一兩

右每三五錢，入葱白、鹽豉五十粒、薑三片，煎服。

按：此足太陽、陽明、少陰、厥陰、手足太陰藥也，治風熱欝熱甚捷。但本論云治風寒暑濕，飢飽勞役，內外諸邪所傷，無問雜病，便可通解。然斯意混同主治，而寒濕何以得散？內傷不足之證何以抵受邪？實實虛虛，不無致逆。故潘思敬云：是仲景調胃承氣湯，後人一變，加連翹、梔子、薄荷、黄芩，謂之涼膈；至河間又一變，於涼膈中加防風、川芎、當歸、芍藥、麻黄、石膏、桔梗、滑石、荆芥、白朮，謂之防風通聖。古之復方也，今復之又復，製法蓋可知矣，而學者識之。

大柴胡湯：治傷寒雜證發熱，脈沉實弦數，熱日數多，或有表，復有裏，脈洪，頭痛而譫妄，或濕熱自利，表裏證已急，宜此下之。

柴胡四錢　黄芩　芍藥各一錢半　半夏一錢二分　枳實二錢　大黄二錢半

右㕮咀，入薑、棗，煎[一]。

按：此足少陽、陽明、太陰、厥陰藥也，出太陽例。

【校記】

[一]“煎”，天德尚賢堂本作“煎服”二字。

清氣之劑

局方人參白虎湯：治氣熱，心煩發渴。

石膏四錢　知母一錢半　甘草一錢　人參半錢

右㕮咀，入粳米一合，煎。

按：此足陽明、少陰、手太陰藥也。

清心蓮子飲：治發熱口乾，小便白濁，夜則安靜，晝則發熱。

黄芩　麥門冬　地骨皮　車前子　甘草各三錢半　蓮肉　茯苓　黄芪　柴胡　人參各二錢半

右㕮咀，水煎。

按：此足少陽、少陰、手足太陰藥也。

宣明柴胡飲子：解一切肌熱、蒸熱、積熱，或汗後餘熱，脈洪實弦數。

黄芩　甘草　大黄　芍藥　柴胡　人參　當歸各二錢半

右㕮咀，入薑煎。

按：此足少陽例，又表裏血藥也。《寶鑑》附於氣分熱例下，今姑從之，學者宜取擇焉。

《機要》云：若膚如火燎而熱，以手取之不甚熱，爲肺熱，目睛赤，煩躁，或引飲，黄芩一味主之。晝則行陽二十五度，此言氣分熱也。

涼血之劑

清涼飲子：治大人小兒血脈壅實，臟腑生熱，面赤煩渴，睡臥不寧。

大黄　芍藥　當歸　甘草各等分

右㕮咀，水煎。

按：此足太陰、厥陰之的藥也。

元戎四物二連湯：治血虚虚勞發熱，五心煩熱，晝則明了，夜則發熱。

當歸 生地黄 白芍 川芎 黄連 胡黄連

右㕮咀，水煎服。

按：此足太陰、厥陰、手少陰經藥也。

《機要》云：若夜發熱，主行陰，夜則行陰二十五度。若脇肋熱，或一身盡熱，或日晡肌熱者，皆血病也，宜以上方及桃仁承氣選而用之。

清氣涼血之劑

局方洗心散：治風壅壯熱，頭目昏痛，熱氣上衝，口苦唇焦，咽喉腫痛，心神煩躁，多渴，五心煩熱，小便赤澀，大便秘滯。

大黄煨 甘草 當歸 芍藥 麻黄 荆芥穗各六錢 白术五錢

右爲末，每服二三錢，生薑薄荷湯煎服。

按：此足太陽、陽明、厥陰、手足太陰經藥也。今人多用之，故收入。然以白术合大黄入心，故名洗心，而從以麻黄、荆芥，亦是表裏藥。

甘露飲：治男子婦人小兒煩熱，胃中客熱，口臭齒齦，煩渴咽瘡等證。

熟地黄 生地黄 枇杷葉 山茵陳 天門冬 麥門冬 枳殼 黄芩 石斛 甘草各等分

右爲末，每服二錢，水煎服。

按：此足陽明、手太陰、少陰經藥也。

龍腦雞蘇丸：除煩熱鬱熱肺熱，咳嗽鼻衄，吐血血崩，下血熱淋，消渴驚悸，解酒毒，胃熱口臭口苦，開心明目。

薄荷葉一兩六錢 生地黄六錢 麥門冬四錢 蒲黄炒 阿膠炒，各二錢 黄芪一錢 人參 木通各二錢 銀州柴胡同木通浸二日，取汁入膏 甘草一錢半

右爲末，用蜜三兩二錢煉過，後下地黄末、木通柴胡汁，熬成膏，丸桐子大，每二十丸，嚼破，湯下。

按：此三焦藥也。

安神清鎮諸方

局方至寶丹（方見中風門）

按：此氣血之藥，通關、透肌骨之劑也。

東垣硃砂安神丸：治心神煩亂怔忡，兀兀欲吐，氣亂而熱，似懊憹狀。

黄連一錢半 生地黄 當歸身 甘草炙，各半錢 硃砂一錢，別研

右爲末，蒸餅丸黍米大，每十丸或十五、二十丸，唾津下。

按：此二方血分藥也。

牛黄膏：治熱入血室，發狂，不認人者。

牛黄二錢半　硃砂　蔚金各三錢　腦子　甘草各一錢　牡丹皮二錢

右爲細末，煉蜜丸皂子大，新水化下。

錢氏安神丸：治熱渴心悶，脈實，頰赤口燥。

麥門冬　馬牙硝　白茯苓　山藥　寒水石各半兩　硃砂一兩　甘草半兩　龍腦一字

右爲末，煉蜜丸雞頭大，每服半丸或一丸，沙糖水化下。

按：此氣分藥也。

瀉諸經實熱方

局方涼膈散：治上焦積熱，煩躁多渴，面赤面熱，頭昏咽燥，喉咽腫痛，口瘡，便溺赤澀，狂言譫妄，睡臥不安，並宜服之。

大黄　朴硝　甘草各二兩　連翹四兩　梔子仁　黄芩　薄荷葉各一兩

右爲末，每服二錢，竹葉、蜜些小[一]，煎服。

按：此手太陰、少陰、足太陰、陽明藥也。輕者宜用桔梗湯，毋犯下二焦也，餘倣此。（桔梗湯見喉痹門）

調胃承氣湯：治中焦實熱，胃熱實而不滿。

大黄一兩　甘草二錢半　芒硝四錢半

右㕮咀，水煎。

按：此足陽明經藥也。輕者宜用前胡散。

八正散：治下焦積熱，二便閉澀，多渴咽乾，口舌生瘡，腫痛淋血。

大黄　瞿麥　木通　滑石　扁竹　車前子　山梔　甘草各等分

右爲末，每服二錢，水煎，入燈心。

按：此足太陽、陽明經藥也。輕者宜用導赤散。

【校記】

[一]“小”，天德尚賢堂本作“少”。

錢氏瀉青丸：治肝經欝熱。

當歸　龍膽草　川芎　山梔　大黄　羌活　防風

右爲末，蜜丸雞頭子大，每一二丸[一]。

瀉心湯：治心熱。

黄連一兩

右爲末，水調二三分，量病人大小與之。

瀉黄散：治脾熱，口臭咽乾。

藿香葉七錢 山梔一兩 石膏半兩 甘草三兩 防風四兩

右爲末，同蜜、酒拌，微炒香，每服一錢。

瀉白散：治肺熱。

桑白皮 地骨皮各一兩 甘草半兩

右爲末，每服二三錢。

東垣滋腎丸：治腎熱。

黄柏三錢 知母二錢 桂一分半

右爲末，熟水丸桐子大，每七八十丸至百丸，食前百沸湯下。

按：此五臟藥例也。

半夏湯：治膽腑實熱，精神不守，熱泄病。

半夏 宿薑各三錢 黄芩 遠志 茯苓各二錢 生地黄五錢 秫米數合 酸棗仁一合

右㕮咀，長流水煎[二]。

導赤散：治小腸實熱，小便赤澀而渴。

生地黄 木通 甘草各等分

右末，入竹葉同煎[三]。

前胡散：治胃氣實熱，唇口乾裂，中心熱躁，大便秘結，非時煩渴，睡中口内生涎。

大黄半兩 桔梗 枳殼 前胡 杏仁各一錢 葛根二錢

右爲末，每二錢，入薑煎[四]。

瀉白湯：治大腸實熱，腹脹不通，俠臍痛，食不化，喘，不能久立，口生瘡。

橘皮 淡竹茹 黄芩 梔子仁 蘗皮炙，各半兩 茯苓 芒硝各一兩 生地黄三兩

右剉，每四錢，入薑、棗煎，空心服。

赤茯苓湯：治膀胱實熱，腹脹，小便不通，口苦舌乾，咽腫不利。

赤茯苓 豬苓 葵子 枳實 瞿麥 木通 黄芩 車前子 滑石 甘草各等分

右㕮咀，入薑煎，食前服。

按：已上諸方出五臟治要例。

【校記】

[一]“丸”，天德尚賢堂本此下有“煎竹葉湯化下”六字。

[二]“煎”，天德尚賢堂本此下有“服”字。

[三]“煎”，天德尚賢堂本此下有“服”字。

[四]“煎”，天德尚賢堂本此下有“服”字。

治虛熱升陽之劑

小柴胡湯：治潮熱身熱，默默不欲飲食，或嘔或渴，或利或咳。

人參　半夏　生甘草　黄芩各二錢　柴胡四錢　生薑五片　棗二枚

右㕮咀，水煎[一]。

按：此足少陽藥也，出太陽例。主虛勞煩熱，能引清氣上行陽道，在經主氣，在臟主血，故更能入血室也。

東垣升陽益胃湯：治肺之脾胃虛，怠惰嗜臥，四肢不收，身體沉重，口乾，食無味，大便不調，小便頻數，食少，食不消，洒淅惡寒，而或微熱。（方見内傷門）

按：此手太陰、足陽明、太陰之藥。欲升浮中焦下陷之氣，故加太陽諸經藥也。

補中益氣湯：治形神勞役，或飲食失節，勞倦虛損，身熱而煩，脈洪大而虛，頭痛，或惡寒而渴，自汗無力，氣高而喘。

黄芪一錢半　人參　甘草炙，各一錢　白术　當歸身　柴胡　升麻　陳皮各半錢

右㕮咀，水煎。

按：此手足太陰、少陽經藥，表裏氣血之劑也。（加減見内傷門）

謹按：《發明》曰：經云治熱以寒，溫而行之；治寒以熱，涼而行之；治溫以清，冷而行之；治清以溫，熱而行之。夫治熱以寒，溫而行之者有三，皆同。大熱在身，止用黄芪、人參、甘草，此三味者皆甘溫，雖表裏皆熱，躁發於内，捫之肌熱於外，能和之，汗自出而解矣，此溫能除大熱之至理，一也。熱極生風，乃左遷入地，補母以虛其子，使天道右遷順行，諸病得天令行而必愈，二也。況大熱在上，其大寒必伏於内，溫能退寒，以助地氣，地氣者，在人乃胃之生氣，使真氣旺，三也。此與熱因寒用、寒因熱用，必伏其所主而先其所因治法，理同而證不同，學者最宜深玩。

【校記】

[一]“煎”，天德尚賢堂本此下有“服”字。

治虛熱滋陰之劑

楊氏秦艽扶羸湯：治肺痿骨蒸成勞，或嗽，或寒或熱，聲嗄不出，體虛自汗，四肢怠惰。

柴胡二錢　人參　鱉甲炙　秦艽　當歸　地骨皮各一錢半　半夏　紫菀　甘草各一錢

右㕮咀，水煎[一]。

按：此足少陽例藥，又氣血之劑也。

局方當歸補血湯：治肌熱躁熱，目赤面紅，煩渴引飲，晝夜不息，其脈洪大而虛，重按全無，此脈虛血虛也。若誤服白虎湯，必死，宜此主之。

黄芪　當歸

右㕮咀，水煎。

按：此足三陰經藥也。

十味人參散：治虛熱潮熱，身體倦怠。

柴胡　甘草　人參　茯苓　半夏　白术　黄芩　當歸　白芍　葛根等分

右㕮咀，入薑煎。

按：此足少陽、陽明、太陰經藥也。

瑞竹堂柴胡梅連散：治骨蒸勞熱，久而不痊，三服除根，其效如神，及五勞七傷虛弱皆治。

胡黄連　柴胡　前胡　烏梅各三錢

右㕮咀，每二錢，童便　盞，豬膽一枚，豬脊髓一條，韭根白半錢，同煎至七分，去柤溫服，不拘時。

按：此足少陽、厥陰、手少陰、太陰經藥也，出少陽例，亦是劫劑。

元戎五蒸湯：治骨蒸勞熱自汗。

甘草　人參　知母　黄芩各二錢　茯苓　熟地黄　葛根各三錢　石膏半兩　竹葉二十片

右㕮咀，作一服，入粳米一合，煎。加減見本論。

按：此足陽明、手太陰、手足少陰經藥也。已上並氣血之劑。

【校記】

[一]“煎”，天德尚賢堂本此下有“服”字。

升陽滋陰之劑

局方十全大補湯：治諸虛不足，五勞七傷，不進飲食，久病虛損，時發潮熱者。

白茯苓　人參　當歸　白术　黄芪　川芎　肉桂　白芍炒　熟地黄　甘草等分

右㕮咀，每服一兩，入薑、棗，水煎[一]。

按：此手足三陰氣血藥也。

人參養榮湯：治久病虚損，口乾食少，咳而下利，心驚悸，熱而自汗。

前方减芎，加陳皮、五味、遠志。

右㕮咀，入薑、棗，煎[二]。

按：此手足太陰藥，氣血之劑也。

黄芪鱉甲散：治男女虚熱身瘦，五心煩熱，四肢怠惰，咳嗽咽乾，自汗食少。

人參　肉桂　桔梗各一錢半　生地黄　半夏　紫菀　知母　白芍　黄芪　甘草　桑白皮各二錢半　天門冬　鱉甲各五錢　秦艽　茯苓　地骨皮　柴胡各三錢

右㕮咀，入薑煎，每服一兩。《衛生寶鑑》减桂、芍、地骨皮，名人參黄芪散。

按：此手太陰例藥，氣血之劑。然氣亂於胸中，爲清濁相干者，須加氣藥以理之。又不必拘此，如氣液衰，陰血竭，古方有兼用烏梅、蛤蚧、豬腎脊髓、人屎等物，皆其法也。

【校記】

[一]"煎"，天德尚賢堂本此下有"服"字。

[二]"煎"，天德尚賢堂本此下有"服"字。

治風熱之劑

川芎石膏湯（方見中風門）

仙术芎散：治風熱燥熱。

防風通聖中加菊花、藿香、砂仁，减麻黄、芒硝。

右爲末，每服一二錢。

按：此足太陽、陽明、三陰經藥也。

寒熱之劑

柴胡薑桂湯：治寒熱自汗。

柴胡四錢　桂枝　黄芩　乾薑　甘草　牡蠣各一錢半　瓜蔞根二錢

右㕮咀，水煎[一]。

按：此少陽例藥也。

桂枝麻黃各半湯：治發熱惡寒，便清不渴，脈浮緊而澀。（方見傷寒例）

陽旦湯：治身熱惡寒，頭痛，脈洪盛，自汗。

桂枝湯加黃芩一兩。

按：此並太陽例藥。

【校記】

[一]“煎”，天德尚賢堂本此下有“服”字。

暑熱之劑

局方黃連香薷飲

按：此手太陰、少陰藥也。

東垣清暑益氣湯（方並見暑門）

按：此手足太陰、少陰、足陽明藥也。

濕熱之劑

五苓散（方見濕門）

東垣清燥湯（方見痿門）

按：此手足太陰氣血之劑也，出太陽例。

火熱之劑

黃連解毒湯

按：此手足太陽、陽明、少陰、手太陰藥也。

當歸龍膽丸（方並見火門）

按：此足陽明、厥陰、手足太陰、少陰藥也。

風濕熱之劑

東垣羌活湯：治身重，或眩運麻木，小便澀，大便不調，下焦痿軟，不能行止。

羌活　防風　柴胡各一錢　藁本　獨活　茯苓　澤瀉　豬苓　黃芪　甘草炙　陳皮　黃柏　黃連　蒼术　升麻　川芎各半錢

右㕮咀，水煎[一]。

按：此疏風勝濕升陽之劑也，出太陽茯苓澤瀉例。

【校記】

［一］“煎”，天德尚賢堂本此下有“服”字。

治食熱之劑

千金紫丸：治飲食傷，先寒後熱。（見本方）

拔萃妙香丸（方見風癇門）

丹溪越鞠丸：治食鬱。

蒼术　神麯　香附　山查　醋炒鹹砂　撫芎等分

右爲末，糊丸。後加減法爲六鬱例，並附於左。

氣鬱：香附、蒼术、撫芎。

血鬱（見血門）

濕鬱（見濕門）

痰鬱：海石、香附、瓜蔞仁、南星。

熱鬱：香附、撫芎、青黛、蒼术。

按：食傷發熱諸例，宜於內傷門選用。

玉機微義卷之九

玉機微義卷之十

火門

《内經》敘火爲諸證

諸熱瞀瘈，暴瘖冒昧，躁擾狂越，罵詈驚駭，胕腫疼酸，氣逆衝上，禁慄如喪神守，嚏嘔瘡瘍喉痹，耳鳴及聾，嘔湧溢，食不下，目眛不明，暴注瞤瘈，暴病暴死，皆屬於火。

論相火動爲諸證

丹溪曰：太極動而生陽，靜而生陰，陽動而變，陰靜而合，而生水火木金土，各一其性。惟火有二：曰君火，人火也；曰相火，天火也。火內陰而外陽，主乎動者也，故凡動皆屬火。以名而言，形質相生，配於五行，故謂之君。以位而言，生於虛無，守位禀命，因動而見，故謂之相。天主生物，故恒於動，人有此生，亦恒於動，其所以恒於動者，皆相火助之爲也。見於天者，出於龍雷則木之氣，出於海則水之氣也。具於人者，寄於肝腎二部，肝屬木而腎屬水也，膽者肝之腑，膀胱者腎之腑，心胞絡者腎之配，三焦以焦言，而下焦司肝腎之分，皆陰而下者也。天非此火不能生物，人非此火不能有生。天之火，雖出於木而皆本乎地，故雷非伏，龍非蟄，海非附地，則不能鳴，不能飛，不能波也。鳴也，飛也，波也，動而爲火者也。腎肝之陰，悉具相火[一]，人而同乎天也。

或曰：相火，天人所同，何東垣爲元氣之賊？又曰：火與元氣不相兩立，一勝則一負，然則如之何則可使之無勝負乎？曰：周子曰神發知矣。五性感動而萬事出，有知之後，五者之性爲物所感，不能不動。謂之動者，即《内經》

五火也。相火易起，五性厥陽之火相扇，則妄動矣。火起於妄，變化莫測，無時不有煎熬真陰，陰虛則病，陰絕則死。君火之氣，經以暑與熱言之，相火之氣，經以火言之，蓋表其暴悍酷烈有甚於君火者也，故曰相火元氣之賊。周子又曰聖人定之以中正仁義而主靜，朱子亦曰必使道心常爲一身之主，而人心每聽命焉。此善處乎火者，人心聽命於道心，而又能主之以靜，彼五火將寂然不作，而相火者惟有裨補造化，而爲生生不息之運用爾，何賊之有？

或曰：《內經》相火注言少陰、少陽矣，未曾言及厥陰、太陽，而吾子言之何也？曰：足太陽、少陰，東垣嘗言之矣。治以炒柏，取其味辛，能瀉水中之火是也。戴人亦言膽與三焦尋火治，肝和胞絡都無異，此歷指龍雷之火也。予亦備述天人之火皆生於動，如上文所云者，實推廣二公之意。

或曰：《內經》言火者不一，往往於六氣中見之，言臟腑者未之見也，二公豈他有所據耶？子能爲我言之乎？經曰百病皆生於風寒暑濕燥火之動而爲變者，岐伯歷舉病機一十九條而屬火者五，此非相火爲病之出於臟腑者乎？考之《內經》，少陽病爲瘛瘲，太陽病時眩仆，少陰病瞀暴瘖，鬱冒不知人，非諸熱瞀瘛之屬火者乎？少陽病惡寒鼓慄，膽病振寒，少陰病洒淅惡寒振慄，厥陰病洒淅振寒，非諸振鼓慄如喪神守之屬火者乎？少陽嘔逆，厥氣上行，膀胱病衝頭痛，太陽病厥氣上衝胸，少腹控睾引腰脊，上衝心，少陰病氣上衝胸嘔逆，非諸逆衝上之屬火者乎？少陽病譫妄，太陽病譫妄，膀胱病狂癲疾，非諸躁狂越之屬火者乎？少陽病胕腫善驚，少陰病瞀熱以酸，胕腫不能久立，非諸病胕腫痛酸驚駭之屬火者乎？又《原病式》曰：諸風掉眩，屬於肝，火之動也；諸氣憤鬱病痿，屬於肺[二]，火之升也；諸濕腫滿，屬於脾，火之勝也；諸痛癢瘡瘍，屬於心，火之用也。是皆火之爲病出於臟腑者，然也注文未之發爾。以陳無擇之通達，且以暖熾論君火[三]，日用之火言相火，而又不曾深及，宜乎後人之不無聾瞽也，悲夫！

【校記】

[一]“具”，原誤作“其”，今據天德尚賢堂本改。

[二]“肺”，原誤作“肝”，今據天德尚賢堂本改。

[三]“熾”，原誤作“識”，今據天德尚賢堂本改。

論火豈君相五志俱有

《原病式》曰：五臟之志，過度則勞傷本臟。凡五志所傷，皆熱也。所謂陽動陰靜，故形神勞則躁不寧，靜則清平也。是故上善若水，下愚若火。如卒暴僵仆，多因五志七情過度而卒病也。故喜爲心火之志，病笑者火之甚也。五志過極，皆爲火也。

謹按：或曰：火之爲病，其害甚大，其變甚速，其勢甚彰，其死甚暴，何者？蓋能燔灼焚焰，飛走狂越，消爍於物，莫能禦之。遊行乎三焦，虚實之兩途，曰君火也，猶人火也，曰相火也，猶龍火也。火性不妄動，能不違於道，常以稟位聽命，運行造化生存之機矣。夫人在氣交之中，多動少靜，欲不妄動，其可得乎？故凡動者皆屬火化，火一妄行，元氣受傷，勢不兩立，偏勝則病移害他經[一]，事非細故，動之極也，病則死矣。經所謂一水不勝二火之火，出於天造君相之外，又有厥陽臟腑之火，根於五志之內，六欲七情激之，其火隨起。蓋大怒則火起於肝，醉飽則火起於胃，房勞則火起於腎，悲哀動中則火起於肺，心爲君主，自焚則死矣。丹溪又啟火出五臟，主病曰諸風掉眩屬肝火動之類。經所謂一水不勝五火之火，出自人爲。又考《內經》病機一十九條內，舉屬火者五，諸熱瞀瘛，皆屬於火之類，而河間又廣其說，火之致病者甚多，深契《內經》之意。曰諸病喘嘔吐酸云云（見熱門），此皆少陰君火之熱，乃真心小腸之氣所爲也。若瞀瘛暴瘖冒昧云云（見前），此皆少陽相火之熱，乃心包絡、三焦之氣所爲也。是皆火之變見爲諸病也。爲脈虚則浮大，實則洪數。藥之所主，各因其屬。君火者，心火也，可以濕伏，可以水滅，可以直折，惟黄連之屬可以制之；相火者，龍火也，不可以水濕折之，從其性而伏之，惟黄柏之屬可以降之。噫！瀉火之法，豈止如此？虚實多端，不可不察。以臟氣司之，如黄連瀉心火，黄芩瀉肺火，芍藥瀉脾火，柴胡瀉肝火，知母瀉腎火，此皆苦寒之味，能瀉有餘之火耳。若飲食勞倦，內傷元氣，火不兩立，爲陽虚之病，以甘溫之劑除之，如黄芪、人參、甘草之屬。若陰微陽強，相火熾盛，以乘陰位，日漸煎熬，爲血虚之病，以甘寒之劑降之，如當歸、地黄之屬。若心火亢極，鬱熱內實，爲陽強之病，以鹹冷之劑折之，如大黄、朴硝之屬。若腎水受傷，其陰失守，無根之火，爲陰虚之病，以壯水之劑制之，如生地黄、玄參之屬。若右腎命門火衰，爲陽脱之病，以溫熱之劑濟之，如附子、乾薑之屬。若胃虚過食冷物，抑遏陽氣於脾土，爲火鬱之病，以升散之劑發之，如升麻、葛根之屬。不明諸此之類，而求火之爲病，施治何所依據？故於諸經集略其說，備處方之用，庶免實實虚虚之禍也。

【校記】

［一］“害”，原脱，今據天德尚賢堂本、文淵閣四庫全書本補。

又按：火熱之極者，經曰壯火散氣，壯火之氣衰，故有陽極似陰之證。河間治身冷，唯心胸微暖，昏冒不知人事，不能言，脈微而欲絕者，用涼膈散養陰以退陽。此因病陽厥而尚不下所致，身冷脈微而似陰證，亢則害，承乃制，極變病例也。然人火龍火，治法與論，唯太僕、河間、丹溪之意已詳，其未悉之旨，今輯於左。

王安道曰：予讀《內經·六微旨論》，至於亢則害，承乃制，喟然歎曰：至矣哉，其造化之樞紐乎！王太僕發之於前，劉河間闡之於後，聖人之蘊殆靡遺矣。然學者尚不能釋然，得不猶有未悉之旨也歟？謹按《内經》[一]，帝曰：願聞地理之應，六節氣位何如？岐伯曰云云：嘗觀夫陰陽五行之在天地間也，高者抑之，下者舉之，强者折之，弱者濟之，蓋莫或使然而自不能不然也。不如是，則高者愈高，下者愈下，强者愈强，弱者愈弱，而乖亂之槩日已極矣，天地豈能位乎？雖然，高也下也，强與弱也，亦莫或使然而自不能不然也。故易也者，造化之不可常也，惟其不可常，故神化莫能以測，莫測，故不息也，可常則息矣。亢則害，承乃制者，其莫或使然而自不能不然者歟？夫太僕、河間已發揮者，兹不贅及，其未悉之旨[二]，請推而陳之。夫自顯明之右止君火治之十五句，言六節所治之位也；自相火之行下止陰精承之十二句，言地理之應乎歲氣也。亢則害，承乃制二句，言抑其過也。制生則化止生化大病四句，言有制之常與無制之變也。承，猶随也，然不曰随而曰承者，以下言之，則有上奉之象，故曰承，雖謂之承，而有防之之義存焉。亢者，過極也，害者，害物也，制者，克勝之也，然所承也，其不亢則随之而已，故雖承而不見，既亢則克勝以平之，承斯見矣。然而迎之不知其所來，迹之不知其所止，固若有不可必者。然可必者，常存乎杳冥恍惚之中，而莫之或欺也[三]。

【校記】

[一]“內”，原脱，今據天德尚賢堂本補。
[二]“悉”，原誤作“息”，今據天德尚賢堂本改。
[三]“也”，原誤作“之”，今據天德尚賢堂本改。

河間曰：已亢過極，則反似勝己之化。似也者，其可以形質求哉？故後篇厥陰所至爲風生，終爲肅，少陰所至爲熱生，終爲寒之類，其爲風生、爲熱生者，亢也，其爲肅、爲寒者，制也。又水發而爲雹雪，土發而飄驟之類，其水發、土發者，亢也，其雹雪、飄驟者，制也。若然者，蓋造化之常不能以無亢，亦不能以無制焉耳。夫前後二篇，所主雖有歲氣運氣之殊，然亢則害、承乃制之道，蓋無往而不然也。惟其無往而不然，故求之於人，則五臟更相平也。一臟不平，所不勝平之，五臟更相平，非不亢而防之乎？一臟不平，所不勝平之，非既亢而克勝之乎？姑以心火而言，其不亢，則腎水雖心火之所畏，亦不過防之而已。一或有亢，即起而克勝之矣。餘臟皆然。制生則化，當作制則生化，蓋傳寫之誤，而釋之讀之者不覺，求之不通，遂併遺四句而弗取，殊不知上二句止言亢而害、害而制耳，此四句乃害與制之外之餘意也。苟或遺之，則無以見經旨之周悉矣。制則生化，正與下文害則敗亂相對，辭理俱順，不勞曲説而自通。制則生化者，言有所制[一]，則六氣不至與亢而爲平，平則萬物生，生而變化無窮矣。化爲生之盛，故生先於化也。外列盛衰者，言六氣分布主治，迭爲盛衰，昭然可見，故曰外列。害則敗亂，生化大病者，言既亢爲害而無所制，則敗壞乖亂之政行矣。敗壞乖亂之政行，則其變極矣，其災甚矣，萬物其有不病者乎？生化指所生所化者言，謂萬物也以變極而災甚，故曰大病。上生化以造化之用言，下生化以萬物言，以人論之，制則生化，猶元氣周流滋營一身，凡五臟、六腑、四肢、百骸、九竅，皆藉焉以爲動靜云。爲之主生化大病，猶邪氣恣横，正氣耗散，凡五臟、六腑、四肢、百骸、九竅，舉不能遂其運用之常也，或以害爲自害，或以承爲承襲，或以生爲自無而有化爲自有而無，或以二生化爲一意，或以大病爲喻造化之機息，此數者皆非也。且夫人之氣也，固亦有亢而自制者。苟亢而不能自制，則湯液、鍼石、導引之法以爲之助。若天地之氣，其亢而自制者，固復於平，亢而不制者，其孰助哉？雖然，造化之道苟變至於極，則亦終必自反而復其常矣。學者能本之太僕、河間而參以此論，則造化樞紐之詳亦庶矣乎。

【校記】

[一]“制”，原誤作“致”，今據天德尚賢堂本改。

氣屬陽動作火論

（詳見氣門）

論陰虚火動

（詳見熱門）

論積溫畜熱成火宜汗吐下法

子和曰：李屏山，素飲酒，一日得病，醫用酒癥丸熱藥後[一]，目覩天地，但見紅色，遂成龍火，卒不能救。棠溪李濟之，常病目，及居省掾，每服補肝散，以致睛脹，但見窗檻横排，幾至喪明。令涌泄五七次，繼服涼劑，方始如故。丹霞朱僧氏，代章宗出家，既病三陽畜熱，常居靜室，不敢見明，明則頭疼如錐，每置冰於頂上，不能解其熱。歷諸醫，莫能辯其病。後治之七日而愈，其法用汗吐下三法而已。後用涼物清鎮之，平復如故。

謹按：已上病例，非汗吐下法則不能已。人惟陰平陽秘，神氣以寧。蓋昧者徇情縱慾，因致積熱之證，非一朝一夕故也，治當如此。其爲治不能究其源委，豈得不遂致誤人者哉？今以積熱沉寒論附録於左。

王安道曰：人之所藉以生者，氣也。氣者何？陰陽是也。夫陰與陽可以和而平，可以乖而否，善攝與否，吉凶於是乎定。夫惟攝之不能以皆善也，故偏寒偏熱之病，始莫逃於乖否之餘矣。雖然，寒也熱也，苟未至於甚，粗工爲之而不難。設熱積而寒沉，良工猶弗能以爲計，況其下乎？奈之何？俗尚顓蒙恪恃，方藥愈投愈盛，迷不之反，豈知端本澄源中含至理？執其樞要，眾妙俱呈。且以積熱言之，始而涼和，次而寒取，寒取不愈，則因熱而從之，從之不愈，則技窮矣，由是苦寒頻歲而弗停。又以沉寒言之，始而溫和，次而熱取，熱取不愈，則因寒而從之，從之不愈，則技窮矣，由是辛熱比年而弗止。嗟夫[二]！苦寒益深而積熱彌熾，辛熱太過而沉寒愈滋，苟非大聖慈仁，明垂樞要，生也孰從而全之？經曰：諸寒之而熱者取之陰，熱之而寒者取之陽，所謂求其屬也。屬也者，其樞要之所存乎？斯旨也，王太僕知之，故曰益火之原，以消陰翳，壯水之主，以制陽光。又曰：取心者不必齊以熱，取腎者不必齊以寒，但益心之陽，寒亦通行，强腎之陰，熱之猶可。吁！混乎千言萬語之間，殆猶和璧之在璞也。夫寒之而熱者，徒知以寒治熱，而不知熱之不衰者，由乎真水之不足也；熱之而寒者，徒知以熱治寒，而不知寒之不衰者，由乎真火之不足也。不知真水火不足，泛以寒熱藥治之，非惟臟腑習熟藥反見化於其病，而有者弗去，無者復至矣。故取之陰，所以益腎水之不足，而使其制夫心火之有餘；取之陽，所以益心火之不足，而使其勝夫腎水之有餘也。其指水火也，屬猶主也，謂心腎也，求其屬者，言水火不足而求之於心腎也。火之原者，陽氣之根，即心是也，水之主者，陰氣之根，即腎是也，非謂火爲心而原爲肝，水爲腎而主爲肺也。寒亦益心熱，亦强腎，此太僕達至理，於規矩準繩之外而非迂生曲，士之可以跂及矣。

【校記】

［一］“酒癥丸熱藥後”，“癥”原誤作“蒸”，今據天德尚賢堂本改。“藥”字原脱，今據天德尚賢堂本補。

［二］“嗟”，原誤作“嘆”，今據天德尚賢堂本改。

火證治法

吐劑

仲景瓜蒂散

子和三聖散

元戎勝金丸（方並見痰飲門）

按：賈元良曰：宣劑者，湧吐是也。以君召臣曰宣，言以上召下之義也。俚人以瀉爲宣，非也。古曰春宣五臟之積滯，仲景大法，春則人病在頭，故宜吐之。南地人服屠蘇，自下而上是也，下攻者非也。然一切風熱積熱，或火熾者，其證寸口脈滑而有力，胸中實滿煩悗，氣上而不化，面赤痰盛，罵詈驚駭等證，並宜吐之。但已上諸方恐非所宜，義見痰飲門。

升散之劑

東垣瀉陰火升陽湯：治肌熱煩熱，面赤食少，喘咳痰盛，脈右關緩弱，或弦，或浮數。

羌活　甘草炙　黃芪　蒼术各一兩　升麻八錢　柴胡一兩半　人參　黃芩各七錢　黃連半兩，酒炒　石膏半兩，秋深勿用

右㕮咀，每服一兩，或半兩，水煎。

按：此發脾胃火邪之劑，又心、膽、肝、肺、膀胱藥也。瀉陰火，升發陽氣，榮養氣血者。

升陽散火湯：治男子婦人四肢發熱，肌熱，筋痹熱，骨髓中熱，發困，熱如燎，捫之烙手。此病多因血虛而得之，或胃虛過食冷物，抑遏陽氣於脾土，火鬱則發之。

升麻　葛根　獨活　羌活各半兩　防風二錢半　柴胡八錢　甘草炙，三錢　人參　白芍各半兩　甘草生，二錢

右㕮咀，每服半兩，或一兩，水煎，稍熱服。

按：此胃、膽、脾、肺、膀胱經藥也。

千金麥門冬湯：治諸病後，火熱乘肺，咳唾有血，胸脇脹滿，上氣羸瘦，五心煩熱，渴而煩悶。

麥門冬　桑白皮　生地黃各一兩　半夏　紫菀　桔梗　淡竹茹　麻黃各七錢半　五味子　甘草各半兩

右㕮咀，每服五錢，或一兩，入薑煎。

按：此心肺藥也，然麻黃恐非病後所宜。

拔萃方地骨皮散：治渾身壯熱，脈長而滑，陽毒火熾發渴。

地骨皮　茯苓各半兩　柴胡　黃芩　生地黃　知母各一兩　石膏二兩　羌活　麻黃各七錢半，有汗並去之

右㕮咀，每服一兩，入薑煎。

按：此肝、心、脾、肺、腎藥，又表裏氣血之劑也。雲岐子曰：在五臟之標本者，皆可用。

梔子仁湯：治發熱潮熱，發狂煩躁，面赤咽痛。

梔子仁　赤芍　大青　知母各一錢　升麻　黃芩　石膏各二錢　杏仁二錢　柴胡二錢半　甘草二錢　豉百粒

右㕮咀，水煎。

按：此脾、肺、肝、膽、胃經藥也。

陽毒升麻湯：治傷寒雜病汗吐下後，變成陽毒，發狂譫妄，喉痛下利。

升麻五錢 犀角 射干 黄芩 人參 甘草各二錢半

右㕮咀，水煎。

按：此升散肺胃火熱藥也。

葛根橘皮湯：治諸熱證温毒成斑，或咳，或心悶，或嘔。

葛根三錢 橘皮 杏仁 知母 黄芩 麻黄 甘草各二錢

右㕮咀，入薑煎。

按：此肺、胃、膀胱經藥也。

謹按：古方治火升散之劑，其例少得，姑採已上諸方，以備其旨。

折制之劑

局方凉膈散

按：此瀉脾、胃、肺、心，主膽、三焦、大腸火熱藥也。

調胃承氣湯

按：此瀉胃火之藥也。

當歸承氣湯（方並見熱門）

按：此瀉脾、胃、肝火之藥也。

麥門冬散：治丈夫婦人蘊積邪熱，心胸煩悶，咽乾口燥，睡卧不安，或大小腸不利，口舌生瘡。

芒硝一兩 麥門冬三錢 小草 黄連 升麻 犀角屑 甘草炙 黄芩 枳殻 大青各半兩

右爲末，每三錢，水煎。

按：此瀉心、肺、肝、胃火熱之劑，與已上諸方皆鹹寒之藥。經云火淫於內，治以鹹寒而爲正治，然亦有氣血上下之分也，用者自宜取擇。

黄連解毒湯：治一切火熱毒，狂躁煩心，口燥咽乾，熱勢之甚者，及吐下後熱不解而脈洪，喘急鄭聲，目赤睛疼，燥渴。

黄連 黄柏 黄芩 大梔子各等分

右㕮咀，水煎。

按：此太倉公火劑湯也，瀉心、肺、腎、膀胱、大小腸、胃火之藥。

真珠散：治男女五臟積熱，毒氣上攻，心胸煩悶，口乾舌燥，精神恍惚悶亂，坐臥不安。

琥珀　真珠粉　天花粉　鐵粉　硃砂　生甘草　寒水石煅　牙硝　大黃各等分

右爲細末，每一錢，竹葉湯調下。

按：此瀉心、腎、胃火之劑，鎮墜藥也。

宣明大金花丸：治中外諸熱，寢汗咬牙，睡語驚悸，溺血淋閟，咳血衄血，瘦弱頭痛，並骨蒸肺痿，勞嗽。去大黃，加梔子，名梔子金花丸。

黃連　黃柏　黃芩　大黃各等分

右爲末，滴水丸小豆大，每二三十丸，新水下。

按：此解毒湯之變法也，出陽明例。但云治瘦弱頭痛已下諸證，猶宜詳審用之。

當歸龍膽丸：治腎水陰虚，風熱蘊積，時發驚悸，筋惕搐搦，神志不寧，榮衛壅滯，頭目昏眩，肌肉瞤瘛，胸膈咽嗌不利，腸胃燥澀，躁擾狂越，罵詈驚駭，火熱等證。

當歸　草龍膽　大梔子　黃連　黃柏　黃芩各一兩　大黃　蘆薈　青黛各半兩　木香一錢　麝半錢

右爲末，煉蜜丸如小豆大，薑湯下三二十丸。

按：此瀉心、肝、脾、肺、腎、胃火之藥也。

神芎丸：治一切熱證，常服保養，除痰飲，消酒食，清頭目，利咽膈，能令遍身結滯宣通氣利而愈，神强體健，耐傷省病。

大黃　黃芩各二兩　牽牛　滑石各四兩　黃連　薄荷　川芎各半兩

右爲末，水丸如小豆大，溫水下十丸，至十五、二十丸。

按：此瀉肝、心、脾、胃、肺、膀胱火熱之劑，又氣血藥也。下濕熱、導滯甚捷，但云常服神强體健省病，與前方云治腎水陰虚虚損者，恐未必然。

升散折制之劑

宣明防風通聖散

川芎石膏湯（方並見中風門）

局方紅雪通中散：治煩熱躁熱，毒熱喉閉，狂躁胃爛，發斑酒毒。

麝香半兩　硃砂一兩　川朴硝十斤　羚羊角屑　黃芩　升麻各三兩　赤芍　竹葉　枳殼

人參　木香　檳榔　甘草各二兩　葛根　大青　藍葉　梔子　桑白皮　木通各一兩半　蘇木六兩

右件藥製合見局方。

按：此表裏氣血之藥也。

紫雪：治內外煩熱不解，口中生瘡，狂易叫走，解諸熱毒藥毒邪熱，小兒驚癎百病。

黃金百兩　寒水石　磁石　石膏　滑石各三斤，打碎

已上用水一石煑至四斗，去渣，入下項：

甘草炙，八兩　羚羊角屑　犀角屑　青木香　沉香各五兩　丁香一兩　升麻　玄參並剉細，各一斤

已上再煑至一斗五升，入下項：

硝石四升，芒硝亦得，每升得七兩七錢半　朴硝十斤，提淨者

已上入前藥汁中，微火煎，柳枝不住手攪，候有七升，投放木盆中半日[一]，欲凝，入下項藥攪令勻：

硃砂研，三兩　麝香當門子一兩二錢半

右藥成霜雪紫色，每服一錢或二錢，冷水調下，大人、小兒臨時以意加減，並食後服。

按：此心、脾、肺、腎、胃經藥也。

千金黑奴丸：治火熱陽毒，發狂發斑，煩躁，大渴倍常。

黃芩　釜底煤　芒硝　竈突墨　梁上塵　小麥奴　麻黃　大黃各一兩

右爲末，煉蜜丸如弹大，新汲水化服。不定，再服半丸。飲水盡足，當發寒，寒已汗出乃差。未汗，再服半丸。不大渴者，不可與。

按：此出陽明藥例。取諸火化者爲從治之意，又表裏之劑也。

【校記】

[一]“木”，文淵閣四庫全書本作“水”。

滋陰壯水之劑

拔萃六味地黃丸：治腎氣虛，久新憔悴，寢汗發熱，五臟齊損，瘦弱虛煩，骨蒸下血。

丹溪大補丸：降陰火，補腎水。

補陰丸：降陰火，治煩渴骨熱，補腎水真陰不足。（並見補虛門）

按：此三方足少陰藥，下二方入陰中，至陰之劑。經云壯水之主，以制陽光，所謂求其屬也。

局方玄參湯：治腎臟實熱，心胸煩滿，耳聽無聲，腰背俯仰强痛，口乾溺赤。

生地黄 玄參 五加皮 黄芩 赤茯苓 通草 石菖蒲 甘草炙 羚羊角屑 麥門冬各等分

右㕮咀，水煎。

按：此滋腎通心，氣血之藥也。

從治之劑

丹溪左金丸：瀉肝火，行濕，爲熱甚反佐，開痞結，治肝邪。

黄連六兩 吴茱萸一兩

右爲末，粥糊丸。

局方溫膽湯：治膽虚痰熱，驚悸不眠。

半夏 竹茹 枳實各二兩 陳皮 生薑四兩 甘草二兩

右㕮咀，水煎，每服一兩。

治要茯苓散：治心實熱，口乾煩渴，眠卧不安。

茯神 麥門冬各一兩半 通草 升麻各一兩二錢半 紫苑 桂心各七錢半 知母一兩 赤石脂一兩七錢半 大棗十二枚 淡竹茹半兩

右㕮咀，每服一兩，井花水煎。

茱萸散：治小腸虚熱，或酒後頻吃冷水等物，其病臍下結塊，連外腎俱腫者。

吴茱萸二錢半 川芎半兩 木通四錢 半夏一錢

右㕮咀，每三四錢，入葱煎服。

瀉熱湯：治脾臟熱，面黄目赤，季脇痛滿。

半夏 母薑各八兩 枳實 梔子 茯苓 芒硝各三兩 細辛五兩 白术 杏仁各四兩 生地黄 淡竹葉各一升

右㕮咀，每服一兩或兩半，水煎，後下硝，溫服。

桂苓甘露飲：治胃受濕熱，頭疼身熱煩渴，吐瀉口乾。（方見熱門）

橘皮湯：治肺熱氣，咳息喘奔。

橘皮 麻黄各三兩 紫蘇 柴胡各二兩 宿薑 杏仁各四兩 石膏八兩

右㕮咀，每服一兩，水煎。

生薑泄腸湯：治大腸實熱，腹脹不通，口舌生瘡。

生薑　橘皮　竹茹　黄芩　梔子仁　白术各三兩　桂心一兩　茯苓　芒硝各二兩　生地黄十兩

右㕮咀，入大棗煎，每服一兩。

金匱腎氣丸：治腎經虚熱。（方見補虚門）

五苓散：治發熱而渴，小便不利，煩躁頭痛。方見泄瀉門

按：《内經》注曰：若調寒熱之逆，冷熱必行，則熱物冷服，下咽之後，冷體既消，熱性便發，由是病氣随愈矣。已上諸方皆從其氣以去拒格之熱，可臨證選用，求其意例也。

玉機微義卷之十

玉機微義卷之十一

暑門

諸經敘暑熱脈證

《内經》曰：夏至日後病熱爲暑，暑當與汗皆出，勿止。因於暑，汗，煩則喘喝[一]，靜則多言，體若燔炭，汗出而散。脈虛身熱，得之傷暑。

《難經》曰：傷暑得之爲正邪，火自病也，當惡臭，其病身熱而煩，心痛，其脈浮大而散。

《傷寒論》曰：太陽中熱者，暍是也，其人汗出惡寒，身熱而渴也。太陽中暍者，身熱疼重而脈微弱。此亦夏月傷冷水，水行皮中所致也。太陽中暍者，發熱惡寒，身重而疼痛，其脈弦細芤遲，小便已，洒洒然毛聳，手足逆冷，小有勞，身即熱，口開，前板齒燥。若發汗則惡寒甚，加溫針則發熱甚，數下之則淋甚。

謹按：許學士云：傷暑，其脈弦細芤遲，何也？《内經》曰：寒傷形，熱傷氣。蓋傷氣而不傷形，則氣消而脈虛弱。所謂弦細芤遲，皆虛脈也。仲景以弦爲陰，而朱肱亦曰中暑脈細弱，則皆虛脈也可知矣。

【校記】

[一]“喝”，原誤作“渴”，今據天德尚賢堂本改。

論中暑中熱受病不同

潔古曰：靜而得之爲中暑，動而得之爲中熱。中暑者陰證，中熱者陽證。

東垣曰：暑熱之時，無病之人或避暑熱，納涼於深堂大厦得之者，名曰中暑。其病必頭痛惡寒，身形拘急，肢節疼痛而煩心，肌膚火熱，無汗，爲房室之陰寒所遏，使周身陽氣不得伸越，多以大順散熱藥主之是也。若行人或農夫於日中勞役得之者，名曰中熱。其病必苦頭痛，發躁熱，惡熱，捫之肌膚大熱，必大渴引飲，汗大泄，無氣以動，乃爲天熱外傷肺氣，蒼术白虎湯涼劑主之。

按：此論中暑，即仲景所謂暍是也。此只作暑、熱分之，可見有陰陽二證受病不同。然夏月受病，有陰寒所遏，使周身陽氣不得伸越，以大順散主之者，爲中暑，蓋當暑月名之，猶冬月發熱爲傷寒也。但中熱治例雖云用蒼术白虎湯，而又處清暑益氣之法。況大順散一方是仲景太陽例藥，然東垣施用，諒不如此，必有若益氣湯證例，發揮曄曄者，惜乎無傳，故使後人不能無疑也。詳後所論，矧中暑證亦有於勞役動而得者，中熱證亦有於避暑靜而得之，大抵因人元氣虛實不同，故所受亦異，爲治豈得而無變法哉？

論傷暑五臟爲證不同

陳無擇曰：暑熱喜歸心，心中之，使人噎悶，昏不知人。入肝則眩暈頑痹，入脾則昏睡不覺，入肺則喘滿痿躄，入腎則消渴。凡中暍死，治之切不得用冷，唯宜溫養，得冷則死。道途中無湯，即以熱土熨臍中，仍使更溺，概可見矣。凡覺中暑，急嚼生薑一大塊，水送下。如已迷悶，嚼大蒜一大瓣，水送下。如不能嚼，水研灌之，立醒。

謹按：暑暍之證，變異不等，亦豈止歸五臟也？冷熱當憑脈證用之。蓋人之形氣有虛實，所感有輕重，輕則後時而發，至秋成瘧痢是也，重則即時發者，如已上之證。至有輕變重，重變輕，亦自感有淺深，傳有兼並爾。況人之形志苦樂不一，豈得無變異乎？大抵四時之證皆然。

論暑熱傷氣爲痿厥諸證

東垣曰：夫脾胃虛弱，必上焦之氣不足，遇夏天熱盛，損傷元氣，怠惰嗜臥，四肢不收，精神不足，兩脚痿軟，遇早晚寒厥，日高之後，陽氣將旺，復熱如火，乃陰陽氣血俱不足也。或四肢困倦，精神短少，懶於動作，胸滿氣促，肢節沉疼，或氣高而喘，身熱而煩，心下膨痞，小便黄而少，大便溏而頻，或利出黄糜，或如泔色，或渴或不渴，不思飲食，自汗體重，或汗少者，血先病而氣不病也。其脈中得洪緩，若濕氣相搏，必加之以遲，遲病雖互換少差，其天暑濕令則一也，宜以清燥之劑治之。或有所遠行勞倦，逢大熱而渴，渴則陽氣內伐，內伐則熱舍於腎，腎者水臟也，今水不能勝火，則骨枯髓虛，足不任身，發爲骨痿者，生於火熱也。此濕熱成痿，令人骨乏無力，或熱厥而陰虛，或寒厥而氣虛。厥者，四肢如在火中爲熱厥，四肢寒冷者爲寒厥，寒厥則腹中有寒，熱厥則腹中有熱，爲脾主四肢故也。

按：此論暑熱證候，即同冬月傷寒傳變爲證之不一也，彼爲寒邪傷形，此則暑熱傷氣。若真氣元氣虚甚受病，忽有於一時不救者，與傷寒陰毒頃刻害人實同。故東垣啟是病例，大開後人之盲瞶矣，學者當審究其機宜，與痿門兼看。

論暑爲瘧痢

（詳見瘧門、滯下門）

論暑爲吐瀉霍亂

（詳見吐瀉霍亂門[一]）

論中暑宜補真氣

東垣曰：夫脾胃虚弱，遇六七月間河漲霖雨，諸物皆潤，人汗沾衣，身重短氣，甚則四肢痿軟，行步不正，脚攲眼黑，此腎水與膀胱俱竭之狀也，當急救之。滋肺氣以補水之上源，又使庚大腸不受邪熱，不令汗大泄也。汗泄甚則亡津液[二]，七神無所依。津液相成，神乃自生。津者，庚大腸所主，三伏之義，庚金受囚，木無可制，故風濕相搏，骨節煩疼，一身盡痛，亢則害，承乃制是也。五月常服五味子，是瀉丙火，補庚大腸，益五臟之元氣。壬膀胱之寒已絶於巳，癸腎水已絶於午，今更逢濕旺，助熱爲邪，西方北方之寒清絶矣。聖人立法，夏月宜補者，補天元真氣，非補熱火也，令人夏食寒是也[三]。爲熱傷元氣，以人參、麥門冬、五味子生脈，脈者元氣也。

謹按：王太僕曰：蒼天布氣，尚不越於五行，人在氣中，豈不應乎天道？然爲醫者不審陰陽消長升降浮沉之理，將何所據焉？故丹溪先生有夏月伏陰在内論，深明東垣未悉之旨，因附於左，宜參考焉。

丹溪曰：天地以一元之氣化生萬物，根於中者曰神機，根於外者曰氣立，萬物天地，同此一氣，人靈於物，形肖天地，參而爲三者，以其得氣之正而通之。故天地之氣升，人之氣亦升，天地之氣浮，人之氣亦浮，降亦降，沉亦沉，人與天地同一橐籥也。子月一陽生，寅月三陽生，此氣之升也；巳月六陽生，陽盡出地之上矣，此氣之浮也。人之腹屬地氣，於此時浮於肌表，散於皮毛，腹中之陽虚矣。經曰：夏月經滿氣溢，入孫絡受血，皮膚充實。長夏經絡皆盛，内溢肌中。又曰夏氣在孫絡，長夏氣在肌肉，所以表實者裏必虚。世言夏月伏陰在内，此陰字有虚之義。若作陰冷看，其誤甚矣。或曰：以手捫腹，明知其冷而何？前人治暑病，有用玉龍丹、大順散、桂苓丸、單煑良薑，與縮脾飲用草果等，皆行溫熱之劑，何吾子不思之甚也？予曰：經言春夏養陽，王太僕謂春食凉，夏食寒，所以養陽也，其意可見矣。若夫涼臺水館，大扇風車，陰木寒泉，水果冰雪，寒涼之傷，自內及外，不用溫熱，病何由安？詳玩其意，實非爲內伏陰冷而用之也。前哲又謂升降浮沉則順之，寒熱溫涼則逆之，若謂夏月火令之時妄投溫熱，寧免實實虛虛之患乎？或曰：巳月純陽，於理或通，五月一陰，六月二陰，陰氣既動，豈無陰冷？曰：此陰之初動於地下也。四陽浮於地上，燔灼焚炎，流金爍石，何冷之有？孫真人生脈散令人夏月服之，非虛而何？

【校記】

［一］“吐瀉霍亂門”，原脱，今據天德尚賢堂本補。文淵閣四庫全書本作“詳見本門”四字。

［二］“亡”，原誤作“止”，今據天德尚賢堂本改。

［三］“今”，《脾胃論》卷中作“令”。

論暑火證治大法

賈元良曰：暑者，相火行令也。夏月人感之，自口齒而入，傷心包絡之經，其脈虛，外證頭疼口乾，面垢自汗，倦怠少氣，或背寒惡熱氣，甚者迷悶不省，而爲霍亂吐利，痰滯嘔逆，腹痛瀉痢下血，發黄生斑，皆是其證。甚者火熱制金，不能平木，搐搦不省人事，其脈虛浮。一曰浮者風也，虛者暑也，俗名暑風證者，皆是相火甚而行令也。先以溫水化蘇合香丸，次進黄連香薷飲加羌活，只用雙解加香薷，尤良。大抵治暑之法，清心、利小便甚好。若自汗甚者，不可利小便，宜白虎湯清解之，次分表裏治之。如在表，頭疼惡寒，雙解散加香薷及二香散、十味香薷散之類解之。如在半表半裏，泄瀉煩渴，飲水吐逆，五苓散治之。熱甚煩渴者，益元散清之。若表解裏熱甚，宜半夏解毒湯下神芎丸、酒蒸黄連丸等。或人平生素弱，及老人冒暑，脈微下痢，渴而喜溫，或厥冷，不省人事，宜竹葉石膏湯加熟附半個冷飲，次以來復丹、五苓散治之。凡夏月暑證，不可服諸熱燥劑，致斑毒發黄，小水不通，悶亂而死矣。

按：此言治暑之法，可謂詳備。然云暑風相火爲病而先用蘇合香丸，至用雙解，皆當審諦，脈證施治，不可少有差失。詳蘇合香但可用於陰寒所遏，或內傷生冷太過，及氣中或中惡者，此等又不可謂之暑風相火之證矣。蓋暑證有陰陽二者不同，治法寒熱，霄壤之隔，學者慎之。

暑證治法

清暑之劑

局方香薷飲：治一切暑熱，腹痛霍亂，吐利煩心等證。

香薷一斤　厚朴製　白萹豆各半斤

右㕮咀，每服三四錢，水煎。

按：此手足太陰藥也。世俗用於暑月中煎飲，然氣虛者不可過多，蓋厚朴乃泄氣、下氣藥也。雖《活人書》用後方，亦只是治暑火、清心而已，故例不可不分。

黄連香薷飲

香薷一斤　厚朴製，半斤　黄連四兩

右㕮咀，每二三錢，水煎。

按：此手太陰、少陰藥也。

益氣之劑

局方人參白虎湯：治暑熱發渴，脈虛。

人參一錢半　知母二錢　石膏半兩　甘草一錢

右㕮咀，入粳米一合，水煎。

按：此手太陰、足陽明藥也，出太陽例。

竹葉石膏湯

石膏一兩　半夏二錢半　甘草　人參各二錢　麥門冬半兩　竹葉

右㕮咀，入生薑煎。

按：此足陽明、手足太陰經藥也。

東垣人參益氣湯：治暑熱傷氣，四肢困倦嗜臥，兩手指麻木。

黄芪八錢　甘草七錢，內炙二錢　人參半兩　升麻二錢　白芍三錢　五味子百四十箇　柴胡二錢半

右㕮咀，分作四服。

按：此手足太陰、足陽明、少陽經藥也。

清暑益氣之劑

宣明益元散（方見泄瀉門）

按：此足太陽、足三陰經藥也。

選方十味香薷散：治伏暑，身體倦怠，神昏頭重，吐利。

香薷一兩　人參　陳皮　白术　茯苓　黄芪　木瓜　厚朴　扁豆　甘草各半兩

右㕮咀，水煎，每服一兩。

按：此手足太陰經藥也。

東垣清暑益氣湯：治長夏濕熱蒸人，人感之四肢困倦，精神少，懶於動作，胸滿氣促，支節疼，或氣高而喘，身熱而煩，心下膨悶，小便黄而數，大便溏而頻，或痢或渴，不思飲食，自汗體重。

黄芪　升麻　蒼术各一錢　人參　白术　神麯　陳皮各半錢　甘草炙　黄柏　麥門冬　當歸各三分　葛根二分　五味子九箇　澤瀉半錢　青皮二分

右㕮咀，水煎。

按：此手足太陰、少陰、足陽明經藥也。仲景太陽中暍證例禁汗下溫針，無治法，宜是湯主之，所謂發千古之秘也。

溫散之劑

五苓散：治暑濕爲病，發熱頭疼，煩躁而渴。（方見泄瀉門）

桂苓丸：治冒暑煩渴，飲水過多，心腹脹滿，小便赤少。

肉桂去皮　茯苓各一兩

右爲末，蜜丸，每兩作十丸，每細嚼一丸，白湯下。

按：已上足太陽例藥也。

縮脾飲：解伏熱，除煩渴，消暑毒，止吐瀉霍亂。

砂仁　草果　烏梅肉　甘草炙，各四兩　扁豆炒　乾葛各二兩

右㕮咀，每服四錢，水煎，冷服。

按：此手足太陰、少陰、足陽明經藥也。

消暑十全飲

香薷　扁豆　厚朴　甘草　紫蘇　白术　茯苓　藿香　木瓜　檀香

右㕮咀，水煎。

按：此手足太陰之劑，氣藥也。然已上二方今世俗多用，姑存之，以備取擇。

消毒丸：治傷暑發熱頭疼。

半夏　甘草　茯苓各半斤

右爲末，生薑汁作薄糊，丸如梧桐子大，每五十丸，水下。《易簡方》以好醋煑半夏，薑汁作糊丸。

按：此足三陽、少陰、手太陰經藥也。

大順散：治冒暑伏熱，引飲過多，脾胃受濕，水穀不分，清濁相干，陰陽氣逆，霍亂嘔吐，臟腑不調。

甘草　乾薑　杏仁去皮尖　桂去皮

右先將甘草用白砂炒，次入薑，却下杏仁炒過，篩去沙淨，合桂爲末，每服二三錢，湯點服。

按：此太陽例藥。

冷香飲子：治傷暑暍，霍亂腹痛，煩燥，脈沉微或伏。（方見霍亂門）

來復丹：治伏暑泄瀉，身熱脈弱。

硝石一兩，同硫黄火上微炒，用柳條攪結砂子，不可火大　太陰玄精石研　舶上硫黄各一兩　五靈脂去砂石　青皮　陳皮各二兩

右爲末，和勻，好醋糊爲丸豌豆大[一]，每服三十丸，空心米飲下。

按：此出厥陰例藥也。通利三焦，分理陰陽，滋胃開結，治揮霍變亂、神志昏憒、元氣下陷者甚捷，然病因暑火濕熱者勿用。

【校記】

[一]“豌”，原誤作“菀”，今據《太平惠民和劑局方》卷五改。

治濕熱之劑

子和桂苓甘露飲：治伏暑發渴，脈虚。

桂　人參　藿香各半兩　茯苓　白朮　甘草　葛根　澤瀉　石膏　寒水石各一兩　滑石二兩　木香一錢

右爲末，每服三錢，白湯調下。

宣明桂苓甘露飲

茯苓　澤瀉各一兩　石膏　寒水石各二兩　滑石四兩　白朮　桂　豬苓各半兩

右爲末，每服二三錢，溫湯調下。

局方辰砂五苓散：治伏暑煩渴頭疼，身重泄瀉。

本方加辰砂。

右爲末，每二三錢，或水或湯調下。

按：此三方並太陽經藥，然有溫散、淡滲、解表不同也。

治火之劑

黃連解毒湯：治暑熱證，脈洪實而渴。

大金花丸：治一切火熱暑證。

神芎丸：治一切濕熱內甚，火暑之實者。（方並見火門）

玉機微義卷之十一

玉機微義卷之十二

濕門

《内經》敘濕爲諸證

經曰：諸濕腫滿，皆屬脾土。濕勝則濡瀉。地之濕氣，感則害人皮肉筋脈。

《原病式》曰：諸痙强直，積飲痞膈中滿，霍亂吐下，體重胕腫[一]，肉如泥，按之不起，皆屬於濕。

【校記】

[一]"胕"，原誤作"附"，今據天德尚賢堂本改。

脈法

《脈經》曰：脈沉而緩，沉而細微緩者，皆中濕。脈浮，風濕。脈大，或浮虚而濇者，皆寒濕。脈來滑疾，身熱煩喘，胸滿口燥，發黄者，濕熱。脈洪而緩，陰陽兩虚，濕熱自甚。脈洪而動，濕熱爲痛也。

論濕爲痿爲痹爲痛爲腫所挾寒熱不同

《内經》曰：因於濕，首如裹。濕熱不攘，大筋緛短[一]，小筋弛長，緛短爲拘[二]，弛長爲痿。因於氣，爲腫，四維相代，陽氣乃竭。

按：丹溪曰：濕者土之濁氣。首爲諸陽之會，其位高，其氣清，其體虚，故聰明係焉。濁氣熏蒸，清道不通，沉重不利，似乎有物蒙之，失而不治，濕鬱爲熱，熱留不去。大筋緛短者，熱傷血，不能養筋，故爲拘攣；小筋弛長，濕傷筋，不能束骨，故爲痿弱。因於濕，首如裹，各三字爲句，濕熱不攘以下，各四字爲句，文整而意明。第四章因於氣爲腫，下文不敘，恐有脱簡。然王注曰：素常氣疾，濕熱加之，氣濕熱爭，故爲腫也。邪氣漸盛，正氣漸微，陽氣衰少，致邪代正，氣不宣通，故四維發腫，諸陽受氣於四肢也。但今人見膝間關節腫疼，全以爲風，治者多誤矣。

風寒濕三氣雜至，合而爲痹也。濕氣甚者，爲著痹也，其多汗而濡者，陽氣少，陰氣盛也。傷於寒濕，肌膚盡痛，名曰肌痹。

謹按：濕證挾寒，内甚則腹痛下利，外甚則四肢沉重疼痛，或肌肉濡潰，痹而不仁也。挾風，多外甚而身重痛，汗出；挾熱，内甚則瀉痢，外甚則或痛或熱或腫，發黄。如此等證，雖内傷外感不同，况有錯雜之邪合至，當論其先後多少，分治可也。

寒濕之中人也，皮膚不收，肌肉堅緊，榮血泣，衛氣去，故曰虚。虚者聶辟，氣不足，按之則氣足以温之，故快然而不痛。

按：東垣曰：此清虚之地，氣傷人也，必從足始，故地之濕氣感則害人皮肉筋脈。夫百病之變，皆生於風雨寒暑，及飲食居處，陰陽喜怒。《針經解》云：若身形不虚，外邪不能傷也。

《要略》曰：太陽病，關節疼痛而煩，脈沉而細者，此名中濕，亦曰濕痹。其候小便不利，大便反快，但當利其小便。一身盡痛，發熱日晡所劇者，此名風濕，此病傷於汗出當風，或久傷冷所致也。風濕，脈浮身重，汗出惡風。風濕相搏，身體疼煩，不能轉側，不嘔不渴，脈虚浮而濇。風濕相搏，骨節疼煩掣痛，不得屈伸，近之則痛劇，汗出短氣，小便不利，惡風，不欲去衣，或身微腫也。

按：已上論風濕、寒濕之異。

濕家之爲病，一身盡疼，發熱，身色如熏黄也。濕家，病身疼發熱，面黄而喘，頭痛鼻塞而煩，其脈大，自能飲食，腹中和無病，病在頭中寒濕，故鼻塞，内藥鼻中則愈。

按：已上前一病本濕熱證例，而論不言熱，無治法，當分出之。濕家者，唯東南方濕熱證多。丹溪曰：濕熱相火爲病，十居八九。東垣有濕熱證例。（詳見熱門）

【校記】

［一］“腠”，《素問·生氣通天論》作“緛”。

［二］“腠”，《素問·生氣通天論》作“緛”。

論中濕爲脾虚所致

陳無擇曰：脾虚多中濕，故曰濕流關節，中之多使人䐜脹，四肢關節疼痛而煩，久則浮腫喘滿，昏不知人。挾風，則眩暈嘔噦；兼寒，則攣拳掣痛。治之不得猛發汗及灼艾。泄瀉，惟利小便爲佳也。

謹按：脾虚中濕，內因多中滿痞膈瀉痢，外感多爲痿痹胕腫疼痛等證，蓋脾主肌肉爾，況有挾風寒暑熱不一。詳前人以挾風與濕在表者宜解肌，兼寒與在半表裏者宜溫散，宜滲泄，唯濕熱在裏宜下，裏虚者宜分消，實脾土爲上，外感非脾虚，宜汗之灸之，要在適中病情也。

論濕生痰飲

（詳見痰飲門）

論濕爲瀉痢咳瘧等證

（詳見泄瀉、滯下等門）

論濕病似中風

（詳見中風門）

論濕爲脚氣

（詳見脚氣門）

治濕大法

賈真孫曰：濕爲土氣，火熱能生濕土，故夏熱則萬物濕潤，秋涼則萬物乾燥。濕病本不自生，因熱而怫鬱，不能宣行水道，故停滯而生濕也。況脾土脆弱之人易爲感冒，豈必水不流而後爲濕哉？人只知風寒之威嚴，不知暑濕之炎暄，感人於冥冥之中也。《病式》云：諸痙强直、積飲等證，皆屬於濕。或胕腫體寒而有水氣，裏必小便赤少不通，或渴，是蓄熱入裏極深，非病寒也。大抵治法宜理脾清熱、利小便爲上，故治濕不利小便，非其治也，宜桂苓、甘露、木香、葶藶、木通治之。守真師曰：葶藶木香散下神芎丸，此藥下水濕，消腫脹，利小便，理脾胃，無出乎此也。腹脹脚腫甚者，舟車丸下之；濕熱內深發黄，茵陳湯下之，或佐以防己、黄芪；一身盡腫痛，或無汗，是濕流關節，邪氣在表，宜五苓散加官桂、蒼术微汗之，不可大汗；若自汗出多，熱燥津液，內水不利，切勿利之，重損津液也，宜防風白术甘草湯主之。其濕證有二，濕熱證多，濕寒證少，當以脈證明辨之。如脈滑數，小便赤澀，引飲，爲濕熱證；若小便自利清白，大便溏痢，身疼自汗，爲寒濕證，治之宜五苓散加生附、蒼术、木瓜主之。

濕證治法

解表之劑

金匱防已黄芪湯：治風濕脈浮，身重汗出，惡風或痛。

防已一兩　甘草炙，半兩　白术七錢半　黄芪一兩一錢

右㕮咀，每服一兩，入薑、棗煎。喘者，加麻黄；胃氣不和，加芍藥；氣上衝，加桂枝；下有寒，加細辛。

按：濕勝身重，陽微中風，則汗出惡風，故用黄芪、炙草實表，防已、白术勝濕也。足三陰例藥。

桂枝附子湯：治風濕相搏，身體疼煩，不能自轉側[一]，不嘔不渴，脈浮虚而澀者，此湯主之。

桂枝八錢　生薑六錢　附子二錢　甘草炙，四錢

右㕮咀，入大棗作二次煎。若小便自利者，去桂，加白术湯主之，服後其人如冒狀，勿怪。

甘草附子湯：治風濕相搏[二]，骨節疼煩掣痛，不得屈伸，近之則痛劇，汗出短氣，小便不利，惡風，不欲去衣，或身微腫痛者。

甘草炙，四錢　附子三錢　白术四錢　桂枝八錢

右㕮咀，水煎。《金匱》減桂枝，加生薑、大棗，名白术附子湯。

按：此一方足太陽例藥，解肌之劑也。

麻黄加术湯：治濕勝身煩疼。

麻黄六錢　桂枝四錢　甘草炙，二錢　杏仁二十五箇　白术八錢

右㕮咀，水煎，取微汗。《金匱》減桂、术，加薏苡仁，名麻黄杏仁薏苡甘草湯，治濕勝身疼，日晡所劇者。

按：此太陽發表例藥。已上諸方治風寒濕之劑。

元戎加味五苓散：治濕勝身痛，小便不利，體重發渴。

本方加羌活。

按：此太陽解表、滲利之劑[三]，治風濕、寒濕藥也。

局方五積散：治外感風寒，冒寒濕身體重痛。（見本方）

按：海藏云：麻黄、桂、芍、甘草，即麻黄桂枝各半湯也；蒼术、甘草、陳皮、厚朴，即平胃散也[四]；

枳殼、桔梗、陳皮、茯苓、半夏，即桔梗半夏等湯也；又川芎、當歸治血，兼乾薑、厚朴散氣。此數藥相合，爲解表溫中泄濕之劑、去痰消痞調經之方。雖爲內寒外感表裏之分之所制，實非仲景表裏麻黄、桂枝、薑、附之的方也。主於積冷嘔泄時疫，項背拘急，加葱白、豆豉；厥逆，加吴茱萸；寒熱咳逆，加棗；婦人難產，加醋。始知用之非一途也，惟知活法者其擇之。

東垣羌活湯：治濕熱自甚，身重，或眩暈麻木，小便澀赤，下焦痿弱無力，行步不正。（方見熱門）

按：此勝濕升陽之劑也，出太陽茯苓、澤瀉例。

【校記】

[一]“轉”，原脱，今據天德尚賢堂本補。

[二]“濕”，原脱，今據天德尚賢堂本補。

[三]“滲利”，原誤作“瀉痢”，今據天德尚賢堂本、文淵閣四庫全書本改。

[四]“即”，原誤作“咀”，今據天德尚賢堂本、文淵閣四庫全書本改。

溫散之劑

真武湯：治寒少甚，腹痛下痢，四肢沉重。

附子湯（方並見寒門）

按：此少陰例藥也。

局方滲濕湯：治寒濕所傷，身重腰冷，如坐水中，小便或澀，大便溏泄，皆坐卧濕地，或陰雨所襲之也。

蒼术　白术　甘草各一兩　乾薑　茯苓各二兩　陳皮　丁香各二錢半

右㕮咀，每四錢，入棗煎。

按：此足陽明、太陰藥也，溫中勝濕之劑。

治熱散鬱之劑

茵陳五苓散：治濕熱勝，發熱黄疸。

茵陳蒿十分　五苓散五分

右二物，和勻，水煎服。

宣明桂苓甘露飲：治濕熱內甚，煩渴瀉痢，小便澀，大便急痛，霍亂吐下，頭痛口乾。（方見暑門）

大橘皮湯：治濕熱內甚，心腹脹滿，小便不利，大便滑泄。

橘皮一兩半　木香一錢　滑石六兩　檳榔三錢　茯苓一兩　豬苓　澤瀉　白术　桂枝各半兩

甘草二錢

右㕮咀，每服六七錢，入薑煎[一]。

葶藶木香散： 治濕熱，內外餘熱，水腫腹脹，小便赤澀，大便泄。

葶藶 茯苓 豬苓 白朮各一兩 木香半錢 澤瀉 木通 甘草各半兩 桂枝半兩 滑石三兩

右爲末，每三錢，白湯調下。

按： 已上諸方出太陽例藥也。河間曰：若小便不得通利而反轉泄者，乃濕熱痞悶極深而攻之不開，是能反爲注泄。此正氣已衰而多難救，慎不可與此也，然當滋其化源。

東垣清燥湯： 治表裏有濕熱，痿厥癱瘓，不能行走，或足踝膝上皆腫痛，口乾瀉痢。（方見痿門）

按： 陰陽兩虛，濕熱甚者，不可缺此。

當歸拈痛湯（方見瘡瘍門）

按： 此治濕熱盛實之劑。

【校記】

[一]"煎"，天德尚賢堂本此下有"服"字。

宣劑

瓜蒂散： 治中寒濕，頭痛面黃，鼻塞，煩而脈大。

瓜蒂一味，爲末

右以些小於鼻內吹之，其水自下。

按： 濕盛致痰，液留膈上，肩背重痛麻痹者，宜此吐之出。足太陽例藥也。

攻下之劑

宣明三花神佑丸： 治一切水濕腫病，大腹實脹，喘滿。（方見痰飲門）

舟車丸

大黃二兩 甘遂 大戟 芫花 青皮 陳皮各一兩 牽牛頭末，四兩 木香半兩

右爲末，水丸如梧桐子大，每六七十丸，白湯下，隨證臨時加減。

濬川散

大黃煨，二兩 郁李仁二兩 芒硝半兩 甘遂一兩，製 牽牛頭末，四兩

右爲末，薑湯調下半錢，空心、臨臥隨證加減服。

導水丸： 治濕熱內鬱，胸膈痞悶，衄衄，口舌生瘡，咽喉不利，牙疳齒蝕

口臭，或遍身生濕瘡乾疥，睡語咬牙，驚惕怔忡，大小便滯澀，風熱酒毒蘊熱等證。

大黃　黃芩各二兩　牽牛頭末　滑石各四兩

右爲末，水丸如梧子大，每四五十丸，煎水下，隨證臨時加減。

按：已上諸方出陽明例藥也，又氣血之劑。濕熱甚者，非此不能除，但中病即止[一]，虛弱者慎之。故守真亦云：正氣已衰者，不可與葶藶木香散，況已上藥乎？

禹功散（方見疝氣門）

除濕丹：治諸濕客搏，腰膝重痛，足脛浮腫，筋脈緊急，津液凝澀，便溺不利。

檳榔　甘遂　葳靈仙　赤芍　澤瀉　葶藶各二兩　乳香　沒藥各一兩　牽牛半兩　大戟炒，三兩　陳皮四兩

右爲末，糊丸桐子大，每五十丸至七十丸，溫水下。

按：此出太陽例藥。諸濕欝滯於表裏，重痛沉著，非此不除。

東垣海金沙散：治脾濕太過，通身腫滿，喘不得臥，及腹脹如鼓。

牽牛一兩半，微炒　甘遂半兩　白术一兩　海金沙三錢

右爲末，每二錢，煎倒流水調下，得利止後服。

聖靈丹：治脾肺有濕，喘滿腫盛，小便赤澀。

苦葶藶四兩，炒　茯苓寒食麪包，煨　木香　檳榔　漢防己　木通　人參各二錢半

右爲末，棗肉丸梧了大，每二十丸，桑白皮湯下。

續隨子丸：治肺經有濕，通身虛腫，滿悶不快，或咳或喘。

人參　漢防己　赤茯苓如工煨　檳榔　木香各半兩　葶藶四兩，炒　續隨子一兩　海金沙半兩

右爲末，棗肉丸梧子大，每三十丸，桑白皮湯下。

按：此三方並太陽例藥，當較其輕重選使可也。

【校記】

[一]“病”，此下原衍“者”字，今據天德尚賢堂本刪。

升散滲利之劑

機要白术芍藥湯

白术湯

茯苓湯

東垣升陽除濕湯

升陽除濕防風湯（方並見泄瀉門）

導滯通經湯：治脾濕有餘，氣不宣通，面目手足腫，注悶而痛。

五苓內減豬苓、桂，加木香、陳皮。

右㕮咀，每服五錢，水煎。

局方五苓散

白术　豬苓　茯苓各兩半　桂一兩　澤瀉二兩半

右爲末，每服三二錢，熱湯調下。

按：已上諸方並太陽例藥，宜隨證選用。

平胃散

蒼术八兩　陳皮五兩　甘草炒，三兩　厚朴五兩

右爲末，每三錢，薑、棗煎，或鹽湯點服。

對金飲子：治脾胃受濕腹脹，米穀不化，飲食不進，身體沉重，肢節酸疼，皮膚微腫。

平胃散一兩　桑白皮炒，一兩

右爲末，每三二錢，入薑煎服。

按：此二方足太陰、陽明、手太陰藥也。

丹溪越鞠丸：治濕欝。

蒼术　撫芎　白芷

右等分，爲末，糊丸，每服五十丸，白湯下[一]。

【校記】

[一]“右等分，爲末，糊丸，每服五十丸，白湯下”，原脱，今據天德尚賢堂本補。

玉機微義卷之十二

玉機微義卷之十三

燥門結燥附

《内經》論燥爲諸證

諸澀枯涸，乾勁皴揭，皆屬於燥。

按：此河間論治已詳，然當分大便閟結或消渴之類爲裏證，皮膚燥澀、乾疥爪枯之類爲表證，而於陽結陰結、氣盛血少、痰鬱風熱可得而悉。

燥本風熱論

《原病式》云：經曰風、熱、火，同陽也；寒、燥、濕，同陰也。又燥、濕，小異也。然燥金雖屬秋陰，而異於寒濕，故反同其風熱也。故火熱勝金，衰而風生，則風能勝濕，熱能耗液而反寒，陽實陰虛，則風熱勝於水濕而爲燥也。凡人風病，多因熱甚而風燥者，爲其兼化，以熱爲其主也。然陽實陰虛，而風熱太甚，以勝水濕，因而成燥。肝主於筋而風氣自甚，又燥熱加之，液還聚於胸膈，則筋太燥也。燥金主於收斂，勁切緊澀，故爲病筋脈勁强緊急而口噤也。或病燥熱太甚而脾胃乾涸，成消渴者，或風熱燥甚，怫鬱在表而裏氣平者，善伸數欠，筋脈拘急，或時惡寒，或筋惕而搐，脈浮數而弦也。風熱燥並鬱甚於裏，故煩滿而或閟結也。及風癇之發作者，由熱甚而風燥，爲其兼化，涎溢胸膈，燥爍而瘛瘲，昏冒僵仆也。凡此諸證，皆由熱甚而生風燥，各有異者，由風、熱、燥各微甚不等故也。所謂中風或筋緩者，因其風熱勝濕而爲燥，乃燥之甚也。然筋緩不收而痿痹，故諸膹鬱病痿，皆屬金肺，乃燥之化也。如秋深燥甚，則草木痿落而不收，病之象也，是以手得血而能握，足得血而能步。夫燥之爲病者，血液衰少也，而又氣血不能通暢，故病然也。

論燥熱勝陰

（見消渴門）

論結燥病本不同

東垣曰：《金匱真言論》云北方黑色，入通於腎，開竅於二陰，藏精於腎。又云：腎主大便，大便難，取足少陰。夫腎主五液，津液潤則大便如常。若飢飽勞逸，損傷胃氣，及食辛熱味厚之物而助火，邪伏於血中，耗散真陰，津液虧少，故大便結燥。然結燥之病不一，有熱燥，有風燥，有陽結，有陰結，又有年老氣虛津液不足而結者，治法云腎惡燥，急食辛以潤之，結者散之。如少陰不得大便，以辛潤之，太陰不得大便，以苦瀉之，陽結者散之，陰結者熱之。仲景云：小便利，大便硬，不可攻下，以脾約丸潤之。食傷太陰，腹滿，食不化，腹響，然不能大便者，以苦藥瀉之。大抵津液耗少而燥者，以辛潤之；有物而結者，當下之。若不究其源，一概用巴豆、牽牛之類下之，損其津液，燥結愈甚，有復下復結，極則以至引導於下而不能通者，遂成不救之證，可不慎哉？

按：此只是論結燥，言裏證也，河間所論則兼表裏而言之矣，猶宜以燥熱勝陰、相火論諸篇兼看。

燥證治法

治風之劑

機要大秦艽湯：治血弱陰虛，不能養筋，筋燥而手足不能運動，指爪乾燥，屬風熱甚者。（方見中風門）

按：此散風熱、養血之劑，太陽例藥也。

麻仁丸

郁李仁　麻子仁各六兩，另研　大黃二兩半，以一半炒　山藥　防風　枳殼炒，各七錢半　檳榔半兩　羌活　木香各五錢半

右爲細末，煉蜜丸梧子大，每三二十丸，溫水下。

按：此手足陽明、足太陽經藥，表裏之劑，氣分藥也。

東垣潤腸丸：治脾胃中伏火，大便秘澀，或乾燥秘塞不通，全不思食，乃

風結秘、血結秘[一]，皆令秘塞也。以潤燥和血疏風，自然通矣。

麻子仁　桃仁各一兩，去皮尖，另研　羌活　當歸尾　大黄煨，各半兩　皂角仁　秦艽各五錢

右除另研外，爲細末，五上火煉蜜丸如桐子大[二]，每三五十丸，食前白湯下。又有潤燥丸一方，於本方加郁李仁、防風是也。

按：此足太陰、手足陽明表裏藥也。

【校記】

［一］“血結秘”，原脱，今據天德尚賢堂本、文淵閣四庫全書本補。

［二］“五上火”，天德尚賢堂本無此三字。

治熱之劑

宣明當歸龍膽丸（方見火門）

清涼飲子（方見熱門）

和血潤下之劑

東垣導滯通幽湯：治大便難，幽門不通，上衝吸門不開，噎塞不便燥閉，氣不得下。治在幽門，以辛潤之。

當歸　升麻　桃仁各一錢，另研　生地黄　熟地黄各半錢　紅花　炙甘草各三分

右件作一服，水煎，調檳榔細末半錢服。加大黄，名當歸潤燥湯。

元戎四物湯：治臟結秘澀者。

當歸　熟地黄　川芎　白芍　大黄煨　桃仁各等分

右㕮咀，水煎。或爲丸服亦得。

按：此手足厥陰經藥也。

子和脾約丸

麻仁一兩二錢半　枳實炒　厚朴　芍藥各二兩　大黄四兩，蒸　杏仁去皮尖，炒，一兩二錢

右爲末，煉蜜丸梧子大，每三二十丸，溫水下。

潤體丸

郁李仁　大黄　桂心　黑牽牛　當歸　黄柏各半兩　輕粉少許

右爲末，水丸如梧子大，每三四十丸，溫水下。

按：已上二方，一氣分藥，一血分藥也，二方故所主不同，然氣血不能宣通者，非此莫能療，而氣虚津液不足者慎之。

神功丸（方見咳門）

按：此手足太陰藥也，氣分之劑。

滋陰之劑

拔萃六味地黃丸：治下焦燥熱，小便澀而數。

丹溪大補丸：治陰虛燥熱。（方見火門）

玉機微義卷之十三

玉機微義卷之十四

寒門

《内經》敘寒氣爲痛爲積爲嘔爲泄

《舉痛論》云：寒氣入經而稽泣，經脈不行，客於脈外則血少，客於脈中則氣不通，故卒然而痛。重中於寒，則痛久矣。寒氣客於小腸募原之間，絡血之中，血泣，不得注於大經，血氣稽留不得行，故宿昔而成積。寒氣客於腸胃，厥逆上出，故痛而嘔也。寒氣客於小腸，小腸不得成聚，故腹痛後泄矣。

謹按：篇中具寒氣客於諸脈及相引腹股等爲痛甚詳，宜玩本文爲積。（又詳見積聚門）

論寒爲癥瘕堅痞厥逆諸證

《原病式》曰：諸病上下所出水液，澄徹清冷，下痢清白，吐痢腥穢，食已不飢，堅痞腹滿急痛，癥瘕㿗疝，屈伸不便，厥逆禁固，皆屬於寒。

論寒爲滯下泄瀉咳嗽諸證

（詳見滯下等門）

按：已上諸論病機，多屬内中於寒，口食生冷所致，皆非外感證也。因兹所類但以傷寒外感分例，然已上病機亦有標本不同，故不復參附，詳見各門。

脈法

《難經》曰：傷寒之脈，陰陽俱盛而緊澀。

《傷寒論》曰：脈陰陽俱緊者，名曰傷寒。寸口脈浮而緊，浮則爲風，緊則爲寒。浮澀而緊，爲傷寒。

謹按： 傷寒脈及六經傳變，本論已詳，兹不備録。惟許學士《百證歌》第一篇甚得旨要，但其中二句訛舛，如脈浮而緩，風傷榮，浮緊兼澀，寒傷衛，正與仲景脈理差別。此非許學士之不精，蓋亦後人傳寫之誤也。

許學士云：仲景言：脈大浮數動滑，此名陽也；沉澀弱弦微，此名陰也。《脈訣》以動脈爲陰，弦爲陽，何也？大抵此兼眾脈而合言之也。唯傷寒如此，雜病各見一脈。仲景之意，若曰浮大者陽也，兼之以動滑數之類，安得不爲陽？沉細者陰也，兼之以澀弦數之類，安得不爲陰？故仲景論動脈，則曰陽動則汗出，陰動則發熱。數脈見於關上，上下無頭尾，如豆大，厥厥動搖，名曰動也。又結胸證云脈浮而動，浮則爲風，動則爲痛，故兼數與浮而言，動脈則陽脈，陽病也宜矣。仲景論弦者狀如弓弦，按之不移，弦則爲減，又曰支飲急弦，又少陰證云手足寒，脈弦遲，故此兼遲而言，弦則爲陰證脈也宜矣。故仲景傷寒脈不可與雜病脈同日而語也。今陽證往往浮大而厥，厥厥動搖，其沉細而弦者，必陰證也，何疑之有哉？故知治傷寒當以仲景脈法爲本。

《脈經》曰：遲緊爲寒。寒則緊弦。澀遲沉細爲寒。脈小實而緊者，病在內冷。脈沉而細，下焦有寒。脈累累而貫珠不前至，有風寒在大腸。脈細小緊急，病速進在中寒，爲疝瘕。寸口脈遲，上焦有寒，脈緊，寒之實也；關脈遲，胃中寒；尺脈遲澀，寒在下焦。弦小者，寒癖。遲而緩，微而緊，皆有寒也。

論傷寒中寒受病不同

丹溪曰：仲景論傷寒矣，而未及乎中寒。先哲治冒大寒而昏中者[一]，用附子理中而安，其議藥則得之矣。曰傷曰中，未聞有議其異同之者。因思傷寒有即病，有不即病，必大發熱，邪循經而入，以漸而深。中寒則倉卒感受，其病即發而暴。傷寒之人，因其舊有欝熱，風寒外來，肌腠自密，欝發爲熱，其初也，用麻黄、桂枝輩發表而安，以病體不甚虚也。中寒之人，乘其膚腠疏豁，一身受邪，難分經絡，無熱可發，溫補自解，此胃氣之大虚也。傷寒熱雖甚，不死，中寒若不急治，去生甚遠，其虛實蓋可見矣。

謹按： 仲景論傷寒至三陰病例可汗，外感也；韓祗和例溫中，即中寒也；張潔古三陰可下，王海藏例可補，皆言內傷也。但韓氏不直指中寒，而就於陰證立便例，例可溫中之法，與仲景三陰病論證不同，乃别立方，意指中寒而未甚瑩，故丹溪先生重明此意。然皆宜詳玩，臨證合宜處治也。

【校記】

[一]“冒”，原誤作“胃”，今據《局方發揮》改。

論陰陽虛盛惡寒與傷寒不同

《內經》曰：陽虛則外寒者，陽受氣於上焦，以溫皮膚分肉之間，令寒氣在外，則上焦不通，上焦不通則寒氣獨留於外，故寒慄。陰盛則內寒者，因厥氣上逆，寒氣積於胸中而不瀉，不瀉則溫氣去，寒獨留則血凝泣，凝則脈不通，其脈盛大以濇，故中寒。

按：此言陰陽虛盛爲寒，本七情所動之致，義見《調經论》篇，皆與傷寒、中寒受病不同者也。

東垣曰：夜則惡寒，晝則安靜，是陰血自旺於陰分也。夜則惡寒，晝則惡寒，是重陰無陽也，當亟瀉其陰，峻補其陽。夜則安靜，晝則惡寒，是陰氣上溢於陽中也。

按：此亦陰盛所致之本病，非感寒外因也。傷寒外因，三陽惡寒，皆表邪未解，太陰手足自溫，故不惡寒。少陰厥陰，手足厥逆而惡寒者，陰盛然也，與此所異[一]。

【校記】

[一]“所異”，天德尚賢堂本作“不同”，文淵閣四庫全書本“所”作“稍”。

論陰毒

王海藏云：陰毒本因腎氣虛寒，因慾事或食生冷物而後傷風[一]，內既伏陰，外又傷寒，或先感外寒而後伏陰，內外皆陰，則陽氣不守，遂發陰毒。身重，眼晴疼，身體倦怠而甚熱，四肢厥逆冷，額上及手背冷汗不止，或多煩渴，精神恍惚，如有所失，三二日間或可起行，不甚覺重。診之則六脈沉細而疾，尺部短小，寸口或無。若服涼藥，則渴轉甚，躁轉急。有此證者，急服還陽退陰之藥則安，惟補虛和氣而已，宜服正元散之類。陰證不宜發汗，如氣正脈大，身熱未差，用藥發汗無妨。或寸口小而尺脈微大，亦同積陰感於下，則微陽消於上，故其候沉重，四肢逆冷，腹痛轉甚，或喉不利，或心下脹滿，結硬躁渴，虛汗不止，或時狂言，爪甲面色青黑，六脈沉細而一息七至以來。有此證者，速宜於氣海、關元二穴灸三二百壯，以手足和暖爲效，仍服金液丹、來復丹之類，随證治之。

按：此言陽氣不守，或積陰感於下，微陽消於上，遂爲陰毒。與《活人書》論陰毒爲陰氣獨盛，陽氣暴絕者，殊有發明矣。但言不守與消之義，而又不若趙氏釋《活人書》，云陰氣極盛，陽氣極微，爲陰毒，陽氣極盛，陰氣極微，爲陽毒，庶不爲竭絕之證，義尤明白。（陰盛格陽脈附見熱門）

【校記】

[一]“傷”，原誤作“傍”，今據天德尚賢堂本改。

論諸證寒熱似傷寒

（詳見熱門）

謹按： 世傳以寒痰、脚氣、食積、勞煩四證爲似傷寒，然以形證較之，亦豈止四證而已？故集證論。（詳見熱門）

論傷寒傳變

《此事難知》云：足太陽爲巨陽，爲老陽，又爲諸陽之首，故多傳變爾。太陽傳陽明，謂之微邪，是水傳土也，又謂之循經得度傳；太陽傳少陽，謂之越經傳；太陽傳太陰，謂之誤下傳；太陽傳少陰，謂之表裏傳變之邪，太陽爲甚，復傳少陰。水勝火，火勝水，此南北二方之變，頃刻之間，其害人也，甚於太陽多矣。若辨之不早，必成不救之疾，況亂投湯藥者乎？太陽傳厥陰，謂之首尾傳；厥陰與督脈，上行與太陽相接，又名巡經得度傳。灾變至重，不爲不多矣。

按： 此可謂發仲景之心法矣。趙氏亦曰：傷寒六經傳變，或虚或實，或冷或熱，無非邪氣之所爲也。有次第傳經之陽邪，有直入本經之陰邪，有下後内陷之邪，皆不可不辨也。然成無己引華陀云：傷寒一日在皮，二日在膚，三日在肌，四日在胸，五日在腹，六日入胃，即傳裏也。與成所論七日不解爲再經，二七日不解爲過經，皆大約也。故一無治例，惟六經傳變爲的。故太陽傳變居多者，因其初感邪氣，乘虚而入則傳也，有三五日止在本經，或十數日不傳者有之，有傳過一經而不再傳者亦有之，有誤服藥而致傳變者多矣。大抵邪在陽經則易治，傳入陰分則危殆，蓋陽微陰盛，正虚邪實矣。況誤下内陷汗虚，别經者則壞異，傾危可立待也，學者慎之。

論傷寒只傳足經不傳手經

《發明》曰：傷寒受病之由，皆出《熱論》一篇而已，皆傳足經不傳手經，何也？蓋傷寒病冬月得之，足太陽膀胱經爲首，次至足厥陰肝經爲尾。此病惟傷北方與東方，及戊土上有足陽明胃濕之專位，兼丑上有足太陰脾土之專位，蓋足之六經皆在東北之方。經云冬傷於寒，即發者爲傷寒，春發爲溫病，夏發爲溫疫，爲病最重，此之謂也。仲景云無奇經則無傷寒，緣奇經皆附足六經，不附手經，寒邪只傷足經者，爲有奇經故也。長夏爲大熱病者，夏火既王，火之方與秋之分，皆手經居之，水方與春之分，皆足經不足，及夏火王，客邪助於手經，則不足者愈不足矣。故所用之藥皆泄有餘，而非足經藥。何者？泄有餘則不足者補矣。此傷寒只先足經而不言手經也，大意如此，至於傳手經者，亦有之矣。

論傷寒傳手經

《此事難知》曰：傷寒傳至五六日間，漸變神昏不語，或睡中獨語一二句，目赤唇焦舌乾，不飲水，稀粥與之則嚥，終日不與則不思，六脈細數而不洪大，心下不痞，腹中不滿，大小便如常。或傳至十日以來，形貌如醉人，虛見神昏不已，多用承氣湯下之，則誤矣。蓋不知此熱傳手少陰心經也，然而又未知自何經而來。答曰：本太陽經傷風，風爲陽邪，陽邪傷衛，陰血自燥，熱畜膀胱[一]，壬病逆傳於丙，丙丁兄妹，由是傳心，心火自上，迫而熏肺，所以神昏也。謂肺爲清虛之藏，內有火邪，致令神昏，宜梔子黃芩黃連湯[二]。若脈在丙者，導赤散；脈在丁者，瀉心湯。若誤用涼膈散，乃氣中之血藥也，如左手寸脈沉滑有力者，則可用之，或用犀角地黃湯，近於是也。本方所說若無犀角，以升麻代之，是陽明經藥也，此解陽明經血中熱藥。若脈浮沉俱有力者，是丙丁中俱有熱也，可以導赤、瀉心各半服之，則宜矣。此證膀胱傳丙，足傳手經也，下傳上也，丙傳丁也，表傳裏也。壬傳丁者，艮傳離也，越經傳也，又謂腑傳臟也。《活人》云傷寒只傳足經，不傳手經，此言不盡意也。有從足經而傳手經者，何以知之？經云傷寒或止傳一經，或間傳三經，不可一途而取之，但憑其脈與外證治之，此活法也。與食則嚥者，邪不在胃也；不與則不思者，以其神昏故。熱邪既不在胃，誤與承氣湯下之，其死也必矣。

謹按：傷寒本只傳足經，已上又例傳手經之義，可謂發病機之秘矣。蓋只是邪蘊日久，因足經實，手經虛，故寃熱爾。有因汗下差誤而傳，有因七情或勞倦等而致者有之。大抵傳手經必有所因，所以古人有救逆、復脈等法，豈但切中病情，實啟後人之意例爾。

【校記】

［一］“畜”，天德尚賢堂本作“蓄”。

［二］“芩”，原誤作“苓”，今據天德尚賢堂本改。

論傷寒陰分發熱爲反用溫汗法

趙嗣真曰：詳仲景論發汗湯劑，各分輕重不同，如麻黄桂枝青龍各半、越婢等湯，各有等差。至於少陰發汗，二湯雖同用麻黄、附子，亦自有輕重加減之別，故以加細辛爲重，加甘草爲輕，辛散甘緩之義也。其第一證以少陰本無熱，此發熱，故曰反也。蓋發熱爲邪在表而當汗，又兼脈沉，屬陰而當溫，故以附子溫經，麻黄散寒，而熱須汗解，故加細辛，是汗劑之重者。第一證既無裏寒之可溫，又無裏熱之可下，求其所用麻黄、附子之意，則是脈亦沉，方可名曰少陰病，身亦發熱，方可行發表藥，又得之二三日，病氣尚淺，比之前證亦稍輕，故不重言脈證而但曰微發汗，所以去細辛，加甘草，是汗劑之輕者。向使脈不沉，身不熱，又無他證，則是無病人也，又何藥焉？仲景本分作兩證，以別汗劑之輕重，《活人書》却於第二證中除去無證兩字，改作常見少陰熱陽證者。所謂少陰熱陽證者，如經云心中煩，不得臥，或咽瘡，聲不出者，或咳而嘔渴，或口燥咽乾，或腹脹，不大便，數證皆是也，夫豈麻黄附子甘草湯發汗劑所可治耶？抑又有聞焉，麻黄附子細辛湯爲治少陰病之脈沉反發熱者固也，而仲景又有四逆湯治太陽病之發熱反脈沉者，均謂之反也。仲景云：病發熱頭疼，脈反沉，若不差，身體頭疼痛者，當救其裏，宜四逆湯。此證出太陽篇。又云：少陰病始得之，反發熱，脈沉者，麻黄附子細辛湯。此證出少陰篇。切詳太陽病發熱頭痛，法當脈浮，今反沉，少陰脈沉，法當無熱，今反熱，仲景於此兩證各言反者，謂反常也。蓋是太陽病脈似少陰，少陰病證似太陽，所以謂之反而治之異也。今深究其旨，均是脈沉發熱，以其有頭痛，故爲太陽病陽證。當脈浮，今反不能浮者，以裏虚久寒，正氣裏微所致，又身體疼痛，故宜救裏，使正氣内强，逼邪出外，而乾薑、生附亦能出汗而解。假使裏不虚寒，則當見脈浮，而正屬太陽麻黄湯證也。均是脈沉發熱，以其無頭痛，故名少陰病。陰病當無熱，今反寒邪在表，未傳在裏，但皮膚鬱閉而爲熱，而在裏無病，故用麻黄、細辛以發表邪之熱，附子以溫少陰之經。假使寒邪入裏，則外必無熱，當見吐利厥逆等證，而屬正少陰四逆湯證也。由此觀之，表邪浮淺，發熱之反猶輕，正氣衰微，脈沉之反爲重，此四逆湯爲劑不爲不重於麻黄附子細辛湯也。又可見熟附配麻黄，發中有補，生附配乾薑，補中有發，仲景之旨微矣。嗟夫！常病用常法，夫誰不知？設有證變者，或脈變者，往往疑似參差，亦欲以常法例治之，惑矣。如仲景所論太陽、少陰兩證，脈沉發熱雖同，而受病與用藥自別。此實證治之奇異，醫法之玄微，故並及之。

謹按：傷寒六經證，仲景例表裏六經藥矣，而又於每經表藥中分脈證輕重而用藥，如此實萬世無窮之惠也。然歷世而下得此意例之妙者，能幾人哉？但近世習俗不求其意，托時世風土之異，或例用氣藥以治傷寒表邪，逆誤多矣，況裏證乎？論見後發表諸方下。

論傷寒兩感

王海藏曰：天之邪氣，感則害人五臟，以是知內外兩感，臟腑俱病，欲表之則有裏，欲下之則有表，表裏既不能一治，故云兩感者不治。然所禀有虛實，所感有淺深，虛而感之深者必死，實而感之淺者猶可治，治之而不救者有矣，未有不治而獲生者矣。余嘗用大羌活湯，間有生者十得二三，故立此以待好生君子用之。（按本方治法見後）

趙嗣真曰：仲景論兩感爲必死之證，而復以治有先後、發表攻裏之説繼之者，蓋不忍坐視而欲覬其萬一之可活也。《活人書》云：宜救裏以四逆湯，後救表以桂枝湯。殊不知仲景云：太陽與少陰俱病則頭痛，爲太陽邪盛於表，口乾而渴，爲少陰邪盛於裏也；陽明與太陰俱病，則身熱譫語，爲陽明邪盛於表；不欲食，腹滿，爲太陰邪盛於裏也；少陽與厥陰俱病，則耳聾，爲少陽邪盛於表，囊縮而厥，爲厥陰邪盛於裏也。三陽之頭痛、身熱、耳聾，救表已自不可，三陰之腹滿、口乾渴、縮囊而厥，不下可乎？《活人書》引下痢、身疼痛、虛寒救裏之例，而欲施於煩渴、腹滿、譫語、囊縮熱實之證，然乎？否乎？蓋仲景所謂發表者，葛根麻黄是也，所謂攻裏者，調胃承氣是也。《活人書》所謂救裏則是四逆，救表則是桂枝。今以救爲攻，豈不相背？若用四逆湯，是以火濟火，而腹滿、譫語、囊縮等證何由而除？臟腑何由而通？榮衛何由而行？而六日死者可立而待也。吁！兩感雖爲不治之證矣，然用藥之法，助正除邪，虛實實虛，補不足損有餘之理，學者不可不素有一定之法於胸中也。

傷寒合病並病論

趙嗣真曰：愚嘗疑合病與並病之爲難明也久矣，因姑釋之。蓋合病者，二陽經或三陽經同受病，病之不傳者也。並病者，一陽經先病，又過一經，病之傳者也。且如太陽、陽明並病一證，若並而未盡，是傳未過，尚有表證，仲景所謂太陽證不罷，面色赤，陽氣怫鬱在表不得越，煩躁短氣是也，猶當汗之，以各半湯。若並之已盡，是爲傳過，仲景所謂太陽證罷，潮熱，手足汗出，大便硬而譫語者是也，法當下之，以承氣湯。是知傳則入腑，不傳則不入腑，所以仲景論太陽、陽明合病，止出三證，如前於太陽、陽明並病，則言其有傳受如此也。又三陽經互相合病，皆曰下利。仲景於太陽、陽明合病則主以葛根湯，太陽、少陽合病主以黄芩湯，少陽、陽明合病主以承氣湯。至於太陽、少陽並病，其證頭項强痛，眩冒，如結胸，心下痞鞕，當刺大椎、肺俞、肝俞，不可汗下。太陽、陽明並病，已見上論。但三陽合病，仲景無背惡寒語句，雖别有口燥渴、心煩、背微惡寒者，乃屬太陽證，而非三陽合病也。三陽若與三陰合病，即是兩感，所以三陰無合病例也。

按：三陽合病證治見《傷寒論·陽明例篇》。

傷寒變溫熱病論

趙嗣真曰：按仲景論謂冬月冒寒，伏藏於肌膚而未即病，因春溫氣所變則爲熱。夫變者，改易之義也。至此則伏寒各随春夏之氣改變爲溫爲熱，既變之後，不得復言其爲寒也。所以仲景云溫病不惡寒者，其理可見矣。《活人書》却於溫病曰陽熱未盛，爲寒所制，豈有伏寒既已變而爲溫，尚可言寒能制其陽熱耶？又於熱病曰陽熱已盛，寒不能制，亦不當復言其爲寒也。蓋是春夏陽熱已變，其伏寒即非有寒，不能制其陽熱爾。外有寒，能折陽氣者，乃是時行寒疫。仲景所謂春分以後、秋分節前天有暴寒，爲時行寒疫也。三月四月，其時陽氣尚弱，爲寒所折，病熱則輕；五月六月，陽氣已盛，爲寒所折，病熱則重；七月八月，陽氣已衰，爲寒所折，病熱亦微。是知時行寒疫與溫熱二病[一]，所論陽氣盛衰時月則同，至於論暴寒之寒與伏寒已變之寒，自是相違，名不正則言不順矣。仲景又云其病與溫及暑病相似，但治有殊者，要在辨其病源寒、熱、溫三者之殊，則用藥冷熱之品味判然矣。

【校記】

［一］“二”，原誤作“三”，今據天德尚賢堂本、文淵閣四庫全書本改。

謹按：王安道《傷寒立法考》曰：讀仲景書，當求其立法之意，不然則疑信相雜，未免通此而礙彼也。夫傷寒，有即病者則爲傷寒，不即病者則謂之溫，與暑焉其類雖殊，其所受之源則不殊也。夫仲景之書，三陰經寒證居熱證十之七八，彼不即病之溫暑，但一於熱耳，何由而爲寒哉？就三陰寒證而詳味之，然後知予言之不妄。或謂三陰經寒證本是雜病，爲王叔和增入其中。又或謂其證之寒蓋由寒藥誤治而致，若此者非也。夫叔和之增入者，辨脈、平脈與可汗、可下等諸篇而已，其六經病篇必非叔和所能贊辭也。但厥陰經中下痢嘔噦諸條，却是叔和因其有厥逆而附，遂並無厥逆而同類者亦附之耳。至若以藥誤治而成變證，則於太陽爲多[一]。縱使三陰證亦或有寒藥誤治而變寒者，然豈應如是之衆乎？夫惟後人以仲景書通爲傷寒溫暑者設，遂致諸溫劑皆疑之而不敢用。韓祇和雖覺桂枝湯之難用，但謂今昔之世不同，然未悟仲景書本爲即病之傷寒設也。且其著《微旨》一書，又純以溫暑作傷寒立論，而即病之傷寒反不言及。此已是捨本從末，全不能窺仲景藩籬。又以夏至前胸膈悶、嘔逆氣塞、腸鳴腹痛、身體拘急、手足逆冷等證，視爲傷寒，謂與仲景三陰證脈理同而證不同，遂別立溫中法以治。以予觀之，其胸膈滿悶、嘔逆氣塞等證，既與仲景所敘三陰證不同，則是內傷雜病，豈溫暑病乎？況以仲景所敘三陰證[二]，求對於春夏溫暑之病，不亦悖乎？雖然，祇和時內傷之理未明，而又適當溫暑病作之際，其爲惑也固宜[三]。若非內傷雜病，則不正暴寒所中之病也[四]，且但曰寒而當溫，然未嘗求其所以爲寒之故也。能求其故，則知溫暑本無寒證，其爲寒證者，皆內傷雜病與暴寒所中也。至於劉守真出，亦以溫暑作傷寒立論，而遺即病之傷寒。其所處辛涼解散之劑，固爲昧者有中風傷寒錯治之失而立，蓋亦不無桂枝、麻黃難用之惑也。既惑於此[五]，則無由悟夫仲景立桂枝、麻黃湯之有所主，用桂枝、麻黃湯之有其時矣。故《原病式》曰：夏熱用桂枝、麻黃之類熱藥發表，須加寒藥，不然則熱甚發黃，或出斑矣。殊不知仲景主桂枝、麻黃湯，本不欲用於夏月之時矣。苟悟夫桂枝、麻黃本非治溫暑之劑，則群疑冰泮矣。何也？夫寒之初客於表也，閉腠理[六]、欝陽氣而爲熱，故非辛溫之藥，不能開腠理以泄其熱，此麻黃湯之所由立也。至於風邪傷表，雖反疏腠理而不閉，然邪既客表，則表之正氣受傷而不能流通，故亦發熱也，必以辛甘溫之藥發其邪，則邪去而腠理自密矣，此桂枝湯之所由立也。其所以不加寒藥者，蓋由寒風在表，又當天令寒冷之時而無所避故也。後人不知仲景立法之意，故有惑於桂枝、麻黃之熱，有犯於春夏之司氣而不敢用，於是有須加寒藥之論。夫欲加寒藥於桂枝、麻黃之中，此乃不悟其所以然，故如此耳。若仲景爲溫暑立方，必不如此，必別有法，但惜其遺帙不傳，致使後人有多歧之患。若知仲景《傷寒論》專爲即病傷寒作，則知麻黃、桂枝所宜用之故，除傳經熱病之外，其直傷陰經，與太陽不欝熱即傳陰經諸寒證，皆有所歸著，而不復疑爲藥寒誤下而生矣。若春夏有惡風惡寒、有汗無汗之證，蓋春夏暴中風寒之新病，非冬時受傷過時而發者。不然，則或是溫暑將發而復感於風寒，或因感風寒而動乎久欝之熱，遂發溫暑也。仲景曰：太陽證，發熱而渴，不惡寒者，爲溫病。觀此則知溫病不當惡寒而當渴，其惡寒而不渴者，非溫病矣。仲景雖不言暑病，然暑病與溫病同，但復過一時而加重於溫病矣，其不惡寒而渴，則無異也。春夏雖有惡寒惡風表證，其桂枝、麻黃二湯終難輕用，勿泥於發表不遠熱之語也，於是而用辛涼解散，庶爲得宜。苟不慎而概用之[七]，誠不能免夫狂躁、斑黃、衄血之變，而亦無功也。雖或者行桂枝、麻黃於春夏而效，乃是因其辛散之力而偶中於萬一，斷不可視爲常道而守之，後人以通解散、百解散之類，不問四時中風傷寒，一例施之，雖非至正之道，然較之不慎而輕用麻黄、桂枝以致變者，則反庶幾矣。若夫仲景於三陰經每用溫藥，亦由病之所必須與用之有其時耳。若概以三陰寒證視爲雜病而外之，得無負於仲景濟人利物之至仁而誤後世乎？自先覺不示傷寒、溫暑異治之端緒，但一以寒涼爲主，而諸溫熱之劑悉在所略，致使後之學者視仲景書，欲仗焉而不敢以終決，欲棄焉則猶以爲立法之祖而不能外也。能明夫仲景本爲即病者設法，則桂枝、麻黄未必難用，諸溫熱之劑未必可略矣。若謂仲景法不獨爲即病者設，則凡時行及寒疫、溫瘧、風溫等證，亦通以傷寒六經病諸方治之乎[八]？故仲景曰：冬溫之毒與傷寒大異，爲治不同。又曰：寒疫與溫病及暑病相似，但治有殊耳。是知溫暑及時行寒疫、溫瘧、風溫等病，必別有治法，今不見者，亡之也。觀其所謂爲治不同，所謂溫瘧、風溫、溫毒、溫疫脈之變證方治，如說之語，豈非有法而亡之乎？決不可以傷寒六經病諸方通治也。夫《素問》謂人傷於寒爲病熱者，言常而不言變也，仲景謂或寒或熱而不一者，備常與變而弗遺也。仲景概言古人之所未言，大有功於古人者，雖欲偏廢，可乎？

【校記】

［一］“於”，原誤作“爲”，今據天德尚賢堂本改。《醫經溯洄集·張仲景傷寒立法考》作“惟”。

［二］“以”，原脱，今據《醫經溯洄集·張仲景傷寒立法考》補。

［三］“惑”，原誤作“感”，今據天德尚賢堂本改。

［四］“正”，原誤作“止”，今據《醫經溯洄集·張仲景傷寒立法考》改。

［五］“惑”，原脱，今據天德尚賢堂本補。

［六］“閉”，原誤作“開”，今據天德尚賢堂本改。

［七］“概”，《醫經溯洄集·張仲景傷寒立法考》作“輕”。

［八］“以”，原誤作“似”，今據天德尚賢堂本改。

按：右說與前論互有發明，皆甚有功於仲景矣。然傷寒卒病與夫時行寒疫，但在脈證相符而治之，何以能致變逆也？夫審傷寒、雜病脈異，則所用辛溫、辛涼之劑判然矣。大抵於既傳之後變異多端，豈無實肖雜證者？故仲景、叔和論次雖例有混淆，而證因標本不同，治則權變不一，證例多同而治療有殊，故不能不使人致疑也。人能求其意，合而歸一以觀之，則證例自定，證定則治法不差矣。但要將經論熟讀玩味，有疑處兼看別書，如趙氏爲《活人書》釋疑，曰《活人書》之可疑者甚多。仲景論亦有可疑者，如白虎湯，仲景既云表不解者不可與，而白虎加人參湯證，一曰惡風，一曰惡寒，豈非表不解而復用白虎？何耶？蓋惡風曰微，則但見於背而不至甚於惡風；曰時時，則時或乍寒而不常，是表證已輕，非若前證脈浮、發熱、無汗全不解者，加之大熱大渴，所以用白虎而無疑也。又曰：仲景論太陽病得之八九日，如瘧狀，發熱惡寒，熱多寒少，其人不嘔，清便欲自可，一日二三度發，脈微緩者，爲欲愈；若脈微而惡寒者，此陰陽俱虛，不可更發汗、更下、更吐也。面色反有熱色者，未欲解也，以其不能得小汗出，身必癢，宜桂枝麻黄各半湯。仲景之意，蓋以得病八九日，如瘧狀，發熱惡寒，熱多寒少，十六字爲自初至今之證，以下文乃是已後擬病防變之辭，當分作三截看：若其人不嘔，清便欲自可，一日二三度發，脈浮緩，爲欲愈，此一節乃裏和無病而脈微者，邪氣微緩也，陰陽同等，脈證皆向安之兆，可不大汗而欲自愈；若脈微而惡寒者，此陰陽俱虚，不可更發汗、更下、更吐之，此節宜溫之；若面色反有熱色者，未欲解也，以其不能得少汗出，其身必癢，宜各半湯，此一節必待汗而後愈也。《活人書》不詳文意，却將其人不嘔、清便欲自可九字，本是欲愈之證，反以他證各半湯汗之，又將不可汗吐下證及各半湯證語句，並脱略而不言，取此證而用彼藥，汗其所不當汗，何也？若是，可見仲景文法多如此，學者必須反復詳玩，熟觀其意，其例自見，則治不差矣。故趙氏嘗曰：仲景之書，一字不同，則治法霄壤，讀之者可不於片言隻字以求其意歟？幸相與勉焉。

論傷寒雜病分二科

王海藏云：世之治傷寒有法，療雜病有方，是則是矣，然猶未也。吾謂治雜病亦有法，療傷寒亦有方，方即法也，法即方也，豈有異乎？要當全識部分、經絡、表裏、臟腑，豈有二哉？以其後世才智之不及古也，所以分傷寒、雜病爲二門，故有長於此而短於彼者，亦有長於彼而短於此者，逮夫國家取士分科爲七，宜乎？愈學而愈陋，愈專而愈粗也。試以傷寒、雜病二科論之，傷寒從外而之內者，法當先治外而後治內，雜病從內而之外者，法當先治內而後治外，至於中外不相及，則治主病，其方法一也，亦何必分之爲二哉？大抵雜病之外，不離乎表，傷寒之內，不離乎裏，表則汗，裏則下，中則和，不易之法也，劑之寒熱溫涼在其中矣。餘風產二條，目疾、瘡腫、小兒等科，各自專門，無怪其工之陋且粗也。是以知證不知脈，知藥不知源，是豈真知而全識哉？耳熟目厭，習壞多經，涉久誤合則病愈，不契則疾甚。所嘗見、所嘗聞者粗有曉會，其所未嘗見、未嘗聞者則有所不知也，此繼述而不及創物者遠矣。嗚呼！天之所錫，其智識有限量故耶？哀哉！庸夫以衣食迫，以口舌爭，視學業如仇讐，專妬忌爲能幹，誤人性命，恬不知恤，甘爲忍人，不顧陰理，其教之有所失耶？時世之有所俾然耶？抑疾者之不幸而有所自致耶？

謹按：漢張仲景推充《內經》《傷寒》脈證，論例立法，雖因證傳變，而不離即病之傷寒也。至宋之季，有托時世之異，乃別立方，用參蘇、藿香正氣之類，而遺即病之傷寒，使世俗因之往往失仲景意。況與雜病分二科，專傷寒者尚不能備曉其通變，主雜病者而不能遍識其彷彿[一]，宜乎其教之乖誤，爲疾之不幸，使人不能無憾恨也。噫！仲景推充《內經》大法，可謂無窮之惠，人猶不知其例三百餘法備。即病傷寒之傳變，宋醫所論爲時氣變法，非真傷寒也，故其方不多。且病從外而之內者，不離乎風寒暑濕，其間傳變者，除傷寒皆輕[二]；從內而之外者，不離乎內傷七情，其間壞異者，非傷寒之重。故有輕重不同，因分二科。大抵學者要於診候之際辨內外之感傷，察表裏之輕重，雜病傷寒，脈證所異，傷寒雜病，治法不殊。不殊者，雜病之外不離乎表，傷寒之內不離乎裏；所異者，傷寒從外而之內，雜病從內而之外。外感法仲景，內傷法東垣，六氣推充乎劉張，雜病融會乎諸氏，萬法歸吾一心，一心貫乎萬法，不致得此而失彼，爲二科之分遺乎世之譏誚也。

【校記】

［一］“而”，天德尚賢堂本作“則”。。

［二］“除”，原誤作“餘”，今據天德尚賢堂本改。

寒證治法

發表之劑

麻黄湯：治傷寒惡風寒，發熱，身疼無汗。

麻黄六錢　桂枝四錢　甘草炙，二錢　杏仁二十箇

右㕮咀，水煎，如法服。

按：此太陽經藥也。

葛根湯：治傷寒惡寒，項背强几几，無汗惡風，或下利。

葛根四錢　麻黄　生薑各三錢　桂枝　芍藥各二錢　甘草炙，二錢　大棗三枚

右㕮咀，水煎，如法服之。

按：此出太陽例，陽明藥也。

柴胡桂枝湯：治傷寒發熱潮熱，脈弦自汗，或渴或利。

桂枝二錢　黄芩　人參　白芍各一錢半　甘草炙，一錢　半夏一錢　生薑一錢　柴胡四錢　大棗二枚

右㕮咀，水煎服。

按：此出太陽例，少陽經藥也。

桂枝湯：治傷風寒發熱，自汗鼻鳴，乾嘔者。

桂枝　白芍　生薑各三錢　甘草炙，二錢　大棗二枚

右㕮咀，水煎，如法服。

按：此出太陽例，太陰經藥也。

麻黄附子細辛湯：治感寒，脈沉或微細，反發熱，或但欲寐者。

麻黄　細辛各四錢　附子炮，二錢半

右㕮咀，水煎。

按：此少陰經藥也。

當歸四逆湯：治感寒，手足厥冷，脈細欲絕者。

當歸　桂枝　白芍　細辛各三錢　大棗三枚　甘草炙　通草各二錢

右㕮咀，水煎。

按：此厥陰經藥也。已上六經治寒之例，隨脈證加減變法，自有仲景論例，兹不詳録。

桂枝麻黄各半湯：治傷寒見風脈，發熱自汗，或無汗。

桂枝二錢　白芍　生薑　甘草炙　麻黄各一錢半　大棗二枚　杏仁十二箇

右㕮咀，水煎。

按：此足太陽、手足太陰、手少陰經藥，出太陽例，治風寒之劑也。夫仲景論已上六經藥，然其中有發表、解肌、温經不同，蓋風寒有淺深，榮衛有虚實故也。學者審此，則用藥湯液之源可得而悉。又表裏變誤，詳見小兒門葛根升麻湯下。

謹按：傷寒與夫時行寒疫，皆宜從仲景已上法。然立春已後，立秋已前，非有時行暴寒而致病者，宜從韓衹和法，較脈證治之。元戎云：韓氏十四藥，以經絡求之，各有部分，輕重緩急，自有所宜，運氣加臨，各極其當，因時在其中矣，不必分至之遠近，寒暑之盛衰，而謂之因時也。但方世俗罕用，今附入濕門。

海藏云：韓氏《微旨》可汗一篇，有和解因時法，言傷寒之脈頭小尾大，傷風之脈頭大尾小。李思訓《保命新書》亦分寸尺，與韓氏同。非若前人總言，尺寸脈俱浮而緊，尺寸脈俱浮而緩，緊則爲傷寒無汗，緩則爲傷風自汗。又有傷寒有汗者，有傷風無汗者，脈亦互差，與證不同，前人已盡之矣。惟韓、李所言，頭小尾大即爲傷寒，尾小頭大即爲傷風也，人病間有脈證只顯於尺寸者，故韓、李述爲和解因時法也。又恐後人疑其不與前聖合，遂於本方藥内又立加減數條，亦不越前人之意，何其當哉！兼二公者當宋之盛時，故又戒桂枝、麻黄不可輕用，改用石膏、升麻、葛根、柴胡之平劑，當時則可，非百代常行，時世遷移之活法也。可汗一篇，若從湯液隨證，應見自有定規，雖明哲不可逾。

易簡參蘇飲：治感冒風邪，發熱頭疼，痰咳。（方見熱門）

局方十神湯：治時氣瘟疫，兩感風寒。

川芎　甘草　麻黄各四錢　乾葛一兩四錢　紫蘇　升麻　白芍　白芷　陳皮　香附各四錢

右㕮咀，入薑煎，每服半兩或一兩。

藿香正氣散：治傷寒頭痛，增寒壯熱[一]。

大腹皮　白芷　茯苓　紫蘇　藿香各三錢　厚朴製　白术　陳皮　苦梗　半夏各二錢　甘草炙，二錢半右㕮咀，每五錢，入薑、棗煎。

按：已上三方，今世俗多用之治傷寒，故收入。然傷寒之病，表裏六經，仲景言在三陰則可汗，傳三陰則宜下，此大略言之爾。於陽明則又可下，少陰則又可汗，一經病則有一經表裏藥。病居太陽，所禁居多，在少陽有三禁，陽明有二禁，三陰非胃實不可下之類，並病用刺法，是各有其故者，蓋恐反致逆而成壞證之戒也。至宋之時，治傷寒者有變仲景法制，已上諸方，緣其承平日久，民食用之，志樂形逸，病居疑似之間，本因氣逸經滯，乃用其法，然其間豈全捨仲景之法哉？金時劉守真製防風通聖散，亦是變法，義見中風例中。當遇是證，則必施是治，可也。然於傷寒不辨邪於某經，深求仲景意例當汗與否[二]，設妄以此施治，則先虛正氣，逆其經絡，得汗不解，復不求經救逆，亂投湯劑，其致危殆也必矣。是則宋醫處方，皆平人氣而不平時氣，因於人用藥而不先乎時，因於時用藥而不先乎人，其理得於人事、天和之中，其意得於不傳之妙。離經取法，固不離於經，專方治病，病固不可以專於方，然亦未易可爲格例也，以待後之明者而正之。

【校記】

[一]“增”，天德尚賢堂本作“憎”。

[二]“與否”，原誤作“之可”，今據天德尚賢堂本改。

溫中之劑

真武湯：治傷寒腹痛，小便不利，四肢沉重疼痛，下痢。

茯苓　白芍　生薑各三錢　白朮二錢　附子一錢半

右㕮咀，水煎。

附子湯：治感寒，身體痛，手足寒，骨節疼，惡寒，脈沉弱。

附子　人參各二錢　茯苓　白芍各三錢　白朮四錢

右㕮咀，水煎。

按：此二方少陰例藥也，治寒濕之劑。

理中湯

人參　白朮　乾薑　甘草炙，各等分

右㕮咀，水煎。

韓氏溫中湯

丁皮　厚朴各一兩　乾薑　白朮　陳皮　丁香各二錢

右爲末，每服二錢，入葱白、荆芥穗煎。

按：韓祇和云：凡病人兩手脈沉遲或緊，皆是胃中寒也。若寸脈短小及力小於關尺者，此陰盛陽虛也。或胸膈滿悶，腹中脹滿，身體拘急，手足逆冷，急宜溫之。然寒盛體虛者宜從少陰例，此止可作溫中藥，姑存之。

海藏黄芪湯

人參　黄芪　茯苓　白术　白芍各一兩　甘草炙，七錢半　乾薑　陳皮　藿香各半兩

右㕮咀，入生薑煎。

按：已上三方出理中例法也。

寶鑑鐵刷湯：治寒積上焦，嘔吐不止，痰飲胸膈不快，食不下。

半夏四錢　草豆蔻　丁香　乾薑炮　訶子皮各三錢　生薑一兩

右散，作三服，水煎。

附子理中丸：治中焦有寒腹痛，或感寒頭痛，發熱惡寒，腹痛，不飲水。

理中湯三兩　附子一枚

右爲末，蜜丸如雞黄大，每一丸，溫湯化下。

元戎苦練丸[一]**：**治下焦有寒積，小腹急痛奔豚等證。

川苦練[二]　茴香　附子各一兩，三味酒煮乾，再焙　玄胡半兩　全蝎十八箇，炒　丁香十八箇

右爲末，酒糊丸梧子大，每五十丸，食前當歸湯下。

按：已上諸方治寒積或食寒物等致者，雖分三焦等，用則不離乎溫中法也。然寒冷之物停蓄於中，則當溫劑下之者，又不必拘此。如氣分寒宜仲景桂枝附子湯選用，血分寒宜當歸四逆湯之類，要在臨時通變可也。

【校記】

[一]“練”，天德尚賢堂本、文淵閣四庫全書本並作“楝”。

[二]“練”，天德尚賢堂本、文淵閣四庫全書本並作“楝”。

發表溫中之劑

小青龍湯：治感寒發熱頭疼，脈沉細，或嘔或咳，或利或噎，或小便不利，少腹滿，或喘。

麻黄　白芍　乾薑　甘草炙　細辛　桂枝各二錢　半夏　五味子各一錢半　附子炮，二錢，脈浮不用

右㕮咀，水煎。

海藏肉桂散：治傷寒服冷藥過度，心腹脹滿，四肢逆冷，昏沉不識人，變爲陰毒惡證。

肉桂三錢　白芍　陳皮　前胡　當歸　附子炮　人參各一兩　白术　木香　厚朴炒　良薑各三錢　吴茱萸半兩

右爲粗末，每服五錢，入棗三枚，水煎。

天雄散：治陰毒傷寒，身重背强，腹中疞痛，咽喉不利，毒氣攻心，心下堅强，短氣嘔逆，唇青面黑，四肢厥逆，其脈沉細而厥。

天雄一兩，炮，去皮　麻黄　當歸　白术　半夏各半兩　川椒一錢　肉桂　厚朴各一兩　生薑　陳皮各二錢

右爲粗末，每五錢，入生薑、棗煎，取汗。

按：已上三方，表裏氣血藥也，出太陽例，兼看後兩感法。

發表攻下之劑

桂枝加大黄湯：治寒邪傳裏，爲大滿大實痛，關脈實者。

桂枝　生薑各三錢　白芍四錢　甘草二錢半，炙　大黄二錢　大棗三枚

右㕮咀，水煎。

按：此太陽例藥也。邪雖已傳，寒未變熱，故用此攻下。然既傳之後，邪已變熱，而用和解下熱諸法，則不用溫劑矣。故大柴胡等湯詳見熱門及本論例，兹不備録。

和解之劑

柴胡薑桂湯：治寒熱自汗。（方見熱門）

小柴胡湯：治傷寒潮熱而嘔。

按：此並少陽例藥也。

黄連湯：治傷寒胸中有熱，胃中有邪氣，腹痛，欲嘔吐者。

黄連　甘草炙　乾薑　桂枝各二錢　人參　半夏各一錢半　大棗二枚

右㕮咀，水煎。

按：此出太陽例藥也，與已上三方解表裏中上陰陽交錯之劑。《傷寒論》此法甚多，宜随證選用。

解兩感之劑

海藏大羌活湯

羌活　獨活　防己　防風　黄芩　黄連　蒼术　白术　甘草炙　川芎　細辛各三錢　知母　生地黄各一兩

右㕮咀，每半兩，水煎熱服。未解，再服一二劑。若有餘證，並依仲景法。

按：此出太陽例藥也。然傷寒兩感，亦有兼風兼濕不同，或表裏俱虚、俱實之異。《保命集》云：兩感可治者，感異氣也。使表中於風，內傷於寒，可治者，宜加味小青龍湯。表熱內寒，宜和解之，此方宜治。表中於風，内有熱者，則表濕裏寒，表寒裏濕，表裏證俱見者，宜擴充也。大抵兩感多表裏俱虚，是以易老曰：當切脈逆從，知其吉凶。兩感之邪，三陰三陽皆有之，脈從陽可治，從陰難治，陽生陰死之謂也。

陰毒外接法

迴生神膏：治陰毒傷寒。

牡蠣 煉粉 乾薑等分

右爲末，男病用女唾調，手內擦熱，緊掩二卵上，得汗出愈。女病用男唾調，掩二乳取汗。

代灸塗臍膏

附子 馬藺子 蛇床子 木香 肉桂 吴茱萸

右六味等分，爲末，用白麪相和，生薑汁調成膏[一]，紙上圓三寸許，貼臍下關元、氣海，自晚至曉貼之。

陰毒傷寒，四肢逆者。

吴茱萸不拘多少

右爲末，溫酒和勻，生絹袋盛之，熱熨脚心，令通暢，愈。若以爲湯煎，洗接四肢，亦可。

灰包熨法：治下焦積寒冷，上焦陽盛，更難投溫藥者。用灰二三升許，入好醋拌和，乾濕得所，銚內炒令灰熱，以帛包裹，置臍下熨之，頻換灰包，令常熱，以腹不滿痛爲度。如得利三兩行，或小便行，或微似有汗，此陰氣外出也。

【校記】

[一]“調”，原誤作“漲”，今據天德尚賢堂本改。

灸法附灸法論

氣海穴：在臍下一寸五分，治陰厥，脈微絶者。

石門一穴[一]：在臍下二寸。

關元一穴：在臍下三寸，治臟結不可攻者，及陰汗不止，腹脹腸鳴，面黑指甲青者，宜灸百壯。

陽陵泉二穴：在膝下一寸。潔古曰：煩滿囊縮，宜灸此。

太谿二穴：在足內踝後跟骨上動脈陷中，灸七壯，治少陰吐利，手足不冷，反熱[二]，脈不至者。

按：傷寒灸穴，詳見《資生經》，故不備録。大抵不可刺者，宜灸之。一則沉寒痼冷，二則無脈，知陽絶也，三則腹皮急而陽陷也。捨此三者，餘皆不可灸，蓋恐致逆也。今附灸法於左。

《醫學發明》曰：《針經》云陷下則灸之。天地間無他，惟陰與陽二氣而已。陽在外在上，陰在內在下，今言陷下者，陽氣下陷入陰血之中，是陰反居其上而覆其陽。脈證俱見，寒在外者則灸之。《異法方宜論》云北方之人宜灸焫也，爲冬寒大旺，伏陽在內，皆宜灸之。以至理論，則腎主藏[三]，藏陽氣在內，冬三月主閉藏是也。若太過則病，固宜灸焫，此陽明陷入陰水之中是也。《難經》云：熱病在內，取會之氣穴。爲陽陷入陰中，取陽氣通天之竅穴，以火引火而導之，此宜灸焫也。若將有病者一概灸之，豈不誤哉？仲景云：微數之脈，慎不可灸。因火爲邪，則爲煩逆，追虚逐實，血散脈中，火氣雖微，內攻有力，焦骨傷筋，血難復也。又云：脈浮，宜以汗解。用火灸之，邪無從出，因火而盛，病從腰以下必重而痹，名火逆也。脈浮，熱甚而灸之，此爲實實而虚，治因火而動，必咽燥唾血。又云：身之穴三百六十有五，其三十穴灸之有害，七十九穴刺之爲災，並中髓也。（仲景傷寒例）

按：《明堂針經》各條下所説禁忌明矣。《內經》云：脈之所見，邪之所在。脈沉者，邪氣在內；脈浮者，邪氣在表。世醫只知脈之説，不知病證之禁忌。若表見寒證，身汗出，身常清，數慄而寒，不渴，欲覆厚衣，常惡寒，手足厥，皮膚乾枯，其脈必沉細而遲，但有一二證，皆宜灸之，陽氣下陷故也。若身熱惡熱，時見燥作，或面赤面黄，咽乾嗌乾口乾，舌上黄赤，渴，咽嗌痛，皆熱在外也，但有一二證，皆不宜灸。其脈必浮數，或但數而不浮，不可灸，灸之災害立生。若有鼻不聞香臭，鼻流清涕，眼瞼時癢，或欠或嚏，惡寒，其脈必沉，是脈證相應也。或輕手得弦緊者，是陰伏其陽也，雖面赤，宜灸之，不可拘於面赤色而禁之也。

【校記】

［一］“門”，原誤作“關”，今據天德尚賢堂本改。
［二］“反熱”，天德尚賢堂本作“反發熱”三字。
［三］“藏”，原誤作“臟”，今據天德尚賢堂本改。

附：虚寒溫經諸方

補肝散：治肝臟氣虚，視物不明，兩脇脹滿，筋脈拘急，面色青，小腹痛。

山茱萸　當歸　五味子　山藥　黄芪　川芎　木瓜各半兩　乾地黄　白术各一錢　獨活　酸棗仁各四銖

右末，每二錢匕，以水煎，入棗一枚。

茯神湯：治膽氣虚冷，頭痛目眩，心神恐畏，不能獨處，胸中滿悶。

茯神　酸棗仁炒，去殼　黄芪　白芍　五味子　柏子仁各一兩　桂心　熟地黄　人參　甘草各半兩

右㕮咀，每四錢半，入薑煎。

補心丸：治本臟虚冷，善恐怖如魘狀，及女人產後中寒腹痛，月水不調。

當歸　川芎　白芍　甘草　附子　防風　桂心　細辛　乾薑　蜀椒　厚朴　半夏　大黄

豬苓各一兩　茯苓　遠志各二兩

右末，蜜丸如梧子大，酒服五七丸，日三，加至十丸。

椒附丸：治小腸虚冷，小腹疼，小便頻而清白。

椒紅炒　桑螵蛸炙　龍骨　山茱萸　附子炮　鹿茸酒蒸，焙

右等分，爲末，酒糊丸梧子大，每六十丸，空心鹽湯下。

檳榔散：治脾寒，飲食不消，勞倦，氣脹噫滿，憂恚不樂。

檳榔八箇　人參　茯苓　陳麯　麥糵　吴茱萸　厚朴　白术各二兩　陳皮一兩半

右末，食後酒服方寸匕，日二次。

進食散：治胃氣虚冷，或食生冷，或飲食不節，胸膈痞塞，腹脹怠惰，不思食，惡心溏泄。

半夏麯　肉豆蔻煨　草果仁　高良薑　麥糵炒　附子炮　丁香　厚朴　陳皮　人參　青皮　甘草炙，半兩

右㕮咀，每四錢，入薑、棗煎。

白石英湯：治肺氣虚弱，惡寒咳嗽，鼻流清涕，喘息氣微者。

白石英　細辛　五味子　陳皮　鍾乳粉　阿膠　蛤粉　桂心　人參　甘草炙，各五錢　紫苑一兩

右㕮咀，每四錢，入薑煎。

訶梨勒丸：治大腸虚冷，腸鳴泄瀉，腹脇氣痛，飲食不化。

訶子　附子　肉豆蔻　木香　吴茱萸　龍骨　茯苓　蓽撥各二錢

右末，薑汁糊丸梧子大，每四五十丸，空心米湯下。

十補丸：治腎臟虚弱，面色黎黑[一]，足冷足腫，耳鳴耳聾，肢體羸瘦，足膝軟弱，小便不利，或多或少，腰脊疼痛。

附子炮　五味子各二兩　山茱萸肉　山藥　牡丹皮　鹿茸製　桂心　茯苓　澤瀉各一兩

右爲末，煉蜜丸梧子大，每六七十丸，空心鹽湯下。

韭子丸：治膀胱虚冷，小便白濁滑數，日夜無度。

赤石脂煅　韭子炒　牛膝酒浸　牡蠣煅　附子炮　覆盆子酒浸　桑螵蛸　鹿茸製　龍骨　肉蓯蓉各一兩　雞肶胵燒灰　沉香各五錢

右爲末，酒糊丸梧子大，每六七十丸，空心鹽湯下。

按：已上諸方並出五臟治要例。

【校記】

[一]“黎”，天德尚賢堂本作“黧”。

玉機微義卷之十四

玉機微義卷之十五

瘡瘍門

《内經》論瘡瘍之因

《生氣通天論》云：膏粱之變，足生大丁。又云：營氣不從，逆於肉理，乃生癰腫。

《陰陽應象論》云：地之濕氣，感則害人皮肉筋脈。

《脈要精微論》云：諸癰腫筋攣，骨病痛者，此寒氣之腫，八風之變也。

《至真要大論》云[一]：諸痛癢瘡瘍，皆属心火。

【校記】

[一]“要大”，原倒，今據文義乙正。

河間原瘡瘍之病

《原病式》云：諸痛癢瘡瘍，皆属心火者，蓋人近火氣者，微熱則癢，熱甚則痛，附近則灼而爲瘡，皆火之用也。或癢痛如針輕刺者，猶飛迸火星灼之然也。癢者，美疢也[一]，故火旺於夏而萬物蕃鮮榮美也。炙之以火，漬之以湯，而癢轉甚者，微熱之所使也。因而癢去者，熱令皮膚縱緩，腠理開通，陽氣得泄，熱散而去故也。或夏熱皮膚癢，而以冷水沃之不去者，寒能收斂，腠理閉密，陽氣鬱結，不能散越，怫熱内作故也。癢得爬而解者，爬爲火化，微則亦能令癢，甚則癢去者，爬令皮膚辛辣而属金化，辛能散，故金化見則火力分而解矣。或云痛爲實，癢爲虚者，非謂虚爲寒也，正謂熱之微甚也。或疑瘡瘍皆屬火熱而反腐出膿水者，何也？猶穀肉果菜，熱極則腐爛而潰爲污水也。潰而腐爛者，水之化也。所謂五行之理，過極則勝己者反來制之，故火熱過極則反兼水化。又如鹽能固物，令不腐爛者，鹹寒水化，制其火熱，使不過極，故得久固也，萬物皆然。

癰，淺而大也。經曰：熱勝血，則爲癰也。《三因方》曰：癰者，壅也。

疽，深而惡也。《三因方》曰：疽者沮也，癤者節也。

瘍，有頭小瘡也。

㾓，浮小瘾㾓也。

瘤氣赤瘤丹熛，熱勝氣也，火之色也。

結核，火氣熱甚則鬱結，堅硬如果中核也。不必潰發，但令熱氣散則自消也。

【校記】

[一]"疢"，原誤作"疾"，今據《素問玄機原病式·五運主病》改。

瘡瘍脈證

身重脈緩濕勝，除濕；身熱脈大，心燥時腫，乍來乍去，逐熱[一]；諸痛眩暈，動搖脈弦，去風；氣澀氣滯，乾燥，亡津液，脈澀，瀉氣補血；寒勝則浮，食不入，便溺多，惡寒，脈緊細，宜瀉寒水。

【校記】

[一]"逐"，原誤作"遂"，今據天德尚賢堂本改。

丹溪論相火能動爲諸病瘡瘍亦然

（詳見火證門）

癰疽當分經絡論

丹溪云：六陽經，六陰經，有多氣少血者，有多血少氣者，有多氣多血者，不可一概論也。少陽經多氣少血，理宜預防肌肉難長，驅毒利藥亦難輕用。予從叔，多慮神勞，年近五十，左膊外側紅腫如栗。予曰：勿輕視，且先與人參濃湯，得數升乃佳。與數貼而止。旬餘值大風拔木，瘡上起一紅線繞背抵右肋。予曰：大料人參湯加芎术補劑與之。兩月而安。李兄，年三十，連得憂患，且好色，又作勞，左腿外側廉生紅腫如栗。一醫與承氣兩貼下之矣，又一醫教與解毒下之。予視之，脈大實，後果死。或曰：生臀癰者何如？予曰：臀在少腹之後，居其下，此陰中之陰也。其道遠，其位僻，雖太陽多血，氣運雖及，血亦罕來，中年後生者，須預補之。若無積補之功，其禍多在瘡成痂之後，或半年以來乃病。粗工不察，或致失手，慎之戒之！

《病機機要》云：瘰癧者，結核是也。或在耳後，或在耳前，或在耳下，連及頤頷，或在頸下，連缺盆，皆謂瘰癧。或在胸及胸之側，或在兩脇，皆謂之馬刀，手足少陽主之。

按：此謂分經用藥，則不致有犯禁壞逆之失也。然手少陽三焦、少陰心、太陰肺、足少陽膽、少陰腎、太陰脾，多氣少血，手厥陰心包絡、太陽小腸、足太陽膀胱、厥陰肝，多血少氣，手陽明大腸、足陽明胃，多氣多血也，故不可一概論治。況已上病例，不係膏粱丹毒火熱之變，因虛勞氣鬱所致，止宜補形氣，調經脈，其瘡當自消散，蓋不待汗之、下之而已也。其不詳脈證經絡受病之異者，下之先犯病禁經禁，故致失手如此。丹溪又曰：纔得腫痛，參之脈證，但有虛弱，便與滋補，血氣無虧，可保終吉。若用尋常驅熱拔毒及氣藥，虛虛之禍，如指諸掌。且夫火熱爲病，亦有微甚，所謂君火、相火是也。瘡瘍所發而有癰疽癤癧，輕重淺深，或止發於一經，或兼二經者，止當求責於一二經，則不可干擾餘經也，若東垣處方用藥是矣。矧有兼風、兼濕、兼痰、兼氣、兼血、兼陰虛等證者，病本不同，治當求責。前論雖略，比之世俗外科等書，圖人形瘡樣而不分經絡者，此則大有徑庭矣。

治瘡大要三法

《病機機要》云：瘡瘍者，火之屬，須分內外，以治其本。若其脈沉實，當先疏其內，以絕其源也；其脈浮大，當先托裏，恐邪氣入內也。有內外之中者，邪氣至盛，遏絕經絡，故發癰腫，此因失托裏及失疏通，又失和榮衛也。治瘡之大要，須明托裏、疏通、行榮衛之三法[一]。內之外者，其脈沉實，發熱煩躁，外無焮赤，痛深於內，其邪氣深矣，故疏通臟腑，以絕其源；外之內者，其脈浮數，焮腫在外，形證外顯，恐邪氣極而內行，故先托裏也；內外之中者，外無焮惡之氣，內亦臟腑宣通，知其在經，當和榮衛也。用此三法之後，雖未差，必無變證，亦可使邪氣峻減而易愈。

【校記】

[一]“行”，原脱，今據《素問病機氣宜保命集》卷下補。

瘡宜發汗論

《內經》云：汗之則瘡已。東垣云：東南二方者，在人則爲丙小腸熱，甲膽風，小腸與膽，皆居其下，其性炎上，其瘡外有六經之形證，內無便溺之阻隔，飲食如故，清便自調，知不在裏，非疽瘡也，止癰癤也。小則爲癤，大則爲癰。其邪所受於下，風濕之地氣自外而來，侵加於身者也。經云：榮氣不從，逆於肉理，乃生癰腫。諸痛癢瘡，皆屬心火。此瘡自外而入，是丙小腸左遷入於膽，作痛而非癢也。此二方皆主血，血爲病必痛。此元氣不足，營氣逆行，其瘡初出，未有傳變，在於肌肉之上，皮毛之間，只於風熱六經所行經絡地分出矣，宜瀉其風濕熱。醫者只知陰覆其陽則汗也，此宜發汗者，乃濕熱欝其手足少陽，致血脈凝逆，使榮衛周身元氣消弱也。其風熱欝滯於下，其面色必赫赤而腫，微黯色。東方青[一]，埋没之色也。風木之性上衝，顔必忿色，其人多怒，其瘡之色亦赫赤腫硬，微帶黯色，其瘡之形勢亦奮然高起，結硬而作痛也。其脈止在左手，左手主表，左寸外洪緩，左關洪緩而弦。是客邪在於血脈之上，皮膚之間，宜急發其汗而通其榮衛，則邪氣去矣，以托裏榮衛湯主之。

謹按：前論大要三法即此。瘡宜汗之及先托裏，恐邪氣入內，言外因也；宜先疏內，以絕其源，言內因也；當和榮衛，謂不內外因之證也。故瘡之發於皮表者，因大略言汗，其汗、下、和之間然亦有外治之次第焉。如《郭氏治驗》云：一婦人，五十九歲，右耳下天容穴間患一疔瘡，其頭黑靨，四邊泡起，黄水時流，渾身麻木，發熱譫語，時時昏沉，六脈浮洪。用烏金散汗之，就以鈚針先刺瘡心，不痛，周遭再刺十餘下，紫黑血出，方知疼痛。就將寸金錠子紝入瘡內，外用提丁錠子放於瘡上，膏藥貼護，次日汗後，精神微爽。却用破棺丹下之，病即定。其疔潰動後，用守效散貼塗，紅玉錠子紝之八日，其疔自出矣。兹所謂審脈證汗下之間，外治次第，如此殊勝。不察脈證，但見發熱譫語，便投涼劑與下，或兼以香竄之藥，遂致誤人者遠矣。

【校記】

[一]“青”，原誤作“清”，今據天德尚賢堂本改。

瘡辨五善七惡

《外科精要》云：熱發於皮膚之間，浮腫根小，至大不過三二寸者[一]，爲癤；六腑積熱，騰出於外，肌肉之間，其發暴盛，腫皮光軟，侵展廣大，爲癰；五臟風毒積熱，攻焮肉骨，風毒猛暴，初生一如痦蕾，形自焦枯，觸之應者，乃疽也。

夫五善七惡者：動息自寧，飲食知味，一善也；便利調匀，二善也；膿清腫消不臭，三善也；神采精明，語聲清爽，四善也；體氣和平，五善也。煩躁時嗽，腹痛渴甚，或泄痢無度，小便如淋，一惡也；膿血大泄，腫焮尤甚，膿色敗臭，痛不可近者，二惡也；喘粗短氣，恍惚嗜臥，三惡也；目視不正，黑睛緊小，白睛青赤，瞳子上看者，四惡也；肩背不便，四肢沉重，五惡也；飲食不下，服藥而嘔，食不知味，六惡也；聲嘶色敗，鼻青赤，面目四肢浮腫，七惡也。五善見三則差，七惡見四則危。然則病有源同七惡者[二]，乃皮緊急而知善也；病有源同五善者[三]，乃皮緩虚而知惡也。知是者[四]，豈凡醫之所知哉？

《此事難知》論中定癰疽死之地分：一伏菟，二腓腨，三背，四五臟俞，五項上，六腦，七髭，八鬢，九頤。

謹按：《素問》《靈樞》諸篇具瘡瘍之由、生死之要、針治之法甚詳，宜玩本文。大抵已上所言地分皆脈絡所會，內系腑臟，然患者得而早言，醫者審證按法治之，則皆爲不死矣。設不早治，治不對證，雖發於不死之地分，乃恐亦致死矣。

【校記】

[一]“三”，原誤作“二”，今據天德尚賢堂本、文淵閣四庫全書本改。

[二]“源同”，天德尚賢堂本作“證合”。

[二]“源同”，天德尚賢堂本作“證合”。

[四]“知”，天德尚賢堂本作“如”。

論瘡瘍攻補法

《元戎》云：陷脈爲瘻。留連肉腠，營氣不從，逆於肉理，乃生癰腫。榮逆血欝，血欝則熱聚爲膿。《正理論》曰：熱之所過，則爲癰腫。營氣不從，亦有不熱者乎？答曰：膏粱之變，芳草之美，金石之過，氣血不盛，榮衛之氣充滿而抑遏不能行，故閉塞，血氣腐而爲癰也，當泄之以奪盛熱之氣。若其人飲食疏，精神衰，氣血弱，肌肉消薄，榮衛之氣短促而澀滯，故寒薄腠理，閉欝而爲癰腫也，當補之以接虚怯之氣。亦當以脈浮沉別之，既得盛衰，泄之則連翹、大黄，補之則內托之類是也。

按：此辨瘡瘍，因熱因寒，及氣血欝而成，當攻補之法不同，宜與前後諸篇兼看，殆無餘蘊矣。但世俗味此理，而云“是瘡不是瘡，且服五香連翹湯”，然或中或否，致誤者多，蓋不審形氣虛實，瘡毒淺深，發表攻裏，所因不同故也。今以丹溪先生《外科精要》發揮諸法之義附於後方例之下，庶學者幸有所鑑焉。

論瘡瘍宜灸

《元戎》云：瘡瘍自外而入者不宜灸，自內而出者宜灸。外入者，托之而不內；內出者，接之而令外。故經云陷者灸之，灸而不痛，痛而後止其灸。灸而不痛者，先及其潰[一]，所以不痛，而後及良肉，所以痛也。灸而痛，不痛而後止其灸。灸而痛者，先及其未潰，所以痛，而次及將潰，所以不痛也。

按：此亦約法也，因以東垣等法附於左，宜參用之。

凡人初覺發背，欲結未結，赤熱腫痛，先以濕紙覆其上，立視候之，其紙先乾處，即是結癰頭也。取大蒜切成片，如當三錢厚薄，安於頭上，用大艾炷灸之三壯，即換一蒜片，痛者灸至不痛，不痛灸至痛時方住。最要早覺早灸爲上[二]，一日三日，十灸十活，三日四日六七活，五六日三四活，過七日則不可灸矣。若有十數頭作一處生者，即用大蒜研成膏，作薄餅，鋪頭上，聚艾於蒜餅上燒之，亦能活也。若背上初發赤腫一片，中間有一片黃粟米頭子，便用獨蒜切去兩頭，取中間半寸厚薄，正安於瘡上，著艾灸十四壯，多至四十九壯。

按：此謂癰疽所發，宜灸之也。然諸瘡患久成漏者，常有膿水不絕，其膿不臭，內無歹肉，尤宜用附子浸透，切作大片，厚三二分，於瘡上著艾灸之，仍服內托之藥，隔三二日再灸之，不五七次，自然肌肉長滿矣。至有膿水惡物漸潰根深者，郭氏治用白麫、硫黄、大蒜三物一處搗爛，看瘡大小捻作餅子，厚約三分，於瘡上用艾炷灸二十一壯，一灸一易。後鬲四五日[三]，方用翠霞錠子並信效錠子互相用之，絍入瘡內，歹肉盡去，好肉長平。然後貼收斂之藥，內服應病之劑，調理即瘥矣。蓋不止宜灸於瘡之始發也，大抵始發宜灸，要汗下補養之藥對證。至灸冷瘡，亦須內托之藥切當。設有反逆，不唯不愈，恐致轉生他病之患也。

【校記】

[一]“及其”，原倒，今據天德尚賢堂本、文淵閣四庫全書本乙正。

[二]“上”，原誤作“止”，今據天德尚賢堂本、文淵閣四庫全書本改。

[三]“鬲”，天德尚賢堂本、文淵閣四庫全書本並作“隔”。

瘡分三因

陳無擇云：發背癰疽者，該三因而有之。論曰：癰疽瘰癧，不問虛實寒熱，皆由氣欝而成。經亦云氣宿於經絡，與血俱澀而不行，壅結爲癰疽。不言熱之所作而後成癰者，此乃內因喜怒憂思有所欝而成也。身有熱，被風冷搏之，血脈凝泣不行，熱氣壅結而成。亦有陰虛，陽氣湊襲，寒化爲熱，熱成則肉腐爲膿者，此亦外因寒熱風濕所傷而成也。又服丹石及炙煿酒麪、溫床厚被所致，又盡力房室，精虛氣竭所致者[一]，此乃因不內外所傷而成也。故知三因備矣。

按：此所分三因雖備，但未具瘡瘍之邪在經、在表、在裏之異，故其治法亦不能詳備也。

【校記】

[一]"竭"，原誤作"節"，今據天德尚賢堂本改。

論陰滯陽則生癰陽滯陰則生疽

丹溪曰：《精要》云陽滯於陰，脈浮洪弦數；陰滯於陽，脈沉細弱澀。陽滯，以寒治之；陰滯，以熱治之。切詳其意。陽滯陰滯，當作熱治寒治，求之寒熱，固可作陰陽論，於陰於陽分明，是於氣於血他無可言也。熱滯於氣，固無寒滯耶？寒滯於血，固無熱滯耶？何寒不能傷氣、熱不能傷血耶？以予觀之，氣爲陽，行脈外，血爲陰，行脈內，相並分派，周流循環一身無停止，謂之脈。一呼脈行三寸，一吸脈行三寸，呼吸定息，共得六寸，一身通行八十一丈，得熱則行速而太過，得寒則行遲而不及。五味之偏，七情之厚，過氣爲滯，津液稠厚，積而久也，爲飲爲痰，滲入脈內，血爲所亂，因而凝濁，運行沍泣，或爲沸騰，此陰滯於陽也，正血滯於氣也；氣病，今人或以藥助邪，病上生病，血之病日增，溢出脈外，隧道隘塞[一]，升降有妨，運化失令，此陽滯於陰也，正氣滯於血也。病分寒熱者，當是稟受之素偏，虛邪之雜合，豈可以陽爲熱，陰爲寒耶？浮洪弦數，氣病之脈也，豈可遽此作熱論？沉細弱澀，血病之脈，豈可遽此作寒論？此萬病之根本，豈止疥癬瘡瘍癰疽而已？幸相評其是否。

【校記】

[一]"隧"，原誤作"墜"，今據天德尚賢堂本改。

明瘡瘍之本末

東垣曰：《生氣通天論》云營氣不從，逆於肉理，乃生癰腫。又云：膏粱之變，足生大丁，受如持虛。《陰陽應象論》云：地之濕氣，感則害人皮肉筋脈。是言濕氣外傷，則營氣不行。榮衛者，皆營氣之所經營也。營氣者，胃氣也，運氣也。榮氣爲本，本逆不行，爲濕氣所壞而爲瘡瘍也。膏粱之變，亦是言厚滋味過度，而使營氣逆行，凝於經絡，爲瘡瘍也。此邪不在表，亦不在裏，惟在其經中道病也。已上《內經》所說，俱言因營氣逆而作也。遍看諸瘡瘍論中多言二熱相搏，熱化爲膿者，有只言熱化爲膿者，又言濕氣生瘡，寒化爲熱而爲膿者。此皆瘡疽之源也，宜於所見部分用引經藥，並兼見證中分陰證陽證，先瀉營氣，是其本，本逆助火，濕熱相合，敗壞肌肉而爲膿血者，此治次也，宜遠取諸物以比之。一歲之中，大熱無過夏，當時諸物皆不壞爛，壞爛者，交秋濕令大行之際也。近取諸身，熱病在身，止顯熱而不敗壞肌肉，此理明矣。標本不得，邪氣不服，言一而知百者，可以爲上工矣。

營氣不從，逆於肉理，乃生瘡癰。且營氣者，胃氣也。飲食入於胃，先輸於脾而朝於肺，肺朝百脈，次及皮毛，先行陽道，下歸五臟六腑，而氣口成寸矣。今富貴之人，不知其節，以飲食肥醲之類，雜以厚味，日久太過，其氣味俱厚之物乃陽中之陽，不能走空竅，先行陽道，反行陰道，逆於肉理，則濕氣大勝，則子能令母實，火乃大旺。熱濕既盛，必來尅腎，若雜以不順，又損其真水，腎既受邪，積久水乏，水乏則從濕熱之化而上行，其瘡多出背出腦，此爲大丁之最重者也。若毒氣行於肺，或脾胃之部分，毒之次也。若出於他經，又其次也。濕熱之毒，所止處無不潰爛，故經言膏粱之變，足生大丁，受如持虛。如持虛器以受物，物無不受。治大丁之法，必當瀉其營氣。以標本言之，先受病爲本，非苦寒之劑爲主爲君，不能除其苦楚疼痛也。諸瘡瘍有痛，往往多以乳香、沒藥，雜以芳香之藥止之，必無少減之理。若使經絡流通，臟腑中去其壅滯，必無痛矣。苦寒之劑，除其疼痛，藥下於咽，則痛立已，此神品藥也。

瘡瘍食肉，乃自棄也。瘡瘍者，乃營氣而作也，今反補之，而自棄何異？雖用藥施治而不能愈。地之濕氣，自外而入內者，瘡癤當先服藥而用針。如瘡癤小，不欲飲藥，或嬰兒之瘡，先當溫衣覆蓋，令其凝泣壅滯血脈溫和，則出血立已者。不如此，血脈凝滯便針，則邪毒不瀉，反傷良肉，又益其瘡勢也。瘡瘍及諸病面赤，雖伏大熱，禁不得攻裏，爲陽氣怫欝，邪氣在經，宜發表以去之，故曰火欝則發之。雖大便數日不見，宜多攻其表，以發散陽氣，少加潤燥之藥以潤之。如見風脈風證，只可用發表風藥，便可以通利，得大便行也。若只乾燥秘澀，尤宜潤之，慎不可下也。瘡瘍欝冒，俗呼昏迷是也，宜汗之則愈。驗瘡名色，治之當從《素問》、《針經》、《聖濟總録》、易老《瘡論》，及諸家治瘡用藥法度，此爲緊要，臨病之際，宜詳審焉。

謹按：《聖濟總録》能悉諸瘡之名色，但其用藥則多主寒涼，而無通變之法。惟已上易老、東垣等言深攟《針經》之大法，陳脈病治例之要，學者能熟此等議論，則臨證處方，便自胸中了然明白。

論腸癰

陳無擇云：癰疽初無定處，隨其所發即命名，在外則爲發背、發腦，在內則爲腸癰、內癰、心癰、肺癰、臍癰等證，得其法則生，失其法則死。外證易識，內證難明，不可不備述也。腸癰爲病，身甲錯，腹皮急，按之濡，如腫狀，腹無聚積，身無熱，脈數，此爲腸內有膿，久積陰冷所成也，故《金匱》有用附子溫之。小腹腫痞，按之痛如淋[一]，小便自調，發熱，身無汗，復惡寒，其脈遲緊者膿未成，可下之，當有血，洪數者膿已成，不可下。此以內結熱所成也，故《金匱》有用大黄利之。甚者腹脹大，轉側聞水聲，或繞臍生瘡，或膿從臍出，或大便出膿血，不治必死。其如五內生瘡，亦止分利陰陽而已，不比外癰須依四節、八事之次第也。《脈經》引宮羽林婦病，醫診之，其脈滑而數，滑則爲實，數則爲熱，滑則爲榮，數則爲衛，衛數下降，榮滑上升，榮衛相干，血爲濁敗，少腹痞堅，小便或澀，或時汗出，或復惡寒，膿爲已成。設脈遲緊，即爲瘀血，血下即愈。更《內經》所載有息積病，此見有得之二三年，遍身微腫，續乃大腸與臍連日出膿，遂致不救。此亦腸癰之類也，不可不審。

按：此言內癰、腸癰等候，語約而精。《脈經》與此大同小異，宜並詳審可也。

【校記】

[一]“痛”，原誤作“狀”，今據天德尚賢堂本改。

瘡瘍治法

純早年居淮南，於陳復初契家齋堂得東原郭文才甫家傳《瘡科心要》二卷，持行四方，按法每擇用之，多獲奇效。故不敢湮沒其道，因取東垣先生諸試效法，雜以古今名方於下，每附丹溪先生《外科精要》發揮之旨，以爲通變之義，亦學者之一助云。

辛涼發散之劑

東垣黄連消毒散：治癰疽發於腦項，或背太陽經分，腫勢外散，熱毒焮發，麻木不痛者，宜先灸之。或痛而發熱，並宜服此。

黄連製　羌活各一錢　黄芩　黄柏各半錢，酒製　生地黄　知母製　獨活　防風　當歸尾　連翹各四分　藁本　防己　桔梗各半錢　黄芪　蘇木　陳皮　澤瀉各二分　人參　甘草各三分

右㕮咀，水煎。

按：元好問記云：素飲酒於九月中，患腦之下、項之上出小瘡，後數日腦項麻木，腫勢外焮。瘍醫遂處五香連翹，至八日不下，而云不可速療，十八日得膿，俟膿出用藥或砭刺。三月乃可平。四月如故，予記醫經凡瘡見膿，九死一生，果如醫言，則當有束手待斃之悔矣。乃請明之診視，且謂膏粱之變，不當投五香。五香已無及，當先用火攻之策，然後用藥。以大艾炷如两核許者，攻之至百壯，乃痛覺。次爲處方，云是足太陽膀胱之經，其病逆，當反治。脈中得弦緊，按之洪大而數，又且有力，必當仗其所主而先其所因，其始則同，其終則異，可使破積，可使潰堅，可使氣和，可使必已。必先歳氣，無伐天和。以時言之，可收不可汗，經與病禁下，法當結者散之，鹹以耎之。然寒受邪而禁鹹，諸苦寒爲君爲用，甘寒爲佐，酒熱爲因，用爲使，以辛溫和血、大辛以解結爲臣，三辛三甘，益元氣而和血脈，淡滲以導酒濕，扶持秋令，以益氣瀉火，以入本經之藥和血，且爲引用。既以通經爲主，用君以黄芩、連、柏、生地黄、知母酒製之；本經羌活、獨活、防風、藁本、防己、當歸、連翹以解結；黄芪、人參、甘草配諸苦寒者，三之一多，則滋營氣，補土也；生甘草瀉腎之火，補下焦元氣；人參、橘皮以補胃；蘇木、當歸尾去惡血；生地黄補血，酒製防己除膀胱留熱，澤瀉助秋去酒之濕熱。凡此諸藥，必得桔梗爲舟楫，乃不下沉。投劑之後，疽當不痛不拆，食進體健。如言服之，投床大鼾，日出乃寤。以手捫瘡，腫減七八，至瘡痂斂，都十四日而已。世醫用技，豈無取效者？至於治效之外，乃能歷數體中不言之秘，平生所見，惟明之一人而已。詳見《試效方》

內托羌活湯：治足太陽經中左右尺脈俱緊，按之無力，尻臀生癰，堅硬腫痛大作。

羌活　黄柏酒製，各二錢　防風　藁本　當歸尾各一錢　肉桂三分　連翹　甘草炙　蒼术

陳皮各半錢　黄芪一錢半

右㕮咀，水、酒各半煎，食前溫服，取汗。

白芷升麻湯：治手陽明經分臂上生癰，左右寸部脈皆短中得之俱弦，按之洪緩有力，此得之八風之變者也。

白芷一錢半　升麻　桔梗各一錢　甘草炙，半錢　黄芪　黄芩酒製，各四錢　生黄芩三錢　紅花半錢

右㕮咀，作二服，每水、酒各半煎，食後溫服。

內托黄芪柴胡湯：治瘡生腿內近膝股，或癰，或附骨癰，初起腫痛勢大，此足大陰厥陰之分，脈細而弦，按之洪緩有力。

黄芪二錢　柴胡一錢　羌活半錢　連翹一錢半　肉桂三分　土瓜根酒製，一錢　生地黄二分　黄柏二分　當歸尾七分半

右㕮咀，作一服，水二分、酒一分煎，食前服。

內托黄芪酒：煎湯，治瘡生腿外側，或因寒濕得附骨癰於足少陽經分，微侵足陽明經，堅硬漫腫，行步作痛，或不能行。

柴胡一錢半　連翹　肉桂　大力子炒，各一錢　黄芪　當歸尾各二錢　黄柏半錢　升麻七分　炙甘草半錢

右㕮咀，水、酒各半煎，食前服。

按：已上諸方，有脈病證治之例，立方之旨，皆東垣《試效法》也。學者識之，則臨病處方當有所據矣。

當歸拈痛湯：治一切風濕熱毒，浸淫瘡瘍，下注濕毒，脚膝生瘡赤腫，裏外臁瘡，膿水不絕，或癢或痛，脈沉緊實數動滑者，並宜服之。

羌活半兩　人參　苦參酒製　升麻　葛根　蒼术各二錢　炙甘草　黄芩酒製　茵陳葉酒炒，各半兩　防風　當歸身　知母酒製　澤瀉　豬苓各三錢　白术一錢半

右㕮咀，每服一兩，水煎，空心服，臨睡再服之。

按：此足太陽、陽明、三陰藥也。東垣本處爲治脚氣濕熱之劑，然世人用治已上諸瘡甚驗，故録之。

內托升麻湯：治婦人兩乳間出黑頭瘡，瘡頂陷下作黑眼子，其脈弦洪，按之細小，宜服之，並乳癰初起亦治。

升麻　葛根　連翹各一錢半　肉桂三分　黄芪一錢　當歸身一錢　黍黏子半錢　黄柏二分　炙甘草一錢

右㕮咀，作一服，水二分、酒一分同煎，食後服。

按：此足陽明、厥陰藥也。

散腫潰堅湯：治馬刀瘡結硬塊子，堅如石者，在耳下至缺盆中，或至肩上，或入脇下，皆手足少陽經中，及瘰癧遍於頦，或至頰車，堅硬如石，在足陽明經中所出，或二證瘡已破，流膿水，並皆治之。

柴胡四錢　升麻三分　草龍膽半兩，酒製，炒　黄芩八錢，一半酒炒　炙甘草三錢　桔梗半兩　連翹三錢　瓜蔞根半兩，酒製　當歸尾　白芍各二錢　黄柏酒製，去皮　知母酒製，各半兩　葛根二錢　黄連一錢　京三稜酒製，微炒　廣术製如上，各三錢　昆布淨，半兩

右件㕮咀，每服六錢或七錢，水二盞八分先浸多半日，煎至一盞，去粗熱服，於臥處，身脚在高處，頭低垂，每含一口作十次嚥，服畢依常安臥，取藥在膈上停蓄故也。另攢半料作極細末，煉蜜爲丸如菉豆大，每服百丸或百五十丸，用此湯一口送下，食後服之。藥多少，量病人虚實應服藥，皆效此例。

升麻調經湯：治頦下或至頰瘰癧，此證出足陽明胃之經中來也。若瘡深遠，隱曲肉底，是足少陰腎中來也。乃戊傳癸，腎是夫，胃傳妻，俱作塊子堅硬，大小不等，並皆治之。或作丸服亦得。

升麻八錢　葛根五錢　草龍膽酒製，炒　黄芩酒製，各半兩　當歸尾三錢　桔梗　連翹各半兩　芍藥三錢　黄柏酒炒，一錢　知母酒炒，一兩　黄連　廣术酒炒　甘草炙　京三稜酒炒，各半兩　生黄芩四錢

右件另秤一半作末，蜜爲丸如菉豆大，每服百丸或百五十丸。一半多作㕮咀[一]，每服秤半兩。若能食便硬，可旋加至七八錢服，如潰堅湯法[二]，此制之緩也。

連翹散堅湯：治耳下至缺盆或至肩上生瘡，堅硬如石，動之無根，名曰馬刀，從手足少陽經中來也。或生兩脇，或已流膿，作瘡未破，皆治之。

柴胡一兩二錢　連翹　當歸尾酒製　芍藥　生黄芩各半兩　炙甘草三錢　土瓜根酒炒　草龍膽酒製四次，各一兩　蒼术二錢　黄芩酒炒二次，七錢　黄連酒炒二次，二錢　廣茂　京三稜細切，各半兩，同廣术酒製一次，微炒乾

右件另秤一半，蜜丸如菉豆大，如上法服。㕮咀和匀，每服半兩，服如上法，亦緩治之。

按：已上三方，本於經分用藥，潰堅散鬱之劑也。

消腫湯：治馬刀瘡。

柴胡二錢　連翹三錢　當歸尾　甘草各一錢　生黄芩二錢　紅花少許　黄連　黍黏子炒，

各半錢 瓜蔞根 黄芪各一錢半

右件每服半兩或一兩，水煎熱服，食後。

按：此足少陽例藥也。

柴胡通經湯：治小兒項側有瘡，堅而不潰，名曰馬刀。

柴胡 連翹 當歸尾 黄芩 生甘草 黍黏子 桔梗 京三棱各二分 紅花少許 黄連五分

右㕮咀，作一服，水煎，稍熱服。

按：此手少陰、太陰、足少陽、厥陰藥也。東垣諸法類此者甚多，兹不詳録。郭氏亦有治瘰癧數方，本攻裏内消之劑，故附於後雜方内。

郭氏升麻牛蒡子散：治時毒瘡疹，脈浮洪，在表者瘡發於頭面胸膈之際。

升麻 牛蒡子 甘草 桔梗 葛根 玄參 麻黄各一錢 連翹二錢

右㕮咀，薑三片，水二盞，作一服。

中和湯：治時毒，脈弦洪，在半表裏者。

菖蒲 牛旁子[三] 羌活 川芎 防風 漏蘆 荆芥 麥門冬 前胡 甘草

右㕮咀，每服一兩，水煎。

按：此並出足太陽、陽明例藥也。

機要方：治結核耳前後或耳下、頷下有者，皆瘰癧也。桑椹二斗，極熟黑色者，以布裂取自然汁，砂器内文武火慢熬成薄膏子，每日白湯點一匙，食後，日三服。

【校記】

[一]“作”，原脱，今據天德尚賢堂本、文淵閣四庫全書本補。

[二]“如”，原脱，今據天德尚賢堂本、文淵閣四庫全書本補。

[三]“旁”，文淵閣四庫全書本作“蒡”。

辛平發散之劑

良方升麻和氣飲：治瘡腫癧疥癢痛。

甘草 陳皮各一兩半 芍藥七錢半 大黄半兩，煨 乾葛 蒼术 桔梗 升麻各一兩 當歸 半夏 茯苓 白芷各二錢 乾薑 枳殼各半錢，《三因方》有厚朴半錢

右㕮咀，每服一兩，水煎。

按：此手足太陰、陽明經藥也。五積散加減法，世俗多用之，故收入。蓋欲燥脾胃，勝濕和氣，爲治瘡之劑。然臨證而不通變，恐未合宜也。

當歸飲子：治瘡疥風癬，濕毒，燥癢瘡。

當歸 白芍 川芎 生地黄 白蒺藜 防風 荆芥各一兩 何首烏 黄芪 甘草各半兩

右㕮咀，每服一兩，水煎。或爲末，每服一二錢亦得。

按：此疏風熱之劑，手足二陰藥也[一]，血虚者不可缺此。

聖濟總録金針散：治發背，諸瘡腫。

皂角針春取，一半新采，一半黑者

右一味，不拘多少，晒乾爲末，食後酒調二三錢服。

按：丹溪曰此藥治癰疽，已破未破皆用。直勦領到潰處，意謂當入群隊中用也。

【校記】

[一]“二”，天德尚賢堂本、文淵閣四庫全書本並作“三”。

辛溫發散之劑

局方托裏十補散

黄芪 人參 當歸各二錢 厚朴 桔梗 川芎 防風 桂心 甘草 白芷各一錢

右㕮咀，水煎。

謹按：《衛生寶鑑》曰諸痛癢瘡瘍，皆屬心火，言其常也。如瘡盛形羸，邪高痛下，始熱終寒，此反常也，固當察時下之宜而權治。故曰經者常也，法者用也，醫者意也，隨其宜而治之，可收十全之功矣。故此方用之於癰疽初發，或已發，或內托。然瘡證脈緩澀，或身倦，惡寒熱少，脈弦或緊細者宜用之，散風寒、助陽之劑也，表裏氣血之藥。若施之於積熱焮毒，更不分經絡時宜，不能不無誤也。丹溪曰：《精要》謂排膿內補十宣散治未成者速散，已成者速潰，誠哉是言也。若用之於些小癰疽與冬月時令，儘用內托之功。若於冬月腫瘍，用之亦可，轉重就輕，移深於淺。若潰瘍於夏月用之，其桂、朴之溫散，佐以防風、白芷，吾恐雖有參、芪，難爲倚仗。比見世人用此者，不分癰疽冬夏，無經絡，無前後，如盲人騎瞎馬，半夜臨深池，危哉！

十六味流氣飲：治無名惡腫癰疽等證。

川芎 當歸 芍藥 防風 人參 木香 黄芪 官桂 桔梗 白芷 檳榔 厚朴 烏藥 甘草 紫蘇 枳殼

右㕮咀，水煎[一]。

按：此表裏氣血藥也，復以疏風助陽之劑，世俗多用之，故收入。非脈之洪緩沉遲緊細者，不宜用此。每見外科諸家載此，往往不分經絡脈證，不具時宜，但云化毒消腫。有云不退者，加以補氣血之藥，蓋又使人不能無疑也，用者當觸類而長之可矣。

郭氏神效烏金散：治癰疽疔腫，時毒，附骨疽，諸惡瘡等證。若瘡黑陷，如石堅，四肢冷，脈細，或時昏冒，譫語循衣，煩渴危篤者，服此汗之，瘡起。

蒼耳頭五月五日午時收　小草烏頭　火麻頭火日收采　木賊去節　蝦蟇頭　樺皮節酥炙　麻黄去根節

右晒乾，各等分，同入磁器內，鹽泥固濟，炭火內從早煆至申分，如黑煤色爲度，碾爲末，每服二錢，病重者三錢，用熱酒調下。未汗，再一服。如汗乾，却服解毒疏利之藥。如修合此藥，必選天晴好日，於靜室中，勿令雞犬猫畜及陰人見也。又名首功玄黑散。

奪命丹：治諸般腫毒，疔疽惡瘡。

蟾酥　輕粉各半錢　朱砂三錢　白礬枯　寒水石　銅綠各一錢　蝸牛二十一箇，別研　乳香　沒藥　麝香一錢

右件爲細末，將蝸牛別研一處，丸[二]。如丸不就，用好酒糊和，丸如菉豆大，每服一丸，生葱三五莖嚼極爛[三]，吐於手心，包藥在內，熱酒和葱送下，如重車行五七里，汗出爲效。重者再服一二丸。

蟾酥丸：治疔黄，一切惡瘡。

川烏　蓮花蕊　朱砂各二錢半　乳香　沒藥各二錢　輕粉　蟾酥各一錢　麝香半錢

右爲細末，糊丸菀豆大，每服一丸，病重者二丸，依前法服，取汗。

按：已上三方，郭氏稱爲首藥，皆主乎發散，散出太陽例，後二方出少陰例。然皆劫劑也，智者當較輕重陰陽之分，取擇用之。

東垣托裏榮衛湯：治證見前《瘡宜發汗論》。

黄芪　紅花　桂枝各五錢　蒼术三錢　柴胡　連翹各二錢　羌活　防風　當歸身　炙甘草　黄芩各一錢半　人參一錢

右㕮咀，每服一兩，水、酒各半煎。

按：此足三陽、太陰經藥，出桂枝例，表裏氣血之劑也。

【校記】

[一]“煎”，天德尚賢堂本此下有“服”字。

[二]“丸”，原誤作“元”，今據天德尚賢堂本、文淵閣四庫全書本改。

[三]“爛”，原脱，今據天德尚賢堂本、文淵閣四庫全書本補。

辛熱發散之劑

托裏溫中湯：治瘡爲寒變而內陷者，膿出清解，皮膚涼，心下痞滿，腸鳴切痛，大便微溏，食則嘔，氣短吃逆不絕，不得安臥，時發昏憒。

羌活三錢　附子炮，去皮，四錢　乾薑炮，三錢　益智仁　丁香　沉香　木香　茴香　陳皮各一錢　炙甘草二錢

右㕮咀，作一服，水三盞，生薑五片，煎服。

《衛生寶鑑》曰：經云寒淫於內，治以辛熱，佐以苦溫。以薑、附大辛熱，溫中外，發陽氣，自裏之表，以爲君；羌活苦辛溫，透關節，炙甘草溫補脾胃，行經絡，通血脈；胃寒則嘔吐，吃逆不下食，益智、丁、沉大辛熱以散寒，爲佐；瘡氣內攻，氣聚而爲滿，木香、陳皮苦辛溫，治痞散滿，爲使。

按：此手足太陽、陽明、三陰經藥也。

辛涼攻裏之劑

機要內疏黃連湯：治瘡皮色腫硬，發熱而嘔，大便閉，脈洪實者。

黃連　芍藥　當歸　檳榔　木香　黄芩　梔子　薄荷　桔梗　甘草各一兩　連翹二兩　大黃二兩半

右㕮咀，每服一兩，入薑煎。

按：此本黃連湯加大黃，手足少陽、足陽明、太陰、手三陰之藥也。丹溪曰：《精要》以大黃治癰疽之要藥，以其宣熱拔毒。《第二論》曰：瘡始作，皆須以大黃等藥極轉利之，又排日不廢。繼又自言：患癰疽者，每有濕泄，皆是惡候。此又不能無疑者也。借曰前說用大黃，恐因病體實而大腑秘結，有積熱沉痼之疾者發也，止可破結導滯，推令轉動而已，豈可謂極轉利之而且排日不廢？若利下之後，又與利藥，恐非防微杜漸之意。瘡之始作，即《周禮》腫瘍之時也，腫在肌肉，若非大滿大實堅之證，自當行仲景發表之法，借五香湯爲例，散之於外，何必遽以峻下之藥奪其裏，自取其禍？切詳河間謂地之濕氣，感則害人皮肉筋脈，其在外盛而內行，其脈沉實，當先疏其內以絕其源。又謂嘔啘心逆，發熱而煩，脈沉而實，硬腫發悶，皮肉不變色，根深而大，病在內臟腑秘結，當急疏利之，宜黃連湯先服一二貼，次加大黃。未效，再加二錢，以利爲度。如有熱證，只與黃連湯。無熱證，少煎內托，復煎散，時時呷之，如此則內外皆通，血氣流行。彼加大黃者，自因體實而腑秘也，未當如此之多。

聖濟射干散：治癰疽發背，諸瘡腫痛，脈洪實數者。

射干　犀角　升麻　玄參　黄芩　麥門冬　大黃各一兩　山梔半兩

右㕮咀，每服五錢，加竹葉、芒硝一錢，以利爲度。

按：此足陽明、手太陰經藥也。

托裹散：治一切惡瘡，發背丁疽，便毒始發，脈洪弦實數，腫甚欲作膿者，三服消盡。

大黃　牡蠣　瓜蔞根　皂角針　朴硝　連翹各三錢　當歸　金銀花各一兩　赤芍　黄芩各二錢

右爲粗末，每半兩，水、酒各半煎服。

按：此足厥陰、太陰、陽明經藥也。

破棺丹：治諸熱腫，一切風熱瘡證，發熱多汗大渴，便閉譫語，結陽之證。

大黄二兩半，半生半熟　芒硝　甘草各二兩

右爲末，煉蜜丸弹子大，每服半丸，病重一丸至二丸，食後，童便入酒半盞化服之，或白湯合酒化服。

按：此仲景正陽陽明經藥也。

瀉心湯：治瘡毒癰腫，發躁煩渴，脈實洪數者。

大黄四兩　黄連　山梔　漏蘆　澤蘭[一]　連翹　黄芩　蘇木各二兩　犀角一兩

右㕮咀，每服三、五錢，水煎服。

按：此手少陰、太陰、少陽藥也，出足陽明例。

【校記】

[一]“澤”，原誤作“瀉”，今據天德尚賢堂本、文淵閣四庫全書本改。

辛平攻裹之劑

郭氏瑞效丸：治腸癰胃癰內積，兼男子婦人積聚證。

當歸　京三棱　檳榔　木鱉子　川山甲[一]炒，各一兩　牡蠣爲末，炒山甲，都用　連翹　枳殼炒，各一兩半　硇砂焙　琥珀各一兩　巴豆二十一粒，去油　麝香少許

右爲末，酒糊丸桐子大，每服十丸至二三十丸，溫酒下，臨臥再服。如利動臟腑，減丸數。大小便有膿血出者，却用别藥調治之。

萬靈奪命丹：郭氏又名延壽濟世膏、如意金丹、廣效保命丹、朱砂備急膏、三教濟世膏、仙授靈寶膏、聖僧慈救膏，蓋實一藥也。治一切瘡腫疔疽初起，脈沉實，及服汗藥後毒氣在裹不盡者，宜此下之。

朱砂　鹽花各二錢半　雄黄　明礬生用　楓香各二錢　黄丹　赤石脂　琥珀　輕粉各一錢半　麝香　片腦各一錢　巴豆去殼，水煮十沸　萆麻另研，各四十九粒

右爲末，用巴豆、萆麻子膏和藥爲丸，如和不就，加煉蜜就成膏，收磁器

內。如用時，旋丸如雞頭大，每服一丸，井花水下，或湯亦得。忌熱物半日。大人小兒以意加減與服。

謹按：《郭氏用藥格式》云：凡人患一切瘡腫，若脈在表者，先服首功玄黑散或奪命丹、蟾酥丸之類選用汗之，繼服廣效保命膏或化毒涼劑下之；若脈在裏者，便只服延壽濟世膏或破棺丹下之，病屬裏，不必汗之故也。如是有頭瘡疽，就便用朱砂備急膏一丸如黄豆大，安於瘡頭上，却用軟黏膏藥蓋護之，其瘡必破。如瘡暈紫黑色，外用宣毒散周圍敷住毒氣。如瘡暈赤紅色，用水澄膏敷之，次日用緊峻碧雲錠子開了瘡口，次用緊緩碧霞錠子去其歹肉稍净，却用緩慢碧玉錠子生肌，總名青金錠子，不拘日數，直待歹肉去净，单用膏藥貼之，候膿水盡，肌肉平，方許貼生好肌斂口之藥。若依此法，免教人受刀剪針烙之苦。如是無頭癰腫，待膿成，用針刺破，方依法收功也。愚詳瘡之汗後，或始有頭癰疽，便用是藥，後施錠子，雖有次第，然病體亦有積熱或風毒氣鬱等證。若待開潰，次第用藥，及無頭癰腫待膿成用法，而又不及東垣法之通變神速也。如瘡潰動，或結歹肉，疔疽堅硬，却次第用外治之法方可。

【校記】

[一]“川”，天德尚賢堂本作“穿”。

辛熱發表攻裏之劑

飛龍奪命丹：治一切疔瘡惡腫癰疽初發，或發而黑陷，毒氣內陷者。

大南星[一]　雄黄　巴豆各一錢　硇砂　黄丹　信石　乳香各半錢　斑猫十六箇，去翅足　麝少許

右爲末，取蟾酥和，爲丸如黄黍米大，每服十一二丸或十四五丸，看瘡上下，食前後以好酒送下，量人虛實與之。忌油膩魚肉葷物七日。

按：此方世俗多用之，故收入。然香竄燥毒之劑，蓋無經不至者，故能宣泄，備汗吐下三法，病因食一切禽畜毒發所致，及瘡脈沉緊細數，毒藴在裏，並濕毒，用之神效。但世人多不分此，更不審瘡之大熱大渴，毒氣焮發而脈浮洪在表[二]，及膏粱積熱之人，未宜輕舉。況有以半夏代雄黄[三]，殊不知雄黄治諸瘡及百節中大風中惡者之意。此與郭氏二方，皆手少陰例藥，玆則表裏法也。

【校記】

[一]“大”，天德尚賢堂本同，文淵閣四庫全書本作“天”。
[二]“洪”，原脱，今據天德尚賢堂本、文淵閣四庫全書本補。
[三]“以”，原誤作“似”，今據天德尚賢堂本、文淵閣四庫全書本改。

辛平發表攻裏之劑

五香連翹湯：治諸瘡腫初覺一二日便厥逆，喉咽塞，發寒熱。

沉香 木香 麝香 連翹 射干 升麻 丁香 獨活 桑寄生 炙甘草各一兩 大黃一兩半 木通 乳香各二兩

右㕮咀，每服五錢，水一盞半煎七分，溫服取利。

按：丹溪曰《精要》第一論云：不問癰疽瘡癤，虛實冷熱，先與內托散、五香連翹湯、沉麝湯等諸方，不冷不熱，不問老幼少壯，陰陽虛實冷熱，多服爲妙。夫癰疽瘡癤，臟腑陰陽，有淺深虛實冷熱，用藥有補瀉溫涼，老幼少壯，其稟受厚薄，形志苦樂，隨年歲而增損，奈何欲以不冷不熱四五方而通治之？又以多服爲妙，此不能無疑也。學者當審經絡、察病機而處治，大抵豈可仗此爲通治之法？

辛涼發表攻裏之劑

千金漏蘆湯：治積熱丹毒，無名惡腫，脈洪實弦滑，發熱煩熱者。

漏蘆 麻黃 升麻 赤芍 黃芩 甘草 白斂 白芨 枳殼各四兩 大黃十三兩

右㕮咀，每服一兩，入薑煎。

按：此出陽明例藥也，驅積熱蘊於表裏之劑。

防風通聖散（方見中風門）

按：此表裏氣血之藥也。治一切風毒積熱瘡腫，脈候弦洪實數浮緊，氣血盛實者，不可缺此。見近有秘傳外科家，方以是藥加人參、赤茯苓、黃芪、蒼术、金銀花，名消腫托裏散[一]，雖以參、芪爲主，復云人參無亦可，蓋使人不能無疑而難用也。且臨證加減須較表裏之法，如表證多者，當從此方，以辛甘爲主散之也，裏證多者，方可從變，故此分辛溫、辛平、辛涼之異。

【校記】

[一]“名”，原脱，今據天德尚賢堂本、文淵閣四庫全書本補。

內托之劑

機要內托復煎散：托裏健胃。

地骨皮 黃芩 茯苓 白芍 人參 黃芪 白术 桂 甘草 防己 當歸各一兩 防風三兩

右㕮咀，先以蒼术一斤，水五升煎至三升，去术，入前十二味再煎，至三四盞，取清汁，分三四次，終日飲之。又煎蒼术查爲湯，去查，依前又煎前十二味查，分飲之。

五香湯：治毒氣入腹，托裏。若有異證，於內加減。

丁香 木香 沉香 乳香各一兩 麝三錢

右爲末，水煎，空心服。若嘔者，去麝，加藿香一兩；渴者，加參一兩。

按：丹溪曰：或問內托之法，古人有行之者乎？曰：河間治腫焮於外，根盤不深，形證在表，其脈多浮，病在皮肉，非氣盛則必侵於內，急須內托以救其裏，宜復煎散除濕散鬱，使胃氣和平。如或未已，再煎半料飲之。如大便秘及煩熱，少服黄連湯；如微利及煩熱已退，却與復煎散半兩。如此使榮衛俱行，邪氣不能內傷也。然世俗多用十補散，論已見前。

聖濟托裏湯：治諸疔腫發背，曾經汗下，毒氣投心，迷悶嘔吐而痛，可服二三次。又名內托散。

乳香明者，一兩　真菉豆粉四兩，一方止用二兩

右二味合勻，每服一錢或二錢，甘草煎湯調下。

按：丹溪曰：《精要》謂內托散，一日至三日之內進十數服，防毒氣攻衝臟腑，名護心散。切詳菉豆解丹毒，又言治石毒，味甘，入陽明，性寒能補，爲君；以乳香去惡腫，入少陰，性溫善竄，爲佐；甘草性緩，解五金八石及百藥毒，爲使。想此方專爲服丹石而發疽者設，不因丹石而發疽，恐非必用之劑。又次與五香連翹湯、射干散散結氣，消瘀血。夫善於驅逐，以五般香竄佐之，與漏蘆湯相間，大黄爲佐，雖各有黄芪、漏蘆、甘草之補，果能免驅逐之禍乎[一]？況大黄入陽明、太陽，性走而不守，瀉諸實熱，以其峻捷，有將軍之名。癰疽因積毒在臟腑，非一朝夕，今發於外，宜以標重爲治，當先助氣壯胃，使根本堅固，而行經活血爲佐，參以經絡時令，使毒氣外發，此正仲景解表用麻黄、桂枝之意。治施之早，可以內消，此乃內托之本意。與夫年老者，病深者，證備者，體虛者，菉豆雖補，將有不勝重任之患矣。嘗治一婦人，年將七十，形實性急而好酒，腦生疽才五日，脈緊急且澀，急用大黄酒煨細切，酒拌炒，爲末，又酒拌人參炒，入薑煎，調一錢重。又兩時，再與得睡而上半身汗，睡覺病已失。此亦內托之意。又一男子，年五十餘，形實色黑，背生紅腫及胛骨下痛，其脈浮數而洪緊，食亦嘔。正冬月與麻黄桂枝湯加酒黄柏、生附、瓜蔞子、甘草節、羌活、青皮、人參、黄芩、半夏、生薑，六帖而消。此非內托之意歟？如此者非一，不敢悉具。

郭氏定疼托裏散：治一切瘡腫疼痛不可忍。如少壯氣實，先用疏利，後服此藥。

粟殼去蒂，炒，三兩　當歸　白芍　川芎各半兩　乳香　沒藥　桂各三錢

右㕮咀，每服五錢，水煎。

乳香止痛散：治一切瘡腫疼痛不止。

粟殼六兩，製　白芷三兩　炙甘草　陳皮各二兩　乳香　沒藥各一兩　丁香半兩

右㕮咀，每服三錢，水一盞半煎。

按：丹溪曰：《精要》第十三論云初覺則宣熱拔毒，既潰則排膿止痛，豈瘡之初作無痛耶？已潰之後痛又甚耶？每見瘡之作也，先發爲腫，氣血鬱積，蒸肉爲膿，故其痛多少，瘡之始作時也。膿潰之後，腫退肌寬，痛必漸減，而反痛者，此爲虛也，宜補之。亦有穢氣所觸者，宜和解之。亦有風寒逼者，宜溫散之。審此，則已上二方因有所取擇矣。

東垣黄芪人参湯：治諸瘡破後，食少無睡，及有虚熱，並穢氣所觸者。

人参　麥門冬　陳皮　白术　蒼术各半錢　黄芪一錢　黄柏四分，炒　升麻六分　當歸身半錢　炒麯三分　炙甘草半錢　五味子九箇

右㕮咀，作一服，水煎。

按：此手足太陰例藥也。

聖濟竹葉黄芪湯：通治疔腫諸瘡，發熱而渴。

淡竹葉二兩　生地黄八兩　麥門冬　黄芪　當歸　川芎　甘草　黄芩　芍藥　人参　半夏　石膏各二兩

右㕮咀，每服一兩，水煎。

按：此手少陰、太陰、足陽明藥也。

托裏黄芪湯：治諸瘡發渴，脈虚。

綿黄芪一兩　炙甘草一錢

右㕮咀，水煎。

東垣聖愈湯：治諸瘡血出多而心煩不安，不得眠睡，此亡血也。

熟地黄　生地黄　川芎　人参各半錢　當歸身　黄芪各一錢

右㕮咀，水煎。

按：已上二方手足太陰之劑，一氣分、一血分藥也。

內補黄芪湯：治諸瘡腫發背已破後，虚弱無力，體倦，懶言語，食無味，少睡，脈澀，自汗口乾，並宜服之。

黄芪　麥門冬各一兩　熟地黄　人参　茯苓　炙甘草各三錢　白芍　川芎　官桂　遠志　當歸各半兩

右㕮咀，或爲末，每服三錢，入薑、棗煎。

按：此手太陰例藥也，補氣血、滋陰助陽之劑。

聖濟透膿散：治諸般癰瘡及貼骨癰不破者宜此，不用針刀。

大蠶繭兒一箇，燒灰酒調服，即透。切不可用兩三箇，恐瘡口亦作兩三孔也。

按：瘡腫有於皮肉厚處發者，此法恐不能及，用者審之。

【校記】

［一］“逐”，原脱，今據天德尚賢堂本、文淵閣四庫全書本補。

外治之劑

郭氏青金錠子

銅綠三錢 青礬 膽礬 輕粉 砒霜 白丁香 苦葶藶各一錢 腦子 麝香各少許

右將葶藶研細，次下餘藥，同研極細，打稠糊爲錠子，或煉蜜加白芨末一錢爲錠，如麻黄粗細，二三寸長，看瘡口深淺紝入，疼者可治，不疼難治。第一般：緊峻碧雲錠子，砒霜生，開瘡口用；第二般：緊緩碧霞錠子，砒霜煅，去死肉用；第三般：緩慢碧玉錠子，去砒，加枯礬，生好肉用。

翠霞錠子：治年深冷漏，日久惡瘡，有歹肉用之。

銅綠 寒水石煅 滑石各三錢 明礬 膩粉 砒霜 雲母石研如粉，各一錢二分半

右研細末，糊爲錠子，如麻黄粗細長短，不拘量，瘡口深淺紝之。如修合此，候天色晴明則可。

信效錠子：治一切惡瘡。

紅娘子 黄丹 砒霜 鷹屎 土硝 白芨各一錢半 銅綠二錢半 腦子 麝香各少許

右研細末，些兒乳汁和爲錠子用[一]，中病即止。

寸金錠子：治疔毒惡瘡。

朱砂二錢 黄丹 明礬枯 砒霜 輕粉 花鹹 白芨各一錢半 蟾酥 腦子 麝香少許

右研極細末，稠糊和爲錠子，用之。

紅玉錠子：去歹肉，生肌用。

乾胭脂 白礬枯，各三錢 輕粉 砒霜 黄丹 腦子 麝香少許

右研極細末，稠糊和錠子，用之。

提丁錠子：又名透肉錠子，治疔瘡危篤發昏，兼治瘰癧。

雄黄 朱砂各二錢 青鹽 砒霜生 白丁香 輕粉 斑猫去翅足，各一錢半 蟾酥 麝香各一錢 黄蠟 草麻子三七粒

右爲細末，於銀器内或磁器内先將蠟溶開，和前藥丸如桐子大，捻作餅子，用針刺破疔瘡，放一餅於瘡頭上，又刺四邊五七下，惡血出爲妙，却用軟膏藥貼之，立回[二]。内服首功玄黑散或蟾酥丸。

【校記】

[一]"些"，原誤作"斯"，今據天德尚賢堂本改。

[二]"回"，天德尚賢堂本、文淵閣四庫全書本並作"驗"。

翠青錠子：又名善效錠子，治腦疽發背惡瘡並潰爛，追膿水，長肌。

銅青四錢　明礬枯　韶粉　乳香另研　青黛各一錢半　白斂　輕粉各一錢　麝半錢　杏仁三七粒，另研，去皮尖

如有死肉，加白丁香一錢半。右研細末，稠糊爲錠子，或糯米飯和亦得，看淺深紝之，直至瘡平復，尤可用之，大有神效。如前數方，不宜多用[一]，謂犯生砒也。此藥無毒，恐病家猜疑是毒藥，請口內嘗之爲憑也。

搜膿錠子：先用追蝕等錠子蝕去歹肉惡物，止有膿水，皆宜用之。

自然銅　川芎　白芷各半兩　黃連　白斂各二錢半　木香一錢半　麝香少許

右爲極細末，糯米飯和爲錠子，用之。或作散末乾上，亦佳。

守效散：點疔瘡惡肉。

砒生　白丁香　松香　輕粉　川烏　生礬各一錢　蜈蚣一條，焙干

右爲極細末，鈚針刺破瘡口令血出，唾津調藥，貼之瘡上，其根自潰。

時效針頭散：追蝕惡瘡歹肉，兼治瘰癧。

赤石脂半兩　乳香　白丁香各二錢　砒生　黃丹各一錢　輕粉　麝各半錢　蜈蚣一條，焙乾

右爲極細末，摻於瘡口，歹肉自去矣。若動刀針，其瘡雖可，有瘢。

神聖換肌散：去瘰癧頑瘡。

白僵蠶二錢　白礬一錢半　砒生　斑猫去翅足　草烏頭　青黛各一錢　麝少許

右研極細末，乾摻些小於瘡口內，用膏藥蓋護，其惡肉化爲膿水。

雄黃散：治癰疽發背紫暈，疼痛不止。

粟米小粉三兩，炒　草烏　南星　絡石　百合各一兩　白芨二兩　乳香　沒藥　雄黃　黃丹各半兩

右極細末，溫水調敷之。

水澄膏：治風熱腫毒，赤紅色，攻焮疼痛不止。

白芨　白斂四錢　蔚金[二]一對　大黃　黃柏　黃藥子　榆皮各七錢半　乳香　沒藥　雄黃各半兩

右細末，用新汲水一碗，藥末不以多少，澄於水內，藥定去水，敷於腫處，上用白紙封之，用雞翎掠水濕潤。

金黃散：治熱毒丹流，游走不定，疼痛不止。

寒水石二兩　蔚金一對　藍實　大黃　黃柏　黃連　景天各一兩

右細末，用雞子清調敷，水亦可。

乳香散：治諸疳浸蝕，日久不愈，下注臁瘡，內外踝生瘡頑瘡等證。

枯礬　白膠香　赤石脂各半兩　黄丹　乳香　没藥各二錢　輕粉二錢

右細末，加麝些小[三]，如瘡濕，乾上，乾則香油調敷之。

【校記】

[一]“宜”，原誤作“亦”，今據天德尚賢堂本改。文淵閣四庫全書本作“可”。

[二]“蔚”，文淵閣四庫全書本作“鬱”。

[三]“小”，天德尚賢堂本作“少”。

輕粉散：治下注疳瘡，蝕臭腐爛，疼痛不可忍者。

黄柏蜜炙　蜜陀僧　黄丹　高末茶　乳香各三錢　輕粉一錢半　麝少許

右末，用葱湯洗瘡後，次貼此藥。兼治小兒疳瘡。

奇功散：治瘰癧馬刀頑惡等瘡。

野糞尖乾，一兩　蜜陀僧　無名異各半兩　皂角　乳香　没藥各三錢

右糞用鹽泥封固，炭火燒之，去泥取出，同藥五味研爲末，加麝香少許，用清油調匀，漫敷上，濕即乾摻，其功神妙。

立應散：治金瘡血出不止，並諸瘡久不生肌。

寒水石一兩半，煅　花蕊石　龍骨　黄丹　没藥各半兩　黄藥子七錢半

一方加白芨、乳香、輕粉。

右爲細末，如一切金刃刀鐮傷者，用藥敷上，絹帛扎之，不作膿血瘡，膿水乾貼，生肌定疼。（已上並郭氏方）

祛風散：治一切風毒腫痛。

天南星二兩　白礬　草烏各半兩

右爲末，酒調敷。生薑汁亦可。

聖濟方：治疔瘡。

蜣蜋心腹下肉稍白者

右捕取不以多少，貼瘡上半日許，未可，再上之，血盡根出，神效。

走馬散：圍一切惡瘡諸腫，神效。

大黄三兩　黄柏　當歸　白芨　赤小豆　黄芩各二兩　荆芥穗　半夏各一兩半　白芷　白斂　南星各一兩　檀香　雄黄各三錢　乳香七錢　没藥五錢　紅花一兩

右爲細末，以水調敷。如瘡色黯，薑汁調。瘡未成膿者，好米醋調敷。

乳香善應膏：治一切腫毒惡瘡。

大黄 黄芪 赤芍 杏仁各一兩 當歸七錢半 川山甲 豬牙皂角各二錢半 木鱉子三錢 乳香 沒藥各半兩 血竭 輕粉各二錢半 黄丹七兩 香油一斤

右除黄丹、乳、沒、血、輕五味外，其餘剉，於油內浸十餘日，砂鍋內熬藥色微黑，用槐柳條攪之，濾去柤物净，用油入丹熬成膏，滴水中不散，然後入乳香等四味，攪匀爲度，攤紙上，貼瘡。

至寶玉連膏：治一切瘡腫。

黄連二兩 黄柏 黄芩 大黄 生地黄 赤芍 川椒 杏仁 白芷 桂 豬牙皂角 當歸尾各半兩 葱白七根 净髮一拳大

槐、柳、榆、桑、梔、柏、桃枝條各三錢，已上用真香油二斤，春浸五日，夏三秋七冬十日，如上法熬微焦黑，濾去柤，入松香四兩、黄丹（碾篩淨）十兩，用藥油熬成膏，滴入水中不散，然後入下項藥：

乳香 沒藥 朴硝 龍骨 枯礬 血竭各半兩 輕粉 膽礬 麝香各一錢

共爲細末，入膏內。

右用净磁器盛，頓旋攤紙上，貼。

收斂之劑

生肌散

白礬枯 檳榔各一兩 蜜陀僧一錢半 黄丹 血竭各一錢 輕粉半錢

紅玉散

軟石膏半兩，煅 黄丹一錢半，炒

完肌散

定粉 枯礬 黄連 乳香 龍骨各二錢 黄丹 輕粉各一錢

右各料爲極細末，貼瘡口，生肌長肉，看輕重選用之。

雜方

脂調散：治疥瘡膿窠瘡，神效。

蛇床子二兩 蔄茹 草烏 花椒 苦參 荆芥各一兩 雄黄 硫黄 礬各半兩

右爲細末，豬脂調搽。

羌活散：治頑癬疥癩，風瘡成片，流黄水，久不差者。

羌活　獨活　明礬　硫黄　狼毒　白鮮皮　白附子　蛇床子各一兩　輕粉　黄丹各半兩

右細末，香油調成膏，搽之。

雄黄散：治癬。

桎皮　剪草各一兩　礬　白芨各半兩　雄黄二錢半　斑猫七箇，去翅足　草烏頭尖四箇

右爲末，水調敷，津唾亦可。

楓實膏：治風瘡燥癢癬疥。

大楓子肉半兩　輕粉　枯礬各些小[一]

右搗爲膏，擦瘡上。

一上散：治風癢裂拆燥瘡[二]。

苦參一兩　白芷　焰硝　枯礬各半兩　荆芥穗三錢　寒水石二兩，煅　白芨三錢

右爲末，油調搽。

聖濟烏蛇丸：治一切風癬，多年不效者。

烏蛇酒浸，去骨　天麻各二兩　槐花半斤　附子小便浸宿　白附子炮，各一兩　全蝎炒　僵蠶炒　羌活　乳香各一兩半　苦參十兩

右爲細末，生薑汁和蜜各一斤熬成膏，入藥和爲丸桐子大，每三四十丸，空心溫酒下，夜荆芥湯下。

宣風換肌散：治一切風癬疥瘡，疙瘩風瘡。

炙甘草　黄芪　當歸各一兩　黄連　黄芩各酒浸，炒　大力子炒　防風　白芷　荆芥穗　川芎　烏蛇肉各半兩　羌活　蒼术　何首烏各三錢　全蝎十箇，炒

右爲細末，酒調服，茶清亦可，下二錢。

東垣内托升麻湯：治婦人乳中結核。

瓜蔞仁三錢　連翹二錢　甘草節　青皮各一錢

右作一服，水煎，食後細細呷之。

連翹飲子：治乳癰。

青皮　瓜蔞仁　桃仁　橘葉　川芎　連翹　甘草節　皂角針各等分

右㕮咀，每服七八錢，水煎，食後細細呷之。已破者加參、芪、當歸，未破者加柴胡。

消毒飲：治便毒初發三四日，可消。

皂角針　金銀花　防風　當歸　大黄　甘草節　瓜蔞仁各等分

右㕮咀，水酒各半煎，食前溫服，仍頻提掣頂中髮，立效。

下疳瘡洗藥

黃連　黃柏　當歸　白芷　獨活　防風　朴硝　荆芥

右等分，水煎，入錢五十文、烏梅五箇、鹽一匙同煎，溫洗，日五七次。用下藥敷：

木香　檳榔　黃連　銅青　輕粉　枯礬　螵蛸　麝各等分

右爲極細末，洗後至夜敷上。

法製靈雞弹：治瘰癧馬刀，腋下生者。

斑猫七箇，去頭翅足

右將雞子一箇頂上敲開些小，入藥在內，紙封固了，於飯上蒸熟，取出去殼，切開去藥，五更空心和米飯嚼服，候小便通如米泔水狀如脂，即驗也。如大小便不通，却服琥珀散三二貼催之，然後常服後二藥，尤佳。

妙靈散：服前藥後却將此散與連翹丸相間常服，瘡愈方止。

木香三錢　沉香二錢　牛膝　何首烏　當歸　螵蛸　桑寄生各一兩　海藻二兩　青葙子　昆布　海帶　甘草節各半兩

右末，每服三二錢，食後溫酒調下。

內消連翹丸

連翹三兩　射干　白芨　夏枯草　土瓜　漏蘆　沙參　澤蘭　胡桃仁各一兩半

右末，入桃仁研勻，酒糊丸桐子大，每服三五十丸，空心食前鹽酒下。

琥珀散：治諸般瘡癧，表裏有熱，小便赤澀。

白茯苓　黃芩　茵陳　紫草　瞿麥　茅根　石韋　烏藥　琥珀　連翹　車前子

右各等分，爲極細末，每二三錢，燈心湯調下，無時。

聖濟總録治漆瘡諸方

生柳葉三斤，冬用皮，煎湯，適寒溫洗之。

芒硝五兩，湯化，浸洗之。

豬膏一味熬，去滓，停冷，塗貼之。

生螃蟹一味，取黃塗傅，日三五次。

荷葉燥者一斤，煑水洗之，以貫眾末掺之，乾則油和塗。

雞子黃塗瘡上，乾則易之，不過三次。

黃櫨木煎湯，頻洗之。

一方，穀精草煎湯洗，甚速。

經驗方：治腿膝生瘡有膿，治金刃傷亦妙，五倍子細碾，摻之。

【校記】

[一]“小”，天德尚賢堂本作“少”。

[二]“拆”，當作“坼”。

玉機微義卷之十五

玉機微義卷之十六

氣證門

内經敘諸氣動爲病

《陰陽應象論》云：喜怒傷氣，寒暑傷形，暴怒傷陰，暴喜傷陽。厥氣上行，滿脉去形，喜怒不節，寒暑過度，生乃不固，故重陰必陽，重陽必陰。

《玉機真藏論》云：憂喜悲恐怒，令不得以其次，故令人有大病矣。因而喜大虚則腎氣乘矣，憂則心氣乘矣，怒則肝氣乘矣，悲則肺氣乘矣，恐則脾氣乘矣。

《舉痛論》云：百病生於氣也，怒則氣上，喜則氣緩，悲則氣消，恐則氣下，寒則氣收，炅則氣泄，驚則氣亂，勞則氣耗，思則氣結，九氣不同也。（爲病詳見本文）

脉法

經曰：脉滑者多血少氣，濇者少血多氣，大者血氣俱多，脉來大而堅者血氣俱實，小者血氣俱少，脉來細而緩者血氣俱虚，代者氣衰，細者氣少，浮而絶者氣辟，大而滑中有短氣，尺脉濇而堅爲血實氣虚，尺脉細而微者血氣俱不足云云。（見本文）

劉立之《脉理玄要》曰：下手脉沉，便知是氣沉，極則伏濇弱，難治。其或沉滑，氣兼痰飲。

論九氣動爲諸證

子和云：夫天地之氣，常則安，變則病，而況人稟天地之氣，五運迭侵於外，七情交戰於中，是以聖人嗇氣，如持至寶，庸人役物[一]，而反傷大和，此軒岐所以論諸痛皆因於氣，百病皆生於氣，遂有九氣不同之説。氣本一也，因所觸而爲九，怒、喜、悲、恐、寒、暑、驚、思、勞也。其言曰：怒則氣逆，甚則嘔血及飧泄，故氣逆上矣，王太僕曰怒則陽氣逆上而肝木乘脾，故甚則嘔血及飧泄也。喜則氣和志達，榮衛通利，故氣緩矣。悲則心系急，肺布葉舉而上焦不通，榮衛不散，熱氣在中，故氣消矣。恐則精却，却則上焦閉，閉則氣還，還則下焦脹，故氣不行矣。太僕云：恐則陽精却上而不下流[二]，下焦陰氣亦迴還而不散，故聚而脹也，然上焦固禁，下焦氣還，故氣下行也[三]。寒則腠理閉，氣不行，故氣收矣。太僕云：身涼則衛氣沉，故皮膚文理及滲泄之處皆閉密而氣不流行，衛氣收斂於中而不散也。炅則腠理開，榮衛通，汗大出，故氣泄矣。太僕云：人在陽則舒，在陰則慘，故熱則膚腠開發，榮衛大通，津液外滲而汗大出也[四]。驚則心無所依，神無所歸，慮無所定，故氣亂矣。勞則喘息汗出，內外皆越，故氣耗矣。太僕云：疲勞役則氣奔速，故喘息；氣奔速則陽外發，故汗出。內外皆逾越於常紀，故氣耗損也。思則心有所存，神有所歸，正氣留而不行，故氣結矣。太僕云：繫心不散，故氣亦停留。此《素問》之論九氣，其變甚詳，其理甚明，然論九氣所感之疾則略，惟論嘔血及飧泄，餘皆不言。惟《靈樞》論思慮悲哀喜樂愁憂盛怒恐懼而言其病，曰思慮而傷神，神傷則恐懼自失，破䐃脱肉，毛瘁色夭，死於冬；脾憂愁而不解則傷意，意傷則悗亂，四肢不舉，毛瘁色夭，死於春；肝悲哀動中則傷魂，魂傷則狂忘不精，不正當人，陰縮而攣筋[五]，兩脇不舉，毛瘁色夭，死於秋；肺喜樂無極則傷魄，魄傷則狂，狂者意不存人，毛革焦，毛瘁色夭，死於夏；腎盛怒而不止則傷志，志傷則喜忘其前，腰脊不可俯仰屈伸，毛瘁色夭，死於季夏；恐懼不解則傷精，精傷則骨痠厥，精時自下。是故五臟主藏精者也，不可傷，傷則失守而陰虚，虚則無氣，無氣則死矣。

【校記】

[一]“役”，原誤作“投”，今據天德尚賢堂本改。

[二]“陽”，原誤作“傷”，今據《儒門事親》卷三改。

[三]“下”，《儒門事親》卷三作“不”。

[四]“外滲”，原脱，今據《儒門事親》卷三補。

[五]“縮”，原脱，今據天德尚賢堂本補。

《靈樞》論神意魂魄志精所主之病，然無寒暑驚勞四證，余以是推而廣之[一]。怒氣所至，爲嘔血，爲飧泄，爲煎厥，爲薄厥，爲陽厥，爲胸滿脇痛，食則氣逆而不下，爲喘渴煩心，爲消癉[二]，爲肥氣，爲目暴盲，耳暴閉，筋縱，發於外爲疽癰；喜氣所至，爲笑不休，爲毛革焦，爲肉病，爲陽氣不收，甚則爲狂；悲氣所至，爲陰縮，爲筋攣，爲肌痺，爲脈痿，男爲數溲血，女爲血崩，爲酸鼻辛頞，爲目昏，爲少氣不能報息，爲泣則臂麻；恐氣所至，爲破䐃脱肉，爲骨痠痿厥，爲暴下淥水，爲面熱膚急，爲陰痿，爲懼而脱頤；驚氣所至，爲潮涎，爲目睘，爲口呿，爲癡癇，爲不省人，爲僵仆，久則爲瘴痹；勞氣所至，爲咽噎病，爲喘促，爲嗽血，爲腰痛骨痿，爲肺鳴，爲高骨壞，爲陰痿，爲唾血，爲冥視，爲耳閉，男爲少精，女爲不月，衰甚則潰潰乎若壞都，汩汩乎不可止；思氣所至，爲不眠，爲嗜臥，爲昏瞀，爲中痞，三焦閉塞，爲咽嗌不利，爲膽癉嘔苦，爲筋痿，爲白淫，爲得後與氣快然如衰，爲不嗜食；寒氣所至，爲上下所出水液云云（見寒門）；炅氣所至，爲喘嘔吐酸，暴注下迫云云（見火門）。凡此九者，《内經》有治法，但以五行相勝之理治之。夫怒傷肝，肝屬木，怒則氣並於肝而脾土受邪，木太過則肝亦自病；喜傷心，心屬火，喜則氣並於心而肺金受邪，火太過則心亦自病；悲傷肺，肺屬金，悲則氣並於肺而肝木受邪，金太過則肺亦自病；恐傷腎，腎屬水，恐則氣並於腎而心火受邪，水太過則腎亦自病；思傷脾，脾屬土，思則氣並於脾而腎水受邪，土太過則脾亦自病；寒傷形，形屬陰，寒勝熱則陽受病，寒太過則陰亦自病；炅傷氣，氣屬陽，熱勝寒則陰受病，熱太過則陽亦自病。凡此七者，更相爲治。故悲可以治怒，以愴惻苦楚之言感之；喜可以治悲，以謔浪褻狎之言娱之；恐可以治喜，以迫遽死亡之言怖之；怒可以治思，以污辱欺罔之言觸之；思可以治恐，以慮彼忘此之言奪之。凡此五者，必詭詐譎怪，無所不至，然後可以動人耳目，易人視聽。若胸中無材器之人，亦不能以此五法也。炅可以治寒，寒可以治炅，逸可以治勞，習可以治驚。經曰驚者平之，平謂平常也。夫驚以其忽然而遇之也，使習見習聞則不驚矣。此九者，《内經》自有是理，庸工廢而不行，今代劉河間治五志獨得言外之意云云（見後）。昔余治一書生，勞苦太過，大便結燥，咳逆上氣，時喝喝然有音，唾嘔鮮血。以苦劑解毒湯加木香、漢防己煎服，時時啜之，復以木香檳榔丸泄其逆氣，不月餘而痊。余又嘗以巫躍妓抵以治人之悲結者。又嘗以針下之，時使雜舞，忽鼓笛應之，以治人之憂而心痛者。余嘗擊拍門窗，使其聲不絕，以治因驚而畏響，魂氣飛揚者。嘗治一婦人，久思而不眠，余日醉而不問，婦果呵怒，是夜困睡。又嘗以酸棗仁丸治人多憂者。然惟勞而氣耗，恐而氣奪者，爲難治。喜者少病，百脈舒和故也。又聞莊先生者，治喜樂之極而病者，莊切其脈，爲之失聲，佯曰吾取藥去，數日更不來。病者悲泣，辭其親友，曰：吾不久矣。莊知其將愈，慰之。詰其故，莊引《素問》曰懼勝喜，可謂得玄關者也。

按：此論九氣所動病機，至爲詳悉。然七情諸證，《局方》多用氣藥，論治固然，但不分其夾熱兼痰虚實之例，而於寒熱二，亦似謂備於九氣，兼用氣藥而治之，其弊甚矣。且夫七情諸證，有乘逆厥中之殊，人有苦樂安擾之異，是以先哲就用五志相勝之理治之，藥之於傷寒、溫暑，自有其例也。後世俗不能本此，恃之於藥，而相勝之理不行，況其藥不熱即峻，虚虚實實，不無差誤。故河間戴人者出，論已上病機，究所至之因，以平火爲主，兼五志相勝之理，或音樂抵戲，甚至詭詐譎怪諸法爲治，應變亦已至矣。我東垣、丹溪先生更論諸氣爲病有欝、痞、逆、滯不同，随證用藥，有寒熱溫涼之異。如勞氣者，宜補中益氣，滋陰助陽。或兼所挾之邪，論治深備先哲旨趣，惜乎其道皆不能大行於世者，由《局方》障之也。

【校記】

[一]“余”，原誤作“餘”，今據天德尚賢堂本、文淵閣四庫全書本改。

[二]“消”，原誤作“焇”，今據天德尚賢堂本改。

氣中似風證論

（詳見中風門）

理氣宜導痰論

（詳見痰飲門）

氣屬陽動作火論

《原病式》曰：氣爲陽而主輕微，諸所動亂勞傷乃爲陽火之化，神狂氣亂而爲病熱者多矣。子和云：河間治五志，獨得言外之意，凡見喜怒悲恐思之證，皆以平心火爲主。至於勞者傷於動，動便屬陽，驚者駭於心，心便屬火，二者亦以平心火爲主。今之醫者不達此旨，遂有寒涼之謗。

謹按：或云：捍衛冲和不息之謂氣，擾亂妄動變常之謂火，當其和平之時，外護其表，復行於裏，周流一身，循環無端，出入升降，繼而有常，源出中焦，總統於肺氣，曷嘗病於人也？及其七情之交攻，五志之間發乖戾失常，清者遽變之爲濁，行者抑遏而反止，表失衛護而不和，內失健悍而少降，營運漸遠，肺失主持，妄動不已，五志厥陽之火起於焉，上熘於肺氣乃病焉。何者？氣本屬陽，反勝則爲火矣。河間有曰：五志過極，皆爲火也。何後世不本此議，而一概類聚香辛燥熱之劑，氣作寒治，所據何理？且言指迷七氣湯製作者，其皆用青皮、陳皮、三棱、蓬术、益智、官桂、甘草，遂爲平和，可以常用，通治七情所傷，混同一意，未喻某藥以治某氣。已下諸方，尤有甚焉者，兹不復敘。況所起之情，各各不同，且夫經言九氣之變，未嘗略而不詳。如怒則氣上等證，其言治法，高者抑之，下者舉之，寒者熱之，熱者寒之，驚者平之，勞者溫之，結者散之，喜者以恐勝之，悲者以喜勝之。九氣之治，各有分別，何嘗混作寒論而類以香熱之藥，通言而治諸氣，豈理之謂歟？若香辛燥熱之劑，但可劫滯氣，衝快於一時，以其氣久抑滯，借此暫行開發之意。藥中不佐制伏所起之氣，服甚則增熾欝火，蒸熏氣液而自成積，積滋長而成痰，一飲下膈，氣乃氤氳清虛之象，若霧露之著物，雖滯易散。內挾痰積，開而復結，服之日久，安有氣實而不動，氣動而不散者乎？此皆人所受誤之，由習俗已久，相沿而化，卒莫能救。升發大過，香辛散氣，燥熱傷氣，真氣耗散，濁氣上騰，猶曰腎虛不能攝氣歸原，遂與蘇子降氣湯、四磨湯下黑錫丹、養氣丹，鎮墜上升之氣，且硫黃、黑錫佐以香熱[一]，又無補養之性，藉此果能生氣而補腎乎？請熟詳之。夫濕痰甚者，亦或當之，初服未顯，增變由喜，墜而愈進，形質弱者何以收救？不悟肺受火炎，子氣亦弱，降令不行，火無以制，相扇而動，本勢空虛，命絕如縷，積而至深，丹毒濟火[二]，一旦火氣狂散，喘息奔急而死。吁！以有形丹石丸藥重墜無形之氣，其氣將何抵受[三]，随而降之乎？譬以石投水，水故未嘗沉也，豈不死歟？丹溪有曰：上升之氣，自肝而出，中挾相火，其熱爲甚，自覺其冷，非真冷也，火極似水，積熱之甚，陽亢陰微，故有此證，認假作真，似是之禍，可勝言哉？《內經》雖云百病皆生於氣，以正氣受邪之不一也。今七情傷氣，欝結不舒，痞悶壅塞，發爲諸病，當詳所起之因，滯於何經，上下部分，臟氣之不同，随經用藥，有寒熱溫涼之同異。若枳殼利肺氣，多服損胸中至高之氣；青皮瀉肝氣，多服損真氣。與夫木香之行中下焦氣，香附之快滯氣，陳皮之泄逆氣，紫蘇之散表氣，厚朴之瀉衛氣，檳榔之瀉至高之氣，藿香之馨香上行胃氣，沉香之升降真氣，腦麝之散真氣，若此之類，氣實所宜。其中有行散者，有損泄者，其過劑乎用之，能却氣之標而不能制氣之本，豈可又佐以燥熱之藥，以火濟火，混同謂治諸氣，使之常服多服可乎？氣之與火，一理而已，動靜之變，反化爲二，氣作火論治，與病情相得。丹溪發揮論之冷生氣者，出於高陽生之謬言也。身非自受寒氣，口食寒物，而是論寒者，吾恐十之無一二也。

【校記】

[一]“熱”，原誤作“熟”，今據天德尚賢堂本、文淵閣四庫全書本改。

[二]“火”，原誤作“大”，今據天德尚賢堂本改。

[三]“其氣”，原脱，今據天德尚賢堂本補。

論局方用熱藥治諸氣之誤

丹溪曰：治氣一門，有曰治一切氣、冷氣、滯氣、逆氣、上氣，用安息香丸、丁沉丸、大沉香丸、蘇子丸、匀氣散、如神丸、集香丸、白沉香散、煨薑丸、鹽煎散、七氣散、溫白丸、生氣湯，悉用熱藥。夫天地周流，於人之一身，以爲生者氣也，陽往則陰來，陰往則陽來，一升一降，無有窮也。苟內不傷於七情，外不感於六淫，其爲氣也，何病之有？今曰滯氣、逆氣、上氣，皆是肺受火邪，氣得炎上之化，有升無降，熏蒸清道，甚而至於上焦不納，中焦不化，下焦不滲，遂展轉傳變，爲嘔爲吐，爲膈爲噎，爲痰爲飲，爲翻胃，爲吞酸。夫治寒以熱，治熱以寒，此正治之法也。治熱用熱，治寒用寒，此反佐之法也。詳味前方，既非正治，又非反佐，此愚之所以不能無疑也。觀其微意，可表者汗之，可下者利之，滯者導之，欝者揚之，熱者清之，寒者溫之，偏寒偏熱者，反佐而行之，挾濕者淡以滲之，挾虛者補而養之，何嘗例用辛香燥熱之劑？以火濟火，實實虛虛，咎將誰執？

論氣無補法之誤

丹溪曰氣無補法，俗論也。痞悶壅塞，似難於補。不思正氣虛者，由七情內傷，六淫外侵，飲食不節，房勞致虛，脾土之陰受傷，轉運之官失職，胃雖受穀，不能運化，故陽升陰降而成天地不交之否，清濁相混，邪何由行？此等理宜補養，却厚味，斷妄想，遠音樂，無有不安。

謹按：氣者，本腑臟天真之原也，虛由七情及勞傷等因所致，則正氣原氣不足也，故宜補之，則氣實氣化，病邪漸除，經曰虛則補之是也。此補者，補其不足也，非爲病邪陷下，腑臟精氣已憊，天真元氣已絕而施補也[一]。此等非虛也，非不足也，無補之法必矣。大抵世俗拘此，止謂治病攻邪，不審補虛養正之理，實實虛虛，誤人生命，蓋不思之甚矣。

【校記】

[一]“也”，原誤作“乎”，今據天德尚賢堂本改。

氣證治法

升散之劑

局方七氣湯：治七情之氣，欝結於中，心腹絞痛。

人參　甘草炙　肉桂各一錢半　半夏一錢

右㕮咀，水煎服。

按：此出太陽例。寒則氣收，宜辛散之，甘緩之，治氣虚寒欝藥也。

鹽煎散：治一切冷氣攻冲，胸脇刺痛不已，及脾胃虚冷，嘔吐泄瀉。

砂仁　甘草炙　茯苓　草果　肉豆蔻　川芎　茴香炒　澄茄　麥蘖　檳榔　良薑　枳殼　厚朴炒　陳皮　羌活　蒼术各等分

右㕮咀，每服四五錢，入鹽些小[一]，煎。

按：此足太陽、陽明、太陰經藥也。

木香流氣飲：治諸氣痞塞不通，胸膈膨脹，面目虚浮，四肢腫滿。

半夏　厚朴　青皮　紫蘇　香附子　甘草各一錢　陳皮二錢　桂　莪术　丁皮　大腹皮　檳榔　麥門冬　木香　草果各六分　木通八分　藿香　白芷各四分　茯苓　白术　木瓜　人參　石菖蒲

右㕮咀，每服四五錢，入薑、棗煎[二]。

按：此太陽例藥，與已上方，世俗多用之，故收入。然類以香燥，非寒者、氣實者不可用。

秘傳降氣湯：治上盛下虚，氣不升降，頭目昏眩，痰實嘔逆，胸膈不快。

骨碎補　訶子　草果　五加皮　半夏　桔梗各半錢　桑白皮二錢　地骨皮　枳殼　陳皮　柴胡　甘草各一錢

右製服見《局方》。

按：此出少陽例。然怒則氣上、驚則氣亂意例，宜求諸此。

易簡參蘇飲（方見熱門）

謹按：天地六氣並人之氣分，爲病治例，亦詳見各門，故當分治也。

東垣升陽順氣湯：治七情所傷，及勞役飲食不節，滿悶短氣。

升麻　柴胡　陳皮各一錢　半夏　人參各三錢　黄芪四錢　甘草　黄柏各半錢　當歸一錢　草豆蔻二錢　神麯炒，一錢半

右㕮咀，每服半兩，入薑煎。

按：此補劑也，然恐則氣下，宜求諸此。

【校記】

[一]“小”，天德尚賢堂本作“少”。
[二]“煎”，天德尚賢堂本此下有“服”字。

攻下之劑

戴人木香檳榔丸：散滯氣，胸腹脹滿實，痞氣結痛。

木香 檳榔 青皮 陳皮 廣术 枳殼 黃連 黃柏 大黃各半兩 牽牛 香附各二兩

右爲末，水丸梧子大，每服五六十丸，煎水下，量虚實與之。

按：此陽明例藥，下熱之劑也。

局方神保丸：治諸積氣爲痛。

乾蝎七箇 木香 胡椒各二錢半 巴豆十箇，去心皮，别研，取霜

右爲末，和勻，湯化蒸餅丸如麻子大，朱砂爲衣，每五七丸，随病氣例湯下。

按：此太陽例藥，下寒之劑也。

導氣丸：宣壅導氣，除脹滿，利大腸。

大黃四兩，煅 胡椒四十九粒 青皮 陳皮 蝎稍炒 茴香炒 乾薑炮 甘草炙，各一兩 阿魏半錢，用麪和炒 黑牽牛取頭末，二兩

右爲末，水丸。

御院方木香順氣丸：治諸氣不和。（方見積聚門）

按：已上二方，手足太陰、足厥陰、陽明經藥，導滯之劑也。

調理之劑

局方沉香降氣湯：治陰陽壅滯，氣不升降，胸膈痞悶，噫醋吞酸。

沉香四錢 砂仁半兩 甘草炙，一兩二錢 香附子四兩

右爲末，每二錢，入鹽少許，湯調下。

分心氣飲：治一切氣留滯於胸膈之間，不能流暢，以致痞悶噎塞。

木香 丁皮各二錢 人參 麥門冬 大腹皮 大腹子 桑白皮 草果 桔梗 厚朴 白术各半兩 香附子 藿香 陳皮 紫蘇各一兩半 甘草炙，一兩

右㕮咀，每三錢，入薑、棗煎。

按：此二方，手足太陰、陽明、足少陰經藥也。

大七氣湯：治喜怒不節，憂思兼並，多生悲恐，致臟氣不平，心腹脹滿。

半夏　白茯苓四錢　厚朴炒，三錢　紫蘇二錢

右剉，入薑煎服。

按：此足陽明、手足太陰經藥也。

紫沉通氣湯：治三焦氣澀，不能宣通，腹脇脹大，便澀。

紫蘇　枳殼炒　陳皮　茯苓　甘草　檳榔各一兩　沉香　木香　麥門冬　五味子　桑白皮　黄芪　乾生薑　薄荷　枳實　荊芥穗各半兩

右㕮咀，每半兩，水煎服。

按：此手太陰之劑也。世俗調理之劑，而多雜峻削之藥，故並略去。然此方有發散意而不大燥烈，姑存之，用者自宜損益。按經云：氣血弱者，不可服枳實，以其損氣也；氣血盛者，不可服丁香，以其益氣也。於調理不可不分。

東垣木香順氣湯：治濁氣在上，則生䐜脹。（方見脹滿門）

按：此亦七情所致，濁陰之氣不降而爲䐜脹也，故出陽明承氣例。然七氣之方，先哲亦未見分其異者。蓋氣之厥逆收緩，久而欝變，病機不同，而亦不可不本其所因而治之也。

補養之劑

東垣補中益氣湯：治喜怒憂恐，損傷元氣，勞倦體怠。（方見熱門）

調中益氣湯（方見內傷門）

按：此二方治勞則氣耗，宜益之也，出少陽例。

清暑益氣湯：治暑傷元氣，食少體倦。（方見暑門）

按：此所謂炅則氣泄，宜益之也。

局方養氣丹

養正丹（方見和劑）

按：已上方治元陽虧損，氣短身羸，氣不升降，食少脈弱，陰陽之氣下陷者甚捷，然不可盡劑也。（論見補虛門）

消導之劑

局方異香散：治胃氣不和，腹脇膨脹，飲食難化，一切冷氣結聚。

石蓮肉一兩　莪术　三棱　益智仁　甘草炙，各六兩　青皮　陳皮　厚朴炙，各二兩

右爲末，每服三二錢，薑、棗煎服。

按：本方云治腎氣不和，“腎”字爲“胃”字之誤爾。出陽明例藥。

御院方助氣丸（方見積聚門）

分氣丸：治胸膈氣痞，痰實不化，並宜服之。

砂仁 青皮 陳皮 白豆蔻 三棱炮 莪术煨 澄茄 蘿蔔子炒 枳實 木香各一兩 黑牽牛炒，二兩，取頭末

右爲末，糊丸如梧子大，每五十丸，薑湯下。

按：已上諸方治氣積痞之劑，非調理比也，宜分虚實寒熱用之，又皆氣中之血藥也。

治痰之劑

二陳湯

桔梗半夏湯

四七湯（並見痰飲門）

蘇子降氣湯（方見咳門）

按：此諸方散鬱和中之藥也。

理血之劑

本事方槐角散

濟生歸脾湯

拔萃門冬飲子（並見血證門）

按：氣病血從，已見前論，故録已上方以備其例，用者自宜推格之。

宣劑

稀涎散

元戎勝金丸（並見痰飲門）

謹按：諸氣鬱，或七情所滯，最宜宣導，正木鬱達之之意也。大抵是證中夾火熱者多，已上諸方恐未合宜，用者自臨時通變可也。

通關竅之劑

局方蘇合香丸：治氣中，或卒暴氣逆心痛，鬼魅惡氣。

沉香 麝香 訶子 丁香 青木香 安息香 香附 蓽撥 白术 白檀各二兩 薰陸香 蘇合油 龍腦各一兩 朱砂 烏犀角各製

右爲末，入研極匀，用安息膏並煉蜜丸如梧子大，溫水化四丸。

按：此足手太陽、足陽明、手足太陰、足三陰藥也。

雜方

嚴氏四磨湯：治七情傷感，上氣喘息，妨悶不食。

人參　檳榔　沉香　天台烏藥

右四味，各濃磨水，和作七分，煎三五沸，溫服。

紺珠正氣天香湯：治一切上氣湊心，心胸築痛。（方見婦人門）

玉機微義卷之十六

玉機微義卷之十七

血證門

諸經敘血證所因

《內經·厥論》云：陽明厥逆，喘咳身熱，善驚，衄吐血，溫淫汗出，鼽衄。《生氣通天論》云：陽氣者，大怒則形氣絕，而血菀於上。《氣厥論》云：脾移熱於肝，則爲驚衄，胞移熱於膀胱，則癃溺血。《舉痛論》云：怒則氣逆，甚則嘔血，故氣上矣。《陰陽別論》云：結陰者便血云云（見下）。《針經》云：厥氣生足悗，悗生脛寒云云，則後血（見積聚門）。《脈經》云：下血，先見血，後見便，此近血也；先見便，後見血，此遠血也。

脈法

《內經》云：脈來懸鈎，爲衄血常脈。脈至而搏，血衄身熱者，死。腸澼下膿血，脈弦絕則死，滑大則生[一]。血溫身熱者，死。《脈經》曰：脈得諸澀濡弱，爲亡血。脈來輕輕在肌肉，尺中自浮，目睛暈黄，衄必未止。太陽脈大而浮，必衄吐血。病人面無血色，無寒熱，脈沉、沉弦，衄也。脈浮弱，手按之絕者，下血。脈芤爲失血。澀爲少血。尺脈滑而疾爲血虚。脈弦而緊，脇痛，臟傷有瘀血。吐血唾血，脈滑小弱者生[二]，實大者死。唾血，脈緊强者死，滑者生。腎脈小搏沉，爲腸澼下血，心肝澼亦下血。

【校記】

[一]"大"，原誤作"尺"，今據天德尚賢堂本、文淵閣四庫全書本改。

[二]"滑"，原誤作"有"，今據天德尚賢堂本、文淵閣四庫全書本改。

論血證分三因

陳無擇云：衄者，因傷風寒暑濕，流傳經絡，湧泄於清氣道中而致者，皆外所因；積怒傷肝，積憂傷肺，煩思傷脾，失志傷腎，暴喜傷心，皆能動血，隨氣上溢清氣道中而致者，屬內因；飲酒過多，啖炙煿辛熱，或墜墮車馬傷損致者，爲不內外因。吐血者，或因四氣傷於外，七情動於內，及飲食房勞，墜閃傷損，致榮血留聚膈間，滿則吐溢[一]，世謂妄行，或吐瘀血，此名內傷。便血，或清或濁，或鮮或黑，或在便前便後，或與泄物並下，此由內外有所感傷，疑停在胃[二]，隨氣下通，亦妄行之類。尿血，因心腎氣結所致，或憂勞房室過度，此得之虛寒，不可專以血得熱而淖溢[三]。二者皆致尿血，與淋不同。

謹按：衄血下血，傷寒邪氣壅迫於經而致者故有之，雜證見者多火熱所致，或吐溢於空竅，皆五志所動，或陰分鬱熱，或內外有所傷而成，有寒邪者少。如尿血因房勞者，實由精氣滑脱，陰虛火動，榮血妄行爾。已上論爲虛寒，恐未必然也。若便血，清者屬榮虛有熱，濁屬熱與濕，色鮮者屬火，黑者火極，與泄物並下屬有積，或絡脈傷也，並宜分治。

【校記】

[一]“溢”，原誤作“墜”，今據天德尚賢堂本、文淵閣四庫全書本改。

[二]“疑”，天德尚賢堂本作“凝”。疑，通“凝”。

[三]“溢”，原脱，今據天德尚賢堂本補。

論下血爲內傷絡脈所致

（詳見積聚門）

論嘔唾血溢爲氣逆所致

東垣曰：經云怒氣逆甚則嘔血，暴癉內逆，肝肺相搏，血溢鼻口，取天府穴。又足少陰腎之脈，從腎上貫肝，入肺中，循喉嚨，其病則飢不欲食，面黑如地色，咳唾則有血。夫氣者陽也，血者陰也，氣主呴之，血主濡之，今血妄行，上出於鼻口者，皆氣逆也。故經言陽明厥逆，怒則氣逆，暴癉內逆者是也。

謹按：悲氣、勞氣等，皆能致血證，詳見氣門。但怒氣致血證者則暴甚，故經曰抑怒以全陰者是矣。否則五志之火動甚，火載血上，錯經妄行也。

論衄吐血泄爲火熱所致[一]

《原病式》曰：衄者，陽熱怫欝，干於足陽明而上熱，則血妄行鼻衄也。血溢者，上出也，心養於血，故熱甚則血有餘而妄行。或謂嘔吐紫凝血爲寒者，誤也，此非冷凝，由熱甚銷爍[二]，以爲稠濁，而熱甚則水化制之，故赤兼黑而爲紫也。血泄，熱客下焦而大小便血也。衄衊血污，血出也，污者濁也。心火熱極則血有餘，熱氣上甚則爲血溢，熱勢亢極，則燥而污濁，害承乃制，則色兼黑而爲紫也。

【校記】

[一]"論衄吐血泄爲火熱所致"，原脱，今據天德尚賢堂本、文淵閣四庫全書本補。

[二]"爍"，天德尚賢堂本作"鑠"。爍，同"鑠"。

論衄血下血爲傷寒所致

成無己曰：傷寒衄者，爲邪氣不得發散，壅盛於經，逼迫於血，則因致衄也。桂枝湯、麻黄湯治衄者，非治衄也，即是發散經中邪氣爾。至畜血者，血在下焦，結聚而不行，畜積而不散者是也。血菀於上而吐血者，謂之薄厥，留於下而瘀者，謂之畜血，此由太陽隨經瘀熱在裏，血爲熱所搏結而不行，畜於下焦之所致。經曰：太陽病七八日，表證仍在，脈微而沉，反不結胸，其人如狂者，以熱在下焦，少腹當鞕滿，小便自利者，下血乃愈。

傷寒例少陰證，下利便膿血者，桃花湯以固脱散寒補正。

許氏治少陰誤汗，衄血及臍中出血，用薑附湯治少陰之本。

《陰證略例》治三焦出血，色紫不鮮，此重沓[一]寒濕，化毒凝泣，浸漬而成，治要用黑錫丹。（見《直指方》）

按：所論已上證，皆寒邪之變病也。至又有甚者，如論云服桂枝湯吐血，其後必吐膿血。又厥陰證，傷寒六七日大下後，寸脈沉而遲，手足厥冷，下部脈不至，咽喉不利，唾膿血，泄利不止者，爲難治，宜麻黄升麻湯。火邪亦咽燥唾血，陽毒亦吐血，皆變證之極者也，非衄證之比。大抵傷寒，畜血下血爲傳變，故下血衄血，身涼乃愈。其不傳變入裏，邪氣不得發散，逼迫於血，因致妄行於下者爲逆，下血必多，不能止，爲難治也。

【校記】

[一]“沓”，原誤作“沓”，今據天德尚賢堂本、文淵閣四庫全書本改。

論結陰便血

《衛生寶鑑》云：真定史十，年四十二，形體本瘦，秋時因勉强飲酸酒數杯，少時腹痛，次傳下利無度，待十餘日，便後見血，或紅或紫，腹鳴時痛。諸醫以爲血熱，用芍藥柏皮丸治之，未效。仍不欲食，食則嘔酸，形體愈瘦，面色青黄不澤，心下痞，惡冷物，口乾，時有煩燥，不得安卧。診時脈弦細而微遲，手足稍冷。經曰：結陰者，便血一升，再結二升，三結三升。又邪在五臟則陰脈不和，陰脈不和則血留之。結陰之病，陰氣内結，不得外行，無所禀，滲入腸間，故便血也。外灸中脘、三里、氣海等穴，内服平胃地榆湯而愈。

按：此治例實内傷法也，宜與積聚門敘積之始兼看。

血屬陰難成易虧論

丹溪曰：經云人年至四十，陰氣自半而起居衰矣。又曰男子六十四而精絕，女子四十九而經斷。夫以陰氣之成，止供給三十年之運用，已先虧矣。人之情欲無涯，此難成易虧之陰氣，若之何而可以縱欲也？

謹按：或曰：經云榮者，水穀之精也，和調五臟，灑陳於六腑，乃能入於脈也。源源而來，生化於脾，總統於心，藏受於肝，宣布於肺，施泄於腎，灌溉一身，目得之而能視，耳得之而能聽，手得之而能攝，掌得之而能握，足得之而能步，臟得之而能液，腑得之而能氣，是以出入升降，濡潤宣通者，由此使然也。注之於脈，少則澀，充則實，常以飲食日滋，故能陽生陰長，取汁變化而赤爲血也。生化旺則諸經恃此而長養，衰耗竭則百脈由此而空虚，可不謹養哉？故曰血者，神氣也，持之則存，失之則亡[一]。是知血盛則形盛，血弱則形衰，神静則陰生，形役則陽亢，陽盛則陰必衰，又何言陽旺而生陰血也？蓋謂血氣之常，陰從乎陽，随氣運行於内，苟無陰以羈束，則氣何以樹立？故其致病也易，調治也難。以其比陽，常虧而又損之，則陽易亢、陰易乏之論可以見矣。諸經有云：陽道實，陰道虚，陽道常饒[二]，陰道常乏，陽常有餘，陰常不足。以人之生也，年至十四經行，至四十九而經斷，可見陰血之難成易虧。如此陰氣一傷，所變之證，妄行於上則吐衄，衰涸於外則虚勞，妄反於下則便紅[三]，稍熱膀胱則癃閉溺血，滲透腸間則爲腸風，陰虚陽搏則爲崩中，濕蒸熱瘀則爲滯下，熱極腐化則爲膿血。火極似水，血色紫黑，熱勝於陰，發爲瘡瘍。濕滯於血，則爲痛癢癮疹，皮膚則爲冷痹。畜之在上則人喜忘，畜之在下則人喜狂，墮恐跌仆則瘀惡内凝[四]。若分部位，身半以上，同天之陽，身半以下，同地之陰，此特舉其所顯之證者。治血，必血屬之藥，欲求血藥，其四物之謂乎？河間謂随證輔佐，謂之六合湯者，詳言之矣。余故陳其氣味專司之要，不可不察。夫川芎，血中氣藥也，通肝經，性味辛散，能行血滯於氣也；地黄，血中血藥也，通腎經，性味甘寒，能生真陰之虚也；當歸，分二治[五]，血中主藥也，通肝經，性味辛溫，全用能活血，各歸其經也；芍藥，陰分藥也，通脾經，性味酸寒，能和血，治虚腹痛也。若求陰藥之屬，必於此而取則焉。《脾胃論》有云：若善治者，随經損益，摘其一二味之所宜，爲主治可也。此特論血病而求血藥之屬者也。若氣虚血弱，又當從長沙，血虚以人參補之，陽旺則生陰血也。若四物者，獨能主血分受傷，爲氣不虚也。輔佐之屬若桃仁、紅花、蘇木、血竭、牡丹皮者，血滯所宜；蒲黄、阿膠、地榆、百草霜、棕櫚灰者，血崩所宜；乳香、没藥、五靈脂、淩霄花者，血痛所宜；蓯蓉、瑣陽、牛膝、枸杞子、益母草、夏枯草、敗龜板者，血虚所宜；乳酪，血液之物，血燥所宜；乾薑、桂者，血寒所宜；生地黄、苦參，血熱所宜。特取其正治大略耳，以能觸類而長，可謂應無窮之變矣。

【校記】

[一]“則”，原脱，今據天德尚賢堂本、文淵閣四庫全書本補。

[二]“陽道常饒”，原脱，今據天德尚賢堂本補。

[三]“妄”，原誤作“忘”，今據《金匱鉤玄·附録·血屬陰難成易虧論》改。

[四]“疑”，天德尚賢堂本、文淵閣四庫全書本並作“凝”。疑，通“凝”。

[五]“二治”，《金匱鉤玄·附録·血屬陰難成易虧論》作“三治”。

論治血證大法

東垣曰：傷寒家衄血者，仲景言不可發汗，蓋爲脈微也。若浮緊者麻黄湯，浮緩者桂枝湯，脈已微者，二藥俱不可用，宜黄芩芍藥湯主之。雜病見血，多責其熱。如衄血出於肺，以犀角、升麻、梔子、黄芩、芍藥、生地黄、紫參、丹參、阿膠之類主之；咯唾血者出於腎，以天門冬、麥門冬、貝母、知母、桔梗、百部、黄柏、遠志、熟地黄之類主之；痰涎血者出於脾，葛根、黄芪、黄連、芍藥、當歸、甘草、沉香之類主之；嘔吐血出於胃也，實者犀角地黄湯主之，虚者小建中湯加黄連主之。血證上行，或唾或嘔或吐，皆逆也。若變而下行，爲惡痢者，順也。血上行爲逆，其治難，下行爲順，其治易。故仲景云畜血證下血者，當自愈也，與此意同。若無病之人忽然下痢，其病進也。今病血證上行而復下行惡痢者，其邪欲去，是知吉也。經曰：諸見血身熱，脈大者，難治，是火邪勝也；身涼脈静者，易治，是正氣復也。故《脈訣》云鼻衄吐血沉細宜，忽然浮大即傾危，此之謂也。

血證治法

（婦室經血諸證詳見婦人門）

治風之劑

敗毒散：治風熱流入大腸經，下血不止。若因酒毒，加黃連。（方見咳門）

按：此出少陽例，表裏藥也。

本事方槐花散：治腸風臟毒下血。

槐花炒 柏葉杵 荆芥穗 枳殼等分

右爲末，每服二錢，空心米飲送下。

拔萃方結陰丹：治腸風下血，臟毒下血。

枳殼炒 葳靈仙 黄芪 陳皮 椿根 何首烏 荆芥穗等分

右爲末，酒糊丸桐子大，每五七十丸，米飲下，入醋少許。

按：此二方手太陰、陽明藥也。

濟生加減四物湯：治腸風下血不止。

側柏葉 生地黄 當歸 川芎各一兩 枳殼 荆芥穗 槐花炒 甘草各半兩，炙

右㕮咀，每四錢，入烏梅、薑同煎[一]。

按：此手足厥陰、太陰藥也。大抵此藥主補血涼血，而以風爲虚象者，蓋非風客於腸間也。

東垣黄芪芍藥湯：治衄多歲，面黄，眼澀多眵，手麻。

黄芪三兩 甘草炙，二兩 升麻 葛根 芍藥各一兩 羌活半兩

右㕮咀，每三錢，水煎溫服。

按：此手足太陰、陽明藥也。然血虚久則陽亦虚矣，故血不足則麻木。陰虚火動，變證百出，亦實非風也。此出升陽滋陰例。

【校記】

[一]“煎”，天德尚賢堂本此下有“溫服”二字。

治寒之劑

東垣麻黄桂枝湯：治感寒發衄，脈微弱者。

麻黄 黄芪 白芍 甘草各一錢 桂枝 當歸各半錢 人參一分 麥門冬三分 五味子五箇

右㕮咀，作一服，水煎。

按：此太陽例藥也。《傷寒論》有例，兹不詳録。

濟生斷紅丸：治臟腑虚寒，下血不止，面色痿黄，羸瘦。

側柏葉炒　川續斷酒浸　鹿茸醋煑　附子炮　黄芪　阿膠炒　當歸各一兩　白礬枯，一兩

右爲末，醋煑米糊，丸如梧子大，每七十丸，空心米飲送下。

按：此厥陰例藥也。

寶鑑平胃地榆湯：治結陰便血。

白术　陳皮　茯苓　厚朴　葛根各半錢　地榆七分　乾薑五分　炙甘草　當歸　炒麯　白芍　人參　益智仁各三分　蒼术　升麻　附子炮，各一錢

右㕮咀，作一服，水煎，加薑、棗。

按：此少陰例藥也。

治暑之劑

局方黄連香薷飲：治伏暑純下鮮血。（方見暑門）

按：此手少陰、足太陰藥。心主血，脾裹血也。

枇杷葉散：治暑毒攻心[一]，嘔吐鮮血。

香薷二錢　厚朴一錢半　甘草炙　麥門冬　乾木瓜　白茅根各一錢　枇杷葉　陳皮　丁香各半錢

右細末，每二錢，入薑煎。

按：此手足太陰經藥。中熱者慎之。

【校記】

[一]“暑”，原誤作“水”，今據天德尚賢堂本改。

治濕之劑

胃風湯：治風濕乘虚入於腸胃，下瘀血者。（方見滯下門）

拔萃升陽和血湯：治腸澼下血作泒，其血唧出有力而遠射，四散如篩。春二月中下二行，腹中大作痛，乃陽明氣衝熱毒所作也，當去濕毒和血而愈。

生地黄　牡丹皮　生甘草各半錢　炙甘草　黄芪各一錢　當歸身　熟地黄　蒼术　秦艽　肉桂各三分　陳皮二分　升麻七分　芍藥一錢半

右㕮咀，作一服，水煎。

當歸和血散：治腸澼濕毒下血。

槐花　青皮各六分　當歸身　升麻各二錢　川芎四分　荆芥穗　熟地黄　白术各六分

右爲末，每服三二錢，米飲調下。

按：此諸方疏風勝濕藥也，然濕熱者多宜從滯下法擇用。

治熱之劑

局方龍腦雞蘇丸：治膈熱咳嗽，或吐血衄血。（方見熱門）

甘露飲：治男女血妄流溢，或吐或咯衄血，齒齦臭出血，並治之。（方見熱門）

簡易選奇黄芪散：治咳血成勞。

黄芪　麥門冬　熟地黄　桔梗　白芍各半兩　甘草四錢

右㕮咀，每服半兩，水煎。

按：此手太陰、足少陰藥也。

濟生犀角地黄湯：治鬱熱不解，干經絡，随氣湧泄爲衄血。或清道閉塞，流入胃脘，吐出清血如鼻衄，吐血不盡，餘血停留，致面色痿黄，大便黑者，並宜服。

犀角　生地黄　白芍　牡丹皮等分[一]

右㕮咀，每四錢，水煎[二]。

按：此足太陰藥也。

良方四生丸：凡吐衄血，陽乘於陰，血熱妄行，宜此。

生荷葉　生艾葉　生柏葉　生地黄等分

右爛研，丸如雞子大，每一丸，水煎服，或用鹽湯化下。

河間生地黄散：治鬱熱衄血，咯血吐血。

枸杞　柴胡　黄連　地骨皮　天門冬　白芍　甘草　黄芩　黄芪　生地黄　熟地黄等分[三]

右㕮咀，水煎服。下血者，加地榆。

按：此二方手足少陰、太陰藥也。

局方槐角丸：治五種腸風下血，痔瘻脱肛下血，並宜服之。

槐角炒，一兩　地榆　黄芩　當歸　防風　枳殼麩炒，各半斤

右爲末，酒糊丸如梧子大，每三四十丸，空心米飲下。

按：此雖有治風例，而性味辛苦寒，故從熱劑，少陽藥也。

秘方枳殼湯：治便血下血。

枳殼一兩，麩炒　黄連一兩，以槐花四兩同炒，去花不用

右二味，水煎取濃，食前溫服。

按：此又氣例藥也。

【校記】

[一]"等分"，天德尚賢堂本作"各等分"三字。

[二]"水煎"，天德尚賢堂本作"水煎服"三字。

[三]"等分"，天德尚賢堂本作"各等分"三字。

治火之劑

黄連解毒湯

大金花丸（方並見火門）

理氣之劑

三因茯苓補心湯：治心氣虚耗，不能藏血，以致面色黄瘁，五心煩熱，咳嗽唾血。

半夏　前胡　紫蘇　茯苓　人參　枳殼炒　桔梗　甘草　乾葛各半兩　當歸一兩三錢　川芎三分　陳皮　白芍各二兩　熟地黄一兩半

右㕮咀，每半兩，入薑、棗煎[一]。

本事槐角散：治腸胃不調，脹滿下血。

蒼术　厚朴　陳皮　當歸　枳殼各一兩　槐角二兩　甘草　烏梅各半兩

右㕮咀，每五錢，水煎服。

按：已上又氣血藥也。然《三因方》雖云補劑，而雜以發表之藥，姑存之，收入此理氣例。

【校記】

[一]"煎"，天德尚賢堂本此下有"溫服"二字。

補劑

濟生雞蘇散：治勞傷肺經，唾内有血，咽喉不利。

雞蘇葉　黄芪　生地黄　阿膠炒　貝母　白茅根各一兩　桔梗　麥門冬　蒲黄　甘草各半兩，炒

右㕮咀，每四五錢，入薑煎[一]。

歸脾湯：治思慮傷脾，不能統攝心血，以此致妄行，或吐血下血。

白术 茯神 黄芪 龍眼肉 酸棗仁各一兩 人參 木香各半兩 甘草炙，二錢半

右㕮咀，每四五錢，入棗、薑煎[二]。

東垣麥門冬飲子：治吐血久不愈者。

五味子十箇 麥門冬去心 黄芪各一錢 當歸身 人參 生地黄各半錢

右㕮咀，水煎服。

金匱赤豆當歸散：治先血後糞，此近血也。

赤豆浸出芽 當歸

右二味爲散，漿水調服。

三因伏龍肝湯：治先糞後血，此遠血也。

伏龍肝半斤 甘草炙 白术 阿膠 黄芩 熟地黄各三兩

右㕮咀，每四五錢，水煎服。

髮灰散：治小便尿血，或便前便後，亦遠近之謂也。

髮灰

右一味，每二錢，以米醋二合、湯少許服，井花水調亦得。

玉屑膏：治尿血。

黄芪 人參等分

右爲末，用蘿蔔大者切一指厚四五片，蜜淹少時，蘸蜜炙乾，盡蜜二兩爲度，勿令焦，點藥末喫，不以時，仍以鹽湯送下。

按：已上諸方平補藥也。然病體亦有寒熱氣積等因不同，用者自宜求責。

【校記】

[一]“煎”，天德尚賢堂本作“煎服”二字。

[二]“煎”，天德尚賢堂本作“煎服”二字。

止澀之劑

三因龍骨散：治衄過多。

龍骨不以多少，研爲末，以少許吹入鼻中。凡九竅出血皆可用。

御藥院方麝香散：治衄不止。

白礬枯 龍骨黏舌者，各另研半兩 麝香半字

右拌勻，每先將冷水洗淨鼻內，然後用藥吹入孔內。或以濕紙蘸入，尤妙。

濟生烏梅丸：治便血不止。

烏梅三兩，燒存性，爲末，用好米醋打糊，丸如梧子大，每七十丸，米飲下。

經驗方：治瀉血。

百藥煎一兩，半兩燒爲灰

右和飯，丸如梧子大，每三四十丸，空心米飲下。或作末，服三二錢。

又方：乾柿燒灰，飲調下二三錢。

雜方

試效方：治吐血不止，以三棱針於氣衝出血，立愈。

鼻衄不止，或素有熱而暴作，諸藥無驗者，以紙一張作八牒，或十牒，於極冷水内濕過，置頂中。不止，仍以熱熨斗於濕紙上熨之，立止。

灸法

便血不止，宜灸等穴：

勞宫手厥陰經

大白足太陰經

會陽足太陽經

三里足陽明經

按：血證宜灸等穴，詳見《資生》等經，兹不備録。然火熱、脈盛實者，非所宜也。

通利之劑

拔萃犀角地黄湯：治熱欝血結上焦，寸脈芤。

犀角[一]　生地黄二兩　黄芩一兩半　黄連一兩　大黄半兩

右㕮咀，每兩水煎，食後服之。

桃仁承氣湯：治血結胸中心下，手不可近，爲中焦畜血，無寒熱，胸滿，嗽水不欲嚥，喜妄昏迷，其人如狂。

桃仁半兩　大黄一兩　甘草二錢半　桂　芒硝各三錢

右㕮咀，每兩入薑煎服。

抵當湯：治下部畜血，即臍下手不可近，或其人發狂，少腹滿硬，小便自利，大便反黑，如狂者在中，發狂者在下也。

大黄　水蛭炒，各半兩　虻蟲三錢，去翅足　桃仁三錢右製，每五錢，水煎服。如作丸，煉蜜和。

當歸導滯湯：治跌搏墮擊損傷，血滯於中。

大黄　當歸等分

右㕮咀，每一兩或半兩，水煎服。

按：已上血滯證諸方也[二]。蓋畜血有上中下之分，故藥亦隨而輕重之也。至血熱血積陰虛等證，例見各門，茲不詳録。

【校記】

［一］"犀角"，原脱，今據文淵閣四庫全書本補。

［二］"滯"，原誤作"諦"，今據文淵閣四庫全書本改。

解欝之劑

丹溪越鞠丸：治血欝。

桃仁　香附子　紅花　撫芎　青黛等分

右爲末，糊丸，每四五十丸，食前服。

玉機微義卷之十七

玉機微義卷之十八

內傷門

按： 此一門，東垣先生內外傷辨法也，議論方製精備，故不取他書。但其間不係內傷法，皆節而不録。內論暑證者，附入暑門。

辨脈法

古人以脈上辨內外傷於人迎氣口，人迎脈大於氣口爲外傷，氣口脈大於人迎爲內傷。此辨固是，但其說有所未盡耳。外感風寒皆有餘之證，是從前客邪來也，其病必見於左手，左手主表，乃行陽二十五度；內傷飲食及飲食不節，勞役所傷，皆不足之病也，必見於右手，右手主裏，乃行陰二十五度。故外感寒邪，則獨左寸人迎脈浮緊。按之洪大緊者，急甚於弦，是足太陽寒水之脈。按之洪大而有力，中見手少陰心火之脈，丁與壬合，內顯洪大，乃傷寒脈也。若外感風邪，則人迎脈緩而大，或大於氣口一倍，或兩倍三倍；內傷飲食，則右寸氣口脈大於人迎一倍。傷之重者，過在少陰則兩倍，太陰則三倍，此內傷飲食之脈。若飲食不節，勞役過甚，則心脈變見於氣口，是心火刑肺，其肝木挾心火之勢，亦來薄肺，經云侮所不勝，寡於畏者是也，故氣口脈急大而數，時一代而澀也。澀者，肺之本脈。大者，元氣不相接，脾胃不及之脈。洪大而數者，心脈刑肺也。急者，肝木挾心火而反尅肺金也。若不甚勞役，惟右關脾脈大而數，謂獨大於五脈，數中顯緩，時一代也。如飲食不節，寒暑失所，則先右關胃脈損弱，甚則隱而不見，惟內顯脾脈之大數微緩，時一代也。宿食不消，則獨右關脈沉而滑，經云脈滑者有宿食也。

辨內傷諸證與外感不同

甚哉！陰陽之證，不可不詳也。遍觀《內經》中所説變化百病，其源皆由喜怒過度，飲食失節，寒溫不適，勞役所傷而然。夫元氣、穀氣、營氣、清氣、衛氣、生發諸陽上升之氣，此六者，皆飲食入胃，穀氣上行，胃氣之異名，其實一也。既脾胃有傷則中氣不足，中氣不足則六腑陽氣皆絶於外，故經言五臟之氣已絶於外者，是六腑之元氣病也。氣傷臟乃病，臟病則形乃應，是五臟六腑真氣皆不足也。惟陰火獨旺，上乘陽分，故榮衛失守，諸病生焉。其中變化，皆由中氣不足，乃生發耳。後有脾胃已受勞役之疾，飲食又復失節，躭病日久，事息心安，飽食太甚，病乃大作。概其外傷風寒六淫客邪，皆有餘之病，當瀉不當補；飲食失節，中氣不足之病，當補不當瀉。舉世醫者，皆以飲食失節、勞役所傷、中氣不足當補之證，認作外感風寒有餘客邪之病，重瀉其表，使榮衛之氣外絶，其死只在旬日之間。所謂差之毫厘，謬以千里，可不詳辨乎？按《陰陽應象論》云：天之邪氣，感則害人五臟。是八益之邪乃風邪傷人筋骨，風從上受之，風傷筋，寒傷骨，蓋有形質之物受病也，繫在下焦，肝腎是也。肝腎者，地之氣。《難經》解云：肝腎之氣已絶於內，以其肝主筋，腎主骨，故風邪感人則筋骨疼痛，筋骨之絶，則肝腎之本亦絶矣，乃有餘之證也。又云：水穀之寒熱，感則害人六腑，是七損之病乃內傷飲食也。《黄帝針經》解云：適飲食不節，勞役所傷，濕從下受之。謂脾胃之氣不足而反下行，極則衝脈之火逆而上，是無形質之元氣受病也，系在上焦，心肺是也。心肺者，天之氣。故《難經》解云：心肺之氣已絶於外，以其心主榮，肺主衛。榮者血也，脈者血之府，神之所居也；衛者，元氣七神之別名[一]，衛護周身，在於皮毛之間者。肺絶，故皮毛先絶，神無所依，故內傷飲食，則亦惡風寒，是榮衛失守，皮膚間無陽以滋養，不能任風寒也。皮毛之絶，則心肺之本亦絶矣，蓋胃氣不升，元氣不生，無以滋養心肺，乃不足之證也。謂受病之人，飲食失節，勞役所傷，因而飽食，內傷者極多，外傷者間而有之。世俗不知，往往將元氣不足之證，便作外傷風寒表實之證，而反瀉心肺，是重絶其表也，安得不死乎？古人所謂實實虛虛，醫殺之耳。若曰不然，請以衆人之耳目聞見者證之。向者壬辰改元，京師戒嚴，迨三月，受敵者凡半月，圍解之後，都人之不受病者萬無一二，既而病死者繼踵不絶。都門十有二所，每日各門所送[二]，多者二千，少者不下一千[三]，似此者幾三月，此百萬又豈俱感風寒外傷者耶[四]？大抵人在圍城中，飲食不節，乃勞役所傷，不待言而知。由其朝飢暮飽，起居不時，寒溫失所，動經兩三月，胃氣虧之久矣[五]，一旦飽食太過，感而傷人，而又調治失宜，其死也無疑矣。非唯大梁爲然，遠在真祐興定間，如東平，如大原[六]，如鳳翔，解圍之後，病傷死無不然者。余在大梁，凡所親見，有發表者，有以巴豆推之者，有以承氣湯下之者，俄而變結胸發黄，又以陷胸湯丸及茵陳湯下之，無不死者。蓋初非傷寒，以調治差互[七]，變而似真傷寒之證，皆藥之罪也。往者不可追，來者猶可及，輒以平生已試之效，著《內外傷辨論》一篇，推明前哲之餘論，歷舉近世之變故，庶幾同志者審其或中，觸類而長之，免後人無横夭耳。僭易之罪，將何所逃乎？

右辨陰證陽證。

【校記】

[一]“元氣七神之别名”，“七”原誤作“也”，今據《內外傷辨惑論》卷上改。“名”原誤作“行”，今據天德尚賢堂本、《內外傷辨惑論》卷上改。

[二]“門”，原誤作“間”，今據天德尚賢堂本、文淵閣四庫全書本改。

[三]“者”，原脱，今據天德尚賢堂本補。

[四]“又”，天德尚賢堂本、文淵閣四庫全書本並作“人”。

[五]“之”，天德尚賢堂本、文淵閣四庫全書本並作“乏”。

[六]“大”，天德尚賢堂本、文淵閣四庫全書本並作“太”。

[七]“互”，天德尚賢堂本作“誤”。

外傷寒邪之證，與飲食失節勞役形質之病及內傷飲食，俱有寒熱。舉世盡將內傷飲食失節、勞役不足之病，作外傷寒邪有餘表實之證，反瀉其表，枉死者豈勝言哉？皆由不别其寒熱耳。今細爲分解之。外傷寒邪，發熱惡寒，寒熱並作，其熱也翕翕發熱，又爲之拂拂發熱，發於皮毛之上，如羽毛之拂，明其熱在表也，是寒邪犯高之高者也。皮膚毛腠，陽之分也，是衛之元氣所滋養之分也，以寒邪乘之，鬱遏陽分，陽不得伸，故發熱也，其面赤，鼻氣擁塞不通，心中煩悶，稍以袒露，其皮膚已不能禁其寒矣。其表上虚熱，止此而已。其惡寒也，雖重衣下幕，逼近烈火，終不能禦其寒，一時一日，增加愈甚，必待傳入裏作下證乃罷。其寒熱齊作，無有間斷也。其內傷飲食不節，或勞役所傷，亦有頭痛項强腰痛，與太陽表證微有相似，餘皆不同，論中已辨之矣。內傷不足之病，表上無陽，不能禦風寒也，此則常常有之，其躁熱發於腎間者間而有之，與外中寒邪略不相似。其惡風寒也，蓋脾胃不足，營氣下流而乘腎肝，此痿厥氣逆之漸也。若脾氣平常，飲食入胃，其營氣上行，以舒於心肺，以滋養上焦之皮膚腠理之元氣也。既下流，其心肺無所禀受，皮膚間無陽，失其榮衛之外護，故陽分皮毛之間虚弱，但見風見寒，或居陰寒處，無日陽處，便惡之也，此常常有之，無間斷者也。但避風寒及溫暖處，或添衣，蓋溫養其皮膚，所惡風寒便不見矣。是熱也，非表傷寒邪皮毛間發熱也，乃腎間受脾下流之濕氣，閉塞其下，致陰火上衝，作蒸蒸而燥熱，上徹頭頂，傍徹皮膚，渾身躁熱作，須待袒衣露居近寒涼處即已，或熱極而汗出亦解。彼外傷惡寒發熱，豈有汗出者乎？若得汗則病愈矣。以此辨之，豈不如黑白之易見乎？當內虚而傷之者，躁熱也，或因口吸風寒之氣，鬱其陰火，使咽膈不通，其吸入之氣欲入，爲膈上衝脈之火所拒，使氣不得入，其胸中之氣，爲外風寒所遏而不得伸，令人口開目瞪，極則聲發於外，氣不得上下，塞於咽中而氣欲絕。或又因噦因噫因吐而躁熱發，必有所因，方見此證，其表虚惡風寒之證復見矣。表虚之弱，爲陰火所乘，躁發須臾而過，其表虚無陽，不任風寒復見矣。是表虚無陽，常常有之，其躁熱則間而有之，此二者不齊作，躁作寒已，寒作躁已，非如外傷之寒熱齊作，無有間斷也。百病俱有身熱，又爲之肌熱，又爲之皮膚間熱，以手捫之，方知者是也。乃肌體有形之熱也，亦須皆待陰陽既和，汗出則愈矣。慎不可於此上辨之，以其虚實內外病皆有之，故難辨耳。只依先說，病人自覺發熱惡寒之熱及躁作之熱上辨之，爲准則矣。

右辨寒熱。

外感八風之邪，乃有餘證也；內傷飲食不節，勞役所傷，皆不足之病也。其內傷亦惡風自汗，若在溫暖無風處則不惡矣，與外傷鼻流清涕、頭痛自汗頗相似，分之特異耳。外感風邪，其惡風自汗頭痛，鼻流清涕，常常有之，一日一時，增加愈甚，直至傳入裏作下證乃罷。語聲重濁高厲有力，鼻息擁塞不通，能飲食，腹中和，口知味，大小便如常，筋骨疼痛，不能動搖，便著床枕，非扶不起。其內傷與飲食不節，勞役所傷，然亦惡風，居露地中遇大漫風起却不惡也，惟門窗隙中些小賊風來，必大惡也，與傷風傷寒俱不同矣。況鼻流清涕，頭痛自汗，間而有之。鼻中氣短少氣，不足以息，語則氣短而怯弱，妨食，或食不下，或不飲食，三者互有之。腹中不和，或腹中急而不能伸，口不知五穀之味，小便頻數而不渴。初勞役得病，食少，小便赤黄，大便常難，或秘或結，或虚坐，只見些小白膿，時有下氣，或泄黄如糜，或溏泄色白，或結而不通。若心下痞，或胸中閉塞，如刀劙之痛，二者亦互作，不並出也。有時胃脘當心而痛，上支兩脇痛，必臍下相火之勢，如巨川之水，不可遏而上行，使陽明之經逆行，亂於胸中，其氣無止息，甚則高喘，熱傷元氣，令四支不收，無氣以動而懶倦嗜臥。其外感風寒俱無此證，故易分别耳。

右辨外感八風之邪。

或有飲食勞役所傷之重者，三二日間特與外傷風者相似，其餘證有特異者，若不將兩證重别分解，猶恐將內傷不足之證，誤作有餘外感風邪。雖詞理有重復處，但欲病者易辨，醫者易治耳。

內傷及勞役飲食不節，病手心熱，手背不熱；外傷風寒，則手背熱，手心不熱。此辨至甚皎然。

右辨手背手心。

若飲食勞役所傷，其外證之顯必在口，必口失味，必失穀味，必腹中不和，必不欲言，縱勉强對答，聲必怯弱，口沃沫多唾，鼻中清涕，或有或無，即陰證也。外傷風寒，則其外證必顯在鼻，鼻氣不利，聲濁不清，其言壅盛有力，而口中必和。傷寒則面赤，鼻壅塞而乾，傷風則鼻流清涕而已。《內經》云：鼻者肺之候，肺氣通於天，外傷風寒，則鼻爲之不利。口者，坤土也，脾氣通於口，飲食失節，勞役所得，口不知穀味，亦不知五味。又云傷食惡食，傷食明矣。

右辨鼻口。

外傷風寒者，故其氣壅盛而有餘，內傷飲食勞役者，其口鼻中皆氣短促，不足以息。何以分之？蓋外傷風寒者，心肺元氣初無減損，又添邪氣助之，使鼻氣擁塞不利，面赤不通，其鼻中氣不能出，並從口出，但發一言，必前輕而後重，其言高，其聲壯厲而有力。傷寒則鼻乾無涕，面擁色赤，其言前輕後重，其聲壯厲而有力者，乃有餘之驗也。傷風則決然鼻流清涕，其聲嗄，其言響，如從甕中出，亦前輕而後重，高揭而有力，皆氣盛有餘之驗也。內傷食勞役者，心肺之氣先損，爲熱既傷氣，四肢無力以動，故口鼻中皆短氣少氣，上喘懶語，人有所問十，不欲對其一，縱勉强答之，其氣亦怯，其氣亦低，是其氣短少不足之驗也。明白如此，雖婦人女子亦能辨之，豈有醫者反不能辨之乎？

右辨氣少氣盛。

內證頭痛，有時而作，有時而止。外證頭痛，常常有之，直須傳裏實方罷。此又內外證之不同也。

右辨頭痛。

內傷等病，是心肺之氣已絕於外，必怠惰嗜臥，四肢沉困不收，此乃熱傷元氣。脾主四肢，既爲熱所乘，無氣以動。經云熱傷氣，又云熱則骨消筋緩，此之謂也。若外傷風寒，是腎肝之氣已絕於內。腎主骨爲寒，肝主筋爲風，自古腎肝之病同一治，以其遞相維持也，故經言膽主骨，膀胱主筋是也。或中風，或傷寒，得病之日，便着床枕，非扶不起，筋骨爲之疼痛，不能動搖，乃形質之傷。經云寒傷形，又云寒則筋攣骨痛，此之謂也。

右辨筋骨四肢。

外感風寒之邪，三日已外，穀消水去，邪氣傳裏，始有渴也。內傷飲食失節，勞役久病者，必不渴，是邪氣在血脈中有濕[一]，故不渴也。初勞役形質，飲食失節，傷之重者，必有渴，以其心火熾上，尅於肺金，故渴也，又當以此辨之。雖渴欲飲水者，當徐徐少與之，不可縱意而飲，恐水多峻下，則胃氣愈弱，輕則爲脹，重則傳變諸疾，必反復悶亂，百脈不安，夜加增劇，不得安臥，不可不預度也。

右辨渴與不渴。

仲景《傷寒論》中風能食，傷寒亦能食，二者皆口中和而不惡食。若勞役所傷，及飲食失節，寒溫不適，三者俱惡食，口不知五味，亦不知五穀之味。只此一辨，足以分內外有餘、不足二證也。傷寒證雖亦能食，而不惡食，口中和，知五味，亦知穀味。蓋無內證，則心氣和，脾氣通，知五穀之味矣。

右辨外傷不惡食。若勞役，飲食失節，寒溫不適，三者皆惡食。

【校記】

[一]"濕"，《內外傷辨惑論》卷上作"餘"。

論飲食勞倦爲胃氣不足所致

古者至人窮陰陽之化，究生死之際，所著《內經》，悉言人以胃氣爲本。蓋人受水穀之氣以生，所謂清氣營氣衛氣，春升之氣，皆胃氣之別稱也。夫胃爲水穀之海，飲食入胃，遊溢精氣，上輸於脾，脾氣散精，上歸於肺，通調水道，下輸膀胱，水精四布，五經並行，合於四時五臟陰陽，揆度以爲常也。苟飲食失節，寒溫不適，則脾胃乃傷[一]。喜怒憂恐，勞役過度而損耗元氣，既脾胃虛弱，元氣不足而心火獨盛。心火者，陰火也，起於下焦，其系繫於心。心不主令，相火代之，相火，下焦包絡之火[二]，元氣之賊也。火與元氣不兩立，一勝則一負。脾胃氣虛，則下流於腎肝，陰火得以乘其土位[三]，故脾胃之證始得之，則氣高而喘，身熱而煩，其脈洪大而頭痛，或渴不止，皮膚不任風寒而生寒熱。蓋陰火上衝，則氣高而喘，身煩熱，爲頭痛，爲渴而脈洪大。脾胃之氣下流，穀氣不得升浮，是生長之令不行，無陽以護其榮衛，不任風寒，乃生寒熱[四]，皆脾胃之氣不足所致也。然而與外感風寒之證，形頗同而理異。內傷脾胃，乃傷其氣；外感風寒，乃傷其形。傷外爲有餘，有餘者瀉之；傷內爲不足，不足者補之。汗之、下之、吐之、克之之類，皆瀉也；溫之、和之、調之、養之之類，皆補也。內傷不足之病，苟認作外感有餘之病而反瀉之，則虛其虛也。《難經》云實實虛虛，損不足而益有餘，如此死者，醫殺之耳。惟當以甘溫之劑補其中，升其陽，甘寒以瀉其火，則愈。《內經》曰：勞者溫之，損者溫之。蓋溫能除大熱，大忌苦寒瀉胃土耳，今立補中益氣湯主之。

【校記】

[一]“胃”，原誤作“腎”，今據天德尚賢堂本改。

[二]“焦”，原誤作“傷”，今據天德尚賢堂本改。

[三]“土”，原誤作“上”，今據天德尚賢堂本、文淵閣四庫全書本改。

[四]“寒”，原誤作“風”，今據天德尚賢堂本改。

論勞役傷與內傷外感不同

或因勞役，腎間陰火沸騰，事閑之際[一]，於陰涼處解脱衣裳，更有新沐浴，於背陰處坐臥，其陰火下行，還歸腎間，皮膚腠理極虛無陽，爲寒涼所遏，表虛不任其風寒。自認外感風寒，求醫解表，以重絕元氣，取禍如反掌。苟幸而免者，致虛勞，氣血皆弱。其表虛之人爲風寒所遏，亦是虛邪犯表，始病一二日之間特與外中賊邪有餘之證頗相似處，故致疑惑，請醫者只於氣少氣盛上辨之。其外傷賊邪，必語聲高厲而有力。若是勞役所傷，飲食不節，表虛不足之病，必短氣氣促懶語，其聲困弱而無力[二]，至易見也。

右辨勞役受病表虛，不作表實治之。

復有一等，乘天氣大熱之時，在於路途中勞形得之，或在田野間勞形得之。更或有身體薄弱食少，勞役過甚，又有修善常齋之人，胃氣久虛而因勞役得之者。皆與陽明中熱白虎湯證相似，必肌體捫摸之壯熱，必躁熱悶亂，大惡熱，渴而飲水，以勞役過甚之故。亦身疼痛，始受病之時，特與中熱外得有餘之病相似，若誤與白虎湯，旬日必死。此證脾胃大虛，元氣不足，鼻口中氣皆短促而上喘，至日轉以後，是陽明得時之際，病必少減。若是外中熱之病，必到日晡之際大作譫語，其熱增加，大渴飲水，煩悶不止。其勞役不足者，皆無此證，尤易爲分解。若有難決疑似之證，必當待一二日而求醫治療，必不至錯誤矣。

右辨中熱頗相似。

【校記】

［一］“閑”，原誤作“間”，今據天德尚賢堂本改。

［二］“困”，原誤作“因”，今據天德尚賢堂本改。

論飲食自倍腸胃乃傷分而治之

《痹論》云：陰氣者，靜則神藏，躁則消亡，飲食自倍，腸胃乃傷。此混言之也，分之爲二，飲也食也。又經云：因而大飲則氣逆，因飽食，筋脈橫解，則腸澼爲痔。飲者，無形之氣，傷之則宜發汗利小便，使上下分消其濕，解酲湯、五苓散之類主之。食者，有形之物，傷之則宜損其穀，其次莫若消導，丁香爛飯丸、枳术丸之類主之；稍重則攻化，三稜消積丸、木香見晛丸之類主之；尤重則或吐或下，瓜蒂散、備急丸之類主之，以平爲期。蓋脾已傷，又以藥傷，使營運之氣減削，食愈難消。故《五常政大論》云[一]：大毒治病，十去其六；常毒治病[二]，十去其七；小毒治病[三]，十去其八；無毒治病[四]，十去其九。穀肉果菜，食養盡之，無使過之，傷其正也。不盡，行復如法。聖人垂此嚴戒，是爲萬世福。如能慎言語，節飲食，所謂治未病也。

【校記】

［一］“《五常政大論》云”，原誤作“至真要論云”，今據天德尚賢堂本改。

［二］“常”，原誤作“小”，今據天德尚賢堂本改。

［三］“小”，原誤作“無”，今據天德尚賢堂本改。
［四］“無”，原誤作“常”，今據天德尚賢堂本改。

謹按：王安道曰：勞倦傷飲食傷，二者雖俱爲內傷，然不可混而爲一。《難經》所謂飲食勞倦則傷脾者，蓋爲脾主飲食，而四肢亦屬脾，故飲食失節，勞役四肢，皆能傷於脾爾，非謂二者同類而無辨也。夫勞倦傷飲食傷，雖與風寒暑濕有餘之病不同，然飲食傷又與勞倦傷不同，勞倦傷誠不足矣，飲食傷尤當於不足之中，分其有餘不足。何也？蓋飢餓不飲食與飲食太過，雖皆失節，然必明其有兩者之分，方盡其理。節也者何也？無不及、無太過之中道也。夫飢餓不飲食者，胃氣空虛，此爲不足，固失節也。飲食自倍而停滯者，胃氣受傷，此不足之中兼有餘，亦失節也。以受傷言則不足，以停滯言則有餘矣。惟其不足，故補益；惟其有餘，故消導。亦有物滯氣傷，必補益、消導兼行者；亦有物暫滯而氣不甚傷，宜消導獨行，不須補益者；亦有既停滯而復自化，不須消導，但當補益，或亦不須補益者。潔古東垣枳术丸之類，雖曰消導，固有補益之意，存乎其間。其他如木香分氣丸、導氣枳實丸、大枳殼丸之類，雖無補益，然施之於物暫滯，氣不甚傷者，豈不可哉？但不宜視爲通行之藥爾。且所滯之物，非枳术丸之力所能去者，亦安可泥於消導而弗知變乎？故備急丸、煑黄丸、瓜蒂散等之推逐者，潔古東垣亦未嘗委之而弗用也。故善用兵者，攻亦當，守亦當，不善者，則宜攻而守，宜守而攻，其敗也，非兵之罪，用兵者之罪耳。觀乎此，則知消導、補益、推逐之理矣。斯論本已上所辨，又推廣之，因取參附以備其旨。

又曰：經云有所勞倦，形氣衰少，穀氣不盛，上焦不行，下脘不通，胃氣熱，熱氣熏胸中，故內熱。嗟夫！此內傷之説之原乎？請釋其義如左。夫人身之陰陽，有以表裏言者，有以上下之分言者，有以升降呼吸之氣言者，餘如動静語默起居之類甚多，不必悉舉。此所謂陰虛之陰，其所指與數者，皆不同。蓋勞動之過，則陽和之氣皆亢極而化爲火矣，況水穀之味又少入，是故陽愈盛，陰愈衰也。此陰虛之陰，蓋指身中之陰氣與水穀之味耳。或以下焦陰分爲言，或以腎水真陰爲言，皆非也。夫有所勞倦者，過動屬火也；形氣衰少者，壯火食氣也；穀氣不盛者，勞傷元氣，則少食而氣衰也；上焦不行者，清陽不升也；下脘不通者，濁陰不降也。夫胃受水穀，故清陽升而濁陰降，以傳化出入，滋榮一身也。今胃不能納而穀氣衰少，則清無升，濁無降矣，故曰上焦不行，下脘不通。然非謂絕不行不通也，但比之平常無病時，則謂之不行不通耳。上不行，下不通，則鬱矣，鬱則少火皆成壯火，而胃居上焦、下脘兩者之間，故胃氣熱，熱則上炎，故熏胸中而爲內熱也。斯東垣所謂勞傷形體，所謂飲食失節而致熱者。此言正與《調經論》篇之旨相合，宜引此段經文於《內外傷辨》以爲之主，今特采附並外傷內傷所受經旨異同論録於左。

客或難予曰：《素問·陰陽應象論》云：天之邪氣，感則害人五臟；水穀之寒熱，感則害於六腑。《太陰陽明論》云：犯賊風虛邪者陽受之，食飲不節、起居不時者陰受之，陽受之則入六腑，陰受則入五臟。兩說正相反，願聞其解。余復之曰：此所謂似反而不反者也。夫感天之邪氣，犯賊風虛邪，外傷有餘之病也；

感水穀寒熱，食飲不節，內傷不足之病也。二者之傷，臟腑皆嘗受之，但隨其所從所發之處而爲病耳，不可以此兩説之異而致疑，蓋並行不相悖也，讀者當合而觀之，其旨斯盡。若曰不然，請以諸處所論證之。《金匱真言論》曰：風觸五臟，邪氣發病。《八正神明論》曰：夫八正之虚邪，以身之虚而逢天之虚，兩虚相感，其氣至骨，入則傷五臟。《靈樞經》曰：五臟之中風。又曰：東風傷人，內舍於肝；南風傷人，內舍於心；西南風傷人，內舍於脾；西風傷人，內舍於肺；北風傷人，內舍於腎。觀乎此，則天之邪氣固傷五臟矣。《靈樞》又曰：邪之中人也無有常，中於陰則溜於腑。又曰：虚邪之中人也，始從皮膚以入，其傳自絡脈，而經而輸而伏衝之脈，以至於腸胃。又曰：東北風傷人，內舍於大腸；西北風傷人，內舍於小腸；東南風傷人，內舍於胃。觀乎此，則天之邪氣豈不傷六腑乎？《素問》曰：飲食自倍，腸胃乃傷。觀乎此，則水穀寒熱固傷六腑矣。《靈樞》又曰：形寒飲冷則傷肺。《難經》曰：飲食勞倦則傷脾。觀乎此，則水穀寒熱豈不傷五臟乎？至於地之濕氣，亦未必專害皮肉筋脈而不能害臟腑；邪氣水穀，亦未必專害臟腑而不能害皮肉筋脈也。但以邪氣無形，臟主藏精氣，故以類相從而多傷臟；水穀有形，腑主傳化物，故因其所由而多傷腑。濕氣浸潤，其性緩慢，其入人也以漸，其始也自足，故從下而上，從淺而深，而多傷於皮肉筋脈耳，孰謂濕氣全無及於臟腑之理哉？至若起居不時一語，蓋勞役所傷之病，不系上文異同之義，故不及之。

論酒飲傷

夫酒者，大熱有毒，氣味俱陽，乃無形之物也。若傷之，止當發散，汗出則愈矣，此最妙法，其次莫如利小便。二者乃上下分消其濕，何酒病之有？今之酒病者，往往服酒癥丸大熱之藥下之[一]，又有用牽牛、大黄下之者，是無形元氣受病，反下有形陰血，乖誤甚矣。酒性大熱，已傷元氣，而復重瀉之，況亦損腎水真陰及有形陰血俱爲不足，如此則陰血已虚，真水愈弱，陽毒之熱大旺，反增其陰火，是謂元氣消亡，七神何依？折人長命，不然則虚損之病成矣。《金匱要略》云：酒疸下之，久久爲黑疸。慎不可犯此戒，不若令上下分消其濕，解酲湯主之。

謹按：酒者，是有形之物，即水飲同體也。今言無形元氣受病，不得傷於有形陰血者，蓋謂酒者，濕熱之物，入胃則臟氣俱熱，逐氣升降之際而半有消耗之矣。至傷於腸胃，則升之不散，降之不下，鬱於氣分無形之地位，故言無形之物，非若水飲，然體全降於腸胃中也。若今人之飲醇酒則便少，此其可驗，是以傷則宜汗之泄之，不得用重峻下劑。蓋此等藥不能入氣分，反傷有形陰血爾。但斯意隱然，使人不能無疑，故或有辨之者，兹不復具[二]。然昔人有用下劑者，蓋或有酒飲傷積日久，而汗之泄之不能愈，則重峻下劑而或可哉？故用者自宜對證詳審，勿以辭害意可也。

【校記】

[一]“癥”，原誤作“蒸”，今據天德尚賢堂本改。

[二]“具”，原誤作“其”，今據天德尚賢堂本改。

論傷食宜吐

解云：盛食填塞於胸中，爲之窒塞，兩手寸脈當主事，兩尺脈不見，其理安在？胸中有食，故以吐出之。食者物也，物者坤土也，是足太陰之號也。胸中者肺也，爲物所傷，肺者手太陰金也，金主殺伐也，與坤土俱在於上而旺於天，金能剋木，故肝木生發之氣伏於地下，非木鬱而何？吐去上焦陰土之物，木得舒暢，則鬱結去矣。食塞於上，脈絕於下，若不明天地之道，無由達此至理。水火者，陰陽之徵兆，天地之別名也，故曰獨陽不生，獨陰不長。天之用在於地下，則萬物生長矣，地之用在於天上，則萬物收藏矣，此乃天地交而萬物通矣，此天地相根之道也。故陽火之根本於地下，陰水之源本於天上，故曰水出高源。故人五臟主有形之物，物者陰也，陰者水也，右三部脈主之，偏見於寸口，食塞在上，是絕五臟之源，源絕則水不下流，兩尺竭絕，此其理也，何疑之有？

論內傷飲食用藥所宜所禁

內傷飲食，付藥者、受藥者皆以爲瑣末細事，是以所當重者爲輕，利害非細。殊不思胃氣者，營氣也，衛氣也，穀氣也，清氣也，資少陽生發之氣也。人之真氣衰旺，皆在飲食入胃，胃和則穀氣上升，穀氣者，升騰之氣也，乃足手少陽元氣始發生長萬化之別名也。飲食一傷，若消導藥的對，其所傷之物既消，則胃氣愈旺，五穀之精華上騰，乃清氣爲天者也，精氣神氣皆强盛也。七神衛護，生氣不乏，增益大旺，氣血周流，則百病不能侵。雖有大風苛毒，弗能害也。此一藥之用，其利博哉！易水張先生嘗戒不可用峻利食藥，食藥下咽，未至藥丸施化，其標皮之力始開，便言空快也，所傷之物已去。若更待一兩時辰許，藥盡化開，其峻藥必有情性，病去之後，脾胃安得不損乎？脾胃既損，是真氣元氣敗壞，促人之壽。嘗時用枳朮丸一藥，消化胃中所傷，下胃不能即去，須待一兩時辰許，食則消化，是先補而後化其所傷，則不峻利矣。因用荷葉燒飯爲丸，荷葉一物，中央空虛，象震卦之體，震者動也，人感之生足少陽甲膽也，甲膽者風也，生化萬物之根蒂也。《左傳》云：履端於始，序則不愆。人之飲食入胃，營氣上行，即少陽甲膽之氣也。其手少陽三焦經，人之元氣也，手足經同法，便是少陽元氣生發也。胃氣、穀氣、元氣、甲膽上升之氣，一也，異名雖多，止是胃氣上升者也。若內傷脾胃，以辛熱之物，酒肉之類，自覺不快，覓藥於醫者，此風習以爲常。醫者亦不問所傷，付之以集香丸、巴豆大熱藥之類下之，大便下則物去，遺留食之熱性，藥之熱性，重傷元氣，七神不熾。經云熱傷氣，正謂此也。其人必無氣以動而熱困，四肢不舉，傳變諸疾，不可勝數，使人真氣自此衰矣。若傷生冷硬物，世醫或用大黃、牽牛二味大寒藥投之，物隨藥下，所傷去矣，遺留食之寒性，藥之寒性，重瀉其陽，陽去則皮膚筋肉血脈無所依倚，便爲虛損之證。論言及此，令人寒心。夫辛辣氣薄之藥，無故不可亂服，非止牽牛而已[一]。《至真要大論》云[二]：五味入口，各先逐其所喜攻。攻者，克、伐[三]、瀉也，辛味下咽，先攻瀉肺之正氣，正氣者，真氣元氣也。其牽牛之辛辣猛烈，奪人尤甚，飲食所傷，脾胃受邪，當以苦味泄其腸胃可也，肺與元氣何罪之有？夫牽牛不可用者有五，此其一也。況胃主血，爲物所傷，物者，有形之物也，皆血病，血病瀉氣，此其二也。且飲食傷於中焦，止合克化消導其食，重瀉上焦肺中已虛之氣，此其三也。食傷腸胃，當塞因塞用，又寒因寒用，枳實、大黃苦寒之物以治有形是也，反以辛辣牽牛散瀉真氣，犯大禁四也。殊不知《針經》有云：外來客邪，風寒傷人五臟，若誤瀉胃氣必死，誤補亦死。其死也，無氣以動，故靜。若內傷腸胃，反瀉五臟必死，誤補亦死。其死也，陰氣有餘，故躁。今內傷腸胃，是謂六腑不足之病，反瀉上焦虛無肺氣[四]，肺者，五臟之一數也，爲牽牛之類朝損暮損，其元氣消耗，此乃暗折人壽數，犯大禁五也，良可哀歎。又曰：胃惡熱而喜清，大腸惡清冷而喜熱，兩者不和，何以調之？岐伯曰：調此者，飲食衣服，亦欲適寒溫。寒無悽愴，暑無出汗，飲食熱無灼灼，寒無滄滄，寒溫中適，故氣將持，乃不致邪僻。詳見《本經》。是必有因用，豈可用俱寒俱熱之食藥致損者與？《內經》云：內傷者，其氣口脈反大於人迎一倍二倍三倍，分經用藥。又曰：上部有脈，下部無脈，其人當吐，不吐者死。如但食不納，惡心欲吐者，不問一倍二倍，不當正以瓜蒂散吐之，但以指或以物探去之。若所傷之物去不盡者，更診其脈，問其所傷，以食藥去之，以應塞因塞用，又謂之寒因寒用，泄而下降，乃應太陰之用，其中更加升發之藥，令其元氣上升，塞因塞用，因曲而爲之直。何爲曲？內傷胃氣是也。何爲直？而升發胃氣是也。因治其飲食之內傷，而使生氣增益，胃氣完復，此乃因曲而爲之直也。若依分經用藥，其所傷之物，寒熱溫涼，生硬柔軟，所傷不一，難立定法，只隨所傷之物不同，各立治法，臨時加減用之。其藥又當問病人，從來稟氣盛衰，所傷寒物熱物。是喜食而食之耶，不可服破氣藥；若乘飢困而食之耶，當益胃氣；或爲人所勉勸强食之，宜損血而益氣也。診其脈候，傷在何臟，方可與對病之藥，豈可妄瀉天真生氣以輕喪身寶乎？且如先食熱而不傷，繼之以寒物，因後食致前食亦不消化而傷者，當問熱食寒食，孰多孰少，斟酌與藥，無不當矣。喻如傷熱物二分，寒物一分，則當用寒藥二分，熱藥一分，相合而與之，則榮衛之氣必得周流。更有或先飲酒，而後傷寒冷之食及傷熱食，冷水與冰，如此不等，皆當驗其節次所傷之物，約量寒熱之劑分數，各各對證而與之，無不取驗。

【校記】

［一］“止”，原脱，今據天德尚賢堂本、文淵閣四庫全書本補。

［二］“真”，原誤作“人”，今據天德尚賢堂本改。

［三］“伐”，原誤作“似”，今據天德尚賢堂本改。

［四］“反”，原誤作“及”，今據天德尚賢堂本改。

內傷治法

消導之劑

潔古枳术丸：治痞，消食强胃。

枳實麩炒，一兩　白术二兩

右同爲細末，荷葉裹飯燒爲丸如桐子大，每五十丸，多用白湯送下。

按：論云用术者本意，不取其食速化，但久令人胃氣强，食不復傷也。

丁香爛飯丸：治飲食所傷。

丁香皮　甘草炙，各二錢　砂仁　益智仁　甘松各三錢　丁香　京三棱炮　木香　廣术炮，各一錢　香附子半兩

右爲細末，湯浸蒸餅爲丸如菉豆大，每三十丸，白湯下，或細嚼亦可，不拘時候。

按：此寒濕勝者最宜用之。

東垣橘皮枳术丸：治老幼元氣虚弱，飲食不消，或臟腑不調，心下痞悶。

橘皮　枳實各一兩　白术二兩

右爲細末，荷葉燒飯爲丸如桐子大，每五十丸，溫水送下，食遠服[一]。

按：此内傷用藥之大法。所貴服之，强人胃氣令益厚，雖猛食多食而不傷，此能用食藥者也。

麯蘖枳术丸：治爲人所勉强食之，破心腹滿悶不快。

白术二兩　枳實炒　神麯炒　麥蘖麪炒，各一兩

右爲細末，荷葉燒飯丸如桐子大，每五十丸，溫水下。

木香枳术丸：破滯氣，消飲食，開胃進食。

木香　枳實炒，各一兩　白术二兩

右製服如前。

木香化滯湯：治内憂氣，食濕麪，結於中脘，腹皮底徹痛[二]，心下痞滿，不思飲食，食之不散，常常痞氣。

木香　紅花各三錢　橘皮　當歸稍各二錢　柴胡四錢　草豆蔻　甘草炙，各半兩　半夏一兩　枳實炒，二錢

右剉如麻豆大，每服三五錢，入薑煎，食遠服。

半夏枳术丸：治因食冷内傷。

半夏湯洗，焙　枳實炒，各一兩　白术二兩

右爲細末，荷葉燒飯爲丸如菉豆大，每五六十丸，溫水下。如食傷，寒熱不調，每服加二黄丸十粒。

草豆蔻丸：治秋冬傷寒冷物，胃脘當心而痛，上支兩脇，膈咽不通。

草豆蔻麪裹煨，一兩　神麯炒，半兩　白术一兩　橘皮　乾生薑　青皮各二錢　黄芩　麥蘖　半夏　炒鹽各半兩　枳實炒，一兩

右爲細末，湯浸蒸餅爲丸如菉豆大，每服五十丸，白湯下。量所傷多少，加減服之。

按：論云：如冬月用，别作一藥，不用黄芩，歲火不及，又傷冷物，加以溫劑，是其治也。然有熱物傷者，從權以寒藥治之，隨時之宜，不可不知也。

除濕益氣丸：治傷濕麪，心腹滿悶，肢體沉重。

枳實麸炒　白术　黄芩各一兩　蘿蔔子炒熟去氣，半兩　神麯炒，一兩　紅花三錢

右爲細末，荷葉燒飯爲丸如菉豆大，每五六十丸，白湯下。

二黄丸：治傷熱食，痞悶，兀兀欲吐，煩亂不安。

黄芩二兩　黄連酒浸，一兩　升麻　柴胡各三錢　甘草二錢　枳實半兩，炒

右爲極細末，湯浸蒸餅丸如菉豆大，每五七十丸，白湯下。

白术丸：治傷豆粉濕麪油膩之物。

白术　半夏湯洗　神麯炒　枳實炒，各一兩　橘皮七錢　黄芩半兩　白礬枯，三錢

右爲細末，湯浸蒸餅爲丸如菉豆大一倍，每五十丸，白湯下。量所傷，加減服。

論曰：素食者多用乾薑，故加黄芩以瀉之。按已上諸方並宜，随寒熱所用，出太陰例。

葛花解酲湯

白豆蔻　砂仁　葛花各半兩　木香半錢　青皮三錢　陳皮　白茯苓　豬苓　人參各一錢半　白术　神麯炒　澤瀉　乾生薑各二錢

右爲細末，和勻，每三錢，白湯調下，但得微汗，酒病去矣。論云：此蓋不得已用之，豈可恃賴日日飲酒？是方氣味辛辣，偶因酒病服之，則不損元氣。何者？敵酒病故也。若頻服之，損人天年也。

除濕散：治傷馬乳並牛羊酪水[三]，一切冷病。

車前子[四]炒　澤瀉各半兩　神麯炒，一兩　半夏湯泡七次　乾生薑各三錢　紅花　甘草炙，各二錢　茯苓七錢

右爲細末，每三錢匕，白湯調，食前服。

五苓散（方見濕門）

按：已上三方並太陽例藥，滲利之劑也。

【校記】

[一]“服”，原脱，今據文淵閣四庫全書本補。天德尚賢堂本“食遠”作“食遠溫水送下”六字。

[二]“徹”，《内外傷辨惑論》卷下作“微”。

[三]“酪”，原誤作“駱”，今據天德尚賢堂本改。

[四]“前”，原誤作“錢”，今據天德尚賢堂本、文淵閣四庫全書本改。

推逐之劑

三黄枳术丸：治傷肉食濕麪辛辣味厚之物，填塞悶亂不安。

黄芩二兩　黄連　大黄煨　神麯炒　白术　橘皮各一兩　枳實炒，半兩

右爲細末，湯浸蒸餅丸如菉豆大一倍，每五十丸，白湯下，量所傷服之。

枳實導滯丸：治傷濕熱之物，不得施化而作痞，滿悶不安。

茯苓　黄芩　白术　黄連各三錢　澤瀉二錢　大黄一兩　枳實炒　神麯各五錢

右爲細末，如上法丸，服至七十丸。

枳實梔子大黄湯：大病差後傷食勞復。

枳實一箇，炒　梔子三枚，大者　豉一兩，綿裹

右以清漿水二盞煑至八分，內枳實、梔子，少時下豉，再煑五六沸，去柤，內大黄如薄棋子六七枚，煎五六沸，溫服。食膏粱之物過多，煩悶亂者，亦宜服之。如無宿食，止因食傷煩亂者，減去大黄，令溫服取汗。

木香見晛丸：治傷生冷硬物，心腹滿悶疼痛。

巴豆霜半錢　荆三棱一兩，煨　神麯炒，一兩　木香二錢　香附子半兩，炒　石三棱半兩，煨　升麻三錢　柴胡二錢　草豆蔻麪裹煨，半兩

右爲末，湯浸飥餅丸如菉豆大一倍，每二十丸，白汤下，量所傷多少服之。

三棱消積丸：治傷生冷硬物，不能消化，心腹滿悶。

丁皮　益智仁各三錢　陳皮　青皮各五錢　茴香炒，半兩　炒麯　廣术炮　京三棱炮，各七錢　巴豆和米炒，去米，五錢

右爲細末，醋糊丸如桐子大，每十丸至二十丸，溫薑湯下，食前服[一]。量虛實加減[二]，如更衣，止後服。

備急大黄丸：療心腹諸卒暴百病。

大黄　乾薑　巴豆去皮，各一兩

右須精擇好藥，擣羅蜜和，更擣一千杵，丸如小豆大，每三丸，大小量之。若中惡客忤，心腹脹滿，卒痛如錐刀刺痛，氣急口噤，停尸卒死者[三]，以暖水若酒服之。或不下，捧頭起下嚥，須臾差[四]，未差，更與三丸，以腹中鳴轉即吐下便愈。若口已噤，亦須折齒灌之令入[五]，尤妙。忌蘆笋、豬肉、冷水、肥膩。易水張先生又名獨行丸，乃急劑也。

海藏神應丸：治因一切冷物冷水及潼乳酪水，腹痛腸鳴，米穀不化。

巴豆　杏仁　乾薑　百草霜各半兩　丁香　木香各二錢　黄蠟一兩

右先將黄蠟用好醋煮，去柤，將巴豆、杏仁同炒黑煙盡，研如泥，將蠟再上火，入小油半兩溶開，入在杏仁等泥子內，同攪旋，下丁香、木香等藥末研勻，搓作挺子，油紙裹了旋丸，每用三五十丸，溫米飲下，食前服。

【校記】

[一]“服”，原脱，今據文淵閣四庫全書本補。

[二]“量虛實加減”，原誤作“加虛實如減”，今據天德尚賢堂本改。

[三]“停”，原脱，今據《内外傷辨惑論》卷下補。

[四]“差”，原脱，今據《内外傷辨惑論》卷下補。

[五]“灌”，原誤作“嚾”，今據天德尚賢堂本改。

吐劑

瓜蒂散（方見前[一]）

按：論云：若不兩尺脈絕，無不宜便用此藥，恐損元氣，令人胃氣不復。若止是胸中窒塞，悶亂不通，以指探去之。如不得吐者，以物探去之，得吐則已。如食不去，用此藥去之。

【校記】

[一]“方見前”，天德尚賢堂本、文淵閣四庫全書本並作“方見痰飲門”五字。

補益之劑

補中益氣湯（方見熱門）

按：《立方本指》云：夫脾胃虛者，因飲食勞倦，心火亢甚而乘其土位，其次肺氣受邪，須用黄芪最多，人參、甘草次之。脾胃一虛，肺氣先絕，故用黄芪以益皮毛而閉腠理，不令自汗；上喘氣短，損其元氣，人參以補之；心火乘脾，炙甘草之甘溫，以瀉火熱而補脾胃中元氣。若脾胃急痛，腹中急縮者，宜多用之，經云急者緩之。白术苦甘溫，除胃中熱，利腰臍間血；胃中清氣在下，升麻、柴胡以引之，引黄芪、甘草甘溫之氣味上升，能補衛氣之散解而實其表也，又緩帶脈之縮急。二味苦平，味之薄者，陰中之陽，引清氣上升也。氣亂於胸中，爲清濁相干，用陳皮以理之，又能助陽氣之升以散滯氣，助諸甘辛爲用也。脾胃氣虛，不能升浮，爲陰火傷其生發之氣，榮血大虧，營氣不榮，陰火熾盛，是血中伏火日漸煎熬，血氣日減，心主血，血減則心無所養，致使心亂而煩，病名曰悗悗者，心惑而煩悶不安也。故加辛甘微溫之劑生陽氣，陽旺則能生陰血，更以當歸和之，少加黄柏以救腎水，能瀉陰中之伏火。如煩不止，少加生地黄補腎水，水旺而心火自降。如氣浮心亂，以朱砂安神丸鎮固之，則愈。（安神丸方見熱門）

頭痛，加蔓荆子三分；痛甚，加川芎五分；頂痛腦痛，加藁本五分，細辛三分；諸頭痛，並用此四味；

頭痛有痰，沉重懶倦者，乃太陰厥頭痛，加半夏半錢，薑三分。

耳鳴目黃，頰頷腫，頸肩臑肘臂外後廉痛，面赤，脈洪大者：以羌活一錢，防風七分，甘草五分，藁本七分，通其經血；加黃芩三分，黃連三分，消其腫；人參五分，黃芪七分，益元氣而瀉火邪。

嗌痛頷腫，脈洪大，面赤，加黃芩三分，桔梗七分，甘草三分；口乾嗌乾者，加葛根五分，升引胃氣上行以潤之。

心下痞，夯悶者，加芍藥、黃連各一錢。如痞腹脹，加枳實三分，厚朴七分，木香三分，砂仁三分；如天寒，少加乾薑。

心下痞，覺中寒，加附子、黃連各一錢；不能食而心下痞，加生薑、陳皮各一錢；能食而心下痞，加黃連半錢，枳實三分；脈緩，有痰而痞，加半夏、黃連各一錢。

腹中痛，加白芍半錢，甘草三分；如惡寒，覺冷痛，加中桂半錢；夏月腹中痛，不惡寒，不惡熱者，加黃芩五分，芍藥一錢，甘草五分，以治時熱也。

腹痛在寒涼時，加半夏、益智、豆蔻之類。

脇下痛，或縮急，俱加柴胡。

臍下痛，加真熟地黃半錢；有寒者，加肉桂半錢。

升陽散火湯（方見火門）

當歸補血湯（方見熱門）

升陽順氣湯：治因飲食不節，勞役所傷，腹脇滿悶短氣，遇春則口無味，遇夏雖熱猶寒，飢常如飽，不喜食冷。

升麻　柴胡各一錢　黃芪一兩　半夏三錢　甘草炙，半錢　陳皮一錢　人參三錢　神麯炒，一錢　當歸身一錢　黃柏半錢　草豆蔻仁二錢

右㕮咀，每三錢或半兩，水煎，入生薑三片。

按：論云：脾胃不足之證，須用升麻、柴胡苦平，味之薄者，陰中之陽，引脾胃中清氣行於陽道及諸經，生發陰陽之氣，以滋春氣之和也；又引黃芪、參、草甘溫之氣味上行，充實腠理，使陽氣得衛外而爲固也。凡治脾胃之藥，多以升陽補氣名之者此也。

升陽補氣湯：治飲食不時，飢飽勞役，胃氣不足，脾氣下溜，氣短無力，不能寒熱，早飯罷轉增昏悶，須要眠睡，怠墮四肢不收，懶倦動作，及五心煩熱。

升麻　羌活　獨活　防風　白芍　澤瀉　甘草炙，各一錢　厚朴半錢，製　柴胡二錢半　生地黃一錢半

右爲粗末，每五錢，水煎，入薑三片，棗二枚。如腹脹及窄狹，加厚朴；腹中似硬，加砂仁三分。

按：此用升浮扶持胃氣，抑肝清脾藥也。

參术調中湯：瀉熱補氣，止嗽定喘，和脾胃，進飲食。

黃芪四分　桑白皮五分　人參　甘草炙　白茯苓各三分　五味子二十箇　白术三分　地骨皮　麥門冬　陳皮各二分　青皮一分

右㕮咀，作一服，水煎，大溫服，早飯後。忌多言語勞役。

按：論云：《内經》曰火位之主，其瀉以甘，以黃芪甘溫，瀉熱補氣，桑白皮苦微寒，瀉肺火定喘，故以爲君；肺欲收，急食酸以收之，以五味之酸，收耗散之氣，止咳嗽，脾胃不足，以甘補之，白术、人參、炙甘草苦甘溫，補脾緩中，爲臣；地骨皮苦微寒，善解肌熱，茯苓甘平，降肺火，麥門冬甘微寒，保肺氣，爲佐；青、陳皮苦辛溫，散胸中滯氣，爲使也。

升陽益胃湯：治脾胃虛，則怠墮嗜臥，四肢不收。時值秋燥令行，濕熱少退，體重節痛，口乾舌乾，飲食無味，大便不調，小便頻數，食不消。兼見肺病洒淅惡寒，慘慘不樂，面色惡而不和，乃陽氣不伸故也，當以升陽益胃名之。

羌活　獨活　防風各半兩，以秋旺，故以辛溫瀉之　柴胡　白术　茯苓渴者勿用　澤瀉各三錢　黃芪二兩　人參　半夏　甘草炙，各一兩　黃連一錢　陳皮四錢　白芍五錢，何故秋旺用參、术、芍藥之類反補旺？脾胃虛則肺俱受邪，故因時而補，易爲力也

右㕮咀，每服三錢，水煎，入薑、棗，溫服，早飯後，或加至半兩。服藥後，如小便罷而病加劇，是不宜利小便，當少去茯苓、澤瀉。若喜食，初一二日不可飽食，恐胃再傷，以藥力尚少，胃氣不得轉運升發也。須薄味之食或美食助其藥力，益外浮之氣而滋其胃氣。慎不可淡食，以損力而助邪氣之降沉也。可以小役形體，使胃與藥得轉運升發，慎勿大勞役使氣復傷[一]，脾胃得安靜爲佳。若胃氣稍强，少食果以助穀藥之力，經云五穀爲養，五果爲助者也。

雙和散：補血益氣，治虛勞少力。

黃芪　川芎　當歸　熟地黃各一兩　官桂　甘草炙，各七錢半　白芍二兩半

右爲粗末，每四錢，入薑、棗，水四盞煎，溫服。

論云：治大疾之後，虛勞氣乏者，以此調治，不熱不冷，溫而有補[二]。

調中益氣湯：夫脈弦洪緩而沉，按之中之下得一澀，其證四肢滿閉[三]，肢節煩疼，難以屈伸，身體沉重，煩心不安，忽肥忽瘦，四肢懶倦，口失滋味，大小便清利而數，或上飲下便，或大便澀滯不行，一二日一見。夏月飧泄，米穀不化，或便後見血見白膿，胸滿短氣，咽膈不通，安臥嗜睡無力，不思飲食。

升麻二分　黃芪一錢　甘草半錢　蒼术四分　木香一分　人參五分　柴胡　橘皮各二分

右㕮咀，作一服，水煎，食前熱服。

如時顯熱躁，是下元陰火蒸蒸發也，加生地黃、黃柏；如大便虛坐不得，或大便了而不了，腹常逼迫，血虛血澀也，加當歸身。

【校記】

[一]“傷”，原誤作“若”，今據天德尚賢堂本改。

[二]“補”，原誤作“餘”，今據天德尚賢堂本改。

[三]“閉”，天德尚賢堂本作“悶”。

白术和胃丸：治病久不能食，而臟腑或結或溏，此胃氣虛弱也，常服則和中理氣，消痰去濕，和脾胃，進飲食。

厚朴製　半夏各一兩　白术一兩二錢　陳皮八錢　檳榔　枳實各二錢半　木香一錢　人參七錢　甘草炙，三錢

右爲細末，生薑汁浸蒸餅，爲丸如桐子大，每三十丸，溫水送下，食遠服之。

寬中進食丸：滋形氣，美飲食。

神麯炒，五錢　甘草炙，一錢　木香五分　草豆蔻仁五錢　枳實炒，四錢　半夏七錢　人參一錢　乾生薑一錢　青皮一錢　陳皮　白术　白茯苓　澤瀉各二錢　豬苓一錢　砂仁一錢半　大麥牙一兩

右爲細末，湯浸蒸餅爲丸如桐子大，每三四十丸，溫米飲下，食遠服之。

厚朴溫中湯：治脾胃虛寒，心腹脹滿，及秋冬客寒犯胃，時作疼痛。

厚朴製　陳皮各一兩　茯苓　草豆蔻　甘草炙　木香各半兩　乾薑二錢

右爲粗末，每五錢，入薑煎，食前服。

論云：戊火已衰，不能運化，又加客寒，聚爲滿痛，散以辛熱，佐以苦甘，以淡泄之，氣溫胃和，痛自止矣。

按：此三方又消導之劑也。

益胃散：治服寒藥過多，或脾胃虛弱，胃脘痛。（又名溫胃湯）

白豆蔻　薑黃　乾生薑各三錢　澤瀉　砂仁　甘草　人參　厚朴　陳皮　黃芪各七錢　益智仁六錢

右爲細末，每服三錢，水煎，溫服。如脈弦，惡寒腹痛，乃中氣弱也，以仲景小建中加黃芪、錢氏異攻散加芍藥選而用之。

沉香溫胃丸：治中焦氣弱，脾胃受寒，飲食不美，氣不調和，臟腑積冷，心腹疼痛，大便滑泄，腹中雷鳴，霍亂吐瀉，手足厥逆，大便利無度。又治下焦陽虚，臍腹冷痛，及療傷寒陰濕，形氣沉困，自汗。

沉香　甘草炙　良薑　當歸　吴茱萸　人參　木香　茯苓　白术　白芍各半兩　附子炮　巴戟酒浸　乾薑炮　茴香各一兩　官桂七錢　丁香二錢

右爲細末，用好醋打麪糊，爲丸如桐子大，每五七十丸，熱米飲空心下，日二服。忌一切生冷物。

按：此治腎之脾胃虚寒藥也。論云：凡脾胃之證，調治差誤，或妄下之，未傳寒中，復遇時寒，則四肢厥逆而心胃絞痛，冷汗出。《舉痛論》云：寒氣客於五臟，厥逆上泄，陰氣竭[一]，陽氣未入，故卒然痛死不知人，氣復反則生矣。夫六氣之勝，皆能爲病，惟寒毒最重，陰主殺故也。聖人以辛熱散之，復其陽氣，故曰寒邪客之，得炅則痛立止，此之謂也。

【校記】

[一]“陰氣竭”，原脱，今據天德尚賢堂本補。

神聖復氣湯：治氣乘冬，足太陽寒氣，足少陰腎水，子能令母實，手太陰肺實，反來侮土，火木受邪，腰背胸膈閉塞疼痛，善嚏，口中涎，目中泣，鼻流濁涕不止。或息肉，不聞香臭，咳嗽痰沫，上熱如火，下寒如冰，頭作陣痛，目中流火，視物䀮䀮，耳鳴耳聵，頭並口鼻。或惡風寒，喜日陽，夜卧不安，常覺痰塞，膈咽不通，口失味，兩脇縮急而痛，牙齒動搖，不能嚼物。陰汗出[一]，前陰冷，行步欹側，起居艱難，掌中寒風痹麻木，小便數而晝多，夜頻而欠，氣短喘喝[二]，少氣不足以息，卒遺失無度。婦人白帶，陰户中痛，牽心而痛，面如赭色，食少，大便不調，煩心霍亂，逆氣裏急而腹痛[三]，皮色白，後出餘氣，復不能努，或腸鳴，膝下筋急，肩甲大痛。此皆寒水來復火土之讎也[四]。

乾薑炮，三分　半夏湯洗，七分　柴胡一錢　藁本八分　防風　人參　郁李仁研，各半錢　升麻七分　附子炮，二分　當歸身六分　羌活一錢　甘草八分　白葵花五朵，去心

右㕮咀，都作一服，水五盞煎至二盞，入：

黄芪一錢　陳皮五分　草豆蔻麪裹煨，一錢，在内煎至一盞，再入下項藥：

黄柏酒浸　黄連酒洗　枳殼　生地黄各三分

已上四味，預一日别用新水浸，又以：

華細辛[五]二分　川芎　蔓荆子各三分

預一日用新水半大盞，分作二處，浸此三味，並黄柏等煎正藥作一大盞，不去柤，入此浸者藥再上火煎至一大盞，去柤，空心稍熱服。又能治咬頬咬唇咬舌、舌根强硬等證，如神。宜食肉湯，不宜食肉，不助經絡中火邪也。大抵腎與膀胱經中有寒，元氣不足者，皆宜服之，神驗。於月生月滿時，隔三五日一服。如病急，不拘時分。

【校記】

[一]“出”，原脱，今據天德尚賢堂本補。

[二]“喝”，原誤作“渴”，今據天德尚賢堂本改。

[三]“痛”，原脱，今據天德尚賢堂本補。

[四]“來”，原誤作“木”，今據天德尚賢堂本改。

[五]“華細辛”，天德尚賢堂本作“華陰細辛”四字。

益胃湯：治頭悶，勞動則微痛，不喜飲食，四肢怠墮，躁熱氣短，口不知味，腸鳴，大便微溏黄色，身體昏悶，口乾，不喜食冷。

黄芪半錢　甘草二分　黄芩三分　當歸半錢　蒼术一錢半　陳皮　升麻各五分　柴胡　人參　白术　益智仁各三分　半夏二分

右㕮咀，作一服，水煎，食前稍熱服。忌生冷硬物酒濕麪。

强胃湯：治因飲食勞倦所傷，腹脇滿悶短氣，遇春口淡無味，遇夏雖熱而惡寒，常如飽，不喜食冷物。

前方減黄芩、蒼白术、益智，加草豆蔻、黄柏、麴、生薑。

論曰：治法已驗者，可以意求其的，觸類而長之，則不可勝用矣。予病脾胃久衰，視聽半失，此陰乘陽而上，氣短，精神不足，且脈弦，皆陽氣衰弱，伏匿於陰中故耳。癸卯歲，六七月間霖雨陰寒，逾月不止，時人多病瀉痢，乃濕多成五泄故也。一日，體重，肢節疼痛，大便泄並下者三而小便閉塞。默思《內經》有云在下者引而竭之，是先利小便也。又治諸瀉，小便不利者，先分利之。治濕不利小便，非其治也。法當淡滲之劑，意聖人之法雖布在方策，其不盡者以意求之。今客邪寒濕之勝，自外入裏而甚暴，若以淡滲之劑利之，病雖即已，是降之又降，復益其陰而重竭其陽也，則陽氣愈削而精神愈短，陰重强而陽重衰也，兹以升陽之藥是爲宜爾。羌活、獨活、升麻各一錢，防風半錢，炙甘草半錢，一劑乃愈。大法云：寒濕之勝，助風以平之。又曰：下者舉之。此得陽氣升騰，故愈，是因曲而爲之直也。夫聖人之法，可以類推，舉一則知百矣。

雜方

拔萃檳榔丸：治傷食，心腹膨脹。

檳榔二錢半　陳皮一兩　木香二錢半　牽牛頭末，半兩　枳實半兩

右爲細末，醋糊丸桐子大，米飲下二三十丸。

千金紫丸：治食癎。

赤石脂　代赭石各一錢　巴豆三十箇，另研　杏仁五箇，另研成膏

右以杏仁膏相和，杵二千下，入蜜些小，丸麻子大，三十日兒一丸，乳下。

丹溪越鞠丸：治食欝。（方見熱門）

玉機微義卷之十八

玉機微義卷之十九

虚損門

脈法

《脈經》曰：脈來耎者爲虚。緩者爲虚。微則爲虚。弱爲虚。濡爲虚。弦爲中虚。脈來細而微者，血氣俱虚。脈小者，血氣俱少。

《内經》曰：脈虚氣虚尺虚，是謂重虚。所謂氣虚者，言無常也；尺虚者，行步恇然；脈虚者，不象陰也。如此者，滑則生，澀則死。

《要略》曰：脈芤爲虚。脈沉小遲者脱氣。

虚損脈證

《難經》曰：至脈從下上，損脈從上下也。一損損於皮毛，皮聚而毛落；二損損於血脈，血脈虚少，不能榮於五臟六腑；三損損於肌肉，肌肉消瘦，飲食不能爲肌膚；四損損於筋，筋緩不能自收持；五損損於骨，骨痿不能起於床。反此者，至脈之病也。從上下者，骨痿不能起於床者死；從下上者，皮聚而毛落者死。然治損之法，損其肺者益其氣，損其心者調其榮衛，損其脾者調其飲食，適其寒溫，損其肝者緩其中，損其腎者益其精。

《病機機要論》曰：虚損之疾，寒熱因虚而感也。感寒則損陽，陽虚則陰盛，自上而下，治之宜以辛甘淡，過於胃則不可治也；感熱則損陰，陰虚則陽盛，故損自下而上，治之宜以苦酸鹹，過於脾則不可治也。自上而損者，一損損於肺，皮聚而毛落；二損損於心，血脈虚少，不能榮於臟腑，婦人月水不通；三損損於胃，飲食不爲肌膚。自下而損者，一損損於腎，骨痿不能起於床；二損損於肝，筋緩不能自收持；三損損於脾，飲食不能消尅。論曰：心肺損而色蔽，腎肺損而形痿，穀不能化而脾損。感此病者，皆損之病也，漸漬之深，皆虚勞之疾也。

謹按：《難經》論損脈證者，謂因勞損其形體血脈臟腑，內外因也，故治法宜調養之。已上論者謂因虚外感也。然傷寒中暑初感，必先足太陽，今歸之於手太陰、足少陰者，蓋肺主皮毛、腎主骨爾。若此，則因虚外感不獨傷於足經也，但足經傷寒有傳變，恐不可作損證論也[一]。

【校記】

[一]“也”，原誤作“乎”，今據天德尚賢堂本改。

論虚爲陰氣不足

丹溪曰：人受天地之氣以生，天之陽氣爲氣，地之陰氣爲血，故氣常有餘，血常不足。何以言之？天地爲萬物父母，天大也爲陽，而運於地之外，地居天之中爲陰，天之大氣舉之。日實也屬陽，而運於月之外，月缺也屬陰，禀日之光以爲明，故人身之陰陽，其消長亦視月之盈虧焉。夫人之生也，男子十六歲而精通，女子十四歲而經行，是有形之後，猶有待於乳哺，水谷之養，陰氣始成而可與陽氣爲配，以能成人而爲人父母。古人必待三十、二十而後嫁娶，可見陰氣之難於成而古人之善於保養也。錢仲陽謂腎有補無瀉[一]，正是此意。又按《禮記》注曰：惟五十然後養陰者有以加。《內經》曰：年至四十，陰氣自半而起居衰矣。又曰：男子六十四而精絕，女子四十九而經斷。夫以陰氣之成，止供給得二十年之運用[二]，已先虧矣。人之情欲無涯，此難成易虧之陰氣，若之何而可以縱欲也？經曰：陽者，天氣也，主外；陰者，地氣也，主內。故陽道實，陰道虚，非吾之過論也。或曰：仰觀俯察乎天地日月，既若是之不同，何寒暑溫涼之見於四時者，又如此之相等而無降殺也？曰：動極復静，静極復動，猶人之嘘吸也。寒者，吸之極，氣之沉也；熱者，嘘之極，氣之浮也；溫者，嘘之微，氣之升也；涼者，吸之微，氣之降也。一嘘一吸，所乘之機，有以使之，宜其相等而無降殺。此以流行之用而言，前以大小虚實言者，蓋其對待之體也。或曰：遠取諸天地日月，近取諸男女之身，曰有餘，曰不足，吾知之矣。人在氣交之中，今欲順陰陽之理而爲攝養之法，如之何則可？曰：主閉藏者腎也，司疏泄者肝也[三]，二臟皆有相火，而其系上屬於心。心，君火也，爲物所感則易於動，心動則相火翕然而隨，雖不交會，亦暗流而滲漏矣。所以聖賢只是教人收心養性，其旨深矣。天地以五行更迭衰旺而成四時，人之五臟六腑亦應之而衰旺。四月屬巳，五月屬午，爲火大旺，火爲肺金之夫，火旺則金衰。六月屬未，爲土大旺，土爲水之夫，土旺則水衰。況腎水常藉肺金爲母，以補助其不足，故《內經》諄諄然資其化源也。古人以夏月必獨宿而淡味，兢兢業業於愛謹保養金水二臟，正嫌火土之旺爾。《內經》又曰：藏精者，春不病溫。十月属亥，十一月属子，正大氣潛伏閉藏，以養其本然之真，而爲來春升動發生之本。若於此時不恣欲以自戕，至春升之際，根本壯實，氣不輕浮，焉有溫熱之病？夫夏月火土之旺，冬月大氣之伏，此論一年之虛耳。若上弦前，下弦後，月廓空，亦爲一月之虛。大風大霧，虹電飛雹，暴寒暴熱，日月薄蝕，憂愁忿怒，驚恐悲哀，醉飽勞倦，謀慮勤動，又皆爲一日之虛。若病患初退，瘡痍正作，尤不止於一日之虛。今人多有春末夏初患頭痛脚軟，食少體熱，仲景論春夏劇，秋冬差，而脈弦大者，正世俗謂注夏病也。若犯此四者之虛，似難免此。夫當壯年，便有老態，仰事俯育，一切隳廢。興言至此，深可驚懼。古人謂不見可欲，使心不亂。夫以溫柔之感於體，聲音之感於耳，顏色之感於目，馨香之感於鼻，誰是鐵心漢不爲動？善養生者，於此五箇月，出居於外。苟值一月之虛，一日之虛，亦宜暫遠帷薄，久自珍重，保全天和，庶可以滋助化源，水得所養，陰無虧，必與陽齊平，然後陽得所附而無飛越之尤，遂成天地交之泰，何病之可言？願相與遵守，期無負敬身之教，幸甚！

謹按：人身肖天地，一氣實同，陽有餘，陰不足，而常若是，此其道也。故有起居不時，七情六慾而增，虛極者多在陰爾。但世俗不審此理，往往補陽，是以先生論此，誠千古不傳之妙，實啟後人之盲聵也。且於《內經》，謂以身之虛，而逢天之虛，兩虛相感，其氣至骨，入則傷五臟，工候救之[四]，弗能傷也。旨趣爲明白，養生者最宜玩味。

【校記】

[一]“謂”，原脱，今據天德尚賢堂本補。

[二]“二十”，天德尚賢堂本、文淵閣四庫全書本並作“三十”。

[三]“肝”，原誤作“汗”，今據天德尚賢堂本、文淵閣四庫全書本改。

[四]“工”，原誤作“二”，今據天德尚賢堂本改。

論虛爲勞倦所傷

東垣曰：經云陰虛生內熱云云（見熱門），又云勞則氣耗，勞則喘且汗出，內外皆越，故氣耗矣。夫喜怒不節，起居不時，有所勞傷，皆損其氣，氣衰則火旺，火旺則乘其脾土，脾主四肢，故困熱，無氣以動，懶於言語，動作喘乏，表熱自汗，心煩不安。當病之時，宜安心靜坐以養其氣，以甘寒瀉其火熱，以酸味收其散氣，以甘溫補其中氣，經言勞者溫之，損者溫之者是也。《要略》云平人脈大爲勞，以黄芪建中湯治之之意也。

謹按：丹溪先生曰：治病之方，先顧原氣。蓋謂諸病多因虛致故也。是以勞倦之證，其因甚多，東垣、丹溪論治詳矣。然比之虛損證不同，有因病致虛者，如傷寒暑飲食後，或久病所致之類是也。因虛致損者，如病後形瘁瘠弱勞瘵之類是也。此則虛損皆與勞倦不同，大抵因病致虛則爲輕，蓋病勢尚淺，原氣未虛也。至病初愈而復勞，或復飲食勞倦，或房勞七情六慾，陽瘁陰弱，加至羸損，此因虛致損則爲重，病勢已過，原氣已索故也。愚謂此當分治，如因病致虛及勞倦不足，與已下諸證兼虛者，宜從東垣、丹溪之論治之。因虛致損者，又當於東垣、丹溪論治而推充行之可也。

論虛證爲痿

（詳見痿門）

論虛證發熱

（詳見熱門）

論虛證惡寒

（詳見寒門）

論虛證爲瀉痢

（詳見滯下門）

論虛證似中風

（詳見中風門）

論虚爲頭痛頭眩

（詳見各門）

論虚證夾痰有似邪祟

丹溪曰：血氣者，身之神也，神既衰乏，邪因而入，理或有之。若夫血氣俱虧，痰客中焦，妨碍升降，不得運用，以致十二官各失其職[一]，視聽言動，皆有虚妄，以邪治之，焉能愈病？憲幕傅兄之子，年十七，暑月因勞而渴，恣飲梅漿，又連得大驚三四次，妄言妄見，病似邪鬼。兩脈皆虚弦而沉數。予曰：數爲有熱，虚弦是大驚，又酸漿停於中脘，補虚清熱，導去痰滯，病乃可安。與參、术、陳皮、茯苓、芩、連等濃作湯，入竹瀝、薑汁，與浹旬，未效。衆皆尤藥之未對。予知其虚之未回，痰之未導，仍與前藥，加荆、瀝，又旬餘而安。外弟一日醉飽後，亂言妄見，且言伊兄生前事甚的。乃叔叱之，曰：食魚肉與酒大過，痰所爲耳。灌鹽湯一大碗，吐痰一升許，汗因大作，困睡一宵而安。又金氏婦，壯年，暑月赴筵回，乃姑詢其座次失序，自愧因成病。言語失倫，其中又時間一句曰奴奴不是。兩脈皆弦而數，予曰：非鬼神，乃病也。但與補脾導痰清熱，數日自安。其弟不信，以數巫者噴水而咒之，旬餘而死。或曰：病無鬼，以邪治之，何至於死？曰：暑月赴筵，外境蒸熱，辛辣適口，内境鬱熱，而況舊有積痰，加之愧悶，其痰與熱，何可云喻？今乃驚以法尺，是驚其神而血不寧也，噴以法水，是冷密其肌，汗不得泄也。汗不得泄則熱内燔，血不得寧，則陰消而陽不能獨立也，不死何候[二]？或曰：《外臺秘要》有禁咒一科，庸可廢乎？予曰：移精變氣，乃小術耳，可治小病。若内有虚邪，外有實邪，自有定法，符何能也？惟符水可治膈上熱痰，一呷涼冷，豈不清快？若内傷而虚，與冬令嚴寒，符水入口，必氷胃而死。斯言也，可與識者道。

【校記】

[一]“官”，原誤作“宫”，今據天德尚賢堂本改。

[二]“候”，天德尚賢堂本、文淵閣四庫全書本並作“俟”。

論原氣陷下因虚所致

《內經》曰：感虚乃陷下也。

謹按：《針經》曰：陷下則灸之。夫病有邪氣陷下、正氣陷下者也，然經謂邪氣陷下者，是經虚氣少邪入，故曰感虚乃陷下也。故諸邪陷下，在經者宜灸之。正氣陷下者，若東垣所謂飲食勞倦，內傷元氣，胃脘之陽不能升舉，並心肺之氣陷入於中焦，藥以扶持元氣、胃氣是也。然用藥亦有輕重，輕者用升浮之劑，如補中益氣湯、益胃升陽湯之類是也，重者宜用劫劑，來復丹、靈砂丹之類是也。况諸邪陷下，宜灸之證，亦有標本不同，論見寒門方後。

論精氣奪則虚

（奪，謂精氣減少，如奪去也。出《內經·通評虚實論》）

謹按：人稟冲和之氣而生身有三，曰元精，曰元氣，曰元神者，本身中之真精、真氣、真脈也。夫精乃腑臓之真，非榮血之比，故曰天癸。氣乃腑臓之大經，爲動静之主，故曰神機。脈爲天真委和之一氣，經謂其名有三，曰命之本，氣之神，形之道，其機運升降皆隨氣而動，因血而榮，精氣資始，相生不失，以養一身，爲人之司命，形質之體用也。至若精不足則氣失資化，氣不足則血失所營，血不足則氣無所附，天真散亂，則氣血精神無所稟命矣。是以相生長養之道，精化氣，氣生神，而皆稟乎身中腑臓之真也。夫氣血從乎榮衛，榮衛又宗乎經隧。榮衛者，精氣之化，爲先天清濁之始；經隧者，胃之水穀氣化。此經隧不能不生榮衛，榮衛不能不散而養經脈，經脈不能不順而資天真，爲生養、涵容、造化形質，理之然也。凡人之視聽言動壯壽，皆此理之常也[一]，疾病盲聵關格夭折，皆此理之失也。故有精神氣血不足則病，真脈散亂則死者，皆由平日攝養之過與不及，動止之不循常度也[二]。經云：出入廢則神機化滅，升降息則氣立孤危。然房勞甚，則精血竭而神無所依，氣無所附，則忽致暴絕也。竊嘗第究先哲經義濟生微旨，益氣之補肺，補精之滋腎，皆滋其化源也。蓋人之精血而常不足，加之數奪其真，資化失則榮氣乃虚，虚則衛氣不固，精亦滑奪，腎氣竭而陰微，不能與胃氣上升，以接清陽之氣。故病多頭重或痛，氣弱而食少，元氣下陷，脈即微弱，外散欲絕而虚洪，或見損脈。此實元精不足之所致，非有外感賊邪之病也。

【校記】

[一]“也”，原誤作“化”，今據文淵閣四庫全書本改。

[二]“循”，原誤作“踰”，今據天德尚賢堂本改。

論形氣不足有餘用補瀉法

東垣曰：黄帝云形氣之逆順奈何？岐伯曰形氣不足，病氣有餘，是邪勝也，急瀉之。形氣有餘，病氣不足，急補之。形氣不足，病氣不足，此陰陽俱不足也，不可刺之，刺之重不足，重不足則陰陽俱竭，血氣皆盡，五臟空虚，筋骨髓枯，老者絶滅，壯者不復矣。形氣有餘，病氣有餘，此謂陰陽俱有餘也，急瀉其邪，調其虚實。故曰有餘者瀉之，不足者補之，此之謂也。

按：釋云：聖人垂慈仁之心已詳矣，不合立言。誠恐市井莊農山野間不知文理，故以俚語開解之云。但病來潮作之時，病氣精神增添者，是爲病氣有餘，乃邪氣騰也，急瀉之以寒涼酸苦之劑；若病來潮作之時，神氣困弱者，爲病氣不足，乃真氣不足也，急補之以辛甘溫熱之劑。不問形氣有餘並不足，只取病氣有餘不足也，不足者補之，有餘者瀉之。

夫形氣者，氣謂口鼻中喘息也，形謂皮肉筋骨血脈也。形勝者爲有餘，消瘦者爲不足。其氣者，審口鼻中氣，勞役如故，爲氣有餘也，若喘息氣促氣短，或不足以息者，爲不足。故曰形氣也，乃人之身形中氣血也，當補當瀉，全不在於此[一]。只在病勢潮作之時，病氣增加者，是邪氣勝也，急當瀉之。如潮作之時，精神困弱，語言無力及懶語者，是真氣不足，急當補之。若病人形氣不足，病來潮作之時，病氣亦不足，此乃陰陽俱不足也，禁用針，宜補之以甘藥，不可以盡劑。不已[二]，臍下一寸五分氣海穴取之。

【校記】

[一]“全”，原誤作“令”，今據天德尚賢堂本改。
[二]“不已”，天德尚賢堂本作“不灸弗已”四字。

論無病好補之誤

子和曰：人之好補者，有無病而補，有有病而補，或咨之庸醫，或問諸游客。庸醫以要用相求，故所論者輕，輕之則草木而已，草木則蓯蓉、牛膝、巴戟、兔絲之類；游客以好名自高，故所論者重，重之則金石而已，金石則丹砂、起石、硫黄之類。吾不知此爲補也，而補何臟乎？以爲補心耶？而心爲丁火，其經則手少陰，熱則瘡瘍之類生矣；以爲補肝耶？肝爲乙木，其經則足厥陰，熱則掉眩之類生矣；脾爲已土，而經則足太陰，以熱補之，則病腫滿；肺爲辛金，而經則手太陰[一]，以熱補之，病憤鬱。心不可補，肝不可補，脾不可補，肺不可補，莫非爲補腎乎？人皆知腎爲癸水，而不知其經則子午君火焉，補腎之火，火得熱而益熾，補腎之水，水得熱而益涸。既熾其火，又涸其水，上接於心之丁火，火獨用事，肝不得以制脾土，肺金不得以制肝木，五臟之極，傳而之六腑，六腑之極，遍而之三焦，則百病交起，萬疾俱生。小不足言，大則可懼，不宜則中，不中則暴瘖而死矣，以爲無病而補之所得也。且如有病而補之者，嘔而補，吐而補，泄而補，痢而補，瘧而補，咳而補，勞而補，產而補，嘔吐則和胃丸、丁沉煎，瀉痢豆蔻丸[二]、御米殼散，咳嗽則寧神散，勞，不桂附則山藥，產，不烏金則黑神。吾不知此爲補，果何意耶？殊不知嘔得熱而愈酸，吐得熱而愈暴，泄得熱而清濁不分，痢得熱而休息繼至，瘧得熱而進不能退，咳得熱而濕不能除，勞得熱而火益煩，產得熱而血愈崩，蓋如是而死者八九，生者一二。死者枉，生者幸，幸而一生，憔悴之態，人之所不堪。大抵有餘者損之，不足者補之，是則補之義也。陽有餘而陰不足，則當損陽而補陰；陰有餘而陽不足，則當損陰而補陽。熱則芒硝、大黄，損陽而補陰也；寒則乾薑、附子，損陰而補陽也。豈可以熱藥云乎哉？而寒藥亦有補之義也。經曰因其盛而減之，因其衰而彰之，此之謂也。

謹按：仲景論傷寒脈結代，爲血氣虚衰，不能相續，而用炙甘草湯，實補虚之法也，殊無常補之例。後世俗往往例用常補，故子和極論其弊，善莫大矣。但所言大黄、芒硝損陽而補陰[三]，是指仲景所謂陰陽虚盛之意，非補不足之法也。學者當審東垣、丹溪之論，則可以擴充矣。

又曰：人知補之爲利，而不知補之爲害也。論補者，蓋有六法，平補、峻補、溫補、寒補、筋力之補、房室之補。以人參、黄芪之類爲平補，以附子、硫黄之類爲峻補，以豆蔻、官桂之類爲溫補，以天門冬、五加皮之類爲寒補，以巴戟、蓯蓉之類爲筋力之補，以石燕、海馬、起石、丹砂之類爲房室之補。此六者，近代之所謂補者也。若施之治病，非徒功效疏闊，至其害不可勝言。《難經》言東方實，西方虚，瀉南方，補北方，此言肝木實而肺金虚，瀉心火，補腎水也。以此論之，前所謂六補者了不相涉。試舉補之所以爲害者，皆溫補之罪也。《內經》雖言形不足者溫之以氣，精不足者補之以味，氣屬陽，天之所以食人者，血屬陰，地之所以食人者，戒乎偏勝，非便以溫爲熱也。又若經曰損者補之，勞者溫之，此溫乃溫存之溫也，豈以溫爲熱哉？又如虚則補其母，實則瀉其子者，此欲權衡之得其平也，又烏在燔針壯火，煉石燒砒，硫薑烏附，然後爲補哉？所謂平補者，使陰陽兩停是已。奈時人往往惡寒喜溫，甘受酷烈之毒，雖死而不悔也，可勝歎哉？

《寶鑑》曰：諺云無病服藥，如壁裏安柱，此無稽之説，爲害甚大。夫天之生物，五味備焉，食之以調五臟，過則生疾。至於五穀爲養，五果爲助，五畜爲益，五菜爲充，氣味合而食之，補精補氣。倘用之不時，食之不節，猶或生疾。況藥乃攻邪之物，無病而可服哉？《聖濟》經云：彼修真者，弊於補養，輕餌金石藥。陽劑剛勝，病起則天癸竭而榮涸；陰劑柔勝，病生則真火微而衛散。一味偏勝，一臟偏傷，安得不病？唐孫思邈言：藥勢有所偏助，令人臟氣不平。裴潾諫憲宗曰：夫藥以攻疾，非朝夕常用之物，況金石性酷烈有毒，又加煉以火氣，非人五臟所能禁。至於張皋諫穆宗也[四]，亦謂神慮清則血氣和，嗜慾多而疾疢作。夫藥以攻疾，無疾不可餌也。故昌黎伯銘李子之墓，曰：余不知服食説起自何世，殺人不可計，而世慕尚之益至，此其惑也。今直取目見親與之游而以藥敗者六七公，以爲世誡。今復取目見者三四人，皆無故求益生之祥，病反生焉，或至喪身。壁裏安柱，果何如哉？且夫高堂大厦，梁棟安，基址固，壞塗毁塈，柱於壁中，甚不近人情。潔古老人云：無病服藥，乃無事生事。此誠不易之論。人之養身，幸而五臟安泰，六腑和平，謹於攝生，春夏奉以養生之道，秋冬奉以收藏之理，飲食有節，起居有常，少思寡欲，恬澹虛無，精神內守，不藥之藥也。噫！前人既往不可咎矣，後人其鑑焉。

謹按： 近世俗謂壁裏安柱爲安鼠，安鼠則必致穿壞垣壁矣，此無病服藥致無事生事，斯爲近理，然亦必古人之深戒也。後世俗因爲“柱”字之語訛爾，不然，則因有所化之矣。

【校記】

[一]“手”，原脱，今據天德尚賢堂本、文淵閣四庫全書本補。

[二]“痢”，下當有“則”字。

[三]“損”，此下原衍“損”字，今據天德尚賢堂本、文淵閣四庫全書本删。

[四]“也”，原誤作“曰”，今據文淵閣四庫全書本改。

論《局方》用諸熱藥補虛之失

丹溪曰：虛者補而養之，《局方》何例用辛香燥熱之劑，以火濟火，不無實實虛虛之禍？若曰兔絲子丸之治腎虛，金釵石斛丸之治氣不足，茴香丸之治臟虛冷，玉霜丸之治氣虛，養正丹之治諸虛，朴附丸之治脾虛弱，按氣丹之治真元虛，四神丹之治五臟虛，蓯蓉大補丸之治元臟虛，鍾乳白澤丸之治諸虛，三健湯之治氣不足，甚者內聚丹劑，悉曰補脾胃，補腎，補五臟，補真氣，而方各條下，曰口苦面黄，曰氣促喘急口淡，曰舌澀，曰噫酸，曰舌乾，曰溺數，曰水道澀痛，曰唇口乾燥等證，悉是明具熱論，如何類聚燥熱而謂可以健脾溫胃而滋腎補氣乎？又骨碎補丸治肝腎風虚，乳香宣經丸治體虚，換腿丸治足三陰經虚，或因感風而虚，或因虚而感寒，既曰體虚，肝腎虚，足三陰經虚，病非輕小，理宜補養，而自然銅、半夏、威靈仙、荆芥、地龍、川練[一]、烏藥、防風、牽牛、靈脂、草烏、羌活、石南、天麻、南星、檳榔等疏通燥疾之藥，居補劑之太半[二]，果何以補虚乎？地仙丹既曰補腎，而滋補之藥與僭燥走竄之藥相半用之，腎惡燥而謂可以補腎乎？借曰足少陰經非附子輩不能自達，八味丸，仲景腎經藥也，八兩地黄，以一兩附子佐之，觀此則是非可得而定矣。

【校記】

［一］“練”，文淵閣四庫全書本作“楝”。

［二］“居”，原誤作“俱”，今據天德尚賢堂本改。“太”，天德尚賢堂本、文淵閣四庫全書本並作“大”。

虚損治法

調理之劑

金匱桂枝加龍骨牡蠣湯：治諸脈芤動微緊，男子失精，女人夢交。

桂枝　白芍　生薑各三錢　甘草一錢　大棗一枚　龍骨　牡蠣各三錢

右㕮咀，水煎，食前服。

小建中湯：治虚勞裏急，悸衄，腹中痛，失精，四肢痠疼，手足煩熱，咽乾口燥。

桂枝　甘草炙，各三錢　大棗二枚　白芍六錢　生薑二錢　阿膠炒，一合

右㕮咀，水煎。

黄芪建中湯：治虚勞裏急，諸不足。

前方加黄芪二錢。

炙甘草湯：治虚勞不足，汗出而悶，脈結悸，行動如常，不出百日，危急者十一日死。

甘草二錢，炙　桂枝　生薑各一錢半　麥門冬一合　麻子仁一合　人參　阿膠各一錢　大

棗二枚　生地黄三錢

右㕮咀，水煎，入酒些小[一]，日作三四料服。

局方人參養榮湯（方見熱門）

按：已上諸方並太陽例藥也。

十味人參散

人參黄芪散

東垣補中益氣湯（方並見熱門）

益胃升陽湯：血脱益氣，古聖人之法也。先補胃氣，以助生發之氣，故曰陽生陰長。諸甘藥爲之先務，舉世皆以爲補氣，殊不知甘能生血，此陽生陰長之理。故先理胃氣，人之身，内穀爲寶。

前方加炒麯一錢半　生黄芩瀉盛暑之伏，庚金肺逆，每服少許，秋涼去之

右㕮咀，水煎。

按：已上諸方，並少陽例藥也。東垣云：表虚用桂枝、黄芪，裏虚用人參、芍藥。已上方有兼用者，治表裏俱虚也。然觀其法，有辛溫、甘溫、甘寒主治之别，苦寒、酸苦之佐，升降奇耦之意，皆異者。蓋虚中有兼寒兼熱，或氣虚血虚，陰陽氣血俱不足，或陰虚陽虚虚脱，與夫胃氣下陷，精神不足等因不同故也，用者當細分之。

【校記】

[一]“小”，天德尚賢堂本作“少”。

補氣之劑

嚴氏芪附湯：治氣虚陽弱，虚汗不止，肢體倦怠。

黄芪蜜炙　附子炮，等分

爲咀[一]，每四錢，加生薑煎。

參附湯：治真陽不足，上氣喘急，自汗盜汗，氣短頭暈。

人參半兩　附子炮，去皮臍，一兩

爲咀[二]，分作三服，加生薑煎。

按：此二方少陰例藥也。

四君子湯：治肺損，皮聚而毛落，宜此益氣。

人參　白术　茯苓　甘草炙

右㕮咀，水煎服。

濟生茯神湯：治脈虛極，或咳則心痛，喉中介或腫。

茯神　人參　遠志　通草　麥門冬　黄芪　桔梗　甘草等分

右㕮咀，每半兩，入薑煎。

瑞竹堂補氣湯：治氣虛，脈浮而軟，怔忡無力，自汗。

黄芪三兩，蜜水拌炒　人參　甘草炙，各半兩　麥門冬去心　桔梗炒，各一兩

右㕮咀，每四錢，水煎，入薑三片。《三因方》名潤神散。

按：此三方手太陰、少陰藥也。

【校記】

［一］“爲”，文淵閣四庫全書本作“右”。天德尚賢堂本作“右㕮”二字。

［二］“爲”，文淵閣四庫全書本作“右”。天德尚賢堂本作“右㕮”二字。

補血之劑

四物湯：滋榮血不足。（方見婦人門）

當歸補血湯（方見熱門）

按：此二方滋榮氣藥也。

丹溪大補丸：降陰火，補腎水。

黄柏炒褐色　知母酒浸，炒，各四兩　熟地黄酒蒸　敗龜板酥炙黄，爲末，各六兩

右爲末，豬脊髓和，煉蜜丸如桐子大，每七十丸，空心淡鹽湯送下。

補陰丸

黄柏半斤，鹽酒炒　知母酒浸，炒　熟地黄各三兩　敗龜板四兩，酒浸，炙　白芍炒　陳皮　牛膝各二兩　瑣陽　當歸各一兩半　虎骨一兩，酒浸，酥炙

右爲末，酒煑羊肉，丸如桐子大，每五六十丸，鹽湯下。冬加乾薑半兩。

按：此二方滋陰之藥也[一]。

【校記】

［一］“陰”，原誤作“陽”，今據天德尚賢堂本改。

補氣血之劑

局方十全大補湯：治心肺損及胃損，飲食不爲肌膚。（方見熱門）

十四味建中湯：治榮衛失調，血氣不足，勞損形體，瘦弱短氣，嗜臥。

當歸　白芍　白术　麥門冬　黄芪　甘草炙　蓰蓉　人參　川芎　官桂　半夏　熟地黄　茯苓各半錢　附子三分

右㕮咀，作一服，入薑、棗煎，食前服。

按：此並手足三陰藥也。

養氣丹：治諸虛百損，真陽不固，上實下虛，氣不升降，一切體弱氣虛之人。

禹餘糧石[一]　紫石英　赤石脂　代赭石　磁石已上各煅法見《局方》　附子二兩　肉蓯蓉一兩半　當歸　茴香　破故紙　木香　肉桂　巴戟　肉豆蔻　丁香　山藥　鹿茸　白茯苓　沉香　遠志並製　乳香　五靈脂　沒藥　朱砂　陽起石煅　鍾乳粉並別研，各一兩

右同碾爲細末，糯米粉糊爲丸。

按：此固滑脱、鎮虛逆、復陽助陰藥也，出太陽例。古方類此者甚多，姑存此一法。如真氣結薄，氣不升降，陰寒濕勝，胃冷肝虛者，非此藥不可，蓋宜重劑劫之是也。然有陰陽兩虛，濕熱自甚，元氣下陷，津液涸竭，氣血無所滋養，濁陰下溜，虛火上乘，惟宜調之補之以輕清之劑者，此方安能盡其變乎？用者自宜詳審。

金匱腎氣丸：治形體瘦弱，無力多困，腎氣久虛，久新憔悴，寢汗發熱，五臟齊損，瘦弱下血。

乾山藥　山茱萸肉各四兩　澤瀉　牡丹皮　白茯苓各三兩　熟地黄八兩

右爲末，煉蜜丸如梧子大，每五六十丸，空心溫水下。

拔萃三才封髓丹：降心火，益腎水。

天門冬　熟地黄　人參各半兩　黄柏炒，三兩　砂仁一兩半　甘草七錢半，炙，一方無

右爲細末，水糊丸梧子大，每五十丸，用蓯蓉半兩，切作片子，酒一大盞浸一宿，次日煎三四沸，去滓，空心送丸下[二]。除前三味，《五臟治要》作鳳髓丹。

按：此二方足少陰、手太陰藥也。

機要八物湯：治心肺虛損，皮聚而毛落，血脈虛損，婦人月水愆期，宜益氣和血。

四君子合四物湯

按：此手足太陰、少陰藥也。

【校記】

[一]“石”，天德尚賢堂本无“石”字。

[二]“下”，原誤作“子”，今據文淵閣四庫全書本改。

補虚損壯筋骨之劑

金匱崔氏八味丸：治腎虚氣乏[一]，下元冷憊，腹臍疼痛，夜多旋溺，脚膝緩弱，肢體倦怠，面皮痿黄或黧黑，及虚勞不足，渴欲飲水，腰重疼痛，少腹急痛，小便不利，並宜服之。

前腎氣丸加桂心一兩　附子炮，一兩

右爲細末，煉蜜丸如桐子大，每五七十丸，溫酒送下，鹽湯亦得，空心食前。婦人，淡醋湯下。

局方西川石刻安腎丸：治真氣虚憊，脚膝弱緩[二]，夜夢遺精，小便滑數而清。

青鹽四兩　鹿茸炙　柏子仁净　石斛　附子　川烏炮　巴戟去心　肉桂　兔絲子　蓯蓉　韭子　葫蘆巴　杜仲　破故紙炒　石棗　遠志　赤石脂　茯苓　茯神　茴香炒，各一兩　蒼术　川練[三]　川椒　山藥各四兩

右爲末，山藥酒糊丸如梧子大，每七八十丸，空心鹽湯下。

無比山藥丸：治諸虚百損，五勞七傷，肌體消瘦，膚燥脈弱。

赤石脂　茯神各一兩　山藥三兩　蓯蓉四兩，酒浸　巴戟　牛膝酒浸　澤瀉　山茱萸肉各一兩　五味子二兩　杜仲　兔絲子　熟地黄各三兩

右石臼内杵爲末，煉蜜丸梧子大，每四五十丸，空心溫酒下。

楊氏還少丹：大補真氣虚損，肌體瘦弱。

肉蓯蓉　遠志　茴香　巴戟　山藥　枸杞子　熟地黄　石菖蒲　山茱萸　牛膝　杜仲　楮實子　五味子　白茯苓

右石臼内搗爲末，煉蜜丸如梧子大，每五十丸，空心溫酒送下。

機要牛膝丸：治腎肝損，骨痿不能起於床，宜益精，筋緩不能自收持，宜緩中，此丸主之。

牛膝酒浸　萆薢　杜仲炒　蓯蓉酒浸　兔絲子　防風　葫蘆巴炒　桂減半　補骨脂　沙苑蒺藜

右等分，爲細末，酒煮豬腰子爲丸，每五七十丸，空心溫酒下。

按：此用防風以升發肝氣，非補肝也。

地黄丸：治陽盛陰虚，肝腎不足，房室虚損，形瘦無力，面多青黄而無常色，宜此養榮血腎氣。

蒼术泔浸　熟地黄各一斤　乾薑春七錢，夏半兩，秋七錢，冬一兩

右石臼杵爲末，蒸棗肉爲丸桐子大，每五七十丸至百丸，諸飲下。若加五味子，爲腎氣丸。述類像形，神品藥也。

按：已上諸方少陰例藥也。蓋謂腎爲真水，有補無瀉，故古人立腎氣丸法。後世俗因之以補陽，然陽虛者亦有之，但不可例爲常補爾。

謹按：虚損之證，其源雖多，莫不乃因胃氣元氣不足[四]，致氣虛血虛，陰陽俱虛，或房勞精竭，榮衛弱而腑臟氣痿，不能輸養，爲疲極甚者，變爲勞瘵之疾。但世俗處治，昧此病機源委，例用香燥或金石之劑，往往誤人。惟有宋錢仲陽建五臟虛方，迥出前人之論。我丹溪先生發揮《局方》之失，示用補端緒言。東垣所謂飲食勞倦，內傷元氣，則胃脘之陽不能升舉，並心肺之氣陷入於中焦，而用補中益氣治之，此實前人之所無也。然天不足於西北，地不滿於東南，天陽而地陰，西北之人陽氣易降，東南之人陰氣易升，苟不知此，而徒取其法則於氣之降者，固可以獲效，而於氣之升者，亦從而用之，吾恐反增其病矣，意此不可恃爲通行之法。云人之虛者，多是陰不足。邵子謂天地自相依附，天依形，地附氣，其形也有涯，其氣也無涯，人之形質，有涯者也，天癸絕後，則形衰矣。苟不益陰以內守，則陽亦無得以發揚爲健運之能，是天失所依也，而爲飄散飛蕩，如喪家之狗耳，陽既飄散，則地愈失所附也，形氣不相依附則死矣。人其補養殘衰傷朽之質，又何云哉？斯論虛衰與東垣製法，雖證不同，實本乎《內經》陰精所奉其人壽，陽精所降其人夭之旨。蓋謂人之壽夭，比之經論南北二方，亦自微甚不等，升陽之例，當爲活法，滋陰之劑，義亦是焉。必求的在之虛[五]，合病機而行其法，如此與世俗不明造化之理概用溫補者，天地懸隔，故於諸書補劑而不詳録，學者審是，則思過半矣。

【校記】

[一]“乏”，原誤作“之”，今據天德尚賢堂本、文淵閣四庫全書本改。

[二]“膝”，原脱，今據天德尚賢堂本、文淵閣四庫全書本補。

[三]“練”，文淵閣四庫全書本作“楝”。

[四]“乃因”，天德尚賢堂本作“因於”，文淵閣四庫全書本無“乃”字。

[五]“的在之虛”，天德尚賢堂本作“虛之所在”。

玉機微義卷之十九

玉機微義卷之二十

積聚門

諸經敘積之始

《黄帝針經·百病始生第三》云：積者，蓋厥氣生足，悗悗生脛寒，脛寒則血脈凝澀，凝澀則寒氣上入於腸胃，入於腸胃則䐜脹，䐜脹則腸外之汁沫迫聚不得散，日以成積，卒然多飲食則腸滿。起居不節，用力過度，則絡脈傷，陽絡傷則血外溢，血外溢則衄血，陰絡傷則血內溢，血內溢則後血。腸胃之絡傷，則血溢於腸外，有寒汁沫與血相搏，則並合凝聚不得散而成積矣。或外中於寒，內傷於憂怒，則氣上逆，氣上逆則六輸不通，溫氣不行，凝血藴裹不散，津液凝澀滲著而不去，而成積矣。

《難經》曰：肝之積名曰肥氣云云（見後方下），以季夏戊己日得之，何以言之？肺病傳於肝，肝當傳脾，脾季夏適王，王者不受邪，肝復欲還肺，肺不肯受，故留結爲積，故知肥氣以季夏戊己日得之。心之積名曰伏梁云云，脾之積名曰痞氣云云，肺之積名曰息賁云云，腎之積名曰奔豚云云。（並見本文）

按：滑氏《本義》曰：越人之意，蓋以五行之道推其理勢之所有者，演而成文耳。初不必論其情感，亦不必論其還不還與其必然否也。讀者但以所勝傳不勝，及王者不受邪，遂留結爲積觀之[一]，則不以辭害志而思過半矣。

謹按：越人論五臟積傳受之本病也，然《針經》又主絡脈傷及飲食七情所致，而論之可謂詳悉。然今較之積聚，因飲食傷及七情而成者多，且《三因方》於五積無主治引經，况他書乎？故具法不取，今以東垣方附於後。

【校記】

［一］“結”，原誤作“維”，今據天德尚賢堂本、文淵閣四庫全書本改。

脈法

《脈經》曰：脈來細而附骨者，積也。寸口，積在胸中；微出寸口，積在喉中。關上，積在臍傍；上關上，積在心下；微下關，積在少腹。尺，積在氣街。脈出在右，積在右；脈出在左，積在左；脈兩出，積在中央。各以其部處之。脈來小沉而實者，胃中有積聚，不食，食即吐。肺積，脈浮而毛，按之辟易；心積，脈沉而芤，上下無常處；肝積，脈弦而細；腎積，脈沉而急。脈沉重而中散者，因寒食成癥；脈左轉而沉重者，氣癥，陽在胸中[一]；右轉出不至寸口者，內有肉癥也。

【校記】

[一]“陽”，《醫學正傳》卷三作“積”。

論積聚癥瘕不同

《難經》曰：積者陰氣也，聚者陽氣也，故陰沉而伏，陽浮而動。氣之所積名曰積，氣之所聚名曰聚，故積者五臟所生，聚者六腑所成也。積者，陰氣也，其始發有常處，其痛不離其部，上下有所終始，左右有所窮處；聚者，陽氣也，其始發無根本，上下無所留止，其痛無常處，謂之聚。故以是別知積聚也。

《原病式》曰：癥者，腹中堅硬，按之應手，然水體柔順，而今反堅硬如地者，亢則害，承乃制也；瘕者，中雖硬而忽聚忽散，無其常，故其病未及癥也。經曰：血不流而滯，故血內凝而爲瘕也。小腸移熱於大腸，乃爲虙瘕；大腸移熱於小腸，謂兩熱相搏，則血溢而爲伏瘕；血澀不利，月事沉滯而不行，故云爲虙瘕。爲虙與伏同，傳寫誤爾。

謹按：積者，實停蓄之總名，癥者，有所成而名之，亦皆積爾。瘕者，血病也，似不可言爲聚，聚者，陽氣也，然大小腸移熱爲瘕，如此則亦聚爾。但前人施治，亦未見有分其異同者。唯丹溪先生曰：積塊在中爲痰飲，在左爲血積，在右爲食積。氣不能作塊成聚，塊乃有形之物，痰與食積、死血爾。此深得病情之旨，學者可因此例而求諸。

論積聚分三因

陳無擇云：癥瘕屬肝部，積聚屬肺部。夫癥者，堅也，瘕者，假也，假物而成形。然七癥八瘕之名，經論亦不詳出，雖有蛟、蛇、鱉、肉、髮、蝨、米等七證，初非定名，偶因食物相感而致患爾。若婦人癥瘕，則由內、外、不內外因動傷五臟氣血而成。古人謂爲痼疾，以蛟、蛇等爲生瘕，然亦不必泥此，並屬血病。蛇、髮等事，皆出偶然，但飲食間誤中之，留聚假血而成，自有活性，亦猶永徽中僧病噎者，腹中有一物，其狀如魚，即生瘕也。

按：此論積聚等属臟部，蓋分氣血爾。亦不必拘此，然生瘕亦有外因而成者，如昔之徐之才治取蛤精疾，生於足間者。若此，陳於三因何不之及？

論婦人腸覃石瘕之積

《水脹篇》曰：石瘕何如？岐伯曰：石瘕生於胞中。寒氣客於子門，子門閉塞，氣不通，惡血當瀉不瀉，衃以留止，日以益大，狀如懷子，月事不以時下。皆生於女子，可導而下。

《寶鑑》曰：夫膀胱爲津液之腑，氣化則能出矣，今寒客於子門，則必氣塞不通，血壅不流而衃以止之，結硬如石，是名石瘕也。此氣先病而血後病，故月事不來，則可宣導而下出者也。故《難經》云任之爲病，其內苦結，男子爲七疝，女子爲瘕聚，此之謂也。非大辛之藥不能已，可服見晛丹。

腸覃何如？岐伯曰：寒氣客於腸外，與衛氣相搏[一]，不得榮，因有所繫，瘕而內著，惡氣乃起，瘜肉乃生。其始生者，大如雞卵，稍以益大，至其成，如懷子之狀，久者離歲，按之則堅，推之則移，月事以時下，此其候也。夫腸者，大腸也，覃者，延也，大腸以傳道爲事，乃肺之腑，肺主衛，衛爲氣，氣得炅則泄，寒則凝。今寒客於大腸，故衛氣不榮，有所繫止而結瘕，在內貼著[二]，其延久不已，是名腸覃也。氣散則清，氣聚則濁，結爲瘕聚。所以惡氣發起，瘜肉乃生，小漸益大，至期而鼓，其腹則如懷子狀也。此氣病而血未病，故月水不斷以時下。本非妊娠，可以此爲辨矣。

按：此謂石瘕爲血壅不流，故月事不來，腸覃爲清氣聚而濁結成瘕，故血未病，月水不斷，而知此二積之異。然亦有諸積所致，或有病癰膿而似此二證者，不可不察也。

【校記】

[一]“衛氣”，原誤作“胃”一字，今據天德尚賢堂本、文淵閣四庫全書本改。

[二]“著”，原誤作“者”，今據天德尚賢堂本改。

論五積六聚治同鬱斷

子和曰：且積之成也，或因暴喜怒悲思恐之氣，或傷五味之食，或停溫涼寒熱之飲，或受六氣之邪。其初甚微，可呼吸按導而去之。不幸遇庸醫，强補而留之，留而不去，遂成五積。夫肥氣者，不獨氣有餘也，其中亦有血矣，蓋肝藏血故也[一]。伏梁者，火之鬱也，以熱藥散之則益甚，以火炙之則彌聚。況伏梁證有二，名同而實異，不可不詳焉：其一，上下左右皆有根，在腸胃之外，有大膿血，此伏梁義同腸癰；其一[二]，身體髀股胻背腫，環臍而痛，是即風根，不可動，動則爲水溺澀之病。此二者，《內經》雖言不可動，止謂不可大下，非謂全不可下，恐病去而有害痞氣者。舉世皆言寒則痞，《內經》以爲濕則痞。雖因飲冷而得，其陽氣爲濕所畜，以熱攻之則不散，以寒攻之，則濕去而寒退矣。息賁者，喘息憤而上行也。此舊說也。余以謂賁者賁門也，手太陰之筋結胸裏，故貫合賁，下抵季脇，其痛支轉筋痛，甚則成息賁。手心主結於賁，其病胸痛息賁。又云：肺下則居賁迫，肝善脇下痛，肝高則上支賁門，脇悗爲息賁。若是言之，是積氣於賁而不散。此《靈樞》說五臟處，言此賁自是多，故予發之。賁豚者，賁與奔同。《銅人》言或因讀書得之，未必皆然也。腎主骨，此積最深難療[三]，大忌吐涌，以其在下，止宜下之，故予嘗以獨聖散吐肥氣，揃以木架，必燠室中，吐兼汗也。肝之積，便言風也，吐出數升後，必有血一二滴，勿疑，病當然也，續以磨積之藥調之。嘗治伏梁，先以茶調散吐之兼汗，以禹功導水奪之，繼之以降火之藥調之。又嘗治痞氣，萬舉萬全，先以瓜蒂散吐其酸苦黃膠腥腐之物三二升，次以導水禹功下二三十行，末以五苓淡劑等藥調之。又嘗治息賁，用瓜蒂散，不計四時，置燠室中，更以火一爐以助其汗，吐、汗、下三法齊行。此病不可逗遛，久則傷人。又嘗治賁豚，以導水通經，三日一下之，一月十下，前後百行，次用治血化氣磨積之藥調之。此積雖不傷人，亦與人偕老。若六聚之物在腑，屬陽而無形，亦無定法，仿此而行之，何難之有？

按：此論五積之異同，可謂極備病情之要。積爲鬱而用吐法，更甚得古人之妙矣，但每吐後，繼之以禹功導水之劑，則不可爲例。矧古人施吐必本積，因而用藥。如徐文伯以油爲宮人吐髮瘕，褚澄以蒜爲李道念吐雞子積[四]，甄權以雄黃爲人吐髮瘕成蛇者，蓋所因不同而用藥殊也。大抵禹功、五苓之劑，十下百行等法，用於濕熱盛實及體厚者則可，設有陰虛氣痿，積聚實而血氣弱者，豈可例用乎？

【校記】

[一]“藏”，原誤作“臟”，今據天德尚賢堂本、文淵閣四庫全書本改。

[二]“一”，天德尚賢堂本同，文淵閣四庫全書本作“二”。

[三]“瘵”，原誤作“寮”，今據天德尚賢堂本改。

[四]“褚”，原誤作“楮”，今據天德尚賢堂本改。

論痰積飲積主於濕

（詳見痰飲門）

論治積大法

許學士云：大抵治積[一]，或以所惡者攻之，或以所喜者誘之，則易愈。如硇砂、水銀治肉積，神麯、麥蘖治酒積，水蛭、虻蟲治血積，木香、檳榔治氣積，牽牛、甘遂治水積，雄黄、膩粉治涎積，礞石、巴豆治食積，各從其類也。若用群隊之藥，分其藥勢，則難取效。須要認得分明，是何積聚，兼見何證，然後增減斟量使之，不爾反有所損，要在臨時通變也。

謹按：諸積有不因氣動而成者，如偶有所食，或誤吞錢物之類是也。因氣動而成者，如七情所致，或飲食勞倦，或五臟傳受之類是也。故所積之物不一，氣血之聚有殊，或成蠱疣生瘕之類難測。故須是認得分明，是何積聚，用藥宜各從其類。然亦要看元氣虚實，或攻取峻削，或養正漸除可也，不爾則豈但有損而已？

【校記】

[一]“治”，原誤作“法”，今據天德尚賢堂本、文淵閣四庫全書本改。

論養正積自除

《衛生寶鑑》曰：潔古云養正積自除，譬如滿座皆君子，縱有一小人，自無容地而出，令其真氣實，胃氣强，積自消矣。潔古之言，豈欺我哉？《內經》曰：大積大聚，衰其太半而止。滿實中有積氣，大毒之劑尚不可過，況虚中有積者乎？此乃治積之一端也，邪正虚實，宜詳審焉。

按：或云積非下之不可，今言養正而後積除，將以待正氣而除乎？將以待藥力而除乎？然人之有積，則皆爲身中之邪氣，若君子座中之有小人也，惟其調正氣，則真氣運行，不失其常而積自除，夫君子眾而正直在位，其小人自然退避矣。不然，則正氣虚而真氣乖，致積增膜，膈胃亂真，正氣絶而死矣，亦若小人得志，則政亂法壞而君子有所不能制焉。且夫養正者，非爲飲食起居之間也。蓋積既成矣，形漸悴矣，必用調養，使榮衛充實而積自除，餘有堅而不去者，方可亟下之。此先補後攻，期於邪去正復而後已。然除之不以漸，則必有顛覆之害矣。若昔之武氏斲喪，唐宗幾於改物，尚賴狄、張諸公匡扶之力，漸除黨與，興復丕祚。惜乎中宗不鑑前轍之失而留三思，馴致韋氏之禍[一]。其猶積餘之尚在者，而不亟下之，更不慎守禁戒，遂縱口嗜慾，病證復起而不可制，其有不喪身者，未之有也。

【校記】

[一]“馴”，原誤作“致”，今據天德尚賢堂本改。文淵閣四庫全書本作“至”。

積聚治法

五臟積方

東垣肥氣丸：治肝之積，在左脇下，如覆杯，有頭足，久不愈，令人發咳逆痎瘧，連歲不已。

厚朴半兩　黃連七錢　柴胡二兩　椒四錢　巴豆霜五分　川烏頭炮，去皮，一錢二分　乾薑炮，半錢　皂角去皮弦，煨，一錢半　白茯苓一錢半　廣术炮，二錢半　人參二錢半　甘草炙，三錢　昆布二錢半

右件除茯苓、皂角、豆霜另末外，爲極細末，和勻，煉蜜爲丸如桐子大，初服二丸，一日加一丸，二日加二丸，漸漸加至大便微溏，再從二丸加服，周而復始。積減太半，勿服。

伏梁丸：治心之積，起臍上，大如臂，上至心下，久不愈，令人煩心。

黃連一兩半　厚朴製　人參各半兩　黃芩三錢　桂一錢　乾薑　菖蒲　巴豆霜各五分　紅豆二分　川烏頭五分，炮　茯神　丹參炒，各一錢

右件除巴豆霜外，爲細末，另研豆霜，旋旋入末，煉蜜爲丸如桐子大，服如上法，淡黃連湯下。

痞氣丸：治脾之積，在胃脘，覆大如盤，久不愈，令人四肢不收，發黃疸，飲食不爲肌膚。

厚朴四錢半　黃連八錢　吴茱萸三錢　黃芩二錢　白茯苓　澤瀉　人參各一錢　川烏頭炮　川椒炒，各半錢　茵陳酒炒　乾薑炮　砂仁各一錢半　白术二分　巴豆霜四分　桂四分

右件除豆霜另研、茯苓另末旋入外，同爲細末，煉蜜爲丸如桐子大，用淡甘草湯下，服如上法。

息賁丸：治肺之積，在右脇下，覆大如杯，久不已，令人洒淅寒熱，喘咳

發肺壅。

厚朴製，八錢　黃連炒，一兩三錢　乾薑炮　白茯苓　川椒炒　紫苑各一錢半　桂　川烏頭炮　桔梗　白豆蔻　陳皮　京三棱　天門冬各一錢　人參二錢　青皮五分　巴豆霜四分

右件除茯苓、巴豆霜旋入外，爲末，煉蜜丸如桐子大，以淡薑湯送下，服如上法。已上四方，秋冬加厚朴，減黃連四分之一。

奔豚丸：治腎之積，發於小腹，上至心下，若豚狀，或下或上無時，久不已，令人喘逆，骨痿少氣，及治男子內結七疝，女人瘕聚滯下。

厚朴製，七錢　黃連五錢　白茯苓　澤瀉　菖蒲各二錢　川烏頭　丁香半錢　苦練[一]酒煑，三錢　玄胡索一錢半　全蝎　附子　獨活各一錢　桂二分　巴豆霜四分

右除巴豆霜、茯苓另爲末旋入外，爲細末，煉蜜丸如桐子大，淡鹽湯下，服如上法。

按：已上諸方宜隨證加減用之，所謂益元氣、泄陰火、破滯氣、削其堅也。

【校記】

[一]"練"，文淵閣四庫全書本作"楝"。

吐劑

瓜蒂散（方見痰飲門）

按：吐法意略具前，宜兼看各門吐例。

倒倉法

丹溪曰：人之七情厚味，停痰瘀血，互相糾纏，日積月深，鬱結成聚，甚者如桃核之穰，諸般奇形之蟲，成於中，形於外，發爲癱瘓，爲勞瘵，爲蠱脹，爲癩疾，爲無名奇病，宜行此法。

用黃牡牛肉擇肥者，買一二十斤，長流水煑糜爛，融入湯中爲液，以布濾出粗滓，取净汁再入鍋，文武火熬成琥珀色，則成矣。每飲一鍾，少時又飲，如此者積十數鍾，寒月則重湯溫而飲之。病在上者，欲其吐多，病在下者，欲其利多，病在中者，欲其吐利俱多，全在活法而爲緩急多寡也。須晴明日早，於一室明快不通風處，以安病人，視所出之物，可盡病根則止。吐利後或渴，不得與湯水。其小便必長，取以飲病者，名曰輪廻酒，與一二碗，非惟可以止渴，抑且可滌濯餘垢。一二日覺飢甚[一]，乃與粥淡食之，待三日後始與少菜羹。自養半月，覺精神渙發，形體輕健，沉痾悉除。其後須五年忌牛肉。

【校記】

[一]“一”，天德尚賢堂本、文淵閣四庫全書本此上並有“睡”字。

消導之劑

御藥院方助氣丸：治三焦痞閉，胸膈滿悶，氣不流通，藴結成積，痃癖氣塊，並皆治之。

京三棱　莪术各炮，二斤　青皮　陳皮並去白　白术各十五兩　檳榔　枳殻　木香各十兩

右爲末，糊丸如梧子大，每五十丸，煎水下。

按：此治諸氣積藥也。然世俗治積之方多兼氣藥，欲其氣化而積易散，殊不知氣虚者，何以抵受中夾熱者？豈不助火反傷氣耶？故用者宜分虚實寒熱選使。況此方雜削氣之藥過半而云助氣，恐未必然也。

三因散聚湯[一]：治久氣積聚，狀如癥瘕，隨氣上下，發作有時，心腹絞痛，攻刺腰脇，小腹䐜脹，大小便不利。

半夏　檳榔　當歸各三分　陳皮　杏仁去皮尖，炒　桂各二兩　茯苓　甘草炙　附子炮　川芎　枳殻炒　厚朴製　吴茱萸湯泡洗，各一兩　大黄大便利，去之

右㕮咀，每服四錢，水煎。

濟生大七氣湯：治積聚，狀如癥瘕，隨氣上下，發作有時，心腹㽲痛，上氣窒塞，小腹脹滿。

益智仁　陳皮　京三棱　蓬术　香附子炒，各一兩半　桔梗　肉桂　藿香葉　甘草炙　青皮各三分

右㕮咀，每服五錢，水煎。

按：此二方治聚之劑也。然聚瘕用湯蕩滌之意，亦要隨臟氣虚實寒熱而增損之可也。

東垣草豆蔻丸：治酒積，或傷寒冷物，胃脘痛，咽膈不通。

草豆蔻煨　白术各一兩　大麥蘖　神麯各炒　黄芩　半夏各半兩　枳實炒，二兩　陳皮　青皮　乾生薑各二錢　炒鹽半錢

右爲極細末，湯浸蒸餅丸如菉豆大，每服百丸，煎水下。

按：此治酒積、飲積藥也，入氣血之分。

廣术潰堅湯：治有積塊，堅硬如石，形如盤大[二]，令人坐卧不安，中滿腹脹。（方見腹脹門）

寶鑑香殻丸：破痰癖，消癥塊及冷積[三]。

木香　丁香各五錢　京三棱剉，酒浸一宿　青皮　廣术剉，酒浸一宿，用去皮巴豆三十粒同炒

巴豆黄色 枳殼炒 川練子[四] 茴香炒，各一兩

右末，醋糊丸如梧子大，朱砂爲衣，每服二十丸，薑鹽湯下。

按：此治氣積、寒積之劑，下焦藥也。

丹溪阿魏丸：治肉積。

連翹半兩 糖毬子一兩 黄連六錢半 阿魏一兩，醋煮作糊

右爲末，用阿魏糊丸如梧子大，每二三十丸，白湯下。

保和丸：治食積。

糖毬子三兩 神麯二兩 半夏 茯苓各一兩 陳皮 連翹 蘿蔔子各半兩

右爲末，粥糊丸如梧子大，每三四十丸，白湯下。

按：此二方，食積藥也，又此方治痰積、飲積之劑。丹溪曰：脾虚者，須以補脾藥下之，切不可獨用。虚虚之禍，疾如反掌，蓋慎之也。氣實新病，宜於攻下諸方選用，又不必拘此。

宣明三棱湯：治癥瘕痃癖，積聚不散，堅滿痞膈，食不下，腹脹。

京三棱二兩 白术一兩 蓬术 當歸各半兩 檳榔 木香各三分

右爲末，每三錢，沸湯調下。

按：此治癥瘕之劑，氣血藥也。然瘕者雖硬而忽聚散，即聚也，屬陽氣也。經云血不流而寒薄，故血內凝而瘕。蓋又屬血爾，固當兼治之。此方亦可以推其變，從虚實加減而輕重之可也。

謹按：《針經》備陰絡傷，汁血相搏，並合成積，或臟氣傳受，及子和論七情爲欝，皆元氣自病，不係傷諸飲食致者，當先調理，不可妄下。故已上五臟方消導法宜選用，氣虚弱甚者又宜消息，此養正積自除之意。若傷諸飲食致者，元氣未病，初非下之削之不可。然治之不早，元氣日減，正氣日偷，方用下削而能獲安者，實僥倖焉。至是者亦宜上法，先補後攻可也，醫反是之，多致誤爾。若積欝在身，形氣飲食如常者，則已下削堅之方，或吐或下，的在選用，衰其太半，宜漸除之，否則失機後時而不救者多矣。然有除之未盡，元氣未復，而使內縱口味，恣七情，病遂復起者，亦不鮮矣。嗚呼！世道不古，人之不謹致積，又不能歸罪於已，安心調理，卒致殞沒，不得以盡其天年者，固不足惜，然醫之不能精明其道，誤人生命者，豈無所報耶？

【校記】

[一]“三”，原誤作“二”，今據天德尚賢堂本、文淵閣四庫全書本改。

[二]“盤”，原誤作“拌”，今據《蘭室秘藏》卷上改。天德尚賢堂本作“形如蚌大”。

[三]“消”，原誤作“之”，今據天德尚賢堂本、文淵閣四庫全書本改。

[四]“練”，天德尚賢堂本、文淵閣四庫全書本並作“楝”。

削堅之劑

楊氏木香檳榔煎丸：治脾積氣塊，腹脇走痛，口吐清水。

木香　肉桂各一兩　檳榔七枚　乾漆半兩，炒令煙盡　硇砂半兩，另研　肉豆蔻五枚　胡椒四十九粒

右爲末，次入硇砂和匀，煉蜜丸如梧子大，每七丸，橘皮湯下。

按：此治肉積、寒積藥也，入氣血之分。

局方丁香脾積丸：治諸般食積氣滯，胸膈脹滿，心腹刺痛。

丁香　木香　巴豆　高良薑醋煮，各半兩　莪术一兩　三棱二兩　青皮一兩　皂角三大挺，燒

右入百草霜三匙，同碾細爲末，糊丸如麻子大，每十丸至二十丸。

按：此治寒冷食積藥也。

鄧山房感應丸：治食積，化宿滯。

黑角沉香　木香　檀香　丁香　陳皮　青皮　黄連　砂仁　香附子　半夏　三棱煨　蓬术煨，各一兩，爲細末　肥烏梅百錢重　巴豆三百粒，肥白者，去衣膜心

右用磁器一隻盛巴豆，上以梅肉蓋之，却用米醋浸過與梅肉平，於甑坐蒸至極熟，以巴豆紅色爲度，却擂二件如泥，用糯米飯和前藥匀，擣千百下，丸如蘿蔔子大，每十丸，呑下[一]。

按：此下氣積、食積藥也。

宣明積氣丹：治一切新久沉積氣塊，面黄黑瘦，癥瘕積聚，口吐酸水。

檳榔二箇　芫花　京三棱　黄連　牛膝　樟柳根各一兩　硇砂一錢　肉豆蔻二箇　青皮　陳皮　石菖蒲各三錢　巴豆　木香各二錢半　大戟　大黄　甘遂　白牽牛　乾薑　青礞石　乾漆各半兩　蓬术一兩

右爲末，醋糊爲丸如桐子大，每服一丸，臨臥燒棗湯下，量病人虚實加減與服。

按：此下飲積、氣積、肉積、水積藥也。

本事硇砂丸：治一切積聚痰飲，心脇引痛。

硇砂　三棱　乾薑　白芷　巴豆去油，各半兩　大黄　乾漆各一兩　木香　青皮　胡椒各一分　檳榔　肉豆蔻各一箇

右爲末，釅醋二升煮巴豆五七沸，復下三棱、大黄末同煎五七沸，入硇砂煎成膏，却入别藥和匀，杵丸如菉豆大，每五丸，薑湯下。

按：此下肉積、氣積例藥。因其中用白芷，爲散水行氣，故更言治痰飲也。

破積導飲丸：治積塊堅硬，飲食不消，心下痞悶。

木香 檳榔 陳皮 青皮 枳殼炒 枳實炒 廣术炮 三棱炮 半夏 神麯炒 麥蘖 乾生薑 茯苓 澤瀉 甘草炙，各半兩 牽牛頭末，六錢 巴豆三十粒，去皮心油

右細末，入巴豆霜令勻，薑汁糊丸梧子大，每三十丸，溫薑湯下。

按：此治飲積、酒積、氣積藥也。然世俗方類此者甚多，大抵多合以熱劑，不能以盡病情之變，唯此方庶幾用者，自宜取擇。

三因破飲丸（方見痰飲門）

晞露丸：治傷寒於內，氣凝不流，結於腸外，久爲癥瘕，時作疼痛，腰不得伸。

廣术 三棱各酒浸，一兩 乾漆炒，五錢 茴香炒 青皮 雄黃 川山甲炮，各三錢 硇砂四錢，研 輕粉一錢 川烏五錢，炮 麝香半錢 巴豆三十粒，去殼，同三棱、术炒黃色，去巴豆不用

右細末，和勻，薑汁糊丸梧子大，每三二十丸，溫薑湯下，空心服。

按：此治腸覃、寒積之劑也。

寶鑑見晛丹：治婦人石瘕，狀如懷子者。

附子四錢，炮 鬼箭羽 紫石英各三錢 澤瀉 肉桂 玄胡 木香各二錢 血竭一錢半 水蛭一錢，炒煙盡 檳榔二錢半 桃仁炒，二十箇 三棱五錢 大黃二錢，同三棱酒浸一宿，焙

右各研勻，酒糊丸梧子大，每三十丸，食前用鹽湯或酒下。

按：此治血積藥也。

溫白丸：治心腹絞痛，久癥癖塊，大如杯碗，十種水病，八種痞塞，九種心痛。

紫苑 吴茱萸 菖蒲 柴胡 桔梗 厚朴製 皂角去皮子弦 茯苓 黃連 桂 乾薑炮 川椒炒，去目 巴豆去心膜油 人參各半兩 川烏炮，去皮臍，二兩半

右末，入巴豆研令勻，蜜丸梧子大，每三丸，生薑湯下。

按：此治食積、寒積藥也。

經驗方塌腫神應丸：治諸腫蟲毒，肚脹如鼓，脾癖癥瘕氣塊，上喘氣急咳嗽，倚息不得睡，服藥不效者。

三棱 莪术 青皮 陳皮 乾漆燒，各一兩 芫花七錢半 大戟三錢 硇砂 巴豆霜各一錢

右前藥和一處，用好米醋一大碗，慢火上煮醋乾爲度，取出晒乾，碾爲末，醋和作丸如梧子大，每四五十丸，生薑湯下，五更服。随用椒目六兩，蘿

萵子半斤，炒香熟，用手帕盛於患處熨，如冷再炒熨，至再三，大小便行後才住熨，以溫稀粥補之。

按：此治癥瘕之劑，飲積、氣積、水積、血積藥也。

聖散子：治遠年積塊。

磠砂六兩　川大黃八兩　大麥蘖六兩　乾漆燒過　萹蓄　茴香炒　瞿麥　檳榔各一兩

如婦人乾血氣，加川山甲二兩，炮。

右末，每五錢，溫酒調下。仰卧，此藥只在心頭。至明，大便如爛魚、小便赤爲驗，取出，並無毒性。小兒用一錢，量大小與之。

按：此氣血藥也。

謹按：治積之方，氣實者故宜峻削，故古方多相類[二]。近世又多用推逐之劑，如剪紅丸、蠟丸去積，亦是一法，但不分氣血蟲物諸積之異，人之虛實不同，往往誤人，故皆不録。其或可吐者，宜從子和之法。氣虛羸弱者，觀東垣諸方，已啟其微，用者當自求其意而爲通變可也。

【校記】

[一]“吞”，天德尚賢堂本、文淵閣四庫全書本並作“湯”。

[二]“類”，原誤作“聚”，今據天德尚賢堂本、文淵閣四庫全書本改。

玉機微義卷之二十

玉機微義卷之二十一

消渴門

諸經論消渴脈證所因

《內經·陰陽別論》曰：二陽結謂之消。《脈要精微論》曰：癉成爲消中。

按：東垣曰：二陽者，陽明也。手陽明大腸主津，病消則目黃口乾，是津不足也。足陽明胃主血[一]，熱則消穀善飢。血中伏火，乃血不足也。結者津液不足，結而不潤，皆燥熱爲病也。此因數食甘美而多肥，故其氣上溢，轉爲消渴，治之以蘭，除陳氣也。不可服膏粱，芳草石藥，其氣慓悍，能助燥熱也。

《氣厥論》曰[二]：心移熱於肺，傳爲膈消也。凡治消癉仆擊[三]，偏枯痿厥，氣滿發逆，肥貴人則膏粱之疾也。岐伯曰：脈實，病久可治；脈弦小，病久不可治。後分爲三消。高消者，舌上赤裂，大渴引飲。

《脈經》云：緊數相搏，則爲消渴。脈軟散者，當病消渴。

【校記】

[一]“主”，原誤作“王”，今據天德尚賢堂本、文淵閣四庫全書本改。

[二]“《氣厥論》”，原誤作“《逆調論》”，今據天德尚賢堂本改。

[三]“擊”，原誤作“繫”，今據天德尚賢堂本改。

論消渴爲三焦受病

《病機》云：消渴之疾，三焦受病也。上消者，肺也，多飲水而少食，大便如常，小便清利，知其燥在上焦也，治宜流濕以潤其燥；消中者，胃也，渴而飲食多，小便赤黃，熱能消穀，知其熱在中焦也，宜下之；消腎者，初發而爲膏淋，謂淋下，如膏油之狀，至病成面色黧黑，形瘦而耳焦，小便濁而有脂液，治法宜養血以肅清，分其清濁而自愈也。

論消中三證之異

陳無擇云：消渴屬心，故煩心，致心火散漫，渴而引飲，諸脈軟散，皆氣實血虛也。消中屬脾，癉熱滅則爲消中[一]。消中復有三：有因寒中、陰勝、陽鬱，久必爲熱中。經云：脈洪大，陰不足。陽有餘，則爲熱中。多食數溺，爲消中。陰狂興盛，不交精泄，則爲强中。至病强中，不亦危矣。消腎屬腎，盛壯之時不謹而縱欲房勞，年長腎衰，多服金石，真氣既喪，口乾，精溢自泄，不飲而利。經云腎實則消，不渴而小便自利，名曰腎消，亦曰內消。

【校記】

[一]"滅"，《三因極一病證方論》卷十作"成"。

論三消之疾燥熱勝陰

河間曰：三消之疾，本濕寒之陰氣極衰，燥熱之陽氣太甚。皆因乎飲食服餌失節，腸胃乾涸，而氣液不得宣平；或耗亂精神，過違其度；或因大病，陰氣損而血液衰虛，陽氣悍而燥熱鬱甚；或因久嗜鹹物，恣食炙煿，飲食過度；亦有年少服金石丸散，積久石熱結於胸中[一]，下焦虛熱，血氣不能制石熱[二]，燥甚於胃[三]，故渴而引飲。若飲水多而小便多者，名曰消渴；若飲食多而不甚渴，小便數而消瘦者，名曰消中；若渴而飲水不絕，腿消瘦而小便有脂液者，名曰腎消。此三消者，其燥熱同也。夫經中有言心肺氣厥而渴者，有言肝痹而渴者，有言脾熱而渴者，有言腎熱而渴者，有言胃與大腸結熱而渴者，有言脾痹而渴者，有言小腸痹熱而渴者，有因病瘧而渴者，有因肥甘美食而渴者，有因醉飽入房而渴者，有因遠行勞倦遇大熱而渴者，有因傷寒胃乾而渴者，有因病風而渴者。雖五臟之部分不同，而病之所遇各異，其爲燥熱亡液一也。

謹按：先生三消之論，始言天地六氣五味，以配養人身六位五臟而究乎萬物之源，終引《內經》論渴諸證，以辨乎世方熱藥之誤。比物立象，反復詳明，非深達陰陽造化之機者，孰能如是哉？夫治此疾者，補腎水陰寒之虛而瀉心火陽熱之實，除腸胃燥熱之甚，濟身中津液之衰，使道路散而不結，津液生而不枯，氣血利而不澀，則病日已矣。豈不以滋潤之劑養陰以制燥，滋水而充液哉？何故世論消渴者多不知其意，謂因下部腎水虛，不能制其上焦心火，使上實熱而多煩渴，下虛冷而小便利。若更服寒藥，則元氣轉虛，而下部腎水轉衰，則上焦心火尤難治也。但以暖藥補養元氣，若下部腎水得實而勝退上焦心火，則自然渴止、小便如常而病愈也。吁！若此未明陰陽虛實之道也。夫腎水屬陰而本寒，虛則爲熱；心火屬陽而本熱，虛則爲寒。若腎水陰虛，則心火陽實，是謂陽實陰虛而上下俱熱矣。以彼之言，但見消渴數溲，妄言爲下部寒爾，豈知腸胃燥熱怫鬱使之然也。且夫寒物屬陰，能養火而耗水，令腎水既不勝心火，則上下俱熱，奈何以熱藥養腎水，欲令勝心火，豈不闇哉？彼不謂水氣實者必能制火，虛則不能制火，故陽實陰虛而熱燥其液，小便淋而常少，陰實陽虛不能制水，小便利而常多。此又不知消渴小便多者，蓋燥熱太甚而三焦腸胃之腠理怫鬱結滯，緻密壅塞，而水液不能滲泄浸潤於外，以養乎百體，故腸胃之外燥熱太甚，雖多飲水入於腸胃之內，終不能浸潤於外，故渴不止而小便多。水液既不能滲泄於外，則陰燥竭而無以自養，故久而多變於聾盲、瘡瘍、痤疿之類而危，殆其爲燥熱傷陰也明矣。

【校記】

［一］"積久石熱結於胸中"，"石"原誤作"實"，今據天德尚賢堂本改。"胸中"二字原脱，今據天德尚賢堂本補。

［二］"石"，原誤作"濕"，今據天德尚賢堂本改。

［三］"胃"，原誤作"腎"，今據天德尚賢堂本改。

論治消渴大法

東垣曰：膈消者，以白虎加人參湯治之。

中消者，善食而瘦，自汗，大便硬，小便數。叔和云口乾飲水，多食亦飢[一]，虛癉成消中者，調胃承氣、三黄丸治之。

下消者，煩躁引飲，耳輪焦乾，小便如膏。叔和云焦煩水易虧，此腎消也，六味地黄丸治之。

《總録》所謂末傳能食者[二]，必發腦疽背瘡，不能食者，必傳中滿鼓脹，皆謂不治之證。

潔古老人分而治之，能食而渴者，白虎加人參湯，不能食而渴者，錢氏方白术散倍加葛根治之。上中既平，不復傳下消矣。前人用藥，厥有旨哉！或曰：末傳瘡疽者何也？此火邪勝也，其瘡痛甚而不潰，或赤水者是也。經云：有形而不痛，陽之類也。急攻其陽，無攻其陰，治在下焦元氣。得强者生，失强者死。末傳中滿者何也？以寒治熱，雖方士不能廢其繩墨而更其道也。然臟腑有遠近，心肺位近，宜制小其服，腎肝位遠，宜制大其服，皆適其至所爲故。如過與不及，皆誅罰無過之地也。如高消、中消，制之太急，速過病所，久而成中滿之病，正謂上熱未除，中寒復生者也。非藥之罪，失其緩急之制也。處方之制，宜加意焉。

按：以上所論三消傳變，可謂發《病機》之旨，比與陳氏《三因》論消中復有三證，皆病傳所異。大抵末傳發癰疽者爲傳外，發脹滿强中爲傳內，亢極之甚也。但《三因》所出治强中一方，然未見其肯綮，今姑存之，以備其旨。且傳脹滿皆不治之證，況强中乎？

【校記】

[一]“亦”，原脱，今據《蘭室秘藏》卷上補。

[二]“末”，天德尚賢堂本作“未”。

消渴治法

治熱之劑

局方清心蓮子飲

調胃承氣湯：治消中熱在胃而能飲食，小便赤黄。（方並見熱門）

三因真珠丸：治心虚煩悶，積熱煩渴，口乾舌燥，引飲無度，小便或利或不利。

知母一兩一分 黄連 苦參 玄參 鐵粉 牡蠣各一兩 朱砂二兩 麥門冬去心 天花粉各半兩 金箔 銀箔各二百片

右爲末，煉蜜入生瓜蔞汁少許，丸如梧子大，用金銀箔爲衣，每二三十丸，先用瓜蔞根汁下一服，次用麥門冬熟水下，病退日二服。

按：此心胃經藥也。以上三方有輕重之殊，宜選使。

治燥之劑

東垣當歸潤燥湯：治消渴，舌上白乾燥，唇乾口乾，眼澀，黑處見浮雲，大便閉澀，乾燥結硬，喜溫飲，陰頭短縮。

升麻一錢半 柴胡七分 甘草六分半，一半生 細辛一分 黄柏 知母 石膏 桃仁 麻仁 防風 荆芥穗 當歸身各一錢 杏仁六個 紅花少許 生地黄三分 小椒三個

右㕮咀，作一服，水煎。

清涼飲子：治消中能食而瘦，口乾舌乾，自汗，大便結燥，小便頻數。

羌活 柴胡 炙甘草 知母酒製 黄芪 黄芩酒製，各一錢 生甘草 漢防己 生地黄酒製，各半錢 防風五分 當歸身六分 紅花少許 桃仁五個 杏仁十個 升麻四分 石膏 黄柏 草龍膽製，各一錢半

右㕮咀，作一服水煎，入酒些小[一]。此方減黄芪、黄芩、防風，草龍膽，加麻黄根三分、黄連八分，名地黄飲子。

按：以上脾、心、肝、腎藥也。

【校記】

[一]“小”，天德尚賢堂本作“少”。

清氣之劑

局方人參白虎湯：治高消，上焦燥渴，不欲多食。（方見熱門）

東垣蘭香飲子：治渴飲水極甚，善食而瘦，自汗，大便結燥，小便頻數。

石膏三錢　知母酒製，一錢　生甘草　防風各一錢　炙甘草　人參　蘭香　白豆蔻仁　連翹　桔梗　升麻各五分　半夏二分

右爲細末，湯浸蒸餅和匀成劑，捻作薄片子，日中曬半乾，碎如粉，每服二錢，食後淡生薑湯下。

按：以上二方主上中二消之劑，肺胃經藥也。

滋陰之劑

丹溪補陰丸（方見補虚門）

局方加減八味丸：治腎虚消渴引飲。

金匱腎氣丸減附子，加五味子。

右服如本方法。《要略》治男子消渴，小便反多，仍用本方。

簡易地黄飲子：治消渴咽乾，面赤煩躁。

人參　生地黄　熟地黄　黄芪　天門冬　麥門冬去心　澤瀉　石斛　枇杷葉去毛，炒　枳殼炒　甘草炒，各等分

右㕮咀，每三錢，水煎服。

按：此心、腎、脾、肺藥也。以上三方，主下消之劑。

硃砂黄連丸：治心虚藴熱，或因飲酒過多，發爲消渴。

硃砂一兩　宣連三兩　生地黄二兩

右爲末，煉蜜丸如梧子大，每四五十丸，燈芯棗湯送下。

按：此心脾藥也，上消之例。

清氣滋陰之劑

局方黄芪六一湯：治男女諸虚不足，胸中煩悸，時常消渴。或先渴而後發瘡，或病諸瘡而後渴者，並宜服。（方見前[一]）

按：此肺、腎、脾、三焦、命門之劑也。

東垣生津甘露飲子：治高消大渴，飲水無度，舌上赤澀，上下齒皆麻，舌根强硬腫痛，食不下，腹時脹痛，渾身色黄，目白睛黄，甚則四肢痿弱無力，面塵脱色，脅下急痛，善嚏善怒，健忘，臀腰背寒，兩尻冷甚。

石膏一錢二分　人參　炙甘草各一錢　黄柏酒拌　杏仁各一錢半　生甘草　山梔　蓽澄茄各一錢　白葵半錢　白豆蔻　白芷　連翹　薑黄各一錢　麥門冬　蘭香　當歸身各半錢　桔梗三錢　升麻　知母酒製，各二錢　黄連　木香　柴胡各三分　藿香二分　全蝎二個

右爲細末，湯浸蒸餅和勻攤薄，曬乾杵細，食後每二錢抄於掌中，以舌舐之，隨津唾下，或導以白湯少許。

按：此肺、胃、心、腎藥也。東垣曰：此制之緩也，不惟不成中滿，亦不傳下消矣。三消皆可用。

宣明麥門冬飲子：治膈消，胸滿煩心，津液乾少，短氣，多爲消渴。

知母　甘草炒　瓜蔞　五味子　人參　葛根　生地黄　茯神　麥門冬去心，各等分

右㕮咀，每五錢入竹葉十四片煎。

按：此肺腎脾胃藥也。

【校記】

[一]“前”，原脱，今據文淵閣四庫全書本補。

雜方

寶鑑麥門冬湯：治消渴，日夜飲水不止，飲下即溲。

麥門冬去心　黄連　冬瓜各二兩

右㕮咀，每五錢，水煎服。如無乾者，用新者一枚，重三斤，去皮穰，分作十二片，爲十二服，每服一片，日三次。

酒蒸黄連丸：治消渴飲水無度，至二三升，小便五七十次，發熱瘦弱，口乾，食已如飢，此名消癉。今用味苦無毒，除熱正氣，消渴厚腸。消渴之人，脾胃惡濕，黄連爲對。

黄連淨，半斤，酒一升，湯重蒸伏時，曬乾用。

右末，滴水丸梧子大，每五十丸，食前溫水下。

仁齋加味錢氏白术散：治消渴，不能食。

人參　白术　白茯苓　甘草炙　枳殼炒，各半錢　藿香一錢　乾葛二錢　木香　五味子　柴胡各三分

右㕮咀，作一服，水煎。

宣明大黄甘草飲子：治男女一切消渴不能止者。

大豆五升，煮三沸，去苦水　大黄一兩半　甘草四兩

右三味，用井水一桶同煮軟，盛放冷，令病人食豆，渴飲汁無時，候食盡病不盡，再如前服，不三次愈矣。

三因石子薺苨湯：治强中，多因躭嗜色慾及快意飲食，或服丹，真氣既脱，煩渴引水，飲食倍常，陰氣常興，不交精出，故虚熱注於下焦，最爲難治。

薺苨　石膏各三兩　人參　茯神　瓜蔞根　磁石煅淬　知母　乾葛　黄芩　甘草各二兩

右剉，每水三盞，腰子一個去脂膜，黑豆一合，煮至盞半，去腰子、大豆，入藥四錢，煎服。

秘方

用紫背浮萍搗汁，每頓服半盞，效。

丹溪方

黄連末　天花粉末　生地黄汁　生藕汁

右二物汁爲膏，入上藥，搜和入牛乳，佐以薑汁，和蜜湯爲膏，徐徐留於舌上，以白湯少許送下。《機要》方無天花粉，有牛乳汁。二汁熬膏，和末爲丸桐子大，每二十丸，少呷溫水下，日進十服。

玉機微義卷之二十一

玉機微義卷之二十二

水氣門

諸經敘水氣爲病所因

《內經》曰：腎者至陰也，至陰者盛水也；肺者太陰也。少陰者冬脈也。故其本在腎，其末在肺，皆積水也。帝曰：腎何以能聚水而生病？岐伯曰：腎者，胃之關也，關門不利，故聚水而從其類也。上下溢於皮膚，故爲胕腫。胕腫者，聚水而生病也。故水病下爲胕腫大腹，上爲喘呼不得臥者，標本俱病，故肺爲喘呼，腎爲水腫，肺爲逆不得臥，下焦溢爲水。王注曰：下焦爲分注之所，氣窒不瀉，則溢而爲水。肺移寒於腎，名曰湧水云云（證見後葶藶丸方下）。諸有水氣者，微腫先見於目下也。

《針經》曰：水始起也，目窠上微腫，如新臥起之狀，其頸脈動，時咳，陰股間寒，足頸腫，腹乃大，其水已成矣。以手按其腹，隨手而起，如裹水之狀，此其候也。肢脛者，人之管以趨翔也。莖垂者，身中之機，陰精之候，津液之道也。故飲食不節，喜怒不時，津液內溢，乃下流於睾，血道不通，日大不休，俯仰不便，趨翔不能，此病滎然有水，不上不下也。

謹按：《內經》論諸水氣，皆諸臟本病也。《針經》所引則又主飲食及七情等因，皆能致之，可見病機之微矣。但有濕腫氣腫，初皆頗相似，然以手按之成凹不即起者，濕也。濕與水有微甚之意，況有氣腫及諸水形證不同，要在臨證詳審也。

《脈經》敘諸水脈證

病有風水，有皮水，有正水，有石水，有黃汗[一]。寸口脈沉滑者，中有水氣。面目腫大，有熱。或身體反重而酸，或惡風，一身悉腫，脈浮不渴，續自汗出而無大熱者，皆爲風水。皮水，其脈亦浮，外證胕腫，按之沒指，不惡風，其腹如鼓，不渴，當發其汗。皮水之爲病，四肢腫，水氣在皮膚中，四肢聶聶動者，防己茯苓湯主之。正水，其脈沉遲，外證自喘。石水，其脈自沉，外證腹滿不喘。黄汗，其脈沉遲，身體發熱，胸滿，四肢頭面腫，久不愈，必致癰膿[二]。風水，其脈自浮，外證骨節疼痛，惡風。心水者，其身重而少氣，不得臥，煩而燥[三]，其陰大腫。肝水者，其腹大，不能自轉側，脇下腹中痛，時時津液微生[四]，小便續通。肺水者，其身腫，小便難，時時鴨溏。脾水者，其腹大，四肢苦重，津液不生，但苦少氣，小便難。腎水者，其腹大，臍腫腰痛，不得溺，陰下濕如牛鼻上汗，其足逆冷，面反瘦[五]。裏水者，一身面目黄腫，其脈沉，小便不利，故令病水也。諸有水者，腰以下腫當利小便，腰以上腫當發汗，乃愈。

按：以上論五臟所主見證，與諸經論根本不同，詳見後神金散下，宜並詳審。

【校記】

[一]"有黄汗"，原脱，今據天德尚賢堂本補。

[二]"其脈沉遲，身體發熱，胸滿，四肢頭面腫，久不愈，必致癰膿"，原脱，今據天德尚賢堂本補。

[三]"燥"，天德尚賢堂本作"躁"。

[四]"微"，原脱，今據天德尚賢堂本補。

[五]"反"，原誤作"又"，今據《金匱要略方論·水氣病脈證並治》改。

論生死脈法

水病，脈洪大者可治，微細者不可治。水病脹閉，其脈浮大軟者生，沉細虛小者死。水病，腹大如鼓，脈實者生，虛者死。

論水氣生於濕熱[一]

《原病式》曰：或云水腫者由脾虛而不能制其腎水，則水氣妄行，而脾主四肢，故水氣遊走四肢，身面俱腫者，似是而實非也。夫治水腫腹脹，以辛苦寒藥爲君，而大利其大小便也。經曰中滿者治之於內，然則豈爲脾土之虛也？此說正與《素問》相反。經曰諸濕腫滿，皆屬脾土，又曰太陰所主胕腫，又曰濕勝則濡泄，甚則水閉胕腫，皆所謂太陰脾土濕氣之實甚也。又經曰諸腹脹大，皆屬於熱，又云諸胕腫疼酸，皆屬於火，又曰熱勝則胕腫，皆所謂心火實熱，而安得言脾虛不能制腎水之實甚乎？故諸水腫者，濕熱之相兼也。如六月濕熱太甚而庶物降盛，水腫之象，明可見矣。故古人制以辛苦寒藥治之，盖以辛散结而苦燥湿，以寒除熱而隨其利，湿去结散，熱退氣和而已。所以妄謂脾虛不能制其腎水者，但謂數下致之，又多水液故也。豈知巴豆熱毒耗損腎水陰氣，則心火及脾土自甚，濕熱相搏，則怫鬱痞隔[二]，小便不利而水腫也。更宜下之者，以其辛苦寒藥，能除濕熱怫鬱痞隔故也[三]。若夫世傳銀粉之藥，以治水腫而愈者，以其善開怫鬱痞隔故也[四]，慎不可過度而加害爾。況銀粉亦能傷牙齒者，謂毒氣感於腸胃，而精神、氣血、水穀能勝其毒，故毒氣循經上行，而至齒齦嫩薄之分，則爲害也。上下齒縫者，手足陽明之經也，凡用此藥，先當固濟爾。或云陰水遍身而又惡寒，止是寒者，非也。

【校記】

[一]“生”，原誤作“主”，今據天德尚賢堂本、文淵閣四庫全書本改。
[二]“隔”，原誤作“膈”，今據天德尚賢堂本改。
[三]“隔”，原誤作“膈”，今據天德尚賢堂本改。
[四]“隔”，原誤作“膈”，今據天德尚賢堂本改。

丹溪曰：諸氣膹鬱，皆屬於肺。諸濕腫滿，皆屬於脾。諸腹脹大，皆屬於熱。蓋濕者土之氣，土者火之子，故濕病每生於熱，熱氣亦能自濕者，子氣感母，濕之變也。凡病腫，皆以治濕爲主[一]，所挾不同，治法亦異。盧砥鏡治水脹，辨以隸於腎、肝、胃三經而不及脾，下文繼以肺金盛而生水[二]，水液妄行之說，豈理也哉？夫脾土受病，肺爲之子，焉有自盛而生水者哉？若爲腫之水果生於肺金之清氣，則滋長腎陰，奉行降令，爲生化之源，何病腫之有？今滲透經絡，注流溪谷，皆濁腐之氣，窒礙津液，久久灌入隧道，血亦化水，而欲藉脾土以制之，導腎氣以利之，不思脾病則肝木來侮，子氣益衰，木寡於畏，脾欲不病，不可得矣。治法宜清心經之火，補養脾土，全運化之職，肺氣下降，滲道開通，敗濁之氣，其稍清者復回而爲氣、爲血、爲津液，其敗濁之甚者在上爲汗，在下爲溺，以漸而分消矣。盧不明言，而更曰制水燥水，得非白圭以鄰國爲壑乎？

謹按：河間論水氣主於脾土，濕甚爲病，蓋言有餘證也。但脾虛受濕，或濕熱自甚、不足所致者甚多，故以丹溪之論並及之，觀者當自審察。然《脈經》論熱甚金衰，金棄土母而歸水，水藏火神，土亡其子，其氣衰微，水爲洋溢，浸漬爲池，走擊皮膚，面目浮腫，歸於四肢。愚醫見水，直往下之，虛脾空胃，水逐居之云云（見本文），此實諸臟之本病也。夫水爲物元，土爲物母，然物元物母爲病，則真氣危矣。故不得妄下之也。由是觀之，則水氣之病，始非氣鬱飲食、濕熱諸證所致者，禁不得妄下，蓋恐真臟爲病也，是以丹溪、宣明肺腎脾之意，深備此理。

【校記】

［一］"濕"，原誤作"腫"，今據天德尚賢堂本改。

［二］"而"，原脱，今據天德尚賢堂本補。

論諸證似水氣

《發明》曰：夫脚氣之疾，實水濕之所爲也云云。（見濕門）

河間曰：結陽病，主四肢脛腫，四肢熱勝則腫云云。

論濕證似水氣（論見濕門）

謹按：濕者，水氣之漸也，故治有輕重所殊爾。

論水氣繆刺法

《內經》曰經脈滿則絡脈溢，絡脈溢則繆刺之，以調其絡脈，使形容如舊而不腫，故曰繆刺其處，以復其形也。

謹按：繆刺，謂不分隧穴而刺之也。故此水熱穴論無刺水穴分大法，水溢於表，或腹脹，或四肢雖腫而氣稍實，脈浮洪者，宜行此。至病氣孤危，脈微弱而四肢水氣盛實者，今人往往繆刺之，禍不旋踵。蓋不審經言脈滿絡溢宜繆刺之理也。

論水氣證治大法

《內經》曰不從毫毛，病生於內者，陰氣內盛，陽氣竭絕，不得入於腹中，故言五臟陽以竭也。津液者水也，充廓皮中，陰蓄於內，水氣脹滿，上攻於肺，肺氣孤危。魄者肺神，腎爲水害，子不救母，故云其魄獨居也。夫陰精損削於內，陽氣耗減於外，則三焦閉溢，水道不通，水滿皮膚，身體否腫，故云形不可與衣相保也。凡此之類，皆四肢脈數急而內鼓動於肺中也。肺動者，謂氣急而咳也。如是者皆水氣格拒於腹膜之内，浮腫施張於身形之外，欲窮標本，其可得乎？平治權衡，謂察脈浮沉也。脈浮爲在表，脈沉爲在裏，在裏者泄之，在表者汗之，故云開鬼門、潔淨府也。去宛陳莝，謂去積久之水物，猶如草莝之不可久留於身中也。

謹按：經論水氣證治，至爲機密，故云開鬼門、潔淨府。然鬼門者，猶幽玄之謂，有毛竅而不見其開闔，邪氣感入，邪與正相搏，毛竅閉塞而寒熱作，爲病客於表，故宜發汗，遣邪氣以開鬼門也。此亦發汗之别稱，泄諸病在表之通例也。淨府者謂膀胱，内無入孔而外有出竅，爲清淨津液之府，馮腎氣藏氣化水穀之精[一]，而滲入脬中，氣約成溺出也。夫腎主下焦，司開闔關竅二陰，肺脾之氣通調水道，下輸膀胱，氣化水行而自清淨。否則便澀，或濁或淋，爲水氣溢於腠理，爲膚腫諸病，若菀屈陳莝壅滯於身中[二]，當泄去是物而淨潔，宜此二法，在表者汗之，在裏者泄之，權衡於治也。雖然，經云水病本之於肺腎二經，而古今方論並不以治水獨瀉腎氣者何？蓋腎陰奉行降令，爲生化之源而常不足，至陰精損削於内，生氣不能運化，至爲胕腫，其氣索矣，況肺弱而母氣孤危者乎。故東垣曰：若治以甘淡滲泄陽藥，獨陽無陰，其欲化得乎？此深擷以上治例之妙也。如積飲留飲傷脾，若土之於雨中則爲泥矣。或因七情所致手足太陰俱病，身面浮腫似水氣者，用燥脾導氣之劑即愈。一則若泥土之得和風暖日，水濕去而陽化，自然萬物生長。一則肺氣開泄，滲道通利，水氣不濡於脾矣。此正諸濕腫滿皆屬脾土，諸氣膹鬱皆屬於肺，而與陰陽爲病水氣機之不同，故亦不待開鬼門、潔淨府而已也。

【校記】

[一]“馮”，天德尚賢堂本作“憑”。

[二]“菀”，原誤作“宛”，今據天德尚賢堂本改。

水氣治法

發表之劑

金匱越婢湯[一]：治風水惡風，一身悉腫，脈浮不渴，續自汗出，無大熱。

麻黄四錢　石膏四錢半　生薑二錢　大棗二枚　甘草二錢

右㕮咀，水煎，作一服。惡風，加附子。《古今録驗》加白术。

防己茯苓湯：治皮水爲病，四肢腫，水氣在皮膚中，四肢聶聶動者。

防己　黄芪　桂枝各三錢　茯苓六錢　甘草二錢

右㕮咀，作一服，水煎[二]。

越婢加术湯[三]：治裏水。

前越婢湯加白术四錢[四]。

甘草麻黄湯：治裏水。《濟生》云：治水腫從腰已以上俱腫，宜此汗之。

甘草半兩　麻黄一兩

右㕮咀，水煎，作一服。

麻黄附子湯：治水之爲病，其脈沉小，屬少陰。

麻黄三錢　甘草　附子各二錢

右㕮咀，水煎。

黄芪芍藥桂枝苦酒湯：治黄汗之爲病，身體腫，發熱汗出而渴，狀如風水，脈自沉。

黄芪五錢　芍藥　桂枝各三錢

右㕮咀，水煎，入苦酒相和，作一服。

按：已上諸方並足太陽例藥也。

【校記】

[一]"婢"，原誤作"脾"，今據天德尚賢堂本改。

[二]"水煎"，原脱，今據天德尚賢堂本、文淵閣四庫全書本補。

[三]"婢"，原誤作"脾"，今據天德尚賢堂本改。

[四]"婢"，原誤作"脾"，今據天德尚賢堂本改。

攻裏之劑

仲景十棗湯：治水氣，四肢浮腫，上氣喘急，大小便不通。（《三因方》作丸）

三花神佑丸（方並見痰飲門）

按：此並少陰例藥也。義見痰飲例中。

局方神助散：治十種水氣，面目四肢浮腫，以手按之隨手而起，咳嗽喘急，不得安臥，小便赤澀，大便不利。

椒目一兩半　澤瀉黑牽牛末各一兩　豬苓二兩　葶藶三兩

右爲末，每服三錢，葱白三莖，水煎，入酒調服。

按：此太陰例藥也。

宣明導水丸：治濕熱腫滿。（方見濕門）

按：此陽明例藥也。

濬川散（方見濕門）

大戟散：治水腫，腹大如鼓，或遍身皆腫。

大戟　白牽牛末　木香等分

右爲細末，每服三錢，以豬腰子一對批開，摻藥在內，燒熟，空心食之。如食左腰子，左臂塌消，右消右。如腫不盡，於腹繞塗甘草末，飲甘草水少許，其腫盡去。

按：此並出厥陰例藥也。

葶藶丸：治涌水，證如溢[一]，如囊裹浆[二]，或遍身腫滿，按腹不堅，疾行則濯濯有聲，或喘咳不定。

葶藶炒　澤瀉　椒目　桑白皮　杏仁炒　木豬苓各半兩

右爲末，煉蜜爲丸如梧子大，每二三十丸，葱白湯下，不拘時，以利爲度。

雄黄神金散

雄黄　葶藶一兩，糯米和炒熟，去米不用　澤瀉　椒目減半　大戟　巴戟　茯苓　芫花醋浸一日，炒　甘遂　桑白皮各一兩

右爲末，空心用井花水調下，每一錢加至五錢，以利爲度。忌鹽醋、生冷、油膩之物。從脚腫，加葶藶；肚腫，加椒目；從陰腫，加澤瀉；面腫，加桑白皮；從四肢腫，加茯苓；從心腫，根在肋，加雄黄；從肢腫，根在脾，加甘遂；從口腫，根在小腸，加巴戟；從腰腫，根在腎，加大戟；從膝腫，根在肝，加芫花。

按：此並太陽例藥也。《宣明論》此類方甚多，宜選用之。

東垣續隨子丸：治肺經有濕，通身虚腫。（方見濕門）

按：此手太陰藥也，出太陽例。

三因消腫丸：治水腫喘滿，小便不利。

滑石　木通　白术　黑牽牛炒　通脱木　茯苓　茯神　半夏　陳皮各一錢　木香　瞿麥穗　丁香各半錢

右爲末，酒糊丸梧子大，每五十丸，燈芯、麥門冬湯下。

按：此太陽例藥也。已上諸方世俗多用之，故收入。然行者宜斟量其證輕重深淺寒熱選使，則不致少有差失也。

【校記】

[一]“證如溢”，《聖濟總録》卷七十九作“其證湧溢”四字。

[二]“如囊裹漿”，原誤作“囊褁裹漿”，今據《聖濟總録》卷七十九改。

滲泄之劑

五苓散（方見濕門）

按：此太陽經表之裏藥也。

宣明葶藶木香散（方見濕門）

按：此太陽手足二經藥，又表裏藥也。

大橘皮湯；治濕熱內甚，心腹脹，水腫，小便不利，大便滑洩。（方見濕門）

按：此太陽藥，又氣分藥也。

澹寮五皮散：治面目虛浮，四肢腫滿，心腹脹，上氣喘急。

陳皮　桑白皮　生薑皮　大腹皮　茯苓皮

右㕮咀，每服半兩，水煎服。

按：此手足太陰藥也，出太陽例。

拔萃楮實子丸：治水氣鼓脹，潔淨府。

楮實一斗五升，熬膏　白丁香一兩　茯苓二兩

右爲末，用膏子爲丸梧子大，服至小便清利及腹脹消爲度，後服中治調養藥。

按：此足太陽、少陰藥也。

機要茯苓湯：治泄瀉後通身腫，或胕腫，或水氣者。（方見泄瀉門）

按：此足太陽、陽明藥也。

燥濕之劑

局方平胃散：治脾經受濕，泄而胕腫。

蒼术　厚朴　陳皮　甘草炙

按：此足陽明、太陰藥也。

胃苓湯：治脾胃濕勝，傷冷泄瀉，胕腫如水氣者。（方見泄瀉門）

按：此足陽明、太陰藥也。

濟生實脾散：治陰水發腫，用此先實脾土。

厚朴薑製　白术　木瓜　木香　乾薑炮，各一兩　草果仁　大腹子　附子　白茯苓　甘草炙，各半兩

右㕮咀，每四錢，入薑棗，水煎服。

按：此手足太陽、足三陰藥也。

三因復元丹：治脾腎俱虚，發爲水腫，四肢虚浮，心腹堅脹，小便不通，兩目下腫。

附子炮，二兩　木香　茴香炒　川椒炒　獨活　厚朴　白术　陳皮　吴茱萸炒　桂枝各一兩　澤瀉一兩半　肉果煨　檳榔各半兩

右爲末，糊丸如梧子大，每五十丸，紫蘇湯下。

按：此太陽例藥也。然脾爲太，腎爲少陰，陰氣既虚，故不能化，而此藥恐不合是理，但宜與脾腎受寒濕爲病則可。故以上諸方從燥濕例，庶名實不紊，若前云滲洩者，滲爲利毛竅，泄爲利水竅也。

消導之劑

金匱枳术湯

枳實半兩　白术二兩

右二味，以水五升煮取三升，分溫三服。

楊氏消腫丸：治水氣腹脹，頭面四肢陰囊皆腫，喘急欬嗽，睡卧不安，小便赤澀。

淡豉二兩　巴豆一兩，水半升煮，去油　京三稜泡　大戟　杏仁燒存性，各半兩　五靈脂一分

右爲末，以生麪和杵千百下，丸如緑豆大，每五十丸，煎桑皮白湯下。

東垣中滿分消丸：治水氣熱脹。（方見痞脹門）

溫白丸：治十種水病。（方見積聚門）

按：已上諸方並太陽例藥，有輕重不同，宜隨證選用。

調理之劑

三因當歸散：水腫之疾，多由腎水不能攝養心火，心火遂不能滋養脾土，故土制水，水氣盈溢，氣脈閉塞，滲透經絡，發爲浮腫之疾。

木香　赤茯苓　當歸　桂　木通　赤芍　牡丹皮　檳榔　陳皮　白术

右等分，㕮咀，每半兩入紫蘇五葉，木瓜一片，煎服。

濟生加味腎氣丸：治腎脾虚損，腰重脚腫，小便不利。

白茯苓三兩　附子半兩　澤瀉　桂　川牛膝　車前子　山藥　山茱萸　牡丹皮各一兩　熟地黄四兩

右爲末，煉蜜丸如梧子大，每七十丸，空心米飲下。

按：此二方並出太陽例。丹溪曰：治水腫，脾胃虚者宜行濕，利小水，使脾氣得實則自能健運，自能升降，運動其樞機，則水自行，非五苓之行水也。切不可下，蓋慎之也。然雖無所出之法，學人觀此例，則思

過半矣。

雜方

嚴氏塗臍膏：治水腫，小便絕少。

地龍　豬苓去皮　針砂各一兩

右爲細末，擂葱涎，調成膏，敷臍中，約一寸高闊，絹帛束之，以小便爲度，日兩易。

玉機微義卷之二十二

玉機微義卷之二十三

脚氣門

辨南方脚氣所得之由

孫真人云：凡四時之中，皆不得久坐久立濕冷之地，亦不得因酒醉汗出，脱衣跣足，當風取涼，皆成脚氣。若暑月久坐久立濕冷之地者，則濕熱之氣蒸人經絡，病發必熱，而四肢痠疼煩悶。若寒月久坐久立濕冷之地者，則濕冷之氣上入經絡，病發則四肢皆酷冷轉筋。世有勤工力學之士，久坐久立於濕地，冷風來入經絡，不覺成病也。若欲使之不成病者，初覺則灸所覺處二三十壯，則愈，不復發熱。黄帝云：當風取涼，醉以入房，能成此疾也。

東垣云：《千金》、《外臺》、《總録》所録，皆謂南方痹濕，霧露所聚之地，其民腠理疏，陽氣不能外固，因而履之則清濕襲虚，病起於下。此由血氣衰弱，受清濕之邪，氣與血並行於膚腠，邪氣盛，正氣少，故血氣澀，澀則痹，虚則弱，故令痹弱也，後人名曰脚氣。《針經》云：有道以來，有道以去，治之多以灸焫爲佳，以導引濕氣外出，及飲醪醴以通經散邪。所製之方，寒藥少，熱藥多，用麻黄、川烏、薑、附之屬。《内經》云：濕淫於内，以苦發之。麻黄苦溫，發之者也；川烏辛熱，走而不能守，通行經絡；薑、附辛甘大熱，助陽退陰，亦散清濕之邪。又察足之三陰三陽，是何經絡所起，以引用藥爲主治，復審六氣中何氣客之，治以佐使之藥。孫真人云：醫者意也。隨時增損，物無定方，真知言哉。

辨北方脚氣所得之由

《發明》曰：《異法方宜論》云：北方者，其地高陵居，風寒冰冽，其俗飲潼酪而肉食。凡飲潼酪者，以飲多速飲爲能。經云：因而大飲則氣逆。又云：食入於陰，長氣於陽。今乃反行陰道，是爲逆也。夫乳酪醇酒者濕熱之物，飲之屬也。加以奉養太過，亦滋其濕，水性潤下，氣不能呴，故下注於足脛，積久而成腫滿疼痛，此飲食下流之所致也。《通評虛實論》云穀入多而氣少，濕居下也，況潼酪醇酒之濕熱甚於穀者也。《至真要大論》云太陰之勝，火氣內菀，流散於外，足脛胕腫，飲發於中，胕腫於上[一]，此之謂也。故飲入於胃，遊溢精氣，上輸於脾，脾氣散精，上歸於肺，通調水道，下輸膀胱，水精四布，五經並行，合於四時，五臟陰陽，揆度以爲常也。若飲食自倍，脾胃乃傷，則胃氣不能施行，脾氣不能四布，故下流乘其肝腎，濕流於足脛，加之房事不節，陽盡陰盛，遂成脚氣。孫真人云古人少有此疾，自永嘉南渡，衣冠之人多有之，亦此意也。

按：此言北方脚氣爲脾之濕氣下乘，加之房事不節而致，當作內因處治，可謂發病機之秘。然南方是證亦莫不爲下虛，邪氣乘之故也。以陳無擇所論外感當分風濕寒熱、內臟虛實所因爲治，迥出《千金》之文，何此理又不復具焉？蓋北方此證殊少耳。學者審是，則又知南方脚氣有全非外因者焉，於紫蘇子等湯例可見。

【校記】

［一］“上”，原誤作“下”，今據天德尚賢堂本改。

論脚氣脈證

嚴氏曰：古無脚氣之說，《內經》名厥，兩漢間名緩風，宋齊之後謂之脚氣。名雖不同，其實一也。初得不覺，因他病乃始發，或奄然大悶，經三兩日方覺之。先從脚起，或緩弱疼痹，或行起忽倒，或兩脛腫滿，或足膝枯細，或心中忪悸，或小腹不仁，或舉體轉筋，或見食吐逆，惡聞食氣，或胸滿氣急，或遍體痠疼，此其候之不同也。其脈浮而弦者起於風，濡而弱者起於濕，洪而數者起於熱，遲而澀者起於寒。夫脚氣皆由腎虛而生，然婦人亦病脚氣者，必因血海虛，乘七情[一]，遂成斯疾。兼今婦人病此者眾，則知婦人以血海虛而得之，與男子腎虛類矣。男女用藥固無異，但兼以治憂恚藥，無不效也。須量人盛衰，微加滋補，不然則氣血日衰，必使年年遇蒸熱而作，理之必然。

陳無擇曰：脚氣不專主一氣，亦不專在一經，故與中風寒暑濕爲異耳。兼有所雜生諸病，未易分別，須尋三陰三陽病所在，後察脈虛實爲治。自汗走注，爲風勝；無汗攣急掣痛[二]，爲寒勝；腫滿重著，爲濕勝；煩渴熱積，爲暑勝。四氣兼中者，但推其多者爲勝，分其表裏以施治也。脈浮爲風，緊爲寒，緩細爲濕，洪數爲熱，見於諸陽在外，宜發散。沉而弦者亦爲風，沉而緊者爲寒，沉細爲濕，沉數爲熱，見諸陰在內，宜溫利之。若大虛氣乏，間作補湯，隨病冷熱而用之。《千金》方論但備諸證，不說陰陽經絡所受，從何爲治？

按：以上所言脈證，但備四氣而已。至於腫焮，發瘡泡。爲濕熱熱毒之勝，腫而重者，有濕痰勝，或腫或消，兼氣不升降諸例，皆所未詳。陳云六經證，見後各方下。

【校記】

［一］“血海虛，乘七情”，天德尚賢堂本作“血海虛而感七情”七字。

［二］“攣”，原誤作“藥”，今據天德尚賢堂本改。

論脚氣生於水濕

《發明》曰：夫脚氣之疾，實水濕之所爲也。蓋濕之害人皮肉筋脈而屬於下，然亦有二焉。一則自外而感，一則自內而致，其治法自應不同，故詳析而論之。其爲病也，有證而無名。脚氣之稱，自晉蘇敬始，而關中、河朔無有也。惟南方地下水寒，其清濕之氣中於人，必自足始，故經曰：清濕襲虛，則病起於下。或者難曰：今茲北方，其地則風土高寒，其人則腠理緻密，而復多此疾者，豈是地之濕氣感之而爲邪？答曰：南方之疾，自外而感者也；北方之疾，自內而致者也（二論見前）。其自外而入者，止於下脛腫而痛；自內而致者，乃或至於手節也。經曰足脛腫曰水，太陰所至爲胕腫，此但言其自外者也。所治之法，前人方論備矣，自內而致者，治法則未有也。

謹按：前論南北二方脚氣之由，已頗詳盡，而《發明》更具。此者大抵言是證主於水濕而成，故重宣此義，合前二論之旨也。自內致者，古無其法，然觀東垣所出數方，則意例兼備之矣。

論江東嶺南瘴毒爲脚氣

《發明》曰：《內經》論南方者，其地下水土弱，霧露之所聚也。江東嶺南，大率如此。春夏之交，山川蒸菀，風濕毒氣爲甚，足或感之，遂成瘴毒脚氣。其候則脚先屈弱，漸至痹疼，脛微腫，小腹不仁，頭痛煩心，痰壅逆，晡作寒熱，便溲不通，甚者攻心而勢迫，治之誠不可緩。支法存所以留意經方，偏善此術者，豈非江東嶺表此疾得之多歟？

謹按：南方溫熱多陰雨，土濕之氣因熱蒸菀，人膚腠故疏豁，體虛者多感此疾。及有遠行足熱，乃過溪澗爲水寒所傷而致者。至其傳變，爲證不一，況瘴毒乎？然近江東證多主於水濕，亦有夾風夾寒者，其發時則或腫或痛，濕熱勝者成水泡瘡，或成赤腫丹毒，或如疝氣，攻上引下，皆宜詳悉分治。

論脚氣似傷寒

（詳見熱門病本不同例下）

論南方脚氣病禁

《外臺秘要》云：第一忌嗔，嗔則心煩，煩則脚氣發。又禁大語，大語則傷肺，肺傷亦發動。又不得露足當風入水，以冷水洗足，兩脚脛尤不宜冷，雖暑月常須著綿袴，至冬寒倍令兩脛溫暖，微汗大佳。依此將息，氣漸薄損。每至寅丑日割手足甲，割少侵肉，去氣。夏時腠理開，不宜當風臥睡。睡覺令人按接，勿令邪氣稽留，數勞動，關節常令通暢，此並養生之要，拒風邪之法也。尋常有力，每食後行三五百步，疲倦便止，脚中惡氣，隨即下散，雖浮腫，氣不能上也。

《發明》云：第一凡酒及湩酪勿使過度，過則損傷脾胃，下注於足脛[一]，胕腫，遂成脚氣。第二慾不可縱，嗜慾則脚氣發，凡飲食之後宜緩行如上法。經云逸者行之，又云病在脾，忌溫食飽食，濕地濡衣。

【校記】

［一］“注”，原誤作“疰”，今據天德尚賢堂本改。

論脚氣疏下

楊太受云：脚氣之疾，自古皆尚疏下，爲疾壅故也。然不可太過，太過則損傷脾胃，使營運之氣不能上行，反下注爲脚氣也。又不可不及，不及則使氣壅不得消散。今立三方於後，詳虛實而用之。

按：三方，《醫學發明》謂導滯湯、導引丸、除濕丹例是也，然亦大略言爾。如脚氣在表，在氣血之分，而疏下之法，可例用乎？

論脚氣洗渫

《活人書》云：凡脚氣，服補藥及用湯渫洗者，皆醫之大禁也。《發明》謂此爲南方外感濕氣，乘虚襲入，爲腫痛而言，非爲北方内受濕氣，注下腫痛而言也。蓋濕氣不能外達，宜淋渫開導，泄越其邪也。

論脚氣宜砭刺

楊太受云：脚氣是爲壅疾，治當以宣通之劑，使氣不能成壅也。壅既成而盛者，砭惡血而去其重勢。經曰蓄則腫熱，砭射之也，後以藥治之。

脚氣治法

發表之劑

三因麻黄左經湯：治風寒暑濕流注足太陽經，腰足攣痹，關節重痛，增寒發熱[一]，無汗惡寒，或自汗惡風頭疼。

麻黄　乾葛　細辛　白术　茯苓　防己　桂　羌活　甘草　防風

右㕮咀，每半兩，入薑、棗煎服。

按：此出太陽例，治風寒濕之藥也。

半夏左經湯：治足少陽經爲風寒暑濕流注，發熱，腰脅疼痛，頭目眩暈，嘔吐不食，熱悶煩心，腿痹，緩縱不隨。

半夏　乾葛　細辛　白术　麥門冬　茯苓　桂枝　防風　乾薑　黄芩　小草　甘草炙　柴胡

右㕮咀，每半兩，入薑、棗煎。熱悶，加竹瀝；喘急，加杏仁、桑白皮。

按：此出少陽例，解風寒濕熱錯雜之邪藥也。

【校記】

[一]“增”，天德尚賢堂本作“憎”。

六物附子湯：治四氣流注於足太陰經，骨節煩疼，四肢拘急，自汗短氣，小便不利，手足或時浮腫。

附子　桂　防己各四錢　甘草炙，二錢　白术　茯苓各三錢右㕮咀，每半兩，入薑煎。

按：此出少陰例，治寒濕之藥也。

局方换腿丸：治足三陰經爲風寒暑濕之氣所乘，發爲攣痹緩縱，上攻胸脅肩背，下注脚膝疼痛，足心發熱，行步艱辛。

薏苡仁　南星　石楠葉　石斛　檳榔　萆薢　川牛膝酒浸　羌活　防風　木瓜各四兩　黄芪　當歸　天麻　續斷各一兩

右爲末，酒糊丸如梧子大，每五十丸，鹽湯下。

按：此出厥陰例，疏風勝濕藥也。

五積散（方見濕門）

按：此出太陽例，治風寒濕之劑，氣血藥也。

東垣當歸拈痛湯：治濕熱爲病，肢節煩疼，肩背沉重，胸膈不利，兼遍身疼痛，下注手足，足脛腫痛，不可忍者。（方見瘡瘍門）

按：此出太陽例，治濕熱之藥也。

攻裏之劑

宣明導水丸：治脚氣胕腫疼痛，或發熱，濕熱盛者。

按：此出陽明例，治濕熱之藥也。

除濕丹（方並見濕門）

按：此出太陽例，治濕透機關藥也。

謹按：脚氣多系濕熱爲病，世人用已上方每效，故收入。然下之法詳見前疏下論，但下後便要收拾，如滲之、清之、升之之法是已，學人宜擴充焉。

發表攻裏之劑

三因大黄左經湯：治四氣流注足陽明經，使腰脚赤腫，痛不可行，大小便秘，或惡聞食氣，喘滿自汗。

細辛　茯苓　羌活　大黄煨　甘草炙　前胡　枳殼　厚朴製　黄芩　杏仁等分

右㕮咀，每半兩，入薑、棗煎。

按：此出陽明例，治濕熱、疎風、導氣藥也。

加味敗毒散：治足三陽經受熱，毒氣流注，脚踝上焮赤腫痛，寒熱如瘧，自汗惡風，或無汗惡寒。

羌活　獨活　前胡　柴胡　枳殼　桔梗　甘草　人參　茯苓　川芎　大黄　蒼术等分

右㕮咀，每半兩，入薑煎。

按：此出少陽例，治風濕熱，氣血藥也。

東垣羌活導滯湯：治脚氣初發，一身盡痛，或肢節腫痛，便溺阻隔，先以此藥導之，後用當歸拈痛湯。

羌活　獨活各半兩　防己　當歸各三錢　大黄酒濕煨，一兩　枳實炒，二錢

右㕮咀，每五錢或七錢，水煎服.

按：此出陽明例，治風熱之藥也。

理氣之劑

濟生檳榔湯：治一切脚痛，順氣防壅。

檳榔　香附子　陳皮　紫蘇葉　木瓜　五加皮　甘草炙，各一兩

右㕮咀，每四錢或半兩，入薑煎。

大腹皮散：治諸脚氣腫痛，小便不利。

檳榔　荆芥穗　烏藥　陳皮　紫蘇葉各一兩　蘿蔔子炒，半兩　沉香　桑白皮　枳殼炒，各一兩半　大腹皮三兩　木瓜二兩半　紫蘇子炒

右㕮咀，每半兩，入薑煎。

澹寮方：脚氣入腹衝心，疼痛腫滿，大小便秘。

沉香　木香　羌活　白芍　檳榔各五錢　甘草　撫芎　青皮　枳殼各二錢　紫蘇葉　木瓜各一錢半　蘇子六錢

右㕮咀，每半兩，入薑煎。

按：已上三方，因於氣滯氣壅者可用，故收入。然不可防壅而服。大抵因氣者宜取擇焉。

理血之劑

金匱八味丸：治足少陰經脚氣入腹，腹脹疼痛，上氣喘急，腎經虚寒所致也。此證最急，以腎乘心，水剋火，死不旋踵。（方見補虚門）

按：此治陰虚挾寒濕之藥也。

三因神應養真丹：治足厥陰經爲四氣進襲，左癱右瘓，痰涎，半身不遂，手足頑麻，語言謇澀，脚膝榮氣凝滯，遍身疼痛。

四物内加羌活、天麻。

右爲末，蜜丸雞子黄大，每丸，木瓜、兔絲子浸酒下。

按：此治血虚挾風濕之劑也。

加味四斤丸：治足痿無力，脚膝疼酸。（方見痿門）

按：此治血虚挾風熱之劑也。

理氣血之劑

三因紫蘇子湯：治脚弱上氣，陰陽交錯，清濁不分，上重下虚，中滿喘急，嘔吐自汗，無復紀律。

紫蘇子微炒　半夏各五兩　前胡　厚朴製　甘草炙　當歸各二兩　桂心　陳皮各三兩

右㕮咀，每四錢，入棗、薑煎服。

按：此出少陽例，血虚氣逆者可用。

通關透肌骨之劑

三因勝駿丸：治元氣不足，爲寒濕之氣所襲，腰足攣拳，脚面連指走痛無定，筋脈不伸，行步不隨，常服益真氣，壯筋骨。

附子一個，炮　當歸酒浸一宿　天麻　牛膝酒浸　木香　酸棗仁炒　熟地黄　防風各二兩　木瓜四兩　羌活　乳香半兩　麝香二錢　全蝎炒　没藥　甘草炙，各一兩

右爲末，用生地黄三斤研如泥，入無灰酒四升，煮爛如膏，以前藥和匀，杵令堅，每兩作十丸，每丸細嚼，臨睡酒下。如冬月無地黄，煉蜜爲丸如梧子大，每五十丸服。

按：此治血虚而風寒濕勝藥也，氣血之劑。

疏風養血之劑

獨活寄生湯：治肝腎虚弱，風濕內攻，兩脛緩縱，攣痛痹弱，足膝攣重。（方見腰疼門）

消導之劑

東垣開結導引丸：治飲食不消，心下痞悶。

白术　陳皮　澤瀉　茯苓　神麯炒　麥蘖麯　半夏各一兩　枳實炒　巴豆霜各一錢半　青皮　乾生薑各半兩

右爲末，湯浸蒸餅丸梧子大，每四五十丸，或七十丸，溫水下。

按：此治內傷飲食，脾胃營運之氣有虧，不能上升，下注爲脚氣，故用此導飲行水，化脾氣也。出太陽例。然亦有致腫於身腰已上及面者，意見水腫論平治法下。

雜洗

洗藥導氣除濕湯：葳靈仙　防風　荆芥　地骨皮　當歸　升麻　白芍　朔藋葉

右等分，㕮，水二斗煮一斗五升，去柤，熱淋洗，無時候。

敷藥

白芷　蒼术　羌活各半兩　細辛二錢半

右爲末，生薑汁調，敷患處。

玉機微義卷之二十三

玉機微義卷之二十四

諸疝門小腸氣附

諸經敘疝脈證

《內經》曰：厥陰脈滑，則病狐疝；少陰脈滑，則病肺風疝；太陰脈滑，則病脾風疝；陽明脈滑，則病心風疝；太陽脈滑[一]，則病腎風疝；少陽脈滑[二]，則病肝風疝。

《針經》曰：心脈微滑，爲心疝引臍，少腹鳴；肝脈滑甚，爲㿗疝；腎脈滑甚，爲癃㿗。

按：《發明》云：夫滑脈關以上見者爲大熱，蓋陽與陽並也，故大熱。脈滑尺部見爲大寒，生㿗疝。滑脈者，命門包絡之名也，爲丙。丙丁熱，火並於下。蓋丙丁不勝壬癸，從寒水之化也，故生㿗疝。然滑屬陰脈也，病自內因寒，亦與已上證同。

《難經》曰：任之爲病，其內苦結，男子爲七疝。

按：滑氏《本義》曰：任脈起胞門，行腹，故病苦內結，男爲七疝，女爲瘕聚也。

《脈經》曰：腎脈大急沉，爲腎疝；肝脈大急沉，爲肝疝；心脈搏滑急，爲心疝；肺脈沉搏，爲肺疝。三陰急，爲脾疝。三陰，脾脈也。寸口脈弦而緊，弦緊相搏，則爲寒疝。趺陽脈虛遲爲寒疝，寒疝繞臍痛，若發則白汗出，手足厥寒。

【校記】

[一]“滑”，原誤作“浮”，今據天德尚賢堂本改。
[二]“滑”，原誤作“浮”，今據天德尚賢堂本改。

諸經敘小腸氣

《內經》曰：小腹控睾，引腰脊，上衝心，唾出清水，及爲噦噫，甚則入心，善忘善悲。《甲乙經》曰：邪在小腸也。小腸病者小腹痛，引腰脊，貫肝肺，其經虛不足，則風冷乘間而入，邪氣既入則冷之證，上衝肝肺，客冷散於胸，結於臍，控引睾丸，上而不下，痛而入腹，甚則衝於心胸，蓋其經絡所系屬也。啟玄子曰：控，引也。睾丸，陰丸也。

謹按：寒邪始客於小腸，因經絡並於厥陰，故下控引睾丸爲痛。雖亦如疝，然止言小腸氣，所以古人治法往往相類，但自有所兼之證殊爾。

論疝氣屬寒

《原病式》曰：癩疝，少腹控卵，腫急絞痛也，寒主拘縮故也。寒極而土化制之，故腫滿也。經言丈夫癩疝，謂陰器連少腹急痛也，故言婦人少腹腫，皆肝足厥陰之脈也。經注曰：寒氣聚而爲疝也。又按經言五臟皆主疝，但脈急也。注言脈急者，寒之象也。然寒則脈當短小而遲，今言急者，非急數而洪也，由緊脈主痛，急爲痛甚，病寒雖急，亦短小也，所以有痛而脈緊急者。脈爲心之所養也，凡六氣爲痛則心神不寧，而緊急不得舒緩，故脈亦從之而見也。欲知何氣爲其病者，適其緊急相兼之脈而可知也。如緊急洪數，則爲熱痛之類也。又經言脾傳之腎，病名曰疝瘕，少腹煩冤而痛，出白，一名曰蠱[一]。注言少腹痛，溲出白液也。一作客熱內結，銷爍脂肉，如蠱之食，故名白蠱也。然經之復言熱爲疝瘕，則亦不可止言爲寒，當以脈證別之。

【校記】

[一]“一名曰”，原脱，今據天德尚賢堂本補。

論疝氣屬濕熱

丹溪曰：疝痛之甚者，睾丸連小腹急痛也。或有形，或無形，或有聲，或無聲，自《素問》以下，皆以爲寒。蓋經絡得寒，收引不行，所以作痛。世有得寒而無疝者，又必有說以通之可也。予屢踢冰徒涉，不曾病此，以予素無熱也。因而思此病始於濕熱在經，鬱遏至久，又感外寒，濕熱被鬱而作痛，若只作寒論，恐爲未備。或曰：此證多客厥陰一經，濕熱之積，何由而致？予曰：夫勞則火起於筋，醉飽則火起於胃，房勞則火起於腎，大怒則火起於本經。火鬱之久，濕氣便盛，濁液凝聚，並入血隧，流於厥陰。肝屬木，性速急，火性暴，爲寒束，宜其痛甚而暴也。愚見古方以烏頭、梔子等分作湯用之，其效亦速。後因此方隨形證加減，無有不應。又須分濕熱多少而治之，但腫多爲濕癩是也，却有水氣而腫，又有挾虚而發者，當以參、术爲君，而佐以疏導，診其脈沉緊而豁大者是也。若不以補劑而行決裂之法，禍不旋踵。

論疝證有寒有熱

《發明》曰：經云三陽爲病，發寒熱，下爲癰腫，及爲痿厥腨痟，其傳爲索澤，其傳爲癩疝。夫熱在外，寒在內，則累垂，此九夏之氣也；寒在外，熱在內，則卵縮，此三冬之氣也。足太陽膀胱之脈逆，上迎手太陽小腸之脈，下行至足厥陰肝之脈，不得伸，其任脈並厥陰之脈逆，則如巨川之水，致陽氣下墜，是風寒濕熱下出囊中，致兩睾腫大，謂之曰疝，太甚則癩。足厥陰肝之脈與大腸膀胱寒水之脈，同至前陰之末。傷寒家説足厥陰肝經爲病，煩滿囊縮，急下之，宜大承氣湯以瀉大熱。《靈樞經》云：足厥陰肝經筋中以爲寒則筋攣，卵縮爲大寒。前説囊縮爲大熱，此説爲大寒，又説囊縮垂睾下引癩疝脚氣爲大寒[一]，風濕盛下垂爲寒，與上二説不同。

按：釋云：以平康不病之人論之，夏暑大熱，囊卵累垂，冬天大寒，急縮收上，與前三説又不同，何也？是相乖耶？不相乖耶？答曰：傷寒家囊卵縮，大熱在内，宜承氣湯急下之，與《經筋》説囊卵縮大寒在外，亦是熱在内，與傷寒家同。故再引平康之人以證之。冬天陽氣在内，陰氣在外，人亦應之，故寒在外則皮急，皮急則囊縮，夏月陰氣在内，陽氣在外，人亦應之。故熱在外則皮緩，皮緩則囊垂，此癩疝之象也。三説文殊，皆一理也，用藥者詳而審之。故以上三論各有所主，兼此考訂，則脈證陰陽寒熱虚實之異判然矣。

【校記】

[一]“又”，原誤作“此”，今據天德尚賢堂本改。

論疝分三因

陳無擇曰：經云七疝、諸疝等，更不見名狀，但出寒疝、癩疝而已。唯《大奇》論列五臟爲五疝云云（見前）。大抵血因寒泣則爲瘕，氣因寒聚則爲疝，但五臟脈理不同，不可不辨。且腎脈本沉，心脈本滑，受寒則急，於理乃是；肝脈本弦，肺脈本澀，並謂之沉，未爲了義。又脾不出本脈，但云急爲疝，亦文義之缺也。凡云急者，緊也。緊爲寒，亦可類推。且賊風入腹亦爲疝，冒暑履濕，皆能爲疝，當隨四氣（改易急字）。風則浮弦，暑則洪數，濕則緩細，於理明要，知疝雖兼臟氣，皆外所因也。寒泣風散，暑鬱濕著，絞刺擊搏，無有定處，倉卒 之際，痛不堪忍，世人稱爲横弦、竪弦、膀胱小腸氣、賊風入腹等，名義不同，證狀則一。

按： 此辨脈證之異頗詳，但溫寒、散風、利暑、燥濕之方未備[一]，然陳氏具此意，蓋欲學者自擴充爾。

【校記】

[一]“備”，此上原衍“積”字，今據天德尚賢堂本刪。

論疝氣不宜預補

許學士云：大抵此疾因虛得之，不可以虛而驟補。經云：邪之所湊，其氣必虛，留而不去，其病則實。故必先滌所蓄之熱，然後補[一]，是以諸方多借巴豆氣者，蓋謂此也。

謹按： 疝證雖始爲因虛而得，必邪實迫痛而未下，故當先瀉而後補也。至有虛甚迫痛，上爲吐逆，或下有遺精者，此邪實正虛之甚矣，此欲不補，可乎？但恐補之則無益，瀉之則正氣轉陷，幸而獲生者鮮矣。

【校記】

[一]“補”，天德尚賢堂本作“補之”二字。

論疝本肝經宜通勿塞

子和曰：疝有七，前人論者甚多，非《靈樞》、《素問》、《銅人》之論，余皆不取。非余好異也，但要窮其原耳。俗工不識，因立謬名。或曰膀胱，或曰腎冷[一]，或曰小腸氣，立名既謬，並喪其實。何哉？蓋醫者既斷爲膀胱、腎冷[二]、小腸氣，必曰虛寒所致，其藥之用也，不附子、烏頭，則乾薑、官桂之類，餌之曾無殊效，浸成大錯，曾無覺者。豈知諸疝皆歸肝經，其奈庸流歸之小腸、脬囊。夫膀胱水府，專司滲泄，小腸水道，專主通流，腎爲少陰，總統二水。人之小溲，自胃入小腸，滲入膀胱。膀胱者，脬囊也，氣化則水出莖端，此常道也。及其爲疝，乃屬足厥陰肝經，蓋環陰器而上入小腹者[三]，足厥陰肝經也。夫肝腎皆屬於下，與衝、任、督相附。然《靈樞經》言足厥陰肝經病，則有遺溺、癃閉、狐疝，主腎與膀胱、小腸三經，則不言疝，是受疝之處乃肝之部分也。且《內經》男子宗筋爲束骨之會也，而肝主筋，睾者囊中之丸，雖主外腎，非厥陰環而引之，與玉莖無由伸縮。在女子則爲篡戶，其內外爲二，其一曰廷孔，其二曰窈漏，此是厥陰與冲、任、督之所會也。《靈樞》言足厥陰之經筋聚於陰器，其病傷於寒則陰縮入，傷於熱則縱挺不收，治在行水[四]，清陰氣[五]，故陽明與太陰、厥陰之筋皆會於陰器，惟厥陰主筋，故爲疝者必本之厥陰。《靈樞》又言：足厥陰之別，名曰蠡溝，去內踝五寸，別走少陽，循脛上睾，結於莖，其病氣逆，睾腫卒疝，實則挺長，虛則暴癢，取之所別矣。豈非厥陰爲受病之處耶？《靈樞》又言：邪在小腸，連睾系，屬於脊[六]，貫肝肺[七]，絡心系[八]，氣盛厥逆，上衝腸胃，熏肝，散於肓，結於臍，故取之肓原以散之[九]，刺太陰以平之，取厥陰以下之，取巨虛下廉以去之，按其所過之經以調之。此其初雖言邪在小腸，至其治法，必曰取厥陰以下之，乃知諸疝關於厥陰，可以無疑。以脈考之，《素問》論六疝，雖見於他脈中，皆言風疝者足厥陰肝經之氣也。《靈樞》亦云三臟脈之疝皆以滑爲疝也。三陰急爲疝，三陽急爲瘕。王太僕云：太陽受寒，血凝爲瘕，太陰受寒，氣聚爲疝。此言太陰受寒，傳之肝經也，可以溫藥逐之，不可以溫藥補之。若補之者，是欲病去而强挽留之也。歷考《素問》三陽爲病發寒熱，其傳爲癩疝，此亦言膀胱非受病之處，必傳於厥陰部分，然後爲疝也。又言：病在少腹，腹痛，不得大小便，病名曰疝，得之寒。言脈急者曰疝瘕，少腹痛。凡言少腹者，豈非厥陰之部分耶？又言脾風傳胃，名曰疝瘕。此謂非肝木不能爲風氣，名曰厥疝，蓋脾土虛而不能制水，又爲肝木所淩也。又言督脈爲衝疝，蓋厥陰與衝、任、督俱會於前陰也，豈不明哉？又嘗遍閱銅人俞穴，亦相表裏，惟厥陰言疝獨多，爲疝之主也。其他經穴雖亦治疝，終非受疝之地，但與足厥陰相連耳。如運氣，或在泉寒勝，木氣攣縮，禁於此經，或司天燥勝，木氣抑鬱於此經；或忿怒悲哀，憂抑頓挫，結於此經；或藥淋外固，閉尾縮精，壅於此經。其病差別如此。且夫遺溺閉癃，陰痿脬痹，精滑白淫，皆男子之疝也，不可妄歸之腎冷。血涸不月，月罷腰膝上熱，足躄嗌乾，癃閉，少腹有塊，或定或移，前陰突出，後陰痔核，皆女子之疝也，但女子不謂七疝，而謂之瘕。若年少而得之，不計男子婦人，皆無子。故隱蔽委曲之事，了不干脬腎小腸之事，乃足厥陰肝經之職也。奈俗方止言脬腎小腸，殊不言肝木一句，惑人甚矣。且肝經，乙木也，木屬東方，爲心火之母也。凡疝者，非肝木受邪，則肝木自甚也，不可便言虛而補之。《難經》所謂東方實，西方虛，瀉南方，補北方，此言瀉火木自平，金自清，水自旺也。七疝，下去其病之後，可調則調，可補則補，各量病勢，勿拘俗法。經所謂陰盛而腹脹不通者，㿉癃疝也，不可不下。

【校記】

［一］“冷”，原誤作“俞”，今據天德尚賢堂本改。

［二］“冷”，原誤作“俞”，今據天德尚賢堂本改。

［三］“腹”，原誤作“腸”，今據天德尚賢堂本改。

［四］“水”，原誤作“臥”，今據《靈樞經·經筋》改。

［五］“清陰氣”，原誤作“漬陰器”，今據《靈樞經·經筋》改。

［六］“脊”，原誤作“腎”，今據《靈樞經·四時氣》改。

［七］“肝”，此下原衍“絡”字，今據《靈樞經·四時氣》刪。

［八］“絡”，原脱，今據《靈樞經·四時氣》補。

［九］“肓”，原誤作“盲”，今據天德尚賢堂本改。

七疝名狀

寒疝：其狀囊冷，結硬如石，陰莖不舉，或控睾丸而痛。得於坐臥濕地，或寒月涉水，或冒雨雪，或坐臥磚石，或風冷處使內過勞。宜以溫劑下之。久而無子。

水疝：其狀腎囊腫痛，陰汗時出，或囊腫而狀如水晶，或囊癢而搔出黄水，或少腹中按之作水聲。得於飲水醉酒，使內過勞，汗出而遇風寒濕之氣，聚於囊中，故水多，令人爲卒疝。宜以逐水之劑下之。有漏針去水者，人多不得其法。

筋疝：其狀陰莖腫脹，或潰或膿，或痛而裏急筋縮，或莖中痛，痛極則癢，或挺縱不收，或白物如精，隨溲而下。久而得於房室勞傷，及邪術所使。宜以降心之劑下之。

血疝：其狀如黄瓜，在少腹兩傍，横骨兩端約中，俗云便癰。得於重感春夏大燠，勞於使內，氣血流溢，滲入脬囊，留而不去，結成癰腫，膿少血多。宜以和血之劑下之。

氣疝：其狀上連腎區，下及陰囊，或因號哭忿怒，則氣鬱之而脹，怒哭號罷，則氣散者是也。有一治法，以針出氣而愈者。然針有得失，宜以散氣之藥下之。或小兒亦有此疾，俗曰偏氣，得於父已年老，或年少多病，陰痿精怯，强力入房，因而有子，胎中病也。此疝不治，惟築賓一穴灸之[一]。

狐疝：其狀如瓦，臥則入小腹，行立則出小腹，入囊中。狐則晝出穴而溺，夜則入穴而不溺。此疝出入上下往來，正與狐相類也。亦與氣疝大同小異，今人帶鉤鈐是也。宜以逐氣流經之藥下之。

㿗疝：其狀陰囊腫縋，如升如斗，不癢不痛是也。得之地氣卑濕所生，故江淮之間，湫溏之處，多感此疾。宜以去濕之藥下之。女子陰戶突出，雖亦此類，乃熱則不禁固也，不可便謂虛寒而澀之燥之補之。本名曰瘕，宜以苦下之，以苦堅之。

按：以上所論病本經絡之原，至爲詳盡。但七疝名固不同，治法當異，然俱用攻下之法，愚竊疑焉。雖仲陽亦曰肝爲相火，有瀉無補，丹溪有曰肝只是有餘，腎只是不足。夫厥陰一經受疝，宜通勿塞固宜，亦當視其淺深而行之可也。況有邪氣止客於膀胱小腸之經者，若干於少陰腎經，則宜通勿塞之法可例用乎？

【校記】

[一]“灸”，原誤作“言”，今據天德尚賢堂本改。《儒門事親》卷二作“針”。

諸疝治法

治寒之劑

金匱烏頭桂枝湯：治寒疝，腹中痛，逆冷，手足不仁，苦身疼痛，灸刺諸藥不能治者。

烏頭蜜一斤煎減半，去滓，三個 桂枝湯煎解蜜，半兩

右每服二合，不知，三合[一]。其知者如醉狀，得吐者爲中病也。若自汗出，脈沉弦者，止用烏頭煎。

按：此用桂枝，因身疼痛兼表有寒也。太陽例藥。

三因大烏頭桂枝湯：治風寒疝氣，腹中刺痛，手足不仁，身體拘急，不得轉側，或致陰縮。

大烏頭五個，去皮尖，蜜煎過，洗切 桂心 白芍各三錢 甘草一錢

右㕮咀，每四錢，入薑棗煎。

補腎湯：治寒疝入腹，小腹疼痛，時復泄瀉，胸膈痞塞。

人參　茯苓　黄芪　附子炮　白术各一兩　沉香四錢　木瓜一兩半　羌活半兩　甘草炙　川芎各二錢　紫蘇三錢

右㕮咀，每三四錢，入薑棗煎。

【校記】

[一]"三"，原誤作"二"，今據天德尚賢堂本改。

局方奪命丹：治遠年日近小腸疝氣，偏墜搐疼，臍下撮痛，以致悶亂，及外腎腫硬，日漸滋長，陰間濕癢，抓成瘡。

吴茱萸淨，一斤四兩，用酒、醋、湯、童便，各浸過一宿，焙乾　澤瀉二兩

右爲細末，酒煮麵糊，丸如梧子大。每五十丸，空心鹽湯下。

茱萸內消丸：治腎經虚弱，膀胱爲邪氣所搏，結成寒疝，陰癩偏大。

山茱萸去核　陳皮　吴茱萸　馬藺花　木香　肉桂　山藥　川楝子　青皮　茴香

右爲末，酒糊丸如梧子大，每五十丸，空心溫酒送下。

百一選方十補丸：治小腸寒疝。

附子一兩，用防風一兩剉，鹽四兩，黑豆一合，同炒，取附子，去皮尖用　葫蘆巴　木香　巴戟肉　川楝肉　官桂　玄胡　蓽澄茄　舶上茴香　破故紙炒各一兩

右爲末，糯米粉酒打糊，丸梧子大，朱砂爲衣。每五十丸，空心酒下。

葫蘆巴丸：治小腸氣，蟠腸氣，奔豚疝氣，偏墜陰腫，小腹有形如卵，上下來去，痛不可忍，或絞結遶臍攻刺，嘔吐者。

葫蘆巴炒，一斤　大巴戟炒，六兩　川楝子炒，一斤二兩　川烏炮，去皮，六兩　吴茱萸湯洗七次，炒，十兩　茴香炒，二十兩

右末，酒糊丸梧子大，每十五至二十丸，空心溫酒下。

按：此與前方加減不同，故兩存之。

寶鑑沉香桂附丸：治中氣虚弱甚，脾胃虚寒，臟腑積冷，心腹疼痛，手足厥逆冷，便利無度，七疝引痛不可忍，喜熱熨少緩者。

沉香　附子炮　川烏炮　乾薑炮　良薑　官桂　吴茱萸湯泡[一]，去苦水　茴香炒，各一兩

右末，好醋煮糊丸梧子大，每五十丸至七八十丸，空心米飲下。

按：已上諸方並太陽例藥。然初感寒邪所致，或素虚寒之人，宜此劫之皆可。但久病者多有濕熱、寒濕、血虚等證之變，而用者自宜詳審。

【校記】

[一]"泡"，原誤作"炮"，今據天德尚賢堂本改。

治濕之劑

元戎加味五苓散：治疝氣卒痛，小便澀。

本方加川楝一分。

右爲末，空心米飲調下一二錢。

按：此滲洩之劑也。

攻下之劑

局方三白散：治膀胱蘊熱，濕熱相乘，陰囊腫脹，大小便不利。

白牽牛二兩　桑白皮炒　木通　白朮　陳皮各半兩

右末，每二錢，薑湯調下，空心服。

復元通氣散

舶上茴香　川山甲蛤粉炒，各二兩　陳皮　牽牛末炒　玄胡　甘草炒，各一兩　木香一兩半

右細末，每一大錢，熱酒食前調下。

戴人禹功散

黑牽牛頭末，四兩　茴香炒，一兩

右爲末，以生薑自然汁調一二錢，臨睡服。或加白朮一兩。

寶鑒控引睾丸：治小腸病結，上而不下，痛引心臆。

茴香　川楝實各炒　石茱萸　陳皮　馬藺花醋炒，各一兩　芫花醋炒，半兩

右爲末，醋糊丸梧子大。每十丸至二十丸，空心溫酒送下。

茴香楝實丸：治陰疝，痛不可忍，及小腸氣痛。

川楝炒　茴香炒　山茱萸　石茱萸　吴茱萸　青皮　陳皮　芫花醋炒　馬藺花各等分

右爲末，醋糊丸梧子大。每二十丸，溫酒送下，食前服。

天臺烏藥散：治小腸疝氣，牽引臍腹疼痛。

烏藥　木香　茴香炒　青皮　良薑炒，各半兩　檳榔二個　川楝十個　巴豆七十粒

右先以巴豆微打破，同川楝麩炒黑，去麩及巴豆不用外，餘藥同末，酒調下一錢，甚者薑酒亦得。

按：已上諸方並下氣之藥也。治寒之例，宜隨輕重取擇。

濕熱之劑

濟生葵子湯：治膀胱實熱，腹脹，小便不通，口舌乾燥。

赤茯苓　豬苓　葵子　枳實　瞿麥　木通　黄芩　車前子　滑石　甘草等分

右㕮咀，每半兩，入薑煎，空心服。

按：此八正散加減法也。《永類鈐方》例爲治疝之劑，頗有理，故收入。

子和導水丸（方見濕門）

按：此陽明例藥也。然濕熱鬱結於下焦，非此莫能療，氣血皆可用。

冷熱之劑

寶鑒蒺藜湯：治陰疝疼痛。

蒺藜去刺　附子炮　梔子去皮，各半兩

右爲末，每三錢，水煎，食前溫服。

丹溪方：定疝氣疼痛，速效。

枳殼　山梔子　唐毬子　吴茱萸皆炒過　荔枝核

右爲末，用長流水調下一二錢，空心服。

又方：治陽明受濕熱，傳入太陽，惡寒發熱，小腹連毛際結核，悶痛不可忍。

梔子炒　桃仁炒　枳殼炒　唐毬子等分

右爲末，於砂鉢內入薑汁，用水一鍾盪起，煎熱服。

按：以上太陽例藥也。

理氣之劑

局方蟠葱散：治寒疝氣疝，衝心疼痛。

玄胡　蒼术　甘草各半斤　茯苓　蓬术　三棱　青皮六兩　丁皮　砂仁　檳榔各四兩　桂　乾薑二兩

右爲末，每服二錢，入連鬚須葱一莖，水煎，空心服。

鹽煎散：治冷疝，寒氣卒痛。

草果　砂仁　檳榔　厚朴　肉豆蔻　羌活　蒼术　陳皮　蓽澄茄　枳殼　良薑　茯苓　茴香　大麥蘖　川芎　甘草各二兩

右㕮咀，或散，每半兩水煎，入鹽[一]。

按：此二方並燥脾導氣之藥，劫劑也。世俗多用之，故收入。

寶鑒川苦楝散：治小腸氣，痛不可忍。

廣木香　茴香鹽一捻，炒，去鹽，各一兩　大川楝子一兩，剉，用巴豆十粒，破皮，同炒黄，去巴豆

右爲細末，每二錢，溫酒一盞，空心調下。

按：此導手太陽寒氣之藥，較之前二方治疝，此殊有理。

【校記】

[一]“鹽”，天德尚賢堂本此下有“少許”二字。

理血之劑

金匱當歸生薑羊肉湯：治寒疝，腹中痛及脇痛裏急。

當歸三兩　生薑五兩　羊肉一斤

右三味，以水八升煮取三升，溫服七合，日三。若寒多，加生薑；嘔者，加陳皮二兩，白术一兩。

蜘蛛散：治陰狐疝氣，偏有大小，時時上下。

蜘蛛十四枚，熬焦　桂枝半兩

右二味，爲散，取八分匕，飲和服，日再服。蜜丸亦可。

三因失笑散：治小腸氣痛。

五靈脂　蒲黄等分

右爲末，每二錢，先用醋一合熬成膏，水一盞煎。

理氣血之劑

本事方立效散

川芎　川楝子　青皮　舶上茴香　牽牛炒　桃仁各一兩

右爲末，每二錢，無灰酒一盞煎，食前溫服。

三因葱白散：治一切冷疝疼痛。

川芎　當歸　枳殼炒　厚朴炒　官桂　青皮　乾薑　茴香炒　茯苓　川楝子　麥蘖炒　神麯炒　三稜炮　莪术煨　熟地黄　白芍　木香　人參各一兩

右咀，每三錢，葱白二寸，鹽少許，空心服。

東垣丁香楝實丸：治男子七疝，痛不可忍，婦人瘕聚，帶下，皆任脈所主陰經也，乃腎肝受病，故治同法。

當歸　附子炮　茴香炒　川楝各一兩

右剉細，用好酒三升同煮，盡爲度，焙乾，作細末。每藥末一兩入：

丁香　木香各半錢　玄胡索五錢　全蝎十三個

右爲末，入在前藥末內拌勻，酒糊丸梧子大，每三十丸，加至百丸，空心溫酒送下。

按：已上方與前理血之劑並厥陰例藥也。然諸經論疝主於風，蓋指厥陰風木之氣爾，故疝病則多痛，痛亦木氣之實，即風象也。但古今方多主寒、主氣論治，然行者不察氣寒淺深之異以分治，則不能不無差悞也。觀東垣之法，庶幾近理。大抵亦不可視爲常例，蓋腎惡燥，恐久則反增其勢矣。

熨法

嚴氏云：鹽半斤，炒極熱，以故帛包，熨痛處。

一法：用葱白泥一握，置臍中，上用熨斗熨之。或上置艾灼之，妙。

玉機微義卷之二十四

玉機微義卷之二十五

反胃門 噎膈同附

反胃脈法

《難經》云：脈格則吐逆。（見淋悶門）

《脈經》云：緊而滑者吐逆，小弱而澀胃反。

《千金》云：寸緊尺澀，其人胸滿，不能食而吐，吐止者，爲下之，故不能食。設言未止者，此爲胃反，故尺爲微澀。

敘吐脈證

《金匱》云：病人脈數，數爲熱，當消穀引飲，而反吐者，以發其汗，令陽微膈氣，虛脈乃數，數爲客熱，不能消穀，胃中虛冷故也。脈弦者，虛也。胃氣無餘，朝食暮吐，變爲胃反。寒在於上，醫反下之，今脈反弦，故名曰虛。

趺陽脈浮而澀，浮則爲虛，澀則傷脾，脾傷則不磨，朝食暮吐，暮食朝吐，宿穀不化，名曰胃反。脈緊而澀，其病難治。

論膈噎治病之因

丹溪曰：胃爲水穀之海，脾爲消化之器，清和則健而運行。世人以痰飲嘔吐諸氣，多服香熱之藥，偏助氣血沸騰。其始也胃液凝聚，其久也脾氣耗敗，傳化漸遲。又以烏、附，丹劑，服之積久，血液俱耗，胃脘乾槁。其槁在上，近咽之下，水飲可行，食物難入，間或可入，入亦不多，名之曰噎；其槁在下，與胃爲近，食雖可入，難盡入胃，良久復出，名之曰膈，亦曰反胃。大便秘，小若羊矢然。名雖不同，病出一體。或曰：《千金》治噎膈反胃，未嘗廢薑、桂等藥，何吾子之多言也？予曰：氣之鬱滯，久留清道，非借香熱，不足以行，然悉有大黄、石膏、竹茹、芒硝、澤瀉、前胡、朴硝、茯苓、黄芩、蘆根、瓜蔞等藥爲之佐使，其始則同，其終則異也，病邪易伏，其病自安。

論五噎五膈

嚴氏云（《三因》同）：五噎五膈者，由喜怒不常，七情傷於脾胃，鬱而生痰，痰與氣搏，升而不降，飲食不下。蓋氣留於咽嗌者則成五噎，結於胸膈者爲五膈。五噎之名，憂、思、勞、食、氣也；五噎之名，憂、恚、寒、熱、氣也。其病令人胸膈痞悶，嘔逆噎塞，妨礙飲食。治法調順陰陽，化痰下氣，陰陽平匀，氣順痰下，則病無由而作矣。

按：膈噎之證，皆由氣聚成積，自積成痰，痰積之久，血液俱病。以其爲病在咽在膈，故前人立膈噎二者之名。《三因方》又分五噎、五膈病狀，徒有其名，爲治則一而已，故不敘焉。又嚴氏爲化痰下氣之説，夫氣之不下，痰之不化，必有爲病之因。苟不治本，而專以香燥之藥治其標，痰氣何由而自下也？

論三陽結爲膈病

子和云：《内經》曰：三陽結謂之膈。三陽者，大小腸膀胱也。結，謂熱結也。小腸熱結則血脈燥，大腸熱結則不圊，膀胱熱結則津液涸。三陽既結，則前後閉澀。下既不通，必反上行，所以噎食不下，縱下而復出也。此陽火不下，推而上行也，故經曰少陽所至爲嘔、湧溢，食不下，此理明矣。後世强分爲十膈五噎，其派既多，其惑滋甚。人之溢食，初未遽然也。或傷酒食，或胃熱欲吐，或胃風欲吐，醫者不察本原，投下香、桂、胡椒、丁香之屬。設如傷酒傷食，正可攻逐，豈可言虚？便將熱補。素熱之人，三陽必結，食必上潮，醫氏猶云胃寒不納，燔針灼艾，三陽轉結，歲月彌深，遂成噎病。世傳五噎寬中散有薑有桂，十膈散有附有烏，其可用乎？今代劉河間治膈氣噎食，承氣三湯獨超近代。用藥之時，更詳輕重，假如閉久，宜先潤養，小著湯丸，累累加之，關扃自透。其或咽噎，上阻痰涎，微用酸苦湧出，因而治下，藥勢易行。設或不行，蜜鹽下導，結散陽消，飲食自下，莫將巴豆耗却天真。

按：此論三陽結爲膈病，力闢世俗言胃冷用熱藥之誤[一]，可謂明矣。但用藥專指承氣而言，則失之太峻。蓋此藥有實熱者可用之，其有脾胃衰虚並血液枯竭之人，皆在所禁也。

【校記】

［一］“闢”，原誤作“開”，今據天德尚賢堂本改。

論噎爲諸氣所致

《針經》曰：怒氣所至，食則氣逆而不下；勞氣所至，爲咽噎病，爲喘促；思氣所至，爲中痞，三焦閉塞，爲咽嗌不利。

論噎塞由陰中伏陽所致

《發明》曰：噎者，六腑之所生，陽也氣也；塞者，五臟之所生，陰也血也。二者皆由陰中伏陽而作也。

謹按：噎爲七情所發，或因三焦傳化失常所致，此即主於氣也。或血液所虧，胃脘乾槁，或血積所致，即皆因於血也。塞，由填塞不通之義，故《發明》有治幽門不通、噎塞不便通幽湯例，蓋陽無陰不能施化，陰之失位而陽伏其中，傳化不變，而反上行矣。然人有所擊撲墜跌，內致血瘀，忽即吐而食不能納，此由氣血俱傷，所可見也。大抵始由氣致者，初當從氣治之，由血致者，當從血治之，豈可類用香熱之劑，反耗氣血耶？但世俗拘泥，不能究乎病情，遂成危證也，悲夫!

治吐分三焦法

《病機》云：治吐有三，氣、積、寒也，皆從三焦論之。上焦吐者皆從於氣，氣者天之陽也，其脈浮而洪，其證食已暴吐，渴欲飲水[一]，大便燥結，氣上衝，胸發痛，其治當降氣和中；中焦吐者皆從於積，有陰有陽，食與氣相假爲積而痛，其脈浮而匿[二]，其證或先痛而後吐，或先吐而後痛，治法當以小毒藥去其積，檳榔、木香行其氣；下焦吐者，皆從於寒，地道也，其脈沉而遲，其證朝食暮吐，暮食朝吐，小便清，大便秘而不通，治法當以毒藥通其閉塞，溫其寒氣，大便漸通，復以中焦藥和之，不令大便秘結而自愈也。

按：此分三法治吐，以上焦爲陽，陽主熱，下焦爲陰，陰主寒，中焦爲寒熱相半之分，有陰而有陽，此亦大略之法耳。蓋以其在上者則食已而暴吐，在下者則食久而始吐，久暴之間，所以爲寒熱之別，難專以上下爲寒熱之別也。王冰曰食不得入，是有火也，食入反出，是無火也，與此同意。又《原病式》曰：嘔湧溢，食不下，火氣炎上，胃膈熱甚，則傳化失常故也。

【校記】

[一]“欲”，原誤作“於”，今據天德尚賢堂本改。

[二]“匿”，《素問病機氣宜保命集》卷中作“弱”。

論治噎之法並治驗

丹溪曰：或云胃脘乾槁，其治可得用乎？予曰：古方用人參以補肺，御米以解毒，竹瀝以清痰，乾薑以養血，粟米以實胃，蜜以潤燥，正是此意。張雞峰亦曰：噎當是神思間病，惟內觀自養，可以治之。此言深中病情，治法亦爲近理。夫噎病生於血乾，夫血陰氣也，陰主靜，內外而靜[一]，則臟腑之火不起，而金水二氣大勝，陰血自生，腸胃津潤，傳化合宜，何噎之有？因觸類而長之，曾製一方，治一中年婦人，以四物湯加和白陳皮、去皮留尖桃仁、生甘草、酒紅花，濃煎，入驢尿飲，以防其或生蟲也，與數十帖而安。又台州一匠者，年僅三十，勤於工作而有艾妻，且喜酒面白，其脈澀，重則大而無力。令謝去工作，臥於牛家，取新溫牛乳，細細呷之，每頓盡一杯，一晝夜可五七次，盡却食物，以漸而至八九次，半月大便潤，月餘而安。或口乾，蓋酒毒未解，間飲甘蔗汁少許。或又曰：古方治膈噎未有不言寒者，何也？予曰：古人著方，必爲當時抱病設也[二]，其證實因於寒，故用之得效，非以爲定式也。但今人之染此病[三]，率因痰氣久得，醫藥傳變而成，其爲無寒也明矣。

謹按：反胃之證，其始也或由飲食不節，痰飲停滯，或因七情過用，脾胃內虛而作。古方不察病因，悉指爲寒，用香燥大熱之藥治之。夫此藥止能逐寒邪，行滯氣，其於飲食痰積豈能祛逐？七情之火反有所熾，脾胃之陰反有所耗，是以藥助病邪，日以深痼，其中病情，丹溪先生言之詳矣。夫治此疾也，咽嗌閉塞，胸膈痞悶，似屬氣滯，然有服耗氣藥過多，中氣不運而致者，當補氣而自運；大便燥結而羊矢，似屬血熱，然有服通利藥過多[四]，致血液耗竭而愈結者，當補血潤血而自行；有因火逆衝上，食不得入，其脈洪大有力而數者，或痰飲阻滯而脈結澀者，當清痰泄熱，其火自降；有因脾胃陽火亦衰，其脈沉細而微者，當以辛香之藥溫其氣，仍以益陰養胃爲之主，非如局方之惟務燥烈也。若夫不守戒忌，厚味房勞之人及年高無血者，皆不能療也。

【校記】

[一]“而”，《局方發揮》作“兩”。

[二]“病”，天德尚賢堂本此下有“者”字。

[三]“之”，原誤作“爲”，今據天德尚賢堂本改。
[四]“有”，原脱，今據文義補。

反胃治法

和中利痰散氣之劑

金匱大半夏湯：治胃反嘔吐者。《千金》云：治反胃不受食，食入即吐。

半夏二升　人參三兩　白蜜一升

《千金》有白术、生薑。

右以水一斗二升，和蜜揚之二百四十遍，煮藥，取一升半，温服一升，分再服。

茯苓澤瀉湯：治胃反，吐而渴，欲飲水者。

茯苓半斤　澤瀉四兩　甘草　桂枝各二兩　白术三兩　生薑四兩

右水一斗煮取二升[一]，内澤瀉，再煮取二升半，温服八合，日三。《外臺》有小麥一升。

按：已上二方兼出太陰嘔吐噦例藥也。

病機和中桔梗湯：治上焦氣熱上衝，食已暴吐，脈浮而洪。

桔梗一兩半　半夏麯二兩　陳皮去白　枳實炒　白茯苓各一兩　白术一兩半　厚朴一兩，薑製，煮法如前

右㕮咀，每服一兩，取清，温調木香散二錢，隔夜空服。三服之後氣漸下，吐漸止，然後去木香等末，每料中加芍藥二兩、黄芪一兩半，服之，病愈即已。如大便燥硬，食不盡下，以大承氣湯去硝微下之，少利爲度，再服前藥補之。

木香散方：檳榔、木香各等分，爲末。

按：此太陰陽明經藥也。

【校記】

[一]“二”，天德尚賢堂本、文淵閣四庫全書本並作“三”。

治風木之劑

病機青鎮丸：治上焦吐，頭發痛，有汗，脈弦。

柴胡二兩　黄芩七錢半　甘草半兩　青黛二錢半　人參半錢

右爲細末，薑汁浸蒸餅爲丸如桐子大，每服五十丸，生薑湯下，食後。

按：此少陽經藥也。

金花丸：治吐食而脈弦者，由肝乘於脾而吐，宜治風安脾。

半夏一兩　檳榔二錢　雄黃二錢半

右細末，如上法丸，薑湯下，從少至多，漸次服之。

按：此厥陰例藥也。青鎮丸治肝火之藥，金花丸治風痰乘於脾胃之藥，故總入風木之劑。

治熱疏下之劑

金匱大黄甘草湯：治食已即吐者。

大黄四兩　甘草一兩

右水三升煮取一升，分溫再服。

按：此出太陰嘔吐噦例藥也。

病機荆黄湯：治暴吐者，上焦熱氣所衝也，脈浮而洪。

荆芥穗一兩　人參五錢　甘草二錢半　大黄三錢

右粗末，都作一服，水煎去滓，調檳榔散二錢，空心服。

檳榔散方：檳榔二錢，木香一錢半，輕粉少許，爲丸亦可。

按：此厥陰、陽明、太陽經藥也。

發明人參利膈丸：治胸中不利，痰嗽喘滿，利脾胃壅滯，治膈氣聖藥。

木香　檳榔七錢半　人參　當歸　藿香一兩　甘草　枳實各一兩　大黄酒浸　厚朴製二兩

右爲末，滴水丸桐子大，溫水送下。

按：此太陰、陽明經藥也。

治寒之劑

病機紫沉丸：治中焦吐食，由食積與寒氣相假，故吐而痛。

半夏麯　代赭石　砂仁各三錢　杏仁　沉香　木香　白术各一錢　烏梅肉　丁香　檳榔各二錢　橘皮五錢　肉果　巴豆霜各半錢，另研

右爲末，入巴豆霜令勻，醋糊爲丸如黍米大，每服五十丸，食後柿霜湯下，吐愈則止。

按：此太陰、陽明經藥也。

厚朴丸：主翻胃吐逆，飲食噎塞，氣上衝心，腹中結疾。

厚朴　黄連二兩半　吴茱萸湯洗七次　紫苑　菖蒲　柴胡　桔梗　茯苓　皂角炙　桂刮

乾薑炮 巴豆霜另研 蜀椒炒出汗 人參各半兩 川烏頭炮，去皮臍，二兩半

右爲細末，入巴豆霜勻，煉蜜爲劑，旋丸桐子大，每服三丸，漸次加之，以利爲度，薑湯下。春夏加黄連二兩，秋冬加厚朴二兩。

按：此太陰、陽明、厥陰經藥也。

理氣之劑

嚴氏五噎散：治五噎，食不下，嘔啘痰多，咽喉噎塞。

人參 半夏 桔梗炒 白豆蔻 木香 杵頭糠 白术 畢澄茄 沉香 枇杷葉 乾生薑各一兩 甘草炙，半兩

右細末，每服二錢，入生薑七片，煎服。

五膈散：治五膈，胸膈痞悶，諸氣結聚，肋脇脹滿，痰逆惡心。

枳殼炒 木香 青皮 大腹子 白术 半夏麯炒 丁香 天南星 乾薑炒 麥蘖炒 草果仁各一兩 甘草炙，半兩

右細末，每服二錢，水煎，入薑。

局方五膈寬中散：治七情四氣傷於脾胃，以致胸膈痞滿，停痰氣逆，遂成五膈之病。

青皮 陳皮 丁香各四兩 厚朴製，一斤 甘草炙，五兩 白豆蔻一兩 香附子炒 砂仁 木香各三兩

右爲末，每服二錢，薑鹽湯點服。

按：已上三方並太陰、陽明經藥也。

謹按：反胃諸方，古方悉是香燥大熱之藥，皆不足爲法，今姑存其一二。至於丹溪所言補血益陰、潤燥、和胃調中等藥，雖無其方，自宜隨證用之，觀其立論，則思過半矣。

雜方

燒針丸（方見小兒門）

玉機微義卷之二十五

玉機微義卷之二十六

脹滿門

諸經敘脹所因

《針經》曰：夫脹者皆在於臟腑之外，排臟腑而廓胸脇，脹皮膚，故命曰脹。或厥氣在下，榮衛留止，寒氣逆上，真邪相攻，兩氣相搏，乃合爲脹也。

按：論中備五臟六腑發脹爲諸證，宜玩本文。

《內經》曰：諸腹脹大，皆屬於熱。腹滿䐜脹，支鬲胠脇，下厥上冒，過在太陰陽明，乃寒濕鬱遏也。

《原病式》曰：腹脹大，鼓之如鼓，氣爲陽，陽爲熱，氣甚則如是也。

脈法

《針經》曰：其脈大堅以澀者，脹也。

《脈經》曰：關上脈虛，即脹內。遲而滑者，脹。脈盛而緊者，脹。

嚴氏曰：脹，脈浮者易治，虛者爲難。

論脹分三因

陳無擇云：臟氣不平，勝乘相因爲病。如怒傷肝，肝剋脾，脾氣不正，必脹於胃，名曰勝剋；怒乘肺，肺氣不傳，必脹於大腸，名曰乘剋。憂思結聚，本臟氣鬱，皆內所因。或冒寒暑風濕，隨經絡傳至陽明致脹者，屬外因。飲食饑飽，生冷甜膩，聚結不散，或作痞塊[一]，膨脹滿悶，屬不內外因也。

按：此論肝木勝乘脾，肺爲脹滿，即東垣所謂脾胃之上不足[二]，火木大勝致脹也。此不言火，況怒傷肝者豈無火動耶？所出大半夏湯，以桂、附中加參、歸，以調血氣。言其脈弦遲，恐非肝氣剋脾，臟閉腑鬱病也。

【校記】

[一]“痞”，原誤作“胚”，今據《三因極一病證方論》卷十一改。
[二]“上”，疑爲“土”。

論腹脹屬濕

《內經》云：太陰所至爲蓄滿。又云：太陰所至爲中滿，霍亂吐下。又云：諸濕腫滿，皆屬脾土。

按：《發明》辨云脾爲陰中之太陰，又云脾爲陰中之極陰，乃爲坤元亙古不遷之土。天，爲陽也火也，地，爲陰也水也，在人則爲脾，同陰水之化。脾有餘則腹脹，食不化，故無陽則不能化五穀。脾盛乃大寒，爲脹滿，故《脈經》云胃中寒則脹滿。大抵此病皆水氣寒濕爲之也，治宜大辛熱之劑。如土久於雨水中則爲泥矣，豈能生化萬物？必待和風暖日，濕去陽生，自然長生矣。脾濕有餘無陽，則不能化五穀，所以宜辛熱治之必愈，然亦有輕重。

論腹脹有熱有寒屬外感

東垣曰：經云諸腹脹大屬熱，此乃八益之邪，有餘之證，自天外而入。感風寒之邪，傳入於裏，寒變爲熱，作胃實，日晡潮熱，大渴引飲，譫語，是太陽陽明併病。大實大滿者，大承氣湯下之；少陽、陽明微滿實者，小承氣湯下之。《五常政大論》云下之則脹已是也[一]。假令痎瘧爲脹滿，亦有寒脹、熱脹，是天之邪氣傷暑而得之，不即時發，至秋暑氣衰絕而瘧病作矣，知其寒也，《局方》交解飲子是也。豈不聞《素問》及《靈樞經》中說：內虛不足，中寒濕，令人中滿，及五臟六腑俱有脹滿，更以脹家寒熱多少較之，胃中寒則脹滿。《陰陽應象論》云：濁氣在上，則生䐜脹。《針經》云：脹，取三陽。三陽者，足太陽膀胱寒水爲脹，與《通評虛實論》中說腹暴滿，按之不下，取太陽經絡者胃之募正同。《五臟生成論》云腹滿䐜脹云云（見前），胃中寒濕菀遏故也，《脈經》所謂胃中寒則脹滿也。又《厥論》云：太陰之厥，則腹滿䐜脹，後不利，不欲食，食則嘔，不得臥。按所說寒脹多如此。《湯液醪醴論》中說中滿治法[二]，當開鬼門，謂發汗也，潔淨府，利小便也。又云中滿者瀉之於內，謂脾胃有病，當今上下分消其氣，下焦如瀆，氣血自然分化，不待泄滓穢。如或大實大滿，大小便不利，從權以寒熱藥下之。

【校記】

[一]“政”，原誤作“正”，今據《素問》篇名改。

[二]“法”，原誤作“此”，今據天德尚賢堂本、文淵閣四庫全書本改。

論腹脹屬内傷所致

東垣曰：或傷酒濕麵及味厚之物，膏粱之人，或食已便卧，使濕熱之氣不得施化，致令腹脹滿，此亦是熱脹。《調經篇》云因飲食勞倦，損傷脾胃，始受熱中，末傳寒中，皆由脾胃之氣虚弱，不能運化精微，而致水穀聚而不散，而成脹滿，此寒濕鬱遏而脹也。《繆體論》中治法謂先瀉其血絡，後調其真經，氣血平，陽布神清，此治之正也。或曰：諸腹脹大，皆屬於熱者何也？此乃病機總辭。假令外傷風寒有餘之邪，自表傳裏，寒變爲熱，而作胃實腹滿，仲景以承氣湯治之。亦有膏粱之人濕熱郁於內而成脹滿者，此熱脹之謂也。大抵寒脹多而熱脹少，治之者宜詳辯之[一]。

【校記】

[一]“辯”，天德尚賢堂本作“辨”。

論鼓脹屬濕熱

丹溪曰：心肺陽也，居上，腎肝陰也，居下，脾居中，亦陰也，屬土。經曰飲食入胃，遊溢精氣，上輸於脾，脾氣散精，上歸於肺，通調水道，下輸膀胱，水精四布，五經並行，是脾具坤靜之德而有乾健之運，故能使心肺之陽降，腎肝之陰升，而成天地交之泰，是爲一平人。今也七情內傷，六淫外侵，飲食不節，房勞致虚，脾土之陰受傷，轉運之官失職，胃雖受穀，不能運化，故陽升陰降而成天地不交之否，清濁相混，隧道壅塞，鬱而爲熱，熱留爲濕，濕熱相生，遂成脹滿，經曰鼓脹是也。以其外雖堅滿，中空無物，有似於鼓，膠固難治，又名曰蠱，若蟲侵蝕之義。理宜補脾，又須養肺金以制木，使脾無賊邪之患，滋腎以制火，使肺氣得清，却厚味，斷妄想，遠音樂，無有不安。醫者不察，急於作效，病者苦於脹急，喜行利藥，以求通快，不知覺寬得一日半日，其腫愈甚，病邪甚矣，真氣傷矣。古方惟禹餘糧丸，又名石中黄丸，又名紫金丸，制肝補脾，殊爲切當，亦須隨證加減用之。予友俞仁叔，連得家難，年近五十得此疾，自製禹餘糧丸服之，其脈弦澀而數。予曰：此丸新制，煅煉之火邪尚存，溫熱之藥太多，宜自加減，不可執方。俞笑曰：此方不可加減。服之一月，口鼻見血，色黑骨立而死。又楊兄，年近五十，性嗜酒，病瘧半年患脹，診其脈弦而澀，重則大，瘧未愈，手足瘦而腹大如蜘蛛狀。予教以參、术爲君，當歸、川芎、芍藥爲臣，黃連、陳皮、茯苓、厚朴爲佐，生甘草些小[一]，作濃湯飲之，一日定三次。彼亦嚴守戒忌，一月後瘧愈。又半年，小便長而脹愈，中間須稍有加減，大意只是補氣行濕。又陳氏，年四十餘，性嗜酒，大便時見血，春間患脹，色黑而腹大，形如鬼狀，脈數而澀，重似弱。以四物湯加連、芩、木通、白术、陳皮、厚朴、生甘草，作湯與之，一月而安。一補氣，一補血，餘藥大率相出入，皆獲安。或曰：氣無補法，今何補氣而獲安？予曰：氣無補法，俗論也。痞悶壅塞，似難於補。不思正氣虛者不能自運，經曰壯者氣行則愈，弱者則著而成病，若不補氣，邪何由行？或曰：子之藥審矣，何效之遲也？病者將厭子之迂而求速效矣。予曰：此病之起，或三五年，或十餘年，根深勢篤，難求速效，知王道者，能治此病。或曰：脹病將終不利耶[二]？予曰：灼知其不虛，病淺胃壯，積滯不痼，而又有可下之證矣。

按：此論七情內傷、六淫外侵致脹，合東垣所謂八益之邪，有餘之證自外入也，內傷勞倦，虛損脾胃等致不足之證自內生也。可見虛實之殊，寒熱病機互有，則用藥當有所據矣。

【校記】

[一]“小”，天德尚賢堂本作“少”。

[二]“不利”，天德尚賢堂本作“不可利”三字。《格致餘論·鼓脹論》作“不可與利藥”五字。

論脹爲諸氣所致

（詳見氣證門）

論脹爲諸積所致

陳無擇云：五積久而必心腹脹滿，但內所因，不待成積即致也，亦當隨其臟氣而平治之。

謹按：脹滿屬寒，或內傷，或諸氣，或因病數服通利藥，脾胃虛而致者爲甚多，屬濕熱者少，至積成者，亦甚有之。但古方多不分治，如禹餘糧丸類燥熱氣血之劑，於內鬱之火豈得不反有所助耶？夫治是疾，遇大實滿燥實，痞閉氣滯，或始由內傷，脈洪實者，非下之不可。然有服下劑過多，或瀉痢後所致，或素脾胃虛弱，不能運化而成者，皆宜補脾行濕，蓋此際正氣已衰矣，況積而脹乎？故云平治之。又如血畜血瘀致者，當從血藥治之。寒者熱之，熱者寒之，結者散之，清濁混者分消之，或升降其氣，或消導，皆宜適事爲故可也。

論濁氣在上則生䐜脹

《內經》云：清氣在下，則生飧泄，濁氣在上，則生䐜脹。此陰陽反作，病之逆從也。《發明》曰：夫䐜脹者，以寒熱溫涼論之，此何脹也？曰：此飲食失節爲脹，乃受病之始也。濕熱亦能爲脹，右關脈洪緩而沉弦，脈浮於上，是風濕熱三氣相合而爲病也。是脾胃之令不行，陰火亢甚，乘於脾胃，盛則左遷而陽道不行，是六腑之氣已絕於外，大盛能令母實，風氣外絕。風氣外絕者，是穀氣入胃，清氣營氣不行，便是風氣也，異呼同類，即胃氣者是也。經云虛則兼其所勝，土不勝者，肝之邪也，是脾胃之土不足，火木大勝者也。經云飲食不節，起居不時者，陰受之，陰受之則入五臟，入五臟則䐜滿閉塞。《調經論》云下脘不通則胃氣熱，熱氣熏胸中，故內熱，下脘者幽門也。人身之中，上下有七衝門，皆下衝上也。幽門上衝吸門，吸門者，會厭也，衝其吸入之氣，不得下歸於腎，肝爲陰火，動相拒，故咽膈不通，致濁陰之氣不得下降，而大便乾燥不行，胃之濕與客陰之火俱在其中，則腹脹作矣。治在幽門，使幽門通利，泄其陰火，潤其燥血，生益新血，幽門通利則大便不閉，吸門亦不受邪，其膈咽得通，脹腹滿俱去矣，是濁陰得下歸地矣。故經曰中滿者瀉之於內。此法是也。

論下之則脹已

《發明》曰：西北二方，地形高寒，經曰陰者其精奉於上，其寒在外，故曰寒則氣浮，知陰之寒涼，西北二方之氣爲主用也。《異法方宜論》云北方之人臟寒生滿病，亦謂適寒涼者脹，皆秋冬之氣也，在人則爲肺腎。冬天之時，寒涼在外，六陽在於坤土之中。坤土者，人之脾胃也。五臟之病，外寒則必內熱，《脈經》所謂五臟脈小皆爲消癉之病，消癉者消穀善飢，北方之地，無不能食者此也。陰勝陽虛，下之則愈，正謂此也。《病機》云諸腹脹大，皆屬於熱，下之則脹已，此理悉矣。

謹按：脹主下之一法，亦大略言爾，故出《方宜》之論。若泛用之，多往往腹脹，是失運化之職也。然是證雖主於下，蓋病因寒熱積濕氣血，機本不同，於治可不爲分例云？

脹滿治法

調理之劑

局方紫沉通氣湯：治三焦氣澀，不能宣通，腹脹便澀。（方見氣證門）

濟生紫蘇子湯：治憂思過度，致傷脾胃，心腹脹滿，喘促煩悶，腸鳴氣走，漉漉有聲，大小便不利，脈虛緊而澀。

蘇子一兩　大腹皮　草果仁　半夏　厚朴製　木香　陳皮　木通　白术　枳實　人參　甘草各半兩

右㕮咀，每四錢，入薑、棗煎。

按：此二方手足太陰之劑也。

三因大半夏湯：治肝氣不平，勝剋於脾，脾鬱不行，結聚涎沫，閉於臟氣，腑氣不舒，胃則脹滿，其脈弦遲，故知中虛胃冷脹滿，服此可下氣進食。

半夏洗　桂心各五錢　附子　人參　甘草炙　厚朴製　當歸　茯苓　枳實炒，各三錢　川椒炒，八十粒

右剉，每四大錢，入薑、棗煎。

禹餘糧丸：治中滿，氣脹喘滿，及水氣脹。

蛇含石三兩，煅　真針砂五兩　禹餘糧三兩，同上砂炒

已上三物爲主，其次量人虛實入下項藥：

木香　牛膝　蓬术炮　白蒺藜　桂心　川芎　白豆蔻　茴香炒　三稜　羌活　茯苓　乾薑　青皮　陳皮　附子炮　當歸各半兩

右爲末，拌勻，以湯浸蒸餅去水搗勻，丸如梧子大，每五十丸，空心溫酒下。

按：此治寒脹消積藥也，氣血之劑，陰陽之氣下陷者可用，故存之。與前方並足太陰例。

東垣木香順氣湯：治濁氣在上，則生䐜脹。

木香三分　厚朴四分　青皮　陳皮　益智仁　茯苓　澤瀉　乾生薑　半夏　吴茱萸湯洗，各二分　當歸五分　升麻　柴胡各一分　草豆蔻煨，三分　蒼术三分

右㕮咀，水煎。

按：此足太陽陽明厥陰藥也。

木香塌氣丸：治中焦腹脹。

蘿蔔子炒 陳皮去白，各五錢 胡椒 草豆蔻煨 木香 青皮各三錢 蝎梢去毒，二錢半

右爲細末，水糊爲丸梧子大，每三十丸，溫米飲下。忌服油膩，白粥百日。量人大小與服。陰囊腫，用青鹽、乾薑、白麵爲末，水調貼之。

中滿分消湯：治中滿，寒脹寒疝，大小便不通，陰躁，足不收，四肢厥逆，食入反出，下虛中滿，腹中寒，心下痞，下焦躁寒沉厥，奔豚不收，並宜服之。

益智仁 半夏 茯苓 木香 升麻各三分 吴茱萸 草豆蔻 黃芪各五分 川烏頭 澤瀉 人參 青皮 當歸 生薑 麻黃 柴胡 乾薑 黃連 畢澄茄 黃柏各二分，爲熱因寒用

右㕮咀，只作一服，水煎。

按：此二方治寒脹之劑也。

廣茂潰堅湯：治中滿腹脹，內有積塊，堅硬如石，令人坐臥不安，大小便澀滯，上氣喘促，通身虛腫。

厚朴 黃芩 益智仁 草豆蔻 當歸各五錢 黃連六錢 半夏七錢 廣茂 升麻 紅花 吴茱萸各二錢 甘草生 柴胡 澤瀉 神麯 青皮 陳皮各三錢

渴者加乾葛四錢。

右㕮咀，每七八錢，水煎，食前溫服。

中滿分消丸：治中滿，鼓脹氣脹，水氣脹，大熱脹。

黃芩 黃連 枳實炒 半夏製，各五錢 薑黃 白朮 人參 甘草炙 豬苓各一錢 生乾薑 白茯苓 砂仁各一錢 厚朴一兩 知母四錢 澤瀉 陳皮各三錢

右爲細末，水浸蒸餅，爲丸梧子大，每百丸焙熱，白湯下，食後。寒因熱用，故焙服。

按：此並治熱脹之劑也，又濕熱之藥。

攻下之劑

三因七物厚朴湯：治腹滿發熱，脈浮數，飲食如故，脹滿者爲熱脹。

厚朴炒，一兩 甘草炙 大黃煨，各三錢 枳實炒，半兩 桂心一分

右爲末，每四大錢，入薑、棗煎。嘔者，加半夏。

按：此治熱之劑，陽明例藥也。

簡易是齋推氣丸：治三焦痞塞，氣不升降，腹脹。

檳榔　陳皮　黄芩　大黄　枳實　黑牽牛等分

右爲末，煉蜜丸梧子大，每五七十丸，臨睡湯下，量虚實與服。

楊氏消脹丸

木香　黑牽牛　蘿蔔子炒　檳榔

右等分，爲末，水糊丸梧子大，每三十丸。

宣明肉豆蔻丸：治食癎，腹脹如鼓，不食者，病可下。

肉豆蔻　檳榔　輕粉各一錢　黑牽牛一兩半，服頭末

右爲末，糊爲丸如緑豆大，每服十丸二三十丸，煎連翹湯下，食後，日三服。

按：此並氣分藥也。

雞屎醴散：治心腹脹滿，旦食不能暮食，致令胃逆鼓脹證。

大黄　桃仁　雞屎糟乾者，等分

右爲末，每一二錢水煎，入薑，食前服。

按：此血分藥也。

東垣沉香海金沙丸：治一切積聚，脾濕腫脹，肚大青筋，羸瘦。

海金沙一錢半　沉香二錢　輕粉一錢　牽牛末一兩

右爲末，獨蒜如泥，爲丸如梧子大，每三十丸，煎白沸燈芯通草湯下，量虚實與服。

海金沙散：治脾濕太過，腹脹如鼓。（方見濕門）

按：此二方治濕之劑也。

沉香交泰丸：治濁氣在上，干擾清陽之氣，菀而不伸，以爲䐜脹。

沉香　白术　當歸各三錢　厚朴製，五錢　枳實炒　吴茱萸洗　白茯苓　澤瀉　陳皮　青皮　木香各二錢　大黄酒浸，一兩

右爲末，湯浸蒸餅，爲丸梧子大，每五十，加至七十丸，溫湯送下。

按：此分消之劑也，氣血之藥。

三花神佑丸：治一切腫病，大腹實脹，喘滿。（方見濕門）

按：此治濕熱之藥也。

治積聚之劑

潧寮三稜煎丸：治心腹堅脹，脇下緊硬，胸中痞塞，喘滿。

京三稜半斤，爲末，以酒三升銀器內熬成膏　青皮　蘿葍子炒　神麯炒，各二兩　麥蘖炒，三兩　硇砂一兩　乾漆炒　杏仁炒，各半兩

右爲末，以膏子丸如梧子大；每三十丸，食後溫米飲下。

導氣丸：治諸氣痞塞，關膈不通，腹脹如鼓，大便虛秘。

青皮用水蛭炒　莪术虻蟲炒　三稜乾漆炒　檳榔斑蝥炒　茱萸牽牛炒　乾薑硇砂炒　附子鹽炒　赤芍川椒炒　胡椒茴香炒　石菖蒲桃仁炒，各等分

右各剉，與所同炒藥熟，去水蛭等不用，只以青皮等十件爲末，酒糊爲丸如梧子大，每五丸至七丸，空心紫蘇湯下。

塌腫神應丸：治諸蠱毒腹脹。（方見積聚門）

按：此並治積聚，導氣散鬱之劑也，又能入血分。

謹按：以上攻治諸方皆有輕重所宜之制，宜對證選用，不得少差，致有實實虛虛之失也。《發明》曰：《禁服論》云約方，猶約囊也，囊滿弗約則輸泄，方成弗約，則神與氣俱未滿，而知約之可以爲工，不可以爲天下師，此聖人所以退太過而進不及，以平爲期也。大凡氣味者，有毒無毒，固宜常制矣。是以大毒治病，十去其六，常毒治病，十去其七，小毒治病，十去其八，無毒治病，十去其九，餘以穀肉果菜食養盡之。至如君一臣二，奇之制也，君二臣四，耦之制也，近而奇耦，制小其服，遠而奇耦，制大其服，大則數少，小則數多矣。多則九之，少則二之。補上治上制以緩，補下治下制以急。急則氣味厚，緩則氣味薄，下不以耦，汗不以奇，隨其邪之所在，高下淺深，輕重虛實，影響無間，萬舉萬全，是謂中行，故可爲師也。假如病大而湯劑小，則邪氣少屈而藥力已乏，欲不復治，其可得乎？猶一杯之水救一車薪之火，竟不能滅，是謂不及，故不可爲師而可以爲工矣。小而湯劑大，則邪服已盡而藥有餘力，欲不傷正，何所容哉？猶火炎崑岡，玉石俱焚，莫之能止，是謂太過，此又不可以爲工，是乃粗醫也。三者之論，惟中而已，過與不及，皆爲偏廢。然而太過尤甚於不及。何以明之？蓋失之於姑息，邪復勝正者，止於勞而無益，猶可勉而適中。或失於苛暴，則正氣被傷，因而羸瘠者有之，危殆者有之，滅亡者有之，非徒無益，而又害之，此所謂尤甚也，可不戒哉？嘗看仲景之書[一]，於承氣條下攻裏，則曰若更衣，止後服，於桂枝湯後發表，乃云絷絷微汗益佳，不可令如水淋漓，本乎軒岐之微旨，有所得耳。

【校記】

[一]"看"，原誤作"者"，今據天德尚賢堂本改。文淵閣四庫全書本作"見"。

玉機微義卷之二十六

玉機微義卷之二十七

喉痹門

論喉痹爲火熱所致

《原病式》曰：喉痹，痹不仁也，俗作閉，猶閉塞也。火主腫脹，故熱客上焦而咽嗌腫脹也。子和曰：《內經》云：一陰一陽結，謂之喉痹。王太僕曰：一陰者手少陰君火，心主之脈氣也；一陽者手少陽相火，三焦之脈氣也。二脈並絡於喉，氣熱則內結，結甚則腫脹，腫脹甚則痹，痹甚而不通，則死矣。夫推原十二經，惟足太陽別下項，其餘皆湊於喉嚨，然《內經》何爲獨言一陰一陽結爲喉痹？蓋君相二火獨勝則熱結正絡，故痛且速也。予謂一言可了者，火是也。故十二經中言嗌乾嗌痛，咽腫頷腫，舌本强，皆君火爲之也。惟喉痹急速，相火所爲也。夫君火者，猶人火也，相火者，猶龍火也。人火焚木，其勢緩，龍火焚木，其勢速。《內經》之言喉痹，則咽與舌其兩間耳，然其病同於火，故不分也。後之醫者，各詳其狀，强立八名，曰單乳蛾、雙乳蛾、單閉喉、雙閉喉、子舌脹、木舌脹、纏喉風、走馬喉痹。熱氣上行，故傳於喉之兩傍，近外腫作，以其形似，是謂乳蛾。一爲單，二爲雙也[一]。其比乳蛾差小者，名閉喉。熱結於舌下，復生一小舌子，名曰子舌脹。熱結於舌中，舌爲之腫，名曰木舌脹。木者，强而不柔和也。熱結於咽喉，腫繞於外，且麻且癢，腫而大者，名曰纏喉風。喉痹，暴發暴死者，名曰走馬喉痹。此八種之名雖詳，若不歸之火，則相去遠矣。其微者可以鹹耎之，而大者以辛散之。今之醫者，皆有其藥也，如薄荷、烏頭、殭蠶、白礬、朴硝、銅綠之類也。至於走馬喉痹，何待此乎？其生死人反掌之間耳。其最不誤人者，無如砭針出血，血出則病已。《易》曰血去惕出，良以此夫。昔予治一婦人木舌脹，其舌滿口，諸醫不愈，令以鈹針小而鋭者砭之，五七度腫減，三日方平，計所出血幾至盈斗。又治一男子纏喉風腫，表裏皆作，藥不能下，予以涼藥灌於鼻中，下十餘行，外以拔毒散傅之，陽起石燒赤，與伏龍肝各等分細末之，以新水掃百遍，三日熱始退，腫始消。又嘗治一貴婦喉痹，蓋龍火也，雖用涼劑而不可使冷服，爲龍火宜以火逐之[二]。火者，烹飪之火是也。乃使爆於烈日之中，登於高堂之上，令侍婢攜火爐，坐藥銚於上，使藥常極熱，不至大沸，通口時時呷之，百餘次龍火自散。此法以熱行寒，不爲熱病扞格故也。大抵治喉痹，用針出血最爲上策，但人畏針，委曲旁求，瞬息喪命。凡用針而有針創者，宜擣生薑一塊，調以熱白湯，時時呷之，則創口易合。《銅人》中亦有灸法，然痛微者可用，病速者恐遲則殺人，故治喉痹之火與救火同，不容少待。《內經》火鬱發之，發謂發汗，然咽喉中豈能發汗？故出血者乃發汗之一端也。後之君子，毋執小方而曰吾藥不動臟腑，又妙於出血。若幸遇小疾而獲效，不幸遇大病而死矣，毋遺後悔可也。

【校記】

[一]“二”，原誤作“一”，今據天德尚賢堂本改。

[二]“宜”，原誤作“宣”，今據天德尚賢堂本改。

論喉痹爲傷寒所致

龐氏曰：經云伏氣之病，古方謂之腎傷寒，謂非時有暴寒中人，伏毒氣於少陰經，始初不病[一]，旬月乃發，脈微弱，法當咽痛似傷寒[二]，非喉痹之病，次必下利。

謹按：少陰傷寒一二日，病乃不自太陽傳也，因是經不足而卒中寒，寒邪抑鬱，內格陽氣爲熱，上行於咽門經會之處，寒熱相搏而痛，或成喉痹。爲醫不察脈證虚實，即用寒涼之劑攻治，卒致殞沒，而患者自謂其分。嗚呼冤哉！殊不察少陰病咽痛，及生瘡不能言，聲不出者，藥用甘苦辛溫制其標病，以通咽嗌。至若傷寒伏氣內發，咽痛，兼下利清穀，裏寒外熱，面赤，脈微弱者，用辛熱之藥攻其本病，以順陰陽，利止則水升火降，而咽痛自無也。此非雜病一陰一陽結爲喉痹之比，不可妄施針砭及寒涼之藥。且夫火熱之動，爲病急速，子和論治已詳。然傷寒伏氣爲病，咽痛或腫，本陰寒厥甚，逼熱上行，其喉爲痹，逼熱下行，必便膿血，此標熱而本寒也，仲景自有治例，故子和略之不議。若是則火熱喉痹腫甚者，急用藥吹點，或刺少商、合谷、豐隆、湧泉、關衝等穴，以解脈絡之結。輕者內與甘辛涼劑降火，制其標，本亦不可便用苦寒之藥攻治，倘有內寒格熱爲病，吾恐反增其勢矣。

【校記】

[一]“初”，原誤作“衰”，今據《古今醫統大全》卷六十五改。

[二]“咽痛似傷寒”，“寒”字原脱，今據文義補。《古今醫統大全》卷六十五作“以傷寒治”四字。

論喉痹爲痰飲所致

（詳見痰飲門）

論喉痹爲氣逆所致

（詳見氣門）

論喉痹爲風燥所因

陳無擇云：風燥皆使喉痹，咽腫則不能吞，乾則不能嚥。多因飲啖辛熱，或復嘔吐咯傷，致咽系乾枯之所爲也，與喉門自別。又有懸門暴腫，閉塞喉嚨，亦如喉閉，但懸壅在上腭，俗謂鶯翁，又謂之鵝聚，俗語聲訛，不可不備識。

喉痹治法

吹點藥

濟生二聖散：治纏喉風，急喉痹。

鴨嘴膽礬二錢半　白殭蠶炒，去絲嘴，半兩

右爲末，每用少許，以竹管吹入喉中。

白礬散：治急喉閉。

白礬三錢　巴豆二個，去殼，作六瓣

右將礬於銚內慢火熬化爲水，置巴豆其內，候乾去巴豆，取礬研爲末，每用少許，吹入喉中，立愈。

楊氏一字散：治時氣纏喉風，漸入咽塞，水穀不下，牙關緊急，不省人事者。

雄黄研　蝎梢　白礬枯　藜蘆　豬牙皂角炙，各等分

右爲末，每用一豆大，鼻內㗜之，立效。

三因玉鑰匙：治風熱喉閉及纏喉風。

焰硝一兩半　硼砂半兩　腦子一字　白殭蠶一錢

右研勻，以竹管吹半錢許入喉中，立愈。或加雄黄二錢，名金鑰匙。

宣劑

三因解毒雄黄丸：治纏喉風及喉痹，卒然仆倒，失音不出聲，或牙關緊急者。

雄黄一兩　巴豆去油，十四個　鬱金一錢

右研，醋糊丸綠豆大，熱茶清下七丸，吐出頑涎即蘇省，未吐再服。至如死者，亦以物斡開口灌之，下咽，無有不活者，吐洩些小不妨。

丹溪方：用射干汁和逆流水吐之。用桐油，以鵝翎蘸，探吐之。用燈火油脚吐之。

治熱之劑

局方龍腦雞蘇丸：治上焦熱，咽腫嗌痛。（方見熱門）

澹寮牛蒡子散：治風熱上壅，咽喉腫痛，或生乳蛾。

牛蒡子研　玄參　升麻　桔梗　犀角　黄芩　木通　甘草各等分

右㕮咀，每半兩，水煎，入生薑二片。

拔萃桔梗湯：治熱腫喉痹。

桔梗　甘草　連翹　梔子　薄荷　黄芩

右爲㕮咀，入竹葉煎。

百一選方：治咽喉腫閉。

山豆根洗淨，新汲水浸少時

右以一塊入口中含之，嚥下苦汁，未愈再用。

治火之劑

局方碧雪

涼膈散（方並見火門。絳雪見下）

御藥院麝香朱砂丸：治咽喉腫閉，或作瘡，或舌根腫痛者。

馬牙硝生用，七錢　鉛白霜三錢　硼砂三兩　龍腦三錢　寒水石燒，一斤　麝香二錢　朱砂一兩半　甘草十兩，熬膏

右研極細，用膏子和，丸如桐子大，朱砂爲衣，每含化一二丸。一法減鉛霜、麝、甘草，只五味，名絳雪散。

龍麝聚聖丹：治心脾客熱，毒氣攻衝，咽喉腫赤疼痛，或成喉痹，或結硬不消，愈而復發，經久不差，或舌本腫脹，滿口生瘡。

川芎一兩　生地黃　犀角屑　羚羊角屑　南琥珀　南玄參　連翹各半兩　人參　赤茯苓　馬牙硝　腦子　麝香各三錢　桔梗　升麻　鉛白霜研，各半兩　朱砂　牛黃各研，二錢　南硼砂研，一兩　金箔五十片

右末，煉蜜丸，每兩作十丸，金箔爲衣，以薄荷湯化下，或細嚼，或含化之。

按：已上諸方有輕重之分，宜隨證選用。

治風之劑

局方如聖勝金錠子：治咽喉急閉，腮頷腫痛，並單雙乳蛾[一]、結喉、重舌木舌，並皆治之。

硫黃細研　川芎　臘茶　薄荷葉　川烏炮　硝石　生地黃各等分

右爲末，生葱汁搜和爲錠，每服先用新汲水灌嗽，次嚼薄荷五七葉，却用藥一錠同嚼極爛，以井花水嚥下[二]，甚者連進三服，並含之，即安。

本事方利膈湯：治脾肺有熱，虛煩上壅，咽喉瘡腫。

薄荷葉　荆芥穗　防風　桔梗　人參　牛蒡子炒　甘草各等分

右㕮咀，每半兩，食後水煎服。

【校記】

［一］"單"，此下原衍"蛾"字，今據天德尚賢堂本刪。

［二］"水"，原脱，今據天德尚賢堂本、文淵閣四庫全書本補。

治寒之劑

仲景半夏湯：治傷寒，寒熱相搏[一]，咽痛，或聲不出者。

半夏　桂枝　甘草炙，等分

右㕮咀，每七八錢或半兩，水煎，放冷，細細嚥之。

按：本論咽中傷、生瘡、不能言、聲不出者，少陰證用苦酒湯或桔梗等方，皆可選用。

三因蜜附子：治腑寒咽閉，吞吐不利。

大附子一個，去皮臍，切作大片，蜜塗，炙令黃

右每含嚥津。甘味盡，更以附片塗蜜炙用。

【校記】

［一］"熱"，原脱，今據天德尚賢堂本補。

治痰之劑

王隱君礞石滚痰丸：治痰熱，咽嗌腫痛不利。

桔梗半夏湯：治痰氣不降，咽腫，欲成喉痹者。（方並見痰飲門）

三因玉粉丸：治寒痰蘊結，咽喉不利，語聲不出者。

半夏洗，五錢　草烏一字，炒　桂一字

右末，生薑自然汁浸蒸餅，丸如雞頭大，每大人一丸，至夜含化，多年不愈亦有效。《針經》中說寒氣客於會厭，卒然如啞，此藥主之。

玉機微義卷之二十七

玉機微義卷之二十八

淋閟門 小便不禁附，胞痹附

淋閟脈證

《脈經》曰；少陰脈數，婦人則陰中生瘡，男子則氣淋。熱結下焦，則令人淋閟不通。淋之爲病，小便數如粟狀，小腹弦急，痛引臍中。

論淋證主熱

《原病式》曰：淋，小便澀痛也，熱客膀胱，鬱結不能滲泄故也[一]。或曰：小便澀而不通者爲熱，遺尿不禁者爲寒。豈知熱客於腎部[二]，干於足厥陰之經，廷孔鬱結極甚，而氣血不能宣通，則痿痹而神無所用，故液滲入膀胱而旋溺遺失，不能收禁也。經云：目得血而能視，臟得血而能液，腑得血而能氣。夫血隨氣運，氣血宣行，則其中神自清利，而應機能爲用矣。又《靈樞經》曰腎主二陰，然水衰虛而怫熱客其部分，二陰鬱結，則痿痹而神無所用，故溲便遺失而不能禁止，然則熱證明矣。是故世傳方論雖曰冷淋，復用榆皮、黄芩、瞿麥、茯苓、通草、雞蘇、郁李仁、梔子之類寒藥治之而已，其説雖妄，其方乃是。由不明氣運變化之機，宜乎認是而爲非也。或謂患淋而服茴香、益智、滑石、醇酒溫藥而愈者，然則非冷歟？不知此皆利小便之要藥也。蓋醇酒、益智之性雖熱，而茴香之性溫，滑石之性寒，所以能開發鬱結，使氣液宣通，熱散而愈也。

按：此只是論熱因處治，然《寶鑒》曰小便不利，其治有三，不可概論。津液偏滲於腸胃，大便泄瀉而小便澀少者，宜分利而已；熱傳下焦，津液則熱，熱而不行者，必滲泄則愈；脾胃氣澀，不能通調水道，下輸膀胱而化者，故可順氣令施化而出矣。可見非止於熱因也。況有標本不同，有論見後。大抵《三因》謂大率有五者，總病機言也。以氣爲本者，氣行而水自化也，亦氣血之謂。然有得之於胎氣者。丹溪云：鄭憲使子，年十六，生七個月後得淋病，五七日必一作，其發則大痛，水道下如漆和粟者一盞方定。脈之，輕則澀，重則弦。視其形瘦而長，色青如蒼，意其必因其父服下部藥，遺熱在胎，留於子之命門而然。遂以紫雪和黃柏末，丸梧子大，曬十分乾[三]，熱湯下百丸，半日又下二百丸，食物壓之，又半日痛大作，連腰腹，水道乃行，下漆和粟者椀許[四]，痛減十之八。後張子中與陳皮一兩，桔梗、木通各半兩，又下一合許而安。父得燥熱，尚能病子，況母得之者乎？書此以證東垣紅絲瘤之事云云（見婦人門）。

【校記】

[一]“結”，原脱，今據天德尚賢堂本補。

[二]“熱”，此下原衍“甚”字，今據《素問玄機原病式·熱類》刪。

[三]“曬十分乾”，原誤作“曬及乾”三字，今據《格致餘論·秦桂丸論》改。

[四]“漆和粟者”，《格致餘論·秦桂丸論》作“如漆如粟者”五字。

論淋澀主寒

《寶鑒》曰：《痹論》云：胞痹者，小腹膀胱按之內痛，若沃以湯，澀於小便，上爲清涕。夫膀胱爲州都之官，津液藏焉，氣化則能出焉，今風寒濕邪客於胞中，則氣不能化出，故胞滿而水道不通。其證小腹膀胱按之內痛，若沃以湯，澀於小便，以足太陽經其直行者上交額上，入絡腦，氣下灌於鼻竅，則爲清涕也。

按：此則知淋閟有寒熱之殊。大抵人之所稟虛實受病不同，宜參脈理分治。

論淋分三因

陳無擇云：淋，古謂之癃，名稱不同也。癃者，罷也；淋者，滴也。古方皆云心腎氣鬱，致小腸膀胱不利。復有冷淋、濕淋、熱淋等，屬外所因。既言心腎氣鬱與夫驚思恐憂，即內所因。況飲啖冷熱，房室勞役，及乘急忍溺，多致此病，豈非不內外因也？大率有五：曰冷，曰熱，曰膏，曰血，曰石，五種不同，皆以氣爲本。

嚴氏曰：五淋，氣、石、血、膏、勞是也。氣淋爲病，小便澀，常有餘瀝；石淋，莖中痛，尿不得卒出；膏淋，尿似膏出；勞淋，勞倦即發，痛引氣衝；血淋，遇熱即發，甚則溺血。候其鼻頭色黃者，小便難也。大抵此證多由心腎不交，積蘊熱毒，或酒後房勞，服食熱燥，七情鬱結所致。癃閉、淋閟，爲病皆一類也。

按：此云五淋，名各不同，故兩存之。然石淋，世俗又名沙石淋，子和曰世人多爲服金石燥熱之劑得之，常見農家有此證，豈是服金石之人也？大抵是膀胱畜熱而成此疾，如湯瓶久在火中煮，瓶底白鹹而不能去，沙石淋之證，與此同理，其論最爲得矣。《內經》云少腹熱，溲出白液，亦甚似之也。

論小便不利氣病血病之異

《發明》曰：《難經》云：脈有關有格，何謂也？然。關則不得小便，格則吐逆。關者甚熱之氣，格者甚寒之氣。是關無出之由，故曰關；格無入之理，故曰格也。按寒在胸中，遏絕不入，熱在下焦，填塞不便。《內經》曰：人迎大四倍於氣口，名曰格；氣口大四倍於人迎，名曰關。關則不得小便，格則吐逆。夫小便者，是足太陽膀胱所主，長生於申。申者，西方金也，故金能生水。金者，肺也，肺中伏熱，水不能出，是絕小便之源也。人輔相天地，膀胱之源，自頭項下至於足，故曰陽中之陰。如渴而小便不通者，不得降是也。故聖人立法，皆用清燥金之正化氣薄之藥。茯苓、豬苓、澤瀉、琥珀、燈芯、通草、車前子、瞿麥、萹竹之類，皆爲滲淡之藥，能瀉肺火而清肺金，滋水之化源也。若熱在下焦，是絕其流而溺不泄也，須用氣味俱厚、陰中之陰藥治之。长安王善夫，病小便不通，渐成中满腹大，坚硬如石，壅塞之极，腿脚坚胀，破裂出黄水[一]，双睛凸出，昼夜不得眠，饮食不下，痛苦不可名狀。伊戚趙謙甫詣予求治。視歸，從夜至旦，耿耿不寐，究記《素問》有云無陰則陽無以生，無陽則陰無以化，又云膀胱者州都之官，津液藏焉，氣化則能出矣。此病小便癃閉，閉是無陰而陽氣不化也。凡利小便之藥皆淡味滲泄，爲陽，止是氣藥，陽中之陰，非北方寒水陰中之陰所化者也。此乃奉養太過，膏粱積熱，損北方之陰，腎水不足。膀胱，腎之室，久而乾涸，小便不化，火又逆上，而爲嘔噦，非膈上所生也，獨爲關，非格病也。潔古云：熱在下焦，填塞不便，是治關格之法。今病者內關外格之病悉具，死在旦夕，但治下焦可愈。隨處以稟北方寒水所化大苦寒之味者，黃柏、知母、桂爲引用，丸如桐子大，沸湯下二百丸。少時來報，服藥須臾，如刀刺前陰，火燒之痛，溺如瀑泉湧出，臥具皆濕，床下成流，顧盼之間，腫脹消散。予驚喜曰：大哉！聖人之言，豈可不遍覽而執一者也。其證小便閉塞而不渴，時見躁者是也。凡諸病居下焦，皆不渴也。二者之病，一居上焦，在氣分而必渴，一居下焦，在血分而不渴，血中有濕，故不渴也。二者之殊，至易分别耳。

謹按：或問肝主小便淋溲，今治法主腎何也？然。大凡病便數者，多腎經氣虚而然。淋閟者，有標本之分。氣熱鬱結則膀胱津溢，主約不利，爲本病；小腹痛，不得便，下焦氣脈實而不利，是客約不行，爲標病。傷寒變極者，遺溲直視，是少陰腎先絕也。故此三經干於下部爲病，非獨肝也。或脾肺之氣不能通調水道，下輸膀胱，清氣不降，皆能爲癃。腎氣虚而濁氣不升，虚熱干於厥陰之絡，陰廷痿痹而神無所用，乃旋溺煩數，人老年來多有此患矣。腎虚極則水涸火熾，真氣散而死也。或曰：若久寡居之人病便數者，豈腎氣虚不爲約乎？然。是金爲火鑠，土爲水濡，腑臟兼體相資之道失，濕熱甚而經脈縱緩，亦成斯疾也。觀先哲用腎氣丸等以收精氣之虚脱，爲養氣滋腎，伐火導水，使機關利而脾土健實之意是焉。若全指爲虚寒處治者，是則一概論也。

【校記】

[一]"破裂出黄水"，"破"原誤作"裂"，今據《醫學發明·本草十劑》改。天德尚賢堂本作"裂出黄水"四字。

論小便不禁或癃爲下焦虚實不同

《內經》曰：胞移熱於膀胱則癃，溺血。膀胱不利爲癃，不約爲遺溺。注曰：膀胱爲津液之腑，水注由之，然足三焦脈實，約下焦而不通，則不得小便。足三焦脈虚，不約下焦，則遺溺也。《靈樞經》曰：足三焦者，太陽之别也，並太陽之正，入絡膀胱，約下焦，實則閉癃，虚則遺溺。

王海藏曰：因看《盧氏醫鏡》見薑附石脂朱砂丹一藥，味數分兩皆同，惟丹砵一味用伏火者，及治病有差，所治者小便數而不禁，怔忡多忘，魘夢不已之不同耳。其不同者，審而詳之，乃得此之治法不差[一]。且泛舉之[二]，言腎主大小便，肝主小便淋溲，《難經》云小腸爲赤腸，是面赤色及便溺赤色者，皆出心與小腸，南方赤色顯於外也。經言下焦如瀆者，正謂大小便也。大便爲陰，爲有形，乃下焦之下者也。腎臟爲病主大便，不言大腸者明矣。子行父之道。小便爲氣所化，乃下焦之高者也。謂肝主小便淋溲，亦是子行父道，爲腑病。諸氣化者皆腑，諸有形血化者皆臟病所主。此腑言膀胱病，此二证俱在下焦则同染[三]，有形无形及在臟在腑有殊，俱是丹田衰憊。不言心火者，以其相火化行君之令故也。細分之，則膀胱壬水勝丙小腸者，是不傳陰，則陰不病。何爲有形病，此爲陰之體也，爲腑之用也。天地陰陽，互爲體用[四]，以斯可見，是明五臟者爲六腑所用，六腑者爲五臟所用明矣，是有形皆爲傳陰也。夫小便不禁，是膀胱不約，爲遺溺，此不傳陰也，是丹田胞絡受寒，爲壬所尅。大抵諸腑皆盛有形物，有形病皆在腑，責其所來，皆在臟也。用伏火朱砂者，去其寒邪耳。治法同者，以其俱在下焦，補諸形[五]，火同在胞絡耳[六]。以其胞與腎相對，有系相连故也[七]。腎主大便，肝主小便，所治安得不殊。

按：此論遺溺爲經虚之本病也，然亦有誤服涼劑太過而致者，如東垣曰立夏前誤用白虎湯過多，致遺溺者，宜溫藥升陽以解之是也。故用藥者當審誅罰無過之戒。

謹按：丹溪先生曰：淋證多主於氣虚，亦有死血作淋者。小便不通，實熱者當利之，因氣者宜吐之以提其氣，氣升則水自下，蓋氣承載其水也。痰多者用二陳湯，先服後吐。痰氣閉塞者，二陳加木通、香附，探吐。一男子病小便不通，醫用利藥而加劇。先生曰：此積痰病也。積痰在肺，肺爲上焦，膀胱爲下焦，上焦閉則下焦塞，譬如滴水之器，必上竅通而後下竅之水出焉。乃以法大吐之，吐已，病如失。然此可見癃淋又不獨主於經病也。

【校記】

[一]“法”，原誤作“决”，今據《此事難知》卷四改。
[二]“且”，原誤作“耳”，今據天德尚賢堂本改。
[三]“染”，原誤作“藥”，今據天德尚賢堂本改。
[四]“互”，原誤作“反”，今據《此事難知》卷四改。
[五]“形”，此上原衍“無”字，今據《此事難知》卷四删。
[六]“火”，原脱，今據天德尚賢堂本補。
[七]“有系相連”，原脱，今據天德尚賢堂本補。《此事難知》卷四“系”作“渠”。

淋閟治法（小便不禁附）

治淋澀之劑

金匱腎氣丸：治腎虚，小便淋澀，及婦人子淋。（方見補虚門）

錢氏導赤散：治心經蘊熱，小便赤澀，或成淋痛。（方見熱門）

局方五淋散：治膀胱有熱，水道不通，淋澀不出，或尿如豆汁，或成沙石，或如膏，或熱怫便血。

赤茯苓六錢　赤芍　山梔子各二錢　當歸　甘草各五錢

右㕮咀，每半兩，入燈芯，水煎。

本事火府丹：治小便赤少，及五淋澀痛。

木通　黄芩各一兩　生地黄二兩

右爲末，煉蜜丸如梧子大。每五十丸，木通湯下。

濟生小蘇飲子：治下焦結熱，尿血成淋。

生地黃 小薊根 通草 滑石 山梔仁 蒲黃炒 淡竹葉 當歸 藕節 甘草

右等分，爲㕮咀，每半兩水煎，空心服。

琥珀散：治五淋澀痛，小便膿血。

琥珀 海金沙 沒藥 蒲黃各研

右各一兩，和勻，每三錢，食前煎萱草根湯調下，日二服。

按：已上諸方並血分藥也。

局方八正散：治小便熱淋澀痛。

清心蓮子飲：治小便濁或澀。（方並見熱門）

立效散：治下焦熱結，小便黃赤，淋閟疼痛，或有血出。

瞿麥穗一兩 甘草三分 山梔炒，去皮，半兩

右末，每五錢，入葱白、燈芯，薑煎，食前時時服。

濟生地膚子散：治諸病後體虛觸熱，熱結下焦，遂成淋病，小便赤澀，數起少出。

豬苓 地膚子 知母 黃芩 海藻 通草 瞿麥 枳實炒 升麻 葵子

右㕮咀，每半兩，水煎，入薑。

按：已上方又氣中之血藥也。

海金砂散：治小便淋瀝，及下焦濕熱，氣不施化，或五種淋疾，癃閉不通。

海金沙研 木通 瞿麥穗 滑石 通草各半兩 杏仁去皮尖，一兩

右末，每五錢水煎，入燈芯二十根。

寶鑒茯苓琥珀湯：治小便數而欠，淋澀，脈沉緩，時時帶數。

五苓散加琥珀半兩，滑石七分，甘草三分。

右細末，每五錢，長流水煎服，食前。

按：已上方並氣分藥也。

局方石葦散：治膀胱有熱，水道不通，淋瀝不出，臍腹急痛，蓄作有時，勞倦即發，或尿如豆汁，或出沙石。

芍藥 白术 滑石 葵子 當歸 瞿麥各三錢 石葦 木通各二錢 甘草 王不留行各一錢

右爲末，每二錢，空心小麥湯調下。

按：此血中之氣藥也，與以上並治熱之劑。

三因生附散：治淋而脈沉微，小便秘澀，數起不通，竅中痛。

附子　滑石各半兩　瞿麥　木通　半夏各一兩半

右爲末，每二錢，入薑三片、燈芯二十莖、蜜半匙，水煎，食前服。

按：此治竅之劑也。

治癃閉之劑

東垣滋腎丸：治下焦陰虛，脚膝無力，陰汗陰痿，足熱不履地，不渴而小便閉。

黄柏酒洗，焙　知母酒洗，焙，各一兩　肉桂二錢

右爲末，水丸如桐子大，每服百丸，加至二百丸，煎百沸湯送下。

白花散：治小便不通，膀胱蘊熱。

朴硝

右末，每二錢，煎茴香湯調下，食前。

按：已上並血分藥也。

清肺散：治渴而小便閟，或黄或澀。

五苓散加琥珀半錢，燈芯一分，木通七分，通草一分，車前子炒，一分，瞿麥半錢，萹蓄七分。

右爲細末，每五錢，水煎，食前服。作湯亦可。

紅秫散：治小便不通，止喘。

紅秫黍根一兩　萹蓄一兩半　燈草一百根，三寸長

右㕮咀，每五錢，長流水煎服。

按：已上並氣分藥也。

黄芩清肺飲：治肺燥而小便不通。

黄芩一錢　梔子三個，打破

右㕮咀，長流水煎服。不利，加鹽豉二十粒。

滋陰化氣湯：治因服熱藥過多，小便不利，諸藥不效，或臍下悶痛難忍。

黄連　黄柏各炒　甘草炙，等分

右㕮咀，每五錢水煎，食前服。如不通，加知母。

按：此二方助陰藥也。

治胞痹之劑

千金方茯苓丸：治胞痹，小便內痛。

赤茯苓　防風　細辛　白术　附子炮　澤瀉　官桂各半兩　天花粉　紫苑　牛膝酒浸　黄芪　芍藥　甘草炙，各三分　生地黄　山茱萸　山藥　獨活　半夏各一分

右末，蜜丸梧子大，每十丸，溫酒送下，食前。

巴戟丸：治胞痹，臍腹痛，小便不利。

巴戟去心，一兩半　桑螵蛸麩炒黑　遠志去心　山芋　生地黄　附子炮　續斷　肉蓯蓉酒浸，各一兩　杜仲炒　石斛　鹿茸酥炙　龍骨　五味子　兔絲子酒浸　山茱萸　桂各二分

右十六味細末，蜜丸梧子大，每三十丸，空心酒下。

腎瀝湯：治胞痹，小腹急，小便不利。

麥門冬　木通　桔梗　桑白皮　杜仲炒　犀角屑　五加皮各一兩　赤芍五錢

右㕮咀，每五錢水煎，加羊腎一個，竹瀝少許。

宣明腎著湯：治胞痹證，小腹膀胱按之內痛，若沃以湯，澀於小便，上爲清涕不止者。

赤茯苓　白术各四兩　甘草炙，三兩　乾薑炮，二兩

右爲末，每五錢，水煎，溫服，日三。

按：此四方當分寒熱之異選使。然腸痹亦有腹痛、飧泄、小便秘澀者，《宣明論》有證治例，詳見本論，又可見小便不利非止胞痹爲患也。

治淋瀝不禁之劑

局方二氣丹：治內虛裏寒，膀胱積冷，陽氣漸微[一]，小便不禁。

硫黄研　肉桂各一分　乾薑炮　朱砂爲衣，各二錢　附子一枚，大者，炮，去皮臍，爲末，半兩

右爲末，糊丸如梧子大，每五十丸鹽湯下，食前。

薑附赤石脂朱砂丹：治小便數而不禁，怔忪多忘，魘夢不已。

附子生　乾薑各半兩　赤石脂一兩半，水飛　朱砂一兩，研

右爲細末，酒糊爲丸如緑豆大，每十五至二三十丸，大便有病米飲下，小便不禁茯苓湯下。

按：此二方助陽之劑也。

御藥院方秘元丹：治內虛裏寒，自汗時出，小便不禁。

白龍骨三兩　訶子十個　砂仁一兩　靈砂二兩

右爲末，煮糯米粥，丸如梧子大，每五十丸，空心鹽酒下。

按：此固陽之劑也。

濟生兔絲子丸：治小便多，或致失禁。

兔絲子二兩　牡蠣煅　附子炮　五味子　鹿茸酒炙，各一兩　蓯蓉酒浸，二兩　雞胜胵炙乾　桑螵蛸酒炙，各半兩

右爲末，酒糊丸如梧子大，每七十丸，空心鹽湯、溫酒任下。

三因家韭子丸：治下元虚冷，小便不禁，或成白濁。

家韭子六兩，炒　鹿茸四兩，酥炙　蓯蓉酒浸　牛膝　熟地黄　當歸各二兩　巴戟去心　兔絲子酒浸，各一兩半　杜仲　石斛　桂心　乾薑炮，各一兩

右爲末，酒糊丸如梧子大，每百丸，空心湯、酒任下。

按：此二方助陽滋陰之劑也。

茯苓丸：治心腎俱虚，神志不守，小便淋瀝不禁。

赤茯苓　白茯苓等分

右爲末，以新汲水挼洗，澄去新沫，控乾，別取熟地黄汁，與好酒同於銀石器內熬成膏，搜和，丸如彈子大，空心鹽酒嚼下一丸。

按：此滋陰固真之劑也。

【校記】

[一]“氣”，原脱，今據天德尚賢堂本、文淵閣四庫全書本補。

雜方

澹寮桑螵蛸散：治小便頻數，或如稠米泔色。

桑螵蛸鹽水炙　遠志　菖蒲鹽炙　龍骨　人參　茯神　當歸　鱉甲醋炙，各等分

右爲末，每二錢，臨臥人參湯調服。

五子丸：治小便頻數，時有白濁。

兔絲子酒蒸　家韭子炒　益智仁　茴香炒　蛇床子去皮，炒，等分

右爲末，酒糊丸如桐子大，每七十丸，米飲、鹽湯任下。

通氣法[一]

治小便不通，諸藥無效，或轉胞至死，此法用之，便自出。用豬尿胞一個，底頭出個小竅兒，著翎筒通過，放在竅內，根底細線繫定翎筒口子，細杖子堵定，上用黄蠟封尿胞口頭，吹滿氣七分，繫定了，再用手捻定翎筒根頭，

放了黄蠟堵塞，其翎筒放在小便頭，放開翎筒根頭，手捻其氣透裏[二]，自然小便即出，大有神效。

【校記】

[一]“通氣法”，原脱，今據天德尚賢堂本補。

[二]“捻”，原脱，今據天德尚賢堂本補。

灸方

灸小便淋澀法：炒鹽，不以多少，熱填滿病患臍中，是神闕穴也，却用筋頭大艾炷灸七壯，良驗。或灸三陰交穴。

一法：小水閟澀，以豬膽連汁籠住小便，少時汁入自出。婦人用藥末貯袋子，安入陰戶中，必通。

玉機微義卷之二十八

玉機微義卷之二十九

眼目門

論目爲血脈之宗

《內經》曰：諸脈者皆屬於目，目得血而能視。《針經》曰：五臟六腑精氣，皆上於目而爲之精。精之窠爲眼，骨之精爲黑眼，血之精爲絡，其窠氣之精爲白眼，肌肉之精則爲約束，裹擷筋骨血氣之精，而與脈並爲系，上屬於腦，後出於項中。故邪中於項，因逢其身之虛，其入深，則隨眼系入於腦，入於腦則腦轉[一]，腦轉則引目系急，目系急則目眩以轉矣。邪其精[二]，其精所中，不相比也則精散，精散則視岐，故見兩物。目者五臟六腑之精，榮衛魂魄之所常營也，神氣之所生也[三]，故神勞則魂魄散，志意亂。是故瞳子黑眼法於陰，白眼赤脈法於陽[四]，故陰陽合傳而爲精明也。目者心之使也，心者神之舍也，故神精亂而不轉，卒然見非常之處，精神魂魄，散不相得，故曰惑也。東垣曰：夫十二經脈，三百六十五絡，其血氣皆上走於面而走空竅，其清陽氣上散於目而爲精，其氣走於耳而爲聽。因心煩事冗，飲食失節，勞役過度，致脾胃虛弱，心火大盛，則百脈沸騰，血脈逆行，邪害空竅，失明則日月不明矣。夫五臟六腑之精氣，皆稟受於脾，上貫於目。脾者，諸陰之首也；目者，血脈之宗也。故脾虛則五臟之精氣皆失所司，不能歸明於目矣。心者，君火也，主人之神，宜靜而安，相火代行其令[五]。相火者，包絡也，主百脈皆榮於目，既勞役運動，勢乃妄行，又因邪氣所並而損血脈，故諸病生焉。凡醫者不理脾胃及養血安神，治標不治本，是不明正理也。

按：此論目爲腑臟血脈精氣之宗，至爲詳悉，豈但世俗拘之於五輪八廓而已也？

【校記】

[一]“入於腦”，原脱，今據天德尚賢堂本補。

[二]“邪”，此下原衍“中”字，今據天德尚賢堂本删。

[三]“生”，原誤作“主”，今據天德尚賢堂本改。

[四]“法”，原誤作“發”，今據天德尚賢堂本改。

[五]“代”，原誤作“化”，今據天德尚賢堂本改。

論目昏赤腫翳膜皆屬於熱

《原病式》曰：目昧不明，目赤腫痛，翳膜眥瘍，皆爲熱也。及目膜，俗謂之眼黑，亦爲熱也。或平白目無所見者，熱氣鬱之甚也。或言目昧爲肝腎虚冷者，誤也。是以妄謂肝主於目[一]，腎主瞳子，故妄言目昧爲虚而冷也。然腎水，冬陰也，虚則當熱；肝者，春陽也，虚則當冷。腎陰、肝陽豈能同虚而爲冷者歟？或通言肝腎之中陰實陽虚，而無由目昧也。俗妄謂肝腎之氣衰少而不能至於目也，不知經言熱甚目瞑眼黑也，豈由寒爾？又如仲景言傷寒病熱極則不識人[二]，乃目盲也，《正理論》曰由熱甚怫鬱於目而致之然也。若目無所見，耳無所聞，悉由熱氣怫鬱、玄府閉密而致，氣液血脈、榮衛精神不能升降出入故也，各隨鬱結微甚而有病之輕重也。故知熱郁於目，無所見也。故目微昏者，至近則轉難辨物，由目之玄府閉小也，隔缣視物之象也。或視如蠅翼者，玄府有所閉合者也。或目昏而見黑花者，由熱氣甚而發之於目，亢則害，承乃制，而反出其泣，氣液昧之，以其至近，故雖視而亦見如黑花也[三]。及衝風泣而目暗者，由熱甚而水化制之也。故經言厥則目無所見，夫人厥則陽氣並於上，陰氣並於下，陽並於上則火獨光也，陰氣並於下則足寒[四]，足寒則脹也[五]。夫一水不能勝五火[六]，故目眥而盲，是以衝風泣下而不止。夫風之中於目也，陽氣內守於睛，是火氣燔目，故見風泣下。

按：此論熱甚怫鬱，陰陽並厥，玄府閉密，致目病之由爲詳，蓋一主於火熱之化也。若由飲食辛熱，七情所動，六氣淫鬱，氣血虚實，則東垣、子和、陳無擇輩論亦已詳。然亦有痰熱濕熱與夫服食金石燥熱之藥致者，或久病後榮衛虚弱，肝氣腎陰不足，或元氣精氣虚衰，及脱營爲病，皆有虚熱、實熱之殊，並宜分治。

【校記】

[一]“主”，原誤作“生”，今據天德尚賢堂本改。

[二]“如”，原誤作“而”，今據天德尚賢堂本、文淵閣四庫全書本改。

［三］“視”，原誤作“微”，今據天德尚賢堂本、文淵閣四庫全書本改。
［四］“寒”，原誤作“陰”，今據天德尚賢堂本改。
［五］“寒”，原誤作“陰”，今據天德尚賢堂本改。
［六］“能”，此字原壞，今據文淵閣四庫全書本補。

論眼證分表裏治

《機要》曰：在腑則爲表，當除風散熱；在臟則爲裏，宜養血安神。暴發者爲表而易治，久病者在裏而難愈。

論目疾宜出血最急

子和曰：聖人雖言目得血而能視，然血亦有太過不及也。太過則目壅塞而發痛，不及則目耗竭而失明，故年少之人多太過，年老之人多不及，但年少之人則無不及，年老之人其間猶有太過者，不可不察也。夫目之內眥，太陽經之所起，血多氣少；目之鋭眥，少陽經也，血少氣多。目之上網，太陽經也，亦血多氣少；目之下網，陽明經也，血氣俱多。然陽明經起於目兩旁交頞之中，與太陽、少陽俱會於目，惟足厥陰經連於目系而已。故血太過者，太陽、陽明之實也，血不及者，厥陰之虚也。故出血者，宜太陽、陽明，蓋此二經血多故也。少陽一經，不宜出血，血少故也。刺太陽、陽明出血則目愈明，刺少陽出血則目愈昏。要知無使太過不及，以血養目而已[一]。凡血之爲物，太多則溢，太少則枯，人熱則血行疾而多，寒則血行遲而少，此常理也。目者，肝之外候也，肝主目，在五行屬木。雖木之爲物，太茂則蔽密，太衰則枯瘁矣。夫目之五輪乃五臟六腑之精華，宗脈之所聚，其白人屬肺金，肉輪屬脾土，赤脈屬心火，黑水神光屬腎水，兼屬肝木，此世俗皆知之矣。及有目疾，則不知病之理。豈知目不因火則不病，何以言之？白輪變赤，火乘肺也；肉輪赤腫，火乘脾也；黑水神光被翳，火乘肝與腎也；赤脈貫目，火自甚也。能治火者，一句可了，故《內經》曰熱勝則腫。凡目暴赤腫起，羞明隱澀，淚出不止，暴寒目瞞，皆太熱之所爲也。治火之法，在藥則鹹寒吐之下之，在針則神廷、上星、顖會、前頂、百會血之，翳者可使立退，痛者可使立已，昧者可使立明，腫者可使立消。惟小兒不可刺顖會，爲肉分淺薄，恐傷其骨。然小兒水在上，火在下，故目明，老人火在上，水不足，故目昏。《內經》曰血實者宜決之，又經曰虛者補之，實者瀉之，如雀目不能夜視及內障，暴怒大憂之所致也，皆肝主目，血少禁出血，止宜補肝養腎。至於暴赤腫痛，皆宜以鈹針刺前五穴出血而已，次調鹽油以塗髮根，甚者雖至於再至於三可也，量其病勢，以平爲期。

按： 此謂目疾出血最急，於初起熱痛暴發，或久病鬱甚，非三棱針宣泄不可。然年高之人及久病虛損並氣鬱者，宜從亳針補瀉之則可，故知子和亦大略言爾。於少陽一經不宜出血，無使太過不及，以血養目而已，斯意可見。

【校記】

[一]“血養”，原倒，今據天德尚賢堂本、文淵閣四庫全書本乙正。

論內障外障

《龍木論》曰：眼疾有七十二般，內障二十三候，外障四十九候，病狀一一不同，據其疾狀認識，既不差錯，治療必有所憑[一]。

謹按： 諸候詳見本論，然內障爲黑水神光昏翳，外障則有翳膜者，是今論中雖具諸候，而所用藥多本風熱，故並略云。然內障有因於痰熱、氣鬱、血熱、陽陷、陰虛、脱營所致，種種病因，皆略之不議。況外障之翳有起於內眥、外眥、睛上、睛下、睛中，當視其翳色，從何經而來。如東垣治例：魏邦彥夫人目翳從下而上，病自陽明來也，綠非五色之正，殆肺腎合而爲病也。乃就畫家，以墨調膩粉合成色，諦視之，與翳色同矣，肺腎爲病者無疑，乃瀉肺腎之邪，而以入陽明之藥爲之使。既效，而他日復病作者三，其所從來之經與翳色各異。因詢此必經絡不調，目病未已，問之果然，如所論治之，疾遂不作。若此憑其色，究其所兼所本之因，處治而不愈者，蓋邪蘊日久而實，元氣、陰氣不足所致也，當以王道論治庶可。但世俗不能守此理，遂致失明者多矣，悲夫!

【校記】

[一]“必”，原誤作“少”，今據天德尚賢堂本、文淵閣四庫全書本改。

論瞳子散大

東垣曰：瞳子散大者，由食辛熱之物太甚故也。所謂辛主散，熱則助火，上乘於腦中，其精故散，精散則視物亦散大也。夫精明者，所以視萬物者也。今視物不真，則精衰矣。蓋火之與氣，勢不兩立，故經曰壯火食氣，壯火散氣。手少陰、足厥陰所主風熱連目系，邪入中人，各從其類，故循此道而來攻，頭目腫悶而瞳子散大，皆血虛陰弱故也。當除風熱，涼血益血，以收耗散之氣，則愈矣。

論倒睫赤爛

東垣曰：夫眼生倒睫拳毛者，兩目緊急，皮縮之所致也。蓋内復熱，致陰氣外行，當去其内熱並火邪，眼皮緩，則眼毛立出，翳膜亦退。用手法攀出内瞼向外，速以三稜針出血，以左手爪甲迎其針鋒，立愈。

目眶歲久赤爛，俗呼爲赤瞎是也，當以三稜針刺目眶外，以瀉濕熱而愈。

按：以上所論，可謂深達病情。然是證亦多是血熱、陰虚火動所致，蓋血所以滋經脈養毛髮者也，故當外治以瀉其瘀熱，内治以杜絕其源可也。

論目不能遠視爲陰氣不足

東垣曰：能遠視不能近視者，陽氣不足，陰氣有餘也，乃氣虚而血盛也。血盛者，陰火有餘，氣虚者，氣弱也，此老人桑榆之象也。能近視不能遠視者，陽氣有餘，陰氣不足也，乃血虚氣盛，血虚氣盛者皆火有餘，元氣不足。火者，元氣、穀氣、真氣之賊也。元氣來也徐而和，細細如線；邪氣來也緊而强，如巨川之水不可遏。

謹按：陽氣者，猶日火也，陰氣者，金水也，先儒所謂金水内明而外暗，日火内暗而外明者也。然人目眼備腑臟五行，精華相資而神明，故能視，即此理之常也。雖經曰目得血而能視，殊不言氣者，蓋血得氣爲水火之交，而能神明之也。否則陰虚不能視遠，陽乏不能視近，是爲老人桑榆之漸。然學人於目病能求諸此，則思過半矣。

論目疾分三因

陳無擇云：病者喜怒不節，憂思兼並，致臟氣不平，鬱而生涎，隨氣上厥，逢腦之虚，侵淫眼系，蔭注於目，輕則昏澀，重則障翳，眵淚胬肉，白膜瞞睛，皆内所因。或數冒風寒，不避暑濕，邪中於項，乘虚循系以入於腦，故生外翳，醫論中所謂青風、緑風、紫風、黑風赤風、白風、白翳、黄翳等，隨八風所中，變生諸證，皆外所因。或嗜欲不節，飲食無時，生食五辛，熱啖炙爆，馳騁田獵，冒涉煙塵，勞動外情，喪明之本，皆不内外因治之。

按：論中所言致證之因至爲詳悉，惜乎其方多本於風熱及水臟陽虚處治而未備，學者當自爲通變矣。

論偷針眼

巢氏曰：凡眼內眥頭忽結成皰，三五日間便生濃汁，世呼爲偷針。此由熱氣客在眥間，熱搏於津液所成。但其勢輕者小小結聚，汁潰熱歇乃瘥。

謹按：世傳眼眥初生小皰，視其背上即有細紅點如瘡，以針刺破眼時即瘥，故名偷針，實解太陽經結熱也，人每試之有驗。然巢氏但具所因，而不更分經絡，其諸名實所過者多矣。

眼目治法

治風之劑

局方密蒙花散[一]：治風氣攻注，兩眼昏暗，眵淚羞明，並暴赤腫。

羌活　白蒺藜炒　木賊　密蒙花[二]　石決明各一兩　菊花二兩

右爲末，每服二錢，茶清食後調下。

三因羌活散：治風毒上攻，眼目昏澀，翳膜生瘡，及偏正頭疼，目小黑花累累者。

羌活　川芎　天麻　青皮　旋覆花　南星炮　藁本各一兩

右爲末，每服二錢，水煎，入薑三片、薄荷七葉。

按：已上並足太陽、厥陰藥也。

東垣明目細辛湯：治兩目發赤微痛，羞明畏日，怯風寒，怕火，眼睫成紐，眵糊多，隱澀而難開[三]，眉攢腫悶，鼻塞，涕唾稠黏，大便秘澀。

麻黃　羌活各三錢　防風二錢　藁本　白茯苓　當歸尾各一錢　川芎　細辛　蔓荊子各半錢　荊芥穗一錢半　生地黃一錢，酒製　椒八個　桃仁二十個　紅花少許

右㕮咀，分作四服，每服水煎，食後熱服。

按：此足太陽、厥陰，手少陰藥也。

機要四物龍膽湯：治目赤，暴發云翳，疼痛不可忍。

四物湯各半兩　羌活　防風各三錢　防己　龍膽草各二錢

右㕮咀，作數服，水煎。

按：此足厥陰、太陰、太陽藥也。

防風飲子：治拳毛倒睫。

黃芪　甘草　人參各一錢　葛根半錢　防風　細辛葉　蔓荊子各半錢　當歸七分半

右㕮咀，作一服，水煎，食後服。

按：此足太陽、陽明，手足太陰藥也。

【校記】

[一]“密”，原誤作“蜜”，今據天德尚賢堂本改。
[二]“密”，原誤作“蜜”，今據天德尚賢堂本改。
[三]“隱”，原誤作“癮”，今據天德尚賢堂本改。

治熱之劑

局方洗心散（方見熱門）

濟生羊肝丸：治肝經有熱，目赤睛疼，視物昏澀。

羊肝一具，生用，《局方》用白羊肝　黄連去鬚，爲末

右先將羊肝去筋膜，於砂盆內搗爛，入連末杵，和丸如梧子大，每五十丸，用熟水送下。

按：此手少陰，足太陰、厥陰藥也。

東垣瀉熱黄連湯：治眼暴發赤腫疼痛。

黄芩酒製，炒　黄連同上製　草龍膽　生地黄各一兩　升麻半兩　柴胡一兩

右㕮咀，每四錢水煎，去滓，於日午前飯後熱服。

按：此手少陰、太陰，足陽明、少陽、少陰藥也。

治風熱之劑

局方明目流氣飲：治風熱上攻，眼目視物不明，常見黑花，當風多淚，隱澀難開。

大黄煨　牛蒡子炒　川芎　菊花　白蒺藜炒　細辛　防風　玄參　山梔　黄芩　甘草炙　蔓荆子　荆芥　木賊各一兩　草决明一兩半　蒼术泔浸，炒，二兩

右爲末，每二錢，臨卧用溫酒調下。

按：此手足三陰，足陽明、太陰藥也。

洗肝散：治風毒上攻，暴作赤目，腫痛難開，隱澀眵淚。

薄荷葉　當歸　羌活　防風　山梔仁　甘草　大黄　川芎各二兩

右爲末，每二錢，食後煎水調下。

按：此足太陽、厥陰、手足太陰藥也。

錢氏瀉青丸：治目暴發赤腫疼痛。（方見熱門）

按：此足太陽、少陽、太陰、厥陰藥也。

東垣連翹飲子：治目中溜火，惡日與火，隱澀[一]，小角緊，久視昏花，迎風有淚。

蔓荆子 生甘草 連翹各三分 柴胡二分 黄芩酒製，半錢 生地黄 當歸 紅葵花 人參各三分 黄芪 防風 羌活各半錢 升麻一錢

右㕮咀，作一服，水煎，食後熱服。

按：此足三陽、少陰、厥陰藥也。

治濕熱之劑

神芎丸：治濕熱內甚，目赤腫，或白睛黄色。（方見火門）

按：此足陽明、厥陰藥也。

東垣龍膽飲子：治疳眼流膿[二]，生疳翳，濕熱爲病。

黄芩炒 青蛤粉 羌活 草龍膽各三錢 麻黄一錢五分 蛇蜕皮 穀精草 川鬱金 炙甘草各半錢 升麻二錢

右細末，每二錢，食後茶調服。

按：此足太陽、陽明，手足太陰藥也。已上六方，宜隨表裏而輕重之，亦不可例用。

【校記】

[一]“隱”，原誤作“癮”，今據天德尚賢堂本改。

[二]“疳”，原誤作“肝”，今據天德尚賢堂本改。

理血之劑

局方明目地黄丸：治男女肝腎俱虚，風邪所乘，熱氣上攻，目翳遮睛，目澀多淚。

牛膝酒浸，三兩 石斛 枳殼炒 杏仁去皮，炒 防風各四兩 生熟地黄各一斤

右爲末，煉蜜丸如梧子大，每三十丸，食前鹽湯下。

按：此出太陽例，又氣藥也。

簡易加減駐景丸：治肝腎氣虚，兩目昏暗，視物不明。

車前子炒，二兩 熟地黄 當歸各五兩 楮實子 川椒炒，各一兩 五味子 枸杞子 各二兩 免絲子酒製，半斤

右爲末，蜜和，丸如梧子大，每三十丸，食前溫酒下。

謹按：肝爲相火，有瀉無補，況陰水虚而陽火實，病目者多，故此二方蓋補肝之陰虚也，頗有理，故收入。

地芝丸：治目不能遠視，能近視，或亦妨近視。

生地黄焙乾　天門冬去心，各四兩　枳殼二兩，炒　甘菊花二兩

右爲細末，煉蜜爲丸如桐子大，茶清送下百丸，食後。

理氣之劑

局方定志丸：治眼不能近視，反能遠視者。

白茯苓　人參各三兩　遠志去心　菖蒲各二兩

右爲細末，煉蜜丸如梧子大，以朱砂爲衣，每服七丸至二三十丸，溫米飲下，食後，日三服。

按：已上二方手太陰、少陰藥也。

濟生桑白皮散：治肺氣壅塞，毒氣上攻眼目，白睛腫脹，日夜疼痛。

玄參　桑白皮　枳殼炒　升麻　杏仁炒　旋覆花　防風　赤芍　黄芩　甘菊花　甘草炙　甜葶藶炒，各一兩

右㕮咀，每半兩，入薑三片煎。

按：此又治風熱之劑也，出太陽例。

養陽之劑

東垣神效黄芪湯：治渾身麻木不仁，或頭面或手或腿脚麻木不仁，兩目緊急縮小，及羞明畏日，或視物無力。

黄芪二兩　人參八錢　炙甘草一兩　蔓荆子三錢　白芍一兩　陳皮半兩

右㕮咀，每五錢，水煎，臨卧熱服。

益氣聰明湯：治飲食不節，勞役形體，脾胃不足，得内障耳鳴，或多年目昏暗，視物不能，此藥能令人目廣大，久服無内外障、耳鳴、耳聾之患。

黄芪　甘草　人參各半兩　升麻　葛根各三錢　蔓荆子一錢半　芍藥　黄柏酒炒，各一錢

右㕮咀，每服三錢，水煎，臨睡熱服，近五更再服之，得腫更妙。如煩悶，或有熱，漸加黄柏，春夏加之，盛暑夏月倍之。若此一味多，則不效。

人參補胃湯：治勞役所傷，飲食不節，内障昏暗。

前黄芪湯減陳皮，芪再減半，加黄柏一兩，酒拌透。

右㕮咀，每服三四錢，水煎，食遠稍熱服。後兩目廣大，視物如童時，覺兩脚踏地，不知高下，蓋冬天多服升陽藥故也。病減住服。

按：已上手足太陰、少陰藥也。

滋陰之劑

東垣連柏益陰丸

羌活　獨活　甘草　當歸尾製　防風　五味子各半兩　石決明燒，三錢　草決明　細黄芩　黄柏　知母　黄連酒拌炒，各一兩

右件爲細末，煉蜜爲丸如緑豆大，每服五十丸，漸加至百丸，食遠茶清送下。常多服補陽湯，少服此丸。

滋陰腎氣丸：此壯水之主，以鎮陽光。

熟地黄三兩　牡丹皮半兩　生地黄四兩　澤瀉　茯苓各二兩半　當歸尾　山茱萸　柴胡　五味子　乾山藥各半兩

右件於石臼中杵爲細末，煉蜜爲丸如桐子大，每服五七十丸，鹽湯空心服。

按：已上並少陰藥也。

養陽滋陰之劑

局方菊睛丸：治肝腎不足，眼目昏暗，常見黑花多淚。

枸杞子三兩　蓯蓉酒浸，炒　巴戟去心，各一兩　甘菊花四兩

右爲末，煉蜜丸如梧子大，每五十丸，溫酒、鹽湯食遠任下。

東垣滋陰地黄丸：治眼目瞳子散大於黄睛，視物無的，或卒然見非常之處。

熟地黄一兩　生地黄一兩五錢　柴胡八錢　天門冬　炙甘草　枳殼各三錢　人參　地骨皮各二錢　黄連　五味子各三錢　黄芩半兩　當歸身半兩，酒拌焙

右件爲細末，煉蜜爲丸如緑豆大，每百丸，溫茶清送下，日進二次。忌辛辣生冷之物。

按：此二方足少陰之劑也。前方主右腎，此方主左腎之藥，故亦異爾。

補陽湯：治陽不勝其陰，乃陰盛陽虚，則九竅不通，青白翳見於大眥，及足太陽、少陰經中鬱遏，足厥陰肝經氣不得上通於目，故青白翳內阻也。當於太陽、少陰經中，九原之下，以益肝中陽氣衝天上行，此乃先補其陽，後於足太陽、太陰標中（標者，頭也）瀉足厥陰肝經，火下伏於陽中，乃次治也，《內經》云陰盛陽虚，則當先補其陽，後瀉其陰是也。每日清晨服補陽湯，臨臥服益陰丸。若天色變，飲食不調，俱不得服。

羌活　獨活　甘草　人參　熟地黄　黄芪　白术各一兩　澤瀉　陳皮各半兩　生地黄　白茯苓　知母炒，各三錢　柴胡三兩　防風　白芍各半兩　肉桂一錢　當歸身酒製，三錢

右同爲粗末，每服半兩，水煎，空心服之。

冲和養胃湯：治內障眼，得之脾胃元氣衰弱，心火與三焦俱盛，飲食失節，形體勞役，心不得休息，故上爲此疾，服之神效。

柴胡七錢　防風半兩　羌活　炙甘草　黄芪各一兩半　當歸酒製　白术　升麻　人參　葛根各一兩　白芍六錢　白茯苓三錢　乾薑一錢　五味子二錢　黄芩　黄連各七錢

右㕮咀，每五六錢，水煎，食遠稍熱服。

按：已上足三陽，手足太陰藥也。

治障翳諸方

龍木論還睛丸：治眼內赤澀有花，或黑或白或紅，皆因肝臟積熱，肺受風邪，初患之時宜令針治諸穴，內服此。

人參　桔梗　黄芩　熟地黄　防風　茺蔚子　車前子　知母各二兩　細辛　五味子各二兩半　玄參半兩

右爲末，煉蜜丸如梧子大，空心茶下十丸。

按：本論治內障諸方，與此相類者甚多，姑存此法[一]。

局方蟬花無比散：治大人小兒風毒傷肝，或爲氣攻，一切眼目昏暗，漸生翳膜，及久患頭風，牽搐兩眼，漸漸細小，連眶赤爛。

茯苓　甘草炙　防風各四兩　石決明鹽水煮，研如粉　川芎　羌活　當歸各三兩　赤芍十兩，炒　蒺藜炒，半斤　蟬蛻二兩　蒼术十二兩　蛇蛻一兩

右爲末，每三錢，食後米泔調服，茶清亦得。

按：此足三陽、太陰、厥陰藥也。

蟬花散：治肝經藴熱，毒氣上攻，眼目赤腫，多淚羞明，一切風熱昏翳。

穀精草　菊花　蟬蛻　羌活　甘草炙　白蒺藜炒　草决明　防風　山梔　川芎　密蒙花　木賊　荆芥穗　黄芩　蔓荆子各等分

右爲末，每二錢，食後茶清調下。

按：此足太陽、少陽、厥陰，手太陰藥也。

本事方羊肝丸

菟絲子　車前子　麥門冬　决明子　茯苓　五味子　枸杞子　茺蔚子　苦葶藶　蕤仁　地膚子　澤瀉　防風　黄芩　杏仁炒　細辛　桂心　青葙子各一兩　熟地黄一兩半　白羯羊肝只用子肝一片，薄切，新瓦上炒乾

右爲細末，煉蜜爲丸如梧子大，每服三四十丸，溫水下，日三次。

按：此足太陽、少陰、手太陰、少陰藥也。

秘方撥云退翳丸：皇統年間醫官劉昌祖傳於世。

瓜蔞根 枳實 甘草炙 蔓荊子焙 薄荷各五錢 川芎 木賊酒浸一宿，焙 密蒙花 荊芥穗 地骨皮 羌活 白蒺藜 甘菊花各一兩 蛇蛻 黃連各三錢 川椒七錢半，炒，去目 當歸一兩半，酒浸，焙乾 蟬蛻三錢

右爲細末，煉蜜丸，每兩作十丸，每服一丸，食後、臨臥日進三服，翳者米泔水下，睛暗當歸湯下，內障木香湯下。

按：此足太陽、厥陰、手少陰藥也。然翳膜之疾有氣血虛實，或挾痰熱，七情六淫，或陰虛火動，濕熱致者，種種不同，皆宜求責。但以上法不能以盡病情之變，學者宜擴充焉。

【校記】

[一]“此”，原脱，今據天德尚賢堂本補。

點洗諸方

局方湯泡散：治肝經風熱上壅，眼目赤澀，睛疼多淚。

赤芍 當歸 黃連等分

右爲末，每二錢，湯頓調，熱洗，日三五次。《御藥院方》加荊芥。

三因立勝散：治風熱攻眼，隱澀羞明腫痛。

黃連 秦皮 防風 黃芩等分

右㕮咀，水煎熱，用新羊毫筆蘸刷洗眼。

金露膏：除昏退翳，截赤定疼。

蕤仁槌碎 黃丹各一兩 黃連半兩 蜜六兩

右先將黃丹炒令紫色，入蜜攪勻，下長流水四升，以嫩柳枝五七莖一把定攪之，次下蕤仁，候滾十數沸，又下黃連，用柳枝不住手攪，熬至升七八合，笊籬內傾藥在紙上[一]，慢慢滴之，勿令塵污。如有瘀肉，加硇砂末一錢，上火上煨開[二]，入前膏子內用。

《龍木論》云：患傷寒熱病後，切不可點，恐損眼也。斯言可以爲藥禁云。

寶鑒春雪膏：治風熱上攻，眼目昏暗癢痛，隱澀難開[三]，多眵淚，羞明疼痛，或生翳膜。

黃連四兩，剉，用童便二升浸一宿，去連，用淬甘石 南爐甘石十二兩，淬，便汁浸 好黃丹六

兩，水飛 硇砂一錢，細研，水調在盞内頓，乾爲度 乳香 烏魚骨燒存性 當歸各三錢 麝香 輕粉各少許 白丁香半錢

右各研另貯，先用好蜜一斤四兩煉，去蠟，却下甘石末，不住手攪，次下丹，次下諸藥末，不住手攪，至紫金色不黏手爲度，搓作鋌子，每用一粒，新水磨化，時時點之。忌酒、濕麵、蕎麥。

拔萃方嗃藥：治偏頭疼，眼疾。

蒼耳頭 薄荷葉 盆硝 石膏各一錢，亂文者 乳香 華細辛 貫芎各半錢

右爲極細末，早、午、夕三時嗃鼻。《寶鑒》方無蒼耳、乳香、細辛，有荆芥、桔梗。

蟾光膏：治遠年病目，不通道路，退去雲膜，須用十二月開成日合。

白砂蜜四兩，用隔年葱一根去須皮，切短，與蜜一同煮，去白膜，候葱熟爲度，以綿濾淨，紙取蠟面 黄丹 密陀僧各水飛，三錢，生用 爐甘石火煆，五錢，水飛

已上三味研極細，傾入前蜜中，桃、柳無節者各一枝攪匀。

當歸 赤芍 杏仁湯泡，去皮尖，各五錢 黄連去蘆淨，二兩 川芎半兩 秦皮 訶子皮 防風 石膏 玄精石 井泉石 無名異 玄參 代赭石 石決明

已上十味各三錢，㕮咀，用雪水或長流水五升於銀器内熬至二升，濾去滓淨，再熬至一升，傾入前藥蜜内，銀器内慢火熬紫金色時，再下後藥，勿令過火。

乳香 沒藥 琥珀 朱砂 蕤仁各三錢

已上五味先乾研極細，入蕤仁研細，水飛澄清極細，才傾入前藥，一同復熬，以筯箸點藥，於水中不散爲度，勿令過與不及，取下，於土中埋七日，取出，置於銀器或磁器中，如法收貯，便再添入後細藥，以桃柳枝攪匀。

南硼砂 珍珠 珊瑚枝 龍腦各一錢 麝香半錢

右五味研極細，入藥中，封定。如有取不盡藥，用淨水斟酌洗湆熬過，另放洗眼，或膏子稠了，傾些小調解。

【校記】

[一]“笊”，原誤作“罩”，今據天德尚賢堂本改。

[二]“煨”，原誤作“慢”，今據《衛生寶鑑》卷十改。

[三]“隱”，原誤作“癮”，今據天德尚賢堂本改。

灸雀目疳眼法

《寶鑒》云：小兒雀目，夜不見物，灸手大指甲後一寸內廉橫文頭白肉際，灸一炷，如小麥大。

小兒疳眼：灸合谷二穴各一炷，炷如小麥大，在手大指、次指兩骨間陷者中。

按：灸法詳見《資生》等經，玆不備録。

玉機微義卷之二十九

玉機微義卷之三十

牙齒門

論牙齒諸痛所因

東垣曰：夫齒者腎之標，口者脾之竅，諸經多有會於口者，其牙齒是也。手足陽明之所過，上齗隸於坤土，乃足陽明胃之脈貫絡也，止而不動。下齗嚼物，動而不休，手陽明大腸之脈所貫絡也。手陽明惡寒飲而喜熱，足陽明喜寒飲而惡熱，其病不一。牙者腎之標，亦喜寒，寒者堅牢，爲病不同。熱甚則齒動，齗齗袒脱，作痛不已，故所治療不同也。有惡寒作痛者，有惡熱而作痛者，有惡寒又惡熱而作痛者，有惡寒飲少、熱飲多而作痛者，有惡熱飲少、寒飲多而作痛者，有牙齒動搖而作痛者，有齒袒而爲痛者，有齒齗爲疳所蝕缺少血出爲痛者，有齒齗腫起爲痛者，有脾胃中有風邪但覺風而作痛者，又有牙上多爲蟲所蝕，其齒缺少而色變，爲蟲牙痛者，有胃中氣少，不能於寒，袒露其齒作痛者，有牙齒疼痛而穢臭之氣不可近者。痛既不一，豈可一藥而盡之哉?

按：此論齒惡寒熱等作痛，本手足陽明，動搖齗脱，本足少陰，故此三經所主爲多。然齒袒蟲疳，濕熱齗腫，血出作痛，痛而穢臭者，皆胃熱火盛所致，亦有諸經錯雜之邪與夫外因者。故以上病機現證甚詳，學者宜究其機而處治焉。

論牙痛分三因

陳無擇云：齒爲關門，腎之榮，骨之餘也。腎衰則齒豁，精固則齒堅。又大腸支脈在牙齗，主灌注於牙，大腸壅則齒爲之浮，大腸虚則齒露，挾風則攻目頭面，疳䘌則齲脱爲痔，皆氣鬱而生諸證，不同治之。

謹按：頭面外冒風寒，或口吸寒冷，致牙痛者，皆外因也。實熱，或陰虛火動，骨蒸所致，氣鬱、血熱、蟲痓，皆內因也。硬物所支，打擊等致，皆不內外所因也。故諸證不同治之。陳止言經病而不具三因者，恐傳梓時脱簡爾。

論齒痛爲風熱濕熱所致

東垣曰：劉經歷之內，年三十餘，病齒痛不可忍，須騎馬外行，口吸涼風則痛止，至家則其痛復作。家人以爲祟神，禱於巫師而不能愈。病乃濕熱爲邪也，足陽明多血多氣，加以膏粱之味助其濕熱，故爲此病。因立一方，不須騎馬，常令風寒之氣生於齒間。以黄連、胡桐淚之苦寒，新薄荷葉、荆芥穗之辛涼，四味相合而作風寒之氣，治其濕熱爲主；以新升麻之苦平，行陽明經爲使；牙齒骨之餘，以羊肹骨灰補之爲佐；麝香少許，入内爲引用。爲細末，擦之，痛乃減半。又以調胃承氣湯去硝，加黄連，以治其本，服之下三兩行，其痛良愈，遂不復作。

按：此論實熱例而合辛涼風劑，蓋風能勝濕，苦以泄熱也。今世俗有以大戟、芫花、小麥、椒、細辛、蒼耳熬湯熱嗽，而牙痛立止者，正同此例。大抵人之牙齒致病實多，內則氣鬱、血熱、骨蒸等因，外則咀炙熱，受寒冰，鹹酸辛辣之味適口，豈不漬摶耶？且如以醋沃石，則石爲蘇，況人之骨餘者乎？然雖經絡之喜寒熱氣不同，所受病異者則豈全在標爾？

牙齒治法

治風之劑

局方細辛散：治風蚛牙疼，腮頷浮腫。

荆芥穗 細辛各一兩 砂仁半兩 白芷 紅椒 草烏各二兩 鶴蝨 牙皂角 蓽撥各半兩

右爲末，每少許頻擦患處，有涎吐出，仍用水灌漱[一]。

按：此手陽明、足少陰、厥陰藥也。

三因玉池散：治風蚛牙疼，腫癢動搖，牙齦潰爛，宣露出血，口氣。

地骨皮 白芷 升麻 防風 細辛 川芎 槐花 當歸 藁本 甘草等分

右爲末，每用一字，揩之。痛甚取二錢，水盞半，黑豆半合，薑三片，煎漱[二]。

按：此手足陽明、厥陰藥也。

百一選方：治風牙疼。

白芷一兩 朱砂一分

右爲末，煉蜜丸櫻桃大，每一丸，擦牙上。

按：此手陽明之的藥也。

御藥院方獨活散：治風毒牙疼，牙根腫痛。

川芎　獨活　羌活　防風各半兩　細辛　荆芥　薄荷　生地黄各二錢

右㕮咀，每三錢，水煎，漱咽。

按：此足太陽、厥陰、少陰藥也。

元戎立效散　治牙疼。

小椒　露蜂房　青鹽等分

右爲細末，煎數沸，熱漱即止[三]。

按：此足少陰藥也。

東垣羌活散：治風寒寒濕犯腦，項筋急，牙齒動搖，肉齗袒脱，疼痛苦楚。

麻黄去節，三兩　羌活一錢半　柴胡半兩　升麻　蒼术各半兩　草豆蔻一錢　防風三分半　藁本三分　細辛少許　當歸身六分　白芷　桂各三分　羊脛骨灰二錢半

右爲末，先以溫水漱過，擦之。

按：此足三陽、太陰藥也。

【校記】

[一]“漱”，原誤作“嗽”，今據文義改。

[二]“漱”，原誤作“嗽”，今據天德尚賢堂本改。

[三]“漱”，原誤作“嗽”，今據天德尚賢堂本改。

治寒之劑

御藥院方丁香散：治牙齒痛[一]。

丁香　蓽撥　蝎梢　大椒等分

右爲末，每少許擦於患處。

按：此足陽明、太陰藥也。

蓽薢散：搐藥。

蓽薢　良薑　胡椒　細辛等分

右爲末，每少許溫水，隨痛處鼻内搐。

按：此足少陰、太陰藥也。

東垣白芷散：治大寒犯腦，牙齒疼痛。

麻黄　草豆蔻各一錢半　黄芪　升麻各二錢　吴茱萸　白芷各四分　當歸一錢　熟地黄一

錢 藁本三分 桂枝二分半 羌活八分

右爲末，先用溫水漱淨，從藥擦之。

按：此手足陽明、太陽、厥陰藥也。

【校記】

[一]“痛”，原脱，今據天德尚賢堂本補。

治風熱之劑

元戎胡桐淚散：治足陽明經虚，風熱所襲，流傳牙齒，攻注牙斷，則致腫結妨悶，甚者與斷間津液相搏，化爲濃汁，宜用此藥。

胡桐淚 石膽礬 黄礬 蘆薈 升麻各半兩 麝香 亂髮灰各一錢 朱砂 細辛 當歸頭 川芎 牛膝各二錢半

右爲末，先以甘草湯漱口，後用藥少許敷之。如常用少許擦牙[一]，去風熱，消腫化毒牢固，永無牙宣疳血之病。

按：此足陽明、厥陰藥也。

犀角升麻湯：治陽明經受風熱，口唇頰車連牙腫痛。

犀角七錢半 升麻五錢 防風 羌活各三錢半 川芎 白芷 黄芩 白附子各二錢半 甘草一錢半

右㕮咀，水煎服。

按：此手足陽明、太陽藥也。

【校記】

[一]“如常”，原誤作“以嘗”，今據天德尚賢堂本改。

治寒熱之劑

東垣當歸龍膽散：治寒熱停牙痛。

麻黄 升麻 黄連 龍膽草 草豆蔻各一錢 白芷 當歸尾 羊胫骨灰[一]各半錢 生地黄五分

右件爲末，擦之。

按：此太陽、陽明、少陰、厥陰藥也。

益智木律散：治寒熱牙痛。

草豆蔻二錢二分 木律二分 熟地黄 益智仁 羊胫骨灰[二]各錢半 升麻一錢半 黄連 當歸各四分

右爲末，乾擦之。如寒多，不用木律。

按：此足陽明、厥陰藥也。

麝香散：治热多寒少，牙露根肉，断脱血出，齿动欲落，大作疼痛，妨食，忤凉少忤熱多[三]。

麻黄根一分　草豆蔻　黄連各一錢半　升麻一錢　益智仁二分半　當歸　生地黄　人參　漢防已酒製，各三分　熟地黄二分　骨灰二錢　麝少許

右爲末，擦之。

按：此足陽明、太陰藥也。

【校記】

［一］"羊脛"，原脱，今據天德尚賢堂本補。

［二］"羊脛"，原脱，今據天德尚賢堂本補。

［三］"忤凉少忤熱多"句，前"忤"字原脱，今據《蘭室秘藏》卷中補。

攻下之劑

元戎調胃丸：治齒痛，血出不止。

上以謂胃承氣湯爲末，蜜丸服。

升麻丸：治陽明有熱[一]，攻注牙齒腫痛，脈洪大而實。

細辛　升麻　防已　羌活　牽牛　大黄

右等分，煉蜜丸桐子大，每二十丸，溫水臨睡服。

按：此二方陽明例藥也。論云：《病源》有手陽明之支脈入於齒，齒是骨之所終，髓之所養。若風冷客於經絡，傷於骨髓，冷氣入齒根則齒痛，或胃與大腸俱熱，大便秘結，經絡壅滯而齒斷痛者，治法不同也。

【校記】

［一］"明"，原脱，今據天德尚賢堂本補。

清胃涼血之劑

東垣清胃散：治因服熱藥使上下牙疼不可忍，引頭腦滿面發熱大痛，喜寒惡熱。

生地黄三分，酒製　升麻一錢　牡丹皮半錢　當歸三分　黄連三分

右作末，爲一服，水煎冷服。

神功丸：治多食肉人口臭不可近，牙齒疳蝕，牙斷肉將脱，齒落血不止。

黄連酒製　砂仁各半兩　生地黄　甘草各三錢　藿香葉　木香　當歸身　蘭香葉如無，藿

香葉代之，各一錢 升麻二錢

右爲末，湯浸蒸餅丸如綠豆大，每服百丸至二百丸，白湯食遠下。

按：此二方並陽明例藥也。

治蟲之劑

秘方：馬夜眼燒存性，爲末敷上，立愈。

瑞竹堂方：治蟲牙疼。

天仙子不以多少，燒煙，用竹筒抵牙，引煙熏之，其蟲即死。

謹按：牙齦生蟲，乃腸胃之濕熱甚而生也[一]，學者宜治其本。

【校記】

[一]“腸”原誤作“陽”，“之”原誤作“土”，今並據天德尚賢堂本改。

補劑

金匱八味丸：治腎虛牙痛。（方見補虛門）

三因安腎丸：治虛壅牙齒疼痛浮腫。（方見腰痛門）

按：此二方並少陰例藥也。

取牙藥

本事方：取牙落不犯手。

草烏 蓽撥各兩半 川椒 細辛各三兩

右爲末，每少許揩在患處，其牙自落。

謹按：牙齒動搖，多因陽明風熱，或濕熱疳蝕，牙齦坦露，故久則動搖，脱之漸也。然亦宜求其本而治其內，堅藥擦其外，庶或有可安之意，否則一以動搖取之，非也。況此藥太躁，恐非所宜，姑采之[一]，以備其例爾。

【校記】

[一]“采”，原誤作“米”，今據天德尚賢堂本、文淵閣四庫全書本改。

堅牙藥

聖濟總録方：治牙齒動搖。

黑錫半斤，大鍋內化成汁，入桑條灰，柳木槌研合成砂，以熟絹羅爲末，每日早辰揩牙，溫水漱在盂內，以水洗眼，能明目，黑鬚鬢。

《食療》云：治牙動及血䘌並差，其齒堅牢。

皂角二錠　鹽半兩

右燒令赤，細研，夜夜用擦牙齒一月。

西嶽華峰方：

豬牙皂角及生薑，西國升麻熟地黄。

木律旱蓮槐角子，細辛荷葉要相當。（荷葉取心）

青鹽等分同燒煅，研細將來用最良。

揩牙牢牙髭髮黑，誰知世上有仙方。

元戎麝香間玉散：

酸石榴皮　訶子各二兩　升麻　緑礬枯　何首烏　青鹽　百藥煎　五倍子　沒石子各兩半　白茯苓一兩　石膽礬　細辛各半兩　荷葉灰　白檀　川芎　白芷　甘松　茯苓　茴香　藿香葉　豬牙皂角灰　木鱉子各二錢　蓽撥　青黛各一錢半　麝香一錢　腦子半錢

右爲末用，藥後茶清漱。又方無腦子，加沉香二錢。

瑞竹堂方蒺藜散：治打動牙齒。

蒺藜根一味，燒灰，貼動處。

東垣白牙散：

升麻一錢　羊脛骨灰[一]二錢　白芷七分　石膏一錢半　麝香少許

右爲末，先以溫水漱，擦之。

按：齒者骨之餘，精氣所養，然無病不可常擦，蓋精氣、腎氣反有所惡耳。昔人有以苦參揩牙，久病腰者[二]，腎受傷也，此其鑒焉。已上方宜隨證選用。

嚴氏香鹽散：常用牢牙，去風冷蛀齲宣露，一切齒疾。

大香附子炒令極黑，三兩　青鹽半兩，另研

右爲細末，如常法擦用。

【校記】

[一]“羊脛”，原脱，今據天德尚賢堂本補。

[二]“久病腰者”，天德尚賢堂本“而病腰痛”。

玉機微義卷之三十

玉機微義卷之三十一

腰痛門

《内經》敘諸經腰痛

經曰：足太陽脈令人腰痛，引項脊尻背如重狀；少陽令人腰痛，如以針刺其皮中，循循然不可以俯仰，不可以顧；陽明令人腰痛，不可以顧，顧如有見者，善悲；足少陰令人腰痛，痛引脊內廉；厥陰之脈令人腰痛，腰中如張弓弩弦；太陰腰痛，下如有橫木居其中，甚則遺溲。

按：本論備言諸經及奇經同陰解脈等爲痛，並刺法甚詳，宜玩本文。

又曰：太陽所至爲腰痛，巨陽虛則腰背頭項痛，是動則項似拔，挾脊痛，腰似折，髀不可以曲。腰者腎之府[一]，轉搖不能，腎將敗矣。

《脈經》曰：凡有所用力舉重，若入房過度，汗出如浴水，則傷腎。腎脹者，腹滿引背，央央然腰髀痛。腎着之爲病，從腰以下冷，腰重如帶五千錢。

按：此云用力已下爲內傷，腎着是外因也。

脈法

《脈經》曰：尺脈沉，腰脊痛。腰痛，時時失精，飲食減少，其脈洪滑而遲，此爲可治。

劉三點曰：腰痛之脈，皆沉而弦，沉弦而緊者爲寒，沉弦而浮者爲風，沉弦而濡細者爲濕，沉弦而實者爲閃朒。

論腰痛爲虛宜補

東垣曰：太陽氣虛則邪客之，痛病生矣。夫邪者是風熱寒濕燥，皆能爲病。大抵寒濕多而風熱少，然有房室勞傷，腎虛腰痛者，是陽氣虛弱，不能運動故也。陽之不足，宜補陽。如膏粱之人久服陽藥，醉以入房，損其真陰，腎氣熱，則腰脊痛而不能舉，久則髓減骨枯，發爲骨痿[二]，陰之不足，宜補陰。

【校記】

[一]“府”，原誤作“腑”，今據天德尚賢堂本改。

[二]“發爲骨痿”，“發”上原衍“骨枯”二字，今據天德尚賢堂本删。

論腰痛宜刺

經云：腰痛上寒，不可顧，取足太陰、陽明。腰痛上熱，取足厥陰。不可以俯仰，刺足少陽。東垣云：蓋足之三陽，從頭走足，足之三陰[一]，從足入腹，經所過處，皆能爲痛。治之者當審其何經，所過分野，循其空穴而刺之，審其寒熱而藥之。假令足太陽令人腰痛，引項脊尻背如重狀，刺其郄中太陽二經出血，餘皆仿此。

按：本篇論刺法甚詳，宜玩本文。然太陽腰痛，刺委中出血效速。王注經中更言灸，疑誤。灸者，宜腎俞、腰俞穴。

【校記】

[一]“之”，原脱，今據天德尚賢堂本補。

論腰痛宜下

子和云：腰者腎之府，爲大關節，血氣不行，則沉痛不能轉側。世人多服補腎藥，鮮有效者，惟用牽牛、甘遂等藥大瀉其濕，其痛自可。

按：此論治只是謂氣鬱氣挫，經壅血瘀及濕熱甚者，宜行此法。至於氣血不足、腎虛之類，皆未宜輕舉，宜以脈體別之。丹溪有曰腰痛脈大者腎虛，脈澀者瘀血，有濕熱或痰者，不可不辨。

論腰痛分三因

陳無擇云：六經腰痛皆外因，大抵太陽、少陰多中寒，少陽、厥陰多中風熱，太陰、陽明多燥濕。以類推之，失志傷腎，鬱怒傷肝，憂思傷脾，皆致腰痛者，以肝腎同系，脾胃表裏，脾滯胃閉，最致腰痛。其證虛羸不足，面目黧黑，遠行久立，力不能盡，失志所爲也；腹急脇脹，目視䀮䀮，所祈不得，意淫於外，宗筋弛縱，及爲白淫，鬱怒所爲也；肌肉濡漬，痹而不仁，飲食不化，腸胃脹滿，閉墜腰脇，憂思所爲也。此屬內因。腎著腰痛，腰冷如水，身重不渴，小便自利，食飲如故，腰以下冷重，如帶五千錢，因作勞汗出，衣裏冷濕，久久得之，腎腰傴僂腫重，引季脇痛，因於墜墮，惡血流滯，及房勞疲力，耗竭精氣，致腰疼痛，此屬不內外因，補瀉施治。

按：此所論病機甚詳，惜乎方治所略。今聊具其例一二於左，學者自宜推格。

腰痛治法

治風之劑

小續命湯：治因風腰痛。（方見中風門。《三因方》加桃仁炒）

三因獨活寄生湯：治腎虛臥冷濕當風所得。

獨活三兩　桑寄生　杜仲炒　細辛　牛膝　秦艽　茯苓　白芍　桂心　川芎　防風　甘草炙　人參　熟地黃　當歸各等分[一]

右㕮咀，每四錢，水煎，空心服。

按：此足少陰、厥陰藥也。

牛膝酒：治傷風毒腰痛。

牛膝　川芎　羌活　地骨皮　五加皮　薏苡仁各一兩　甘草　生地黃各十兩　海桐皮二兩　杜仲一兩

右㕮咀，帛裹，入無灰酒浸，冬二七日，夏三五日，每服一杯，日三五次。

按：此足太陽、少陰藥也。

【校記】

[一]“各等分”，原脱，今據天德尚賢堂本、文淵閣四庫全書本補。

治寒濕之劑

濟生术附湯：治濕傷腎經，腰重冷痛，小便自利。

附子　白术各一兩　杜仲炒，半兩

右㕮咀，每四錢，入薑煎。

三因腎著湯：治腎虛爲病，身重腰冷，如水洗狀，不渴，小便自利，食如故，腰以下冷痛，如帶五千錢。

茯苓　白术各四兩　乾薑　甘草炙，各二兩

右㕮咀，每四錢，水煎，空心冷服。本方薑、苓各四兩。

按：此二方足少陰藥也。

治風寒濕之劑

局方五積散：治感寒濕，脾胃氣閉，腰痛。（方見濕門。《三因方》加桃仁）

東垣川芎肉桂湯：治冬月露臥感寒濕，腰痛，用此代針。

羌活一錢半 柴胡 肉桂 桃仁 當歸尾 蒼朮 甘草炙 川芎各一錢 獨活 麯炒各半錢 防風 漢防己酒製，各三分

右㕮咀，作一服，好酒三盞煎至一盞，食前暖處溫服。

麻黄蒼朮湯：治寒濕所客，身體沉重，腰痛，面色痿黄。

麻黄 澤瀉 白茯苓 炒麯 陳皮各一錢 蒼朮二錢 杏仁十箇 桂枝 草豆蔻 半夏 豬苓各半錢 黄芪三分 甘草炙，二錢

右㕮咀，作一服，水煎，食前溫服。

按：此足太陽、少陰藥也。

治濕熱之劑

東垣獨活湯：治因勞役濕熱自盛，腰痛如折，沉重如山。

羌活 防風 獨活 桂 大黄煨 澤瀉各三錢 甘草炙，二錢 當歸 連翹各半兩 防己 黄柏各酒製，一兩 桃仁三十箇

右㕮咀，每半兩，酒水各半盞煎，空心熱服。

按：此足太陽、少陰表裏藥也。

蒼朮湯：治濕熱腰腿疼痛。

蒼朮三錢 柴胡二錢 黄柏 防風各一錢

右作一服，水煎，空心溫服。

健步丸：治下虛濕熱，腰腿疼痛。（方見痿門）

謹按：腰痛亦有内因寒熱致者，詳見婦人門師尼寡婦之治論中，宜隨證爲治，故其例不復具也。

攻下之劑

三因熟大黄湯：治墜墮閃肭，腰痛不能屈伸。

大黄炒 生薑各半兩

右㕮咀，水浸一夜，五更去滓，頓服之。

按：此陽明例藥也。

子和益腎散

甘遂

右爲末，每三錢，猪豬腰子細劈開，以鹽、椒等物淹透爛切，摻藥在內，荷葉裹燒熟，酒送嚼下。

按：此足少陰例藥也。

理氣之劑

局方小七香丸：治鬱怒憂思，或因閃挫攧撲，一切氣滯腰痛。

丁皮　香附　甘草各一兩二錢　蓬术　砂仁各二錢　甘松八錢　益智仁六錢

右爲末，水浸蒸餅丸如緑豆大，每三二十丸，米飲下。

易簡枳殼湯：治腰背氣動發痛。

枳殼五兩　甘草一兩[一]

右爲末，葱白湯調下一二錢，服訖即臥少時。

按：已上並太陰例藥也。

【校記】

[一]“一兩”，原脱，今據天德尚賢堂本補。

理血之劑

元戎加味四物湯：治瘀血腰痛。

本方加桃仁、紅花。

按：此厥陰例藥也。

東垣地龍散：治打撲傷損，從高墜下，惡血在太陽經中，令人腰脊或脛腨臂痛，股中痛不可忍，鼻壅塞不通。

中桂四分　桃仁六箇　羌活二錢　獨活　黄柏各一錢　麻黄半錢　當歸一分　地龍四分　甘草一錢　蘇木六分

右㕮咀，每五錢，水煎服。

按：此出太陽例藥也。

通關節之劑

濟生菴蕳丸：治墜墮閃肭，血氣凝滯，腰痛。

菴蕳子半兩　沒藥　乳香各二錢半　補骨脂炒　葳靈仙　杜仲炒　桂　當歸各半兩

右爲末，酒糊丸如桐子大，每七十丸，空心温酒、鹽湯任下。

東垣趁痛丸：治打撲閃損，腰痛不可忍。

白萵苣子炒黄　白粟米炒　乳香　沒藥各一錢　烏梅一箇

右爲末，蒸餅爲丸如彈子大，每服一丸，細嚼，用溫酒空心下。

按：此出厥陰例藥也。

補劑

局方青娥丸：治腎虚腰痛，或風寒乘之，血氣相搏爲痛。

杜仲薑炒，一斤　破故紙炒，八兩　胡桃二十箇

右爲末，蒜四兩爲膏，和丸如梧子大，每三十丸，空心溫酒送下。一法酒糊丸，不用蒜。

黄芪建中湯：治男女諸虚不足，身重短氣，腰背强痛。（方見補虚門）

三因安腎丸：治腎虚腰痛。

破故紙炒　胡蘆巴炒　茴香炒　川楝子炒　續斷炒。各三兩　桃仁炒　杏仁炒　山藥　茯苓各二兩

右爲末，蜜丸梧子大，每五十丸，空心鹽湯下。

百一選方補髓丹：治老人虚弱，腎傷腰痛，不可屈伸。

杜仲炒　破故紙各十兩，用芝麻五兩同炒，以芝麻黑色、無聲爲度，篩去芝麻不用　鹿茸一兩，燎去毛，酒浸，炙　沒藥一兩，另研

右爲末，和勻，用胡桃肉三十箇浸去皮，杵爲膏，入麵少許，煮糊丸如梧子大，每百丸，溫酒、鹽湯任下。

摩腰膏：治傷寒濕腰痛。

附尖　烏頭尖　南星各二錢半　砂薑一錢　雄黄　樟腦　丁香各一錢半　麝香五粒

右末，煉蜜爲膏，薑汁化如彈大，放掌中，火上烘熱摩之。

按：此法以代灸之意，灸者宜腎俞二穴，腰俞一穴。見《資生經》。

玉機微義卷之三十一

玉機微義卷之三十二

腹痛門

《内經》敘腹痛所因

《舉痛論》云：寒氣入經而稽遲，泣而不行，客於脈外則血少，客於脈中則氣不通，故卒然而痛。其痛或卒然而止者，或痛甚不可按，或按之痛止，或按之無益，或喘動應手者，或脇肋與少腹相引而痛者，或腹痛引陰股者，或卒然痛死不知人少間復生者，或痛而嘔者，或腹痛而後泄者，或痛而閉不通者，各不同形。

按：本論具已上病形異候皆寒氣所因甚詳，宜玩本文。唯痛而閉不通，爲熱氣留於小腸，腸中痛，癉熱焦渴，則堅乾不得出，爲熱痛。此述病機寒熱皆能爲痛也，蓋寒痛者多，熱痛者少。

脈法

《脈經》曰：脈细小紧急，病速进在中，腹中刺痛。陰弦則腹痛。弦急小腹痛。尺脈緊，臍下痛。尺脈伏小，腹痛癥瘕。尺脈實，小腹痛，當利之。心腹痛，痛不得息，脈細小遲者生，堅大疾者死。腹痛，脈反浮大而長者死。《傷寒論》曰：傷寒脈陽澀陰弦，腹中急痛，裏有虛寒。

論傷寒腹痛

成無己云：陰寒爲邪者，則腹滿而吐，食不下，自利益甚，腹自痛，太陰證也。發汗不解，醫反下之，因而腹滿時痛者，屬太陽也，桂枝加芍藥湯主之。大實痛者，桂枝加大黄湯主之。

東垣曰：腹中諸痛，皆因勞役過甚，飲食失節，中氣不足，寒邪乘虛而入客之，故卒然而作大痛。經言得炅則止，炅者熱也，以熱治寒，治之正也。然腹痛有部分，臟位有高下，治之者宜分之。

按：已上脈證言諸虛痛矣。然邪傳入裏，熱結下焦，實滿血結硬痛，皆實痛也。《脈經》云：腹滿，按之不痛爲虛，痛者爲實。此述病機虛實之異，又兼部分高下言也。

論腹痛爲陰毒所致

（詳見寒門）

論腹痛屬熱

《原病式》曰：熱鬱於內，而腹滿堅結痛者，不可言爲寒也。

按：丹溪曰：腹痛有積熱者，或死血、食積、濕痰，皆能作痛。脈弦者食，脈滑者痰，清痰多作腹痛，宜分治之。詳已上蓋言寒熱之分，故此論及，已後病例，皆不之及。

論腹痛屬血

成無己曰：邪氣聚於下焦，則津液不得通，血氣不得行，或溺或血，留滯於下，是生脹滿而硬痛也。若從心下至小腹皆硬滿而痛者，是邪實也，須大陷胸湯下之。但少腹硬滿而痛，小便利者，則是畜血之證。小便不利者，則是溺澀之證。

論腹痛爲疝所致

（見疝門）

論腹痛爲瀉痢

（詳見滯下等門）

論腹痛爲積聚所致

（見積聚門）

論腹痛爲腸癰所致

（見瘡瘍門）

論治腹痛大法

《此事難知》曰：傷寒中脘痛，太陰也，理中、建中、黃芪湯之類；臍腹痛，少陰也，四逆、真武、附子湯之類；少腹痛，厥陰也，重則正陽、回陽丹之類，輕則用當歸四逆湯；太陰連少陰痛甚者，當變下利不止。雜證而痛，四物苦楝湯，酒煮當歸丸之類；夏月腹痛，肌熱惡熱，脈洪疾，手太陰足陽明主之，黃芩芍藥湯；秋腹痛，肌寒惡寒，脈沉疾，足太陰足少陰主之，桂枝芍藥湯；四時腹痛，芍藥甘草湯主之。

按：此治法，本傷寒與夫寒疝時行治例也，然學者觀已上諸病機，則脈治思過半矣。

腹痛治法

溫散之劑

桂枝加芍藥湯：治腹滿時痛，脈弱。

按：此太陰例藥也。

理中丸：治霍亂頭疼，身寒腹痛。（方並見寒門）

小建中湯：治傷寒，陽脈澀，陰脈弦，腹中急痛者。（方見補虛門）

按：已上太陽例藥也。

真武湯：治腹痛下利，四肢沉重。（方見寒門）

四逆湯：治傷寒下利，腹痛，四肢逆冷。

甘草二錢　附子數大片　乾薑三錢

右㕮咀，水煎。

霹靂散：治腹痛，脈欲絕。

附子一枚，炮，取出用冷灰培之，取半兩，入真臘茶一大錢，同研細

分二服，每水煎，臨熟入蜜半匙，候溫冷服。

桃花湯：治腹痛，下利膿血，小便不利。

赤石脂一兩　乾薑一錢　粳米一合

右末，水煎服。

按：已上少陰例藥也。

當歸四逆湯：治傷寒，小腹急痛。（方見寒門）

按：此厥陰例藥也。

疏下之劑

仲景桂枝加大黃湯：治腹滿時痛，煩躁。

桂枝　生薑各三錢　芍藥六錢　大黃一錢　甘草二錢　大棗二枚

右㕮咀，水煎。

大陷胸湯：治潮熱煩渴，從心下至少腹硬滿而痛不可近。

大黃六錢　芒硝一合　甘遂一分

右先煮大黃，去滓，内硝再煮，後下甘遂末，溫服。

按：已上太陽例藥也。

大承氣湯：治關脈實，腹滿，大便秘，按之痛，或繞臍痛。

大黃　厚朴　枳實　芒硝

右㕮咀，水煎。

按：此陽明例藥也。

和解之劑

黃連湯：治胸中有熱，胃中有邪氣，腹中痛，欲嘔吐者，用此升降陰陽。

黃連　甘草炙　乾薑　桂枝各三錢　人參二錢　半夏半合

右㕮咀，水煎，入大棗二枚。

芍藥甘草湯

白芍藥　甘草炙

右等分，㕮咀，水煎，入生薑。

《元戎》云：腹痛，脈弦傷氣，用本藥；脈洪傷金，加黃芩；脈緩傷水，加桂枝；脈澀傷血，加當歸；脈遲傷火，加乾薑。

按：已上並太陽例藥也。

加減小柴胡湯：治寒熱脈弦，腹中痛。

本方去黃芩，加芍藥。

四逆散：治寒邪變熱傳裏，小便不利，腹中痛，或泄利。

甘草炙　枳實炒　柴胡　芍藥

右等分，每半兩，水煎。

黃芩芍藥湯：治腹痛，脈洪。

黃芩　白芍　甘草

右㕮咀，水煎，加生薑。

按：已上並少陽例藥也。

雜方

元戎四物苦楝湯：治臍下虛冷，腹痛。

四物湯四兩　玄胡　苦楝各一兩，炒

右㕮咀，水煎服，每服一兩。

酒煮當歸丸：治小腹下痛。

當歸一兩　茴香半兩　附子　良薑各七錢，右四味酒煮乾，再焙　炒黄鹽　丁香各半兩　全蝎三錢　柴胡二錢　升麻　木香各一錢　苦楝半錢　甘草炙，半錢　玄胡四錢

右酒煮糊丸梧子大，每二三十丸，空心白湯下。

增損當歸丸：治三陰受邪，心腹疞痛。

四物湯半兩　防風　獨活　全蝎各五錢　續斷　茴香各一兩　苦楝　玄胡各七錢　木香　丁香各二錢半

右末，酒糊丸梧子大，每四五十丸，白湯下。

苦楝丸：治奔豚，小腹痛。

苦楝　茴香　附子

右三味，酒煮焙乾，末之，每兩入玄胡半钱，全蝎、炒丁香各十八箇，爲末，酒糊丸桐子大，每五十丸，食前溫酒下。

熨法（見寒門）

迴陽丹：治陰毒。

牡蠣燒　不灰木燒　良薑炒　川烏炮　白芍各一錢　麝少許

右細末，每用一錢，男病，用女唾津調塗外腎，女病，用男唾調塗乳上。

謹按：已前諸方皆傷寒例法也。餘屬血、屬積聚、屬疝等因作痛，方例見各門，玆不備録。

玉機微義卷之三十二

玉機微義卷之三十三

心痛門 胃脘痛附

諸經敘心痛所因

《內經》曰：五臟卒痛，何氣使然？曰：寒氣客於背俞之脈，則血脈泣，脈泣則血虚，血虚則痛。其俞注於心，故相引而痛，按之則熱氣至，則痛止矣，重感於寒，則痛久矣。

《針經》曰：足太陰之脈，其支者復從胃別上膈，注心中。是動則病舌本强，食則嘔，胃脘痛，腹脹善噫，心下急痛。胃病者，腹䐜脹，胃脘當心而痛，上支兩脇，膈咽不通。厥心痛者，乃寒邪客於心包絡。真心痛者，寒邪傷其君也，手足青至節，甚則旦發夕死，夕發旦死。

《脈經》曰：愁憂思慮則傷心，傷心則苦驚喜忘善怒。心傷者，其人勞倦，即頭面赤而下重，心中痛徹背，其脈弦，此心臟傷所致也。諸蟲痛者，如心腹痛，懊憹發作，腫聚往來上下行，痛有休作，心腹中熱，善渴涎出，面色乍青乍白乍赤，嘔吐清水者，蛔咬也。以手緊按而堅持之，無令得移，以針刺之，久持之，蟲不動，乃出針也。

脈法

《脈經》曰：脈陰弦，爲心痛。心脈微急爲痛，微大爲心痹引背。短而數，心痛。澀則心痛。脈浮大弦長者死，沉細者生。

論心痛有熱厥寒厥不同

《病機機要》曰：諸心痛者，皆少陰、厥陰氣上衝也。有熱厥心痛者，身熱足寒，痛甚則煩躁而吐，額自汗出，知爲熱也。其脈浮大而洪，當灸太溪及昆侖，謂表裏俱瀉之，是謂熱病汗不出，引熱下行[一]，表汗通身而出者，愈也。灸畢，服金鈴子散則愈。痛止，服枳术丸，去其餘邪也。有大實心中痛者，因氣而食，卒然發痛，大便或秘，久而注悶，心胸高起，按之愈痛，不能飲食，急以煮黄丸利之，利後以藁本湯去其邪也。有寒厥心痛者，手足逆而通身冷汗出，便溺清利，或大便利而不渴，氣微力弱，急以术附湯溫之。寒厥暴痛，非久病也，朝發暮死，急當救之。是知久病無寒，暴病非熱也。

按：此論寒厥、熱厥與夫大實心痛及治法已詳。然亦有病久氣血虚損，及素作勞羸弱之人患心痛者，皆虚痛也。故錢氏曰：心虚者，炒鹽補之。觀《圖經衍義》中貝蠣治心痛[二]，則蠣粉與鹽實得之矣。但世俗莫知其妙，而先哲不言此例者，欲人自求之爾。

【校記】

[一]“行”，原誤作“利”，今據天德尚賢堂本改。

[二]“貝”，原誤作“具”，今據天德尚賢堂本改。

論心痛分三因

陳無擇云：十二經絡外感六淫，則其氣閉塞，鬱於中焦，氣與邪争，發爲疼痛。足厥陰心痛，兩脇急，引小腹連陰股相引痛；手心主心痛，徹背心煩，掌中熱，咽乾，目黄赤，脇滿；足太陰心痛，腹脹滿，澀澀然大便不利，膈閉咽塞；手太陰心痛，短氣不足以息，季脇空痛，遺失無度，胸滿煩心；足少陰心痛，煩劇面黑，心懸若飢，胸滿，腰脊痛；背輸諸經心痛，心與背相引，心痛徹背，背痛徹心；諸腑心痛，難以俯仰，小腹上衝，卒不知人，嘔吐泄瀉。此皆諸經、諸俞、諸腑涉邪所致，病屬外所因。若五臟內動，汨以七情，則其氣痞結，聚於中脘，氣與血搏，發爲疼痛。肝心痛者，色蒼蒼如死狀，終日不得太息；真心痛者云云（見前）。脾心痛者，如針錐刺其心，腹蘊蘊然氣滿；肺心痛者，若從心間起，動作痛益甚，色不變；腎心痛者，與背相引，善瘛，如物從後觸其心，身傴僂；胃心痛者，腹脹滿，不下食，食則不消。皆臟氣不平，喜怒憂鬱所致，屬內因。飲食勞逸，觸忤非類，使臟氣不平，痞膈於中，食飲遁注，變亂腸胃，發爲疼痛。或飲啖生冷果實，中寒不能消散，結而爲積，遇食還發，名積心痛，及其臟寒生蛔致心痛者。所謂九種心痛，曰飲，曰食，曰風，曰冷，曰熱，曰悸，曰蟲，曰疰，曰去來痛者，除風熱冷屬外所因，餘皆不內外。更婦人惡血入心脾經，發作疼痛，尤甚於諸痛。更有卒中客忤，鬼擊尸疰，使人心痛，亦屬不內外因。

按： 此具三因病機甚詳，但欠諸經病及九痛治例，欲人自擴充爾。然臟病連心，心病連臟，及胃脘痛、結胸之不同，久新淫鬱之異，隨其所甚者爲療，故宜其無所定之法也，矧有七情、九種之致者？丹溪先生亦曰：凡心膈之痛，須分久新。若明知身受寒氣，口食寒物，而病於初得之時，當用溫散或溫利之藥。若其病得之稍久，則成鬱矣。鬱則蒸熱，熱久必生火，《原病式》中備言之矣。若欲行溫利、溫散，寧無助火添病耶？由是古方中多以山梔爲熱藥之嚮導，則邪易伏，病易退。然向安之後，若縱恣口味，病必復作。凡治此病，必要先問平日起居何如，假如心痛有因平日喜食熱物，以致死血留於胃口作痛者，用桃仁承氣湯下之。若此等例，皆前人所未舉也，學者識之。

心痛治法

治寒之劑

金匱赤石脂丸： 治心痛徹背，背痛徹心。

烏頭一分，炮　附子半兩，炮　蜀椒　乾薑　赤石脂各一兩

右末，蜜丸如梧子大，食後湯下一丸，日三服。

九痛丸： 治九種心痛，兼卒中惡，腹脹痛。

附子三錢，炮　生狼牙二錢，炙　巴豆一錢，去皮心，熬研如脂　人參　乾薑　吴茱萸各一錢

右六味爲末，煉蜜丸梧子大，酒下，强者初服三丸。

三因倉卒散： 治氣自腰腹間攻心攣急，痛不可忍，腹中冷，白汗如洗，手足冷。

山梔四十九箇，連皮燒半過　附子一箇，炮，去皮臍

右爲末，每二錢，酒一盞，入鹽少許煎，溫服。

元戎术附湯： 治寒厥暴痛，脈微氣弱。

甘草炙，一兩　白术四兩　附子炮，去皮臍，切片，一兩半

右㕮咀，每三錢，入薑、棗煎服。

宣明神砂一粒丹： 治一切厥心痛。

附子炮　鬱金　橘紅[一]各半兩

右爲末，醋麵糊丸如酸棗大，以朱砂爲衣，每服一丸，男子酒下，婦人醋湯下。

按： 已上出少陰例藥也。

機要藁本湯：治大實心痛，大便已利，宜此服之。

藁本半兩　蒼术一兩

右爲粗末，水煎，服清。

按：此足太陰、太陽藥也。

東垣麻黄豆蔻丸：治客寒犯心胃，大痛不可忍。

麻黄不去節，三錢　草豆蔻五錢　益智仁八分　炒麯二錢　升麻　半夏　麥蘖　砂仁　黄芪　白术　陳皮　柴胡　炙甘草　吴茱萸　歸身各半錢　青皮　木香　厚朴　蓽澄茄各四分　紅花二分　蘇木三分

右爲末，湯浸蒸餅爲丸如桐子大，每三十丸，溫水下，或細嚼。

按：此出太陽例，又氣血之劑也。

【校記】

[一]“橘”，原誤作“薑”，今據《黄帝素問宣明論方》卷十三改。

治熱之劑

大陷胸湯：治熱結胸中，脈沉而緊，心下痛，按之石硬。

大黄六錢　芒硝半合　甘遂一分

右先煮大黄，後下硝、遂末，取溫服。

按：此陽明例藥也。

機要金鈴子散：治熱厥心痛，或發或止，久不愈者。

金鈴子　玄胡各一兩

右爲末，每服二三錢，酒調下，溫湯亦得。

瑞竹堂方應痛丸：治心氣痛不可忍者。

好茶末四兩　揀乳香二兩

右爲末，用臘月兔血和丸如雞頭大，每服一丸，溫醋湯下。

按：此二方少陰經藥也。

調血之劑

元戎四神湯：治婦人血虚，心腹疞痛。

本方減地黄，加乾薑。

濟生愈痛散：治急心痛，胃脘痛。

五靈脂　玄胡索炒　莪术　良薑　當歸

右等分，爲末，每二錢，熱醋湯調下，不拘時。

錢觀文方：治心脾疼。

當歸八兩　白术一分

右爲末，沸湯點服一二錢。

丹溪方：治死血，胃脘痛者。

玄胡一兩半　桂　滑石　紅花　紅麯各半兩　桃仁三十箇

右爲末，湯浸蒸餅丸。

按：已上並厥陰例藥也，治血虚血實，例各不同，宜選用。

理氣之劑

局方蘇合香丸：治疰忤鬼氣，卒心痛。（方見氣門）

按：此厥陰例藥也。然世俗多用蟠葱散，方見疝門，宜較輕重選使。

元戎立應散：治心腹急痛。

香附子炒　良薑等分

右細末，每二錢，湯點服。

濟生加味七氣湯：治七氣爲病，及外感風寒爲心痛。

半夏五兩　桂　玄胡炒。各一兩　人參　甘草各半兩　乳香三錢

右㕮咀，每四錢，入薑煎。

按：已上太陰例藥也。

理氣調血之劑

楊氏方却痛散：治心氣冷痛不可忍。

五靈脂　蒲黄炒，一兩半　當歸　桂　石菖蒲　木香　胡椒各一兩　川烏炮，七錢半

右㕮咀，每四錢，入鹽、醋少許煎。

按：此出厥陰例藥也。

百一選方手拈散：治心脾疼。

草果　玄胡　五靈脂　沒藥

右等分，每三錢，溫酒調下。

宜明沒藥散：治一切心肚疼痛，不可忍者。

沒藥　乳香各三錢　川山甲炙，五錢　木鱉子四錢

右爲末，每半錢至一錢，酒大半盞同煎，溫服。

消導之劑

元戎厚朴丸：治大實心痛。（方見積聚門）

百一選方薑橘丸：治中酒惡心，心脾痛，嘔逆。

生薑一斤，青鹽一兩淹一宿　青皮　砂仁　木香各三分　莪术一兩　甘草炙　陳皮一兩半

右末，煉蜜丸，杵千下，丸如櫻桃大，每丸鹽湯下。

易簡感應丸：治酒積食積，痰積爲患，心腹疞痛。

丁香　木香　豆蔻　乾薑　巴豆　杏仁　百草霜

右用見成丸子半兩，入巴豆十箇，去殻，研成膏，用烏梅三箇，蒸過去肉，三件一處研令極勻，丸如緑豆大，每三五丸，溫水下。

丹溪方：治痰飲積，胃脘痛。

螺螄殻墻上年久者，燒　滑石炒　蒼术　山梔　香附　南星各一兩　枳殻　青皮　木香　半夏　砂仁各半兩

右爲末，生薑汁浸蒸餅，丸如緑豆大，每三四十丸，薑湯下。春加芎，夏加黄連，冬加吴茱萸半兩。

按：已上出太陰例藥也。

治蟲之劑

三因集效丸：治臟腑虛弱，或多甘肥，致蛔動作，心腹絞痛。

木香　鶴蝨炒　檳榔　訶子煨，去核　蕪荑炒　附子炮　乾薑炒，各七錢半　大黄一兩半，炒

右爲末，蜜丸如梧子大，每三十丸，食前橘皮湯下，婦人醋湯下。

按：此陽明例藥也，姑録此以備其例。

雜方

衍義方

銅青一味，淡醋湯調些小[一]，服之。

集録方

荔枝核一味，燒存性，爲末，用醋湯調下一錢。

失笑散：治心腹痛，百藥不效。

五靈脂　蒲黄等分

右爲末，先以釅醋調二錢，熬成膏，入水一盞，食前溫服。

【校記】

[一]"小",天德尚賢堂本作"少"。

玉機微義卷之三十三

玉機微義卷之三十四

頭痛門

論厥頭痛真頭痛

《靈樞》云：厥頭痛，取足六經、手少陰。真頭痛，頭痛甚[一]，腦盡痛，手足寒至節，死不治。（詳見厥病篇）

《難經》云：手三陽之脈受風寒，伏留而不去，則名厥頭痛。入連在腦者，名真頭痛。

按：《靈樞》有厥頭痛之名，而不指何邪爲病，至《難經》始言風寒伏留不去，而《三因》、嚴氏論云氣血俱虚，風寒暑濕之氣所侵，傳於陽經，伏留不去，名曰厥頭痛。蓋厥者逆也，逆壅而衝於頭也。痛引腦巔，陷至泥丸宮者，名真頭痛，非藥之能愈，夕發旦死，旦發夕死，責根氣先絕也[二]，斯言得之矣。

【校記】

［一］"甚"，原誤作"其"，今據天德尚賢堂本改。

［二］"責"，原誤作"則"，今據天德尚賢堂本、文淵閣四庫全書本改。

頭痛脈法

《內經》云：寸口脈中手短者[一]，曰頭痛。

《脈經》云：陽弦則頭痛。又云：寸口脈浮中風，發熱頭痛。脈緊頭痛，是傷寒。脈緊，上寸口者，風頭痛。

《脈訣》云：頭痛短澀應須死，浮滑風痰皆易除。

【校記】

［一］"中"，原脱，今據天德尚賢堂本補。

傷寒頭痛

《活人書》云：頭痛者，陽證也。太陽證頭痛，發熱惡寒，無汗麻黄湯，有汗桂枝湯。若已發汗、未發汗，頭痛如破者，連鬚葱白湯，不止者葛根葱白湯。陽明證，頭痛，不惡寒，反惡熱，胃實也，調胃承氣湯。少陽頭痛，小柴胡湯。太陰、少陰並無頭痛之證，仲景只有厥陰一證，吴茱萸湯。

按：傷寒以足三陽經上行至頭，並厥陰與督脈會於巔，故止言四經頭痛。若雜病所感者，諸經皆能頭痛也。《活人》用葱白湯，以通上下之陽氣也。

諸經内外頭痛用藥法

太陽頭痛，惡風寒，川芎；少陽頭痛，往來寒熱，脈弦，柴胡；陽明頭痛，自汗，發熱惡熱，白芷；太陰頭痛，體重痰實，腹痛，半夏；少陰頭痛，三陰三陽經不流行而足寒逆，爲寒厥頭痛，細辛；厥陰頭痛，項痛，脈微浮緩，欲入太陽，其疾痊，然亦當用川芎（《寶鑒》作藁本，一作吴茱萸）；氣虚頭痛，黄芪；血虚頭痛，當歸（《寶鑒》作川芎，下同）。諸氣血俱虚頭痛，黄芪、當歸；傷寒太陽頭痛，麻黄湯、桂枝湯；陽明頭痛，白虎湯；少陽頭痛，柴胡湯；太陰頭痛，脈浮桂枝湯，脈沉理中湯；少陰頭痛，脈沉微熱，麻黄附子細辛湯；厥陰頭痛，外傷本經，桂枝麻黄各半湯；嘔而微吐水，吴茱萸湯。

按：此與後論重出者衆，然中間藥味略有不同，故兩存之。

東垣頭痛論

《金匱真言論》云：東風生於春，病在肝，俞在頭項，故春氣者，病在頭。又，諸陽會於頭面，如足太陽之脈，病衝頭痛，足少陽之脈[一]，病頭角額痛。夫風從上受之，風寒傷上，邪從外入，客於經絡，令人振寒，頭痛身重，惡寒，治在風池、風府。調其陰陽，不足則補，有餘則瀉，汗之則愈，此傷寒頭痛也。頭痛耳鳴，九竅不利者，腸胃之所生，乃氣虚頭痛也。心煩頭痛者，病在膈中，過在手巨陽少陰，乃濕熱頭痛也。如氣上不下，頭痛巔疾者，下虚上實也，過在足少陰巨陽，甚則入腎，寒濕頭痛也。如頭半邊痛者[二]，先取手少陽陽明，後取足少陽陽明，此偏頭痛也。有真頭痛，甚則腦盡痛，手足寒至節者，死不治。有厥逆頭痛者，所犯大寒，內至骨髓，髓者以腦爲主，腦逆，故令頭痛，齒亦痛。凡頭痛者木也，風者溫也，治以辛涼，秋尅春之意。故頭痛皆以風藥治之者，總其大體而言之。高巔之上，惟風可到，故味之薄者，陰中之陽，乃自地升天者也。然有三陰三陽之異，故太陽頭痛，脈浮緊，惡風寒，川芎、羌活、獨活、麻黃之類爲主。少陽經頭痛，脈弦細，往來寒熱，柴胡爲主。陽明頭痛，身熱，目疼鼻乾，發熱惡熱[三]，其脈浮緩而長，升麻、葛根[四]、石膏、白芷爲主。太陰頭痛，必有痰，體重，或腹痛，爲痰癖，其脈沉緩，蒼术、半夏、南星爲主。少陰經頭痛，三陰三陽經不流行，而足寒氣逆，爲寒厥，其脈沉細，麻黃附子細辛湯爲主。厥陰頭痛項痛，或吐痰沫，厥冷，其脈浮緩，吴茱萸湯主之。諸血虛頭痛，當歸、川芎爲主。諸氣虛頭痛，人參、黃芪爲主。爲主者，主治也，兼見何證，以佐使藥治之，此立方之大法也。氣血俱虛頭痛者，於調中益氣湯中少加川芎、蔓荆子、細辛，其效如神。半夏白术天麻湯，治痰厥頭痛藥也；青空膏，乃風濕熱頭痛藥也；羌活附子湯，厥逆頭痛藥也。如濕氣在頭者，以苦吐之，不可執方而治。

按：此論頭痛，至爲詳悉。首言傷寒內傷頭痛，歷引《內經》以明濕熱、寒濕、偏頭痛、真頭痛、厥逆頭痛等證，細分六經用藥之法，後世無以加矣。

【校記】

[一]“陽”，原誤作“陰”，今據天德尚賢堂本、文淵閣四庫全書本改。
[二]“邊”，原誤作“寒”，今據《蘭室秘藏》卷中改。
[三]“發”，此上原衍“惡寒”二字，今據《蘭室秘藏》卷中删。
[四]“葛根”，原誤作“湯或”，今據天德尚賢堂本改。

論三陽受病頭痛

子和云：頭痛不止，乃三陽受病也。三陽分部分，頭與項痛者，足太陽經也。攢竹痛，俗呼爲眉棱骨痛者是也[一]。額角上痛，俗呼爲偏頭痛者，足少陽經也[二]。如痛久不已，則令人喪目，以三陽受病，皆胸膈有宿痰之致然也[三]。先以茶調散吐之，吐訖可服川芎、薄荷，辛涼清上之藥。叔和云寸脈急而頭痛是也。

按：此云頭痛乃三陽受病，皆胸膈有痰之致，乃指病之壅鬱於上而言也。《內經》云春氣者病在頭，蓋天氣在上，知病氣亦升於上也。吐之，所以宣達在上之邪，仲景云大法春宜吐是也，此亦治頭痛之一法，但不可專執於此。

【校記】

[一]“稜”，原誤作“虎”，今據天德尚賢堂本改。

[二]“陽”，原誤作“陰”，今據天德尚賢堂本、文淵閣四庫全書本改。

[三]“痰”，原誤作“疾”，今據天德尚賢堂本改。

論頭痛屬火熱之病

子和云：丹陽僧病頭熱痛，不敢見明[一]，以布圜其巔上，置冰於其中，日易數次。戴人曰：此三陽蓄熱故也。乃置炭火於暖室中，出、汗、涌吐三法並行，七日而愈。

一婦人，偏頭痛五七年，大便結燥，兩目赤腫，眩暈。世之頭風藥無不服，其頭上針艾數千百矣。一日，戴人診其脈，急數而有力，風熱之甚也。此頭角痛是三焦相火之經，乃陽明燥金勝也。燥金勝乘肝則肝氣鬱，肝氣鬱則氣血壅，氣血壅則上下不通，故燥結於裏，尋至失明。治以大承氣湯，令河水煎二兩，加芒硝一兩，煎成，頓令分三五服，下泄如湯二十餘行。次服七宣丸、神功丸以潤之，菠薐[二]、葵菜、豬羊血以滑之，三劑之外，目豁首輕，燥澤結釋而愈。

按：此所治之疾既已多年不解，豈非風濕熱三氣鬱滯膠固而然哉？故其所施之法雖峻，而於中病之情則得也。又論頭風之甚者久則目昏，偏頭風者，少陽相火也，久則目束小，大便秘澀，皆宜出血而大下之。出血之義，是即開鬱解表也。

謹按：頭痛之證，其源甚多，東垣之論可謂詳矣。然自外而致者，有風寒暑濕之異，若仲景之傷寒，東垣分六經之類皆是也。自內而致者，有氣血痰飲、五臟氣鬱之異，東垣論氣虛血虛痰厥頭痛之類皆是也。大抵四淫皆外邪，隨其風寒濕熱多少而治於外也。氣血痰飲、五臟之證皆內邪，亦宜隨其血氣痰飲、七情內火，分虛實寒熱而調其內以治於外也。然氣血虛而用補，宜東垣之論。若《三因》等方用附子以治氣虛，此則從陽虛立意，非人身平和之血氣也。若夫久年偏正頭風者，多因內挾痰涎風火，鬱遏經絡，氣血壅滯之證。然亦有血虛者，須宜分別以治之。

【校記】

[一]“敢”，原誤作“散”，今據天德尚賢堂本改。

[二]“薐”，原誤作“稜”，今據天德尚賢堂本改。

頭痛治法

治風之劑

局方川芎茶調散：治諸風上攻，偏正頭痛。（方見傷風門）

秘藏徹清膏

川芎　薄荷葉各三分　藁本一錢　甘草生，半錢　炙甘草半錢　蔓荆子　細辛各一分

右爲末，每二錢，茶清下，食後。

按：此手足少陽、厥陰、太陽、少陰經藥也。

《元戎》治三陽頭痛。

羌活　防風　荆芥　升麻　葛根　白芷　石膏　柴胡　川芎　芍藥　細辛　葱白連鬚

若陰證頭痛，只用溫中藥足矣，如理中薑附輩，此則專治三陽頭痛也。

治風寒之劑

仲景麻黄湯：治太陽傷寒，頭痛無汗。

桂枝湯：治太陽傷風，頭痛有汗。（二方並見傷寒門）

局方如聖餅子：治風寒伏留陽經，氣厥痰飲頭痛。

防風　天麻各半兩　南星　乾薑　川芎　甘草炙，各一兩　半夏半兩　川烏去皮，一兩

右細末，蒸餅糊丸，捻作餅子，每五餅同荆芥穗細嚼，茶清下。

按：此足三陽經藥也。

秘藏羌活附子湯：治冬月大寒犯腦，令人腦痛，齒亦痛，名曰腦風。

麻黄不去節　黑附子　防風　白芷　白殭蠶　黄柏各二分　羌活　蒼术各半錢　升麻二分　黄芪一分　甘草二分　佛耳草三分，無寒嗽去之

右㕮咀，水煎服。

按：此手足太陽、陽明、太陰經藥也。

寶鑒川芎神功散：治風熱上攻，偏正頭痛。

川芎　川烏　白芷　南星　麻黄各半兩　甘草一分

右爲末，每服三錢，薑水煎服。

按：此手足少陽、厥陰、手陽明、太陰經藥也。

三因芎辛湯：治傷風寒生冷，及氣虚痰厥頭痛如破，兼眩暈嘔吐。

附子去皮臍，生　烏頭生　天南星　乾薑　甘草炙　川芎　細辛各等分

右剉散，每四錢，薑五片，茶芽少許，煎服。

按：此足少陽經藥也。

嚴氏小芎辛湯：治風寒在腦，或感邪濕，頭重頭疼，眩暈嘔吐。

川芎一兩 細辛 白术 甘草炙，各半錢

右㕮咀，每四錢，生薑五片，茶芽少許，煎服。

局方加減三五七散：治風寒入腦，陽虚頭痛。

山茱萸去核，三斤 細辛一斤半 乾薑炮，二斤 防風四斤 附子三十五隻，炮，去皮臍 茯苓去皮，三斤

右爲末，每二錢，溫酒調下。

按：已上二方亦足少陰經藥也。

治風熱之劑

秘藏青空膏：治偏頭疼，年深不愈者，及療風濕熱頭痛，上壅損目。

羌活 防風各一兩 柴胡七錢 川芎五錢 甘草炙，一兩半 黄連炒，一兩 細挺子黄芩三兩，一半酒洗，一半炒

右爲末，每服二錢匕，熱茶調如膏，抄在口內，少用白湯送下。如苦頭痛，加細辛二分；如太陰脈緩有痰，減去羌活、防風、川芎、甘草，加半夏一兩半；如偏頭痛服之不愈，減羌活、防風、川芎一半，加柴胡一倍；如陽明頭痛，只與白虎湯中加白芷。

按：此足三陽經藥也。

川芎散：治頭目不清利。

川芎三分 羌活 防風 藁本 升麻 甘草各一錢 柴胡七分 黄芩炒，四錢半 黄連四錢半，酒洗 生地黄二錢

右爲末，每服一二錢，茶清調下。

按：此亦三陽經藥也。

細辛散：治偏正頭疼。

細辛二分 川芎七分 柴胡二錢 黄芩二錢，一半酒洗，一半炒 瓦粉二錢 炙甘草一錢半 黄連七分 芍藥半錢

右㕮咀，每服三錢，煎服。

按：此少陽、少陰、太陰經藥也。

寶鑒石膏散：治頭疼。

川芎　石膏　白芷等分

右爲末，每服四錢，熱茶清調下。

按：此陽明、少陽經藥也。已上東垣治風熱頭痛諸方多不同者，以其有臟腑經絡之異也，今不詳載其方。然有用羌活、防風、川芎、柴胡、升麻、藁本、細辛之異者，行各經也。有用黄芩、黄連、黄柏、知母、石膏、生地黄之異者，分各臟瀉火也。用澤瀉、茯苓者，導濕也，又使邪氣自天而降也。用黄芪者，補氣行氣也。各隨病而增損之意，不可拘執也。

治濕之劑

三因芎术湯：治濕着頭重，眩暈痛極。

川芎　白术　附子生，去皮尖，各半兩　桂心　甘草各一分

右㕮咀，每服四錢，薑七片、棗一枚同煎，食前服。

按：此足少陰經藥也，治寒濕之藥，有熱者不治。

痰厥頭痛之劑

秘藏半夏白术天麻湯：治素有脾胃之證，時顯煩躁，大便不利，又出入爲寒氣所鬱，悶亂大作，火鬱不伸故也。醫疑有熱，服疏風丸下之，元證不減，復添嘔逆，食不能停，痰唾稠黏，涌出不止，眼澀頭旋，惡心煩悶，氣短促上，喘無氣力，目不敢開，如在風雲中，頭苦痛如裂，身重如山，四肢厥冷，是胃氣已損，復下兩次，重虚脾胃，病名曰痰厥頭痛。

半夏一錢半　白术　炒麯各一錢　天麻　黄芪　人參　蒼术　陳皮　澤瀉　茯苓各半錢　大麥麯一錢半　乾薑三分　黄柏二分

右㕮咀，每服五錢，水二大盞煎至一盞，去柤熱服，食前，一服而愈[一]。

此頭痛苦甚，爲足太陰痰厥頭痛，非半夏不能療；目黑頭旋，風虚内作，非天麻不能除。（詳見《試效方》）

家珍水煮金花丸：治頭痛，每發時兩頰青黄，眩暈，目不欲開，懶於言語，身重，兀兀欲吐，數日方過。此厥陰太陰合而爲病，名曰風痰，服此藥，更灸俠谿二穴，不旬日愈。

局方玉壺丸加雄黄、白术，以治風濕。

按：此出太陰嘔噦例，治風痰之藥也。

嚴氏三生丸：治痰厥頭痛。

半夏　白附子　南星各一分

右爲細末，生薑自然汁浸蒸餅，爲丸緑豆大，每服四十丸，食後薑湯下。

按：此藥出厥陰南星、半夏例，亦治風痰之藥也。

寶鑒茯苓半夏湯：治風熱痰逆，嘔吐頭痛。

大半夏二枚　赤茯苓一分　黄芩　甘草　陳皮各一分

右㕮，薑三片，煎。

按：此手足太陰經藥，治痰挾熱之藥也。其治痰挾寒之藥，與治風寒之劑相類者採之。

【校記】

[一]“右㕮咀”六句，原脱，今據《蘭室秘藏》卷中補。

補氣之劑

寶鑒順氣和中湯：治年高氣弱，清氣不能上升，頭面昏悶，本無表邪，因發汗數回，清陽之氣愈虚，故苦頭痛惡風，不喜飲食，氣短，脈弱弦細而微，宜升陽氣。

黄芪一錢半　人參一錢　白术　陳皮　當歸　白芍各五分　甘草七分　升麻　柴胡各三分　川芎　細辛　蔓荆子各二分

右㕮，作一服，水煎，食後服。

按：此即補中益氣湯加減法也。内傷頭痛，本方加蔓荆子三分；痛甚加川芎二分；項痛腦痛，加藁本二分；若苦頭痛者，加細辛二分。諸頭痛並用此四味足矣。若頭上有熱，則此不能治，當以清空之劑。

補血之劑

機要四物湯：治頭疼。

四物湯中倍川芎。

元戎古方：治頭痛欲裂。

當歸二兩，酒一升，煮取六合

按：此二方並出厥陰例藥也。

搐藥

本事方：治八般頭風。

草烏尖　細辛等分　黄丹少許

爲末，搐入鼻中，立效。

秘方：治頭痛不可忍。

玄胡七枚　豬牙皂角肥實者二箇　青黛二錢

右爲末，水丸成小餅子，如杏仁大，用時令病者仰臥，以水化開，用竹管送入（男左女右）鼻中，覺藥至喉少酸，令病者坐，却令咬定銅錢一箇於當門齒，當見涎出成盆，即愈。

三因搐鼻藥

蓽撥　良薑各一分　白芷一錢　細辛半錢

右爲末，每服一小字，先含水一口，分搐鼻內，吐水即止。

秘藏搐鼻鬱金散：治風熱頭痛。

石膏　芒硝　白芷各二錢　鬱金一錢　薄荷三分

右爲末極細，口含水，鼻內搐之。

按：此陽明經藥也。

太陽經嚏藥

防風二分　羌活三分　紅豆二箇

右爲末，鼻內搐之。

元戎搐藥瓜蒂散：治偏頭痛久不愈，服藥及針灸不效者，以其濕氣在頭也。

瓜蒂一味爲末，少許吹鼻中，清水徐徐出，一晝夜濕盡，病止爲度。

按：已上搐藥，《元戎》云亦吐之義也。經云濕氣在上，以苦吐之，故邪在胸中服之，邪在頭目搐之，皆吐之屬也。張子和點目出淚，搐鼻流涕，口含漉涎，皆以同乎吐也。

貼藥

前《本事方》或《三因》藥爲末，和葱白搗泥爲膏，貼兩額上。

雜方

嚴氏葱附丸：治元氣虛壅，上攻頭痛。

附子一隻，炮，去皮臍

右爲末，葱涎爲丸桐子大，空心茶清下。

玉真丸：治腎厥頭痛不可忍，其脈舉之則弦，按之則堅。

生硫黃二兩，另研　石膏硬者　半夏湯洗七次　硝石另研，各一兩

右爲末，研勻，用生薑自然汁煮糊，爲丸桐子大，每服四十丸，食前米飲下。

按： 頭痛古人多從風而議治，故其藥雖有辛平、辛涼、辛溫、辛熱之殊，大抵皆於解散之中分所挾之寒熱耳。至於傷寒頭痛，仲景論中亦詳，玆不詳載。但內因痰厥、氣虛、血虛頭痛之類，東垣雖有論有方，學者亦宜隨病審機，而用藥亦難拘於所録之方，以盡其變也。又，嚴氏治氣虛頭痛用附子，治腎厥頭痛用硫黄等藥，本出《三因》之論，其義皆未切當，今故存之，以備其說耳。

玉機微義卷之三十四

玉機微義卷之三十五

頭眩門

論頭眩屬肝虛

《內經》云：徇蒙招尤，目瞑耳聾，下實上虛，過在足少陽厥陰，甚則入肝。

按：許學士云上虛者肝虛也，故肝虛則頭暈。徇蒙者，如以物蒙其首，招搖不定，目眩耳聾，皆暈之狀也。故肝厥頭暈，治宜鈎藤散。（方見後）

論眩暈屬肝木風火之證

《原病式》曰：諸風掉眩，皆屬肝木，風主動故也。所謂風氣甚而頭目眩暈者，由風木旺，必是金衰不能制木，而木復生火。風火皆屬陽，陽主乎動，兩動相搏，則爲之旋轉，故火本動也，焰得風則自然旋轉也。

論傷寒頭眩屬虛

成無已云：傷寒頭眩，責其虛也。起則頭眩與眩冒者，皆發汗吐下後所致，是知陽虛也，故《針經》曰上虛則眩。然風家亦多有眩者，風主動故爾。

論眩暈分內外所因等證

嚴用和云：眩暈之證，經雖云皆屬於肝風上攻所致，然體虛之人外感六淫，內傷七情，皆能眩暈，當以脈證別之。風則脈浮有汗，項强不仁，寒則脈緊無汗，筋攣掣痛，暑則脈虛煩悶，濕則脈細，沉重吐逆，及其七情所感，遂使臟氣不平，鬱而生涎，結而爲飲，隨氣上逆，令人眩暈，眉棱骨痛，眼不可開，寸脈多沉，此爲異耳。若疲勞過度，下虚上實，金瘡、吐衄、便利及婦人崩傷產後去血過多，皆令人眩暈，當隨其所因而治之。

按：此所分四氣、痰飲、亡血等證，可謂親切，但其所集之方則欠發明，學者當自求之。

論頭風眩暈有飲宜吐

子和云：大風頭風眩暈，手足麻痹，胃脘發痛，皆風寒濕三氣雜至，合而爲痹也。在上謂之停飲，可用獨聖散吐之，吐訖後服清上辛涼之藥。

按：此法施於胸膈痰涎，閉塞多年，眩暈不已，血氣充實之人，其效甚捷。

謹按：眩暈一證，人皆稱爲上盛下虚所致，而不明言其所以然之故。蓋所謂虚者血與氣也，所謂實者痰涎風火也。原病之由，有氣虚者，乃清氣不能上升，或汗多亡陽而致，當升陽補氣；有血虚者，乃因亡血過多，陽無所附而然，當益陰補血。此皆不足之證也。有因痰涎鬱遏者，宜開痰導鬱，重則吐下；有因風火所動者，宜清上降火。若因外感而得者，嚴氏雖分四氣之異，皆當散邪爲主。此皆有餘之證也。世有所謂氣不歸元而用丹藥鎮墜、沉香降氣之法，蓋香竄散氣，丹藥助火，其不歸之氣豈能因此而復耶？《內經》所謂治病必求其本，氣之不歸，求其本而用藥，則善矣。

頭眩治法

治風之劑

本事川芎散：治風眩頭暈。

山茱萸一兩　山藥　甘菊花　人參　茯神　小川芎各半兩

右爲末，每服二錢，酒調下。

按：此名治風眩，而用藥帶補肝之意。若因風而頭眩者，分其所挾寒熱而用辛溫、辛涼之劑可也。若因肝虚而病者，此藥雖近理，亦難執此而用。

治風寒之劑

嚴氏三五七散：治陽虚風寒入腦，頭痛目眩，耳鳴。

天雄炮，去皮　細辛各三兩　乾薑炮　山茱萸各五兩　防風　山藥炒，各七兩

右爲末，每服二錢，溫酒調下。

按：此治上焦陽虚、發散風寒之藥也。若果有風寒所傷而頭眩者，但用辛溫、辛熱之劑解散可也，何必拘此？

治濕之劑

嚴氏芎术湯：治冒雨中濕，眩暈嘔逆，頭重不食。

川芎　半夏　白术各一兩　甘草炙，半兩

右㕮咀，每服四錢，薑七片，煎。

按：此和中散濕之藥也，亦可治痰。

治熱之劑

子和芎黄湯：治頭目眩暈。

大黄　荆芥　貫芎　防風各等分

右爲粗末，大作劑料，水煎，去滓服，以利爲度。

按：此瀉上焦風熱之藥也。若果有風熱頭眩，如防風通聖之類，皆可選揀而用。

治痰之劑

嚴氏玉液湯：治七情感動，氣鬱生涎，隨氣上逆，頭目眩暈，心嘈忪悸，眉稜骨痛。

大半夏湯洗七次

右每服四錢，水煎，生薑十片煎，入沉香水一呷，溫服。風痰眩暈者，宜青州白丸子選用。

直指二陳湯：治因氣鬱痰眩暈。

二陳加乾生薑，煎服。

按：此二方去痰和中之平劑，足太陰、陽明經藥也。若痰氣甚者，如吐下之法皆可施，自宜隨證而用。去痰和中，瑞竹堂化痰丸亦妙。（方見咳門）

治血虚頭眩之劑

嚴氏芎藭湯：治一切失血過多，眩暈不蘇。

芎藭　當歸酒浸，各等分

右㕮咀，每服四錢，水煎服。

良方治風六合湯：治風虚眩暈。

四物湯加秦艽、羌活。（詳見中風門）

按：已上二方皆補血和血之藥，並出厥陰例。然芎、歸補血之陽，而四物則陰陽俱補，秦艽、羌活可爲佐使，不宜等分而用。

治氣虚頭眩之劑

直指香橘飲：治氣虚眩暈。

木香　白术　半夏麯　橘皮　白茯苓　砂仁各半兩　丁香　甘草炙，各一分

右㕮咀，每服三錢，薑五片，煎，吞蘇合香丸。本方加芎、歸各三分，官桂半兩，治血虚眩暈。

按：《直指方》云：淫欲過度，腎家不能納氣歸元，使諸氣逆奔而上，此眩暈出於氣虚也；吐衄崩漏，肝家不能收攝榮氣，使諸血失道妄行，此眩暈生於血虚也。夫既曰腎家不能納氣，使氣奔上，而用此香散辛熱之藥，此藥果能降氣乎？又曰氣虚，此藥果能補氣乎？又曰血虚加芎、歸、官桂，夫血虚用芎、歸則可矣，所加官桂與丁香、木香等藥，縱使血有虚寒，亦難例用。若血虚有熱者，其害將何如哉？孟子所謂盡信書則不如無書者，正此類也。

治下虚頭眩之劑

局方黑錫丹：治陰陽不升降，上盛下虚，頭目眩暈。

養正丹：治虚風頭旋，吐涎不已。此藥升降陰陽。（二方並見《局方》，以乳香泡湯送下）

順氣散：治體虚痰盛，氣不順，頭目眩暈。

南星一兩，炮　川烏　附子各半兩　木香二錢半

右每服三錢，薑十片，煎。

嚴氏沉香磁石丸：治上盛下虚，頭目眩暈，耳鳴耳聾。

沉香半兩，另研　磁石火煅，醋淬七次，研　胡蘆巴炒　川巴戟去心　陽起石煅　附子炮　椒紅炒　山茱萸肉　山藥炒。各一兩　青鹽另研　甘菊花　蔓荆子各半兩

右爲細末，酒煮米糊丸梧子大，每七十丸，空心鹽湯下。

按：已上諸方皆是溫熱金石鎮墜之藥，雖能補下焦之陽虚，然金石體質雖重，必候火煅而成，佐以燥熱之藥，多致飛越之亢，況眩暈多有屬風屬火之證，用者宜致思焉。

雜方

本事鈎藤散：治肝厥頭暈，清頭目。

鈎藤　陳皮　半夏　麥門冬　茯苓　茯神　人參　甘菊花　防風各半兩　甘草一分　石膏一兩

右㕮咀，每四錢，薑七片，煎。

按：前許學士所論近是，則此方用藥，其義未詳。

謹按：頭暈諸方，用藥俱未切當，直指香橘飲之說尤爲背理。大抵外邪之感理宜解表，但隨其風寒暑熱以治。痰涎內蓄者，必當清痰爲先。氣虛者宜補氣，如東垣之法。血虛者宜補血，如四物增損之類。若腎虛而氣不降者，又當益陰而補腎。若專執前藥，豈能中其肯綮耶？

玉機微義卷之三十五

玉機微義卷之三十六

咳逆門

敘咳逆爲病

《内經》云：歲金太過，咳逆。金鬱之發，咳逆。少陰二氣[一]，咳逆。

按：《内經》所言咳逆者止此，他書唯《傷寒》論咳逆脈散者死。又，《金匱》治咳逆上氣諸方而已，似皆指肺金及火爲病也。《活人書》謂咳逆證爲極惡，仲景所不載。孫真人云：遍尋方論無此名，遂斷咳逆爲噦證。而《靈樞》云：噦者，穀入於胃，胃氣上注於肺，故寒氣與新穀氣俱入於胃，新故相亂，真邪相攻，氣並相逆，復出於胃，故爲噦。注云：噦，氣忤也。忤，偶敵也。《保命集》又以咳逆爲噫。噫氣者，胸中氣不交也。少陰經至胸中交於厥陰，水火相搏而有聲[二]。《靈樞》云：噫者，寒氣客於胃，厥逆從下上，復出於胃，故爲噫。注云：噫象火，煙隨焰出，心不受邪，故噫出之。愚謂二說各有其義，未知是否。而《難知》力辯朱氏之非，其論見後。

【校記】

[一]"少陰二氣"，即"少陰二之氣"，參見《素問·六元正紀大論》。天德尚賢堂本作"二之氣"三字

[二]"搏"，原誤作"傅"，今據天德尚賢堂本改。

論傷寒咳逆有寒有熱

《活人書》云：咳逆者，仲景所謂噦是也，胃寒所生。傷寒本虚，攻其熱必噦。又云：傷寒大吐下之，極虚後極汗出者，因得噦。所以然者，胃中寒冷故也，橘皮乾薑湯、羌活附子散、半夏生薑湯、退陰散主之。不差者，灸乳下必愈。然亦有陽證者，咳逆者有潮熱，時時噦，小柴胡湯、橘皮竹茹湯。又云：傷寒噦而腹滿，視其前後何部不利，利之愈。

按：《活人書》以咳逆爲噦，故今從而以仲景言噦者入於咳逆之門。縱使仲景言噦非此證，而《活人》論證用藥，則是咳逆而非嘔噦。大抵咳逆者，多由汗下之後，胃虛而作。《活人》以虛作寒治，故用諸溫熱之藥。然亦有虛而有熱者，有實而有熱者，所引橘皮竹茹湯未能詳盡也。

咳逆分陰陽證

《略例》云：陽證咳逆者，胃熱失下也。陰消將盡，陽逆上行，使陰不內也，爲之惡候。或兼以舌攣，語言不正，而反昏冒與咽痛者，少陰也，速下之，宜大承氣湯。若陽極脈微將盡者，不宜下，宜瀉心湯養陰退陽而已，涼膈芒硝清肺亦可。陰證者，內已伏陰，陰氣太甚，腎水擅權，肝氣不生，胃火已病，丁火又消，所有遊行相火，寒邪迫而率集於胸中，亦欲盡也，故令人發熱，大渴引飲。並去蓋覆，病人獨覺熱也，他人按之，身體皆寒，此火即無根之火也，故用丁香、乾薑之類溫胃，其火自下，咳逆乃止。非如陽證以涼膈、瀉心湯退心火，陰氣乃生。且陰證咳逆，從嘔噦而生，胃寒嘔噦不已，陽逆繼之也。

按：咳逆本由陰氣已虛，陽火暴甚，直衝而上出於胃，入於肺而作聲。東垣用涼藥者，所以瀉熱降火也。若夫所謂陰證咳逆者，蓋以陰氣先消，陽火亦竭，浮於胸中，亦欲散也，故不宜用寒而反以溫藥養胃，留其陽氣，胃氣一和，陽生則陰長之說也。而此《略例》以陽證爲失下，用承氣、瀉心二藥，分便秘、便軟用之則可矣。以陰證爲陰氣太甚，腎水擅權，寒邪迫火而上，愚謂腎陰若盛，則火自不妄動矣。其所謂寒邪者，未審其指受外寒耶？內寒耶？還只是虛耶？故俟明哲。

又按：張子和云：火欲上行，爲寒邪所遏，寒不勝火，故作聲。此則是上寒遏下熱，與外寒鬱內熱之義同，亦與前說不同。

辯咳逆與噦不同

《難知》云：夫咳逆證，《活人》斷爲噦逆，其說似是而非。蓋噦者乾嘔也，若有物直出則爲吐也，嘔物旋出則爲嘔也，嘔無物出則爲噦也。咳逆者，或水漬於肺而心痞，或連續不已而氣逆，或喜笑過多而氣噎，或咽飲而錯喉而氣搶，或急食乾物而氣塞，皆能作咳逆之聲，連續不絕，俗謂之吃忒是也。大抵咳逆者不順之義，吃忒者差錯之義，二者皆氣不得下，爲火熱托之，而使上至咽喉中噎而止也。人或以紙捻鼻，嚏而止，或詐冤盜賊，因恐而止，或鼻熱聞食香，調氣而止，皆抑之駭之而使氣下也。《千金》以咳逆上氣者爲病肺，脈散者死，是心火刑於肺金也。是以李氏稱易老云咳逆者，火熱奔急上行而肺金不內，何其當哉？故便秘者大承氣湯下之，便軟者瀉心湯主之。朱氏斷爲胃寒，並陽證二法用藥治噦雖勝，大抵其噦之意止是氣逆上行，似咳逆耳，即非仲景所謂咳逆之本證也。蓋噦者出聲也，噦出其氣，噦聲盡，然後吸，咳逆者，入聲也，抑氣不出，逆聲盡，然後呼也，出入呼吸，其大不同。兼嘔噦者本於胃，咳逆者本於肺，何其難辨哉？

咳逆噦分手足經標本辨

《難知》云：《活人》以咳逆爲噦，謂若可下之，宜調胃承氣湯，是邪氣在胃，故斷之爲噦，是則然矣。抑不思咳逆者是足陽明失下，傳手太陰。《活人》但言其火之本，不言其火之標炎上至極高之分而咳逆也。合而觀之，噦與咳逆同一熱也，分而言之，噦爲本，爲膽爲胃爲中，咳逆爲標，爲心爲肺爲上。若標病應見，止當治標，不必名噦。若言作噦，使後人只見膽胃本而不見心肺標也。此一說，又足經甲戊而傳手經丁辛也。

按：海藏論咳逆與噦二者不同，謂其聲有出入之異，臟腑有肺胃標本之殊，其說尤長。但咳逆與噦，其氣皆自下而上，嘔噦則直出於口，咳逆則至咽膈，吃忒而中止，然後出也，實非有出入之異。

論雜病咳逆皆由病後胃虛所生

《三因》云：咳逆之病，古人以爲噦耳。多因吐利之後，胃中虛寒，遂成此疾。亦有胃中虛，膈上熱，噦至八九聲相連、收氣不回者。大抵傷寒久病後，老人虛人及婦人產後，多有此證者，皆病深之候也。亦有噦而心下痞悸者，有痰水所爲[一]，别無惡候者是。

【校記】

［一］“有”，天德尚賢堂本作“是”。

論吃逆病由陰虛火上（亦有暴病屬實者附）

丹溪云：吃病者，氣逆也，氣自臍下直衝，上出於口而作聲之名也。《書》曰火炎上，《內經》曰諸逆衝上，皆屬於火。古方悉以胃弱言之，而不及火，且以丁香、柿蒂、竹茹、陳皮等劑治之，未審孰爲降火，孰爲補虛。人之陰氣，依胃爲養，胃土傷損，則木氣侮之矣，此土敗木賊也。陰爲火所乘，不得內守，木挾相火乘之，故直衝清道而上。言胃弱者，陰弱也，虚之甚也。病人見此，似爲危證。然亦有實者，不可不知。趙立道年近五十，質弱而多怒，七月炎暑，大飢索飯，其家不能急具，因大怒，兩日後得滯下病，口渴，自以冷水調生蜜飲之，甚快，滯下亦漸緩，如此者五七日。召予，視脈稍大不數，遂令止蜜水，渴時且令以人參、白术煎湯，調益元散與之，滯下亦見收。七八日後覺倦甚發吃，予知其因下久而陰虚也。令其守前藥，然滯下尚未止，又以煉蜜飲之，如此者三日[一]，吃猶未止，衆皆尤藥之未當，將以薑附飲之。予曰：補藥無速效，附子非補陰者，服之必死。衆曰：冷水飲多，得無寒乎？予曰：炎暑如此，陰涼非寒，勿多疑，待以日數，力到當自止。又四日而吃止，滯下亦安。又，陳澤仁年近七十，厚味之人也，有久喘病而作止不常，新秋患滯下，食大減，至五七日後吃作。召予，視脈皆大豁，衆以爲難。予曰：形瘦者，尚可爲。以人參白术湯下大補丸以補血，至五七日而安。此二人者，虚之爲也。又一女子，年逾笄，性躁味厚，暑月因大怒而吃作，每作則舉身跳動，神昏不知。問之，乃知暴病，視其形氣俱實，遂以人參蘆湯飲一碗，大吐頑痰數碗，大汗昏睡一日而安。人參入手太陰，補陽中之陰者也。蘆則反耳，大瀉手少陰之陽。女子暴怒氣上，肝主怒，肺主氣，經曰怒則氣逆，氣因怒逆，肝脈乘火侮肺，故吃大作而神昏。參蘆喜吐，痰盡氣降而火衰，金氣復位，胃氣得和而解矣。

謹按： 咳逆一證，古方悉作胃寒所致，俱用丁香、柿蒂、薑、附等藥。然此證有虚有實有火，不可專作寒論。蓋傷寒發汗吐下之後，與滯下日久及婦人產後而有此者，皆陰火虚之爲也。若平人食入太速而氣噎，或飲水喜笑錯喉而氣搶，或因痰水停膈心下，或因暴怒氣逆痰厥，或傷寒熱病失下而有此者，則皆屬實也。夫水性潤下，火氣炎上，今其氣自下衝上而作聲，非火而何？大抵治法虚則補之，補中須分寒熱。如因汗吐下誤服寒涼過劑，當以溫而補之；如脾胃陰虚，火逆衝上，當以平而補之；挾熱者，涼而補之。若夫實者如傷寒失下，地道不通，因而咳逆，當以寒下之。如痰飲停蓄心下，或暴怒氣逆痰厥，此等必形氣俱實，別無惡候，皆當隨其邪之所在而涌之泄之，清之利之也。世醫凡遇此疾，首以丁香柿蒂爲言，殊不知此藥不能補虚，不能降火，不能清氣利痰，唯有溫暖助火而已，豈宜總治斯疾？

【校記】

[一]“日”，原脱，今據《格致餘論·呃逆論》改。

咳逆治法

治熱之劑

活人橘皮竹茹湯：治噦逆。嚴氏治吐利後胃虚膈熱而咳逆。

橘皮一升 竹茹一升半 甘草二兩，炙 人參半兩 棗子三十箇 生薑半兩

右剉，以水一斗煮取三升[一]，去滓，溫服一升，日三服。

按：此出太陰嘔噦例藥也。薑、棗、參、橘亦是溫藥，故《三因》云此治胃中虚冷。但以此藥比之薑、桂、丁香則性平，故從嚴氏入治熱之劑。

小柴胡湯：治陽證咳逆。（方見寒門）

難知大承氣湯：治咳逆，大便秘者。

大黄 厚朴 枳實 芒硝各五錢

右剉如麻豆大，水二盞半先煎厚朴、枳實至一盞，次下大黄，煎取六分，去滓，次入芒硝，煎一二沸，放溫服，以利爲度。

瀉心湯：治咳逆，大便軟利者。（方見心下痞門）

【校記】

[一]"煮"，此下原衍"服"字，今據天德尚賢堂本、文淵閣四庫全書本刪。

治寒之劑

半夏生薑湯：治噦欲死。

半夏洗，一兩一錢 生薑一兩，切

右水二盞煎八分，分作二服。

橘皮乾薑湯：治噦。

橘皮 通草 乾薑 桂心 甘草炙，各二兩 人參一兩

右剉，每服四錢，水煎，溫服，日三次。

按：已上二方並太陰嘔噦例藥也。

三因丁香散：治咳逆。

丁香 柿蒂各一錢 甘草炙 良薑各五分

右爲末，熱湯點二錢，乘熱服，不拘時。

嚴氏柿蒂湯：治胸滿，咳逆不止。

柿蒂 丁香各一兩

右㕮咀，四錢，薑五片，煎。《家珍》有人參一味。《寶鑒》有青、陳皮二味，並各等分爲末，水煎服。

按：已上二方並太陰、陽明經藥也。

活人羌活附子散：治咳逆。嚴氏治吐利後胃寒咳逆。

羌活 附子炮 茴香微炒，各半兩 木香 乾薑各一棗許大

右細末，每服一錢，水一盞、鹽一捻同煎，熱服。《三因方》木香作丁香。

按：此太陽、少陰、太陰經藥也。

本事方：治陰毒咳逆。

川烏頭 乾薑炮 附子炮 肉桂 芍藥 甘草炙 半夏 吴茱萸 陳皮 大黄

右等分，爲細末，每服一錢，薑五片煎，去濁查[一]，取清熱服。

按：此三陰經藥也。

【校記】

[一]"查"，天德尚賢堂本作"渣"。

補虚之劑

寶鑒炙甘草湯：治許伯威中氣本弱，病傷寒八九日，醫見熱甚，以涼藥下之，又食梨三枚，痛傷脾胃，四肢冷，時發昏憒，其脈動而中止，有時自還，乃結脈也，心亦悸動，吃逆不絕，色變青黄，精神減少，目不欲開，踡臥，惡人語，以此藥治之。

甘草炙 生薑 桂枝 人參 生地黄 阿膠 麥門冬 麻子仁 大棗

成無己云補可以去弱，人參、大棗之甘以補不足之氣，桂枝、生薑之辛以益正氣。五臟痿弱，榮衛涸流，濕劑所以潤之，麻仁、阿膠、麥門冬、地黄之甘，潤經益血，復脈通心也。加以人參、桂枝急扶正氣，生地黄減半，恐傷陽氣。剉一兩服之，其證減半，再服而安。

按：此心肺藥也。

謹按：咳逆諸方，古方唯有治寒之劑。至於補虚降火養陰之藥及治痰氣厥逆之法，皆未詳也，學者自宜隨證用之。

灸法

嚴氏云：咳逆治法，婦人屈乳頭向下，盡處骨間是穴。丈夫及乳小者，以一指爲率正。男左女右，與乳相直間陷中動脈處是穴，艾炷如小豆許，灸三壯。

玉機微義卷之三十六

玉機微義卷之三十七

心下痞滿門

論痞爲濕土之病

《內經》云：備化之紀，其病痞。又云：太陰所至，爲積飲痞膈。

按：《原病式》云：痞與否同，不通泰也。謂精神榮衛、血氣津液出入流行之紋理閉密而爲痞也。

論傷寒心下痞

成無己云：傷寒心下滿者，不經下，後則有吐下之殊，若下後，則有結胸、痞氣之別。經曰：病人手足厥冷，脈乍緊，邪結在胸中，心滿而煩，當吐之。又云：脈浮而大，心下反硬，有熱，屬臟者攻之。此二者不經汗下而心下滿，或吐之，或下之，隨其邪氣之高下，要在泄其邪也。又邪氣在表，未應下而强下之，邪氣乘虛結於心下，實者硬滿而痛，爲結胸，虛者滿而不痛，爲虛痞。蓋結胸是實邪，大陷胸湯主之；痞是虛邪，須諸瀉心湯散可也。

論痞爲痰飲及諸氣所致

（詳見各門）

論傷寒雜病痞皆血證

《秘藏》云：《內經》曰備化之紀，其病痞，又曰太陰所致，爲積飲痞膈。太陰者，濕土也，主壅塞，乃土來心下，爲痞滿也。傷寒下之太早亦爲痞，乃因寒傷榮血，心主血，邪入於本，故爲心下痞。仲景瀉心湯數方皆用黄連，以瀉心下之土邪。至於酒積雜病，下之太過，亦作痞滿，皆血證也。蓋下多則亡陰，亡陰者即損脾胃，謂脾胃水穀之陰亡也。故胸中之氣以其血虚而下陷於心之分，故致心下痞，止宜理脾胃[一]，以血藥治之[二]。若全用氣藥導之，則其痞益甚，而復下之，氣愈下降，必變爲中滿鼓脹，非其治也。又有虚實之殊，如實痞大便秘，厚朴、枳實主之，虚痞大便利，芍藥、陳皮主之。飲食所傷而爲痞滿者，當用藥消導其胸中窒塞，欲吐者則宜吐之。

《難知》云：傷寒痞滿，從血中來，從外之內，從無形；雜病痞者，亦從血中來，從內之外，從有形。故無形以苦泄之，有形以辛散之。

按：痞之凝滯閉塞，人皆知氣之不運也，獨東垣指以血病言之，謂下多則亡陰而損血，此前人之未論也。世有用氣藥治痞而不效者，蓋不知此理故也。

【校記】

[一]“止”，原誤作“上”，今據天德尚賢堂本改。

[二]“治”，天德尚賢堂本作“兼”。

論諸瀉心湯用藥寒熱不同

《保命集》云：三陰三陽之標本，治各不同。有用寒藥而爲熱痞，大黄、黄連之類也；有用寒熱藥者，陰與陽不和而痞，大黄、黄連加附子之類也；有用辛熱藥多而寒藥少者，陰盛陽虚而痞，半夏、甘草、生薑瀉心三方之類。瀉心湯者，非瀉心火之熱，瀉心下之痞也。通而論之，其藥陽多而陰少，蓋病發於陰而得之。有大黄黄連瀉心湯，獨爲陰。心下痞而脈疾一證，桂枝後用，從太陽浮弱所變，餘皆陰陽雜用。

論痞爲熱證

《直格》云：傷寒裏之陰分已受熱邪，是病發於陰也。或熱微，下證未全，誤下之早，則裏熱除去，表熱乘虚入裏而作痞也。故仲景攻痞多用大黄、黄連、黄芩寒藥，爾後或加附子、乾薑之類者，是以辛熱佐其寒藥，欲令開發痞之怫熱結滯也，非攻寒耳。

按：前《保命集》論瀉心湯分陰陽寒熱多少而用藥，可謂詳切矣。而此論則專主於熱，二者似乎不同，要之各有所當。蓋《直格》是言其受病之本，《保命集》是論其用藥之標。若以爲痞有陰寒之證耶，則仲景瀉心五方何皆用黄芩、黄連之藥？若以爲痞無陰陽之異耶，何瀉心湯又有兼用乾薑、附子、半夏、生薑之類者也？一言其本，一論其標而已。

謹按：痞之爲病，由陰伏陽蓄，氣與血不運而成，處心下，位中央，䐜滿否塞，皆土之病也。與脹滿有輕重之分，痞則內覺痞悶而外無脹急之形，脹滿則外有形也。前人所論，皆指誤下而致之。蓋誤下則裏氣虚，故傷寒之表邪乘虛入於心下，雜病則所受之邪氣亦蓄於心下，因致痞也。亦有不因誤下而得之，如中氣虚弱，不能運化精微爲痞者，有飲食痰積不能施化爲痞者，有濕熱太甚土來心下爲痞者。故古方治痞，用黄連、黄芩、枳實之苦以泄之，厚朴、生薑、半夏之辛以散之，人參、白术之甘苦溫以補之，茯苓、澤瀉之淡以滲之，隨其病之所在以調之也。既痞同濕治，唯宜上下分消其氣。如果有內實之證，庶可略與疏導。世人苦於痞塞，喜行利藥，以求速效，暫時通快，痞若再作，益以滋甚，是皆不察夫所謂下多亡陰之意也。

心下痞滿治法

治熱之劑

仲景大黄黄連瀉心湯：治心下痞，按之濡，其脈關上浮者，或寸沉關浮而有熱者。

大黄二兩　黄連一兩

右㕮，以麻沸湯二升漬之，須臾絞去滓，分溫再服。

按：此手少陰經藥也，出陽明例。成無己云：大黄、黄連以導瀉心下之虛熱，以麻沸湯漬服者，取其氣薄而泄虛熱也。

又按：《活人》云《伊尹湯液》論大黄黄連黄芩湯共三味，今監本無黄芩，脱落之也。又，《保命集》無黄芩，却加甘草一兩。

散寒泄熱之劑

仲景附子瀉心湯：治心下痞而復惡寒汗出，脈沉遲也。

大黄二兩　黄連　黄芩各一兩　附子一枚，炮，去皮，破，別煮汁

右㕮，以麻沸湯二升漬之須臾，絞去滓，內附子汁，分溫再服。

半夏瀉心湯：治汗下後身寒，痞滿而嘔，食飲不下，脈微，按之不痛，非柴胡證。

半夏半斤，洗　黄芩　乾薑　人參各三兩　黄連一兩　大棗十二枚　甘草三兩，炙

右七味，以水一斗煮取六升，去滓，再煮取三升，溫服一升，日三服。

生薑瀉心湯：治汗下後胃中不和[一]，乾噫食臭，自利腸鳴，脇下有水氣而心下痞滿。

比半夏瀉心湯加生薑四兩，減乾薑作一兩。

甘草瀉心湯：治下之後腹中雷鳴，心下痞硬，再下之痞益甚，此非結熱，以胃中虚，客氣上逆也。

比半夏瀉心湯無人參，加甘草作四兩。

按：已上諸瀉心湯，《元戎》云手少陰藥也，以其心下痞，故入陽明例。況服梔子、黄芩、黄連、黄柏、大黄爲上下通經之劑，安得不例陽明乎？

秘藏大消痞丸：治一切心下痞悶及積年久不愈者。

黄連炒　黄芩各六錢　薑黄　白术各一錢　炙甘草　砂仁　乾生薑　神麯炒，各一錢　人參二錢　枳實炒，五錢　橘皮二錢　澤瀉三錢　厚朴炒，三錢　豬苓一錢五分　半夏四錢

右同爲細末，水浸蒸餅丸桐子大，每五十丸至百丸，白湯下。

枳實消痞丸：治右關脈浮弦，心下虚痞[二]，惡食懶倦，開胃進食。

枳實　黄連各五錢　乾生薑二錢　半夏麯三錢　厚朴炙，四錢　人參三錢　炙甘草二錢　白术三錢　茯苓　大麥麵各二錢

右同爲細末，水浸蒸餅爲丸，每三五十丸，溫水下。

按：已上二方並半夏瀉心湯加減法也。內有枳术湯、四君子、五苓、平胃等利濕、消痞、補虚之藥也。

【校記】

[一]"和"，原誤作"利"，今據天德尚賢堂本改。

[二]"痞"，原脱，今據天德尚賢堂本、文淵閣四庫全書本補。

溫中散飲之劑

寶鑒枳實理中丸：治中脘痞滯，氣不宣通，積寒停飲，食不化。

人參　乾薑炮　白术　枳實　甘草炙，各一兩

右爲細末，煉蜜爲丸如雞子黄大，每服一丸，細嚼，白湯下，或沸湯化服。（《活人》有茯苓）

深師消飲丸：治停飲，心下痞。（方見痰飲門）

按：已上二方並出陽明飲痞例。

理氣之劑

活人桔梗枳殼湯：治傷寒痞氣，胸滿欲絕。

桔梗　枳殼去穰，炒，各三兩

右剉，水二盞煎至一盞，去滓，分作二服。

按：此手太陰經藥也，出少陰枳殼例。《活人》云審知是痞，先用湯尤妙，緣枳、桔行氣下膈，先用之，無不驗也。海藏云《活人》用此，非治痞也，審知錯下必成痞，是氣將陷於胸中，故先用此，便不至於痞也。若已成痞而用，則失之晚，胸中之氣反痞矣。先之一字，預早之意也。先用此，若不應，後當以仲景痞藥治之。若執此治痞，其害深矣。

宣明檳榔散：治傷寒陰證下後成痞，滿而不痛，按之軟虛。

檳榔　枳殼等分

右爲末，每服三錢，煎黄連湯調下。

寶鑒三脘痞氣丸：治三焦痞滯，水飲停積，脇下虛滿。

木香　白豆蔻　青皮炒　京三棱炮，各一兩　檳榔半兩　半夏湯洗七次　大腹子　陳皮各二兩　砂仁　沉香各半兩

右爲末，麵糊爲丸桐子大，每服三十丸，加至六十丸，食後陳皮湯下。

按：此出太陰調氣例藥也。

秘藏木香消痞丸：治因憂氣結中脘，腹皮裏微痛[一]，心下痞滿，不思飲食。

木香半兩　柴胡四錢　橘皮三錢　甘草炙　半夏各一兩　乾薑半兩　當歸尾二錢　紅花半錢

右爲細末，水浸，蒸餅丸，服之。

【校記】

[一]“裏”，原誤作“厚”，今據天德尚賢堂本改。

補虛之劑

加味補中益氣湯：治內傷心下痞。（方見內傷門）

脈緩，有痰而痞，加半夏、黄連；

脈弦，四肢滿悶[一]，便難而心下痞，加柴胡、黄連、甘草；

大便秘燥，加黄連、桃仁，少加大黄、歸身；

心下痞，夯悶者，加白芍、黄連；

心下痞，腹脹，加五味子、白芍、砂仁；

如天寒，少加乾薑或中桂；

心下痞，中寒者，加附子、黄連；

心下痞，嘔逆者，加黄連、生薑、陳皮；

如冬月，加黄連，少入丁香、藿香葉；

能食而心下痞，加黄連半錢，枳實三錢；

如不能食，心下痞者勿加，止依方服之；

食已心下痞，别服橘皮枳术丸。

按：《難知》云：中滿者勿食甘，不滿者當食之。如自覺滿而外無脹急之形，乃痞也，是不滿也，當以甘而撑柱之。又太陽病下之，腹滿時痛，爲脾，桂枝加芍藥湯。滿，木也，爲甘所主[二]，故用芍藥之酸克其滿，酸涼除滿，急收能除甘所主（甘溫生滿），緩散能除酸所主也。

謹按：痞證有氣不運化及陰虚損血者，前論已詳，故收入此補虚之劑。但世俗不明此理，往往例用峻快藥，下之復痞，或致危篤者多矣。

【校記】

[一]“悶”，原誤作“閉”，今據天德尚賢堂本改。

[二]“甘”，原誤作“井”，今據文義改。

玉機微義卷之三十七

玉機微義卷之三十八

吐酸門 吞酸附

論吐酸屬熱

《內經》云：諸嘔吐酸，皆屬於熱。又云：少陽之勝，嘔酸。《原病式》云：酸者，肝木之味也。由火勝制金，不能平木，則肝木自甚，故爲酸也。如飲食熱則易於酸矣，是以肝熱則口酸也。或言爲寒者，但謂傷生硬冷物而喜噫酸吞酸，故俗醫主於溫和脾胃。豈知人之傷於寒也，則爲病熱。蓋寒傷皮毛則腠理閉密，陽氣怫鬱而爲熱。故傷寒熱在表，以麻黄湯熱藥發散，使腠理開通，汗泄熱退而愈也。凡內傷冷物者，或即陰勝陽而爲病寒，或寒熱相搏而致腸胃陽氣怫鬱而爲熱，亦有內傷冷物而反病熱，得汗泄身涼而愈也。或微而止爲中酸，俗謂之醋心，法宜溫藥散之，亦猶解表之義。若久喜酸不已，則不宜溫之，宜以寒藥下之，後以涼藥調之，結散熱去，則氣和也。所以中酸不宜食黏滑油膩者，謂能令氣鬱不通暢也。宜食糲食菜蔬，能令氣通利也。

論雜病吐酸與病機外邪不同

《發明》云：《病機》諸嘔吐酸，皆屬於熱，此上焦受外來客邪也。胃氣不受外邪，故嘔，仲景以生薑、半夏治之。以雜病論之，嘔吐酸水者，甚則酸水浸其心，不任其苦，其次則吐出酸水，令上下牙酸澀不能相對，以大辛熱藥療之必減。吐酸水，嘔出也。酸味者，收氣也，西方肺金旺也，寒水乃金之子[一]，子能令母實，故用大鹹熱之劑瀉其子，以辛熱爲之佐，而瀉肺之實，以病機作熱攻之誤矣[二]。蓋雜病醋心，濁氣不降，欲爲中滿，寒藥豈能治之乎？

按：吐酸，《原病式》爲熱，而此作寒論治者，蓋東垣以內傷不足之病未傳寒中，濁氣不降，不宜用寒藥治療，乃指爲寒，却以《素問》病機之說作外感客邪論，與諸腹脹大論分寒熱脹義相同。以下文丹溪之論觀之，其説方備。

【校記】

[一]“水”，原誤作“外”，今據天德尚賢堂本改。

[二]“熱攻”，原倒，今據天德尚賢堂本乙正。

辯《素問》東垣論酸不同

丹溪云：或曰吐酸，《素問》明以爲熱，東垣又以爲寒，何也？予曰：吐酸與吞酸不同。吐酸是吐出酸水如醋，平時津液隨上升之氣鬱積而成，鬱積之久，濕中生熱，故從火化，遂作酸味，非熱而何？其有鬱積之久，不能自涌而出，伏於肺胃之間，咯不得上，咽不得下，肌表得風寒，則內熱愈鬱而酸味刺心，肌表溫暖，腠理開發，或得香熱湯丸，津液得行，亦可暫解，非寒而何？《素問》言熱者，言其本也，東垣言寒者，言其末也。但東垣不言外得風寒而作收氣立說，欲瀉肺金之實，又謂寒藥不可治酸，而用安胃湯、加減二陳湯，俱犯丁香，且無治濕熱鬱結之法，爲未合經意。予嘗治吞酸用黄連、吴茱萸各炒，隨時令迭其佐使，蒼术、茯苓爲輔佐[一]，湯浸炊餅爲小丸，吞之，仍教以糲食蔬菜自養，則病易安。

謹按：吐酸一證，以病機言之則屬於熱，以臟腑論之則脾胃受病，以內邪言之則痰飲宿食之所爲，故治法熱者寒之，脾惡濕，以苦燥之，有痰飲者清之散之，分利之，有宿食者消之導之，驅逐之。《局方》不察斯故，以噫醋吞酸醋心、吐酸水之證並入於諸氣門中，率用溫熱之藥，豈吐酸專主於寒而無他證也？故此一門以敘河間、東垣、丹溪之論，其病源治法，無餘蘊也。

【校記】

[一]“輔佐”，《局方發揮》作“主病”。

吐酸治法

治寒溫胃之劑

發明藿香安胃散：治脾胃虚弱，不進飲食，嘔吐，不待腐熟。

藿香　丁香　人參各二錢半　陳皮五錢

右爲細末，每服二錢，水煎，入生薑。

按：手太陰、足陽明、太陰經藥也。

加減二陳湯：治痰飲爲患，嘔吐，頭眩心悸，或因食生冷，脾胃不和。

丁香一兩　半夏　陳皮各五兩　茯苓三兩　甘草一兩半

右㕮咀，四錢，水煎，入生薑煎服。

按：此出太陰嘔噦例藥也。

三因麯术丸[一]：治中脘宿食留飲，酸蜇心痛，口吐清水。

神麯炒，三兩　蒼术泔浸三宿，洗净，日乾，炒，一兩半　陳皮一兩

右爲末，生薑汁别煮神麯糊爲丸，薑湯送下。

按：此足陽明、手足太陰經藥也。

謹按：吐酸諸方，前人作寒藥治之甚多，兹不詳載。至於治熱之藥，前人既以斯證爲寒，所以絕無其方也。若夫消痰去食、解外寒、治鬱熱之法，又當隨證用焉。

【校記】

[一]“术”，原誤作“末”，今據天德尚賢堂本改。

玉機微義卷之三十八

玉機微義卷之三十九

痓門

論痓病屬濕强直屬風

《內經》曰：諸痓項强，皆屬於濕。王注：太陽傷濕。又云：諸暴强直，皆屬於風。王注：陽內鬱而陰行於外。

按：《內經》言痓，肺、腎、太陽、督脈與夫六氣皆能爲之，大抵專主於濕。故《原病式》云：諸痓强直，筋勁强直而不柔和也，土主安静故也。陰痓曰柔痓，陽痓曰剛痓。亢則害，承乃制，故濕過極，反兼風化制之。然兼化者虚象，實非風也。又云諸暴强直，皆屬於風，謂筋勁强有力不柔和也。然燥金主於緊斂，短縮勁急，風木爲病，反見燥金之化，由亢則害，承乃制也，又況風能勝濕而爲燥也。愚謂土性安静，木性動揺，痓病强直而安静，故主於濕，風病强直而搐搦，故屬於風。況土氣之下，木氣乘之，故痓之强直有似於風。故木氣之下，金氣乘之，金之緊斂勁切，與土相近，故風之强直有似於濕。二者有本化，有虚象，不可不察也。

又按：《病機》治痓治風之法云：諸痓項强，皆屬於濕。寒濕同性，水火同居，故足太陽屬水而位下，所以濕可傷也。其脈下項，故主項强。太陽表中風，加以濕客於經中，內挾寒濕，則筋脈抽急，故痓項强而不柔和。當詳有汗無汗，治以流濕祛風，緩發表而愈也。强直屬風，乃厥陰風木勢甚而成。《千金》以强直爲風，治以瀉火補金，木能自平矣。愚謂此言痓病項强，以外感風寒濕氣者言之也。風病强直，以風木自病者言也。

論傷寒剛柔二痓

仲景云：太陽病，發熱無汗，而反惡寒，名曰剛痓；太陽病，發熱汗出，而不惡寒，名曰柔痓。病身熱足寒，頸項强急，惡寒，時頭熱，面赤，獨頭動揺，卒口噤，背反張者，痓病也。若發其汗，寒濕相得，其表益虚，即惡寒甚。

按：《活人》云：太陽經先因傷風，又感寒濕而致然也，古人謂之痓，又作痙。痙者，强直也。古人以强直爲痙，外證與傷寒相似，但其脈沉遲弦細而項背反張强硬，如發癇狀爲異耳。察其有汗無汗，以分剛柔二痓。無汗，葛根湯主之；有汗，桂枝加瓜蔞湯主之。剛痓，胸滿口噤，脚攣急，咬齒，當行大承氣湯。愚謂剛痓、柔痓並屬太陽，至於項强口噤一證，例太陽兼陽明也。因有陽明，故不宜發汗，而有用大承氣湯法者。《難知》云：傷寒痓證五種，皆屬太陽，餘經不言，聖人之大意也。若頭低視下，手足牽引，肘膝相搆，陽明痓也；若一目或左或右邪視，並一手一足搐搦者，少陽痓也。汗之止之，和之下之，各隨其經，可使必已，蓋謂此也。

論致痓病因

仲景云：太陽病，發汗太多，因致痓。風病下之則痓，復發汗，必拘急。瘡家雖身疼痛，不可發汗，汗出則痓。

按：此謂發汗、下之而致痓，則不專於風寒濕之外傳矣，是又因壞證而成也。發汗、下之太過，皆亡津液損血之所由也。

痓病脈法

《脈經》云：太陽病發熱，脈沉而細者，名曰痓，爲難治。夫痓脈，按之緊如弦，直上下行。痓家其脈伏，堅直上下，腹暴脹大，爲欲解，脈反伏弦者痓。痓病，發其汗已，其脈浛浛如蛇。

按：痓證屬風寒濕所傷，有汗者脈必浮緩，無汗者脈必浮緊，若其脈沉細者，濕所傷也。堅直上下，皆緊之象也。發汗已如蛇，亡津液而無胃氣之象也。

論陰陽痓

《活人書》云：陰陽二痙者，陽痙屬剛痓，陰痙屬柔痓，以附术散[一]、桂心白术湯、附子防風散、八物白术湯，可選而用之。

按：仲景論剛柔二痓並屬太陽，《活人》論陰陽二痓，既以陽痙屬剛痓，陰痙屬柔痓，而乃以术、附、薑、桂諸熱藥治陰痙，則是以陰專爲寒治矣。恐非至當之論，姑伺明哲，其方兹不載，詳見本論。

【校記】

[一]“术”，原誤作“子”，今據天德尚賢堂本改。

論風搐反張有風火之證

子和書云：呂君玉妻，年三十，病風搐目眩，角弓反張，數日不食。諸醫皆作驚風、暗風、風癇治之，以南星、雄黃、烏、附用之，不效。戴人曰：諸風掉眩，皆屬肝木。陽主動，陰主静，由火盛制金，不能平木，肝木茂而自病。先涌風痰二三升，次以寒劑下之，又以鈚針刺百會穴，出血二杯，立愈。

按：風搐本與痓證不同，而痓證屬濕，土極必兼風木動摇之化，風搐屬木，木極必見金燥緊斂之形。要之亦可同論，故取此條，以證痓病不專於風寒濕之外至，亦有風火熱之內作者也。

論痓證屬內虛所致

《三因方》云：夫人之筋，各隨經絡結束於身。血氣內虚，外爲風寒濕熱之所中則痓。以風散氣，故有汗而不惡寒，曰柔痓；寒泣血，故無汗而惡寒，曰剛痓。原其所因，多由亡血，筋無所營，故邪得以襲之。所以傷寒汗下過多，與夫病瘡人及產後致斯疾者，槪可見矣。診其脈，皆沉伏弦緊。但陽緩陰急，則久久拘攣，陰緩陽急，則反張强直。二證各異，不可不别。

按：傷寒言痓，專主外邪爲病。陳無擇發明血氣內虚一節，實與仲景所言汗下過多者相合，可謂善矣，惜乎用藥未能詳明也。又言陰緩陽急，則太陽痓也，陽緩陰急，則陽明痓也。

論產後發痓

郭稽中云：產後汗出多而變痓者，由產後血虚，肉理不密，故多汗。因遇風邪搏之，則變痓，宜灌小續命湯，稍緩即汗出如雨，手拭不及，不可治也。

按：此既云產後，則血氣本虚矣，汗出既多，則衛氣亦虚，縱有風邪乘之，小續命用麻黃輩，其可服乎？況有虚象而實非風者哉。陳無擇雖嘗論其失，所用大豆紫湯、大聖散亦未盡善也。

謹按：傷寒痓病，《活人》以太陽中風又感寒濕而致，則專於外邪所傷。然仲景亦有汗下過多之戒，則又出於壞證所成矣。蓋外邪所傷者，通宜解散。仲景言剛柔，《活人》分陰陽，《難知》論經絡等諸方詳矣。至於治壞證、補虚救失之法，諸方則亡也。又，《千金》謂温病熱入腎中亦爲痓，小兒病癇熱盛亦爲痓。若此，治法俱未之見也。況此二者之外又有血氣本虛之人，如產後汗出多而變痓者，或因七情怒氣而發痓者，或因濕熱內盛痰涎壅遏經絡而作痓者，治各不同也。大抵傷寒有外邪之可解，宜用風藥發散風寒，又風藥亦能勝濕耳。至於邪熱入腎，亦非風藥之所能療也。其內證作痓，本無外邪，前人豈可仍風藥處治？惟宜補虛降火，敦土平木，清痰去濕，隨證而用，不可不察也。

痓證治法

解散之劑

金匱栝蔞桂枝湯：治太陽病，其證備，身體强几几然，脈反沉遲，此爲痓。

栝蔞根　甘草炙，各二兩　桂枝　芍藥　生薑各三兩　大棗十二枚

右六味，以水九升煮取三升，分溫三服，取微汗。汗不出，食頃啜熱粥發之。

按：此出太陽例藥也。

葛根湯：治太陽病，無汗而小便反少，氣上衝胸，口噤不得語，欲作剛痓。（方見傷寒門）

海藏神术湯：治剛痓。

加羌活、獨活、麻黄。

白术湯：治柔痓。

加桂心、黄芪、白术。

活人舉卿舉敗散：治新產血虛痓者，汗後中風發搐亦然。

荆芥穗不以多少微炒，爲末，大豆黄卷以熱酒沃之[一]，去黄卷，取汁，調細末二五錢，和查飲之[二]，其效如神。一方只以好酒調服。

按：此太陽、厥陰經藥也。按本草荆芥能發汗，破結氣，下瘀血，除風濕痹，亦是攻邪之藥。若血氣果虛之人，亦非所宜也。

【校記】

[一]"以熱酒沃之"，原誤作"熟以酒沃之"，今據天德尚賢堂本改。

[二]"查"，天德尚賢堂本作"渣"。

攻下之劑

金匱大承氣湯：治痓爲病[一]，胸滿口禁[二]，臥不著席，脚攣急，必齘齒，可與。（見本方）

按：此陽明經藥也。陽明總宗筋，以風寒濕熱之邪入於胃，津液不行，宗筋無所養，故急直，用此湯下濕熱，行津液。《宣明》云痓病目直口噤，背强如弓，臥摇動，手足搐搦，通宜三一承氣湯下之，亦此意

也。然非察證之明的有內實熱者，不可輕用。

【校記】

[一]“病”，原脱，今據天德尚賢堂本補。文淵閣四庫全書本作“治痓爲強”。

[二]“禁”：天德尚賢堂本作“噤”。

去風養血之劑

難知防風當歸散：治發汗過多，發熱，頭面摇，卒口噤，背反張者，宜去風養血。

防風 當歸 川芎 地黄各一兩

右㕮咀，每服一兩，水煎服。

謹按：痓證發汗過多與夫血氣內虚之人，自當隨證用藥。古方於此等處多缺略，姑敘此方，以見意爾。至於發散風寒行經之藥甚多，及《活人》治陰痓諸溫藥，《難知》分經絡用藥，兹並不載，用究本書。

玉機微義卷之三十九

玉機微義卷之四十

癘風門

敘癘風爲病

《內經》曰：風氣與太陽行諸脈俞，散於分肉之間，與衛氣相干[一]，其道不利，故使肌肉憤䐜而有瘍。衛氣有所凝而不行，故其肉有不仁也。癘者，有榮衛熱胕，其氣不清，故使鼻柱壞而色敗，皮膚瘍潰，風寒客於脈而不去，名曰癘風。

癘風治法

《內經》云：病大風，骨節重，鬚眉墮，名曰大風，刺肌肉爲故，汗出百日（王注：泄衛氣之怫熱），刺骨髓，汗出百日（土注[二]：泄榮氣之怫熱），凡二百口[三]，鬚眉生而止針（王注[四]：怫熱屏退，陰氣內復，故多汗出，鬚眉生也）。

《靈樞》云：癘風者，數刺其腫上。已刺，以銳針針其處，按出其惡氣，腫盡乃止，常食方食，勿食他食，以犯其病。

【校記】

[一]“衛”，原誤作“胃”，今據天德尚賢堂本改。

[二]“王注”，原脱，今據天德尚賢堂本補。

[三]“二”，原誤作“一”，今據天德尚賢堂本改。

[四]“王注”，原脱，今據天德尚賢堂本補。

論癘風屬肺生蟲屬木皆血熱之病

《病機》云：《內經》云脈風成爲癘，俗云癩病也。先樺皮散，從少至多，服五七日，灸承漿穴七壯，灸瘡輕，再灸瘡愈，三灸之後服二聖散泄熱，祛血中之風邪。戒房室三年，病愈，藥灸同止。述類象形，此治肺風之法也。然此疾非止肺臟有之，以其病發於鼻，俗呼爲肺風也。鼻腫準赤，脹大而爲瘡，乃血隨氣化也。氣既不施，則血爲之聚，血既聚，則使肉爛而生蟲也。生蟲者，厥陰主之，厥陰爲風木，主生五蟲。蓋三焦相火熱甚而制金，金衰，故木來克侮，宣瀉火熱，利氣之劑，蟲自不生也。故此疾血熱明矣，當以藥緩疏泄之，煎局方升麻湯，下錢氏瀉青丸。餘病各隨經治。

按：癘風，皮毛血脈先受病，二者屬榮衛所主，故言肺風。至於內壞生蟲，又陽明厥陰所屬，故其用藥皆疏泄肺氣，祛逐血分之邪熱。其灸承漿一穴，乃陽明任脈之會，所以宣通血脈以散風也。

論癩風宜汗宜下宜出血

子和書云：《內經》論癩，針二百日，眉毛再生，針同發汗也。但無藥者，用針一汗，可抵千針。故高供奉嘗采萍，治癱瘓風出汗。張主簿病癩十餘年[一]，戴人曰：是有汗者[二]，可治之。當發汗，其汗出當臭，其涎當腥。乃置燠室中，以三聖散吐之，汗出周身，如臥水中，其汗果臭，痰皆腥如魚涎，足心微有汗。次以舟車丸、浚川散下五七行，如此數次，乃瘳。又一人病風面黑，爬搔不已，眉毛脱落。刺其面，大出血如墨，刺三次，血變色。每刺自額至頤，排針上下俱刺，每隔日一刺，至二十餘日方已。

按：此論《內經》用針同發汗。至於出血，亦同汗也。但癘證在經在表，故宜針宜汗。有惡血留滯，故宜出血，或於腫上，或於委中，皆可也。又腸胃有穢惡蟲積，故宜下。大抵皆宣泄表裏血氣邪熱之毒也。

【校記】

[一]“簿”，原誤作“薄”，今據天德尚賢堂本補。

[二]“是”，原誤作“足”，今據《儒門事親》卷六改。

論癘風所因

《三因》云[一]：經所載癘風，即風論所謂惡疾是也。雖名曰風，未必皆因風。大率多嗜欲勞動氣血，熱發汗泄，不避邪風冷濕，使淫氣與衛氣相干，致肌肉皮膚瘍潰，鼻梁塌壞。《千金》所謂自作不仁極猥之業，雖有悔言而無悔心，良得其情。然亦有傳染者，原其所因，皆不內外涉外所因而成也。治之須推其所因，凡因風寒濕熱，兼勞役飲食，與夫傳染迴然不同[二]。若例以瀉風藥治之，則失矣。

按：此云雖名曰風，未必皆因風，此論固善，蓋此疾多由嗜欲、飲食、積毒之所致，因其病證穢惡可畏，又不可不謂之風也。若夫傳染之說，世或有之。雖因其一家血脈、飲食、居處、氣味之相傳者，本無內熱積毒，亦不能染也。

【校記】

[一]"云"，原誤作"之"，今據天德尚賢堂本改。

[二]"迴"，原誤作"穎"，今據天德尚賢堂本改。

論大風有上下之分

丹溪云：大風病是受得天地間殺物之風，古人謂之癘風，以其酷烈暴悍可畏爾。人得之者，須分在上在下。夫在上者，以醉仙散取臭涎惡血於齒縫中出；在下者，以通天再造散取惡物陳蟲於穀道中出。所出雖有上下道路之異，然皆不外乎陽明一經。治此病者，須知此意。看其疙瘩與瘡，上先見者，上體多者，在上也；下先見者，下體多者，在下也；上下同得者，在上復在下也[一]。陽明經，胃與大腸也，無物不受。此風之入人也，氣受之則在上多，血受之則在下多，血氣俱受者甚重，自非醫者有神，病者有鐵心，罕有免者。夫或從上，或從下，以漸而來者皆可治。病人見其病勢之緩，多忽之。雖按此法施治，病已全然脱體，若不能絕味絕色，皆不免再發[二]，再發則終於不救矣。某曾治五人矣，中間唯一婦人得免，以其貧甚，無物可吃也。餘四人三兩年後皆再發。孫真人曰：吾嘗治四五百人，終無一人免於死。非孫真人之不能治也，蓋無一人能守禁忌耳。此一婦治本病外，又是千餘貼加減四物湯，半年之上，方得月經行而十分安全。

謹按：癘風，古方謂之大風惡疾，以其瘡痍荼毒，膿汁淋漓，眉鬢墮落，手足指脱，頑痹痛癢，鼻塌眼爛，齒豁唇揭，病勢之可畏耳。若專以房勞嗜欲、飲食積毒之所致，何爲遽至於是？故丹溪先生亦謂之受得殺毒之風也。蓋其風毒之傷與夫內毒所致，人皆安得而知之？及其病證顯露，方始歸咎於此，其於外受之風，內積之毒，豈可得而分治之也？故《內經》刺肌肉，刺骨髓，以泄榮衛之怫熱，《靈樞》以鋭針刺腫上，按出惡氣惡血，子和用汗吐下出血之法，河間用疏風泄熱之劑，俱不分病之所因，隨其病之所在以調之也。至於丹溪分在上在下，氣血受病多少，其用藥取涎下毒，雖皆前人之法，亦可謂深得病情而善用其法者矣，學者宜細觀之。若夫用藥之外，守禁忌，謹調養，清心寡欲，獨淡內觀，又在乎人而不在乎醫也。孫真人戒之深矣，其可忽乎？

【校記】

［一］“復”，原誤作“後”，今據天德尚賢堂本改。

［二］“皆不免再發”，原誤作“皆不發”三字，今據天德尚賢堂本改。文淵閣四庫全書本作“後必再發”四字。

癘風治法

驅風之劑

局方樺皮散：治肺臟風毒，遍身瘡疥，及癮疹瘙癢治之成瘡，又治面上風刺及粉刺。

樺皮四兩，燒灰　荆芥穗二兩　甘草炙，半兩　杏仁二兩，去皮尖，用水一碗於銀銚子内熬，候水減半取出，放令乾　枳殼四兩，去穰，用炭火燒存性，取出，於濕紙上令冷

上除杏仁外，餘藥爲末，將杏仁另研令細，次入諸藥細合匀，磁盒内放之。

按：此太陰、陽明經藥，出厥陰例。

家珍凌霄散：治癘風。

蟬蜕　地龍炒　白僵蠶　全蝎各七箇　凌霄花半兩

右爲細末，每服二錢，酒調下，於浴室内常在湯中住一時許，服藥效。

元戎治風疾癩病，遍身生瘡。

天麻七錢半　荆芥二錢半　薄荷二錢半　白花蛇四兩，酒浸

右爲末，好酒二升，蜜四兩，石器中熬成膏子，每服一盞，溫服，日三，煎餅壓下，急於暖處令汗出，十日效。

按：此已上二方，厥陰例藥也。

子和治風疥癬及癩。

浮萍一兩　荆芥　川芎　甘草　麻黄各半兩

或加芍藥、當歸。

右爲末，每服一兩，水一碗，入葱白、豆豉同煎至一半，無時服，汗出爲度。

寶鑒换肌散：治大風疾年深久不愈，以至面毛脱落，鼻梁崩壞，不致逾月，取效如神。

白花蛇　黑花蛇各三兩，並酒浸一夕　地龍去土，三兩　當歸　細辛　白芷　天麻各一兩

蔓荆子 威靈仙 荆芥穗 甘菊花 苦參 紫參 沙參 木賊 沙苑蒺藜 不灰木 炙甘草 天門冬 赤芍 九節菖蒲 定風草[一] 何首烏 胡麻子炒 草烏頭去皮臍 川芎 蒼术泔浸，去皮 木鱉子已上各二兩

右同爲細末，每服五錢，溫酒調下，食後，酒多爲妙。

按：此出少陰諸風例藥也。

【校記】

[一]“定”，原誤作“寒”，今據天德尚賢堂本改。

去風養血之劑

易老祛風丸：治疥癩，經曰脈風成癘[一]，即癩也。

黄芪 枳殼 防風 芍藥 甘草 熟地黄 地骨皮 枸杞子 生地黄

右九味，木杵臼爲細末，煉蜜爲丸桐子大，白湯下五十丸。

按：此出少陰諸風例藥也。

東坡四神丹：醫未有專此四味者[二]，久服可愈大風疾。

羌活 玄參 當歸 熟地黄

按：此出少陰腎氣例藥也。

【校記】

[一]“癘”，原誤作“病”，今據天德尚賢堂本改。
[二]“專”，原脱，今據天德尚賢堂本、文淵閣四庫全書本補。

破血瀉熱補氣之劑

補氣瀉營湯：治段庫使病癘風，滿面連頸極癢，眉毛已脱，須用熱水沃之稍緩，每晝夜須數次，或砭刺亦緩。予記《內經》云：癘者榮衛熱胕，治者以鋭針刺其腫處，按出其惡氣，腫盡乃止。如以藥治，當破惡血、去熱、升陽去癢、瀉營運，辛溫散之，甘溫補之，行陽明經，瀉心火，補肺氣，乃治之正也。

升麻 連翹各六錢 蘇木 當歸 黄連 黄芪 全蝎 地龍各三分 生地黄 黄芩生，各四分 人參二分 甘草一分半 桔梗半錢 桃仁三箇 麝香少許 胡桐淚一分 蠓蟲去翅足，炒，三箇 水蛭炒令煙盡，三箇 白豆蔻三分

右件，除連翹另剉，胡桐淚研，白豆蔻爲細末，二味另放[一]，麝香、蠓蟲、水蛭三味爲細末，另放，都作一服，水二盞煎，入酒一盞至一盞六分，入連翹煎，去滓，再入豆蔻二味，並麝香等三味，再熬至七分，稍熱服，早飯

後。忌酒麵及生冷硬物。

【校記】

［一］“二”，疑爲“三”。

取涎之劑

寶鑒醉仙散：治大風疾，遍身癮疹，瘙癢麻木。

胡麻子 牛蒡子 枸杞子 蔓荆子各一兩，同炒 白蒺藜 苦參 瓜蔞根 防風各半兩

右爲細末，每十五錢末入輕粉一錢，拌勻，每服一錢，茶調下，晨、午、夕各一服。後五七日先於牙縫內出臭黄涎，渾身疼痛，昏悶如醉，次後利下膿血惡臭氣，病根乃去。

按：丹溪方，輕粉二錢，藥八味，各半兩，前四味爲粗末，炒紫色爲度，云須量人大小虛實與之。證候重而急者，須先以再造散下之，候補養得還，復與此藥。服此藥須斷鹽醬醋、諸般魚肉、椒料果實、煨燒炙煿等，止可淡粥及煮熟時菜，亦須淡食，茄亦不可食。惟諸般蛇，以淡酒蒸熟食之，可以助藥。

攻下之劑

病機二聖散：治大風癘疾。

大黄半兩 皂角刺三錢，燒灰

右將皂角刺一二箇燒灰研細，煎大黄半兩，湯調下二錢，早服樺皮散，中煎升麻湯，下瀉青丸，晚服二聖散。此數等藥皆爲緩疏泄血中風熱也。

三因通天再造散：治大風惡疾。

鬱金半錢 大黄一兩，炮 白牽牛六錢，半生半炒 皂角刺一兩，經年黑大者

右爲末，每服五錢，日未出面東以無灰酒調下。

按：已上二方並厥陰例藥也。

雜方

元戎生眉散

桑寄生 南星 半夏 沒藥各一錢

右爲細末，生薑自然汁調成膏子，先用自然銅擦過，次以此塗之。

子和一方，半夏生用，羊糞燒焦，各等分，爲末，生薑汁調塗。

渫洗藥

何首烏 荆芥 防風 馬鞭草 蔓荆子

右爲粗末，每二兩，水一斗煎十數沸，得藥力，無風處渫洗。

本事方蓖麻法：治癘風，十指攣曲，節間疼不可忍，漸至斷落。

蓖麻去皮　黄連剉，各二兩

上以小瓶，入水一升同浸，春夏三日，秋冬五日，後用蓖麻子一粒擘破，面東[一]，以浸藥水吞下，平旦服，漸加至四五粒，微利不妨，水少更添水，忌動風物，累用得效。

按：《寶鑒》以此二味，用銀石器着水大碗煮，水盡即添，熬三日二夜取出，只用蓖麻陰乾，切作四段，計五粒二十段，作一服，荆芥湯下，用治諸癘病。

【校記】

[一]"東"，原誤作"赤"，今據天德尚賢堂本改。

玉機微義卷之四十

玉機微義卷之四十一

風癎門

敘癎病之始

《靈樞》云：暴攣癎眩，足不任身，取天柱（天柱穴，足太陽也）。又云：癲癎瘛瘲，不知所苦，兩蹺之下，男陽女陰。

按：潔古云：晝發灸陽蹺，夜發灸陰蹺，各二七壯。陽蹺起於跟中，循外踝上行，入風池（申脈穴也）；陰蹺亦起於跟中，循內踝上行，至咽喉，交貫衝脈（照海穴也）。

又按：《內經》言癲而不言癎，古方以癲癎或並言，或言風癲，或言風癎，或言癲狂，所指不一。蓋癎病歸於五臟，癲病屬之於心，故今以風癎另立一門，而癲狂合爲一門也。又，癎與痓略相類而實不同，其病發身軟，時醒者，謂之癎也，身强直，反張如弓，不時醒者，謂之痓也。癎病隨其痰之潮作，故有時而醒。痓病比癎爲甚而有挾虛者，故因其昏冒而遂致亡者多矣。

論癎病所因

《三因》云：夫癲癎病，皆由驚動，使臟氣不平，鬱而生涎，閉塞諸經，厥而乃成。或在母胎中受驚，或幼小感風寒暑濕，或飲食不節，逆於臟氣而成。蓋忤氣得之外，驚恐得之內，飲食屬不內外，三因不同，忤氣則一。

按：此所論三因固皆切當，但胎內受驚與飲食作癎者多，而外感者間而有之。

論三癎

《千金方》云：小兒之癎有三：風癎、驚癎、食癎也。風癎緣衣暖汗出，風因入也，初時先屈指如數，乃作。驚癎起於驚怖，大啼乃作。食癎，其先不哺乳，吐而變熱後發。然風癎、驚癎時時有之，十兒之中未有一二是食癎者[一]。凡是先寒後熱發者[二]，皆食癇也。驚癇，皆按圖灸之；風癇，當與豬心湯；食癇，當下乃愈，紫霜丸佳。

按：此論三癇，蓋有三因之分，風癇屬外因，驚癇屬內因，食癇屬不內外因也。

【校記】

［一］"是食癇者"，原脱，今據《千金翼方》卷十一補。

［二］"發"，原誤作"熱"，今據《千金要方》卷五及《千金翼方》卷十一改。

論五癇

《三因》云：古方有三癇、五臟癇、六畜癇等，名證不同，難於備載。《別録》有五癇之證：一曰馬癇，作馬嘶鳴，以馬屬在午，手少陰君火主之，故其病生於心；二曰羊癇，作羊叫聲，以羊屬未，足太陰濕土主之，應乎脾；三曰雞癇，作雞叫聲，以雞屬酉，足陽明燥金主之，應乎胃；四曰猪癇，作猪叫聲，以猪屬亥，手厥陰心包主之，應乎右腎；五曰牛癇，作牛吼聲，以牛屬丑，手太陰濕土主之，應乎肺。此五癇應乎五畜，五畜應乎五臟者也。發則旋暈顛倒，口眼相引，目睛上搖，手足搐搦，背脊强直，食頃乃蘇，各隨所感，施以治法。

錢氏云：凡治五癇，皆隨臟治之，每臟各有一獸。犬癇，反折上竄，犬叫，肝也；羊癇，目瞪吐舌，羊叫，心也；牛癇，目直視，腹滿，牛叫，脾也；雞癇，驚跳反折，手縱，雞叫，肺也；猪癇，如尸吐沫，猪叫，腎也。五癇重者死，病後甚者亦死，輕者五色丸主之。

按：《千金方》敘六畜癇，曰馬、曰牛、曰羊、曰猪、曰犬、曰雞，並不以六獸分屬五臟。今《三因》所引五癇，無犬癇一證。錢氏敘五癇一證，無馬癇一證。二書以五獸分配五臟，各各不同，俱不知所由然也。《三因》雖有馬，無犬癇，及五臟有胃，無腎之説，亦難據憑，無所載焉。

論癇有陰陽

《千金方》云：病先身熱掣瘲，驚啼叫喚，而後發癇脈浮者，爲陽癇，病在六腑，外在肌膚，猶易治也；病先身冷，不驚掣，不啼呼，而病發時脈沉者，爲陰癇，病在五臟，內在骨髓，皆難治也。

按：此論癇之陰陽，後世有認爲寒熱者，誤也，蓋此疾皆以痰熱所作而得。其傷於陽分，在表而淺，則曰陽癇，故云易治；其傷於陰分，入裏而深，則曰陰癇，故云難治。所論陰陽者，乃表裏臟腑淺深之謂，非寒熱之謂也。

論癇證由熱

《原病式》云：風癇之發作者，由熱甚而風燥爲其兼化，涎溢胸膈，燥爍而瘛瘲[一]，昏冒僵仆也。

【校記】

［一］“瘛”，原誤作“氣”，今據天德尚賢堂本改。

治癇用吐下之法

子和書云：夫癇病，不至目瞪如愚者，用三聖散投之，更用火盆於暖室中，令汗吐下三法並行，次服通聖散，百餘日則愈矣。至於目瞪愚者，不可治。《內經》曰神不守，謂神亂也。大凡此疾乃肝經有熱，吐後可服瀉青丸下之。

按：癇病多由風痰膠固胸膈上下，故大法先宜吐之。吐後可用清熱之藥，如東垣安神丸、守真龍薈丸之類[一]，皆可服，不獨通聖散也。痰實在裏不解，宜導痰清熱，亦不獨瀉青丸也。

【校記】

［一］“薈”，原誤作“會”，今據天德尚賢堂本改。

癇分脈藥寒溫不同

《難知》云：治洪、長、伏三脈，風癇驚癇發狂，惡人與火，灸第三、第九椎，服局方妙香丸，以針刺眼子透[一]，冷水內浸少時服之，如本方法。治弦細緩三脈，諸癇似狂，李和南五生丸。

按：此以脈之陰陽虛實分而用藥，可謂善矣。但癇病出於風熱痰之所致，而其藥有寒熱之異者，由其標本虛實傳變之不同故也。

謹按：癇病，古方或云風癇，或云驚癇，或云癲癇，由此疾與中風顛狂、急慢驚相類，故命名不同也。原其所由，或在母腹中受驚，或因聞大驚而得，蓋小兒神氣尚弱，驚則神不守舍，舍空則痰涎歸之。或飲食失節，脾胃有傷，積爲痰飲，以致痰迷心竅而作者。治法必當尋火尋痰而論。前人多用鎮墜清心之藥，固可以治熱，可以清痰。若有頑痰膠固者，此藥未易驅逐。在上者必先用吐，吐後方宜服此。更有痰實在裏者，亦須下之，隨病輕重而用也。或曰：癇有陰陽何也？予曰：此與急慢驚者可同論也。陽癇，不因吐下，由其有痰有熱客於心胃之間，因聞大驚而作。若熱盛，雖不聞驚，亦自作也，宜用寒藥以攻治之。陰癇亦本於痰熱所作，醫以寒涼攻下太過，損傷脾胃，變而成陰，宜用溫平、補胃、燥痰之藥治之。若曰不因壞證而有陰陽之分，則是指痰熱所客表裏臟腑淺深而言，癇病豈本自有陰寒者哉？

【校記】

[一]“刺”，原誤作“投”，今據天德尚賢堂本改。

風癇治法

清心安神之劑

寶鑒龍腦安神丸：治男女五般癲癇，無問遠近，發作無時。

茯神三兩　人參　地骨皮　甘草　麥門冬　桑白皮各二兩　馬牙硝二錢　龍腦　麝香各三錢　牛黃半兩　朱砂二錢　烏犀一兩　金箔三十五片

右爲細末，煉蜜爲丸如彈子大，金箔爲衣。如風癇病，冬月溫水化下，夏月涼水化下，不以時。二三歲者日進二服，小兒一丸分二服。虛勞發熱咳嗽，新汲水化下。

按：此手少陰、太陰經藥也，出厥陰例。

神應丹：治諸癇。

辰砂不以多少，研[一]

上以猪心血和之得所，以蒸餅裹劑蒸熟，取出就丸如桐子大，每服一丸，食後、臨臥煎人參湯下。

按：此手少陰經藥也，出厥陰朱砂例。

【校記】

[一]“研”，天德尚賢堂本此下有“極細，水飛過”五字。

墜痰清神之劑

錢氏五色丸

朱砂半兩，研　水銀一分　雄黃一兩，熬　真珠末一兩，研　鉛三兩，同水銀熬

右煉蜜丸如麻子大，每服三四丸，煎金銀薄荷湯下。

三因六珍丹：治風癇失性，顛倒欲死，或作五畜等聲，掣縱吐沫，久而方蘇。

雄黃　雌黃　未鑽真珠各一兩　鉛二兩，熬成屑[一]　丹砂半兩　水銀一兩半

右研令極匀，蜜丸桐子大，每服三丸至五丸，薑棗湯下。須搗二三萬杵乃可丸。

礬丹：治五癲五癇，無問陰陽冷熱。

虢丹　晉礬各一兩

右用磚鑿一窠，可容二兩許，先安丹在下，次安礬在上，以炭五斤煅令炭盡，取出細研，以不經水猪心血爲丸如緑豆大，每服十丸至二十丸，橘皮湯下。

元戎二白丸

白礬一塊，約一兩

右用生蒸餅劑裹蒸熟，去皮，可丸，入輕粉一字或半錢，量虚實加減，丸桐子大，每服二三十丸，生薑湯下。小兒丸小。

子和朱砂滚涎散：治五癇。

朱砂　白礬生用　赤石脂　硝石各等分

右爲細末，研蒜膏，爲丸如緑豆大，每服三十丸，食後荆芥湯下。

寶鑒琥珀壽星丸

天南星一斤，掘坑，用火煅燒，坑紅出炭净，入好酒一升潑火穴中，放入南星，蓋穴勿令通氣，過一宿取出，焙末入　珠子四兩　朱砂二兩半，爲衣

右以猪心血打薑糊，丸如桐子大，每服五十丸，煎人参湯送下，空心，日三服。

按：已上六方雖俱手少陰經藥，並出厥陰例。

【校記】

[一]“熬”，天德尚賢堂本此上有“同水銀”三字。

治痰溫熱之劑

李和南五生丸：治癇有神，治陰脈弦細緩者。

南星　半夏　川烏　白附子各一兩　大豆去皮，一兩

右爲細末，滴水爲丸，每服三丸至五丸，不過七丸，薑湯下。

元戎小靈寶丹

附子炮，一兩　天麻　全蝎　白僵蠶炒　藿香葉　南星炮　白附子炮，各半兩

右細末，酒糊丸桐子大，溫酒下一十五丸。

按：已上二方並出厥陰，風癇例藥也。

吐劑

局方碧霞丹：治痰涎壅塞，牙關緊急，心神迷悶，目睛上視，五種癇疾，時作搐搦。

石綠[一]研九度，飛，十兩　附子尖　烏頭尖　蝎梢各七十箇

右爲末，入石綠[二]令匀，麵糊丸如雞頭實大[三]，每服用薄荷汁半盞化下一丸，更以酒半合溫服之，須臾吐出痰涎，然後隨證治之。如口禁，斡開灌之。

子和三聖散（方見吐劑）

【校記】

[一]“綠”，原誤作“碌”，今據天德尚賢堂本改。
[二]“綠”，原誤作“碌”，今據天德尚賢堂本改。
[三]“實大”，原脱，今據天德尚賢堂本補。

治痰攻下之劑

嚴氏控涎丸：治諸癇久不愈，頑涎散聚無時。

川烏生　半夏各半兩　僵蠶不炒，生薑汁浸一宿，半兩　全蝎去尖，七箇　鐵粉三錢　甘遂二錢半

右爲細末，生薑自然汁成薄糊，丸如緑豆大，朱砂爲衣，每服十五丸，食後薑湯下。忌甘草。

按：此厥陰例藥也。

三因控涎丹

錢氏白餅子（二方並見痰飲門）

千金紫丸：治食癇，先寒後熱方。（方見內傷門）

拔萃妙香丸：治時疾傷寒，解五毒，潮熱積熱，及小兒驚百病。

辰砂研，九兩　龍腦　膩粉　麝香研，各七錢半　牛黃半兩　金箔九十片，研　巴豆三百一十五箇，去皮心，研，去油

右合研匀，煉蜜去蠟净，入沙蜜白者七錢半，同煉匀，爲丸，每兩作三十丸，米飲調下。

按：海藏云：此治脈洪長大有力，內熱者，無力內寒，五生丸主之。治小兒，每一粒分十五丸，每服二丸，蜜水下。出厥陰風癇例藥也。已上五方有寒熱溫涼之異，用者隨證擇焉。

平肝瀉火之劑

宣明當歸龍膽丸：治腎水陰虚，風熱藴積，時發驚悸，筋脈搐搦，暗風癇病。（方見諸火門）

千金龍膽湯：治嬰兒出腹，血脈盛實，寒熱溫壯，四肢驚掣發熱，並諸驚癇方。

龍膽　鈎藤皮　柴胡　黄芩　桂枝　芍藥　茯苓一作茯神　甘草各六銖　螳螂二枚　大黄一兩

右㕮咀，以水一升煮取五合，爲劑服之。

按：此少陽、厥陰經藥也。

錢氏瀉青丸（方見小兒門）

通解風熱之劑

宣明防風通聖散：亦治風癇。（方見中風門）

救壞證之劑

寶鑑沉香天麻湯：治一小兒四歲，因長老摩頂受記，僧人念咒，恐懼發搐，痰涎有聲，目多白睛，强項背，一時許方醒，後每見皂衣人即發。多服犀、朱、腦、麝鎮墜之藥，已四年餘，此證尚在，又添行步動作神思如癡。診其脈，沉弦而急。《針經》云心脈滿大，癇瘛筋攣，病久氣弱，多服鎮墜寒涼之劑，復損正氣，故添動作如癡[一]。先灸兩蹺各二七壯，次服此藥。

又肝脈小急，蓋小兒神氣尚弱，因而被驚，神思無依，又動於肝，肝主筋，故癇瘛筋攣。

沉香　益智仁　川烏各二錢　天麻　防風　半夏　附子炮，各三錢　羌活五錢　甘草　當歸　僵蠶各一錢半　獨活四錢

經云：恐則氣下，精怯而上焦閉，以羌活、獨活苦溫引氣上行，又入太陽爲引用，故以爲君；天麻、防風辛溫以散之；當歸、甘草辛甘溫，以補氣血之不足，又養胃氣，故以爲臣；附子、川烏、益智大辛溫，行陽退陰，又治客寒傷胃；腎主五液，入脾爲涎，以生薑、半夏燥濕化痰；沉香辛溫，體重氣清，去怯安神，故以爲使。

右剉，每服五錢，水二盞、生薑三片煎至一盞，去滓溫服，食前，三劑而愈。

按：痸證本從熱治，然亦有壞證而成陰者。如錢仲陽所治王氏子吐瀉，諸醫藥下之，至虛變慢驚，手足瘛瘲而身冷，醫復與八正散。錢氏曰：不能食而胃中虛，若利大小便，即死。久則脾腎俱虛，當身冷而閉目，必用益黄散、使君子丸補脾，遂能飲食。後又不語，錢以地黄丸補腎，一月而安。皆此意也。此方用大熱之藥，乃從權以救前治之失，非常治之道也。

【校記】

[一]“故”，原誤作“攻”，今據天德尚賢堂本改。

玉機微義卷之四十一

玉機微義卷之四十二

破傷風門

論破傷風表裏中治法

《病機》云：破傷風者，同傷寒證治。通於表裏，分别陰陽，有在表，有在裏，有在半表半裏者，在裏宜下，在表宜汗，在表裏之間宜和解，不可過其治也。故表脈浮而無力者，太陽也；脈長而有力者，陽明也；脈浮而弦小者，少陽也。若明此三法而施治，不中病者鮮矣。

《原病式》云：夫破傷中風之由者，因瘡熱甚，鬱結而榮衛不得宣通，怫熱因之遍體，故多白痂。是時瘡口閉塞，氣難通泄，熱甚則生風也。不已，則表傳於裏，亦猶觸冒傷寒，怫熱鬱甚不解，則表傳於裏者也。但有風熱微甚兼化，故殊異矣。大法，破傷中風，風熱燥甚，怫鬱在表，而裏氣尚平者，善伸數欠，筋脈拘急，或時惡寒，或筋惕而搐，脈浮數而弦也，宜以辛熱治風之藥，開衝結滯而愈，猶傷寒表熱怫鬱，而以麻黄湯辛熱發散者也。凡用辛熱開衝風熱結滯，宜以寒藥佐之則良，免致藥中病而風熱轉甚也。如治傷寒發熱，用麻黄、桂枝加黄芩、石膏、知母之類是也。若世以甘草、滑石、葱、豉寒藥發散，甚妙。若表不已，漸傷入裏，裏又未太甚，而脈在肌肉者，宜以退風熱、開結滯之寒藥調之，或微加治風辛熱亦得，猶傷寒在半表半裏，而以小柴胡和解之也。若裏熱已甚，而舌强口禁，項背反張，驚搐惕搦，涎唾稠黏，胸腹滿塞，而或便溺閉結，或時汗出，脈洪數而弦也，然汗出者由風熱鬱甚於裏而表熱稍罷，則腠理疏泄而心火熱甚，故汗出也，法宜除風散結，寒藥下之，後以退風熱、開結滯之寒藥調之，而熱退結散，則風自愈矣。凡治此，亦宜按摩導引，及以橛斡開牙關[一]，勿令口禁，使粥藥得下也。

按：此論表裏中脈病證治，至爲詳盡，前人所未論也。

【校記】

［一］“概”，原誤作“藥”，今據天德尚賢堂本改。

論破傷風所因不同

《病機》云：破傷風者，有因卒暴傷損，風襲之間，傳播經絡，至使寒熱更作，身體反張，口禁不開，甚者邪氣入臟。有因諸瘡不瘥，榮衛虛，肌肉不生，瘡眼不合，風邪亦能外入於瘡，爲破傷風之候。有諸瘡不瘥，舉世皆言著灸爲上，是謂熱瘡，而不知火熱客毒逐經諸變，不可勝數，微則發熱，甚則生風而搐，或角弓反張，口禁目斜。亦有破傷不灸而病此者，因瘡著白痂，瘡口閉塞，氣難通泄，故陽熱易爲鬱結，熱甚則生風也。

按：此論所因有四：二者因瘡口入風，似屬外因；一者因灸逐熱，似屬不內外因；一者因瘡口閉塞，內熱生風，似屬內因也。

謹按：破傷風證，古方藥論甚少，豈非以此疾與中風同論，故不另立條目也？唯河間論傷寒表裏中三法同治，用藥甚詳。其言病因，有因外傷於風，有因灸及內熱所作者，然與中風相似也。但中風之人尚可淹延歲月，而破傷風者犯之，多致不救，蓋中風有在經、在腑、在臟之異，獨入臟者最難治。破傷風，或始而出血過多，或瘡早閉合，瘀血停滯，俱是血受病，血屬陰，五臟之所主，故此風所傷始雖在表，隨即必傳入臟，故多死也。又此病或瘡口坦露，不避風寒而無所傷，或瘡口閉合，密避風邪而反病此，或病已十分安全而忽有此，大抵皆由內氣虛而有鬱熱者得之。若內氣壯實而無鬱熱者，雖傷而無所害也。

破傷風治法

治表之劑

病機羌活防風湯：治邪初在表。

羌活　防風　甘草　川芎　藁本　當歸　芍藥各四兩　地榆　細辛各二兩

右㕮咀，每五錢，水煎，熱服無時。熱，則加大黃、黃芩各二兩。

防風湯：治破傷風，同傷寒表證未傳入裏，急宜服之。

防風　羌活　獨活　川芎等分

右㕮咀，每五錢，水煎服。宜調蜈蚣散，大效。

按：已上二方並三陽經藥也。

蜈蚣散

蜈蚣一對　鰾三錢

右爲細末，用防風湯調下。如表解不已，覺轉入裏，常服左龍丸。（即後江鰾丸四味是也）

蜈蚣散：治裏和，至愈可服。

蜈蚣一對　鰾五錢　左盤龍五錢，炒煙盡，野鴿糞是也。

右爲細末，每服一錢，清酒調下。治裏和[一]，至愈可服，但有裏證，不可服。次當下之，用蜈蚣散四錢，巴豆霜半錢，燒飯爲丸如緑豆大，每服一丸，加至六七丸，清酒調蜈蚣散少許送下，宣利爲度。

發表雄黃散：裏和至愈可服。

雄黃一錢　防風二錢　草烏一錢

右爲細末，每服一字，溫酒調下。

天麻雄黃散：治表。

天南星三錢　半夏　天麻各五錢　雄黃二錢半

右爲細末，每服一錢，溫酒調下。如有涎，加大黃爲下藥。

三因防風散：治風入瘡口，項强，牙關緊急欲死。又名玉真散。

防風　天南星炮，各等分

右爲末，每服三錢，童子小便一大盞煎七分，熱服。

香膠散：治破傷風，口禁直强。

魚膠燒七分，存性

右研細，入麝香少許，每服二錢，酒調下。不飲酒[二]，米湯下。一方以蘇木煎湯下。

《元戎》治破傷風欲死者。

川烏　南星　半夏並生　天麻去蘆，各等分

右爲細末，每服一錢，豆淋酒調下，稍溫服，次以酒一二盞投之。

治破傷風：蝎梢七條，爲細末，熱酒調下。

按：此已上八方並厥陰例藥也。

【校記】

[一]“和”，原脱，今據天德尚賢堂本補。

[二]“酒”，原脱，今據《三因極一病證方論》卷七補。

治半表裏之劑

病機羌活湯：治半在表半在裏。

羌活 菊花 麻黄 川芎 石膏 防風 前胡 黄芩 細辛 甘草 枳殼 白茯苓 蔓荆子各一兩 薄荷 白芷各半兩

右㕮咀，每服五錢，水煎，入生薑五片，熱服，日二三。

按：此三陽經藥也。

地榆防風散：治破傷風，半在表半在裏，頭微汗，身無汗，不可發汗，宜表裏治之。

地榆 防風 地丁草 馬齒莧各等分

右爲細末，每服三錢，溫米湯調下。

治裏之劑

病機大芎黄湯：治破傷風，臟腑秘[一]，小便赤，自汗不止者。

川芎 羌活 黄芩 大黄各一兩

右㕮咀，五七錢水煎，溫服，臟腑和爲度。

按：此三陽經藥也。此自汗非表證，乃裏實也，如陽明病汗多急下之。

江鰾丸：治破傷風，驚而發搐，臟腑秘澀，知病在裏，可用此下之。

江鰾剉，燒，半兩 野鴿糞半兩，炒 雄黄一錢 白僵蠶半兩 蜈蚣一對，炙 天麻一兩

只用前四味，名左龍丸。

右爲細末，分作三分，將二分燒飯爲丸桐子大，朱砂爲衣，將一分入巴豆霜一錢同和[二]，亦以燒飯爲丸如桐子大，不用朱砂爲衣。每服朱砂爲衣二十丸，入巴豆藥一丸，第二服二丸，加至利爲度，再服朱砂爲衣藥，病愈即止。

按：此厥陰例藥也。

【校記】

[一]“秘”，原脱，今據天德尚賢堂本補。

[二]“同”，原誤作“用”，今據天德尚賢堂本改。

治汗之劑

病機白术防風湯：治服發表藥過，有自汗者。

白术 黄芪各一兩 防風二兩

右㕮咀，每服五七錢，水煎，溫服無時。臟腑和而自汗者，可服此藥。若臟腑秘，小便赤，自汗者，無寒也，宜速下之，用大芎黃湯。

按：此手少陽、足陽明、太陰、太陽經藥也。

白术湯：治破傷風，大汗不止，筋攣搐搦。

白术　葛根各一兩　升麻　黃芩各半兩　芍藥二兩　甘草二錢半

右㕮咀，每服一錢，水煎，溫服無時。

按：此陽明、太陰經藥也。

理血之劑

養血當歸地黃散：治病日久氣血漸虛，邪氣入胃，養血爲度。

當歸　地黃　芍藥　川芎　藁本　防風　白芷各一兩　細辛五錢[一]

右㕮咀，水煎服。

按：此厥陰四物例藥也。

雜方

如聖散（方見中風門）

一方本藥內加兩頭尖二兩。

【校記】

[一]"五錢"，原脱，今據天德尚賢堂本補。

玉機微義卷之四十二

玉機微義卷之四十三

損傷門

敘墮墜爲病

《內經》云：人有所墮墜，惡血留內，腹中脹滿，不得前後，先飲利藥。此上傷厥陰之脈，下傷少陰之絡，刺足內踝之下然骨之前出血，刺足跗上动脈[一]。不已，刺三毛各一痏，見血立已，左刺右，右刺左。《靈樞》云：有所墮墜，惡血留於內，若有所大怒，氣上而不下，積於脅下，則傷肝。又中風及有所擊打，若醉入房，汗出當風，則傷脾。又頭痛不可取於腧者，有所擊墮[二]，惡血在於內，若肉傷痛不已[三]，可側刺，不可遠取之也。

按：《發明》經云夫從高墜下，惡血留於內，不分十二經絡，聖人俱作風中肝經，留於脅下，以中風療之。血者皆肝之所主，惡血必歸於肝，不問何經之傷，必留於脅下，蓋肝主血故也。痛甚，則必有自汗，但人汗出皆爲風證，諸痛皆屬於肝木，況敗血凝澀，從其所屬，入於肝也。從高墮下，逆其所行之血氣，非肝而何？以破血行經藥治之。

【校記】

[一]“跗”，原誤作“肘”，今據《素問·繆刺論》改。

[二]“墮”，此下原衍“惡血”二字，今據天德尚賢堂本刪。

[三]“肉”，原誤作“內”，今據天德尚賢堂本改。

傷損脈法

《內經》云：肝脈搏堅而長，色不青，當病墮若搏，因血在脅下，令人喘逆[一]。

《金匱》云：寸口脈浮微而澀，然當亡血，若汗出。設不汗出者，當身有瘡，被刀斧所傷，亡血故也。

《脈經》云：金瘡出血太多，其脈虛細者生，數實大者死。金瘡出血，脈沉小者生，浮大者死。

砍瘡[二]，出血一二石，脈來大者，二十日死。

砍刺[三]，出血不止者，其脈止。脈來大者，七日死。滑細者生。

從高顛仆，內有血，腹脹滿，其脈堅强者生，小弱者死。

按：破傷有瘀血在內，脈堅强實則生，虛小弱者死。若亡血過多，脈虛細小者生，浮大數實者死。皆爲脈病不相應故也。

【校記】

[一]“喘”，原誤作“嘔”，今據《素問·繆刺論》改。

[二]“砍”，《脈經》卷四作“斫”。

[三]“砍”，《脈經》卷四作“斫”。

論傷損宜下

子和云：諸落馬墜井，打撲傷損，閃肭損折，杖瘡腫發，焮痛不止者，可峻下二三十行，痛止腫消，宜以通經散、導水丸等藥，或加湯劑瀉之，後服和血、消腫、散毒之藥。

按：子和於墮車、落馬、杖瘡、閃肭者，俱用峻下。其有心恙牙關禁急者，云是驚涎堵塞於上，俱用三聖散先吐後下。其法雖峻，然果有驚涎瘀血停留於內，焮痛腫脹發於外者，亦奏捷功。但於出血過多、老弱之人脈虛大者，亦當求責[一]。

謹按：打撲金刃損傷，是不因氣動而病生於外。外受有形之物所傷，乃血肉筋骨受病，非如六淫七情爲病，有在氣在血之分也。所以損傷一證，專從血論，但須分其有瘀血停積與亡血過多之證[二]。蓋打撲墜墮，皮不破而內損者，必有瘀血，若金刃傷皮出血，或致亡血過多，二者不可同法而治。有瘀血者，宜攻利之；若亡血者，兼補而行之。又察其所傷有上下輕重淺深之異，經絡氣血多少之殊，唯宜先逐瘀血，通經絡，和血止痛，然後調氣養血，補益胃氣，無不效也。頃見圍城中軍士被傷，不問頭面手足胸背輕重，醫者例以大黄等藥利之，後大黄缺少，甚者遂以巴豆代之。以爲不於初時瀉去毒氣，後則多致危殆。至於略傷手指，亦悉以藥利之。殊不知大黄之藥惟與有瘀血者相宜，其有亡血過多、元氣胃氣虛弱之人，不可服也。其巴豆大熱有毒，止能破堅逐積，用於此疾，尤非切當。所以有服下藥過後，其脈愈見堅大，醫者不察，又以爲瘀血未盡而復下之[三]，因而夭折人命，可不慎歟？

【校記】

[一]“亦當求責”，天德尚賢堂本作“不可輕用”。

[二]“與”，原誤作“而”，今據天德尚賢堂本改。

[三]“復”，原誤作“後”，今據天德尚賢堂本改。

損傷治法

攻下瘀血之劑

金匱治馬墜及一切筋骨損方。

大黃一兩，切，浸成湯下　緋帛如手大，燒灰　亂髮如雞子大，燒灰　炊單布一尺，燒灰　敗蒲一把三寸　桃仁四十九箇，去皮尖，熬　甘草如中指節，炙剉

右七味，以童子小便量多少煎，湯成，內酒一大盞，次下大黃，去滓，分溫三服。先剉敗蒲席半領煎湯，浴衣被處，斯須通利數行，痛楚立差。

發明復元活血湯：治從高墮下，惡血留於脅下，疼痛不可忍。

柴胡五錢　當歸六錢　甘草二錢　川山甲炮，三錢　大黃酒浸，一兩　桃仁去皮尖，五十箇　紅花　瓜蔞根各二錢

右件，桃仁研爛，餘藥剉如麻豆大。每服一兩，水二盞半、酒半盞煎至七分，去滓，食前大溫服，以利爲度。得利後痛或不盡，服乳香神應散。《靈樞》云：墜墮，惡血留於脅下則傷肝。肝膽之經行於脅下，屬厥陰、少陽，宜以柴胡爲引，用爲君；以當歸活血脈，又急者痛也，以甘草緩其急，亦能生新血，陽生陰長故也，爲臣；川山甲、瓜蔞根、桃仁、紅花，破血潤血，爲之佐；大黃酒製，以蕩滌敗血，爲之使。

當歸導氣散：治損傷瘀血，大便不通，紅腫暗青，疼痛昏悶，畜血內壅欲死。

大黃一兩　當歸三錢　麝香少許

右三味，除麝香另研外，爲極細末，入麝香合勻，每服三錢，熱酒一盞調下，食前。內瘀血去，或骨節傷折疼痛，接骨紫金丹治之。

三因雞鳴散：治從高墜下，及木石所壓，凡是損傷，瘀血凝滯，疼痛欲死，兼以此藥推陳致新，神效。

大黃一兩，酒浸　杏仁三七粒，去皮尖

右研細，酒一碗煎至六分，去滓，雞鳴時服至晚，取下瘀血，即愈。若便

覺氣絶，取藥不及，急擘開口，以熱小便灌之。

按：已上四方雖皆蕩逐惡血之藥，前三方所以治血在肝經血分者也，後一方所以治血在肺經氣分者也，當以脈之浮沉表裏別之。又海藏云：若登高墜下撞打，及傷心腹，胸中積血不散，以上中下三焦部分分之，以易老犀角地黄湯、桃仁承氣、抵當湯丸之類下之。亦有以小便同煎治之者，更有內加生地黄、當歸煎服者，亦有加大黄者，惟智者能擇之。

破血止痛行經之劑

秘藏破血散：治乘馬損傷，跌其脊骨，惡血流於脅下，其痛苦楚，不能轉側。

羌活　防風　桂各一錢　柴胡　連翹　當歸梢　水蛭炒煙盡，研，各二錢　麝香少許，另研

一方有蘇木一錢半。

右件分作二服，每服二大盞酒，水一盞，除水蛭、麝香外，另研如泥，煎餘藥一大盞，去滓，上火令稍熱[一]，調二味，飢服之。

按：此太陽、陽明、少陽經藥也。

地龍散：治腰脊痛，或打撲損傷，從高墜下，惡血留在太陽經中，令人腰脊或脛腨臂腰中痛不可忍。

中桂　地龍各四分　黄柏　甘草各一錢　羌活二錢　蘇木六分　麻黄半錢　桃仁六箇　當歸梢一分

右㕮咀，每服五錢，水二盞煎一盞，去滓，溫服。

按：此足太陽經藥也。

發明乳香神應散：治從高墜下，疼痛不可忍，及腹中疼痛。

乳香　沒藥　雄黑豆　桑白皮　獨科栗子各一兩　破故紙炒，二兩

右爲末，每服五錢，醋一盞，沙石器內煎至六分，入麝香少許，溫服。

（《寶鑒》有當歸一兩，水蛭炒，半兩）

聖靈丹：治一切打撲折傷，疼痛不可忍者。

乳香五錢　烏梅去核，五箇　白米一捻，《秘藏》作粟　莴苣子[二]一盞，炒黄，二兩八錢

右爲細末，煉蜜丸彈子大，每服一丸，細嚼，熱酒送下[三]，一伏時痛不止，再服。

按：此二方少陰經藥也。

三因加味芎藭湯：治打傷，敗血入胃，嘔吐黑血。

川芎　當歸　白芍　百合浸半日　荆芥穗各等分

右剉，每服四錢，水酒各半煎。

元戎加味四物湯：治虚人損傷，不禁下之者。

四物湯加川山甲，煎服。

按：已上二方厥陰例藥，通前六方皆溫平之劑。

局方花蕊石散：治金刃傷，及打撲損傷，猫狗咬傷。或至死者，急於傷處擦藥，其血化爲黄水。如內損，血入臟腑，煎童子小便，入酒少許，調一錢服之，立效。婦人產後惡血奔心，胎衣不下，以小便調一錢，取下惡物，效。

硫黄明净者，四兩　花蕊石一斤

右二味粗末，拌令匀，用紙筋和膠泥固濟，瓦罐子一箇，入藥在內，密泥封口了，焙乾，安在四方磚上，上畫八卦、五行字，用炭一秤圍燒，自巳午時從下生火，直至經宿火盡，又經宿已冷，取研極細，磁盒內盛。

按：此厥陰硫黄例藥也。海藏云：有用此藥以童便煎服，或酒調服之者，與寒藥正分陰陽，不可不辨也。

補損當歸散：治墜馬落車，傷腕折臂疼痛，服此藥疼痛即止，筋骨即當相連。

澤蘭炒　附子炮，各一錢　當歸炒　蜀椒炒　甘草炙　桂心各五分　芎藭炒，六分

右爲細末，每服二錢，溫酒調服，日三。忌生葱、猪肉、冷水、生菜。

按：此少陰、厥陰經藥也。已上二方皆溫熱之劑。

【校記】

[一]“令”，原誤作“合”，今據天德尚賢堂本、文淵閣四庫全書本改。

[二]“苣”，原誤作“葵”，據天德尚賢堂本改。

[三]“熱酒”，原脱，今據天德尚賢堂本、文淵閣四庫全書本補。

接骨之劑

發明紫金丹：定痛接骨。

川烏炮　草烏炮，各一兩　靈脂去土，半錢　木鱉子去殻　黑牽牛生　骨碎補　威靈仙　金毛狗脊　防風　自然銅火煅醋淬七次[一]　地龍去土　烏藥　青皮　陳皮　茴香各半錢　禹餘糧火煅醋淬[二]，四兩　沒藥　紅藥子　麝香各二錢半

右細末，醋糊爲丸如梧子大，每服十丸至二十丸，溫酒送下，病上食後，病下食前。

元戎接骨丹

沒藥 乳香 當歸 川椒 自然銅醋淬 赤芍 骨碎補炙 敗龜炙 虎骨 白芷各等分 千金藤郁李仁是也，亦等分

又方加龍骨、川芎。

右細末，化蠟半兩，丸如彈子大，每服一丸，好酒半升化開煎，用東南柳枝攪散，熱服。

經驗方：治打撷折骨損斷，服此藥，自頂心尋病至下，遇受病處則颯颯有聲，覺藥力習習往來則愈。

自然銅煅，醋淬七次，一兩 川烏去皮尖 松明節 乳香 血竭三錢 龍骨半兩，生 地龍半兩，去土，炒 水蛭炒，半兩 沒藥 蘇木 降真香 土狗十箇，油浸，焙乾

右爲末，每服五錢，無灰酒調下，病在上食後，在下食前。

按：已上三方並出少陰折傷例藥也。其用毒藥以行諸經，亦是瘀血已去者方可用。丹溪云：世以自然銅爲接骨藥，然此等方儘多，大抵在補氣補血補土。俗工惟在速效以罔利，迎合病人之意。而銅非煅不可服，若新出火者，其火毒金毒相扇，挾香挾藥毒，雖有接傷之功，而燥散之禍甚於刀劍，戒之。

【校記】

[一]“火煅醋”，原脱，今據天德尚賢堂本補。

[二]“火煅醋”，原脱，今據天德尚賢堂本補。

雜方

機要刀箭藥：止血定痛，沒藥散。

定粉 風化灰各一兩 乳香半錢，另研 枯礬三錢，另研 沒藥一字，另研

右件各研爲細末，同和勻再研，摻用之。

本事地黃散：治金瘡，止血，除疼痛，辟風，續筋骨，生肌肉。

地黃苗 地松 青蒿 蒼耳苗 生艾汁三合 赤芍各五兩，入水取汁 石灰三分

右五月五、七月七午時修合，以前藥汁拌石灰，陰乾，入黄丹三兩，更杵羅細，凡金瘡出血，用藥封包，不可動，十日差，無膿腫。

經驗方：治打撲損筋傷骨折。呂顯謨傳。

黄柏一兩 半夏半兩

右爲細末，每用半兩，生薑自然汁調如稀糊，付[一]，用紙花貼，如乾再付。骨折，先以絹帛封縛，次用沙木紥定，良久痛止。即癢覺熱，乃是血活，

筋骨復舊，輕者三五日，重者不過旬月。

又方：治打撲損，腫痛不止。

生薑自然汁、米醋、牛皮膠同熬，溶入馬屁勃末，不以多少，調如膏，以紙攤傅腫處。

治刀傷斧斫

五倍子一味，爲末，乾貼，神效。

桑葉陰乾，爲末，乾貼。如無，旋熨乾末貼之，妙。

玉機微義卷之四十三

【校記】

［一］“付”，天德尚賢堂本作“塗患處”三字。

玉機微義卷之四十四

癍疹門

論癍疹證治

潔古云：癍疹之病，其爲證各異。瘡發焮腫於外者，屬少陽三焦相火，謂之癍；小紅靨行皮膚之中不出者，屬少陰君火也，謂之疹。凡顯癍證，若自吐瀉者，慎勿亂治而多吉，謂邪氣上下皆出也。癍疹並出，小兒難禁，是以別生他證也，首尾不可下。大抵安裏之藥多，發表之藥少，秘則微疏之，令邪氣不壅並而能作番次，使兒易禁也。身溫暖者順，身涼者逆。

按：此是例陽證發癍，宜與小兒門癍論例兼看證治。

論傷寒發癍有陰陽不同

《略例》云：陽證發癍有四：有傷寒發癍，有時氣發癍，有熱病發癍，有溫毒發癍。班班如錦文[一]，或發之面部，或發之胸背，或發之四末。色紅赤者胃熱也，紫黑爲胃爛也，一則下之早，一則下之晚，乃外感熱病而發癍也，當服玄參、升麻、白虎等藥。

謹按：四氣發癍，溫毒爲至重，暑證亦發癍，固有輕重之殊。見面部者，傳手經也。《難知》云：戊助少陰心火，入手太陰肺也。背多者足太陽，胸屬足陽明，四末屬脾與心也。

陰證發癍，亦出背胸，又出手足，亦稀少而微紅。若作熱證投之涼劑，大誤矣。此無根失守之火聚於胸中，上獨熏肺，傳於皮膚而爲班點，但如蚊蚋蚤虱咬形狀，而非錦文也，調中溫胃，加以茴香、芍藥，或大建中之類[二]，其火自下，癍自退，可謂治本而不治標也。

謹按：癍證固有陰陽輕重之現證矣，陽證大率用托裏清熱，化癍涼血，陰證止用調中溫胃，其癍自消，病體自定。非若瘡成膿疱也，雖輕重，俱從火化，大抵急則治標，緩則治本。

【校記】

［一］“班班”，大德尚賢堂本作“斑斑”。

［二］“或”，原誤作“以”，今據天德尚賢堂本改。

論中寒發癍

《略例》云：完顔小將軍病寒熱間作，有癍三五點，鼻中微血出，兩手脈沉澀，胸膈四肢按之殊無大熱。此內傷寒也。問之，因暑臥殿角傷風，又渴飲冰酪水，此外感者輕，內傷者重，從內病，俱爲陰也。故先癍衄，後顯內陰。寒熱間作，脾亦有之，非往來少陽之寒熱也。與調中湯數服而愈。

論傷寒治誤發癍

陳無擇云：傷寒發癍者，蓋不當下而下之，熱則乘虛入胃，當下而失下，則胃熱不得泄。二者皆能發癍，其狀如錦綉，赤者易治，黑者難治，蓋熱毒入胃深也。

按：此謂癍主於胃，因下早下晚之失而生。至如陽證誤用熱劑而發癍，或溫毒使發癍者，皆宜從脈求其本也。仲景云寸脈浮滑者，可用瓜蒂散吐之，是熱毒蘊於胸膈也，又非在胃及虛火之比。大抵黑者熱極，亢則害，承乃制也。

論癮疹

陳無擇云：世醫論癮疹，無不謂是皮膚間風，然既分冷熱，冷熱即寒暑之證。又有因浴出凑風冷而得之者，豈非濕也[一]？則知四氣備矣。經分諸瘡實熱則痛[二]，虛寒則癢。又陽明主肌肉，屬胃與大腸。亦有冷熱分痛癢，不可不審。世人呼白者爲婆膜，赤者爲血風，名義混淆，當以理曉，察內外，隨證治之。

謹按：癮疹多屬脾，隱隱然在皮膚之間，故言癮疹也。發則多癢，或不仁者，是兼風兼濕之殊，色紅者兼火化也。

【校記】

［一］“濕”，原誤作“溫”，今據《三因極一病證方論》卷十六改。

［二］“經分諸瘡實熱則痛”，《三因極一病證方論》卷十六作“經云諸痛癢瘡，皆屬於心，

心實熱則痛”一十五字。

瘢疹治法

升散之劑

元戎葛根橘皮湯：治瘢在肌膚[一]，冬溫始發，肌中瘢爛，咳而心悶，但嘔清汁。

葛根 橘皮 杏仁 知母 黄芩 麻黄 甘草

右等分，水煎服。

按：此足陽明、太陽藥也。

陽毒升麻湯：瘢在面，傷寒一二日，或吐下後變成陽毒，腰背痛，煩悶不安，面赤，狂言見鬼，下痢，脈浮大，咽痛。

升麻五錢 犀角 射干 黄芩 人參 甘草各二錢半

右㕮咀，水煎，取飲半盞，刻許再進，溫覆，手足得汗出解。

玄參升麻湯：瘢在身，治汗下吐後毒不散，表虛裏實，發於外，甚則煩躁譫妄。

玄參 升麻 甘草等分

右㕮咀，水煎服。

按：已上足陽明藥也。

陽毒梔子湯：治傷寒壯熱，百節疼痛而發瘢。

升麻 梔子仁 黄芩 芍藥 石膏 知母 杏仁 柴胡 甘草一錢

右粗末，每五錢，入薑五片，豉百粒，煎服。

按：此足陽明、少陽藥也。

消毒犀角飲子：治瘢及癮疹。

牛蒡子六錢 荆芥 防風各二錢 甘草一錢

右㕮咀，水煎。

按：此手太陰藥也。

解毒防風湯：治瘢及癮疹癢痛。

防風一兩 地骨皮 黄芪 芍藥 荆芥 枳殼 牛蒡子各半兩

右爲粗末，每四五錢，水煎服。

按：此手足太陰藥也。已上諸方本於陽證者宜選用之。

升麻葛根湯（方見小兒門[二]）

陰毒升麻鱉甲湯：治陰癍。

升麻三兩　當歸　甘草各二兩　蜀椒一兩　鱉甲炙　雄黃半兩，研

右爲末，每服五錢，水煎服。

按：此足太陰、少陰、厥陰藥也[三]。

三因加味羌活散：治感四時所傳肌膚發爲癮疹，憎寒壯熱。

羌活　前胡各一兩　人參　桔梗　甘草　枳殼　川芎　天麻　茯苓各半兩　蟬蛻　薄荷各三錢

右㕮咀，搗爲末，每服二大錢，薑三片，煎服。

按：此足太陽，手太陰、少陰藥也。

調中湯：治內傷外感而發陰癍。

蒼术一錢半　陳皮一錢　砂仁　藿香　芍藥炒　甘草炙　桔梗　半夏　白芷　羌活　枳殼各一錢　川芎半錢　麻黃　桂枝各半錢

右㕮咀，薑三片，水煎服。

按：此足太陽、太陰，手陽明、太陰藥也。已上諸方本於陰證者宜選用之。

【校記】

[一]“膚”，原脱，今據天德尚賢堂本補。

[二]“小兒門”，原脱，今據天德尚賢堂本補。

[三]“足太陰、少陰、厥陰藥也”，原脱，今據天德尚賢堂本補。

和解之劑

化癍湯：治傷寒汗吐下後癍發脈虚。

白虎湯加人參，守真《類粹》再加白术。

右㕮咀，時時煎服之。

下劑

當歸丸：治傷寒癍見，無大熱，脈虚，秘悶。

當歸半兩　甘草一分　黃連　大黃各二錢半

右先將當歸熬膏子，入藥末，三味爲丸，漸加，至利爲度。

涼血之劑

黑膏：治溫毒發癍。

生地黄半斤　好豉一升

右二味，以猪膏二斤合煎之，至濃汁，用雄黄、麝香如豆大内中攪和，每服用彈子大，湯化服，未效再服之。

大青四物湯

大青四兩　阿膠　甘草各一兩　豉八合

右㕮咀，每服五錢，水煎服之。

玉機微義卷之四十四

玉機微義卷之四十五

黄疸門 發黄附

諸經敘黄疸脈證

《内經》曰：溺黄赤，安卧者黄疸。

《要略》曰：寸口脈浮而緩，浮則爲風，緩則爲痹。痹非中風，四肢苦煩，脾色必黄，瘀熱以行。尺脈浮爲傷腎，趺陽脈緊爲傷脾。風寒相搏，食穀即眩，穀食不消，胃中苦濁，濁氣下流，小便不通，陰被其寒，熱流膀胱，身體盡黄，名曰穀疸。額上黑，微汗出，手足中熱，薄暮即發，膀胱急，小便不利，名曰女勞疸。腹如水狀，心中懊憹而熱，不能食，時欲吐，名曰酒疸，多不治。

《脈經》曰：脈沉，渴欲飲水，小便不利者，皆發黄。凡黄，候其寸口脈近掌無脈，口鼻冷，並不可治。

論五疸

陳無擇云：古方敘五種黄者，其實一病，立名異耳。如黄汗者，以胃爲脾表，屬陽明。陽明蓄熱，喜自汗，汗出，因入水中，熱必鬱，故汗黄也。其候身體腫[一]，發熱不渴，狀如風水，汗出染衣，色正黄，如柏汁。

黄疸者，由暴熱用冷水洗浴，熱留胃中所致，其候身面眼悉黄如金色，小便如煮黄蘗汁。

穀疸者，夫由肌發熱，大食傷胃，氣衝鬱所致，其候食則腹滿眩暈，穀氣不消云云。（見前）

酒疸，由大醉當風入水所致，唯酒變證最多，熱毒流於清氣道中，則眼黄鼻癰。

女勞疸，由大熱、交接竟入水，水流濕入於脾，因腎氣虚甚，以所勝克入，致腎氣上行，故有額黑身黄之證。其間兼渴與腹脹者，並難治。發於陰必嘔，發於陽則振寒，面微熱。雖本於胃氣鬱發，土色上行，然發於脾則爲肉疸[二]，發於腎則爲黑疸。若論所因，外則風寒暑濕，内則喜怒憂驚、酒食、房勞，三因悉備，世醫獨麗於《傷寒論》中[三]，不亦濫矣？

按：已上五疸與前《要略》所具不同，宜兼考之。陳氏治例未能以盡其變，推其病體究治。大抵已上五疸形證已具無所隱，兼證者黄汗、黄疸、穀疸，誠以元氣、脾胃之氣爲主而治之，形氣穀氣稍實者則可得而復矣。酒疸則元氣、胃氣殊已傷甚，形氣孤危，穀氣與藥雜進，能有斷厚味而守藥得復生者，則幾希矣。女勞疸則陰陽之氣虚竭，甚者爲難治。陳云世醫獨麗於傷寒而不及此[四]，此則亦非傷寒家法所可髣髴施治也[五]。

【校記】

[一]"候"，原誤作"後"，今據天德尚賢堂本改。
[二]"肉"，原誤作"内"，今據《三因極一病證方論》卷十改。
[三]"麗"，原誤作"嚴"，今據《三因極一病證方論》卷十改。
[四]"麗"，原誤作"嚴"，今據文義改。
[五]"治"，原脱，今據天德尚賢堂本補。

論傷寒陽證發黄

《保命集》云：凡發黄有六，有畜血發黄，邪熱傳於太陽之本，小便先淋而黄，其人暴狂，内有血也，爲太陽發黄本病也。濕熱發黄，太陰並陽明之本，爲小便不利。風濕熱發黄，並少陽也。寒濕發黄，太陰並少陽也。結胸發黄，下之早，附太陽也。痞氣發黄，附太陰也。凡六者，各隨脈證標本而治之。大抵發黄從太陰、陽明而論，脾胃皆土也，故見黄色，當從其脾病色黄。土氣化濕，非濕毒何能發黄也？

論陰證發黄

韓祇和云：病人三五日服下藥太過，虚其脾胃，亡其津液，渴飲水漿，脾土爲陰濕加之，與邪熱相會發黄，此陰黄也，當以溫藥治之。如兩手脈沉細遲，肢體逆冷，皮膚有粟起，或嘔吐，舌上有胎，遍身發黄，煩躁，欲於泥水中臥，小便赤少，皆陰候也。故陰黄多以熱湯溫之，或湯漬布搭其胸腹，或以湯盛瓢中，坐於臍下熨之，其病愈矣[一]。曾治趙顯宗，病傷寒至六七日，因服下藥太過致發黃，其脈沉細遲無力，皮膚涼，發躁，欲於泥中臥，喘嘔，小便赤澀。先投茵陳橘皮湯，喘嘔止。次服小茵陳湯半劑，脈微出，不欲於泥中臥。次日又服茵陳附子湯半劑，四肢發熱，小便二三升，當日中大汗而愈。似此治愈者，不一一録。凡傷寒病黃，每遇太陽或太陰司天歲，若下之太過，往往變成陰黃。蓋辰戌太陽寒水司天，水來犯土，丑未太陰濕土司天，土氣不足，即脾胃虛弱，亦水來侵犯，多變此證也。

按：已上論傷寒陰陽二證發黃，殆無餘藴。大抵本形氣虛實，受證不同，用藥有汗下溫之禁，非若雜病之比也。我丹溪先生謂發黃如盦麯相似，濕熱有微甚，及兼熱兼寒瘀血，所因不同，故治例不可不分。

【校記】

[一]“矣”，原誤作“者”，今據天德尚賢堂本改。

論內傷發黃

《略例》云：內感傷寒，勞役形體，飲食失節，中州變寒之病生黃，非傷寒壞之而得，只用建中、理中、大建中足矣，不必用茵陳也。

按：此言內傷不足，故宜補益。唯其有餘，新病必須消導之，久病從穀疸施治可也。

論發黃治例

《難知》云：色如熏黃，乃濕病也，一身盡痛；色如橘子黃，乃黃病也，一身不痛。乾黃，燥也，小便自利，四肢不沉重，渴而引飲者，梔子柏皮湯；濕黃，脾也，小便不利，四肢沉重，似渴不欲飲者，大茵陳湯。若大便自利而黃者，茵陳梔子黃連三物湯。往來寒熱，一身盡黃者，小柴加梔子湯。

按：一身盡痛而黃者，濕勝在表也。不痛者，病在裏也。乾燥者，熱勝也。故後證皆有表裏之分殊。東垣云：傷寒當汗不汗，即生黃。邪在表者宜急汗之，在表之裏宜滲利之，在半表裏宜和解之，在裏者宜急下之。若已上諸證及《略例》云男黃小便自利[一]，當與虛勞小建中湯。若黃色不變，欲自利，腹滿而喘，不可除熱，除熱必噦，小半夏湯，皆不必拘於茵陳也。

【校記】

[一]“男”，天德尚賢堂本作“男子”二字。

黄疸治法

升散之劑

金匱桂枝加黄芪湯：治黄汗，身腫汗出，出已輒輕，輕久必身瞤[一]，胸中痛，腰以下無汗，腰髖弛痛，如有物在皮中，劇者不能食，煩躁，小便不利。

桂枝　芍藥各三錢　甘草二錢　黄芪五錢

右水煎，入薑棗，服後仍飲熱粥助藥力。

麻黄連翹赤小豆湯：治身熱不去，瘀熱在裏，發黄，小便微利。

麻黄　連翹各一兩　赤小豆一合[二]

右㕮咀，作一服，水煎。

局方茵陳五苓散：治傷寒或伏暑發黄，小便不利，煩渴。本方五分，加茵陳十分。

韓氏茵陳茯苓湯：治發黄，脈沉細數，四肢冷，小便澀，煩躁而渴。

茯苓　桂枝　豬苓各一兩　滑石一兩半　茵陳一兩

右爲末，每服半兩，水煎服。如脈未出，加當歸。

按：已上方並太陽例藥也。

【校記】

[一]"輕久"，《金匱要略方論·水氣病脈證並治》作"久久"。

[二]"一合"，原脱，今據天德尚賢堂本補。

攻下之劑

金匱梔子大黄湯：治酒疸，心中懊憹，或熱痛。

梔子十四枚　大黄一兩　枳實五枚　豉一升

右水煎至二升，分溫三服。

大黄硝石湯：治黄疸腹滿，小便不利而赤，自汗，此表和裏實。

大黄　黄柏　硝石各四兩　梔子十五枚

右水煎服，如前法。

硝石礬石散：治女勞疸，身黄額黑，日晡發熱惡寒，膀胱急，小腹滿，足下熱，因作黑疸，其腹滿如水狀，大便必黑，時溏，此女勞之病，非水也。

硝石　礬石各燒，等分

右二味爲散，以大麥粥汁和服二錢，日三，重衣覆取汗，隨大小便去。小便黄，大便黑，是其候也。

半夏湯：治酒疸，身黄無熱，言了了，腹滿欲嘔，心煩足熱，或癥瘕，心中懊憹，其脈沉弦或緊細。

半夏 茯苓 白术各三兩 前胡 枳殻炒 甘草 大戟炒，各二兩 黄芩 茵陳 當歸各一兩

右㕮咀，每服四錢，水煎，入薑三片，空心服。

茵陳蒿湯：治身熱鼻乾，汗出，陽上奔，小便赤而不利，濕熱發黄。

茵陳蒿六兩 梔子十四箇 大黄二兩

右三味，每服一兩半，水煎服。

難知茵陳大黄湯：治傷寒大熱發黄，面目悉黄，小便赤。

茵陳蒿 梔子 柴胡 柏皮 黄芩 升麻 大黄炒，各一兩 龍膽草半兩

右爲粗末，每服五錢，水煎服。

抵當湯：治太陽傷寒，頭痛身熱，法當汗解，反利小便，熱瘀在內，則身黄脈沉，少腹硬，小便自利，其人如狂者，下焦有血也，宜此湯主之。

水蛭 䖟蟲各十箇 大黄一兩 桃仁十二箇

右剉，作一服，水煎，食前服。

按：已上並陽明經藥也，抵當湯厥陰藥。輕者，桃仁承氣湯主之。

和解之劑

小柴胡加梔子湯

按：此手太陰、足少陽藥也。

治熱和中之劑

梔子柏皮湯：治身熱不去，大便利而煩熱身黄者。

梔子 柏皮 黄連各等分

右㕮咀，每服一兩，水煎服。

寶鑒茯苓滲濕湯：治黄疸，寒熱嘔吐而渴欲飲冷，身體面目黄，小便不利，不得安臥，不思食。

白茯苓五分 澤瀉三分 茵陳六分 猪苓二錢 生黄芩 黄連 梔子 防己 白术 蒼术 陳皮 青皮 枳實各二分

右㕮咀，作一服，水煎，空心服。酒疸，兼作丸子服之。

按：此並太陽例藥。

溫中之劑

金匱小半夏湯：治黃疸，小便色不異，欲利，腹滿而喘。

半夏湯泡七次

右㕮咀，每服三五錢，水煎，入薑十片。

韓氏茵陳橘皮湯：治身黃脈沉細數，熱而手足寒，喘嘔煩躁不渴者。

茵陳　橘皮　生薑各一兩　白术一分　半夏　茯苓各半兩

右爲末，水四升煮取二升，放溫，分作四服。

按：此並足陽明、太陰藥也。

小茵陳湯：治發黃，脈沉細遲，四肢及遍身冷。

附子一箇，作八片[一]　甘草炙，一兩　茵陳二兩

右爲粗末，用水二升煮一升，溫作三服。

茵陳四逆湯：治發黃，脈沉細遲，肢體逆冷，腰已上自汗。

甘草炙，一兩　乾薑炮，一兩半　附子一箇，作八片　茵陳二兩

右爲粗末，分作四貼，水煎服。

茵陳附子湯：治服四逆湯身冷，汗不止者。

附子二箇，各作八片　乾薑炮，二兩半　茵陳一兩半

右爲粗末，水煎，分作三服。

按：已上並少陰經藥也。

茵陳茱萸湯：治服茵陳附子湯，證未退及脈伏者。

吴茱萸一兩　當歸三分　附子二箇，各作八片　木通一兩　乾薑炮　茵陳各一兩半

右爲粗末，分作二服，水煎。

按：此足少陰、厥陰藥也。

【校記】

[一]"作"，原脱，今據天德尚賢堂本補。

吐下之劑

三因苦參散：治濕熱內甚，小便赤澀，大便時秘，食飲不妨，服諸藥不除，因爲久黃。

苦參　黃連　瓜蒂　黃柏　大黃各一分　葶藶半兩

右爲末，每服一大錢，飲調下，當吐利，隨時消息，加減與之。

按：此出太陽、陽明例藥也。

調理之劑

當歸白术湯：治酒疸發黃，結飲癖在心胸間，堅滿，骨肉沉重，逆害飲食，小便赤黃。此因內虛，飲食生冷，脾胃痰結所致，其脈弦澀。

白术　茯苓各三兩　當歸　黃芩　茵陳各一兩　前胡　枳實炒　甘草炙　杏仁炒，各二兩　半夏一兩半

右㕮咀，每服四五錢，入薑煎。

小建中湯

養榮湯：治五疸，脚弱心忪，口淡耳鳴，微寒發熱，氣急，小便白濁，當作虛勞治之。（方並見虛損門）

消食之劑

三因紅丸子：治穀疸發黃。（方見霍亂門，用生薑甘草湯下）

寶鑒棗礬丸：治食勞，目黃身黃者。

皂礬不以多少，沙鍋內木炭燒通紅赤，用米醋內點之

右爲末，棗肉丸桐子大，每服二三十丸，食後用生薑湯下。

取黃水法

瓜蒂散

瓜蒂二錢　母丁香一錢　黍米四十九箇　赤小豆半錢

右爲極細末，每夜於鼻內㗜之，取下黃水，內服涼劑。

三因如神散：治酒毒不散，發黃，久久浸漬，流入清氣道中，宜此內鼻中取黃水。

苦瓠子去皮　苦葫蘆子去皮，三七箇　黃黍米三百粒　安息香二皂子大

右爲末，以一字㗜入鼻中，滴出黃水一升。忌勿吹多。或過多，即以黍穰燒灰、麝香末各少許，吹鼻內，立止。

玉機微義卷之四十五

玉機微義卷之四十六

霍亂門

《内經》敘霍亂所因

經曰：歲土不及，風乃大行云云，民病飧泄霍亂，體重腹痛，筋骨繇並。

按：此言土運不及，木乃太過，木乘土而爲病，宜詳玩本文。

論霍亂脈證

《内經》曰：脈伏者，霍亂。

《傷寒論》曰：病嘔吐而利，名曰霍亂。或發熱頭痛，身疼惡寒，吐利，或自吐下，又利止復更發熱也，皆是霍亂證。伤寒其脈微涩者，本是霍乱，今是伤寒，却四五日至阴经上，轉入陰，必利。本嘔下利者，不可治也。

《保命集》云：傷寒霍亂轉筋，身熱脈長，陽明本病也。脾胃受濕熱，中焦氣滯，或因冷飲，或傷冷水，或感濕氣，冷熱不調，水火相干，陰陽相搏，上下相離，榮衛不能相維，故轉筋攣痛，經絡亂行，暴熱吐瀉，中焦胃氣所主也。

謹按：傷寒傳變，爲霍亂者殊少，惟夏秋之間暄熱，人腠理疏，感風濕暍之氣而生。此證多有陰陽虚實不同，脈來浮洪者可治，微而遲，氣少不語者，爲難治。

論霍亂分三因

陳無擇曰：霍亂者，心腹卒痛，嘔吐下利，憎寒壯熱，頭痛眩暈，先心痛則先吐，先腹痛則先利，心腹俱痛，吐利並作，甚則轉筋，入腹則斃。霍亂惡證，無越於斯。蓋陰陽反戾，清濁相干，陽氣暴升，陰氣頓墜，陰陽痞膈，上下奔逸，治之唯宜溫暖，更詳別三因以調之。外因諸風，則惡風有汗，傷寒則惡寒無汗，冒濕則重著，傷暑則熱煩。內因九氣所致，鬱聚痰涎飲，痞隔不通，遂致滿悶，隨其勝復，必作吐利。或諸飽食膾炙，恣飧乳酪冰脯，寒漿旨酒，胃既䐜脹，脾臟停凝，必內鬱發，遂成吐利，當從不內外因也。

按：此具霍亂三因稍備，但立方未能以盡其變，學者自宜推格。

論霍亂轉筋

陳氏曰：轉筋者，以陽明養宗筋，屬胃與大腸，今暴吐下，津液頓亡，外感四氣，內積七情，飲食甜膩，攻閉諸脈，枯削於筋，宗筋失養，必致攣縮，甚則卵縮舌卷，爲難治。

按：此言霍亂者多轉筋，大抵冷熱不調，陰陽相搏，故轉筋攣痛，甚者遍體轉筋。此實陰陽之氣反戾，風寒乘之，筋失氣血所榮，而爲攣縮急痛也。

論乾霍亂

陳氏曰：乾霍亂者，忽然心腹脹滿，絞刺疼痛，蠱毒煩冤，欲吐不吐，欲利不利，狀若神靈所附，頃刻之間，便致悶絕。亦涉三因，或臟虛，或腸胃素厚，故吐利不行。

按：此謂人腸胃素厚，形氣實者，故感四氣則吐利不行，而乾揮霍撩亂也。大抵熱勝痰鬱則悶亂，濕勝飲鬱則吐下，形氣虛者，禍不旋踵。嚴氏謂胃中諸食結而不消，陰陽二氣擁而反戾，揮霍之間變成吐利。然飲食致者亦有有餘不足，如飲食自倍，外感濕暍而乾霍亂者，宜吐之或下之，過傷者宜消導之，痰者劫之，寒者溫之，熱者清之，要在適事爲故也。

論霍亂煩渴

陳氏曰：煩渴者，以陰陽反戾，清濁相干，水與穀並，小便秘澀，既走津液，腎必枯燥，引水自救，煩渴必矣。

按：吐利必渴，况腎水竭者乎？與水者，唯宜溫暖。熱甚者，天水輩，以甘緩火也。

霍亂治例

《保命集》云：霍亂陽明證，宜和中平胃，建中輩或四君子湯。脈浮自汗，四君子加桂主之。脈浮無汗，四君子加麻黄。吐利轉筋，脅下痛，脈弦者，木克土也，故痛甚，平胃加木瓜五錢，或建中加柴胡、木瓜。吐利轉筋，腹中痛，體重，脈沉而細者，四君子加白芍、良薑。吐利，四肢拘急，脈沉而遲，此少陰霍亂，四君子加薑、附、厚朴。吐利，四肢厥冷，脈微緩，屬厥陰，建中加歸、附。吐利，頭痛而身熱，熱多欲飲水者五苓，寒多不用水者，理中丸主之。

《元戎》云：太陰證霍亂者，理中加橘紅，名治中湯。若吐下，心腹作痛[一]，手足逆冷，理中去白术，加熟附，名四順湯。若吐利後轉筋者，理中加火煆石膏一兩。

【校記】

[一]"心"，原誤作"必"，今據天德尚賢堂本及四庫本改。

霍亂治法

和中之劑

四君子湯

平胃散

建中湯：並治證見前。（方見虛損門）

治寒之劑

機要漿水散：治暴泄如水，周身汗出盡冷，脈弱，不能語言，甚者加吐。

半夏二錢　附子　乾生薑　炙甘草　桂各半錢　良薑三分半

右爲末，作一服，漿水煎服之。

薑附湯：治霍亂轉筋，手足厥冷，多吐嘔逆。

乾薑一兩　附子一箇，生用

通脈四逆湯：治霍亂多寒，身冷脈絕。

吴茱萸二兩，炒　附子炮，一兩　桂心　通草　細辛　白芍　甘草炙，各半兩　當歸三錢

右㕮咀，每服四錢，水酒各半，加生薑煎。

理中湯：治過食生冷，遂成霍亂，吐下脹滿，食不消，心腹痛。（方見寒門。加橘皮，名橘皮治中湯）

嚴氏曰：若臍上築動者，腎氣動也，去朮，加桂；吐多者，去朮，加生薑、半夏；利多者，仍用朮；心悸者，加茯苓；腹痛者，加乾薑；腹滿者，去朮，加附子、厚朴。

治濕之劑

三因茯苓澤瀉湯：治霍亂吐利後，煩渴飲水。

五苓散減猪苓，加甘草。

按：此太陽例藥也。

治暑之劑

局方五苓散：治霍亂頭痛，吐下煩渴。（方見濕門）

嚴氏水浸丹：治伏暑傷冷，冷熱不調，口乾煩渴。

黄丹一兩一分，炒　巴豆二十五箇，去皮心

右同研匀，用黄蠟作汁，爲丸如梧子大，每服五丸，以水浸少頃，别以新汲水吞下。

按：此劫劑也。

加味香薷飲：治伏暑，吐利不止，煩悶多渴。

本方加檳榔、黄連。

右㕮咀，每服五錢，水酒各半，煎服。

冷香飲子：治伏暑，吐利煩躁。

草果仁三兩　附子　橘紅各一兩　甘草半兩

右㕮咀，每服一兩，入薑，水煎[一]，旋冷服。

按：已上並太陽例藥也。有寒熱陰陽不同，要在脈證相符而行也。

溫經之劑

三因木瓜湯：治霍亂吐下，舉體轉筋，入腹則悶絶。

乾木瓜一兩　吴茱萸半兩　茴香　炙甘草各二錢

右㕮咀，每服四大錢，入薑三片，蘇葉十片，煎[二]。

按：此陽明例藥也。大抵轉筋亦有所兼之證不同，用者自宜推格。

【校記】

[一]“水煎”：原倒，今據天德尚賢堂本乙正。

[二]“煎”：天德尚賢堂本作“煎服”二字。

墜痰溫補之劑

三因胃氣丸：治憂思過度，脾肺氣閉，聚結痰飲，留滯腸胃，氣鬱於陰，凝之於陽，陰陽反戾，吐利交作，四肢厥冷，頭目暈眩，或復發熱。

硫黃不以多少，入猪臟內，縛定頭，米泔、酒、童便各一碗，煮乾一半，取出，洗去穢，晒乾，秤十兩　半夏洗去滑，五兩　人參　白茯苓各一兩　石膏半兩

右爲末，生薑汁浸炊餅，爲丸如梧子大[一]，每五十丸至百丸，空心食前，米湯下。

理氣溫中之劑

三因七氣湯：治七氣發鬱，致臟氣刑尅，陰陽反戾，變成吐利交作，寒熱，眩暈痞滿，咽塞。

半夏五錢　厚朴　桂心各三錢　茯苓　白芍　紫蘇　橘皮各二錢　人參一錢

右㕮咀，每服四五錢，入薑棗煎。

訶子散：治心脾冷痛，霍亂吐利，如神。

訶子　甘草炙　厚朴製　乾薑　草果　陳皮　良薑　茯苓　神麯炒　麯糵各等分

右爲末，每服二錢，入鹽些小[二]，水煎服。

按：已上並足陽明經藥也。

消食之劑

三因紅丸子：治脾胃虛冷，飲食失節，宿食留飲，聚癖腸胃，或因食不調，衝冒寒濕，忽作霍亂，吐利並作，心腹絞痛。

蓬术　三棱各二兩，同用米醋煮一伏時　胡椒一兩　青皮三兩，炒　阿魏一分[三]

右爲末，化阿魏，入陳米粉，爲丸如梧子大，硃砂爲衣，每服百丸至二百丸，不拘時，生薑甘草湯下。

【校記】

[一]“如梧子大”，原脱，今據天德尚賢堂本補。

[二]“小”，天德尚賢堂本作“少”。

[三]“一分”，天德尚賢堂本作“二錢五分”四字。

雜方

嚴氏洗法：治霍亂轉筋。

蓼一把，去兩頭，水三升煮二升，放溫熏洗。

漬法：治霍亂轉筋入腹。

鹽多用，煎湯，於槽中暖漬之。

三因吐法：治乾霍亂蠱毒，宿食不消，積冷，心腹煩滿，鬼氣。極鹹鹽湯三升，熱飲一升，刺口令吐，宿食便盡，不吐更服，吐訖復飲，三吐乃止。此法大勝諸治，俗人以爲田舍淺近，鄙而不用，守死而已。凡有此證，即先用之。《元戎》云：吐定，用理中湯。

灸法：治霍亂已死，腹中有暖氣者，鹽內臍中，灸二七壯。

玉機微義卷之四十六

玉機微義卷之四十七

厥門

《内經》論厥證所因

論曰：陽氣衰於下，則爲寒厥；陰氣衰於下，則爲熱厥。人質壯，以秋冬奪於所用，下氣上争，不能復，精氣溢下，邪氣因從之而上也。氣因於中，由陽氣衰，不能滲營其經絡，陽氣日損，陰氣獨在，故手足爲之寒厥也。陰氣衰於下，則爲熱厥，由醉飽入房，内亡精氣，中虚熱入，腎氣日衰，陽盛陰虚，故手足爲之熱也。陰氣盛於上則下虚，下虚則腹脹滿，腹滿則下氣重而邪氣逆，逆則陽氣亂，陽氣亂則令人暴不知人，或至半日，遠一日，乃知人也，名曰尸厥。

按：本論敘六經厥狀與六經厥逆甚詳，宜玩本文。大抵六經之厥，陽證至爲眴仆，爲顛疾，爲妄見，陰證至爲腫脹，大小便不利，或嘔，或心痛之類。皆素多痰氣，因虚所乘之爲病也，惟有輕重之殊爾。如成無己注《傷寒論》云：厥者手足冷也，四逆者四肢不温也。邪在三陽，則手足必熱，傳到三陰，則手足厥冷。厥者逆也，而有陰陽之殊，熱極而成厥逆者，陽極似陰也，寒極而成厥逆者，獨陰無陽也。

論卒厥脈法

《脈經》曰：脈至如喘，名曰氣厥。氣厥者，不知與人言。

《金匱方論》曰：寸脈沉大而滑，沉則爲實，滑則爲氣，實氣相搏，血氣入臟，唇口青身冷即死。如身和汗自出，爲入腑即愈，此爲卒厥。

按：腑者爲傳道出内之所，其氣通，故入腑即愈也。

論諸厥證寒熱不同

陳無擇曰：經論粗分六經，殊不出寒、熱二證所因，欲求備治，當歷明之。寒厥則因多欲而奪其精，故致陽衰陰盛；熱厥則因醉飽入房，精虚則熱入，故致陰虚陽盛。考其厥因，多以不勝乘其所勝，氣不得行，遂致厥逆。如腎移寒於脾，則水乘於土，水既不行，乃成寒厥；如心移熱於腎，則火乘於水，火既不行，乃成熱厥。六經皆然，可次第論也。尸厥亦然，正由臟氣相刑，或與外邪相忤，則氣遏不行，閉於經絡，諸脈匿伏，昏不知人，唯當隨其臟氣而通之，寒則熱，熱則寒，閉則通。經中以數醉爲熱厥之因，學者不可拘此。蓋傷寒溫病皆有熱厥，仲景所謂熱深厥深，經意以酒能發百脈熱，故舉此以爲例耳。寒厥者，初得之四肢冷，脈沉微而不數，多惡寒引衣自覆，下利清穀，外證多惺惺；熱厥者，初得之必發熱頭疼，脈雖沉伏，按之必數，其人或畏熱喜冷，揚手掉足，煩躁不眠，大小便秘赤，外證多昏冒，傷寒亦然。

謹按：寒熱發厥，固宜隨其陰陽勝負爲治。如其厥逆者，不外乎傷寒寒熱二證求陰陽厥逆之淺深。餘寒熱厥證，是沉寒積熱發厥。至若陰陽竭閉，尸厥卒厥，又非已上寒熱厥證之比也。陳論雖稍闡其賾，但治例殊未少具爾[一]。

【校記】

[一]“但”，原誤作“何”，今據天德尚賢堂本改。

論寒熱厥證宜吐下

子和曰云云：厥之爲病，手足至膝下或寒或熱也，熱厥爲手足熱，寒厥爲手足寒也。陽經起於足指之表，陰經起於足心之下，陽氣盛則足下熱，陰氣盛則足下寒。熱厥者，寒在上也；寒厥者，熱在上也。寒在上者以溫劑補肺金，熱在上者以涼劑清心火，則愈矣。若尸厥、痿厥、氣厥、酒厥，可一湧而醒，次服降火益水、和血通氣之藥，使粥食調養，無不差者。若其餘諸厥，仿此行之[一]。

謹按：厥證寒熱，亦有陰陽虚實不同。如形氣稍實者，宜從子和之法吐下之，虚甚者，惟宜隨其所因而調理之可也。陳氏論臟氣相刑，或與外邪相忤，氣遏不行，閉經絡，脈伏，昏不知人，至爲尸厥。今世俗多作風治，鮮不致斃。如傳引華佗治虢太子尸厥[二]，爲陽脈下墜，陰脈上争，會氣閉而不通，上有絶陽之絡，下有破陰之紐，破陰絶陽之色已發，脈亂，故形靜如死狀。此與經言陰陽之氣盛衰爲厥之旨甚微，後人安能得證治之髣髴乎？而以陰陽證治之可驗者較之，若傷寒手足厥逆，昏不知人，邪正已極，溫下之間，稍或遲緩，禍不旋踵。或汗不解，暴衄，不知人而厥，或雜病得吐衄血而厥不知人者，一二日或三日必間，間則爲愈矣。蓋陰氣尚實，必身不熱，熱則不厥，厥則爲血溫身熱，主死矣。暴氣厥而形實者，七情所致。痰飲內鬱而厥，必半日或一二時必間。形虚而氣逆甚者，多致不救。此又可見氣血爲厥陰陽暴逆之甚也，故不可斷作風治。

【校記】

[一]“厥之爲病”以下二十六句凡一百三十八字，原脱，今據天德尚賢堂本補。

[二]“華佗”，为“扁鵲”之誤。

厥證治法

通關竅之劑

蘇合香丸：治卒暴厥不知人，未辯風痰氣厥，宜與此膏化濃湯灌之，惺後却議脉證用藥[一]。

吐劑

瓜蒂散（方見痰飲門）口禁者，或先用搐鼻藥。

【校記】

[一]“惺”，天德尚賢堂本作“醒”。

升發之劑

三因追魂湯：治卒厥暴死，及主客忤，鬼擊飛尸，氣絕不覺，口禁。

麻黄湯（方見寒門）

右㕮咀，水煎，灌之。不下者，分病人髮，左右捉搦按肩引之，令服取效。（《千金方》加桂）

按：此治感中邪氣之劑也。

治寒之劑

四逆湯：治寒厥，表熱裏寒，下利清穀，食入則吐，脉沉伏，手足冷。（方見寒門）

按：此治寒熱之劑並出寒暑例。然内因氣血之劑詳見各門，宜對證選用，玆不詳録。

治熱之劑

白虎湯：治熱厥，腹滿身重，難以轉側，面垢，譫語遺溺，手足厥冷，自汗，脉沉滑。（方見暑門）

玉機微義卷之四十七

玉機微義卷之四十八

痹證門

《内經》敘痹

經曰：風寒濕三氣雜至合而爲痹，其風氣勝者爲行痹，寒氣勝者爲痛痹，濕氣勝者爲著痹。以冬遇此爲骨痹，以春遇此爲筋痹，以夏遇此爲脈痹，以至陰遇此爲肌痹，以秋遇此爲皮痹。

按：本論備五臟等痹甚詳，宜玩本文。

脈法

《脈經》曰：脈澀而緊，痹病。

論痹證所因不同

陳無擇云：雖三氣合痹，其用不同。三氣襲人經絡，入於筋脈皮肉肌骨，久而不已，則入五臟。煩滿喘而嘔者，是痹客於肺；煩心上氣，嗌乾恐噫，厥，脹滿者，是痹客於心；多飲，數小便，小腹痛，如懷妊，夜臥則驚者，是痹客於肝；善脹，尻以代踵[一]，脊以代頭者，是痹客於腎；四肢懈墮，發咳嘔沫，上爲大寒者，是痹客於脾。又有腸痹、胞痹，及六腑各有俞，风寒湿所中，治之隨其腑俞，以施針灸之法，仍服逐三氣發散等藥，則病自愈。大抵痹之爲病，寒多則痛，風多則行，濕多則著，在骨則重而不舉，在脈則血凝不流，在筋則屈而不伸，在肉則不仁，在皮則寒[二]，逢寒則急，逢熱則縱。又有血痹，以類相從。外有支飲作痹。

謹按：痹之爲證，有筋攣不伸，肌肉不仁者，與風證絕相似，故世俗多類於風痿痹證通治，此千古之弊也。徐先生已於卷首分出痿證一門，大抵固當分其所因。風則陽受之，痹感風寒濕之氣則陰受之，爲病多重痛沉著，患者易得難去[三]。如錢仲陽爲宋之一代明醫，自患周痹，止能移於手足，爲之偏廢，不能盡去，可見其爲難治也。況今世俗多類於風證通治，宜乎不能得其病情也。

【校記】

[一]“踵”，原誤作“腫”，今據天德尚賢堂本改。
[二]“皮”，原誤作“脾”，今據天德尚賢堂本改。
[三]“易得難”，原誤作“難易得”，今據天德尚賢堂本改。

論痹因虛所致

嚴氏曰：痹證因體虛，腠理空疏，受之而成。逢寒則急，逢熱則縱，隨所受邪氣而生證也。診其脉大而濇爲痹，脉來急亦爲痹，脉濇而緊者亦爲痹。又有風血痹，陰邪入於血經故也。

謹按：人感三氣爲痹者，正因形虛血虛爾。但有在肌皮血脉淺深之異，故入臟者死。雖陳氏具經論頗詳，而其方未能以盡其變，學者自宜充擴。

痹證治法

溫經勝濕之劑

三因附子湯：治風寒濕痹，骨節疼痛，皮膚不仁，肌肉重著，四肢緩縱。

附子生　白芍　桂心　甘草　白茯苓　人參各三分　白术一兩

右㕮咀，每服四錢，水煎服。

按：此太陽例藥，溫中解表之劑。

疏風養血之劑

三因黄芪五物湯：治人骨弱肌重，因疲勞汗出，臥不時動揺，加以微風，遂作血痹，脉當陰陽俱微，尺中少緊，身體如風痹狀。

黄芪　芍藥　桂心等分

右㕮咀，每服四五錢，入薑棗煎[一]。

嚴氏蠲痹湯：治身體煩疼，項背拘急，或痛或重，舉動艱難，手足冷痹，腰腿沉重，筋脉無力。

當歸　芍藥　黄芪　片子薑黄　羌活各一兩半　甘草炙，半兩右㕮咀，每服四五錢，入薑棗煎[二]。

黃芪酒：治風濕痹，身體頑麻，皮膚瘙癢，筋脈攣急，言語蹇澀，手足不遂，時覺不仁。

黃芪 防風 桂 天麻 萆薢 石斛 虎骨炙 白芍 當歸 雲母粉 白术 茵芋葉 木香 仙靈脾 甘草 川續斷[三]

右剉如麻豆大，以生絹袋盛，好酒一斗浸之，春五夏三秋七，冬十日，每服一盞，溫服之，不拘時。

防風湯：治血痹，皮膚不仁。

防風二兩 川獨活 川當歸 赤茯苓 秦艽 赤芍 黃芩各一兩 桂心 杏仁 甘草炙，各半兩

右㕮咀，每四五錢，入薑煎[四]。

獨活寄生湯：治肝腎虛弱，感風濕致痹，兩脛緩縱，痹弱不仁。（方見脚氣門）

謹按：已上方多太陽例藥也。大抵痹證有兼風兼濕，寒熱獨勝，腑臟所受不同，用者自宜擴充。然此證因虛而感，既著體不去，須製對證藥日夜飲之。雖留連不愈，能守病禁，不令入臟，庶可扶持也。如錢仲陽取茯苓其大逾斗者，以法啖之，閱月乃盡，由此雖偏廢，而氣骨堅悍如無疾者，壽八十二而終，惜乎其方無傳。

治痰飲之劑

茯苓湯：治支飲，手足麻痹，多唾眩冒。

半夏 赤茯苓 橘紅各一兩 枳實 桔梗 甘草各半兩

右㕮咀，每服四五錢，入薑七片，水煎[五]。

按：此言支飲能爲痹證，即飲能爲脚氣證是也。大抵因虛而傳注，邪客日久，榮衛壅鬱，多致濕熱，經緩不能自收持，如逢熱則縱也。已上方未能盡其例，用者自宜通變也。

【校記】

[一]“煎”，天德尚賢堂本作“煎服”二字。

[二]“煎”，天德尚賢堂本作“煎服”二字。

[三]“川續斷”，天德尚賢堂本此下有“各等分”三字。

[四]“煎”，天德尚賢堂本作“煎服”二字。

[五]“煎”，天德尚賢堂本作“煎服”二字。

玉機微義卷之四十八

玉機微義卷之四十九

婦人門

論經閉不行

《內經·陰陽別論》云：二陽之病發心脾，有不得隱曲，女子不月，其傳爲風消，爲息賁者，死不治。

東垣曰：婦人脾胃久虛，或形羸氣血俱衰，而致經水斷絶不行，或病中消胃熱，善食漸瘦，津液不生。夫經者，血脈津液所化，津液既絶，爲熱所爍，肌肉消瘦，時見渴躁，血海枯竭，病名曰血枯經絶，宜瀉胃之燥熱，補益氣血，經自行矣。此證或經適行而有子，子不安，爲胎病者有矣。或心包脈洪數，躁作時見，大便秘澀，小便雖清不利，而經水閉絶不行，此乃血海乾枯，宜調血脈，除包絡中火邪，而經自行矣。《內經》所謂小腸移熱於大腸，爲癥瘕[一]，爲沉。脈澀不利[二]，則月事沉滯而不利，故云爲癥瘕，爲沉也。或因勞心，心火上行，月事不來。安心，補血，瀉火，經自行矣。故《內經》云月事不來者，胞脈閉也。胞脈者屬心而絡於胞中，令氣上迫肺，心氣不得下，故月事不來也。曾治驗裴泽之夫人，病寒热，而月事不至者数年矣，已加喘嗽，醫者率以蛤蚧、桂、附等投之。曰：不然。夫人病陰爲陽所搏，溫劑太過，故無益而反害。投以涼血和血之藥，則經行矣。已而果然。

《要略》曰：婦人之病，因虚積冷，結氣爲證，經水斷絶，至有歷年，血寒積結，胞門寒傷，經絡凝堅。在上嘔吐涎唾，久成肺癰，形體損分。在中盤結，繞臍寒疝，或兩脅疼痛，與臟相連。或結熱中，痛在關元，脈數無瘡，經候不勻，令陰掣痛[三]，少腹惡寒。或引腰脊，下根氣街云云。

謹按：《良方》言婦人月水不通，由勞傷血氣，致令體虛，受風寒邪氣，客於胞內，損衝任之脈，並手太陽、少陰二經，致胞絡內血絶不通。如以上病機，皆略之不議，且血病經閉，又豈止手太陽、少陰二經耶？然亦有不因寒熱，或痰飲、積聚、症瘕所致，如七情所動，其爲氣病血從一也。况陰道常虛，不足者實多，宜玩血證門血屬陰難成易虧論及後丹溪先生等說。

【校記】

［一］"癥"，《素問·氣厥論》作"虑"。

［二］"脈"，原誤作"月"，今據《蘭室秘藏》卷中改。

［三］"令"，原誤作"冷"，今據《金匱要略方論·婦人雜病脈證並治》改。

論經水不調或紫或黑

丹溪曰：經水者，陰血也。陰必從陽，故其色紅，禀火色也。血爲氣之配，氣熱則熱，氣寒則寒，氣升則升，氣降則降，氣凝則凝，氣滯則滯，氣清則清，氣濁則濁，上應於月，其行有常，名之曰經。爲氣之配，因氣而行。成塊者，氣之凝也；將行而痛者，氣之滯也；來後作痛者，氣血俱虛也；色淡者，亦虛也，而有水混之也；錯經妄行者，氣之亂也；紫者，氣之熱也；黑者，熱之甚也。今人但見其紫者、黑者、作痛者、成塊者，率指爲風冷乘之，而行溫熱之劑，禍不旋踵矣。《良方》[一]、《病源》論月水之病，皆曰風冷乘之，宜其相習而成俗也。或曰：黑者，北方水之色也，紫者，黑之漸也，非冷而何？予曰：經云亢則害，承乃制，熱甚者必兼水化，所以熱則紫，甚則黑也。况婦人性執而鄙，嗜欲加倍，臟腑厥陽之火無日不起，非熱而何？若曰風冷，必須外得，設或有之，吾恐千百而一二也。

按：此論經病甚詳，大抵不得率指爲風冷所乘者。此由《良方》所言，世俗往往因之誤人，故戒慎之也。然冷證外邪初感，入經必痛，或不痛者，久則鬱而變熱矣。且寒則凝，既行而紫黑，故非寒也。

【校記】

［一］"《良方》"，"方"原誤作"由"，今據文義改。

論經漏不止

《內經·陰陽別論》云：陰虛陽搏謂之崩。東垣曰：婦人脾胃虛損，致命門脈沉細而數疾，或沉弦而洪大有力，寸關脈亦然，皆由脾胃有虧，下陷於腎，與相火相合，濕熱下迫，經漏不止，其色紫黑，如夏月腐肉之臭。中有白帶者，脈必弦細，寒作於中；中有赤帶者，其脈洪數疾，熱明矣。必腰痛或臍下痛，臨經欲行，先見寒熱往來，兩脅急縮，兼脾胃證出見，或四肢困熱，心煩不得眠臥，心下急，宜大補脾胃而升舉血氣，可一服而愈。或人故貴脱勢，人事疏少，或先富後貧，心氣不足，其火大熾，旺於血脈之中，又致脾胃飲食失節，火乘其中，形質肌肉，容顔似不病者，此心病者，不形於診[一]，故脾胃飲食不調，其證顯矣。而經水不時而下，或適來適斷，暴下不止，治當先説惡死之言，勸諭令懼死而心不動[二]，以大補氣血之藥舉養脾胃[三]，微加鎮墜心火之藥治其心，補陰瀉陽，經自止矣。《痿論》云悲哀太甚則胞絡絶，則陽氣内動，發則心下崩，數溲血也，故《本病》曰大經空虚，發則肌痹，傳爲脈痿，此之謂也。

《良方》論曰：婦人崩中，由臟腑傷損，衝任血氣俱虚故也。衝任爲經脈之海，血氣之行，外循經絡，内榮臟腑。若無傷損，則陰陽和平，而氣血調適。若勞動過多，致臟腑俱傷，而衝任之氣虚，不能約制其經血，故忽然暴下。或由陰陽相搏，爲熱所乘，攻傷衝任，血得熱則流散，甚者至於昏悶，其脈數疾小爲順，大甚者逆。

按：此備言經脈致病之因本於臟腑傷損，合前東垣所論，極言因熱因虚，或悲哀七情等所致，病機殆無餘藴矣。

【校記】

[一]“形”，原誤作“行”，今據天德尚賢堂本改。

[二]“懼”，原誤作“拒”，今據天德尚賢堂本改。

[三]“舉”，天德尚賢堂本作“補”。

脈法

《脈經》曰：尺脈滑，血氣實，婦人經脈不利。

少陰脈弱而微，微則少血。

少陰脈滑而數者，陰中則生瘡。

寸口脈浮而弱，浮則爲虚，弱則無血。

脈來至狀如琴弦，苦少腹痛，主月水不利，孔竅生瘡。

肝脈沉[一]，主月水不利，腰腹痛。

尺脈來而斷絶者，月水不利。

寸關調如故，而尺脈絶不至者，月水不利，當患小腹引腰痛，氣滯上攻胸臆也。

經不通，繞臍寒疝痛，其脈沉緊，此由寒氣客於血室，血凝不行結積，血爲氣所衝，新血與故血相搏，故痛。

漏血，下赤白，脈遲者，脈小虛滑者生，急疾者，大緊實數者死。

暴崩下血，寸口脈微遲，尺脈微弦，微遲爲寒在上焦，但吐爾。

今尺脈微弦，如此即小腹痛引腰脊痛者，必下血也。

寸口弦而大，弦則爲減，大則爲芤，減則爲寒，芤則爲虛，寒虛相搏，脈則爲革，婦人則半產漏下。

尺脈急而弦大，風邪入少陰之經，女子漏白下赤。

漏下赤白，日下血數斗，脈急疾者死，遲者生。

尺寸脈虛者漏血，漏血脈浮，不可治也。

【校記】

[一]“脈”，原誤作“弦”，今據天德尚賢堂本改。

論赤白帶下

《機要》云：赤者熱入小腸，白者熱入大腸，其本濕熱冤結於脈不散[一]，故爲赤白帶下也。冤，屈也，結也，屈滯而病熱不散。先以十棗湯下之，後服苦練丸[二]、大玄胡散調下之，熱去濕除，病自除也。

按：此止是論有餘之證也，論見下。

《良方》論云：帶下起於風氣寒熱之所傷，或產後早起，不避風邪，風邪之氣入於胞門，或中經脈，流轉臟腑而發下血，名爲帶下。若傷足厥陰肝之經，其色青如泥；傷手少陰心之經，其色赤如紅津；傷手太陰肺之經，其色白，形如涕；傷足太陰脾之經，則其色黃如爛瓜；傷足少陰腎之經，則色黑如衃血。此其因也。

按：此言風氣寒熱之所傷諸臟致證，似言外邪。大抵此證多有本於陰虛陽竭，榮氣不升，經脈凝泣，衛氣下陷，精氣累滯於下焦奇經之分，蘊積而成其病，或醉飽房勞，服食燥劑所致也。白物如涕之狀，故言帶者亦病形也。經云帶脈爲病而得名，而白者屬氣，赤屬血。東垣舉《脈訣》云崩中日久爲白帶，漏下多時骨木枯，言崩中者始病血崩，久則血少，復亡其陽，故白滑之物下流不止，此可見未得全拘於帶脈矣。詳病亦有濕痰流注於下焦，或腎肝陰淫之濕勝，或因驚恐而木乘土位，濁液下流，或思慕爲筋痿，《內經》所謂二陽之證發心脾是也。或餘經濕熱屈滯於少腹、小腹之下而病本殊，則皆爲氣血虛損，榮衛之精氣累滯而成，其病標一也。前人立論，殆盡病機，則治法無定。若戴人以帶下得兩手脈俱滑大而有力，乃上用宣去痰飲，下以導水丸泄濕熱，繼以淡劑滲之，此爲瀉實也；如其諸脈微細，或沉緊而澀，按之空虛，或洪大而澀，按之無力，正爲元氣不足，陰虛筋痿，虛極中寒等證，東垣有補陽、調經、固真等例，乃兼責虛也。丹溪先生治因濕痰下注，用海石、南星、椿根皮之類，較之前人下之而復吐，以提其氣，或發中兼補，補中兼利，燥中兼升發，潤中益氣，溫而兼收澀之例不同，蓋病機有輕重淺深之異爾。

【校記】

［一］“濕”，原誤作“實”，今據天德尚賢堂本改。

［二］“練”，天德尚賢堂本作“楝”。

論師尼寡婦異乎妻妾之治

《寶鑒》曰：宋褚澄療師尼寡婦，別製方，蓋有爲也。此二種寡居，獨陰無陽，欲心萌而多不遂，是以陰陽交争，乍寒乍熱，全類溫瘧，久則爲勞。《史記·倉公傳》載濟北王侍人韓女病腰背痛寒熱，眾醫多以爲寒熱，倉公曰：病得之欲男子不可得也。何以知？診得其脈，肝脈弦出寸口，是以知之。蓋男子以精爲主，婦人以血爲主，男子精盛以思室，女人血盛以懷胎也。如厥陰脈弦出寸口，又上魚際，則陰盛可知，故知褚氏之言有謂矣。

論胎產諸證

《病機機要》云：治胎產之病，從厥陰經論之，無犯胃氣及上二焦，爲之三禁，不可汗，不可下，不可利小便。發汗者，同傷寒下早之證；利大便則脈數，而已動於脾；利小便則內亡津液，胃中枯燥。製藥之法，能不犯三禁，則榮衛自和而寒熱止矣。如發渴而白虎，氣弱則黃芪，血刺痛而用當歸，腹中痛而加之芍藥。大抵產病，天行從增損柴胡，雜證從增損四物，宜詳察脈證而用之。

謹按：已上云胎產禁例，大抵主於元氣本病爲要。至於病體所因不同，學者又必當處於權變也。且胎前之證，《良方》悉具，但每證治例殊少，如胎漏、胎痛、子煩、子腫等證，出方皆是治本病之例。設所因不同，或有所兼之證，如胎漏下血亦有氣虛、血熱，腹痛亦有濕熱者，或形志苦樂不一，七情所動，氣動血病，胎氣即損。雖治例未能以盡其變，然欲學者臨證自推充而行之爾。今於諸證未能一一悉具，聊以證治數例附於後云。

胎自墮論

丹溪曰：陽施陰化，胎孕乃成。血氣虚乏，不足榮養，其胎則墮，譬如枝枯則果落，藤痿則花墜。又有勞恐傷情，内火便動，亦能墮胎，譬如風撼其木，人折其枝也。火能消物，造化自然，《病源》乃謂風冷傷於子臟而墮，此未得病情者也。予見賈氏婦，但有孕，至三箇月左右必墮。診其脈，左手大而無力，重則澀，知其血少也[一]。以其壯年，只補中氣，使血自榮。時正初夏，教以濃煎白术湯，下黄芩末一錢，與數十貼，得保全而生。因而思之，墮於内热而虚者，於理为多。曰熱曰虚，蓋孕至三月，上屬相火，所以易墮，不然何以黄芩、熟艾、阿膠等爲安胎妙藥耶？

【校記】

[一]“少”，原誤作“者”，今據天德尚賢堂本改。文淵閣四庫全書本作“虚”。

難産論

丹溪曰：世之難産者，往往見於鬱悶安佚之人，富貴奉養之家，若貧賤者鮮有之。古方止有瘦胎飲一論，而其方爲湖陽公主作也，恐非極至之言[一]。蓋用之者，其難自若。予族妹苦於難産，遇胎則觸而去之，予甚憫焉。視其形肥而勤於女工，知其氣虚，久坐氣不運而愈弱。兒在胞胎，因母氣虚不能自運耳。當補其母之氣，則兒健易産。今其有孕[二]，至五六月來告，遂於《大全良方》紫蘇飲加補氣藥，與之數十貼，因得男，甚快。因以此方隨母之性稟與時令加減[三]，服者無不應。用臨蓐時，腹不覺痛，産母亦無病，因名方曰達生散云。

【校記】

[一]“極至”，原誤作“至到”，今據天德尚賢堂本改。

[二]“今”，原誤作“令”，今據《格致餘論·難産論》改。

[三]“時令”，原誤作“茯苓”，今據天德尚賢堂本改。

論《局方》胎産用藥之誤

丹溪曰：或問：婦人一門無非經候胎産，用藥溫熱，於理頗通，吾子其妄言乎？予曰：婦人以血爲主，血屬陰，易於虧欠，非善於調攝者，不能保全也。余方是否[一]，姑用置之[二]。若神仙聚寶丹，則有不能忘言者。其方治血海虛寒，虛熱盜汗，理宜補養，琥珀之燥，麝香之散，可以用乎？面色痿黄，肢體浮腫，理宜導濕，乳香、没藥固可治血[三]，可以用乎？胎前產後，虛實不同，逐敗養新，攻補雜並[四]，積塊堅癥，赤白崩漏，宜於彼者必妨於此，而欲以一方通治乎？世人以其品貴名雅，又喜其常服可以安神去邪，令人有子，殊不知積溫成熱，香竄散氣，服者無不被禍。自非五臟能言，醫者終不知覺。及至變生他證，何曾歸咎此丹[五]？若五積散之治產後餘血作痛，則又有不能忘言者。以蒼术爲君，麻黄爲臣，厚朴、枳殼爲佐，雖有芍藥、當歸之補血，僅及蒼术三分之一，且其方中言婦人血氣不調，心腹撮痛，閉而不行，並宜服之，何不思產後之婦有何寒邪？血氣未充，似難發汗，借曰推陳致新，藥性溫和，豈可借用麻黄之散，附以蒼术、枳、朴，虛而又虛，禍不旋踵，率爾用藥，不思之甚。又或問：初產之婦，好血已虧，瘀血尚留，黑神散非要藥歟？曰：至哉坤元，萬物資生，理之常也。初產之婦，好血未必虧，污未必積，臟腑未必寒，何以藥爲？飲食起居，勤加調護，何病之有？誠有污血，體怯而寒，與之數帖，亦自簡便。或有他病，當求病起何因，病在何經，氣病治氣，血病治血，寒者溫之，熱者清之，凝者行之，虛者補之，血多者止之，何用海制此方，不恤無病生病？彼黑神散者，用乾薑、當歸之溫熱，黑豆之甘，熟地黄之微寒，以補血之虛，佐以炒蒲黄之甘，以防出血之多，芍藥之酸寒，有收有散，以爲四藥之助，官桂之大辛熱，以行滯氣，推凝血，和以甘草之緩，其爲取用似乎精密，然驅逐與補益似難同方施治。設有性急者，形瘦者，本有怒火者，夏月坐蓐者，時有火令，姜桂皆爲禁藥，論語未達之戒，不知誰執其咎[六]？至於將護之法[七]，尤爲悖理[八]，肉汁發陰經之火，易成內傷之病，先哲具有訓戒。胡以羊雞濃汁作糜，而又常服當歸丸、當歸建中湯、四順理中丸，雖是滋補，悉犯桂、附、乾薑僭熱之劑，臟腑無寒，何處消受？若夫兒之初生，母腹頓寬，便啖雞子，且吃火鹽，不思雞子難化，火鹽發熱，展轉爲病。醫者不識，每指他病[九]，率爾用藥，寧不誤人？予每見產婦之無疾者，必教以却去黑神散與夫雞子、火鹽諸般肉食，且與白粥將理，間以些小石首鯗魚，令甘淡食之，至半月以後，與少肉。雖雞子，亦須豁開煮之，大能養胃却痰。彼富貴之家，驕恣之婦，率有白帶頭風、氣痛膈滿、痰逆口乾、經事不調、髪脱體熱，皆是陽勝陰虛之病。天生血氣，本自和平，曰勝曰虛，又焉知此等謬妄，有以啟之耶？

【校記】

[一]“余”，原誤作“餘”，今據文義改。

[二]“姑用置之”，原脱，今據《局方發揮》補。

[三]“固”，原誤作“自”，今據天德尚賢堂本改。

[四]“並”，原誤作“病”，今據天德尚賢堂本改。

[五]“何曾歸咎此丹”，原脱，今據天德尚賢堂本補。

[六]“若五積散之治產後餘血作痛”至“不知誰執其咎”四百零九字，原脱，今據天德尚賢堂本補。

[七]“至於將護之法”，原脱，今據天德尚賢堂本補。

[八]“尤爲”，原脱，今據天德尚賢堂本補。

[九]“每”，原誤作“委”，今據天德尚賢堂本改。

論婦人服熱劑求子之誤

丹溪曰：無子之因，多起於父氣之不足，豈可獨歸罪於母血之虛寒？況母之血病，奚止虛與寒而已哉？然古方治婦人無子，惟秦桂丸一方，其性熱，其辭確，今之欲得子者，率皆服之無疑。夫求子於陰血，何至輕用熱劑耶？或曰：春氣溫和則物生，冬氣寒凜則物消，不假熱劑，何由子臟得暖而成胎？予曰詩言婦人和平，則樂有子[一]，和則血氣不爭，平則陰陽不乖。今得此丸，經血必轉紫黑，漸成衰少，或先或後，始則飲食驟進，久則口苦舌乾，陰陽不平，血氣不和，焉能成胎？縱使有成，子亦多病，以其能損真陰也。鄭憲史子生七箇月得淋云云。（見淋閟門）

謹按：婦人無子，多因經血不調，或陰虛血少，積聚痰氣，嗜欲等致，種種不同，奚止虛與寒而已[二]？然經寒者亦有之，但不可例爲常法爾。是以先生論此，戒後人不得病機之的者，斯藥勿妄行也。況無子之因亦豈止於婦室者？如東垣云：李和叔問：中年以來，得一子，至一歲之後身生紅絲瘤，不救，後三四子至一二歲皆病瘤而死，何緣至此疾？翌日思之，謂曰：汝乃腎中伏火，精氣中多有紅絲，以氣相傳，生子故有此疾，俗名胎瘤是也。汝試視之，果如其言。遂以滋腎丸數服，以瀉腎中火邪，補真陰不足，忌酒、辛熱之物。其妻與六味地黃丸，以養陰血，受胎五月之後，以黃芩、白术二味作散，啖五七服，後生子，至三歲前證不復作，今已年壯。噫！合觀先生以上所論，則其旨深矣。

【校記】

[一]“樂”，原誤作“藥”，今據天德尚賢堂本、文淵閣四庫全書本改。

[二]“止”，原誤作“已”，今據天德尚賢堂本、文淵閣四庫全書本改。

婦人治法

調經之劑

局方四物湯：治衝任虚損，月水不調，臍腹疞痛。

當歸　川芎　白芍藥　熟地黄各等分

右㕮咀，每半兩，水煎服。

按：此手足太陰、厥陰藥也。

逍遙散：治血虚煩熱，月水不調，臍腹脹痛，痰嗽潮熱。

甘草炙，半兩　當歸　茯苓　白芍　白术　柴胡各一兩

右㕮咀，每半兩，入薑、薄荷葉，煎服。

按：此足三陽、三陰藥也，散血中濕熱之劑。

膠艾湯：治勞傷血氣，衝任虚損，月水過多，淋瀝不斷。

阿膠炒　川芎　甘草炙，各二兩　當歸　艾葉炒，各三兩　熟地黄　白芍各四兩

右㕮咀，每半兩，水煎。

按：此溫經補血之藥也，出厥陰例[一]。

良方溫經湯：治婦人血海虚寒，月水不利。

當歸　川芎　芍藥　桂心　牡丹皮　莪术各半兩　人參　甘草　牛膝各一兩

右㕮咀，每五錢，水煎服。

薑黄散：治血臟久冷，月水不調，臍腹刺痛。

當歸　牡丹皮　延胡各三兩　芍藥三兩　川芎　紅花　桂心　莪术各一兩　川薑黄四兩

右爲末，每一錢，水煎服，酒同煎。

按：此二方通經之劑，破血之藥，非止於溫經也，臟冷氣血滯者可用，姑存之。

【校記】

[一]“出”，原脱，今據天德尚賢堂本補。

加減四物湯

經候微少，漸漸不通，手足煩疼，漸瘦，生潮熱，脈微數，本方去地黄、川芎，加澤蘭葉三倍，甘草半分。

經候過多，本方去熟地黄，加生地黄。

經行身熱，脈數頭昏，本方加柴胡、黄芩各半兩。

經行微少，或脹或疼，四肢疼痛，加延胡、沒藥、白芷，與本方等，淡醋湯調下末子。

經候不調，心腹疞痛，只用芎、歸二味，名君臣散。

鹿茸丸：治衝任虛損，又爲風寒所乘，尺脈微小甚者，可灸關元穴。

鹿茸炙　赤石脂　禹餘糧各一兩　續斷二兩　柏葉　附子炮　熟地黄　當歸酒浸　艾葉各二兩[一]

右爲末，酒糊丸梧子大，每五十丸，空心溫酒下。

按：此足少陰、厥陰藥也。今人多用之，故收入，治血虛濕勝帶下甚捷。

元戎加味四物湯

氣充經脈，故月事頻並，臍下多痛，本方加芍藥。

經欲行，臍腹絞痛，本方加玄胡、檳榔、苦練[二]、木香。

經水過多，本方加黄芩、白术。

經水澀少，本方加葵花、紅花。

經水適來適斷，或有往來寒熱，宜先服小柴胡去寒熱，後以四物湯和之。

【校記】

[一]“各二兩”，原脱，今據天德尚賢堂本補。

[二]“練”，天德尚賢堂本、文淵閣四庫全書本並作“楝”。

丹溪加味四物湯

經候過而作疼，血氣俱虛也，宜本方對四君子湯服之。

經候將來作痛者，血實也，本方加桃仁、黄連、香附。

經水不及期，血熱也，本方加黄連。

過期，血少也，本方加參、术，帶痰加半夏、陳皮。

過期紫黑有塊者，血熱也，必作痛，本方加香附、黄連。

過期而淡色者，痰多也，芎、歸二味合二陳湯服。

紫色成塊者，熱也，本方加黄連、柴胡。

肥人不及日數而多痰者，多血虛有熱，本方加香附、南星、半夏、黄連、白术。

瘦人血枯經閉者，本方加桃仁、紅花，或越鞠丸。（方見血門）

簡易當歸散：治經候不匀，或三四月不行，或一月再至，或婦人天癸過期，經脈不調。

當歸　川芎　白芍　黄芩　白术各半兩　山茱萸肉一兩半

右爲末，每二錢，空心溫酒調下，日三次。

按：此足厥陰、少陰藥也。

寶鑒生地黄丸：治婦人血實，厥陰脈弦而長，病惡風體倦，乍寒乍熱，面赤心忪，或時自汗，如傷寒狀，宜服抑陰藥。

生地黄[一]　柴胡　秦艽　黄芩各半兩　芍藥一兩

右末，蜜丸梧子大，每三十丸，烏梅湯吞下，日三次。

按：此手足少陰、太陰，足少陽藥也。

謹按：已上諸方皆調理法也，然血分成水氣、腸覃等證，詳見各門，茲不備録。大抵經病，實者破之，結者散之，虚者補之，要在適事爲故也。

【校記】

[一]"黄"，天德尚賢堂本此下有"二兩"二字。

理氣之劑

澹寮煮附丸：治經候不調，血氣刺痛，腹脅膨脹，頭暈惡心，崩漏帶下，並宜服之。

香附子擦去皮[一]，不以多少，米醋浸一日，用瓦銚煮令醋盡[二]

上醋糊爲丸梧子大，日乾，每五十丸，淡醋湯下。

一方香附一斤，艾葉四兩，當歸二兩，製同，名艾附丸。

嚴氏抑氣散：治婦人氣盛於血，變生諸證，頭暈膈滿。

香附四兩　茯神　甘草炙，各一兩　陳皮二兩

右爲末，每二錢，食前沸湯調下。

按：此方主於氣，煮附丸則氣中之血藥也。然氣鬱甚者宜於氣證門選用，不必拘此。

東垣益胃升陽湯：治婦人經候不調，或血脱後脈弱食少，水泄日三二行。

黄芪二錢　人參　甘草炙　當歸身　陳皮各一錢　白术三錢　升麻　柴胡各半錢　炒麯一錢半　黄芩半錢，秋去之

右㕮咀，每半兩，水煎。腹痛加芍藥。

補中益氣湯：治婦人室女經候不調，脈微食少，體倦或熱。（方見熱門）

按：此二方氣血之藥，血脱益氣之大法也。

紺珠正氣天香湯：治婦人一切氣，氣上湊心，心胸攻築，脅肋刺痛，月水不調。

台烏藥二錢　香附子八錢　陳皮　蘇葉各一錢　乾薑半錢

右㕮咀，每七八錢，水煎服。

謹按：婦人經病，多有因於七情六鬱致者，故集已上例，以備其義。大抵氣行不失其常，則經血亦行也。

【校記】

[一]"去"，原誤作"其"，今據天德尚賢堂本改。
[二]"令"，原誤作"冷"，今據天德尚賢堂本改。

通經之劑

良方通經丸：治婦人室女經候不通，臍腹疼痛，或成血瘕。

川椒炒　蓬术　乾漆炒　當歸一錢半　青皮　乾薑　大黄　桃仁炒　川烏　桂心各一錢

右爲末，將一半用米醋熬成膏，和餘藥成劑，臼中杵之，丸如梧子大，陰乾，每三五十丸，醋湯下。

嚴氏方無川烏，有紅花。

加味四物湯（嚴氏名六合湯）：治婦室經事不行，腹中結塊疼痛，腰痛。

本方加桂、蓬术等分。

右㕮咀，每四錢，水煎服。

紅花當歸散：治婦人血臟虚竭，或積瘀血，經候不行，時作腹痛，腰胯重疼，小腹堅硬，及室女經不通。

紅花　當歸尾　紫葳　牛膝　甘草　蘇木剉，各三兩　白芷　桂心各一兩半　赤芍九兩　劉寄奴五兩

右爲細末，空心熱酒調三錢。一名凌霄花散。

桂枝桃仁湯：治經不通，繞臍寒疝痛，其脈沉緊，此由寒客於血室，血凝不行。

桂枝　芍藥[一]　生地黄各二兩　桃仁五十箇　甘草一兩

右爲粗末，每服五錢，水煎，入薑、棗。

地黄通經丸：治經不行，結積成塊，臍下如覆杯。

熟地黄三兩　虻蟲去頭足，炒　水蛭糯米炒　桃仁各五十箇

右爲細末，煉蜜丸如梧子大，空心溫酒下五丸。未知，加至七丸。

嚴氏琥珀散：治婦人室女月事凝滯，腹脅脹痛，及血逆攻心，眩暈不省。

劉寄奴 牡丹皮 熟地黄 玄胡索 烏藥 赤芍 莪术 三棱 當歸 桂各一兩

右用前五味，用烏豆一升、生薑半斤，切片，米醋四升同煮，豆爛爲度，焙乾，入後五味，同爲細末，每服二錢，用溫酒調服，空心食前。

戴人玉燭散：治經候不通，腹脹或痛。

四物湯對調胃承氣湯。

右㕮咀，煎服[二]。

按：已上諸方並出厥陰例藥也。然有本於氣虚、氣鬱、血虚、痰積等因不同，宜於前調經理氣諸方內選用。

【校記】

[一]"芍藥"，天德尚賢堂本作"赤芍藥"三字。

[二]"煎服"，原脱，今據天德尚賢堂本補。

治崩漏之劑

生地黄散：治經漏下血，脈虚洪，經水紫黑。（方見血證門）

簡易黄芩湯：治崩中下血，陽乘陰，經水沸溢。

黄芩不以多少

右爲末，每一二錢，燒秤錘淬酒，調下。

按：此二方治熱之劑也。

一法用此味，治天癸當住，每月却行，或過多不止。出《瑞竹堂方》，名芩心丸。

伏龍肝散：治氣血勞傷，衝任經虚，血非時崩下，臍腹冷痛，脈遲弱，食少，或赤白帶下。

伏龍肝 赤石脂 麥門冬各一兩 甘草炙，半兩 川芎三兩 當歸 乾薑七錢半 桂半兩 艾葉三兩 熟地黄二兩

右件爲粗末，每四錢，入棗煎。

按：此治寒例藥，補血固虚之劑也。

備金散：治婦室血崩不止。

香附子四兩，炒 當歸尾一兩二錢 五靈脂一兩，炒

右爲末，每五錢，淡醋湯調，空心食前服。一方只用香附一味。

澹寮茯苓補心湯：治婦人亡血過多，或氣逆心悶。

四物湯一分半　參蘇飲三分

右㕮咀，入薑煎。

按：已上方理氣補榮之劑也。

良方縮砂散：治血崩。

新縮砂不以多少，瓦上炒香，爲細末，米飲調下三錢。

五靈脂散：治血山崩不止。

靈脂十兩，水煎，去滓澄清，再煎成膏，入神麴二兩，和丸如梧子大，每三二十丸，溫酒下。

荆芥散：治崩中不止。

用此一味，於麻油燈上燒焦，爲末，每三錢，童便調下。

瑞竹堂方蒲黄散：治崩中不能止。

破故紙　蒲黄　千古石灰各等分，炒過

右爲末，每二三錢，淡酒或淡醋湯調下。

按：已上諸方皆劫劑也。

東垣升麻除濕湯：治婦人女子漏下惡血，月事不調，或暴崩不止，多下水漿之物，皆由飲食失節，或勞傷形體，或素有心氣不足。因飲食勞倦，致令心火乘脾，其脈緩而弦急，按之洪大，皆脾土受邪也。

柴胡　羌活　蒼术　黄芪各一錢半　防風　甘草炙　升麻　藁本各一錢　蔓荆子七分　獨活　當歸各半錢

右㕮咀，作一服，水煎，食前服。

涼血地黄湯：治婦人血崩，是腎水陰虛，不能鎮守胞絡相火，故血走而崩也[一]。

生地黄半錢　黄連　羌活　柴胡　防風各三分　黄柏　知母　升麻　藁本　細辛　川芎各二分　甘草一錢　荆芥穗　蔓荆子　黄芩各一分　當歸半錢　紅花少許

右㕮咀，作一服，水煎。

按：已上二方升劑也。經漏不止，氣血下陷，非此不能治。

當歸芍藥湯：治婦人經脈漏下不止，其色鮮紅，或先因勞役，脾胃虛損，氣短氣逆，自汗不止，身熱食懶，大便或泄，體倦無力。

黄芪一錢半　白术　蒼术　當歸身　白芍各一錢　熟地黄半錢　甘草炙　生地黄各三分　陳皮半錢　柴胡二分

右㕮咀，作一服，水煎[二]。

按：此補劑也。

【校記】

[一]"血"，原脱，今據天德尚賢堂本補。

[二]"煎"，天德尚賢堂本此下有"服"字。

治帶下之劑

《千金方》治帶下脈數者。

枸杞根一兩　生地黄五兩

右二味，酒煮一升至三合，作一服。

按：此治熱例藥也。

元戎六合湯：治婦人赤白帶下，脈沉微，腹痛，或陰中痛。

四物湯四兩　桂　附子炒，五錢

右㕮咀，每五錢，水煎，食前服。

按：此治寒之劑也。

宣明導水丸：治濕熱鬱於下焦之分，赤白帶下不止，躁熱煩渴。（方見濕門）

按：此治濕熱之藥，下劑也。

嚴氏當歸煎丸：治赤白帶下，腹内疼痛，不飲食，羸瘦。

當歸　赤芍炒　牡蠣煅　熟地黄　阿膠炒　白芍炒　續斷酒浸，各一兩　地榆五錢

右爲末，醋糊丸梧子大，每五十丸，空心米飲下。

按：此治血虚之劑，潤燥藥也。

良方白芷散：治赤白帶下。

白芷一兩　海螵蛸二箇，燒　胎髮一團，煅

右爲細末，空心溫酒調下二錢。

伏龍肝散：治婦人赤白帶下，久患不差，肌瘦黄瘁，多困乏力。

棕櫚不以多少，燒灰，火然，急以盆蓋蔭[一]　伏龍肝於鍋竈直下取，炒令煙盡　屋梁上塵懸長者，如無，竈頭虚空中者炒令煙盡

右三味等分，碾和令停，入龍腦、麝香各少許，每服二錢，溫酒調下，淡

醋湯亦可，患十年者半月可安。

按：已上方皆劫劑也。

益母草散：治赤白惡露下不止。

益母草開花時采，陰乾，爲細末，空心溫酒調二錢，日三服。

東垣固真丸：治白帶久不止，臍腹冷痛，陰中亦然。

白石脂一錢，火燒赤　乾薑炮，四錢　黄柏酒製　白芍各一錢　白龍骨二錢　柴胡一錢　當歸身二錢

右除石脂、龍骨另研外，同爲細末，水煮糊丸如桐子大，每十丸，食前煎水下。

按：此寒熱之劑，又止澀藥也。

桂附湯：治白帶腥臭，多悲不樂，大寒。

肉桂一錢　附子三錢　黄柏　知母　甘草炙　升麻各半錢　黄芪一錢半　人參七分

右㕮咀，作一服，水煎，食前服。

按：此補陽氣極虛，用黄柏等爲引用，又升降陰陽藥也。

補經固真湯：治白帶下流不止，始病崩中，日久血少，復亡其陽，故白滑之物不止也。

柴胡　甘草　郁李仁研　黄芩各一錢　乾薑二錢　橘皮半錢　人參二錢　白葵花去萼，一朵

右㕮咀，水煎，空心服。

按：此補氣例藥也。

衛生湯：治帶下不止，脈微弱，腹痛。

白芍炒　當歸各二兩　黄芪三兩　甘草一兩

右㕮咀，或末，每五錢，水煎，空心服，下苦練丸三十粒[二]。

按：此補血之劑也。

【校記】

[一]“然”，同“燃”。

[二]“練”，天德尚賢堂本作“楝”。

苦楝丸：治赤白帶下。

苦楝碎，酒浸　茴香炒　當歸各等分

右爲末，酒糊丸桐子大，每五十丸，空心酒下。

按：此謂邪入小腸，故用此燥丙藥也。

酒煮当归丸：治癩疝，白帶下注，脚氣，腰以下如在冰雪中，以火焙炕[一]，厚衣蓋其上猶寒冷，不任寒之極者，面白如枯魚之象，肌肉瘦削，小便不止，與白帶常流不禁，病甚者。

當歸一兩　茴香半兩　良薑　附子炮，各七錢

已上四味㕮咀，以好酒一升半煮至乾，再焙乾。

炒黄鹽　全蝎各三錢　丁香　苦楝　甘草炙，各半錢　柴胡二錢　升麻　木香各一錢　玄胡索四錢

右與前同爲細末，酒煮糊爲丸如梧子大，每五七十丸，空心淡醋湯下。忌酒、濕麵、油膩物。

按：此升陽勝濕之劑，氣血藥也。

升陽燥濕湯：治白帶下，陰戶痛，控心急痛，身黄皮緩，身重如山，陰中如水。

防風　良薑　乾薑　郁李仁　甘草各一錢　柴胡一錢三分　橘皮　黄芩各半錢　白葵花七朵

右㕮咀，分作二服，水煎，空心服。

按：此升散之劑也。

坐藥勝陰丹

三柰子　川烏頭　大椒各半錢　柴胡　羌活各二分　全蝎三箇　蒜七分　甘松二分　破故紙八分，與蒜同煮　升麻　枯礬各二分　麝香少許

右爲細末，煉蜜丸如彈子大，綿裹，留系在外，納丸藥於陰戶內。

按：此劫藥也。

【校記】

[一]"炕"，原誤作"乾"，今據《蘭室秘藏》卷中改。

灸法

氣海一穴，在臍下一寸五分，主月事不調，帶下崩中，因產惡露不止，繞臍疠痛，灸五壯。

帶脈二穴，在季脅下一寸八分，陷者宛宛中，灸七壯，主婦人月水不調及閉不通，赤白帶下，氣轉運背，引痛不可忍。

血海二穴，在膝臏上內臁白肉際二寸中[一]，治女子漏下惡血，月事不調，

逆氣腹脹，灸三壯。

陰谷二穴，在膝內輔骨後大筋下小筋上，按之應手，屈膝取之，治妇人漏血不止，腹胀满，不得息，小便黄如蛊，膝如锥刺[二]，不得屈伸，小腹引痛，灸三壯。

關元一穴，在臍下三寸[三]。主婦人帶下瘕聚，因產惡露不止，斷產下，經冷，可灸百壯。

【校記】

[一]“二”，原脱，今據天德尚賢堂本補。

[二]“刺”，原脱，今據《衛生寶鑒》卷十八補。

[三]“三”，原誤作“四”，今據天德尚賢堂本及《甲乙经》卷三改。

安胎之劑

金匱方當歸散：妊娠宜常服之。

當歸　黄芩　白芍　川芎各一兩　白术半兩

右五味，爲末，酒飲調服方寸匕，日二次。

按：此方養血清熱之劑也。瘦人血少有熱，胎動不安，數曾半產者，難產者，皆宜服之，以清其源而無後患也。

千金茯苓半夏湯：治妊娠惡阻，心悶吐逆，頭眩，四肢怠惰煩疼，痰逆嘔吐，惡寒，自汗黄瘦。

半夏泡七次，炒黄　生薑五兩　茯苓　熟地黄各三兩　橘紅　細辛　人参　芍藥[一]　紫蘇　川芎各二兩　苦梗　甘草各半兩

右㕮咀，每四錢，水煎，空心服。

局方参橘散：治妊娠三月惡阻，吐逆不食，或心虛煩悶。

橘皮　茯苓各一兩　麥門冬　白术　厚朴製　甘草炙，各半兩

右㕮咀，每四錢，入薑、竹茹煎。一方加人参，名竹茹湯。《良方》名人参橘皮湯。

良方膠艾湯：治妊娠或因頓仆胎動不安，腰腹疼痛。或胎上搶心，或去血腹痛。

膠[二]一斤，炙　艾葉數莖

《指迷方》加秦艽。

右二味，以水五升煮取二升，分三服。

阿膠散（《嚴氏方》作阿膠湯[三]）：不問妊娠月數深淺，或頓仆，或因毒藥，胎動不安，腰痛腹滿，搶心短氣。

熟地黄　艾葉　白芍　川芎　黄芪　阿膠　當歸　甘草炙，各一兩

右㕮咀，每四錢，入薑、棗煎。《金匱》方無黄芪。

【校記】

[一]“芍藥”，天德尚賢堂本作“白芍藥”三字。

[二]“膠”，天德尚賢堂本作“阿膠”二字。

[三]“阿膠湯”，天德尚賢堂本作“膠艾湯”。

佛手散：治妊娠傷胎下血。

當歸三錢　川芎二錢

右㕮咀，水煎，食前服。

安胎散：治妊娠自高墜下，或爲重物所壓，觸動胎氣，腹痛下血，胃虚嘔逆，並宜服之。

縮砂不以多少，炒過

右爲末，每二錢，用酒調服。艾鹽湯亦可。

簡易方知母飲：治妊娠心脾壅熱，咽膈渴苦，煩悶多驚。

赤茯苓　黄芩　黄芪各三兩　知母　麥門冬　甘草各二兩

右㕮咀，每四錢，入桑白皮，熟時再入竹瀝些小[一]，服。

竹葉湯：治妊娠心驚膽怯，終日煩悶，名曰子煩。

白茯苓四兩　防風　麥門冬　黄芩各三兩

右㕮咀，每四錢，入竹葉五片，水煎。《外臺》方有竹瀝二合，無葉。一方有黄芩、知母。

拔萃方枳殼湯：治胎漏下血，或因事下血。

枳殼炒　黄芩各半兩　白术一兩

右爲末，每一錢，白湯調下。《宣明方》無枳殼。

二黄散：治胎漏下血。

生地黄　熟地黄

右爲末，煎白术枳殼湯，調下二錢或錢半。

按：《良方》論云：婦人有子之後，血蓄以養胎矣，豈可復能散動耶？所以然者，有娠而月信每至，是亦未必因血盛也。若謂榮經有風則經血喜動，以其風勝，則可此例，可見胎漏之因非止一端也，治者宜擴充焉。

【校記】

[一]"小"，天德尚賢堂本作"少"。

地黃當歸湯：治胎痛。

當歸一兩　熟地黃二兩

右爲末，每半兩，水煎。《良方》等分爲末，蜜丸，名內補丸。許學士云：大率婦人妊娠，唯在抑陽助陰。蓋此等藥甚多，然胎前藥唯恶群隊。若陰陽交錯，别生他病，唯是枳殼散所以抑陽，四物湯所以助陰故爾。然枳殼散差寒，若單服之，恐有胎寒腹痛之疾。以內補丸佐之，則陽不至强，陰不至弱，陰陽調停，有益胎嗣。此前人未嘗論及也，愚詳陰陽調停，不若不服爲愈。

全生方白术散：治妊娠面目虚浮，肢體腫如水氣，名曰子腫。

白术一兩　生薑皮　大腹皮　陳皮　白茯苓各半兩

右爲末，每二錢，米飲調下。《指迷方》有桑白皮，無术。

李氏天仙藤散：治妊娠自三月成胎之後，兩足自脚面漸腫腿膝以來，行步艱辛，以至喘悶，飲食不美，狀似水氣，至於脚指間有黄水出者，名曰子氣。

天仙藤洗，略炒　香附子炒　陳皮　甘草　烏藥等分

右爲末，每服三錢，水煎，入薑三片、木瓜三片、紫蘇三葉同煎，空心食前服，日三次，腫消止藥。

按：此二方治證例相類，故並録之。

嚴氏紫蘇飲：治胎氣不和，凑上心腹，脹滿疼痛，謂之子懸。

大腹皮　川芎　白芍　陳皮　蘇葉　當歸各一兩　人參　甘草各半兩

右㕮咀，每四錢，入薑、葱煎。

安榮散：治妊娠小便澀少，遂成淋瀝，名曰子淋。

麥門冬　通草　滑石各三錢　當歸　燈心　甘草各半兩　人參　細辛各一兩

右爲細末，每二錢，煎麥門冬湯調下。

羚羊角散：治妊娠中風，頭項强直，筋脈攣急，言語蹇澀，痰涎不利，或時發搐，不省人事，名曰子癎。

羚羊角鎊　川獨活　酸棗仁炒　五加皮各半錢　薏苡仁　防風　當歸　川芎　茯神　杏

仁各四分　木香　甘草各二分半

右㕮咀，每五錢，入薑煎。

八味丸：治妊娠小便不通，名曰轉胞。亦治子淋。（方見補虚門）

丹溪參术飲：治妊娠轉胎。

四物湯加人參、白术、半夏製、陳皮、甘草。

右㕮咀，入生薑煎，空心服。

按：丹溪曰：轉胞之病，胎婦之禀受弱者，憂悶多者，性急躁者，食味厚者，庸或有之。古方皆用滑利藥，鮮有應效。因思胞不自轉，爲胎所壓，展在一邊，胞系了戾不通耳。胎若舉起，居於其中，胞系自疏，水道自利。然胎之墜下，必有其由。近吴宅寵人患此，兩脈似澀，重則弦，左稍和。予曰：此得之憂患。澀爲血少氣多，則胎氣弱而不能舉；弦爲有飲，血少則胎弱，氣多有飲，中焦不清而隘，則胞知所避而就下。乃以已上藥與服，隨以指探喉中，吐出藥汁，候少頃氣定，又與之，次早亦然，至八貼安。此法恐偶中耳，後又治數人亦效，未知果何如耶？仲景云：婦人本肌肥盛，頭舉自滿，今反羸瘦，頭舉中空，胞系了戾，亦多致此病。但利小便則愈，宜服腎氣丸，以中有茯苓故也。地黄爲君，功在補胞。若頭舉等語，其義未詳，恐有能知之者。

按：已上安娠諸法，皆氣血本病之藥，故非辛熱苦寒之劑，蓋産前當清熱養血也。然有外感風寒，內傷生冷，以辛熱散之溫之。大積大聚，以藥衰其大半而止。經曰：婦人重身，毒之何如？岐伯曰：有故無殞，故無殞也。斯法亦不爲本病之謂也。故妊娠諸證例藥，詳見《大全良方》，茲不備録。

束胎丸：第八箇月服之。

黄芩炒，夏一兩，春秋七錢半，冬半兩　白术二兩　茯苓七錢半　陳皮三兩，忌火

右爲末，粥爲丸桐子大，每三四十丸，空心白湯下。

達生散（又名束胎散）

大腹皮三錢　人參　陳皮各半錢　白术　白芍各一錢　甘草炙，二錢　紫蘇葉莖，半錢　當歸尾一錢

或加枳殼、縮砂。

右㕮咀，作一服，入青葱五葉、黄楊腦七箇，煎服。於八九箇月服十數貼，甚得力。或夏加黄芩，春加芎，冬依正方。或有別證，以意消息。

又方：於第九箇月服。

黄芩怯弱人減半　白术一兩　滑石　枳殼各七錢半

右爲末，粥丸如桐子大，每服三十丸，空心熱湯下。

按：世俗婦室妊娠，鮮有服束胎藥者，蓋《局方》、《良方》諸法未能以盡其妙用者，多輒動娠，故率

不敢行。然丹溪先生因製已上諸方，以備世俗取擇，實好生君子之一端也。

滑胎易產藥

枳殼散：治妊娠胎肥，壅隘難産，臨月服之。

粉草一兩，炙　商州枳殼二兩，炒

右爲細末，百沸湯點二錢，空心，日三服。一方枳殼六兩，甘草一兩。一方有糯米半升，淘控乾，同炒爲末。溫隱居加當歸、木香各等分。

又法張氏方：治妊娠胎肥，動止艱辛，臨月服之，縮胎易産，治氣寬膈[一]。

枳殼五兩　甘草一兩半　香附子二兩，炒

右爲細末，薑湯點服。

神寢丸：滑胎易産，入月服之。

通明乳香半兩　枳殼一兩

右爲末，煉蜜丸梧子大，空心酒下三十丸。陸氏名寤生丸，乳香只一分。

保氣散：安胎易産，或居處失宜，偶然頓仆，胎動胎痛，漏胎下血。兼服佛手散。

香附子四兩　山藥二兩　縮砂一兩　木香四錢　粉草一兩　益智仁　紫蘇各半兩

右爲細末，白湯點二錢，入月服之。

益元散：入月服之，滑胎易産。（方見前）

【校記】

[一]“治”，天德尚賢堂本作“下”。

産間藥

施氏催生如意散：臨産腰疼，方可服之。

人參　乳香各一錢，末　辰砂半錢

右三味一處研，臨産急用雞清一箇調藥末，再用生薑汁調，冷服。如横生倒産，即時端順而生。

催生佛手散（方見前）

嚴氏無憂散：治胎肥氣逆，或人瘦，血少胎弱，臨蓐難産者。《便産須知》名保生無憂散。

當歸　川芎　白芍各一兩　枳殼炒，五錢　乳香三錢　木香一錢半　血餘灰二錢　甘草一

錢[一]

右爲末，每服二錢，水煎服。

簡易集效黑散子：催生，兼治橫生逆産。

百草霜　白芷末等分

右和勻，每二錢童便並好醋調稀，更以沸湯調下。

局方催生丹：治産婦生理不順，産育艱難，或橫或逆，並宜治之。

十二月兔腦髓去皮膜，研如泥　乳香另研，細如泥　母丁香二錢半　麝香另研，五分半

右三味拌勻，以兔腦和丸如雞頭大，陰乾，油紙裹，每一丸溫水下，即産，兒手中握出。

【校記】

[一]"一錢"，原脱，今據天德尚賢堂本補。

良方催生乳香膏（名如神開骨膏，又名乳珠丹）

一法滴乳爲末，猪心血爲丸，五月五日午時合。

右如桐子大，硃砂爲衣，每一粒面東酒吞下，未下再服。如胎乾者，先與四物湯。

秘方益母丸：專治橫生逆産難産，並安胎順氣，神效。

益母草五月采，陰乾，石臼搗爲末，煉蜜丸如彈子大，每一丸或二丸，臨産以童便和，溫酒送下。氣不順，木香參湯送下。或作小丸吞服，亦可。

獨聖散

黄葵子炒七十粒，研爛酒服濟君急。

若也臨危産難時，免得全家俱哭泣。

《小品》療橫生倒産手足先出方：用粗針刺兒手足，入二分許，兒得痛，驚轉即縮，自當回順而生。

一法：鹽塗兒足底，又可急搔爪之，並以鹽摩産婦腹上，即産。

機要半夏湯：治胎衣不下，或子死腹中，或子衝上而昏悶，或血暴下，及胎乾不能産者。

半夏麯一兩半　桂七錢半　桃仁三十箇，炒　大黄半兩

右爲細末，先服四物湯三兩，次服此。生薑同煎。

《良方》治死胎不下，其證產母舌青黑及胎上冷者，子已死，或指甲青舌青，脹悶甚者，口中作屎臭，先以平胃散一貼作兩服，每服酒、水各一盞，同煎至一盞，却投朴硝半兩研細，再煎數沸，溫服，胎化血水而下。

鹿角散：治因熱病，胎死腹中。

鹿角屑一兩

右水煎，入葱白五莖、豉半合。丹溪云：燒過，治產後血暈。

當歸湯：治子死不下。

川當歸三兩　川芎二兩

右爲末，水酒各半，調下四錢，未下再服。一方只用川芎末，酒煎服。

香桂散：下死胎。

麝香半錢　桂心三錢，爲末

右和勻，只得一服，溫酒調下。一方朴硝末二錢，溫童便調下。

必效方牛膝湯：治胎衣不出，腹臍堅脹急痛，即殺人，服此胞即爛，下死胎。

牛膝　瞿麥各四兩　當歸三兩　通草六兩　滑石八兩　葵子五兩

右切細，以水九升煮取三升，分三服。

宣明硇砂散：治胎死腹中不下。

硇砂研細　當歸各一兩

右二味，研極細，只分作二服，溫酒調下。如重車行五里不下，再服。

局方至寶丹（見本方）

花蕊石散：治胎死腹中，及胎衣不下。

花蕊石一斤　上色硫黃四兩

右二味相拌勻，煉製見《良方》[一]。

黑龍丹：治產後一切血疾產難，胎衣不下，危急惡疾垂死者，但灌得下，無不全活。

當歸　五靈脂　川芎　良薑　熟地黃各一兩，剉

以沙合盛赤石脂，泥封，紙筋鹽泥固濟，炭火十斤煅令通赤，去火，候冷取開，看成黑糟色，取細研，却入後藥：

百草霜五兩　硫黃　乳香各一錢半　花蕊石　琥珀各一錢

右五味，並細研，與前藥再研，如法修製，和勻，以米醋煮麵糊丸如彈

子大，每服一丸，炭火燒令通赤，投於生薑自然汁與童便，入酒漉出，控乾研細，只此酒下。

一方：取死胎，用烏雞一隻去毛，細切，水煎三二升湯，通手用衣帛蘸摩臍下，胎自出。

【校記】

[一]“見《良方》”，天德尚賢堂本作“見損傷門”四字。

產後雜方

局方芎歸湯：治產後去血過多，暈煩不省。

當歸　芎藭等分

右㕮咀，每半兩，水煎服。腹痛加桂，名桂香散，一名琥珀散。治腹中痛急，自汗頭眩，少氣，加羊肉，名羊肉湯。

黑神散：治產後惡露不盡，胎衣不下，血氣攻心，及腹痛不止。

黑豆炒，半升　熟地黃　當歸　肉桂　乾薑　甘草　白芍　蒲黃各四兩　生地黃《局方》、《良方》俱無此味，《便產須知》有之

右爲末，每二錢，酒、童便各半調服。一名烏金散。

按：此手少陰、足厥陰、太陰、陽明表裏血藥也，立方大意，見前丹溪之論矣。今人以爲治產後百病率用之，故收入，然用者自宜通變。

人參當歸散：治產後去血過多，血虛則陰虛，陰虛則內熱，心煩短氣，自汗頭痛。

熟地黃　人參　當歸　桂　麥門冬各一兩　白芍二兩，炒

右㕮咀，每五錢，入竹葉、生薑煎。

當歸黃芪湯：治產後失血多，腰疼，身熱自汗。

當歸三兩　黃芪二兩　白芍一兩半，炒

右㕮咀，每五錢，入薑煎。

失笑散：治產後心腹絞痛欲死，及兒枕痛。

蒲黃炒　五靈脂各等分

右爲末，醋調二錢，熬成膏，湯化服之。一法治小兒枕痛，各單服。

經驗方三聖散：治兒枕痛。

當歸　桂[一]　玄胡索

右等分，爲細末，每服二錢，熱酒或童便調下。

嚴氏清魂散：治產後血暈，昏不知人，更宜取漆器於床前燒熏之，頻置醋炭，更服此藥。

澤蘭葉　人參各一兩　荆芥穗四兩　甘草炙，八錢　川芎二兩

右爲末，每二錢，熱湯、溫酒各半盞調下。

抵聖湯：治產後血氣傷於脾胃，腹脅滿悶，嘔逆惡心。

赤芍　半夏　澤蘭葉　陳皮　人參各二錢　甘草炙，一錢

右㕮咀，作一服，入生薑煎。

當歸羊肉湯：治產後發熱自汗，肢體疼痛，名曰蓐勞。

當歸　人參各七錢　黄芪一兩　生薑半兩

右㕮咀，用羊肉一斤煮清汁五大盞，去肉，入前藥，煎四盞，去粗，作六服。

良方茯苓散：治產後心虚，怔忡不定，言語錯亂。

人參　甘草　山藥　當歸各一錢　生薑　遠志　茯苓　桂心　麥門冬各半錢　大棗五枚[二]

右㕮咀，水煎。

機要增損柴胡湯：治產後經水適斷，感於異證，手足搐搦，咬牙昏冒。

柴胡八錢　黄芩四錢半　人參三錢　甘草炒，四錢　石膏四錢　知母三錢　黄芪五錢　半夏三錢

右爲粗末，每半兩入薑、棗煎。

血風湯：治產後諸風[三]，痿攣無力。

秦艽　羌活　防風　白芷　川芎　芍藥[四]　白术　當歸　地黄　茯苓　半夏　黄芪等分

右爲末，一半煉蜜爲丸桐子大[五]，一半爲散，溫酒送下五七十丸。

【校記】

[一]“桂”，天德尚賢堂本作“桂心”二字。

[二]“五枚”，原脱，今據天德尚賢堂本補。

[三]“後”，原脱，今據天德尚賢堂本補。

[四]“芍藥”，天德尚賢堂本作“白芍藥”三字。

[五]“煉蜜爲丸”，原誤作“爲丸煉蜜”，今據天德尚賢堂本乙正。

愈風散：治產後中風口噤，牙關緊急，手足瘛瘲，如角弓狀。

荆芥穗略炒，爲末

右每三錢，豆淋酒調下，童便亦可。一方加當歸。

謹按：產後多有血病神强瘛瘲而似中風者，宜用此藥通血脈而清神，或加當歸者爲然，非外因例藥也。是以姑録此一法，義見後丹溪論。

獨行散：治產後血暈昏迷。

五靈脂炒

右爲末，水、酒、童便調下一二錢。

當歸散：治產後氣血俱虛，無大補，恐增客熱，宜服此去惡露。

當歸 白芍藥 川芎 黄芩各一兩 白术五錢

右爲細末，溫童便調下二錢。

黄芪湯：治產後汗不止，因陰虛而得。

黄芪二錢 白术 防風 熟地黄 牡蠣煆 白茯苓 麥門冬 甘草炙，各五分

右㕮咀，每五錢，入棗煎。

加減四物湯：治產後陰虛發熱，或日間明了，暮則發熱增寒。

當歸 川芎 生地黄 柴胡

右等分，每四五錢，水煎。

瑞竹堂方：治產後血塊腹痛。

京芎炒 當歸炒 熟地黄 白芍炒，各半兩 蒲黄炒，二錢五分

上同爲細末，每服三錢，空心溫酒調下。

丹溪參术膏：治產後胞損，成淋瀝證。

人參二錢半 白术二錢 桃仁 陳皮各一錢 黄芪一錢半 茯苓一錢 甘草炙，半錢

右㕮咀，水煎猪羊胞，後入藥，作一服。

丹溪曰：嘗見尿胞因收生不謹以致破損，而得淋瀝證。有徐氏婦於壯年得此，因思肌肉破傷在外者且可補完，胞雖在腹，恐亦可治。診其脈虛甚，因悟曰：難產之人多是氣虛，難產之後血氣尤虛，因用峻補，以參术膏煎以猪羊胞，極飢時與之，每劑用一兩，至一月而安。恐是氣血驟長，其胞可完，若稍遲緩，恐難成功。

嚴氏趁痛散：治產後血滯，筋脈拘攣，腰背强直，遍身疼痛。

當歸 桂 白术 牛膝 甘草各三錢 黄芪 獨活 生薑各半兩 薤白二錢半

右㕮咀，每半兩，水煎。

按：此手足三陰藥，出太陽例，治表之劑也。然惡露不盡，絞痛不止，宜良方芎歸湯散治裹之劑，以大黄、桃仁等藥下之；血畜經絡成血塊，宜沒藥丸，以虻蟲、水蛭等藥逐之。皆變法也，兹不詳録。故已上諸方皆調理之劑，餘有異證，詳見《大全良方》。

謹按：產後血滯於經，多成癰腫，或有致不救者，蓋氣血虚損，逆之甚也。大抵此兼陰虚火動，凡辛溫之劑宜慎之，矧產後用藥有三禁？我丹溪先生謂：產後如無惡阻，當大補氣血，雖有雜證，以末治之。如中風，切不可作風治，與小續命湯，必先補氣血，然後治痰。當以左右手之脈分其氣血多少而治，如發熱惡寒，皆屬血虚[一]，左手脈不足，用補血藥多於補氣藥，右手脈不足，用補氣藥多於補血藥。惡寒發熱腹痛者，當去惡血，以求通變之意也。

【校記】

[一]"皆屬血虚"，原誤作"皆是氣血"，今據《丹溪心法》產後九十二及天德尚賢堂本改。

玉機微義卷之四十九

玉機微義卷之五十

小兒門

論色脈法

《脈經》曰：小兒四五歲，脈呼吸八至，細數者吉。小兒脈，呼吸八至者平，九至者傷，十至者困。診小兒脈法多雀鬭，要以三部脈爲主，若緊爲風癇，沉者乳不消，弦急者客忤氣。小兒是其日數應變蒸之時，身熱而脈亂，汗不出，不欲食，食輒吐哯者，脈亂無苦也。小兒脈沉而數者，骨間有熱，欲以腹按冷清也。小兒大便赤，青瓣飧泄，脈小，手足寒，難已。脈小，手足溫，易已。小兒病困，汗出如珠，著身不流者，死。小儿病，其头毛皆上逆者，必死。耳間青脈起者，瘛痛。小兒病而顋陷[一]，其口唇乾，目皮反，口中氣出冷，手足四肢垂[二]，其臥如縳，掌中冷，皆死不治。

《脈訣啟蒙》曰：凡診小兒脈，當以大指按三部[三]，一息六七至爲平和，八九至爲發熱，五至爲內寒。弦脈爲風癇，沉緩爲傷食，促急爲虛驚，弦急爲氣不和，沉細爲冷，浮爲風，大小不調爲鬼祟，浮大數爲風熱，伏結爲物聚，單細爲疳癆，凡腸痛[四]、多喘嘔而脈洪爲有蟲，浮而遲，潮熱者，胃寒也。

按：此本錢氏脈法也，頗詳。

虎口脈歌曰：紫風紅傷寒，青驚白色疳。黑時因中惡，黃即困脾端。

按：《全嬰》等書云：小兒三歲以前，虎口第二指上寅卯關有脈紋見者，可驗病狀。男左女右，視之脈紋從寅關起不至卯關者，病易治，若連於卯關者，有病難治，如寅連卯，卯侵過辰關者，十難救一。若脈紋小或短者，病易治也，宜參視之。

錢氏曰：面上證，左腮爲肝，右腮爲肺，額上爲心，鼻爲脾，頦爲腎，赤者熱也，隨證治之。目內證：赤者心熱，導赤散主之；淡紅者心虛熱，生犀散主之；青者肝熱，瀉青丸主之；淺淡者補之；黄者脾熱，瀉黄散主之；無精光者，腎虚，地黄丸主之。

潔古曰：青是腹痛，桂枝芍藥湯主之[五]。潔古曰：肝病面白，肺病面赤，脾病面青，腎病面黄，心病面黑。若肝病驚搐，而又加面白、痰涎喘急之類，此皆難治，餘皆仿此推之。叔和云春得秋脈，定知死，亦此意也。

按：錢氏云者本病也，潔古則兼勝己制化言之，故後五臟形證不容不辯也。

【校記】

[一]“陷”，原誤作“限”，今據《脈經》卷九及天德尚賢堂本改。

[二]“肢”，原脱，今據《脈經》卷九補。

[三]“以”，原脱，今據天德尚賢堂本改。

[四]“凡”，原誤作“風”，今據天德尚賢堂本改。又，天德尚賢堂本“腸”作“腹”。

[五]“桂枝芍藥湯主之”，“枝”及“湯主之”四字原脱，今據天德尚賢堂本補。

論五臟形證虚實所主

錢氏曰：肝主風，實則目直，大叫呵欠，項急頓悶。虚則咬牙多欠，氣熱則外生，氣溫則內生。肝熱，手尋衣領及亂捻物，瀉青丸主之。壯熱飲水，喘悶，瀉白散主之。肝有風，目連劄，不搐，得心熱則搐，治肝瀉青丸，治心導赤散。風甚，身反張强直[一]，不搐，心不受熱也，當補腎治肝。肝有熱，目直視，不搐，得心熱則搐，治與有風同。凡病或新或久，皆引肝風，風動而上於頭目[二]，目屬肝，風入於目，上下左右如風吹，不輕不重，兒不能任，故目連劄也。若熱入目，牽其筋脈，兩眥俱緊，不能轉視，故目直也。若得心熱則搐，以其子母俱有實熱，風火相搏故也。

潔古曰：肝主謀勇，熱則尋衣撚物，目連劄，直視，不能轉視，或極則身反强直折，皆風熱也。目者肝之竅，屬木，木性急，故如是。

錢氏曰：心主驚，實則叫哭發熱，飲水而搐，虚則困臥，悸動不安。心病多叫哭，手足動搖，驚悸。心氣熱，則心胸亦熱，欲言不能，而有就涼之意，故合面臥。心熱，視其睡，口中氣溫，或合面睡，及上竄、搖頭、咬牙，皆心熱也，導赤散主之。心實則氣上下澀，合臥則氣不得通，故喜仰臥，則氣得上下通也，瀉心湯主之。

錢氏曰：脾主困，病則困睡泄瀉，不思食，實則困睡身熱，飲水，虚則吐瀉，生風；肺主喘，實則悶亂喘促，有飲水者，有不飲水者，虚則哽氣，長出氣。肺熱，手掐眉目鼻面。肺盛，復有風冷，胸滿，短氣氣急，喘嗽上氣，當先散肺，後散風冷。肺不伤寒[三]，則不胸满。肺虚熱，唇深紅色，治之散虚熱。肺臟怯，唇白色，當補。若悶亂氣粗、喘促哽氣者難治，肺虚損故也。脾肺病久，則虚而唇白，脾者肺之母也。母子皆虚，不能相營，故名曰怯。肺主唇白，白而澤者吉，如枯骨者死。

潔古曰：肺主氣，燥熱則壯熱，飲水喘悶，鼻乾燥，手捫眉面，瀉白散。胸滿，短氣氣急，喘嗽上氣，皆是肺氣有餘，復感風邪之所傷，謂之微邪，先瀉而復發散之。

錢氏曰：腎主虚，無實也，惟瘡疹腎實則黑陷。腎虚，兒本虚怯，由胎氣不成則神不足，目中白睛多，其顱即解（自開也），面色白，此皆難養，縱長，不過八八之數。若恣色欲，多不及四旬而亡。或有因病而致腎虚者，非也。又，腎氣不足則下竄，蓋骨重，惟欲墜下而縮身也。腎水，陰也，腎虚則畏明，宜補之。

潔古曰：下竄者，腎氣不足，兩足熱，不喜衣覆足，然此者臍以下皆腎之所主，緣心氣下行於腎部也。此乃腎不足而心有餘，宜地黄丸。

【校記】

［一］“強”，原脱，今據《小兒藥證直訣》卷上及天德尚賢堂本補。

［二］“上”，原誤作“止”，今據《小兒藥證直訣》卷上及天德尚賢堂本改。

［三］“不”，原誤作“只”，今據《小兒藥證直訣》卷上改。

論五臟相勝虚實之邪

錢氏曰：五臟相勝輕重，肝臟病見秋，木旺肝强勝肺也，宜補肺瀉肝，輕者肝病退，重者唇白而死。肺病見春，金旺肺勝肝，當瀉肺，輕者肺病退，重者目淡青，必發驚，更有赤者當搐，爲肝怯，當目淡青色也。心病見冬，火旺心强勝腎，當補腎治心，輕者病退，重者下竄不語，腎怯虚也。腎病見夏，水勝火，腎勝心也，當治腎，輕者病退，重者悸動，當搐也。脾病見四旁，皆仿此治之，順者易治，逆者難治。脾怯，當面目赤黄，五臟相反，隨證治之。

又曰：如肺病又見肝證，咬牙，多呵欠者，易治，肝虚不能勝肺故也。若目直、大叫哭、項急煩悶者[一]，難治，蓋肺病久則虚冷，肝强實而反勝肺也。

視病之新久虚實，虚則補母，實則瀉子。

潔古曰：肝勝肺則肝病，身熱發搐，又見肺虚，喘而氣短，病見於申酉戌時，是肝真强也。《内經》曰受所制而不能制，謂之真强，法當補脾肺而後瀉肝。瀉肝[二]，導赤散，補脾肺[三]，益黄散[四]。肺勝肝則肺病，喘嗽氣盛，見於寅卯辰時木之位，又以見肝怯少力，正爲鬼賊所克，法當補肝瀉肺。若肺病嗽久，虚羸無實，不得瀉肺，只宜用地黄丸補之，不可服瀉白散。何謂也？經云虚則補之[五]，實則瀉之。

按：此謂五臟相勝，病機不離五行生克制化之理者。蓋小兒初在繈褓[六]，未有七情六欲，只是形體脆弱，血氣未定，腑臟精神未完，所以有臟氣虚實勝乘之病。但世俗不審此理，往往遇是率指爲外感内傷，而用藥致枉死者多矣，悲夫！矧錢論脱略，幸而潔古補之，今特參附，誠所謂無窮之惠也。

【校記】

[一]“煩悶”，天德尚賢堂本、《小兒藥證直訣》卷上並作“頓悶”。

[二]“瀉肝”，原脱，今據天德尚賢堂本補。

[三]“補脾肺”，原脱，今據天德尚賢堂本補。

[四]“黄”，原誤作“瀉”，今據天德尚賢堂本改。

[五]“之”，原脱，今據天德尚賢堂本補。

[六]“蓋”，原脱，今據天德尚賢堂本、文淵閣四庫全書本補。

潔古曰：五臟子母虚實，鬼賊微正，若不達旨意，不易得而入焉。

在前者爲實邪。子能令母實，拒鬼賊，不敢傷於母，其子又引母所克者妻相助，故曰實邪也。

在後者爲虚邪。母引子之鬼賊至，由此母能使子虚也，《内經》曰子能令母實，母能令子虚，此之謂也。

妻來乘夫爲微邪。

夫來乘妻爲賊邪。法當瀉鬼，補本臟。

本臟自病爲正邪。法當虚則補之，實則瀉之。《内經》曰：滋苗者必固其根，伐下者必枯其上，逆其根則伐其本，伐其本則敗其真矣。

按：此以五行生克之道論也，義見《難經·五十難》及後五臟治要論，宜參考之。

心主熱，自病或大熱，瀉心湯主之。實則煩熱，黄連瀉心湯主之；虚則驚悸，生犀散主之。

肺乘心，微邪。喘而壯熱，瀉白散。

肝乘心，虚邪。風熱，煎大羌活湯，下大青丸。

脾乘心，實邪。泄瀉身熱，瀉黄散。

腎乘心，賊邪。恐怖惡寒，安神丸。

按：乘者，猶乘車之乘也。大抵五臟之病，相乘伏匿，隱顯莫測，已上但言本病乘勝之道，故以五臟治要附於下，宜參考焉。

凡心臟得病，必先調其肝腎兩臟。腎者心之鬼，肝氣通則心氣和，肝氣滯則心氣乏，此心病先求於肝，清其源也。五臟受病，必傳其所勝。水能勝火，則腎之受邪必傳於心，故先治其腎，逐其邪也。故其退腎氣[一]、益肝氣兩方[二]。或診其脈，肝腎兩臟俱和，而心自生疾，然後察其心家虛實治之。

【校記】

[一]“氣”，原誤作“也”，今據天德尚賢堂本改。
[二]“兩方”，天德尚賢堂本作“爲治心之大法”六字。

肺主燥，自病則喘嗽，燥則潤之。實則喘而氣盛，瀉白散；虛則喘而少氣，先益黄散而後阿膠散。

心乘肺，賊邪。熱而喘嗽，先地黄丸，中導赤散，後阿膠散。

肝乘肺，微邪。惡風，眩冒，昏憒，嗽，羌活膏[一]。

腎乘肺，實邪。憎寒，嗽，清利，百部丸。

脾乘肺，虛邪。體重，吐痰，泄瀉，嗽，人參白术散。

凡肺之得疾，必先觀心之虛實。若心火炎盛鑠金，即當先抑心氣，後喫肺藥。若心氣和，即更看脾脈。若脾氣虛冷，即不能相生而肺家生氣不足，則風邪易感。故患肺寒者，皆脾虛得之。若脾氣盛實，則亦痞隔中焦，而大腸與肺表裏不能相通。夫中焦熱隔，則肺、大腸不通，其毒熱之氣必上蒸於肺而生疾，故患肺熱者多脾實得之。心氣盛者瀉之[二]，脾氣虛者益之，脾氣實者通之，然後隨其肺之寒熱以治之，故有抑心氣、益脾氣、通脾氣三藥。若診其脈氣心脾兩臟俱和，而肺自生疾，則但察肺家虛實而治之。

【校記】

[一]“膏”，原誤作“散”，今據天德尚賢堂本改。
[二]“者”，原脱，今據下二句文例補。

肝主風，自病則風搐拘急。肝苦急，急食甘以緩之，佐以酸苦，以辛散之。實則風搐力大，瀉青丸；虛則風搐力少，地黄丸。

心乘肝，實邪。壯熱而搐，利驚丸、涼驚丸主之。

肺乘肝，賊邪。氣盛則前伸呵欠[一]，微搐，法當瀉肺，先補本臟。補肝，地黄丸主之；瀉肺，瀉白散主之。

脾乘肝，微邪。多睡體重，搐[二]，先當定搐，瀉青丸主之，搐止再見後證，則別立法治之。

腎乘肝，虛邪。憎寒，呵欠，搐[三]，羌活膏。

凡肝得病，必先察其肺腎兩臟，根其病之所起，然後復其肝家本臟之虛實[四]，方可治療。然腎者肝之母，金者木之賊，今肝之得病，若非腎水之不能相生，必是肺金之鬼來相攻擊[五]，不得不詳審而求之。故其來在肺，先治其肺，攻其鬼也；其來在腎，先補其腎，滋其根也。然後審其肝家本臟之虛實而寒溫之。

【校記】

[一]“伸”，原誤作“晨”，今據天德尚賢堂本改。

[二]“搐”，天德尚賢堂本作“搐搦”二字。

[三]“搐”，天德尚賢堂本作“搐搦”二字。

[四]“復”，天德尚賢堂本作“審”，義勝。

[五]“擊”，原誤作“繫”，今據天德尚賢堂本改。

脾主濕，自病則泄瀉多睡，體重昏倦。脾苦濕，急食苦以燥之。實則泄瀉赤黃，睡不露睛，瀉黃散；虛則泄瀉白色，睡露睛，白术散。

肝乘脾，賊邪。風瀉而嘔，茯苓半夏湯主之。

心乘脾，虛邪。壯熱，體重而瀉，羌活黃芩蒼术甘草湯主之。

肺乘脾，實邪。能食，不大便而嘔嗽，煎檳榔大黃湯，下葶藶丸。

腎乘脾，微邪。惡寒，泄，理中丸之類。

凡脾之得病，必先察其肝心兩臟之虛實，根其源之所起，然後救療。蓋肝是脾之鬼，心是脾之母，肝氣盛則鬼勝，心氣虧則脾家生氣不足。盛者抑之則退，虧者益之則不乏，故有抑肝氣、益心氣兩藥。診其脈，肝心兩臟俱和，則是脾自生疾，察其虛實而治。

肾主寒，自病則足胫寒而逆。人之五臟，惟腎無實，小兒瘡疹變黑陷，則是腎實，水克退心火，是以水能制火也。

心乘腎，微邪。內熱，不惡寒，桂枝丸。

肺乘腎，虛邪。喘嗽，皮澀寒，百部丸。

肝乘腎，實邪。拘急，氣搐，身寒，理中丸。

脾乘腎，賊邪。體重，泄瀉，身寒，理中丸。

本臟虛弱，是自己正令不行，乃鬼賊之所剋害，當補本臟之正氣。假令肺氣喘嗽，時於初春見之，法當補腎。見於夏救肺，見於秋瀉肺，見於冬補心。

瀉本臟，乃名寒嗽。大抵五臟各至本位即氣盛，不可更補到所剋位，不可更瀉。

五行之間，惟腎之一臟母盛而子反受邪，而物之性有不可一概論者，肺腎是也。何則？肺屬金，射於皮毛，所主者氣；腎屬水，主於骨髓，所藏者精。氣之輕浮能上而不能下，精之沉重能下而不能上，此物性之然。今肺之盛，蓋熱之作也，氣得熱而上蒸，則肺不能下生於腎，而腎受邪矣，急食涼藥解之，使臟氣溫和，自能下生於腎。此腎之病必先求之於肺。若肺臟安和，而腎忽然受病者，不過脾之濕相刑於腎而生疾，所以有解肺熱、去脾邪兩藥。若脾肺兩臟俱和，而腎自生疾，亦察其本臟而治之。

論外感風寒

錢氏曰：傷風貪睡，口中氣熱，呵欠頓悶，當發散，與大青膏解。不散，有下證當下，大黄丸。大飲水不止，善食者，可微下，餘不可下也。傷風，手足冷，脾臟怯也，當先和脾，後發散和解。傷風自利，脾虛怯也。傷風腹脹，脾虛也，補脾必不喘，後發散，仍補脾。去脹，塌氣丸[一]。傷風兼臟，兼心則驚悸，兼肺則悶亂，喘息哽氣，長出氣，嗽，兼腎則畏明，各隨補母臟，虛見故也。肝外感風，呵欠頓悶，口中氣熱，當發散。若能食，飲水不止，當微下之，餘不可下。

謹按：傷風亦有六經不同，詳見傷風門。

潔古曰：小兒外傷於風，秋冬用溫熱藥，春夏用涼寒藥。若大熱飲水，能食，不大便，用大黄丸，作散子服之。如身表無大熱而小便不利，是爲有濕熱結膀胱，仍用勝濕藥白术、茯苓之類利小便，則其熱自退。如清便自調，慎不可妄下，恐外熱逐於內，而變結胸危證多矣。

又曰：傷寒，依四時陰陽升降順剛柔而施治，氣升則順發之，氣收則下之。有汗，發熱惡風，脈浮緩者，風傷衛，桂枝湯；無汗，發熱惡寒，不當風而自憎寒，脈浮緊者，寒傷榮，麻黄湯。有汗，發熱惡風，脈浮緊，無汗，惡寒，脈浮緩，謂之榮衛俱傷，青龍湯、桂枝麻黄各半湯。無汗發熱，不惡風寒，脈沉洪者，可下之。更詳認其厥與不厥，量寒熱淺深而治之。有汗，四肢厥，脈沉微者，名陰厥，四逆湯；無汗，四肢厥，脈沉滑者，名陽厥，大承氣湯加膩粉。如四肢不厥，身热，内外皆阳，不動[二]，涼藥三五服下之。

【校記】

[一]“塌”，原誤作“蹋”，今據《小兒藥證直訣》卷上改。

[二]“不動”，《醫學綱目》卷三十三、《證治準繩·傷寒》卷七並作“不動三焦”四字。

論諸熱證病本不同

《全嬰方論》曰：夫潮熱者，發歇有時，或血氣盛實，臟腑生熱，或傷寒時疫，觸受邪氣，陰陽相勝也。驚熱顛叫，恍惚夜熱，夕發旦止。餘熱者，寒邪未盡，或傳經之遺熱也。食熱者，肚背先熱。疳熱者，骨蒸盗汗。壯熱一向不止，錢氏云不已甚則發驚癇也。煩熱，心躁不安，喘粗，甚則發癇也。積熱，頰赤口瘡，下盛則腰腿瘫腫，表裏實則身熱便澀，虚則汗下後仍熱也。風熱，汗出身熱，呵欠面赤。虚熱，困倦少力，其有久嗽、久瀉久痢、久血久瘧，以致諸疾之後成者，皆虚熱也。客熱，來去不定，爲陽邪干於心也，心受邪則熱形於額，故先起頭面身熱，多驚，由真氣虚而邪氣勝也。癖熱，涎嗽飲水，由乳食不消，伏結於中，致成癖塊也，或痰嗽而驚，或嘔逆不定，日中嗞煎，夜則啼叫，乍熱乍涼，如潮熱也。寒熱者，如瘧狀，陰陽相勝也。先寒而後熱，陽不足；先熱而後寒，陰不足。寒多而熱少，陰勝陽也；熱多而寒少，陽勝陰也；寒熱相半，陰陽交攻也。血熱者，每日巳午間發熱，過夜則涼。疹熱，耳鼻尖冷。

錢氏曰：胎熱者，生下有血氣，時叫哭，身熱[一]，如淡茶色，目赤，大便赤黄，糞稠，急食乳，浴法主之[二]。

按：已上辯諸證可謂詳悉，但血熱證，東垣謂夜則發熱，晝則明了，此血熱也，蓋晝陽夜陰也。食熱者，手心熱，噯氣吐乳，嘔吐者多。宜隨證推格，兼玩本文。

【校記】

[一]“熱”，《小兒藥證直訣》卷上作“壯熱”二字。

[二]“浴法”，天德尚賢堂本、《小兒藥證直訣》卷上並作“浴體法”三字。

論變蒸身熱

《全嬰方論》曰：夫變蒸者，以長氣血也。變者上氣，蒸者體熱。變蒸有輕重，輕者體熱虚驚，耳冷微汗，唇中白泡，狀如珠子，重者寒熱脈亂，腹疼啼叫，不能乳，食輒吐哯。其輕者三日，重者五日，古法以黑散子、紫丸子主之。其有不熱不驚，或無證候暗變者多矣，蓋受胎氣壯實故也。

按：本論注云：嘗考錢氏與《寶鑒》論變蒸，互說差殊。錢氏云：一變腎，二變膀胱，三變心，四變小腸，五變肝，六變膽，七變肺，八變大腸，九變脾，十變胃，故稱水數一，先變也。《寶鑒》云：初變肝，二變肺，三變心，四變脾，五變腎。二者所論，皆五行顛倒，相生者却逢相克，相克者又逢相生。大抵陰陽造化，相生者順，相克者逆。變蒸者，是長養血氣，滋榮五臟，相生之法，此理昭然。相生者有母子之道，相克者有夫婦之義，相生所以相繼，相克所以相治。原夫胎者得水火既濟，陰陽造化，五行相治而成形，故始於腎氣之初生也。小兒變蒸者，當陰陽升降，從五臟相繼而成人，故始於肝之初變也。雖二說互有所長，大抵小兒所稟胎氣壯怯不同，況所變之證不一，古方用已上二藥，非本病，通變法也，故不録。

論傷寒瘡疹同異

錢氏曰：傷寒，男體重面黄，女面赤喘急憎寒，口中氣熱，呵欠頓悶，項急也。瘡疹則腮赤，躁多噴嚏，悸動昏倦，四肢冷。傷寒當發散之，治疹行溫平，有大熱者解毒，餘見前說。

潔古曰：凡傷風則皮澀拘急，鼻塞，瘫疹則睡中發驚悸，呵欠嚏噴，是爲易識矣。

論急慢驚風

錢氏曰：急驚，因聞大聲或大驚而發搐，發過則如故，此無陰也，當下，利驚丸主之。此證本因熱生於心，身熱面赤，引飲，口中氣熱，大小便黄赤，劇則搐也。蓋熱甚則風生，風屬肝，此陽盛陰虚也，故利驚丸主之，以除其痰熱。不可與巴豆及溫藥大下之，恐蓄虚熱不消也[一]。小兒熱痰客於心胃，因聞聲非常則動而驚搐矣。若熱極，雖不聞聲及驚，亦自發搐。慢驚，因病後或吐瀉，脾胃虚損，遍身冷，口鼻氣出亦冷，手足時瘈瘲，昏睡露睛，此無陽也，瓜蒂湯主之。凡急慢驚，陰陽異證，切宜辯而治之。急驚合涼瀉，慢驚合溫補，如不分別，則誤甚矣。

閻孝忠曰：急慢驚風，古人無之，惟曰陰陽癇。陽動而速，故陽病曰急驚；陰靜而緩，故陰病曰慢驚。此陰陽虚實寒熱之別，治之不可誤也。急驚内有熱[二]，熱即生風，又或因驚而發，則目爲連劄，涎潮搐搦，身體口中氣皆熱，及其發定或睡起，即了了如故，此急驚證也。當其搐熱漸減，時與鎮心退熱藥[三]，候定，以藥即下其痰熱，心神安寧，即愈。慢驚得大病之餘。吐瀉之後，或誤取轉泄，致脾胃虛損，風邪乘之，似搐而不甚搐，似睡而不似睡，四肢與口中氣皆冷，睡露睛，或胃痛而啼哭如鴉聲，此則危證，脾胃虛損故也。

潔古曰：急驚，陽證也，俱腑受病爾。小兒客痰熱入心膈，是少陽相火旺，經云熱則生風，因聞大聲而作。蓋謂東方震卦得火氣而發搐，火本不動，得風而動，當用利驚丸、導赤散、瀉青丸、地黄丸主之。搐止，服安神丸。慢驚，陰證也，俱臟受病爾。蓋小兒吐瀉病久，脾胃虛損，若不早治，則成慢驚，名曰瘛，似搐而不甚搐也，因脾胃虛損，故大便不聚。當去脾間風，先以宣風散導之，後用使君子丸、益黄散，則其利自止。既已失治，則脾肺俱虛，致被肝木所乘，是爲慢驚也，當用溫補羌活膏。

《全嬰方》云：驚證因風，則目青面紅發搐，因驚，其病在心，忽然叫聲發搐，因食則其證噯吐氣，即發搐，皆陽癇也。肺胃經虛則生黏痰，痰者肺胃所出也，痰則凝滯，在於咽喉，如牽鋸之聲，時復瘛，或因吐瀉所致，脾虛則肺亦虛，涎痰流溢，其證亦然，皆陰癇也。身熱脈浮，精神恍惚，或吐或瀉，不思乳食，發搐，即是半陰半陽合病。身涼脈沉，精神倦怠，不吐不瀉，又能乳食，發搐者，亦是半陰半陽合病，正如傷寒半是表半是裏也。亦有急驚涼瀉而不愈，或與吐下藥太過，變爲慢驚，慢驚溫補而不愈，變爲急驚，互相更變者多矣。

按：已上諸家所論，殆盡證治之要矣。但錢云慢驚用栝蔞湯，恐傳寫誤耳。大抵驚主風木，甲木屬陽腑病，故急易治，乙木屬陰臟病，故慢難治。如大人驚恐即後泄，蓋甲木克戊土也。況小兒五臟之氣未實，神氣未完而自病乎？證非病後及吐瀉脾胃虛損得者，中有夾火夾熱、夾痰夾食，病因不同。至風邪內陷，入腑入臟，亦與外中風相似。故治此者當本錢氏虛實補瀉法，則不致犯禁之誤，藥有太過不及之失。

【校記】

[一]“蓄”，原誤作“搐”，今據《小兒藥證直訣》卷上改。
[二]“内”，原誤作“猶”，今據天德尚賢堂本改。
[三]“時”，原誤作“食”，今據天德尚賢堂本改。

論發搐有風有熱有痰有食補瀉不同

驚癇發搐：錢氏曰：男發搐，目左視無聲，右視有聲，女發搐，目右視無聲，左視有聲，相勝故也。潔古曰：男爲木，左視木位，右視金位，相擊則有聲。男反右視，女反左視，亦皆有聲。

早辰發搐：錢氏曰：因潮熱，寅卯辰時身體壯熱，上視，手足動搖，口內生熱涎，項頸急，此肝旺，當補腎治肝也。

潔古曰：潮熱於寅卯辰木之位，是肝旺也，當補水以制心火，瀉肝木以止其搐。

日午發搐：錢氏曰：因潮熱，巳午未時發搐，心神驚悸，目上視，白睛赤色，牙關緊，口內涎，手足動搖，此心旺也，當補肝治心。

潔古曰：巳午未火之位而發潮搐者，心熱也，導赤散及涼驚丸。

日晚發搐：錢氏曰：因潮熱，申酉戌時不甚搐而喘，目微邪視，身體似熱，睡露睛，手足冷，大便淡黄水，是肺旺，當補脾治心肝。

潔古曰：肺之位而肝强，法當補脾，恐被木之賊所克害，先瀉心肝以挫其勢，瀉心，導赤散，瀉肝，瀉青丸，而後補脾，益黄散。

夜間發搐：錢氏曰：亥子丑時不甚搐而臥不穩，身體溫壯，目睛緊，斜視，喉中有痰，大便銀褐色，乳食不消，多睡不省，補脾治心，導赤、涼驚主之。

潔古曰：皆因大病之後脾胃虛損，多有此疾，法當補脾涼心。

傷寒後發搐：錢氏曰：傷風後得之，口中氣出熱，呵欠頓悶，手足動搖，當發散，大青膏主之，小兒本怯者多此病也。

潔古云：因傷風而得已上證者，同大人傷風寒之類，當辯有汗無汗、陰陽二證，用大青膏、仲景小續命之類開發則愈。

傷食後發搐：錢氏曰：因食得之，身體溫，多唾多睡，或吐，不思食而發搐，當先定搐，搐退，白餅子下之，後與安神丸。

潔古曰：傷食發搐，謂不因他病，忽然而搐。此因飲食過度，致損脾胃，故見多睡，或吐，不思飲食。脾胃既虛，引肝風則發搐，當先定其搐，加羌活、防風煎，下瀉青丸，後用白餅子下其食，漸漸用調中丸、異功散養其氣。

百日內搐：錢氏曰：真者不過三兩次必死，假者發頻，不爲重。真者內生驚癇，假者外傷風冷，蓋血氣未實，不能勝任，乃發搐也。欲知假者，口中氣出熱也。治之可發散，大青膏及用塗顖浴體法。

錢氏曰：惟瘫疹能作搐，風火相爭故也，治當瀉心肝，補母。雜病，目赤兼青者，欲發搐。咬牙甚者，發搐。

《全嬰方》曰：凡身體壯熱，耳輪鼻尖及手足稍俱冷，忽發搐者，此非驚，是豆搐也[一]。夫驚搐有陰陽兩證，陰者拇指在內，陽者拇指在外，陽拳者順，陰拳者逆也[二]。

凡目鮮目眨，目白目青，目斜目閂，目轉目瞪，聲焦聲嗄，聲顫聲輕，咂口弄舌，捲舌露筋，噓氣哽氣，噎氣撮唇，噎乳噎食，忽然定睛，吐涎吐沫，拗頸仰身，搖頭擦面，藏頭畏明，手攣手顫，脚彎不伸，忽撩忽亂，恍惚精神，失張失志，眠睡不寧，睡中喜笑，困戛齒齦，心煩躁熱，啼哭咬人，面臉鼻色[三]，或紅或青，伸舒用力，微微作聲。有已上證候，驚搐先證也。預防之，驅風膏、琥珀散，更擇對證藥。

閻孝忠曰：似搐而不甚搐，此名瘛瘲。

按：此所論諸臟旺實，或傷風、因食所致發搐，旺者當瀉實補虛，傷風者當發散，食宜下之，此則與因驚發搐所異也。大抵驚病發搐，多自外感，自內因者，如吐瀉後脾虛所致，或熱極生風之類是也。餘證發搐，已上亦備，所因不同，但世俗罕能分於臨證，用藥不無實實虛虛之失，反爲害耳[四]。

【校記】

［一］“豆”，天德尚賢堂本作“痘”。
［二］“者”，原脱，今據天德尚賢堂本補。
［三］“鼻”，原誤作“弄”，今據天德尚賢堂本改。
［四］“耳”，原誤作“耶”，今據天德尚賢堂本改。

論咳嗽

錢氏曰：嗽者，肺感微寒。八九月間肺氣大旺，病嗽者，其病必實，非久病也。其證面赤痰盛身熱，法當以葶藶丸下之。若久者，不可下也。十一十二月嗽者，乃傷風咳也[一]，風從背脊第三椎肺俞穴入也，以麻黄湯汗之。有熱證，面赤飲水涎熱，咽喉不利者，宜兼甘桔湯治之。若五七日之間其證身熱，痰盛唾黏者，以褊銀丸下之。有肺盛者，咳而後喘，面腫，欲飲水，有不飲水者，其身即熱，以瀉白散瀉之。若傷風咳嗽五七日，無熱證而但嗽者，亦葶藶丸主之，後用化痰藥。有肺虛者，咳而哽氣，時時長出氣，喉中有聲，此久病也，以阿膠散補之。痰盛者，先實脾，後以褊銀丸微下之，涎退即補肺，補肺如上法。有嗽而吐水，或青緑水者，以百祥丸下之。有嗽而吐痰涎乳食者，以白餅子下之。有嗽而咳膿血者，乃肺熱，食後服甘桔湯。久嗽者，肺亡津液，阿膠散補之。咳而痰實，不甚喘而面赤，時飲水者，可褊銀丸下之。治嗽大法，盛即下之，久即補之，更量虛實，以意增損。

按：此論小兒咳證，既有外感內因之殊，虛實之異。治法外此，宜與咳門諸方約之。

【校記】

[一]“咳”，《小兒藥證直訣》卷上作“嗽”。

論吐瀉有傷乳食有風有熱有寒有虛

錢氏曰：吐乳瀉黄，傷熱乳也。吐乳瀉青，傷冷乳也。有初生三日內，或至十日，吐瀉壯熱，不思食，大便乳不消，或白色，是停食，當下之，後和胃，下用白餅子。或食乳不消，身溫涼，不思乳，大便青白色，此上實下虛也，更有兼見證。吐瀉因傷風得之，身溫，乍涼乍熱，睡多氣粗，大便黄白色，嘔吐，乳食不消，時咳嗽，更有五臟兼見證，當煎入臟君臣藥，先大青膏，後服益黄散。如先曾下，或無下證，慎不可下也。此乃脾肺受寒，不能入食也。傷風吐瀉，身熱多睡，能食乳，飲水不止，吐痰，大便黄水，此爲胃虛熱渴吐瀉也，當生胃中津液，以止其渴，止後用發散藥。止渴，多服白术散。發散，大青膏。傷風吐瀉，身涼吐沫，瀉青白色，悶亂不渴，哽氣，長出氣，睡露睛，此傷風荏苒輕怯，因成吐瀉，當補脾，後發散。此二證多病於春冬也。吐瀉於五月二十五日以後[一]，身壯熱，此熱也。小兒臟腑，十分中九分熱也。或因傷熱乳食，吐乳不消，瀉深黄色，玉露散主之。六月十五日以後吐瀉，身溫似熱，臟腑六分熱四分冷也。吐嘔，乳食不消，瀉白黄色，似渴，或食乳，或不食乳，食前少服益黄散，食後多服玉露散。七月七日以後吐瀉，身溫涼，三分熱七分冷也。不能食乳，多似睡，悶亂，哽氣，長出氣，睡露睛，唇白多噦，欲大便，不渴，食前多服益黄散，食後少服玉露散。八月十五日以後吐瀉，身冷無陽也，不能食乳，乾噦，瀉青褐水，當補脾，益黄散主之，不可下也。虛羸，脾胃不和，不能食乳，致肌瘦，亦因大病，或吐瀉後脾胃尚弱，不能傳化穀氣也。有冷者時時下利，唇口青白，有熱者溫壯身熱，肌肉微黄，此冷熱虛羸也。冷者，木香丸主之，夏月不可服，如有證則少服之。熱者，胡黄連丸主之，冬月不可服，如有證則少服之。

潔古曰：夏月心火用事，治吐瀉不可用溫暖藥。秋用溫藥，秋深用暖藥。更有五臟兼見證，如有風瀉，防風、羌活，有熱瀉，黄芩、大黄，有寒瀉，附子，有濕瀉，白术、茯苓，有肺瀉，芍藥、桂。定喘，荆芥、人參，如甚，加檳榔、木香。大便不通，則加大黄。更詳看病新舊，新則止之，久則腸風之患，宜推陳致新，法當宣風散導過，以用入臟君臣藥調之，益黄散。凡大瀉引飲者，其病不以新久，皆宜服白术散，痢病亦同。身熱吐瀉，咳嗽，是風木入於脾，母虚，其子亦弱，法當煎檳榔豆蔻湯[二]，下大青膏，後服益黄散。身熱吐瀉，大渴，大便必少，是熱入膀胱，亡失津液，此爲大逆，是陰陽相乘也，五苓散主之。身涼吐瀉，不渴，則知爲寒瀉，當補之，煎附子桂枝湯，下大青膏。陰陽相乘，肝入於胃，故發熱而嘔，當服白术散，後煎檳榔木香湯，下大青膏。

閻孝忠曰：凡小兒吐瀉，當溫補之。予每用理中丸以溫其中，以五苓散導其逆，連與數服，兼用異功散等溫藥調理之，往往便愈。若已虚損，當速生其胃氣，宜與其四味理中丸，並研金液丹末，煎生薑，米飲調灌之，惟多服乃效。候胃氣已生，手足漸暖，陰退陽回，然猶瘛瘲，即減金液丹一二分[三]，增青州白丸子一二分，兼用異功散、羌活膏、溫白丸、鈎藤飲子之類，調理至安。依此治之，仍頻與粥，雖至危者往往死中得生，十救八九。金液丹治小兒吐瀉虚極最妙，沈存中《良方》論金液丹云親見小兒吐利劇，氣已絕，服之，復活者數人，真不妄也，須多服方驗。

按：此證錢論傷乳食所致，分冷熱傷風，辨兼見證，明寒熱因而治，可謂究其緒矣。閻主溫中，兼用金液丹之類，蓋是治寒證、濕證及升提下陷之法。至潔古更分時令，備兼見證而用藥，治法殆無餘藴。但吐瀉止作一證，然有吐而不瀉，瀉而不吐，則當别議。若吐而不瀉傷冷者，宜溫胃；瀉而不吐，傷冷而脈微者，宜灸之。亦不可不分，蓋病本之不一也。

【校記】

[一]“五月二十五日”，天德尚賢堂本作“五月夏至”四字，《小兒藥證直訣》卷上“二十五”作“十五”二字。

[二]“湯”，原誤作“溫”，今據天德尚賢堂本、文淵閣四庫全書本改。

[三]“一”，原脱，今據天德尚賢堂本補。

論疳證虚實

錢氏曰：疳者，皆脾胃病亡津液之所作也云云。疳在内，目腫腹脹，利色無常，或沫青白，漸瘦弱，此冷證也；疳在外，鼻下赤爛[一]，自揉鼻頭，上有瘡不着痂，漸繞耳生瘡。治鼻瘡爛，蘭香散，諸瘡，白粉散治之。五臟疳、筋疳、骨疳，形證詳見本論。

潔古曰：疳者，小兒病癖，或久吐瀉，醫者妄投轉過之藥，小兒易爲虛實，致之胃虛而亡失津液，內發虛熱，外消肌肉，一臟虛則諸臟皆弱，其病目胞腫，腹脹，利色無常，漸加瘦瘁，久不痊可，是腸胃有風積，法當用宣風散導之，後各依本臟補其母。

大抵小兒疳病，肌羸，血氣不足，同大人癆瘵之疾。

按：疳證唯錢氏論中最詳，宜玩本文。

【校記】

[一]“下”，原誤作“不”，今據天德尚賢堂本改。

論腹痛所因

錢氏曰：積痛，口中氣溫，面黃白，目無精光，或白睛多，及多睡畏食，或大便酸臭者，當磨積，宜消積丸。甚者當白餅子下之，後和胃，用白术散[一]。蟲痛，面皝白，心腹痛，口中沫及清水出，發痛有時，安蟲散主之。小兒本怯者多此病。積痛、食痛、虛痛，大同小異，惟蟲痛當口淡而沫自出。

按：小兒腹痛亦有傷冷食乳物，及濕熱欲作痢而痛，或發痧疹痛者，皆宜詳悉。

【校記】

[一]“用白术散”，原脱，今據天德尚賢堂本補。

論小兒癖積

錢氏曰：腹中有癖，不食，但飲乳是也，當漸用白餅子下之。小兒病癖，由乳食不消，伏在腹中，乍涼乍熱，飲水或喘嗽，與潮熱相類，不早治，必成疳。以其有癖，則令兒不食，致脾胃虛而發熱，故引飲。水過多，即蕩滌腸胃[一]，亡失津液，脾胃不能傳化水穀，其脈沉細，益不食，脾胃虛衰，四肢不舉，諸邪遂生，羸瘦而成疳矣。

【校記】

[一]“腸”，原誤作“脾”，今據《小兒藥證直訣》卷上及天德尚賢堂本改。

論痘瘡輕重

錢氏曰：凡瘡疹，一發便出盡者，必重也。瘡夾疹者，半輕半重也。出稀者輕，裏外肥紅者輕[一]，外黑裏赤者微重也，外白裏黑者大重也。瘡端裏黑點如針孔者，勢劇也。青乾紫陷，睡昏，汗出不止，煩躁熱渴，腹脹啼喘，大小便不通者，困也。凡瘡疹，當乳母慎口味，不可令飢[二]及受風寒[三]，歸腎變黑，難治也。有大熱，當利小便。有小熱，宜解毒。若黑紫乾陷者，百祥丸下之，不黑者慎勿下。看時月輕重，大抵瘡疹屬陽，出則春夏爲順，秋冬逆。冬月腎旺，又盛寒，病多歸腎變黑。又當辨春膿疱、夏黑陷、秋癍、冬疹，亦不順也。黑者無問何時，十難救一。其候寒戰噤牙，或身黄腫紫，宜急以百祥丸下之。復惡寒不已，身冷出汗，耳骫反熱者死，腎氣大旺也。下後身熱，飲水可治，脾旺勝腎，寒去而溫熱也。先發膿疱[四]，後發疹子者順，後發癍子者逆。先發水疱，後發疹子者逆。先發膿疱，後發水泡，多者順，少者逆。先水泡，後癍子，多者逆，少者順。先疹子，後癍子者，順。凡瘡疹，只出一般者善。

潔古曰：一發便密如針頭，形勢重者，合輕其表而涼其內，連翹升麻湯。若癍已發密重，微喘飲水者，有熱證，則去風藥微下之。若出不快，清便自調，知其在表不在裏，當微發散，用升麻葛根湯。若青乾黑陷，身不大熱，大小便濇，則是熱在內，煎大黄湯，下宣風散。若身表大熱，表證未罷，不可下。若癍疹已出，見小熱，小便不利，當利之。已發後，有餘毒未散，復有身熱瘡腫之類，當用茶粉下解毒丸。瘡疹已出，後有聲音者，乃形病氣不病也；瘡疹未出，先聲音不出者，乃形不病而氣病也。若瘡疹出而聲音不出者，是形氣俱病也，當清其肺氣，當用八風湯並涼膈散，去硝、黄亦可。

【校記】

[一]“肥”，天德尚賢堂本作“微”。

[二]“不可令飢”，原誤作“凡飢”二字，今據天德尚賢堂本改。

[三]“受”，原脱，今據天德尚賢堂本補。

[四]“疱”，原誤作“胞”，今據天德尚賢堂本改。

論痘瘡用熱藥之誤

丹溪曰：讀前人之書，當知其立言之意。苟不知其意，求適於用，不可得也。痘瘡之論，錢氏爲詳，歷舉源流，明經絡，分表裏虛實，開其治法，證以論辨，深得著書垂教之體。使後人如求方圓於規矩，較平直於準繩，引而伸之，觸類而長之，可謂無窮之應用也。今人不知致病之因，不求立方之意，倉卒一試，設有不應，並其書而棄之。近因《局方》之學行，《素問》之道不明，類皆喜溫而惡涼，喜補而惡解利，忽得陳氏《方論》，遂以爲錢氏不及也。雖然，陳氏亦可謂善求病情者，大率歸重於太陰一經，蓋以手太陰屬肺，主皮毛，足太陰屬脾，主手足，肺金惡寒而易於外感，脾土惡濕而無物不受。觀其用丁香、官桂，所以治肺之寒；用附、术、半夏，所以治脾之濕也。使脾與肺果有寒與濕而兼有虛也，中病則已，何傷之有？今徒見其出遲者，身熱者，泄利者，驚悸者，氣急者，渴思飲者，例與木香散、異功散者，間有偶中之效，不思一偏之禍。若錢氏方，固未嘗廢細辛、丁香、白术、參、芪輩，率有監制輔佐之藥，但用寒涼者多[一]，而補助一法略示端緒[二]。癡人不可說夢[三]，錢氏之慮深矣，亦將俟達者推充而用之。夫渴者用溫藥，癢塌者用補藥，自陳氏發之，迥出前輩。然其多用燥熱，或未適中，恐其立方之際必有挾寒而痘者。余嘗會諸家之粹而用之，聊陳一二。從子六七歲時，出痘身熱，微渴自利，或欲用木香散加丁香十粒煎。予觀其出遲，固因其自利而氣弱，察其所下皆臭滯，因熱蒸而下，恐未必寒。急止之，已投一貼矣。與黄連解毒湯加白术近十貼以解之，利止痘出。其後肌常微熱，手足生癰，又與涼劑補[四]，一月安。一人年十七歲[五]，發熱而昏倦，其脈大而似數，與參、芪、歸、术、陳皮大料濃湯飲之，二十貼痘出，又二十貼膿胞成，身無全膚。或欲用陳氏本方與之，予曰：但虛無寒也。又與前方，至六十貼而安。至正甲申春，邑間痘瘡，不越一家，率與陳氏方，童幼死者百餘。雖曰天數，吾恐人事亦或未之盡也。

謹按：錢氏論痘瘡形色輕重困劇而用藥，已具其端緒矣。至潔古，又辨所兼之證，及候音聲，察形氣爲病而處治，治法可謂詳悉。但世俗不深求其意，反有疑似丹溪先生所以言之諜諜也。大抵世俗喜溫而惡涼，將錢氏之法不去推充，至多疑似。如云不可妄下，蓋“妄”之一字，戒慎之意，當有可下之理也。若瘡疹初發，有因裏實而出不快，渴而脈數，便秘煩躁，不下可乎？有將靨之際，裏實而渴，便秘身熱，不下可乎？或云首尾俱不可下，或指爲上吐下瀉不可下，皆非也。但自病體虛實不等，時令中治法之異，要當適中病情爾。故錢氏云看時月，此句關係甚妙，如冬月盛寒便難例用涼劑。且小兒痘瘡本五臟之毒所發，非止屬諸痛癢瘡皆出心火之比，故陳氏方一出，亦多獲效。今人用錢氏方，亦有致誤者，蓋不善用其法之過，非制法者之過也。宜求乎立方本旨，矧歲氣時臨災眚淺深不同，小兒體有虛實之異，用藥不可輕舉。詳潔古以微下法中佐以風劑，是兼升發之意，亦慎之也。何熱劑與香竄之藥豈可例用乎？然有毒入關竅肌骨間，邪氣下陷，用此而獲生者或有之，恐千百而一二也。

【校記】

[一]“用”，原誤作“有”，今據天德尚賢堂本改。

[二]“示”，原誤作“爾”，今據天德尚賢堂本改。

[三]“癡人不可說夢”，《格致餘論·痘瘡陳氏方論》作“癡人之前不可說夢”八字。

[四]“補”，天德尚賢堂本、《格致餘論·痘瘡陳氏方論》並作“調補”二字。

[五]“十七”，原誤作“七十”，今據天德尚賢堂本改。

論瘢疹證治

王海藏云：夫瘢之爲病，皆由子在母腹中時浸漬食母血穢，蘊而成毒，皆太陰濕土壅滯，君相二火之所作也。因小兒真氣既盛，正氣又旺，邪無所容，或因天寒傷表或傷裏，瘢由是而生焉。治當外者外治，內者內治，中外皆和，其瘢自出。至於惡寒者發之，表大熱者奪之，渴者清之，秘者通利之，驚者安之，泄者分之，不可執一。大抵傷寒同治，隨經用藥，最爲高論。假如五日以裏諸病與瘢疹不能別辨者，不可疑似，必須發之，但各從其所傷應見治之，皆不妨瘢出。若强發之，其變不可勝數矣。前人言首尾俱不可下者，何也？曰首不可下者，爲瘢未顯於表，下則邪氣不得伸越，此脈證有表而無裏，故禁首不可下也；尾不可下者，爲瘢毒已顯於外，內無根蒂，大便不實，無一切裏證，下之則瘢氣逆陷，故禁尾不可下也。又言溫暖不令通風，若瘢已出，身熱天暄，何必蓋覆不使之通風乎？後人執此二句，不知天令人事通變，致誤者多。大抵以脈爲主，浮、中、沉之診平舉按之，候察其虛實，定其中外，則可以萬全矣。

論未顯瘢證所用之藥

外傷，升麻湯；內傷，枳實丸；大便耎者，枳术丸。傷冷者溫之，神應丸。惡寒者發之，防風蒼术湯。

表大熱者奪之，此表者通言三陽也。夫陽盛則氣必上行，言奪者，治之不令上行也。大便秘結者下之，桃仁承氣、四順飲、柴胡飲選用，察其在氣在血。渴者清之，大渴者白虎湯，小渴者涼膈散。小便不通者利之，導赤散、八正散之類，當求上下二焦何經而用之[一]。驚者，分輕重安之；泄者，察寒熱分之。

【校記】

[一]“當求”句，“二”原誤作“三”，“之”原誤作“藥”，並據《推求師意》卷下改。

已顯癍證所用之藥

出不快，化毒湯；出太多，犀角地黄湯、地骨皮鼠黏子湯；咽不利，桔梗甘草黏子湯；煩者，桔梗甘草梔子湯；肺不利，紫草甘草枳殼湯；太陽出不快，荆芥甘草防風湯；陽明出不快，升麻加紫草湯；少陽出不快，連翹防風湯；四肢出不快，防風芍藥甘草湯。

小兒治法

治風之劑

小續命湯（一名寬筋湯）：治小兒吐瀉之後，因虚生風，癒瘲神昏，涎盛不利。

麻黄去節，半兩　防風一分半[一]　芍藥[二]　附子　人參　川芎　白术　防己各一兩　黄芩一分[三]　桂枝　甘草各半兩

右爲粗末，每三歲一錢，水煎，入薑棗。有汗者，去麻黄。

錢氏大青膏：治小兒熱盛生風，欲爲驚搐，血氣未實，不能勝邪，故發搐也，大小便依度，口中氣熱，當發之。

天麻末一錢　白附子一錢半　蝎梢半錢　朱砂一字　麝一字　烏蛇肉酒浸，焙乾，半錢　青黛一錢　天竺黄一字

上同爲末，生蜜和成膏，每服半皂子大，月中兒，粳米大。

天麻防風丸（見後）

按：已上三方，風自内因者宜此汗之，可見裏之表證與外因不同，矧有驚風、痰熱、食熱等類諸風者，臨證並宜選擇。

【校記】

[一]“分”，天德尚賢堂本作“兩”。

[二]“芍藥”，天德尚賢堂本作“白芍藥”三字。

[三]“分”，天德尚賢堂本作“兩”。

驅風膏

瀉青丸加辰砂、蝎尾。

按：此表裏藥也。

浴體法

天麻末二錢 蝎尾 朱砂各半錢 烏蛇肉酒浸，爲末 白礬各三錢 麝一字 青黛三錢

上同研匀，每三錢，水煎，入桃枝一握，並葉五七枝，溫洗之，勿浴背。

塗顖法

麝一字 蝎尾半錢 薄荷葉半錢 蜈蚣末 牛黄末 青黛末各一字

右研匀，熟棗肉劑爲膏，新綿上塗匀，貼顖上，四方可出一指許，火上炙手，頻熨。百日裏外兒用此法。

謹按：世俗周歲上下小兒諸風搐證，用浴體掐洗法，得汗立效，殊勝火灸，蓋艾有誤加於風熱陽癇也，慎之。

局方敗毒散：治小兒傷風，身熱鼻塞。（方見熱門）

拔萃防風蒼朮湯：治小兒邪熱在表，惡風，風寒所傷。

防風半兩 蒼朮 石膏各一兩 甘草炙，半兩 川芎 黄芩各二錢半

右爲粗末，每二錢，入薑、薄荷葉煎。

升麻黄芩湯：治小兒中風身熱，頭項强，自汗，表不和也。

升麻 葛根 黄芩 芍藥各五錢半 甘草二錢半

右㕮咀，每二錢，水煎。

按：此二方陽明經藥也。

大羌活湯：治風熱。（方見寒門）

錢氏塌氣丸：治脾風腹脹。

胡椒一兩 蝎尾半兩

右糊丸，粟米大，每五七丸至一二十丸。

按：此宣風補脾藥也。

羌活膏（見後驚劑）

全嬰方加減惺惺散：治小兒傷風風熱，及傷寒鼻塞，發熱驚悸，頭痛咳嗽，時行風熱。

蒼朮 川芎 細辛 羌活 防風 白芷 天花粉 甘草 赤芍 桔梗 麻黄 荆芥 當歸 薄荷

右等分，水煎一錢，入薑。

按：此太陽例藥也。

已上諸方，宜隨諸經輕重選用。

僵蠶散：治小兒中風，不語失音，關鬲不通[一]，精神昏憒。

僵蠶半兩　羌活一兩　麝半錢

右爲末，三歲半錢，薑汁少許調和，湯浸服。又以菖蒲末於舌根上頻用之。

桂菖散：治小兒急中風，失音不語。

桂心一兩　石菖蒲一分

右爲末，三歲一錢，水煎服。若大病後不語者，用豬膽汁調下，未語再服。

按：此二方出太陽例，可見中風、傷風例不同，故録之。

【校記】

[一]"鬲"，天德尚賢堂本作"膈"。

治寒之劑

仲景桂枝湯：治感冒風寒，身熱惡寒，自汗。

麻黄湯：治冒風寒，身熱鼻塞，寒栗無汗。

桂枝麻黄各半湯

小青龍湯：治感風寒，脈緩發熱，腹痛或利。

理中湯：治感寒腹痛。（方並見寒門）

謹按：世俗治傷寒多不本仲景初法，矧小兒乎？惟近代鄭友端集《全嬰方》，於《傷寒》多采其例。言桂枝湯，自西北二方居人四時行之，無不驗，江淮間惟冬及春可行之。自春末及夏以前，桂枝證加黄芩一分，謂之陽旦湯。夏至以後，有桂枝可加知母、石膏各半兩，或加升麻一分。若病人素虛寒者，正用古方，不在加減也，可謂得其旨趣。故茲寒例與夫變證法並見本論，今不詳録，但以變法一二附於左。

葛根升麻湯（方見升麻湯）

右㕮咀，水煎。

按：此方陽明藥也。世俗用治小兒傷風，及發瘲瘡疑似之間者，皆用之，故收入，然亦須審諦而行之可也。故王海藏云《活人》言傷寒頭痛如破者，連鬚葱白湯，次又不已者，葛根升麻湯，恐太陽流入陽明，用斷其路，故以此湯主之。地黄湯內如無犀角，以升麻代之，是知陽明藥非太陽藥也。人或初病太陽證，便與此湯，是遺太陽，不惟遺經，反引太陽邪氣入陽明不能解也，其變可勝言哉？故不可不慎之，況小兒乎？

麻黄黄芩湯：治小兒傷寒頭痛，身壯熱，無汗，鼻塞目澀，小便清者，知不在裏，可汗之。

麻黄三錢　赤芍　黄芩各一錢半　甘草炙　桂枝各半錢

右爲粗末，每二錢[一]，水煎服[二]。

按：此太陽例藥也。

惺惺散：治傷寒時氣，風熱痰壅，咳嗽，氣不和。

桔梗　細辛　人參　甘草炙　白茯苓　白术　瓜蔞根各一兩

右爲末，每二錢，水煎，入薄荷五葉。一方加防風、川芎各一分。

按：此少陰例藥也。

東垣麻黄升麻湯：治小兒寒郁而喘，喉鳴，臍中鳴，腹滿，鼻流清涕，脉沉急而數。

麻黄　草豆蔻各一錢半　益智仁一分半　厚朴　吴茱萸各二分　甘草一分　當歸尾　升麻　麴末　蘇木各半分　柴胡　黄芩各一分　紅花少許　蝎二箇

右㕮咀，作二服，水煎，稍熱服。

按：此太陽例藥也，然有所兼之證，故用是變法，隨證加減之也。

【校記】

[一]“每二錢”，原脱，今據天德尚賢堂本補。

[二]“服”，原脱，今據大德尚賢堂本補。

治熱之劑

錢氏瀉青丸：治肝熱搐搦，脉洪實。

當歸　龍膽　山梔　川芎　大黄　羌活　防風

右等分，蜜丸雞頭大，每服一丸。

按：此瀉乙木之陰火藥也，治風熱表裏之劑。

瀉心湯：治心經實熱。

按：此瀉丁火藥也。

瀉黄散：治脾熱目黄，不能吮乳。

按：已上治己土濕熱之藥，風勝濕，甘寒瀉火也。與已上並治實熱之劑。

瀉白散：治肺熱目黄，口不能吮乳，喘嗽。

按：此瀉肺邪之有餘，補辛金之不足也。

導赤散：治內熱，小便赤黄，心躁睡語。

按：此治丙火藥也。

安神丸：治邪熱驚悸，面黄頰赤。

按：此治心、肺、胃熱氣分藥也，清鎮之劑。已上方並見熱門。

地黄丸：治疳熱腎虚，瀉血失音，身瘦，目翳生疥，解顱不合，長大不行，可服取效。（方見補虚門）

按：此治癸水不足藥也。

地骨皮散：治小兒肌熱。

白虎湯：治小兒發熱而渴。（方並見熱門）

生犀散：治小兒肌熱。

生犀　地骨皮　赤芍　柴胡　葛根　甘草

右㕮咀，水煎。

按：此少陽、陽明藥也。

鱉甲飲：治小兒骨熱，潮熱盗汗。

鱉甲炙　地骨皮　秦艽　柴胡　枳殼炒　知母　當歸等分

右㕮咀，三歲一錢，水煎，加桃、柳枝各三寸，烏梅一箇。

按：此少陽、厥陰藥也，氣血之劑。

鎮心丸：治內熱生驚痰盛。

甜硝一兩　人參一兩　甘草炙　寒水石燒，一兩半　山藥　茯苓各二兩　朱砂一兩　腦　麝各一錢

右爲末，蜜丸雞頭大[一]，要紅入臙脂[二]，量兒大小與服。

按：此手太陰、少陰，足陽明、太陽藥也。

化毒丹：治心胃內熱驚悸。

生熟地黄各五兩　天門冬　麥門冬去心，焙，各三兩　玄參二兩　甘草炙　甜硝各二兩　青黛一兩半

右爲末，入硝，煉蜜丸如雞頭大，每半丸或一丸，水下。

按：此手足太陰、少陰藥也。

甘露飲子：治心胃熱，咽痛，口苦生瘡，上攻牙齦腫。（方見熱門）

大黄丸（方見傷風門）

【校記】

[一]“大”，原脱，今據天德尚賢堂本補。
[二]“膩脂”，天德尚賢堂本作“膩脂胚”三字。

絳雪丹：治小兒諸熱陽盛，發狂躁不安，目赤煩渴。

芒硝一兩　朱砂一兩

右爲末，浸蒸餅爲丸雞頭大，三歲兒一丸，砂糖水化下，無時。

按：已上三方陽明例藥也[一]。

易老羌活黄芩蒼术甘草湯：治壯熱體重而渴。

羌活　黄芩　蒼术　甘草

右等分，㕮咀，水煎服。

按：此太陽、陽明藥也。

陳氏人參清膈散：治小兒潮熱煩熱，自汗骨蒸。

人參　柴胡　當歸　芍藥[二]　知母　桑白皮　白术　黄芪　紫菀　地骨皮　茯苓　甘草　桔梗各一兩　黄芩半兩　石膏　滑石各一兩半

右爲粗末，每三錢，水煎，入薑。

按：此手足太陰、足少陽、厥陰、陽明藥也，虚熱、煩熱、氣血皆可用。

謹按：已上諸方姑隨輕重例，因舉其概。至於食熱、痰熱、驚熱等候，宜於後方内選用。

【校記】

[一]“三”，原誤作“二”，今據天德尚賢堂本改。
[二]“芍藥”，天德尚賢堂本作“白芍藥”三字。

治濕熱攻下之劑

錢氏牛黄奪命散：治小兒肺脹喘滿，胸高氣急，兩脅扇動陷下，鼻張悶亂，嗽渴聲嗄，痰涎潮塞，俗謂之馬脾風者。

黑白牽牛各一兩半，一半炒　大黄　檳榔各一兩

右爲末，三歲兒每服二錢，冷温水調下。涎多，加膩粉少許，無時。

通膈丸

大黄　牽牛　木通等分

右爲細末，水丸粟米大，每三五十丸，量大小虚實與服。

按：以上兩方陽明例藥也。

治驚之劑（宜與風癇門兼看）

錢氏涼驚丸

草龍膽　防風　青黛各三錢　鈎藤二錢　牛黄　麝各一字　黄連五分　龍腦一字

上糊丸粟米大，每三五丸，金銀湯下。

按：此治風熱之劑也。

局方天麻防風丸：治小兒驚風，身熱喘粗，多睡驚悸，手足搐搦，精神昏憒。

天麻　防風　人參各一兩　蝎尾半兩，炒　甘草　朱砂　雄黄各二錢半　牛黄　麝各一錢　殭蠶炒，半兩

右爲末，煉蜜丸櫻桃大，朱砂爲衣，每一丸，薄荷湯化下。

按：此治風癇通關竅藥也。

《三因方》治陽癇驚風熱證，面赤身熱，發搐直視，牙緊。

朱砂一錢　膩粉　麝半錢　蘆薈　白附子　甘草各二錢　胡黄連一錢　蝎梢七個　殭蠶七個，炒　金箔七片　赤脚蜈蚣一條，炙

右爲末，二歲以上服半錢，金箔薄荷湯下。

按：此治風熱痰之劑，透關通經絡藥也。

全嬰方睡紅散：治小兒急慢驚風，手足搐搦，目瞪神昏。

牛黄　鵬砂[一]　腦子　真珠　水銀砂子，各半錢　青黛　蝎尾炒　京墨燒　南星　半夏同上薑製一夕　蛇含石淬，各一錢　金銀箔各十片　麝香一字　烏蛇肉並項下七寸，並酒浸一宿取出，去皮骨，炙，一錢

右爲末，三歲一字，薄荷湯下。

按：此治風熱痰藥，通關透肌骨之劑也。非風邪下陷者，不可輕用。

東垣硃砂安神丸（方見熱門）

按：此寧心清神涼血之劑也。

謝氏奪命丹：治急驚不省人事，眼定不動，牙關不開，唇白並黑者。

南星　半夏各四錢，爲末，並以生薑汁和作餅子，晒乾　真珠新白者，二錢　巴豆去油净，一錢　朱砂四錢　金箔　銀箔各十片　輕粉　麝各半錢

右九味，各爲末，和匀，飛羅麵打糊，爲丸如黍米大，每一歲兒一丸，燈心湯下。

【校記】

［一］“鵬砂”，文淵閣四庫全書本作“硼砂”。

比金丸：治小兒風熱丹毒，急慢啞驚。

前奪命丹中減去金銀箔，加真鬱金末三錢，丸如上法。

利驚丸

前比金丸中去鬱金，加腦子半錢，白頸蚯蚓一條，用刀截斷首尾，兩頭齊跳者用之，去土，秤二錢，丸服如上法。

按：此三方導痰藥也，白餅子加減法。

按：以上諸方治陽癇之藥，不問急慢，但系陽證諸熱者，宜隨表裏輕重擇用之。

錢氏溫驚丸

天南星爲末，入臘月牛膽中百日，陰乾，爲末，四兩　朱砂一錢　天竺黃一兩　坯子胭脂　片腦各一錢

右用牛膽汁和丸雞頭大，每一丸，小者半丸，沙糖水化下。

羌活膏：治脾胃虛，肝氣熱盛生風，或吐瀉後成慢驚者。

羌活　川芎　人參　白附子　赤茯苓各半兩　天麻一兩　殭蠶炒　乾蝎炒　白花蛇酒浸焙，各一分　川附子炮　防風　麻黃各三錢　肉豆蔻　母丁香　藿香葉　沉香　木香各貳錢　輕粉一字　真珠末　牛黃各一錢半　龍腦半字　麝一錢　雄黃　辰砂各一分，已上七味各另研

右爲細末，熟蜜劑旋丸大豆大，每服一二丸，食前薄荷湯或麥門冬湯下[一]。

《三因方》治陰癇慢驚。

黑附子剉，去皮　南星生　半夏各二錢　白附子一錢半

右研細，井花水浸七日，每日換水浸，控乾，入朱砂二錢，麝一錢，拌勻，每服一字，薄荷湯下，量大小與服。或丸如粟米大，每二十丸，薄荷湯下。此白丸子方也，因分兩不同，故兩存之。

經驗方保生錠子：治急慢驚風。

蛇含石四兩，火煅醋淬十數次，研爲極細末　南星一兩，先泡，細切，再炒　白附子去皮，一兩　朱砂三錢，另研極細　麝一錢

右爲細末，用糯米粉煮作餅，搗和前藥，令勻作錠子，臨用薄荷湯濃磨汁，服一二口。

全嬰方麝香餅：治小兒急慢驚風，進退不定，荏苒經日，乍靜乍動，嘔吐痰涎，潮搐甚者，宜此。

麝香　蝎尾去毒　蜈蚣二條，酒浸酥炙　南星炮　川烏炮　白花蛇酒浸一夕，去骨皮，焙，以上各半兩　乳香　鐵粉　朱砂　牛黄各一錢

右爲末，酒煮糊丸如雞頭大，捏作餅子，三歲兒一餅，用薄荷湯下。

按：此厥陰例藥也。非風在關竅肯綮者，不可用，義見中風門通關透骨例。

全蝎散：治小兒急慢驚風，潮作不定，心肺中風。

蛇頭一個，酒浸　蜈蚣一條，酥炙　蝎一钱　草烏一個，去皮尖　麻黄去節，一錢　朱砂一錢　腦　麝各一字

右爲末，一歲一字，薄荷湯下。

奪命散：治小兒急慢驚風，諸藥無效者，一服見效。

白附子　黑附子炮　南星炮　天麻　防風　半夏炮　麻黄去節　朱砂　蝎[二]新薄荷葉裹，薑汁蘸，炙三兩次，各一錢

右入麝香半錢，爲末，三歲半錢，薄荷、薑汁，更入酒些小[三]，熱湯共調下。

按：此二方太陽例藥也。

【校記】

[一]“或麥門冬湯下”，天德尚賢堂本此下有“實熱並急驚者勿服”八字。

[二]“蝎”，天德尚賢堂本作“全蝎”二字。

[三]“小”，天德尚賢堂本作“少”。

鈎藤飲子：治吐利，脾胃氣弱，虚風慢驚。

鈎藤三分　蟬殼　防風　人參　麻黄去節　殭蠶炒　天麻　蝎尾炒，各半兩　甘草炙　川芎各一分　麝一錢，另研

右同爲細末，每服二錢，水煎，量多少與之。寒多者，加附子半錢。

按：此升陽越脾氣藥也。

寧心膏：治小兒精神不定，恍惚不寧，恐畏多哭，驚魘。

人參　白术　白茯苓　茯神　山藥　羌活　甘草炙，各一錢　朱砂二錢　腦　麝各一字

右爲末，煉蜜丸如雞頭大，二歲一丸，薄荷湯化下。

按：此養氣疏風清神之藥也。

寶鑒天麻散：治小兒急慢驚風，其效如神。

半夏七錢 天麻二錢半 甘草炙 白茯苓 白术各三錢

右水一盞入磁器內，煮水乾，將生薑三錢同煮，候乾爲末，每服一錢半，薑棗湯調下。

按：此溫脾養胃之劑，非止於疏風勝痰藥也。大抵小兒血氣未充，體虚者多，或因病後致者，宜與此調理而不爲峻劑下陷轉成壞證者，此三方則庶幾矣。

謹按：已上諸方治陰癇，不問急慢驚，但系陰證，宜隨表裏輕重選用，則半陰半陽慢脾之法例在其中矣。

經驗方嚏驚開關散：牙關緊急者，用之搐鼻並擦牙。

蜈蚣一條，炙 直殭蠶炒 南星各一錢 麝一字 豬牙皂角一挺[一]，略燒存性

右各爲末，研極細，少許搐鼻。如欲擦牙者，用生薑汁蘸藥，擦牙上。

全嬰方探生散：治小兒急慢驚風，諸藥無效者，吹鼻中定死生。

沒藥 雄黃各一錢 乳香半錢 麝一字

右爲末，少許吹鼻。如眼淚鼻涕俱出者，可治。

按：此二方捷嚏藥也。

吐風散：治小兒急中風，口噤不開，不省人事。

全蝎一個，炒 瓜蒂十個，炒 赤小豆三十粒

右爲末，一歲一字，溫米飲調下，未吐再服。

碧雲散：治小兒急風卒中，涎潮氣粗，不省人事。

石碌四錢 輕粉一錢

右爲末，每一字，薄荷湯下，酒少許同調下，良久先吐後利。

一方：以銅青爲末，醋糊丸如雞頭大，每一丸，薄荷湯磨下，須臾吐涎似膠，以手拽出，神效。

天霜散：治小兒急中卒風，並急驚口噤，搦搐涎盛，昏塞不語。

辰砂 粉霜 輕粉 南星炮，各半兩 蝎尾 白附子 藿香葉各一錢

右爲末，一歲半字，薄荷湯調下，茶亦得，未吐再服。

按：以上三方宣劑也，宜選用。然此方吐中兼汗下也。

錢氏利驚丸：治小兒急驚風，涎盛，發熱潮搐。

青黛 輕粉各一錢 牽牛半兩 天竺黃二錢

右爲末，白糊丸如小豆大，二十丸，薄荷湯调下。

按：此下濕熱痰之劑也。

全嬰驅風膏：治小兒肝風，筋脈拘急，面紅，目青眼上，驚搐及胎風。

辰砂 蝎尾 當歸 龍膽草 川芎 山梔 大黄 羌活 防風 甘草各一錢

右爲末，入麝香一字，煉沙糖丸如雞頭大，三歲一丸，薄荷竹葉蜜湯化下。

按：此下風熱之劑也。

珍珠丸：治小兒急慢驚風，發搐涎潮，壯熱及痰嗽壅塞。

白附子 滑石 巴豆十五個，去油 輕粉 南星各一錢

右爲末，糊丸如小豆大，三歲一二丸，葱白湯下。

按：此下食痰、導滯之劑也，白餅子加減法[二]。

通關散：治小兒驚風已退，聲啞不能言。

右以南星大者炮，爲末，三歲一錢，豬膽汁調下，咽入喉中便能言。

【校記】

[一]"梃"，原誤作"定"，據天德尚賢堂本改。

[二]"白餅子"句，天德尚賢堂本"白"上有"亦"字。

灸驚風法（附臍風撮口法）

《寶鑒》云：小兒急驚風，灸前頂一穴，在百會前一寸。若不愈，須灸兩眉頭及人中一穴各三壯，如小麥大。

小兒慢驚風，灸尺澤穴各七壯，在肘中横紋上動脈中，炷如小麥大。

初生小兒臍風撮口，諸藥不效者，取然谷穴，在內踝前踝骨下陷中，可灸三壯，針入三分，不宜見血，立效。

小兒癲癇瘛瘲，脊强互相引，灸長强穴三十壯[一]，在脊骶端，趺地取之乃得。

小兒癲癇，驚風目眩，灸神庭一穴七壯，在鼻直上入髮際五分。

小兒風癇者，先屈手指如數物，乃發也，灸鼻柱入髮際宛宛中，灸三壯，如小麥大。

小兒驚癇，先驚怖啼叫[二]，乃發也，灸頂上旋毛中三壯，及耳後青脈，炷如小麥大。

【校記】

[一]"三"，原誤作"二"，今據《卫生寶鑒》卷十九及天德尚賢堂本改。

[二]"驚"，原誤作"啼"，今據《卫生寶鑒》卷十九及天德尚賢堂本改。

治痰涎之劑

青州白丸子

南星三兩　半夏七兩　白附子二兩　川烏半兩，各生用

右爲末，絹袋盛，井水擺盡爲度，別換水，浸三五日，晒乾，糯米粉丸如梧子大，量兒大小與服，薑湯下[一]。

按：此治寒痰、風痰藥也。

抱龍丸：治風痰壅盛，驚搐昏睡。

雄黄　辰砂　天竺黄各四錢　麝香一錢　牛膽　南星八錢，入臘月牛膽中陰乾，百日內用。如無生者，水浸二日，焙用

右爲末，煮甘草糊丸如皂子大，三歲一丸，量大小與服，薄荷湯下。

按：此治風痰、熱痰藥也。

宣風散

檳榔二個　陳皮　甘草各半兩　牽牛四兩，半生半熟

右爲末，每一錢，量大小與服，湯調下。

按：此下濕痰之劑也。

褊銀丸：治風涎，膈實上熱，及乳食不消，腹脹氣喘。

巴豆半兩，去油研　好墨八錢，燒，醋淬　水銀半兩　黑鉛一錢半，與水銀結砂子　麝香半錢，別研

右將巴豆末並墨再研，和匀，入砂子等，陳米粥和丸如緑豆大，捻作餅子，一歲一丸，薄荷湯下。

按：此下食痰、癖積藥也。

謹按：小兒多痰熱，宜用抱龍丸與化毒丹等兼服，故茲例不多録。

【校記】

[一]"如梧子大"三句，原脱，今據天德尚賢堂本補。

治內傷及癖積之劑

錢氏白餅子：治腹中有癖，但飲乳嗽而吐痰涎。（方見痰飲門）

按：此下痰積、食積藥也。義見痰飲門。

消積丸

丁香九個　砂仁十二個　巴豆二個，去油　烏梅肉三個

右爲末，麵糊丸黍米大，三歲以上三五丸，以下三二丸，溫水下。

消堅丸：消乳癖及下交奶，又治痰熱膈實，取積。

硇砂末　巴豆去油净　輕粉各一錢　水銀砂子一兩，皂子大　黄明膠末五錢

右同研勻，入麵糊丸如麻子大，倒流水下，一歲兒一丸，食後服。

按：此二方有寒熱輕重之分，宜選用，後法同。

寶鑒三稜煎丸：治小兒飲食過多，痞悶疼痛，宿食不化，久而成癖。

廣术黑角者　荆三稜二味濕紙裹煨，爲末，各一兩　大黄去皮，八兩

右將大黄爲末，石器内以好醋浸令透，慢火熬成膏，和二藥爲丸，麻子大或緑豆大，每一二十丸，食後溫水下。

鱉甲豬肚丸：治癖發熱。

鱉甲九肋者，七錢，醋煮黄色　青蒿　黄連各七錢　青皮　枳實炒　木香各半兩　柴胡一兩

右細末，豵豬肚一個，去脂貯藥，蒸熟，同和梧子大，每二三十丸，食後人參湯下。

廣术化癖丸：治乳食不消，心腹飽脹，壯熱喘粗，嘔吐痰逆，食癥乳癖。

代赭石醋淬　當歸炒　朱砂研　枳殼炒　廣术炮　荆三稜炮，各半兩　木香一兩　麝香巴豆去油，各一分

右末，研勻，糊丸如麻子大，每一歲兒二丸，米飲下。

灸癖積法

《寶鑒》云：治小兒癖氣久不瘥，中脘一穴，章門二穴，在大横外，直臍季脅端[一]，側臥，屈上足，舉臂取之，各灸七壯，臍後脊中灸二七壯。

治小兒脅下滿，瀉利體重，四肢不收，痃癖積聚，腹痛，不嗜食，寒熱，取脾俞二穴，在第十一椎下兩旁[二]，相去各一寸五分，可灸七壯。又治腹脹黄疸，可灸三壯。

【校記】

[一]“端”，原誤作“喘”，今據天德尚賢堂本改。

[二]“十”，原脱，今據天德尚賢堂本補。

治瀉痢之劑

錢氏白术散

藿香葉　白术　木香　白茯苓　甘草　人參各一錢　乾葛二錢

右爲末，每一錢至二錢，水煎服。

異功散

四君子湯加陳皮。一方只用參、术、甘草三味，名溫中湯[一]。

按：此二方補脾湯加減法也。

益黄散

陳皮一兩　青皮　訶子肉　甘草炙[二]　丁香二錢

右爲細末，每二錢，水煎服。

沒石子丸

木香　黄連各二分　沒石子一個　豆蔻仁二個　訶子肉三個

右爲末，飯丸麻子大，米飲下十五丸，量大小與之。

按：此二方兼止澀藥也。

五苓散：治瀉而渴。（方見濕門）

羌活膏：治小兒泄瀉發搐。（方見前）

溫白丸：治小兒脾氣虚困，泄瀉瘦弱，冷疳洞利，或驚。

天麻半兩　殭蠶炒　白附子　乾蝎　南星浸，各一錢

右爲末，浸寒食面爲丸如緑豆大，每五七丸至二三十丸，薑湯下。仍於寒食麵內養七日取出。

回生散：治小兒吐瀉。

大南星八九錢以上者

右用地坑子一個，深三寸，燒赤，入好酒半盞，下南星，却用炭火三兩條蓋，候南星微裂取出，剉，再炒，放冷，爲細末，每半錢或一字，濃煎，生薑防風湯調下。

按：此二方升肺脾之氣藥也。

金液丹：治吐利日久，脾胃虛損，手足厥逆，神昏，睡多露睛，口鼻氣冷，欲成慢驚，或身冷脈微，自汗，小便不禁。

舶上硫黄十兩，去砂石[三]，爲末，沙合子盛八分滿，水和赤石脂封縫，鹽泥固濟，晒乾，再入水罐內，泥固濟，火煅過，候冷

右於乳鉢內研爲細末，水浸蒸餅，丸桐子大或如緑豆大，每五十丸至百丸，米飲下。

按：此厥陰例藥也。

【校記】

[一]“湯”，天德尚賢堂本作“丸”。

[二]“炙”，天德尚賢堂本此下有“各五錢”三字。

[三]“石”，原誤作“不”，今據天德尚賢堂本改。

玉露散：治傷熱，吐瀉黄色。

寒水石　石膏堅白者，各半兩　生甘草一分

上同爲細末，每服半錢或一錢，溫湯調下。

按：此陽明例藥也。

豆蔻香連丸：治泄瀉腹痛腸鳴。

黄連三分，炒　肉豆蔻　木香各一分

右爲細末，粟米飯丸米粒大，每服十丸至二三十丸，日夜各四五服，米飲下。

二聖丸：治小兒臟腑或瀉或好，久不愈。

黄連　黄柏去皮，各一兩

右爲末，入豬膽内煮熟，丸如緑豆大，每二三十丸，米飲下。

按：此解毒湯變法也，與前方不同，宜選。

羌活黄芩蒼术甘草湯：治壯熱體重而瀉。（方見前）

茯苓半夏湯：治風瀉而嘔。（方見痰飲門）

東垣升陽益胃湯（方見補虛門）

湯氏助胃膏：治小兒氣虛，乳食不進，腹痛泄瀉，腸鳴。

陳皮　山藥各四兩　甘草炙　砂仁　白茯苓　藿香　桂各二兩　肉果　人參　木香　丁香　白豆蔻各一兩

右爲末，煉蜜丸和成膏，每服雞頭大，量大小與之。

按：此出太陽例，冬月時令中藥。

局方水浸丹：治伏暑傷冷，冷熱不調，霍亂吐利，煩渴。

巴豆大者，二十五箇，去皮研細，去油盡　黄丹一兩，炒

右研勻，用黄蠟鎔汁，爲丸如梧子大，每一丸，以水浸少頃，別以新水吞之，量大小與服。

按：此足陽明藥也。

小香連丸：治熱痢腹痛。

木香　訶子各一分　黄連半兩

右爲末，飯和丸緑豆大，米飲下十丸至二三十丸，頻服之。

胃風湯（方見泄瀉門）

全嬰方訶梔散：治小兒純下血痢，腹痛。

訶子半兩，燒，去核　梔子仁一錢半

右爲末，三歲半錢，米湯調下，食前。

按：此治熱之劑也。

桃花丸：治小兒赤白痢，腹痛。

赤石脂　川乾薑炮，等分

右爲末，糊丸如小豆大，三歲三十丸，米湯下。

按：此治寒之劑也。

澀腸丸：治小兒下痢赤白，後重頻並。

龍骨　海螵蛸　訶子炮，去核，等分

右爲末，糊丸如小豆大，三十丸，米湯下。

按：此止澀之劑也。

東垣厚腸丸：治小兒乳食不能克化，或生腹脹，瘦弱，痢瀉無常色。

橘皮三分　大麥麵半錢　半夏三分　枳實半錢　蒼术三分　青皮二分　人參三分　厚朴二分　曲末半錢

右爲細末，煮糊爲丸如麻子大，每二十丸溫水下，食前。

按：此足陽明、太陰藥也。

按：已上諸方姑備其例，宜兼看瀉、痢二門而分治之。

治咳嗽之劑

麻黄湯：治傷風咳嗽，喘急無汗。（方見寒門）

按：此治風寒之劑也。

敗毒散：治時氣咳嗽。（方見咳嗽門）

按：此治風溫之劑也。

紫菀散：治小兒咳嗽上氣，喉中水雞之聲。

射干　紫菀　款冬花各三錢　麻黄四錢　細辛二錢　半夏一錢　五味子六錢

右㕮咀，三歲兒一錢，水煎，入薑、棗少許。

百部飲：治小兒喘嗽，日夜不得睡，目鮮如突出之狀。

百部 生薑各八錢 細辛 甘草各三錢 貝母 白术 五味子各二錢 桂心四錢 麻黄二錢

右㕮咀，三歲兒一錢，水煎。

按：此二方太陽例藥，宜分輕重選用。

紫蘇子散：治小儿咳逆上氣，因乳哺无度，内挾风冷，伤肺氣，或啼未定與乳，乳與氣相逆不得下。

蘇子 訶子 蘿白子 杏仁炒 木香 人參各三錢 青皮 甘草各一錢半

右爲末，每一錢，水煎，入薑，量大小與服。

按：此下氣導痰藥也。

葶藶丸：治乳食衝肺，咳嗽，面赤痰喘。

甜葶藶隔紙炒 黑牽牛炒 漢防己 杏仁炒，各一錢

右爲末，入杏仁泥，取蒸陳棗肉和，再搗，爲丸如麻子大，每五丸至七丸，生薑湯下。

按：此下濕之劑也。

全嬰方雄硃丸：治小兒咳嗽有痰，潮熱。

雄黄一錢半 巴豆七粒 半夏半兩

右爲末，糊丸小豆大，一歲二丸，薑湯下。

按：此導風痰，濕痰、乳癖藥也。

潤肺散：治小兒涎嗽不已，氣急煩渴。

麻黄二錢 甘草一錢 人參 知母各二錢半 陳皮一分 桔梗 阿膠炒 百部各半錢

右爲末，三歲一錢，水煎。

按：此手太陰、足太陽藥也。

人參丸：治小兒咳嗽有痰，氣急惡心。

人參 半夏 白术 川薑 南星炮

右等分，爲末，薑糊丸小豆大，三十丸，薑湯下。

按：此手足太陰藥也。

參杏膏：治小兒久新咳嗽，氣急惡心，有痰咯血。

人參 阿膠 杏仁炒 款冬花 五味子 甘草 訶子 貝母

右等分，爲末，煉蜜丸雞頭大，三歲兒一丸，白湯下。

補肺散：治小兒久患咳嗽，氣急有痰。

阿膠 糯米各一兩 馬兜鈴 甘草各半兩 杏仁七十粒 大力子一分

右㕮咀，三歲兒一錢，水煎服。

按：此二方手太陰之的藥也。

瀉肺散：治小兒肺氣熱盛而咳。（方見熱門瀉白散）

治嘔吐之劑

茯苓半夏湯（方見前瀉劑）

回生散：治小兒吐瀉。（方見前）

異功散（方見前瀉劑）

藿香散：治脾胃虛，有熱面赤，嘔噦。

麥門冬 半夏 甘草炙 石膏各半兩 藿香一分

右爲末，每半錢至一錢，水煎，入薑。

全嬰方消食丸：治小兒生冷傷脾，腹痛惡心。（即《局方》小七香丸）

拔萃定吐紫金核

半夏末製 人參 白术 木香 丁香 藿香各二錢半

右爲末，稀糊爲丸如李核大，後用沉香、硃砂各一錢，研末爲衣，陰乾，每一丸，棗湯磨下。

謝氏燒針丸：專主吐逆。

府丹不拘多少

右件研極細，去皮小棗肉和劑爲雞頭大，每用針簽於燈上燒灰，爲末，乳汁下一丸。

按：此亦劫劑也。以上方，唯藿香散出陽明例藥，餘溫劑，宜隨輕重選擇，出理中例。

治疳之劑

錢氏木香丸：治小兒疳瘦腹大。

木香 青黛 檳榔 豆蔻各一分 麝香一錢半 續隨子一兩 蝦蟆三個，燒存性

右爲末，蜜丸綠豆大，每三五丸至一二十丸，薄荷湯下。

按：此手足太陰藥也。

六味地黃丸：治小兒疳瘦不行，解顱骨熱。（方見補虛門）

全嬰方蘆薈丸：治小兒疳氣，腹急骨熱。

蘆薈　木香　檳榔各一分　黄連一兩　蕪荑去皮　青皮　陳皮各半兩　巴豆三七粒，同上四味炒黄，去豆　蝦蟆酒浸炙黄，去骨，一兩

右爲末，猪膽丸小豆大，三歲三十丸，米湯下。

按：此手少陰、手足太陰藥也。

蒸雞丸：治小兒疳劳，骨蒸潮熱，盜汗瘦弱，腹急面黄，食不生肌肉。

黄連二兩　柴胡一兩　蕪荑　鶴虱各半兩　秦艽　知母　紫芩[一]　使君子去殼，炒，各一兩

右爲末，黄雄雞一隻，重一斤，籠之，専以大麻子飼之，五日後去毛及腸肚，净入前末子，以綫縫之，取小甑子，先以黑豆鋪甑底三寸，安雞四旁，及上黑豆蓋之，早蒸至晚，取肉研和，更入酒，糊[二]丸如小豆大，二歲二十丸，加減與之，米飲下。忌猪肉。

按：此手少陰、太陰、足少陽藥也。

肥儿丸：截疳杀虫，治腹胀，消食。

使君子肉[三]　蘿蔔子[四]各二兩　小紅棗肉一兩　糖球子末　飛羅麵各二兩

右取好黄土，和作一爐墩子，內底下蘿蔔片鋪一層[五]，次將使君子肉鋪在當中[六]，次又鋪蘿蔔一層[七]，上安棗肉蓋於上，以泥封固其外，以炭火煅至內三物熟爛了，取出，以飛麵球子末和匀，丸如麻子大，量兒大小與服，米飲下。

按：此足陽明、太陰藥也。

五疳消食丸：消疳殺蟲，退熱，磨積進食。

使君子肉[八]炒　麥蘖炒　陳皮　麥曲炒　蕪荑　草龍膽　黄連炒　糖球等分

右爲細末，陳米飯爲丸如黍米大，每十丸，米飲下。

按：此手少陰、太陰藥也。然疳證自有虚實積熱等致不同，已上諸方未能以盡其變，學者自宜推格治之。

【校記】

[一]“紫芩”，天德尚賢堂本作“紫菀”。

[二]“更”，原誤作“硬”，今據天德尚賢堂本改。

[三]“使”，原誤作“史”，今據文義改。

[四]“蔔”，原誤作“白”，今據天德尚賢堂本改。

[五]“蔔”，原誤作“白”，今據天德尚賢堂本改。

[六]“使”，原誤作“史”，今據文義改。

[七]“蔔”，原誤作“白”，今據天德尚賢堂本改。

[八]“使”，原誤作“史”，今據文義改。

治瘡疹之劑

升麻湯：治小兒瘡疹未出發熱。

升麻 葛根 芍藥[一] 甘草

右㕮咀，水煎。

按：此足太陽、陽明藥也。

錢氏四聖散：治瘡疹出不快。

紫草 木通 甘草炙 枳殼炒

右等分，爲粗末，每一錢，水煎服。陳氏加黄芪。

按：此足陽明、手太陰藥也。

調肝散：治瘡疹大盛，宜服此，令瘡不入眼。

生犀二錢半 龍膽草一錢 黄芪半兩 大黄二錢 桑白皮半兩，炒 鈎藤子各一錢 石膏半兩 麻黄 瓜蔞 甘草[二]

右爲粗末，每二錢，水煎服，食後。

按：此手太陰、足陽明、太陽藥也。內外實者，非此不可。

化毒湯：治豆瘡已出[三]，出不快。

紫草茸 升麻 甘草炙。等分

右㕮咀，入粳米五十粒，水煎。

按：此足陽明藥也。

鼠黏子湯：治痘瘡欲出，未能得透，皮膚熱，眼赤心煩，咽嗌不利。

鼠黏子炒，四錢 荆芥穗二錢 甘草一錢 防風半錢

右爲細末，沸湯點服。去防風，名消毒散。

按：此太陽、少陽藥。首論溫平者，此也。

活血散：治豆瘡出不快[四]。

白芍藥炒，一錢

右爲末，酒調服。腹痛，溫熱水調下。

按：此正的太陰藥也。海藏云：張和之治四肢出不快，加防風，大效。

【校記】

[一]“芍藥”，天德尚賢堂本作“白芍藥”三字。

[二]“草”，天德尚賢堂本此下有“炙，各二錢”四字。

[三]“豆”，天德尚賢堂本作“痘”。
[四]“豆”，天德尚賢堂本作“痘”。

犀角地黄湯：治瘡疹出太盛，便血或鼻衄。
犀角一兩　生地黄二兩　赤芍三分　牡丹皮一兩
右㕮咀，三歲兒一二錢，水煎服。
按：此足太陰、少陰、手太陰藥也。

葛根麥門冬散：治小兒熱毒，班瘡出多[一]，心神煩悶。
葛根　麥門冬各三錢　人參二錢　石膏半兩　升麻　甘草　茯苓各二錢　赤芍一錢
右㕮咀，每三錢，水煎服。
按：此足陽明、手太陰、少陰藥也[二]。

連翹散：治瘡痘發熱。
連翹　防風　梔子　甘草
右爲末，水煎。
按：此治熱在外而不厥，少陽藥也。

如聖飲子：治瘡疹毒攻，咽嗌腫痛。
桔梗　甘草　鼠黏子炒，各一兩　麥門冬半兩
右爲末，竹葉同煎，二三錢。
按：此手太陰、少陰藥也。

解毒防風湯
防風[三]　地骨皮　黄芪　芍藥　荆芥　枳殼　鼠黏子各半兩
右爲粗末，每服四五錢，水煎。
按：此手足太陰藥也。

真牙湯：治癍瘡黑陷者。
人牙二枚，燒存性，入麝香少許
右爲末，用紫草升麻湯調下。

御藥院方無價散：治癍瘡不出，黑陷欲死者。
人、猫、猪、犬糞，臘月內燒爲灰。
右爲末，每一字，蜜湯調服，量大小與之。
按：此二方劫劑也。

【校記】

[一]“班”，天德尚賢堂本作“斑”。

[二]“少陰”，原脱，今據天德尚賢堂本補。

[三]“風”，天德尚賢堂本此下有“一兩”二字。

當歸丸：治瘡疹，能食而大便秘。

當歸半兩　甘草一錢　黄連　大黄各二錢半

右將歸熬膏子，入下三味末，爲丸，漸加服，至利爲度。

按：此足陽明、厥陰藥也。

棗變百祥丸

紅牙大戟去骨，一兩　青州棗去核，三十箇

右用水一碗同煎，至水盡爲度，去大戟不用，將棗焙乾，可和作劑，從少至多，服至利爲度。

按：此足少陰藥也。

陳氏異功散：治小兒痘瘡欲靨之際，頭温，足指冷，或腹脹瀉渴，氣促，或身不壯熱，悶亂不寧，臥則哽氣，煩渴咬牙。

木香三錢半　官桂二錢　當歸三錢半　人參二錢半　茯苓二錢　陳皮　厚朴二錢半　白术二錢　半夏一錢半　丁香　肉豆蔻各二錢半[一]　附子一錢半

右爲粗末，每二三錢，水煎，入薑棗。

按：此足太陽、少陰、厥陰、手足太陰藥也。

謹按：已上瘡疹諸方有升散、補脾、涼血、瀉火、清神、攻下、温中，補劫之法不同，學者自宜取擇。

局方涼膈散：治瘡痘已出，發熱作渴，脈實悶亂，便實者。方見火門。

謹按：瘡瘍已發，有寒熱温涼不同，形氣虚盛之異，以上二方宜對脈證選用，有起死回生之效也。足陽明藥。

地骨皮鼠黏子湯：本方加地骨皮。

桔梗甘草鼠黏子湯

桔梗甘草梔子湯

防風芍藥甘草湯：並三味，治證見前。

升麻加紫草湯：升麻湯加紫草。

荆芥甘草防風湯：三味，治證見前。

紫草甘草枳殻湯：四聖散減木通。

連翹防風湯：前連翹散減梔子。

並治證見前論。

【校記】

［一］"各"，原脱，今據天德尚賢堂本補。

玉機微義卷之五十終

玉機微義序

醫書自《內經》而下，歷數千載，善斯道而作者非一人。其間有言診者，有論證者，有集方者，莫不皆裨於世用。然奧妙之旨，奚所發揮？雖世異病殊，以方取驗，若出一人之手，迴不知世運之遠，作者之眾。然人同此心，心同此理，漢張仲景本經旨傷寒之法，言診論證，以例處方，後之學者得有所據。晉唐以來，其道益廣，用法者不一。止言雜病診證，或求奇示怪，秘而不傳。好事者慕其風而繼作，或止據於方，雖有一源一意之可觀，又非百代可行之活法也。始純從學於江左馮先生庭幹，間嘗請其義，授以會稽徐先生所著書一帙。觀其法，求其意，蓋出於《內經》，非前所謂也。且古今作者非一人，其法各得一意，而後人執之該治，不知變通之法，與經旨多相違戾，不無得失。是以先生究探古今作者源意，摭金劉守真、元李明之、朱彥修諸氏論集，本乎經旨而折衷其要，發明中風、痿、痰、泄、瘧諸門診證方例，非一源一意，而有通變乎百證千方者，斯爲古今可行之活法也歟？豈止集方而已？先生諱彥純，字用誠，蚤歲嘗客吴中，以《春秋》教授鄉之俊彥。今沒十有二年，始遇其從弟用中，獲詢先生學行，知深於醫者也。又嘗見其《本草發揮》，竊意前書必有全帙，惜今不可見矣。嗚乎!歲月雲邁，九原不作，幸而遺墨昭然，生意如在。以先生所著，取咳、熱、火、暑、燥、濕、寒等門診證方例，妄意續於諸門之末。雖心同理，而不免獲狂僭之過。因摭諸《內經》至數至名之旨，乃目其書曰《玉機微義》，未知其果是否？後之明哲，有所正焉，於是乎書。

時洪武丙子三月朔旦吴陵劉純序

玉機微義序

余向讀《國語》，醫和有言曰：上醫醫國，其次醫人。唐柳子非之，予竊是之。予謂人受天地之中以生，元氣流行，各正性命，理之常也。不幸天地之氣乖，而人氣亦戾，由是疾厲作，民夭閼而國本動搖。惟醫師之良者，探造化之機，究陰陽之理，投藥起疾，以正人之氣。人之氣既正，則天地之氣亦正，由是民生遂，天命全而國本固矣。是非醫國而何？今觀吴陵劉宗厚氏所著《玉機微義》，予益自信予之是和言者果是，而柳子非之者果非也。宗厚之學，本諸濂洛儒先[一]，旁究岐黄盧扁之術，故其發於議論者，始於推氣運之原，以參五行相生相勝之妙，要之於性命之稟賦，貫之於物理之變通，而會之於人事動静不惻之微[二]，馳騁經史，出入古今，引譬明驗，誠非庸常之流所可及也。其學則私淑丹溪朱彦修，其法則有得夫漢，及近代劉河間、李東垣之秘旨。顧其爲書，雖以門分類彙，而非以歌集方，億度乎艾砭參苓者之可同日語也[三]。嗚呼！醫術之奥，有如此者。俾之經國治民，特舉而措之耳。孰謂和言之非乎？宗厚世爲吴陵望族，以詩禮相傳，其先世在勝國時，居省憲，掌樞要，以名宦顯著者殆未易一二數。宗厚窮而在下，不能躬耕，自食其力，故托迹於醫，以自養自晦也。雖然，以宗厚之材之術，抑豈久於栖栖者耶[四]？行將膺異等之薦，展上醫手，以裨聖主仁民之治，此余之所望於宗厚也。宗厚其以此自期乎？其以此自勵乎？余與宗厚之嚴翁橘泉先生有世契，今觀宗厚所著書，殆不容於默默也。故僭序其實於卷首，俾覽其書者知宗厚之學有本，而勿謂世醫而易之也。

洪武丙子九月初吉吴興莫士安序

【校記】

[一]“儒先”，當作“先儒”。

[二]“不惻之微”，“惻”當作“測”。

[三]“億度乎艾砭參苓者之可同日語也”，“億”當作“臆”。

[四]“抑豈久於栖栖者耶”，“栖栖”當作“恓恓”。

醫經小學

[明]劉　純　　　　　纂集
張琳葉　王曉琳
胡　玲　　　　　點校
李亞軍　　　　　審校

點校説明

《醫經小學》，六卷，醫學入門書，明初劉純纂。

劉純，字宗厚（一作“景厚”），里籍吴陵，今屬江蘇泰州。“約生於元至元六年（1340），卒於明永樂十年（1412）前”（任雨笙等.明代醫家劉純生平初探.中華醫史雜誌，2000.3）。劉純称“吾宗累世簪纓，名門右族，吾父橘泉翁始從丹溪朱彦修學此術”（劉純《雜病治例·蘭室誓戒》），及至劉純，已“窮而在下，不能躬耕自食其力，故托迹於醫，以自養自晦也”（《玉機微義》莫士安序）。“純早年居淮南，于陳復初契家齋堂得東原郭文才甫家傳《瘡科心要》一卷，持行四方，按法每擇用之”（《玉機微義》卷十五），可知其人早年行醫淮南，後“以事移關中，隨家焉”（《傷寒治例》蕭謙序），與清雍正《陝西通志》卷六十四人物十方伎稱劉純“洪武時居咸寧”吻合。劉純《玉機微義》卷一稱“余嘗居涼州……天氣常寒，人之氣實腠密，每見中風，或暴死者有之，蓋折風燥烈之甚也。時洪武乙亥秋八月，大風起自西北，時甘州城外路死者數人”，按洪武乙亥即洪武二十八年（1395），此時的劉純已遷居甘肅，且先至涼州（今武威），後至甘州（張掖），並終老於其地，所著有《玉機微義》《醫經小學》《雜病治例》《傷寒治例》《壽親養老補遺》《太素脈訣》等。

據《醫經小學》劉純自序“洪武二十一年冬十一月朔旦吴陵劉純序”的落款，其書成於明洪武二十一年，即1338年。據自序中“昔丹溪朱先生以醫鳴江東，家君親從之遊，領其心授。純生晚學陋，承親之訓有年矣。其於經論，習而玩之，頗嘗得其指歸。不自揆度，竊以先生之旨，輯其醫之可法，本諸經論之精微，節目更爲定次，歌語引例具圖，以便記習，至於脈訣之未備者，亦爲增正，名曰《醫經小學》。蓋欲初學者得以因流尋源，而不蹈夫他歧之惑”的説明，其書系劉純感于朱丹溪之學能使人“得其指歸”，於是“輯其醫之可法”，並以“歌語引例具圖，以便記習”，目的在於“欲初學者得以因流尋源，而不蹈夫他歧之惑”，因而是一種以丹溪之學爲主導的醫學入門之書。須注意的是，其書雖以丹溪之學爲主，對張仲景、劉河間、李東垣的學術也頗多採擷，因而又具有較強的綜合性。楊士奇序説“其書首本草，次脈訣，次經絡，次病機，次治法，次運氣，凡六卷。一本於《素問》《靈樞》《難經》，及張仲景、王叔和，至近代劉守真、張潔古、李明之、朱彥修諸家之書，撮其切要，綴爲韻語，類粹以便初學，本末條理，明切簡備，醫學之指南而端本之書也”，是比較客觀的評價。

據《中國中醫古籍總目》，現存的《醫經小學》版本有明洪武二十一年著者序刻本，可知其書在成書的當年便已刊行，該本唯解放軍醫學圖書館藏有一部。其後爲明正統三年姑蘇陳有戒序刻本，中國醫學科學院圖書館、中國中醫科學院圖書館及中國中醫科學院中醫醫史文獻研究所有藏本。又有明成化九年熊氏種德堂刻本，唯上海圖書館藏有一部。此外尚有明刻本殘卷兩種。抄本有日本天保十年據明景泰六年刻本所抄，及民國抄本一種。民國間裘庆元辑《珍本醫書集成》，将《醫經小學》亦收録該書，雖略有刪減，但流傳較廣。

此次整理，遵循叢書的整理原則，以校勘爲主，原則上不做注釋。以明正統三年姑蘇陳有戒序刻本爲底本，以《珍本醫書集成》本爲主校本。凡引用前代醫書有誤者，參用他校法。

凡底本文字有誤，校本不誤者，謹慎依據校本改正，出校説明。如卷二“脈訣”有“若診他脈覆手取，要自看時仰手認”句，后“手”字原作“心”，据文义必是“手”，属形近而误，而《珍本醫書集成》本正作“手”，于是改“心”为“手”，並出校记：“手”，原誤作“心”，今據珍本醫書集成本改。

凡底本有脱文，校本不脱者，謹慎依據校本補入，出校説明。如底本卷四“病機略”有“初欲發時有五臟現證”句，“初欲發時”字原作“初欲時”，按文義必是“初欲發時”，“欲”下脱“發”字，而《珍本醫書集成》本正作“初欲發時”，於是據以補“發”字，並出校記：“發”，原脱，今據珍本醫書集成本補。

凡底本有衍文，校本不衍者，謹慎依據校本删去衍文，出校説明。如卷五“水火分治”有“緊寒數熱脈正邪，標本求之真妙訣”句，“緊”上原有“別”字，諸本同，今人有標點爲“別緊寒，數熱脈，正邪標本求之真妙訣”，誤。按原文爲七言二句，“邪”“訣”二字爲韻，復考此條出《仁齋直指方論》卷一，原文作“緊寒數熱脈正邪，標本治之真妙訣”，無“別”字，則“別”爲衍文無疑，於是删去“別”字，並出校：“緊寒數熱脈正邪”，“緊”上原衍“別”字，今據《仁齋直指方論》卷一刪。

凡底本有文字顛倒，校本文從字順者，謹慎依據校本乙正文字，出校說明。如底木卷三“十二經本一脈”有“大腸即起手次指”句，“起手”二字原倒，文義不屬，屬文字顛倒，諸本同，考《針灸大全》卷一“十二經本一脈歌”作“大腸即起手次指”，文義無礙，於是據《針灸大全》乙正，並出校記：“大腸即起手次指”，“起手”二字原倒，今據《針灸大全》卷一乙正。”

除個別生僻且易引起歧義的字詞外，原則上不作注釋。

整理者

二零一七年十二月

目録

序

醫藥肇於三皇，至周六官，有醫師掌醫之政令，所以衛民之生也。歷代明於醫者，皆有著書。去古愈遠，後生晚出，往往不究宗旨，甚者於脈診、陰陽、表裏、經絡、氣運之説一切懵然，唯執前人一定之方以待病者，用覬幸於萬一，而使斯民不幸，不獲保終其天年者，蓋莫甚於今。比者憲臣有言，請於邑里建學設教，庶幾免人於夭閼。雖一時格於廷議，然其發於惻隱之誠，實切民用也。往年副都御使陳公有戒刻劉純所輯醫家《玉機微義》，以爲施治之資矣。又欲爲施教之資也，並刻純所輯《醫經小學》以傳。其書首本草，次脈訣，次經絡，次病機，次治法，次運氣，凡六卷。一本於《素問》《靈樞》《難經》，及張仲景、王叔和，至近代劉守真、張潔古、李明之、朱彦修諸家之書[一]，撮其切要，綴爲韻語，類粹以便初學，本末條理，明切簡備，醫學之指南而端本之書也。凡善學者皆務本，況醫人之司命，其可昧本而苟乎哉？學醫者誠能熟究是編，融會於心，將所行皆正途，所用皆正法，觸類而長之，於歲論十全何有哉？此書非劉氏莫之爲，非陳公亦莫之傳，學醫之幸，生民之幸也。純，字宗厚，吴陵人，其父叔淵，彦修之高弟，授受有自云。

正統三年己未歲九月甲子光禄大夫柱國少師兵部尚書兼華蓋殿大學士國史總裁同知經筵事廬陵楊士奇序[二]

【校記】

[一]"彦"，原誤作"仲"，今據下文"彦修之高弟"句及《九靈山房集·卷十·丹溪翁傳》改。

[二]"正統三年己未歲"，按"己未歲"爲正統四年，"三"字誤。

自 序

醫，意也，臨病立意以施治也。其書《內經》載運氣病源，靡不悉備。候天地之變，究疾病之機，盡調治之理，此神聖愛人之仁，拯羸救枉，濟物之至道也。醫道斯立，秦越人演其精義，述《難經》，漢張仲景論傷寒，用藥定方，晉王叔和集次及撰《脈經》，以示後學，意亦至哉。經去聖遠，遺文錯簡，後學專方而惑意。幸唐太僕令王冰重整其義，啓大法之幽玄，釋神運之奥妙，析理於至真之中，俾學者遇證審脈用藥，去病根本，無貶損醫之道明矣。而其爲法，制勝伐其勢，資化助其生，扶危定亂之功，本諸經論，知氣識病，治理得焉。嗟呼！學必本於經，病必明於論，治必究於方，而能變通而無滯，斯能盡夫立醫之意矣。昔丹溪朱先生以醫鳴江東，家君親從之游，領其心授。純生晚學陋，承親之訓有年矣。其於經論，習而玩之，頗嘗得其指歸。不自揆度，竊以先生之旨，輯其醫之可法，本諸經論之精微，節目更爲定次，歌語引例具圖，以便記習，至於脈訣之未備者，亦爲增正，名曰《醫經小學》。蓋欲初學者得以因流尋源，而不蹈夫他歧之惑。有志於古神聖愛人濟物之道者，無誚愚以管窺而蠡測。或有未至，矜其志而加正焉，則不唯醫道之幸，亦斯民之幸也。

洪武二十一年冬十一月朔旦吴陵劉純序

醫之可法爲問

李東垣先生曰：自伏羲、神農、黄帝而下，名醫雖多，所可法者有幾人哉？至於華氏之剖腹，王氏之鍼妖，術非不神也，後人安得而仿之？非若岐伯之聖經，雷公之炮炙，伊摯之湯液，箕子之洪範，越人之問難，仲景之傷寒，叔和之脈訣，士安之甲乙，啓玄子之傳注，錢仲陽之論議，潔古之方書，皆活法所可學者，豈千方萬論印定後人眼目者所能比哉？其間德高行遠奇才異士，與夫居縉紳、隱草野者，雖有一節一法之可觀，非百代可行之活法，皆所不取也。予豈好辯哉？欲使學者觀此數聖賢而知所向慕而已。或有人焉，徒能廣覽泛誦，自以爲多學而用無益者，豈其知本歟？

或問丹溪朱彥修先生曰：醫之爲事，切脈察病用藥，先生必以讀儒書者能之，何也？

曰：非《四書》，無以窮理盡性，成格物致知之功；非《易》，無以知陰陽造化功用，消長生成之道，升降浮沉之理。孫真人曰：不知《易》者，不足以言太医。

問曰：醫書何先？曰：必須先讀《內經》《本草》《脈經》。非《內經》無以識病，非《本草》無以識藥，非《脈經》何以診候？然後卻參諸家之說。

又問：仲景《傷寒》，出證見方，爲醫書之祖，亦先須看否？

答曰：凡先入者爲主。《內經》盡陰陽之妙，變化無窮，諸書皆出於此。如越人演八十一難，止得《內經》中一二。仲景取其傷寒一節，河間以熱論變仲景之法，東垣以飲食勞役立論。恐先仲景書者以傷寒爲主，恐誤內傷作外感；先東垣書者以胃氣爲主，恐誤外感爲內傷；先河間書者以熱爲主，恐誤以寒爲熱。不若先主於《內經》[一]，則自然活潑潑地。

【校記】

[一]"主",原誤作"生",今據珍本醫書集成本改。

問曰：今之醫，但看《脈訣》以爲診視，越諸方書[一]，便可治病，以爲簡便。先生之教讀《內經》，雖識病，無方可據，《脈經》千條萬緒，難以撫尋。

曰：正欲如此。人之生命至重，非積歲月之功，豈可便視人之疾？前人立論製方，有與《內經》意合者，有穿鑿者，有立意偏者，有因病而以病人之虛實、形氣、脈證而製方者。病之變化無窮，人之形志苦樂不一，地土所宜，證有相似，治有不同。不讀《內經》，便欲據方施治，若有差誤，死不復生。人雖不知，於心安乎？脈理精微，通陰陽造化之理，千變萬化，聖人尚論其端緒，秘其藴奧，善爲脈者，從而推廣，豈高陽生數語之《脈訣》能盡無窮之病耶？

先生曰：劉、張之學，其論臟腑氣化有六，而於濕、熱、相火三氣致病爲甚，多以推陳致新、瀉火之法療之，此固高出前代矣。然有陰虛火動，或陰陽兩虛、濕熱自甚者，又當消息而治之。東垣之謂飲食勞倦，內傷元氣，則胃脘之陽不能舉，並心肺之氣陷入於中焦，而用補中益氣等藥治之，此亦前人所無也。然天不足於西北，地不滿於東南，天陽而地陰，西北之人陽氣易降，東南之人陰氣易升。苟不知此，而徒取其法，則於氣之降者固可以獲效，而於氣之升者亦從而用之，吾恐反增其病矣。當以三家之論，去其短而取其長。

又曰：陰不足而陽有餘。因而思之，故人病氣升者多，氣降者少，是其驗也。補其陰與陽齊等，則水火自然升降，所謂乾坤定位而離坎交也。凡治病用藥，以前人方論未可者，切不宜孟浪，須沉潛思繹，千條萬緒，必求氣之所在而取之，不過格物致知之功，久久自入窮通變化之妙。

【校記】

[一]"越",《古今醫統大全》卷八十六作"閲",是。

問曰：五運六氣，《內經》備論，諸方所略，其理奧妙，未易造入，愿發明焉。

曰：學醫之初，且須識病機，知變化，論人形而處治。若便工於運氣，恐流於馬宗素之徒，而云某生人於某日，病爲某經，用某藥治之之類也。人之臟腑，外應天地，司氣司運，八風動静之變，人氣應焉。豈不切當？苟不知此，爲醫未造其理，何以調之？楊太受常云：五運六氣，須每日候之，記其風雨冥晦，而有應時作病者，有伏氣後時而病者，有故病衝而動者。體認純熟，久則自能造其至極。治病用藥，猶權衡，不可毫釐輕重也。若以執古方而治今病，更不酌量，吾不知其不能無少差也。

先生曰：吾每治病，用東垣之藥，效仲景處方，庶品味數少，則藥力專精也。

問曰：讀《素問》有不曉者，奈何？

曰：乃上古之書，中間多有缺文訛舛。且通其所可通，缺其所可疑。又王冰釋於強解，及失經意者亦有之，須自要著力熟讀玩味。

問曰：《素》《難》之外，更看何書爲要？

曰：外感法仲景，內傷法東垣，則仲景治法更合《內經》。然於諸書，皆須覽過，以長識見。

問曰：先生治病，有證同而異治者，又非地土不同、老幼苦樂之異，何也？

曰：陰陽氣運，參差不齊，賦生有厚薄，五氣有偏勝，臟腑剛柔不同，用藥以抑強扶弱，取中而治，豈得而同也？

問曰：諸方立論，有多用熱者，有多用寒者，時之異邪？地勢之然也？

曰：看方須要知其立意，取其所長，去其所短。人性偏執，其通疏者，自古及今寧幾人歟？

問曰：一人之證，久伏牀枕，處方既定，前後又有加減者，何也？

曰：內有初中、虛實之異，外有八風之變，四時更易，氣運迭遷，七情所動，是以主病之藥雖不更，佐使豈無加減也？

問曰：何以謂之通疏？

曰：無先入之主，能窮變化之神，識時措之宜，致二五之精，妙合爲冲和之氣。虛則補之，實則瀉之，寒者熱之，熱者寒之，上者抑之，下者舉之，無所偏負，則自然天地位而萬物育矣。嘗看成無己注《傷寒論》曰：夫傷寒之病，以陽氣爲主。只此一句，已見深造聖蘊。蓋天之邪氣，感則傷人氣也；飲食起居七情，動則傷人形也。然此其深者，氣病形乃應，形病氣乃從[一]，治病必求其本。

先生曰：仲景治傷寒，以寒字爲主，用辛熱、甘熱等藥者，主即病而言。河間治熱病，以熱字爲主，用辛涼等劑者，主不即病，寒毒藏於肌膚，至春變溫，至夏變爲熱病之意也。

【校記】

[一]“病”，原脱，今據珍本醫書集成本補。

問曰：陰陽之體用，先生嘗以陰不足而陽有餘，遠取諸天地日月，爲譬其體也，近取呼吸升降，爲喻其用也，則得聞命矣。然陰陽虛實之體雖不同，而其升降之用，所乘之機，既無降殺，則陰之體本虛，曷用補哉？

先生曰：邵子謂天地自相依附，天依形，地附氣，其形也有涯，其氣也無涯。人之形質，有涯者也，天癸絕後，形則衰矣。苟不益陰以內守，則陽亦無以發揚爲健運之能，是天失所依也，而爲飄散飛蕩，如喪家之狗耳。陽既飄散，則地愈失所附也。形氣不相依附，則死矣。人其補養殘衰傷朽之質，又何云哉？

先生曰：治病必分血氣。如氣病補血，雖不中病，亦無害也。血病補氣，則血愈虛散，散則氣血俱虛，是謂誅罰無過也。病或晝輕夜重者，血病也，晝重夜輕者，氣病也，蓋晝陽夜陰也。

座右銘曰：

學問，所以別理欲，開昏閉；衣食，所以防饑寒，廣恩惠。

言行要留好樣與兒孫，心術要不得罪於天地。

衛生藥室銘曰：

治病之方，先顧元氣。攻病擊邪，斟酌藥劑。邪輕劑輕，邪峻劑峻。元氣成虛[一]，峻劑當慎。必求其本，如流有源。泥標忘本，白首不痊。血病治血，氣病治氣。臟腑經絡，逐一點視。虛的施補，實的施瀉。察色聽聲，勿差纖芥。屬寒治寒，屬熱治熱。風濕燥火，細心分別。氣微則逆，氣甚則從。逆爲正治，從乃反攻。從少從多，各觀其事。其始則同，其終則異。必先歲氣，毋伐天和[二]。違待伐化，天殃斯多。寒熱溫涼，用之遠之。升降浮沉，順時爲宜。厥逆厥順，道理玄微。或有所假，不必拘之。在表治表，在裏治裏。汗下之間，反掌生死。上制以緩，下制以急。緩急不分，無過受擊。新病猛除，久病寬治。不久不新，寬猛相濟。求治不誠，必當自寶。毋得苟就，輕此至道。病不可治，必當速已。毋得容情，啓人之毀。凡此數條，聖師至訓。洞然於胸，正行無問。

【校記】

[一]“成”，珍本醫書集成本作“或”，義勝。

[二]“毋伐”，原誤作“母代”，今據珍本醫書集成本改。

廣陵丘克容先生曰：今醫之專門於劉、張者，率以發汗吐下施治，蓋本諸張子和十形三療。若曰風寒暑濕燥火、內傷外傷、內積外積，視其中人身之上若下，必三法之可已。果子和之遺意歟？何其與《內經》、仲景之言大不相似也？《內經》不曰邪氣盛則實，精氣奪則虛？又曰虛則補之，實則瀉之。邪盛而實當瀉，三法或可以也；精奪而虛當補，將無他治歟？第曰木鬱則達之，火鬱則發之，土鬱則奪之，金鬱則泄之，水鬱則折之，是亦發汗吐下之別稱也。向使此無彼遏，果例用歟？仲景治外感分六經，別腑臟，亦嘗發汗吐下也。太陽有解肌，少陽則三禁，並病用刺法，豈無其故歟？子和亦曰：不讀本草，焉知藥性？又曰：識病得法，工中之甲。仗三療療十形，又何必知藥性，求得法哉？豈子和真書亡於金源氏之南遷，此特後人附會其說，而執迷妄意者遂以鹵莽之言爲的確之論，甚至認虛爲實，假寒爲燠，其於適事爲故與夫各安其氣之說，略不加究，志古之士，獨無憾焉？

夫醫道之有《內經》以來，歷代名醫著述之藏有司者，至有元時得一百七十九家，二百九部，一千二百五十九卷，不爲不多矣。然其要者寧幾歟？惟七書而下所可法者，如有宋成無己《傷寒明理論》，金之劉守真《原病式》，元李明之《內外傷辨》《醫學發明》《活法機要》，王好古《此事難知》，羅謙甫《衛生寶鑒》，朱彥修《局方發揮》，及聖朝滑伯仁《十四經發揮》，徐用誠《本草發揮》，皆啓七書之精奧，爲體用之本領云。

凡　例

方書云醫以脈、病、證、治爲要，誠不可缺一。蓋不明經，則無以知天地造化之蘊；不别脈，則無以察病邪之所在，氣血之虛實；不識證，則不能必其病之主名以療之；不處方，則不能克其必效。然其要節，散見諸經，而初入者難究其本領，故多執方主療。純特備集其義，不揆蕪淺，輒效先儒次小学爲入德之基，竊取此義而爲歌訣，庶俾初學之士易爲記習，不失脈、病、證、治之要爾。唯君子正諸，爲醫道之幸。

藥性：首集氣味及東垣《珍珠囊》九十味冠於前，次列妊娠禁用、東垣引經藥報使、六陳、十八反、法象、治例於後。其成方之要，另集藥例、立方本旨於治法中。

診脈入式：乃高陽生捃摭《脈經》之意，多有訛舛而病脈未備。今採《難經》之旨，及王適齋等脈訣，合而增正，仍取二十四道脈，並怪脈、脈之相類，次第該載。其病脈另集劉三點《方脈舉要》、許叔微《傷寒脈篇》於後，庶不失《脈經》之義，爲診式略備云。

經絡：集《素問》《靈樞》篇意而爲歌訣，及《鍼經》內全篇，以盡循絡、起止、交會、氣血多少之要。其經穴自有《十四經發揮》《鍼灸四書》，茲不廣引，唯以禁鍼灸等穴、尻神等，例次於治法之後云。

病機：取《素問》《靈樞》之旨，及《傷寒論》《宣明論》《脾胃論》《陰證略例》《儒門事親》《丹溪語録》《格致餘論》等書論運氣主病、內傷外感、傳變證候、陰陽虛實、病機氣宜之要，悉舉其略而各成篇。於下引諸經注解、病例標本不同，以盡《原病式》之旨意。或未備，當於各經中求之。

治法：本《內經》五鬱、三法、五治、七方、十劑之旨，次爲歌訣。集《脈經》中望聞審切、《衍義》察病輕重、子和水火標本分治等篇，及次諸經方例，爲辨證用藥。東垣立方本旨，仲景三法禁例，以盡其要，備醫義之大體云。

五運六氣：集張子和所次歌括，已舉其概。其指掌圖意，備見劉溫舒《運氣奥旨》，茲不再贅。

每篇歌括有全出書者，於篇首則云出某書，餘則皆純竊取諸經意而成，亦於篇首云集次見某書諸篇，庶可尋考。

醫經小學卷之一

醫學指南總訣

（二首，並出《玉匱金鑰》）

不讀本草，焉知藥性？專泥藥性，決不識病。假饒識病，未必得法，識病得法，工中之甲。能窮《素問》，病受何氣，便知用藥，當擇何味。

不誦十二經絡，開口動手便錯。不通五運六氣，檢遍方書何濟？經絡明，認得標，運氣明，認得本。求得標，只取本，治千人，無一損。

本草第一

藥本五味

（一首，集次見《內經·至真要大論》諸篇[一]）

酸爲木化氣本溫，能收能澀味肝經。苦因火化氣終熱，能燥能堅心藏丁。
甘始土生氣化濕，能開緩滲從脾行。辛自金生氣帶燥，能散潤濡通肺竅。
鹹從水化氣生寒，下走軟堅足腎導。淡之其爲五行本，運用須知造化要。

【校記】

[一]“要”，原脱，今據《素問·至真要大論》篇名補。

藥性指掌

（九十首，集次見東垣《珍珠囊》，增六十三味[一]）

羌活苦溫散表風，利支節排巨陽癰，更除新舊風寒濕，手足太陽表裏通。
升麻苦除陽明風，引石膏能治齒疼，挾諸藥行四經分，升陽氣於至陰中。

柴胡苦寒除脅疼，更安潮熱往來生，在臟調經內主血，在肌主氣上行經。
白芷辛溫去面風，陽明經藥引能通，治及痹疼膚燥癢，止足陽明頭痛攻。
防風甘辛氣本溫，明睛亦療腦門疼，以其氣味能泄肺，以全體用治諸風。
當歸甘辛頭止血，身還養血潤於中，稍能破血流而下，全用能調榮氣充。
獨活苦甘風可除，更安頸項自難舒，療風寒濕痹痿足，腎經藥引得斯歟。
木香味苦氣微溫，和胃行肝氣有功，調和諸氣爲神妙，瀉肺無斯治不中。
檳榔苦辛氣性溫，滯氣攻開又殺蟲，墜諸藥性若鐵石，治後重時如馬奔。
吴茱萸味苦辛熱，除咽嗌塞寒氣噎，脾胃停冷冷閉胸，心腹作痛而不歇。
藿香葉甘氣本溫，溫中快氣治心疼，開胃口能進飲食，止霍亂除嘔逆攻。
川芎氣溫味本辛，上行頭角清陽經，止頭疼能行血室，養新生血有神靈。
黄連味苦氣寒沉，主治便澼混雜紅，消痞瀉心除目病，療瘡瘍腫有深功。
黄芩苦味枯飄者，瀉肺除風熱在肌，堅者大腸除熱用，膀胱得助化源宜。
大黄味苦氣寒沉，瘀血消之結熱分，奪土滌腸通鬱滯，令名因是號將軍。
黄柏苦寒調痿厥，下焦伏火大能除，上安虛噦蛔蟲出，下腹消疼補腎虛。
玄明粉有酸辛味，宿垢留腸用此蠲，軟積開痰消癖瘕，大除胃熱保神全。
白术利水味甘溫，去濕強脾健胃經，佐黄芩可安胎氣，君枳實能消痞膨。
人參甘溫能止渴，甚生津液又和中，肺寒可服熱猶忌，定魄安魂至有功。
黄芪甘溫益元氣，溫肉分而實腠理，補三焦更托諸瘡，虛勞自汗服即止。
甘草甘平生瀉火，炙之健胃可和中，解諸藥毒無爭競，養血通經更有功。
半夏辛溫治濕痰，大和脾胃吐能安，寒痰更有腸鳴者，痰厥頭疼並速餐。
陳皮味苦性辛溫，留白和脾健胃經，去白消痰能泄氣，膈開痰熱氣須憑。
青皮苦寒攻滯氣，削堅積治下宜良，厥陰經藥斯能引，下食安脾得此強。
枳殼微寒味苦酸，消心下痞化痰涎，胃中宿食兼壅氣，去逐仍消積聚堅。
枳實苦酸能削積，胸中虛痞又能除，心間宿水宜斯逐，日久稠痰亦可祛。
桔梗微溫味辛苦，止咽痛治肺之癰，寬胸利鼻無壅塞，引藥須知入肺中。
知母苦寒除腎火，能蠲有汗之骨蒸，補虛可療陽明熱，益腎滋源化氣澄。
藁本微溫味苦辛，治頭痛於巔頂中，太陽寒客能消散，婦女陰寒痛可通。
生地黄寒甘苦味，瘀血衄血皆搗餐，涼血瀉脾之濕熱，清心乃治五心煩。

【校記】

[一]“增六十三味”，按本節載藥性歌訣一百六十六首，録自《珍珠囊》者九十首，實增藥七十六味。

熟地黄溫味甘苦，封填骨髓滋腎陰，療傷寒後脛骨痛[一]，除新產罷腹臍疼。

五味酸溫滋腎水，更收肺耗散之金，消煩止渴生津液，益氣充虚乃壯陰。

川烏味辛熱有毒，浮也陽中之少陽，能開臟腑寒邪氣，破諸積冷痛尤良。

白芍酸寒有小毒，扶陽氣治腹間疼，墮胎通血強脾臟，能損肝經卻緩中。

白茯苓溫味甘淡，和中益氣濕能行，安驚利竅生津液，白入壬癸赤丙丁。

澤瀉甘鹹性本寒，收陰汗乃止虚煩，去胞垢又生新水，濕腫淋癃作聖丹。

薄荷之葉味辛涼，新病痊時勿更餐，治熱清陽於頭面，除風癇證不能安。

麻黄甘苦性微溫，發汗除寒去節根，根節將來還可用，止虚盜汗作湯餐。

厚朴用之隨氣味，苦除濕滿脹而膨，性溫益氣能攻濕，散結調中可濟生。

杏仁有毒苦甘溫，定喘安驚氣自任，大腸閉燥能通潤，冷嗽投之散肺陰。

巴豆大毒味辛熱，臟腑沉寒堅積結，治之水穀道能通，戒慎方中勿輕設。

黑附子辛熱有毒，其性走而浮不沉，補三陽之厥逆證，除六腑之寒病深。

蒼术氣溫其味甘，調脾更治濕之痰，寬中發汗功過白，除濕之功白术戡。

秦艽辛苦性微溫，利水施之亦有功，療遍體之金色疸，除風濕在四肢中。

白僵蠶鹹更辛平，陰內生陽其性溫，去膚風動如蟲狀，治黑皯生於面門。

地榆酸苦性微寒，血痢投之即可安，入下部能消積熱，更安不禁血崩難。

白豆蔻味本辛溫，退翳還除冷在胸，上焦元氣尤能補，卻消滯氣於肺中。

連翹微寒味苦平，消諸經熱有深功，心間熱與瘡瘍腫，功效柴胡粘子同。

阿膠甘溫能益肺，又能止嗽唾如膿，補虚更可安胎氣，治痿強陰壯骨隆。

桃仁甘苦性還寒，潤大腸經之秘難，破經久蓄之陳血，去滯生新治血乾。

生薑辛製半夏毒，佐大棗有厚腸功，溫經散表除風氣，止噦之能效最工。

石膏甘辛性大寒，清金制火肺寧安，除頭痛渴日晡熱，更安胃熱奪其餐。

官桂味辛熱有毒，墮胎止汗補勞傷，用枝氣薄能開表，用肉生溫補腎良。

細辛辛溫乃無毒，升也爲陽有二功，除風數變三陽證，去首少陰合病疼。

梔子大寒其味苦，療心胸悶不能眠，通臍下血滯便秘，象肺資陰降火炎。

葛根甘寒能發表，胃虚消渴服之安，解除中酒之苛毒，更止溫瘧之往還。

瓜蔞根味苦沉寒，止渴之功若聖丹，退熱消煩清氣血，補虚通臍月經安。
猪苓味淡更甘平，大燥功爲治濕能，利小水還除濕腫，常人多服腎虚增。
乾薑生辛炮則苦，利肺氣入氣血行，生逐寒邪而發表，炮除胃冷可調中。
草龍膽苦性沉寒，退散肝經之熱煩，若病下焦之濕腫，服之即可得痊安。

【校記】

[一]“脛”，據《珍珠囊補遺藥性賦》卷二“傷寒後腰骨最痛”句，當作“腰”字。

蘇木甘鹹升可降，産停敗血逐能行[一]，瘡瘍死血用之散，散處還滋新血生。
杜仲甘辛其性溫，壯筋骨脈強精神，止腰疼痛滋陰腎，酥炙除絲用自靈。
天門冬苦性大寒，保肺不得熱相干，涸枯榮衛宜斯潤，定喘寧神燥悶安。
麥門冬寒味辛甘，消肺隱伏之火禁，補金不足潤燥渴，養氣充虚熱不侵。
木通寒瀉小腸火，小便熱閉大能通，通經利竅宜施用，導滯無他可比功。
地骨皮寒味苦平，除風無定表間乘，解肌退熱能涼血，有汗傳屍之骨蒸。
桑白皮寒其味甘，補虚益氣保神全，有餘肺氣宜斯瀉，嗽有痰紅必此蠲。
甘菊苦甘除目疾，八風上注苦頭眩，目疼欲脱連頭痛，熱擁睛紅淚不乾。
紅花辛溫能養血，腹停惡血又能除，止産敗血血之暈，補虚少血血之虚。
赤石脂甘酸且溫，固腸胃有斂收功，胎衣不下宜斯逐，順落不爲峻急功。

【校記】

[一]“停”，《珍珠囊補遺藥性賦》卷二作“後”。

通草甘通陰竅澀，更消水腫閉難行，用之澀閉俱通暢，因乃呼之通草名。
烏梅酸溫收肺氣，生津止渴更除煩，又安泄痢調和胃，去熱其來在骨間。
川椒味辛熱有毒，溫中去冷服之安，上除兩目之雲膜，下治六腑之沉寒。
萎蕤甘除四末風，治目淚出爛而矇，男子濕流腰胯痛，女人黑皯面癍重。
秦皮寒苦治驚癇，女子崩中帶下難，青白遮睛之幻翳，風寒濕痹治居安。
白頭翁苦溫無毒，赤痢衄血得效速，男子偏腫陰疝長，小兒羶腥頭燥禿。
牡蠣鹹寒治便滑，除榮衛虚往來熱，女人赤白帶崩中，男子夢寐精遺洩。
乾漆味辛溫有毒，削年深積破癥堅，更除秘結停留血，血氣攻心亦可蠲。
南星有毒味辛苦，中風不省墜痰涎，破傷身強如屍狀，服此回生致引年。

商陸酸辛微有毒，生之異者類如人，導疏腫氣通胸腹，療水功能效若神。
葶藶苦寒消水腫，膀胱留熱更能清，肺家喘促宜斯用，積飲停痰得此行。
海藻鹹寒通水道，能開透軟結之便，氣停水結通身腫，非此之功不得痊。
竹葉性寒其味苦，風邪煩熱服能除，上衝氣勝令人喘[一]，進此安寧氣自舒。
葱白辛溫能解表，陽明頭痛急投之，傷寒下痢服之效，止痛除風又自奇。
天麻辛治驚癇藥，風熱頭眩得此蠲，麻痹不仁風可療，語言不遂痪能痊。
大棗甘溫可壯神，又能助脈健天真，大和脾胃安中脘，中滿之時忌入脣。
威靈仙苦溫無毒，疴癢皮膚風可消，冷痛膝腰痰出唾，腹中新舊滯皆調。
鼠粘子辛消瘍毒，盈肌瘾疹主風濕，退諸風熱咽不通，利凝滯氣入腰膝。
草豆蔻溫其味辛，補虛進食療心疼，胃脾積滯寒能逐，心腹久新痛可攻。
玄胡索溫味苦辛，破血又治小腸疼，活精血療產後疾，安胎調攝產前經。
雄黃有毒性平甘，息肉喉風用最堪，能殺精邪蛇虺毒，妊娠佩帶轉生男。
廣州出產石硫黃，治疥堅筋去䘌瘡，逐冷壯陽陰痃癖，老人風秘是仙方。
水銀本是硃砂液，取置爐中煅養成，消化五金除疥蝨，婦人難產用催生。
砒霜有毒仍酸苦，治瘧除齁效若神，膈內風痰堪用吐，若還多服必傷人。
牛膝爲君味苦酸，主除膝痛及拘攣，月經若閉能通利，精髓如虛可補填。
蒲黃無毒味甘平，行血如何又治崩，炒過用之方補澀，若還生用即通經。
香薷下氣除煩熱，消腫調中暖胃家，霍亂轉筋心腹痛，佐方煮飲服之差。
前胡下氣更消痰，推致陳新用最堪，主療傷寒寒熱病，安胎止嗽治兒疳。
澤蘭甘苦能行氣，癰腫瘡膿可內消，更治損傷並打撲，並除身面四肢浮。
三棱專主消癥癖，更治陰入血不通，治氣削堅除撲損[二]，產餘腹痛亦能攻。

【校記】

[一]"勝"，原誤作"膝"，今據珍本醫書集成本、《珍珠囊補遺藥性賦》卷二改。
[二]"除"，原誤作"餘"，今據珍本醫書集成本改。

肉豆蔻溫能止痢，解醒消食更調中，主除霍亂心膨痛，益氣消脾虛冷攻。
補骨脂名破故紙，主攻血氣理勞傷，陽衰腎冷精流出，研爛胡桃合服良。
縮砂下氣能消食，主療虛勞冷氣頻，暖胃溫脾能止利，炒除腹痛保妊娠。
蓬莪茂治心脾痛，消血通經理內傷，痃癖奔豚諸積聚，得同酒醋用爲良。
莎草根名香附子，主除胸腹熱無時，婦人得此爲仙藥，下氣寬中用最宜。

常山味苦性微寒，治瘧功多大吐涎，黄細形如雞骨勝，苗名蜀漆一般看。
赤皮甘遂能消水，利飲寬膨更破癥，主療四肢頭面腫，若逢甘草便相刑。
白及主消癰腫毒，性同白蘞反烏頭，去除白癬並破裂，更療邪風緩不收[一]。
大戟苦寒除蠱毒，專工利水治諸風，苗名澤漆同消腫，甘草逢之必反攻。
牽牛名以牽牛得，下水消膨利小便，專治腰疼並脚痛，更消水腫落胎元。
馬兜鈴子如鈴狀，根即名爲土木香，肺熱咳痰成喘促，瘻瘡血痔用之良。
白附子能除帶下，更行藥勢主心疼，去除面上諸般病，又治風瘡及中風。
酸棗仁平安五臟，除風去痹骨能堅，補中益氣寧心志，更治虚煩不得眠。
丁香除腫消風毒，治氣温中用最堪，非特益脾能止嘔，更攻齒痛病風疳。
沉香療除風水腫，順氣調中用最良，又止轉筋心腹痛，去除惡氣壯元陽。
檀香不特消風腫，抑且能收霍亂功，腎氣上攻心氣痛，濃煎服餌即能通。
乳香止痛消風腫，邪氣能除補益精，主療諸瘡收洩澼，又調血氣又催生。
蘇合香油能辟惡，去蟲殺鬼達神明，更消蠱毒除温瘧，久服令人夢不生。
沒藥止痛仍破血，主除折跌治金瘡，更宜產後諸餘疾，推致陳新理內傷。
山茱萸主通邪氣，逐痹除風療耳鳴，婦女得之調月水，男人補腎更添精。
大腹皮功專下氣，健脾開胃更通腸，氣因冷熱攻心腹，煎用薑鹽入藥良。
密蒙花主能明目，虚翳青盲用最宜，若是小兒麩豆毒，熱疳入眼亦能醫。
益智和中仍暖胃，主除虚漏及精遺，若人夜起多便溺，搥碎鹽煎效便奇。
紫草苦寒通九竅，腹心邪氣疸皆醫，消膨治脹利水道，豆疹瘡危用最宜[二]。
紫菀苦辛除咳逆，熱寒胸結氣皆消，療唾膿血止喘悸，嬰稚驚癇亦可調。
赤芍酸寒攻血痹，消癥破血逐經良，止疼解熱除癰腫，益血榮脾白芍強。
芒硝苦寒消積聚，蠲痰潤燥性傷胎，胃中食熱血結閉，大小便癃澀盡開。
蘹香子是小茴香，開胃調中得酒良，主治腹疼並霍亂，更通腎氣及膀胱。
防己除風溫熱邪，四肢拘急口喎斜，足疼水腫並風腫，濕嗽癰瘡腫亦佳。
薑黄烈似鬱金功，理損消癰止暴風，主治癥瘕兼下氣，月經壅滯亦能通。

【校記】

[一]“緩”，原誤作“暖”，今據珍本醫書集成本改。

甘松無毒味甘香，浴體令香可作湯，下氣更能除惡氣，腹心痛滿是奇方。
阿魏無真卻有真，臭而止臭乃爲珍，殺蟲下氣除癥積，及治傳屍更辟瘟[一]。

遠志苦溫除咳逆，益精補氣壯心神，祛邪利竅止驚悸，強志聰明智慧人。
五倍一名文蛤是，主除𧏾䘌及瘡膿，更攻五痔多便血，洗眼猶能去熱風。
菟絲子味辛無毒，駐色延年治熱中，主療虛寒餘瀝病，添精補髓去腰疼。
蝎即蚰蜒宜緊小，主除癮疹療諸風，小兒驚搐方多用，酒服尤能治耳聾。
龍骨澀精收泄痢，本功主治女人崩，縮便收汗陰瘡蝕，齒療顛邪又鎮驚。
麝香通竅攻風疰，有孕催生救產難，殺鬼辟邪除腹痛，更安客忤與驚癇。
牛吐生黄味苦平，主除狂躁治天行，安魂定魄除邪惡，更治風癇及熱驚。
羚羊角苦寒無毒，益氣安心辟不祥，明目去風兼易產，更宜時氣治驚狂。
犀角苦寒能解毒，驅風明目鎮肝家，並除心熱狂言語，又治時行辟鬼邪。
虎骨主除邪惡氣，傷寒濕氣用尤良，更攻風毒拘攣痛，治產安驚去惡瘡。
石蜜甘平安五臟，補中止痛養心脾，調和百藥兼益氣，止痢須知蠟更宜。
龜甲破癥除漏下，小兒合顖治頭瘡，更攻瘧痔並陰蝕，勞復傷寒用作湯。
斑貓主治瘡疽瀝，墮胎通淋破血癥，入藥要知當熟炒，令人吐瀉只緣生。
真珠潤澤安心志，傅面令人好面容，粉點目中磨翳障，裹綿塞耳可除聾。
鱉甲治崩仍療瘧，癥瘕痃癖用尤奇，又除骨節間勞熱，雞子同餐卻不宜。
靈脂治產昏迷證，通利陰入血不行，更治腸風並逆氣，若還炒過可除崩。
瓜蒂除浮仍治疸，欲消息肉鼻中吹，有人胸腹中間病，此藥猶能吐下之。
假蘇本即名荊芥，下氣除勞治血風[二]，瘡疥傷寒爲要藥，更除血暈與頭疼。

【校記】

[一]“溫”，珍本醫書集成本作“瘟”。
[二]“除”，原誤作“降”，今據珍本醫書集成本改。

紫蘇下氣仍開胃，治脹消痰利大腸，煮汁飲之除蟹毒，若安喘嗽子尤良。
芫花去水消浮腫，咳逆喉鳴必用之，痰唾腰疼心腹痛，惡風痹癢亦能醫。
訶梨勒苦能開胃，冷氣奔豚是本功，消食化痰並止痢，更除崩漏及腸風。
枸杞子功能補氣，去風明目益元陽，根名地骨皮堪用，寒熱虛勞各載方。
琥珀元來是木脂，千年入地化而爲，鎮心定魄仍消血，若治諸淋效更奇。
草果味辛消氣脹，主除濕勝治脾寒，解瘟辟瘴化瘧母，散逐寒痰及吐酸。
牡丹皮能涼骨熱，腸胃積血亦能平，止吐衄蠛瀉陰火，無汗虛勞之骨蒸。
麥蘗甘溫消宿食，破癥結益氣虛人，上焦滯血能行散，心腹滿脹宜此伸。

滑石利竅能泄氣，利水通津入太陽，大腸與胃有積聚，推蕩重令化氣強。
艾葉生寒熟則溫，灸除百病可延生，溫中暖胃和肝氣，調血能令下吐平。
貝母寒平咳逆氣，主除煩熱療傷寒，更消腹結心下滿，止汗和中解鬱煩。
茶茗苦消痰熱渴，清神能治卒頭疼，瘺瘡可療兼下氣，利小便令化氣澄。
醋斂咽瘡消腫毒，治黃疸病破堅癥，婦人產後血虛暈，熏鼻收神保十全。
酒通血脈厚腸胃，消憂發怒大扶肝，滋形辟惡養脾氣，痛飲傷神損壽元。
蓬砂消痰能止嗽，甘緩之功破結癥，喉痹初生宜進此，陰陽氣散自無凝。
靈砂性溫通血脈，安魂養氣益精神，止陰煩滿殺邪魅，主五臟之百病迍。

妊娠服禁

（出《便產須知》）

虺班水蛭及蝱蟲，烏頭附子配天雄。野葛水銀並巴豆，牛膝薏苡與蜈蚣。
三棱代赭芫花麝，大戟蛇蜕黄雌雄。牙硝芒硝牡丹桂，槐花牽牛皂角同。
半夏南星與通草，瞿麥乾薑桃仁通。硇砂乾漆蟹甲爪，地膽茅根莫用好。

引經藥報使

（一首，出《本草》）

小腸膀胱屬太陽，藁本羌活是本鄉。三焦膽與肝包絡，少陽厥陰柴胡強。
大腸陽明並足胃，葛根白芷升麻當。太陰肺脈中焦起，白芷升麻葱白鄉。
脾經少與肺部異，升麻兼之白芍詳。少陰心經獨活主，腎經獨活加桂良。
通經用此藥爲使，豈有何病到膏肓？

六陳

藥有六味，陳久者良，狼茱半橘，枳實麻黄。（狼毒、茱萸、半夏、橘皮也）

十八反

（二首[一]，並出《儒門事親》）

本草明言十八反，半蔞貝蘞芨攻烏（謂半夏、瓜蔞、貝母、白及、白蘞與烏頭相攻）。
藻戟遂芫俱戰草（海藻、大戟、芫花、甘遂俱與甘草相反），諸參辛芍叛藜蘆（苦參、人參、沙參、玄參、細辛、芍藥俱與藜蘆相反，凡湯藥丸散中不可合用也。若要令反而吐者，則不忌也）。

【校記】

[一]“二首”，並此下“十九畏”而言。

十九畏

（一首）

硫磺原是火中精，朴硝一見便相爭。水銀莫與砒相見，狼毒最怕密陀僧。巴豆性裂最爲上，偏與牽牛不順情。丁香莫與鬱金見，牙硝難合京三棱。川烏草烏不順犀，人參又忌五靈脂。官桂善能調冷氣，若逢石脂便相欺。大凡修合看逆順，炮爁炙煿要精微。

用藥法象

（一首）

天有陰陽彰六氣（風、寒、暑、濕、燥、火），溫熱涼寒總於四（溫熱者天之陽，涼寒者天之陰，此天之陰陽四時也[一]）。

地有陰陽化五行（金、木、水、火、土），生長收藏五味成（辛、甘爲地之陽，酸、苦、鹹爲地之陰也）。

輕清成象親乎上（味薄者本乎天，親上），重濁成形本乎地（味厚者本乎地，親下）。

辛甘發散氣爲陽，酸苦湧泄陰爲味（輕清重濁之分，氣味厚薄之異）。

清之清者發腠理，陽中之陽厚之氣（附子，氣之厚者，乃陽中之陽，故經云發熱）。

清之濁者實四肢，陽中之陰薄氣使（茯苓淡，爲在天之陽也，陽當上行，何爲利水而洩下？經云氣之薄者乃陽中之陰，所以茯苓利水而下行，然而洩下亦不離乎陽之體，故入手太陰）。

濁之濁者走五臟，陰中之陰乃厚味（大黄，味之厚者，乃陰中之陰，故經云洩下）。

濁之清者歸六腑，陰中之陽薄味爾（麻黄苦，爲在地之陰也，陰當下行，何爲發汗而升上？經云味之薄者乃陰中之陽，所以麻黄發汗而升上，亦不離乎陰之體，故入足太陽）。

辛散酸收淡滲泄，鹹軟苦泄甘緩結（各有所能，或散或聚，或緩或急，或堅或軟，四時五臟病各隨五味之所宜也）。

橫行直達要消詳，五味之能須悉別（藥有橫行者若辛甘之類，直達者若酸苦之類）。

身半上病藥取根，身腰已下梢宜用。

根升梢降合天真，述類象形堪妙應。

炮炙製度劑所宜，熟降生升毒須製（藥用火炮、湯炮、煨炒者，皆製其毒也；用酒蒸焙、蜜炒，皆欲上騰也；酒浸洗、醋浸、薑製、酥炙，皆欲行經活血。如去皮，去心，取核，去蘆、節、枯朽之類，皆不可違其製也）。

藥味專精大得能，新陳粗細擇須備（品味薄則用近新者擇揀，勿用腐朽之類）。

湯散丸方分兩銖（湯者蕩也，去新久病皆能之；散者散也，去急病用之；丸者，舒緩而治之也。古者方劑分兩，與今不同，如㕮咀者，剉若麻豆大是也；云一升者，今之一大盞也；云銖者，六銖乃一分，即二錢半；云三兩者，今之一兩；二兩者，今之六錢半也），君臣佐使從其制（主病爲君，佐君之謂臣，應臣之謂使）。

服藥有法及有期（病在上，不厭頻而少；病在下[二]，則頓而多。病在上，先食而後藥；病在下，先藥而後食。病在四肢，宜饑食而服藥在旦[三]；病在骨髓，宜飽食而服藥在夜[四]），升降浮沉補瀉之（如肝膽之病，以辛味補之，鹹瀉氣，溫補涼瀉之類也）。

重輕氣味施當審，勿伐天和歲氣時（必先歲氣，勿伐天和。藥例見後證例中）。

【校記】

[一]“此”，原誤作“比”，今據珍本醫書集成本改。

[二]“病在下”，原誤作“在下病”，今據珍本醫書集成本乙正。

[三]“服藥”，原脱，今據珍本醫書集成本補。

[四]“宜”，原脱，今據珍本醫書集成本補。

醫經小學卷之一終

醫經小學卷之二

脈訣第二

診脈入式

（一首，集次王適齋等脈訣）

人身元氣由太極，動靜陰陽一如式。陰血靜兮陽氣動，血逐氣行無暫息。

周流身體似循環，榮養百骸由此力。五行五臟布其中，妙合乾坤纖芥悉。

上中下體號三焦，在診排名寸關尺。寸爲陽分尺爲陰，關者陰陽界限位。

天真始注手太陰，百脈周流所朝會。右爲氣口左人迎，腑臟脈宗榮見爾。

脈行三寸呼吸中，呼吸定息行六寸。十二時周數幾何，一萬三千五百息。

氣行八百一十丈，脈行五十度周身，復還會於手太陰。

此是平人形之道，度合陰陽晝夜停。不大不小脈曰平，呼吸來停至脈勻。

數遲數至違呼吸，損曰離經與奪精。一息四至號平和，更加一至大無痾。

三遲二敗冷所謂，六數七極熱之多。八脱九死十命盡，十一十二魂入墓。

三至爲遲一二敗，兩息一至死非怪。遲寒數熱古今傳[一]，《難經》越度分明載。（意見九難）

寸關尺內十二經，腑臟陰陽合五行。唯有君火更相火，母子相通真氣生。（意見十八難）

失正邪干乃相剋，各有剛柔位相逢。（意見十難）陰陽變病脈危殆，關格覆溢與相乘。（意見三難，後有圖）

太過不及分輕重，診後先須部分定。左心小腸肝膽腎，右肺大腸脾胃命（即心主包絡也）。

女子反此背看之，尺脈第三同斷病（言男子面南受氣則兩寸居前，亦陽[二]，人脈之三陽從上走下；女人面北受氣則兩尺居前，亦陰，脈從下走上。經所謂男陽主脈在關上，寸脈常盛，女陰主脈在關下，尺脈常盛，是其常也）。

心與小腸居左寸，肝膽同歸左關並。腎居尺脈合膀胱，用意調和審安静。
肺與大腸居右寸，脾胃脈從關裏認。三焦心包絡脈同，尺中子細須尋趁。
若診他脈覆手取，要自看時仰手認[三]。三部須教指下明，九候了然心裏印（上部頭，候聽會、迎香、人迎之動脈也，以察頭面之疾；中部手，候合谷、神門、經渠之動脈，以察頭下至臍上之疾；下部足，候太谿、衝陽、太衝之動脈也，以察臍下至足之疾）。

大腸共肺爲傳送，心與小腸爲受盛。脾胃相通五穀消，膀胱腎合爲津慶[四]。
三焦無狀空有名，寄在胸中鬲相應[五]。肝膽同爲津液府，能通眼目爲清淨。
智者能調五臟和，自然察認諸家病。掌後高骨號爲關，骨下關脈形宛然。
以次推排名尺澤，三部還須子細看。關後爲陰乃是尺，關前爲陽名寸口。
陽弦頭痛定無疑，陰弦腹痛何方走。陽數即吐兼頭痛，陰微即瀉臍中吼。
陽實應知面熱風，陰微盜汗勞兼有。陽實大滑應舌強，陰數脾熱並口臭。
陽微浮弱定心寒，陰滑食注脾家咎。關前關後辨陰陽，察病根源應不朽（經云謹熟陰陽，無與衆謀，此之謂也）。

病脈傳見舉要中，脈經素難尤宜究。（見後《方脈舉要》）春弦夏洪秋似毛，冬石依經分節氣。

阿阿緩若春楊柳，此是脾家居四季。浮芤滑實弦緊洪，七表還應是本宗。
微沉緩澀遲並伏，濡弱相兼八裏同。九道脈名長短是，虚促結代勞動細[六]。
在意專心察脈理，二十四種真玄微。互須脈證參虚實，勿失於邪病脈機。

【校記】

［一］"今"，原誤作"古"，今據珍本醫書集成本改。
［二］"亦陽"，原脱，今據珍本醫書集成本補。
［三］"手"，原誤作"心"，今據珍本醫書集成本改。
［四］"慶"，疑誤。
［五］"鬲"，同"膈"。
［六］"勞"，當作"牢"。

脈所當然之圖

右手	大腸庚 肺辛	金澀	胃戊 脾己	土緩	三焦 心包絡	相火洪	腑	主表
左手	心丁 小腸丙	火洪	肝乙 膽甲	木弦	腎癸 膀胱壬	水沉	臟	主裏

凡在左者皆剋諸右，凡在右者皆受左剋，此臟腑五行自相剋制，脈所當然也。至如太過不及，當視本位及邪干[一]，自異爾。

五行子母相生之圖

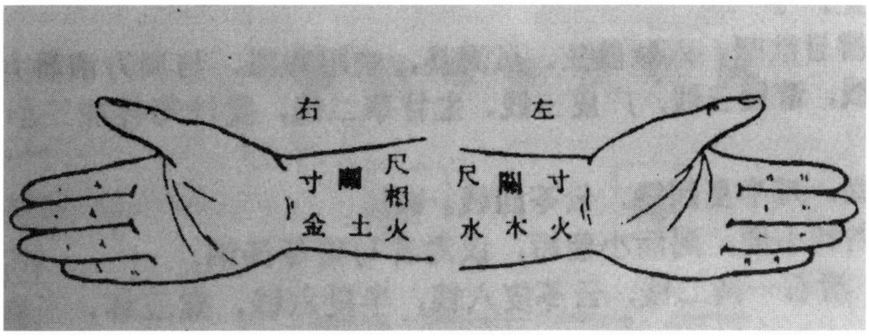

兩手交叉，則六脈五行子母互相生養。本心包絡與三焦二脈皆系右尺，今《脈訣》以兩腎分兩尺，則遺失心包絡一經矣。

右寸手太陰、陽明金，生左尺足太陽、少陰水；太陽少陰水，生左關足厥陰、少陽木；厥陰少陽木，生左寸手太陽、少陰火；太陽少陰火，通右尺手心主少陽火；手心主少陽火[二]，生右關足太陰、陽明土；足太陰陽明土，復生右寸手太陰、陽明金。此皆五行子母更相生養者也。

【校記】

[一]“干”，原誤作“十”，今據珍本醫書集成本改。
[二]“陽”，原誤作“陰”，今據珍本醫書集成本改。

歌曰：

左手頭指火之子，五行造化豈虛偏？若將兩腎脈分二，何獨三焦經獨專？
水火相生滋養處，土金涵育委和全。自然神氣存斯理，不識天真道不傳

（《素問》脈類五十餘種，後世類爲二十四種。至如拒格者，《素問》謂陰勝格陽，陽勝拒陰，非死脈也，皆宜詳審）。

歌曰：

脈是人身造化機，要須指下識其微。浮洪動滑弦如緊，微澀濡虛緩類遲。

覆溢代牢誠莫療，細芤實弱可扶持。短長促結沉伏別，寒熱參差必誤醫。

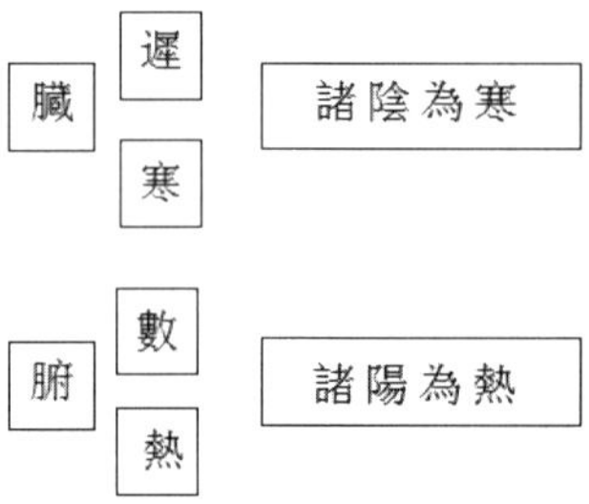

臟腑陰陽寒熱圖

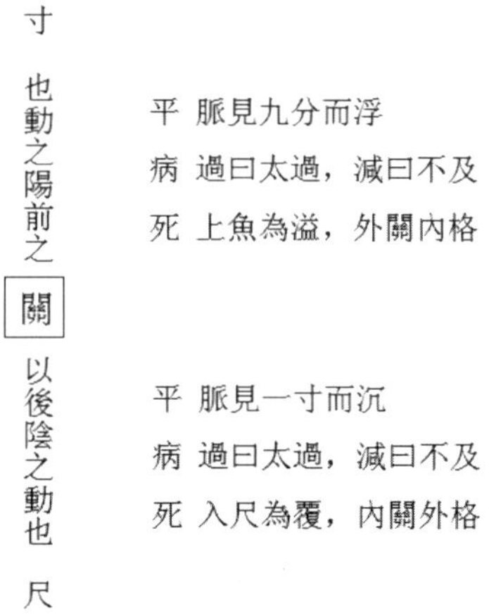

關格覆溢脈例圖

二十四種脈體

浮脈不足舉有餘，芤脈中空兩畔居。滑體如珠中有力，實形愊愊與長俱。

弦如始按弓弦狀，緊若牽繩轉索初。洪舉按之皆極大，此名七表不同途。

浮爲中風芤失血，滑吐實下分明別。弦爲拘急緊爲疼，洪大從來偏主熱。

浮：爲在表，爲風（應人迎）爲氣（應氣口），爲熱，爲痛，爲嘔，爲脹，爲痞，爲喘，爲厥，爲內結，爲滿不食。浮大爲鼻塞，浮緩爲不仁，浮大長爲風眩癲疾，浮滑疾爲宿食，浮滑爲飲爲走刺，浮大而澀爲宿食滯氣，浮短爲肺傷諸氣，浮細而滑爲傷飲，浮滑疾緊爲百合病，浮數[一]，大便堅，小便數，浮緊爲淋，爲癃閉。

芤：爲血，寸芤爲吐血，微芤爲衄血，關芤爲大便出血，尺芤爲下焦虛，小便出血。

滑：爲吐，爲滿，爲咳，爲熱，爲伏痰，爲宿食，爲畜血，爲閉經，爲鬼疰，爲血氣俱實。滑散爲癱緩，滑數爲結熱，滑實爲胃熱。滑而大小不勻，必吐，爲病進，爲泄利。滑而和爲妊娠。滑而浮大，心腹痛，弱則陰中痛，大便亦然。

實：爲熱，爲嘔，爲痛，爲氣塞，爲喘咳，爲大便不禁。實緊爲陰不勝陽，爲胃寒，爲腰痛。

弦：爲寒，爲痛，爲飲，爲瘧，爲水，爲中虚，爲厥逆，爲拘急，爲寒癖。弦緊爲惡寒，爲疝瘕，爲癖。雙弦，脅急痛。弦而鉤，爲脅下刺痛。弦長爲積，隨左右上下。

緊：爲寒，爲痛，爲咳，爲喘，爲滿。浮緊爲肺有水，緊滑爲蛔動，爲宿食，爲逆吐。緊急爲遁尸，緊數爲寒熱。

洪：爲脹，爲滿，爲瘡，爲熱，爲煩。洪實爲癲[二]，洪緊爲癰疽，爲喘急，亦爲脹，洪大爲祟，洪浮爲陽邪來見。

【校記】

［一］“數”，《醫學綱目》卷二此下有“爲”字。
［二］“癲”，原誤作“癰”，今據珍本醫書集成本、《三因極一病證方論》卷一改。

微來如有又如無，沉舉都無按有餘。遲緩息間三度至（訣云緩脈一息四至，遲脈一息三至也），濡來散止細仍虚。

伏須切骨沉相類，弱脈沉微指下圖（診而細沉，按之乃得，舉之若無，爲弱）。澀脈如刀輕刮竹，分明八里坦如途（澀脈體細而遲，往來難而散）。

遲寒緩結微爲痞，澀因血少沉氣滯。伏爲物聚濡氣虚，弱則筋痿須審記。

微：爲虚，爲弱，爲衄，爲嘔，爲泄，爲亡汗，爲拘急。微弱爲少氣，爲中寒。

沉：爲在裏，爲實，爲水，爲寒，爲喘，爲癥，爲瘕。沉弱爲寒熱。沉滑爲風水，爲下重。沉細爲少氣，臂不能舉。沉緊爲上熱下冷。沉重而直前絶者，爲瘀血。沉重而中散，爲寒食成瘕。沉重不至寸，徘徊絶者，爲遁屍。沉緊爲懸飲，沉遲爲痼冷，沉重爲傷暑發熱。

緩：爲在下，爲風，爲寒，爲弱，爲痹，爲疼，爲不仁，爲虚，爲氣不足，爲眩暈。緩而滑爲熱中，緩而遲，虚寒相搏，食冷則咽痛。

澀：爲少血，爲亡汗，熱氣不足，爲逆冷，爲下痢，爲惡寒，爲心痛。澀而緊爲痹，爲寒濕。澀細大寒。

遲：爲寒，爲痛。遲而澀爲癥瘕咽酸，遲而滑爲脹，遲而緩爲寒。

伏：爲霍亂，爲疝瘕，爲水氣，爲溏泄，爲停痰，爲宿食，爲諸氣上衝，爲惡膿貫肌。

濡：爲虚，爲痹，爲自汗，爲氣弱，爲下重。濡而弱，爲內熱外冷，自汗，爲小便難。

弱：爲虚，爲風熱，爲自汗。

長脈流利通三部，短脈本部不及須。虚脈遲大而兼軟，促脈來數急促歟。

結脈時止而遲緩，代脈不還真可吁（結脈與代脈相類，但代脈不能自還）。牢脈如弦而更實，動脈鼓動無定居。

細脈雖有大如線，九道之形乃自殊。

細：爲氣血俱虚，爲病在内，爲積，爲傷濕，爲後泄，爲寒，爲神勞，爲憂傷過度，爲腹滿，爲刺痛。細而緊爲癥瘕積聚。細而滑爲僵僕，爲發熱，爲嘔吐。

動：爲痛，爲驚爲攣，爲泄爲恐。

虚：爲寒爲虚，爲脚弱，爲食不消化，爲傷暑。

促：脈有五，一曰氣，二曰血，三曰飲，四曰食，五曰痰。但臟熱則脈數，以氣血痰飲留滯不行則止。促，非惡脈也。

結：爲痰，爲飲爲血，爲積爲氣。

長：爲熱爲癇。長而緩，病在下。《脈經》有散脈而無長脈。陳氏釋曰：六腑氣絶於外，主手足寒而上氣；五臟氣絶於内，則下不禁，甚者不仁；其脈皆散，散則不聚，病亦危矣。

短：爲氣病，短而急，病在上。《脈經》有數脈而無短脈。陳氏釋曰：數爲熱爲虚，爲煩渴，爲煩滿。

牢（《脈經》作革）：爲滿，爲急，爲虚寒相搏，婦人半產漏下。《三因》釋曰：革者，革也，固結不移之狀。三部應之，皆危脈也。

代：爲一臟氣絶。

怪脈

（一首）

雀啄連來三五啄，屋漏半日一點落。彈石硬來尋即散，搭指散亂真解索。

魚翔似有一似無，蝦游静中跳一躍。寄語醫家子細看，六脈一見休餌藥。

脈相類

（二十四首）

浮與芤相類：

脈浮猶如水漂木，表有餘兮裏不足。浮而無力則爲芤，傍實中空應淖衄。

浮與洪相類：

洪脈蕩蕩浮泛泛，力薄爲浮厚者洪。浮洪二象由來異，迷於專言易拙工。

弦與緊相類：

弦似張弓緊似繩，經云體駛十分精[一]。緊言其力弦言象，識此超然付老成。

滑與數相類：

脈滑往來極流利，指下如珠圓替替。數則專言至數加，分明滑數非同類。

革與實相類（牢爲革）：

實大而長指下全，按如鼓革最牢堅。較之實脈還應別，隱指仍強愊愊然。

沉與伏相類：

舉無按有脈名沉，伏極其沉深復深。沉伏要知真脈象，淺深深淺細斟尋。

微與澀相類：

小之又小號微脈，短細遲難是爲澀。良工診候倘逢之，細密精詳爲消息。

軟與弱相類（濡爲軟[二]）：

軟脈優柔其力薄，極軟如無則爲弱。莫教軟弱一般論，一脈才差一切錯。

緩與遲相類：

脈遲一息來三至，緩比之遲仍小駛[三]。遲爲病冷緩爲和，緩大虛風之病起。

軟與遲相類：

力柔爲軟本非遲，軟與形合細推之。軟則但將其力取，遲來三息又何疑？

弦與長相類：

出三關者是爲長，弦則非然但滿張。弦脈與長爭較遠，良工尺度自能量。

洪與虛相類：

脈洪真似湧波濤，細細而來氣勢高。虛脈廓然微曠蕩，消詳分析在絲毫。

洪與實相類：

脈號於洪力不輕，其中微曲似鉤形。只緣舉按皆強盛，實脈於焉別立名。

滑與動相類：

厥厥動搖如豆大，脈名爲動幾曾停？圓圓轉轉底名滑[四]，脈脈誰知有徑庭？

浮與虛相類：

表病脈浮輕手得，所以爲虛如無力。毫髮差殊便不同，工意之人能自識。

虛與弱相類：

脈來無力號爲虛，外象豁然中則枯。弱比虛來虛更甚，按之如有亦如無。

微與細相類：

微似慈葱細似線，細大於微殊易辨。應之指下得之心，心內了然皆洞見。

微與弱相類：

依依細細爲微脈，弱則虛之而又虛。弱是體虛微細小，細尋真象莫模糊。

遲與澀相類：

三五不調名曰澀，如雨沾沙短且難。遲唯一息二三至，非短非難力但寬[五]。

短與澀相類：

短於本部爲不及，短復遲難爲澀脈。休將短澀一般看，短自時長滑時澀。

散與大相類（散爲浮大，爲洪之別名也）：

脈形渙漫名爲散，有表那堪裏卻無。大則其中還翕翕，好將二脈較錙銖。

結與代相類：

緩而時止復來者，便可將爲結脈呼。止不能回方是代，結生代死必殊途。

促與代相類：

脈來既數復中止，便呼爲促莫狐疑。陰盛而然非能代，須知止脈易差池。

伏與絕相類：

伏則全無絕則然，過饒厥逆命難全。按之隱隱其形伏，不覺開通病便痊。

【校記】

[一]"駛"，原誤作"駃"，今據珍本醫書集成本改。

[二]"軟"，原誤作"革"，今據珍本醫書集成本改。

[三]"駛"，原誤作"駃"，今據珍本醫書集成本改。

[四]"底"，原誤作"低"，今據珍本醫書集成本改。

[五]"力"，原誤作"刀"，今據珍本醫書集成本改。

方脈舉要

（一首，已上出《劉三點脈訣》）

人身之脈，本乎榮衛。榮者陰血，衛者陽氣。榮行脈中，衛行脈外。脈不自行，隨氣而至。氣動脈應，陰陽之義。氣如槖籥，血如波瀾。血脈氣息，上下循環。十二經中，皆有動脈。手太陰經，可得而息[一]。此經屬肺，上系吭嗌。脈之大會，息之出入。初持脈時，令仰其掌。掌後高骨，是謂關上。關前爲陽，關後爲陰。陽寸陰尺，先後推尋。寸關與尺，兩手各有。揣得高骨，上下左右。男女脈同，唯尺則異。男弱女盛[二]，反此病至。調停自氣，呼吸定息。四至五至，平和之則。三至爲遲，遲則爲冷。六至爲數，數即熱證。轉遲轉冷，轉數轉熱。在人消息，在人差別。遲數即得，即辨浮沉。浮表沉裏，深淺酌斟。浮數表熱，沉數裏熱。浮遲表虛，沉遲冷滯[三]。察其六部，的在何處。一部兩經，一臟一腑。左寸屬心，合於小腸。關爲肝膽，尺腎膀胱。右寸主肺，大腸同腔。關則脾胃，尺命三焦（命即心包絡脈也）。不特臟腑，身亦主之。

上下中央，三部分齊。寸候胸上，關候膈下。尺候於臍[四]，直至跟踝。左脈候左，右脈候右。病隨所在，不病則否[五]。

【校記】

[一]“息”，原誤作“悉”，今據《東垣十书·脈訣》改。

[二]“男弱女盛”，《東垣十书·脈訣》作“陽弱陰盛”。

[三]“滯”，《東垣十書·脈訣》作“結”。

[四]“候”，原誤作“下”，今據《東垣十書·脈訣》改。

[五]“則”，《東垣十書·脈訣》作“者”。

浮沉遲數，有內外因。外因於天，內因於人。天則陰陽，風雨晦暝。人則喜怒，憂思恐驚。外因之浮，則爲表證。沉裏遲寒，數則熱極[一]。內因脈浮，虛風所爲。沉氣遲冷，數躁何疑[二]？表（浮）裏（沉）寒（遲）熱（數），風（浮）氣（沉）冷（遲）燥（數）。辨內外因，脈證參考。浮沉之脈，亦有當然。浮爲心肺，沉屬腎肝。脾者中州，浮沉之間。肺重三菽，皮毛相得。六菽爲心，得之血脈。脾九菽重，得於肌肉。肝與筋平，重十二菽。唯有腎脈，獨沉之極。按之至骨，舉指來疾。脈理浩繁，總括於四（謂浮、沉、遲、數也）。六難七難，專行其義。析而言之，七表八裏。又有九道，其名乃備。浮而無力，是名芤脈。有力爲洪，形狀可識。沉而有力，其脈爲實。無力微弱，伏則沉極。脈遲有力，滑而流利。無力緩澀，慢同一例[三]。數而有力，脈名爲緊[四]。小緊爲弦[五]，疑似宜審[六]。合則爲四，離爲七八。天機之秘，神授之訣。

【校記】

[一]“極”，《東垣十書·脈訣》作“盛”，義勝。

[二]“躁”，原誤作“燥”，今據《東垣十书·脈訣》改。

[三]“慢”，原誤作“漫”，今據《東垣十书·脈訣》改。

[四]“脈名”，原脱，今據珍本醫書集成本、《東垣十書·脈訣》補。

[五]“小緊”，原脱，今據珍本醫書集成本、《東垣十書·脈訣》補。

[六]“宜”，原誤作“疑”，今據珍本醫書集成本、《東垣十書·脈訣》改。

舉之有餘，按之不足。泛泛浮體[一]，如水漂木。芤脈何似？絕類慈葱[二]。指下成窟，有邊無中。滑脈如珠，往來轉旋。舉按皆盛，實脈則然。弦如張弦，緊如細線。洪較之浮，大而力健。隱隱約約，微脈難尋。舉無按有，便指爲沉。似遲不遲，是謂之緩。如雨沾沙，澀難而短。遲則極緩，伏按至骨。濡而軟軟[三]，弱則忽忽。既知七表，又知八裏。九道之形，不可不記。諸家九道，互有去取，不可相無，可以相有。過於本位，相引曰長。短則不及，來去乖張。形大力薄，其虚可知。促結俱止，促數結遲。代止不然，止難回之。三脈皆正，當審毫釐。牢比弦緊，轉益堅勁[四]。動則動搖，厥厥不定。

【校記】

［一］“體”，《東垣十書·脈訣》作“浮”。

［二］“慈”，《東垣十書·脈訣》作“兹”。

［三］“而”，《東垣十書·脈訣》作“則”。

［四］“轉益堅勁”，《東垣十書·脈訣》作“轉堅轉勁”。

細而一線[一]，小而有力。弦大虚芤，脈曰改革。渙漫不收，其脈爲散。急疾曰數，數則易見[二]。即脈求病，病無不明。病参之脈，可決死生。然有應病，有不相應。此最宜詳[三]，不可執定。人安脈病，是曰行屍。人病脈和，可保無危。中風脈浮，滑兼痰氣。其或沉滑，勿以風治。或浮或沉，而微而虚。扶危降痰，風未可疏。寒中太陽，浮緊而澀。及傳而變，名狀難悉。陽明則長，少陽則弦。太陰入裏，遲沉必兼。及入少陰，其脈遂緊。厥陰熱深，脈伏厥冷[四]。在陽發汗，次利小便。表解裏病，其脈實堅。

【校記】

［一］“而”，《東垣十書·脈訣》作“如”。

［二］“數則易見”，《東垣十書·脈訣》作“脈最易見”。

［三］“宜”，原誤作“易”，今據《東垣十書·脈訣》改。

［四］“脈伏”，原誤作“其脈”，今據珍本醫書集成本、《東垣十書·脈訣》改。

此其大略，治法之正。至於大法，自有仲景。傷寒有五，脈非一端。陰陽俱盛，緊澀者寒。陽浮而滑，陰濡而弱。此名中風，勿用寒藥。陽濡而弱，陰小而急。此非風寒，乃濕溫脈[一]。陽脈浮滑，陰脈濡弱。更遇於風，變成風濕。陽脈洪數，陰脈實大。更遇溫熱，變爲溫毒。陽脈濡弱，陰脈弦緊。更遇濕氣，變爲濕溫。陰陽俱盛，重感於寒，變爲溫瘧。病同異名，同脈異經（滑氏曰《傷寒例》言濕疫而無濕溫，叔和言濕溫而無濕疫，此亦異耳）。陰陽俱盛，病熱之極。浮之而滑，沉之散澀。唯有濕病[二]，脈散諸經。各隨所主[三]，不可指名。暑傷於氣，所以脈虚。弦細芤遲，體狀無餘。或澀或細，或濡或緩，是皆中濕，可得而斷。瘧脈自弦，弦遲自寒[四]，弦數多熱，隨時變遷。風寒濕氣，合而爲痹，浮澀而緊，三脈乃備。

【校記】

[一]“脈”，《東垣十書·脈訣》作“病”。

[二]“濕”，《東垣十書·脈訣》作“溫”。

[三]“主”，《東垣十書·脈訣》作“在”。

[四]“自”，《東垣十書·脈訣》作“多”。

脚氣之脈，其狀曰四。浮弦爲風，濡弱濕氣，遲澀因寒，洪數熱鬱。風汗濕溫，熱下寒熨。腰痛之脈，皆沉而弦，兼浮者風，兼緊者寒。濡細則濕，實則閃肭。指下既明，治斯不忒。尺脈虚弱，緩弱伏弦[一]，緩澀而緊，病爲足痛[二]，或時痿痹。澀則無血，厥寒爲甚。尺微無陰，下痢逆冷。熱厥脈伏，時或而數，便必秘難，治不可錯。疝脈弦急，積聚在裏，牢急則生，弱急者死。沉遲伏澀，疝瘕寒痛，痛甚則伏，或細或動。風寒暑濕，氣鬱生涎，下虚上實，皆暈而眩。風浮寒緊，濕細暑虚，涎弦而滑，虚脈則無。治眩暈法，尤當審諦，先理痰氣，次隨證治。滑數爲嘔，代者霍亂。微滑者生，澀數死斷[三]。偏弦爲飲，或沉弦滑。或結或伏，痰飲停結。咳嗽所因，浮風緊寒，數熱細濕[四]，房勞澀難。右關濡者，飲食傷脾。左關弦短，疲極肝衰。

【校記】

[一]“緩弱伏弦”，《東垣十書·脈訣》無此四字。

[二]“爲”，原誤作“唯”，今據《東垣十書·脈訣》改。

[三]“死”，《東垣十書·脈訣》作“凶”。

[四]“濕”，原誤作“實”，今據珍本醫書集成本、《東垣十書·脈訣》改。

浮短肺傷，法當咳嗽。五臟之嗽，各現本位[一]。浮緊虚寒，沉數實熱。洪滑多痰，弦澀少血。形勝脈細[二]，不足以息。沉小伏匿，皆是死脈。唯有浮大，而嗽者生。外證内脈，参考稱停。下手脈沉，便知是氣。沉極則伏，澀弱難治。其或沉滑，氣兼痰飲。沉弦細動，皆是痛證[三]。心痛在寸，腹痛在關。下部在尺，脈象顯然。心中驚悸，脈必代結。飲食之悸，沉伏動滑。癲癇之脈，浮洪大長。滑大堅疾，痰蓄心狂。乍大乍小，乍短乍長。此皆邪脈，神志昏亂。肝脈浮虚，或濡或澀，軟散洪大，渴飲無筭[四]。遺精白濁，當驗於尺。結芤動緊，二證之的。鼻頭色黄，小便必難。肺浮弦澀，名爲不便[五]。便血則芤，數則赤黄。實脈癃閉，熱在膀胱。諸證失血，皆見芤脈。隨其上下，以驗所出。大凡失血，脈貴沉細。設見浮大[六]，後必難治。

【校記】

[一]"各現本位"，珍本醫書集成本、《東垣十書·脈訣》並作"各視本部"。

[二]"勝"，《東垣十書·脈訣》作"盛"。

[三]"是"，《東垣十書·脈訣》作"氣"。

[四]"筭"，珍本醫書集成本、、《東垣十書·脈訣》並作"餘"。

[五]"名爲不便"，《東垣十書·脈訣》作"爲不小便"。

[六]"設"，原誤作"復"，今據《東垣十書·脈訣》改。

水瀉之證，有陰有陽。察脈視象[一]，問證須詳。陰脈沉遲，其色青白。不渴而瀉，小便清澀。脈或沉數，色赤而黄。燥屎赤溺，兼渴爲陽[二]。脹滿脈弦，脾制於肝。洪數熱脹[三]，遲弱陰寒。浮爲中滿，緊則中實。浮則可治，虚小危急[四]。痞脈則滑[五]，爲有痰結。弦浮亦痞[六]，澀則氣劣。肝積肥氣，弦細青色。心爲伏梁，沉芤色赤。脾氣積痞[七]，浮大而長。其色脾土，中央之黄[八]。肺積息賁，浮毛色白。奔豚屬腎，沉急面黑。五臟爲積，六腑爲聚。積在本立[九]，聚無定處。駛緊浮牢[十]，小而沉實。或結或伏，爲聚爲積。實強者生，沉小者死。生死之别，病同脈異。

【校記】

[一]"視象"，《東垣十書·脈訣》作"觀色"。

[二]"爲陽"，原誤作"而脹"，今據珍本醫書集成本、《東垣十書·脈訣》改。

[三]"熱脹"，原誤作"脹滿"，今據《東垣十書·脈訣》改。

[四]"小"，《東垣十書·脈訣》作"則"。

[五]"痞"，原誤作"痁"，今據珍本醫書集成本、《東垣十書·脈訣》改。

[六]"痞"，原誤作"痁"，今據珍本醫書集成本、《東垣十書·脈訣》改。

[七]"痞"，原誤作"痁"，今據珍本醫書集成本、《東垣十書·脈訣》改。

[八]"黄"，原誤作"貴"，今據珍本醫書集成本、《東垣十書·脈訣》改。

[九]"立"，通"位"。珍本醫書集成本、《東垣十書·脈訣》並作"位"。

[十]"駛"，原誤作"駃"，今據珍本醫書集成本、《東垣十書·脈訣》改。

氣口緊盛，爲傷於食。食不消化，浮滑而疾。滑而不匀，必是吐瀉。吐瀉之脈[一]，脈代無訝。夏月泄瀉，脈大暑濕[二]。洪而數溲，脈必虚極。治暑濕瀉，分其小便。虚脱固腸，罔或不痊。無積不利[三]，脈宜滑大。浮弦爲死，沉細無害。五疸濕熱，脈必洪數。如或微澀，其證虚弱。骨蒸勞熱，脈數而虚。熱而澀小，必殞其軀。如汗加嗽，非藥可除。

【校記】

[一]"吐瀉之脈"，《東垣十書·脈訣》作"霍亂之候"。

[二]"大"，《東垣十書·脈訣》作"應"。

[三]"利"，珍本醫書集成本、《東垣十書·脈訣》並作"痢"。

頭痛陽弦，浮風緊寒。風熱洪數，濕細而堅。痰氣頭痛，雖弦必澀。痰厥則滑，腎厥堅實。癰疽浮數，惡寒發熱。若有痛處，癰疽所發。脈數發熱，而疼者陽。不數不熱，不疼陰瘡。發癰之脈，弦洪相搏。細沉時滑[一]，肺肝俱數。寸數而實，肺癰已成。寸數虚澀，肺痿之形。肺癰色白，脈宜短澀。死者浮大，不白而赤。腸癰難知，滑數可推。數而不熱，腸癰可疑[二]。遲緊未膿，下以平之。洪數膿成，不下爲宜。

【校記】

[一]"時滑"，《東垣十書·脈訣》作"而直"。

[二]"可"，珍本醫書集成本、《東垣十書·脈訣》並作"何"。

陰搏於下，陽别於上。血氣調和，有子之象。手之少陰，其脈動甚。尺按不絶，此爲有孕。少陰屬心，心主血脈。腎爲胞門，脈應於尺。或寸脈微，關滑尺數。往來流利，如雀之啄。或診三脈，浮沉一止。或平而虚，月水當問。婦人有病，而無邪脈，此孕非病，所以不月。男女之别，以左右取。左疾爲男，右疾爲女。沉實在左，浮大在右。右女左男，可以預剖。離經六至[一]，沉細而滑。陣痛連腰，胎即時脱。血瘕弦急，而大者生。虚小弱者，即是死形。半產漏下，革脈主之。弱即血耗，立見傾危。診小兒脈，浮沉爲先。浮表沉裏，便知其源。大小滑澀，虚實遲駛[二]。各依脈形，以審證治。大凡婦人，及夫嬰稚，病同丈夫，脈即同例。唯有婦人，胎產血氣，小兒驚疳，變蒸等類，各有方法，與丈夫異。要知婦孺，貴識證形[三]。問始知詳[四]，脈難盡憑[五]。

【校記】

[一]“六”，原誤作“亦”，今據珍本醫書集成本、《東垣十書·脈訣》改。
[二]“駛”，原誤作“駚”，今據珍本醫書集成本、《東垣十書·脈訣》改。
[三]“貴識證形”，原誤作“儒貴識證”，今據珍本醫書集成本、《東垣十書·脈訣》改。
[四]“問始知詳”，原誤作“形問始知”，今據珍本醫書集成本、《東垣十書·脈訣》改。
[五]“脈難盡憑”，原誤作“詳脈難盡”，今據珍本醫書集成本、《東垣十書·脈訣》改。

望聞問切，神聖工巧。愚者昧之[一]，明者了了。病脈診法，大略如斯。若夫持脈，猶當所知。謂知春弦，夏洪脈鉤[二]。秋則脈毛，冬則爲石。實強太過，病見於外。虛微不及，病决在內。四脈各異，四時各論。皆以胃氣，而爲之本。胃氣者何？脈之中和。過與不及，皆是偏頗。春主肝木，夏主心火。脾土乘旺，則在長夏。秋主肺金，冬主腎水。五臟脈象，與五運配。肝脈弦長，厭厭聶聶。指下尋之，如循榆葉。益實而滑[三]，如循長竿。是謂太過，受病於肝[四]。急如張弦，又如循刃。如按琴瑟，肝死之應。浮大而散，心和且安。累累如環，如循琅玕。病則益數，如雞足舉。死操帶鉤，前曲後距。浮澀而短，藹藹如蓋[五]。此肺之平，按之益大。病如循羽，不下不上。死則消索，吹毛颶颶。沉濡而滑，腎平則爾。上大下鋭，滑如雀啄。腎之病脈，啄啄連屬。連屬之中，然而微曲。來如解索，去如彈石。已死之腎，在人審識。脾爲中州，平和不見。然亦可察，中緩如短[六]。來如雀啄，如滴漏水[七]。脾臟之衰，脈乃見此。人有肥瘦，修長侏儒。肥沉瘦浮，短促長疏[八]。各分證法[九]，不可一途。難盡者意，難窮者理。得之於心，應之於指。勉旃小子，日誦琅琅。造道之玄，筌蹄可忘？

【校記】

[一]“昧之”，《東垣十書·脈訣》作“昧昧”。
[二]“夏洪脈鉤”，《東垣十書·脈訣》作“夏名鉤脈”。
[三]“實”，《東垣十書·脈訣》作“堅”。
[四]“受”，原誤作“憂”，今據珍本醫書集成本、《東垣十書·脈訣》改。
[五]“藹藹”，原誤作“蕩蕩”，今據珍本醫書集成本、《東垣十書·脈訣》改。
[六]“中緩如短”，《東垣十書·脈訣》作“中大而緩”。
[七]“滴”，原誤作“滴”，今據珍本醫書集成本、《東垣十書·脈訣》改。
[八]“疏”，原誤作“流”，今據珍本醫書集成本、《東垣十書·脈訣》改。
[九]“證”，珍本醫書集成本、《東垣十書·脈訣》並作“診”。

傷寒脈

（一首，出《傷寒百證歌》）

大浮數滑動陽脈，陰病見陽生可得。沉澀弦微弱屬陰，陽病見陰終死厄。陰陽交互最難明，輕重斟量當別白。輕手脈浮爲在表，表實浮而兼有力。但浮無力表中虛，自汗惡風常淅淅。重手脈沉爲在裏，裏實脈沉來亦實。重手無力大而虛，此是裏虛宜審的。風則虛浮寒牢堅，水停水蓄必沉潛。動則爲痛數則熱，支飲應須脈緊弦[一]。太過之脈爲可怪，不及之脈亦如然。榮衛太盛名高章，高章相搏名曰綱。榮衛微時名惵卑，惵卑相搏損名彰。榮衛既和名緩遲，緩遲名沉此最良。九種脈中辨虛實，長沙之訣妙難忘。瞥瞥有如羹上肥，此脈定知陽氣微。縈縈來似蛛絲細，卻是體中陰氣衰[二]。脈如瀉漆之絕者，疾人亡血更何疑[三]？陽結藹藹如車蓋，陰結循竿亦象之。陽盛則促來一止，陰盛則結緩而遲。縱横逆順宜審察，殘賊災怪要須知。脈靜人病內虛故，人安脈病曰行屍。右手氣口當主氣，主血人迎左其位。氣口緊盛食必傷，人迎緊盛風邪熾。數爲在腑遲爲臟，浮爲在表沉在裏。浮緊兼澀寒傷榮，脈浮而緩風傷衛[四]。脈微大忌令人吐，欲下猶防虛且細。沉微氣弱汗爲難，三者要須常審記。陽加於陰有汗證，左手沉微卻應未。趺陽胃脈定死生，太谿腎脈爲根蒂。脈來六至與七至[五]，邪氣漸深須用意。浮大晝加並屬陽，沉細夜加分陰位。九至以上來短促，狀若湧泉無入氣。更加懸絕漸無根，命絕天真當死矣[六]。病人三部脈調勻，大小浮沉遲速類[七]。

此是陰陽氣已和，勿藥自然應可喜。

【校記】

[一]"緊"，珍本醫書集成本、《傷寒百證歌》卷一並作"急"。

[二]"陰"，原誤作"見"，今據珍本醫書集成本、《傷寒百證歌》卷一改。

[三]"疾"，《傷寒百證歌》卷一作"病"。

[四]"浮緊兼澀寒傷榮"二句：《傷寒百證歌》卷一作"脈浮而緩風傷榮，浮緊兼澀寒傷衛"。

[五]"與"，原誤作"爲"，今據珍本醫書集成本改。《傷寒百證歌》卷一作"或"。

[六]"命絕天真當死矣"，原誤作"命絕天根常死矣"，今據珍本醫書集成本、《傷寒百證歌》卷一改。

［七］“速”，《傷寒百證歌》卷一作“數”，義勝。

傷寒死脈

（一首，同前）

傷寒死脈定難痊，陽病見陰端可憐。上氣脈散爲形損，耳聾浮澀命難全。譫言身熱宜洪大，沉細而微壽不延。腹大泄利當微細，緊大而滑定歸泉[一]。吐衄若得沉細吉，浮大而牢歎逝川。陰陽俱虚熱不止，乍疏乍數命歸天。如屋漏，如雀啄，來如彈石去解索[二]。蝦游魚翔脈證乖，轉豆偃刀形候惡。下不至關陽氣絶，上不至關陰氣爍[三]。代脈來時不用醫，必定傾危難救藥。

【校記】

［一］“定歸泉”，《傷寒百證歌》卷一作“歸下泉”。

［二］“來如彈石去解索”，“去”下原衍“如”字，今據《傷寒百證歌》卷一删。

［三］“爍”，珍本醫書集成本、《傷寒百證歌》卷一並作“鑠”。

醫經小學卷之二終

醫經小學卷之三

經絡第三

十二經本一脈

（一首，集次見東垣《醫學發明》）

中焦肺起脈之宗，出手大指之端沖。大腸即起手次指[一]，上行環口交鼻裏。
胃經源又下鼻交，出足大指之端毛[二]。脾脈就足指端上，注於心中少陰向。
心經中之入掌循，手內端出小指行。小腸從手小指起，上斜絡肝目內眥[三]。
膀胱經就目內生，至足小指外側窮[四]。腎脈動於小指下，起注胸中過腹胯。
心包出處又屬胸，循手小指次指終。三焦向手次指側，環走耳前目銳息。
膽家接生目銳傍，走足大指三毛間。足肝就起三毛際，注入肺中循不已。

【校記】

[一]“大腸即起手次指”，“起手”二字原倒，今據《針灸大全》卷一乙正。
[二]“毛”，原誤作“饒”，今據《針灸大全》卷一改。
[三]“肝”，原誤作“干”，今據《針灸大全》卷一改。
[四]“窮”，珍本醫書集成本作“停”，《針灸大全》卷一作“行”。

奇經八脈

（一首，集次見《內經·骨空論》等篇）

督脈起自下極腧，並於脊裏上風府。過腦額鼻入齗交，爲陽脈海都綱要。
任脈起於中極底，上腹循喉承漿裏。陰脈之海任所謂[一]。
衝脈出胞循脊中，從腹會咽絡口唇。女人成經爲血室[二]，脈並少陰之腎經。
與任督本於陰會，三脈並起而異行。陽蹺起足之跟裏，循外踝上入風池。
陰蹺內踝循喉嗌，本足陰陽脈別支。諸陰交起陰維脈，發足少陰築賓郄。

諸陽會起陽維脈，太陽之郄金門是。帶脈周回季脅間，會於維道足少陽。所謂奇經之八脈，維係諸經乃順常。

【校記】

[一]“謂”，此下疑缺一七言句。
[二]“血”，原誤作“月”，今據珍本醫書集成本改。

十二經脈

（十二首，集次見《靈樞·經脈論》）

手太陰肺中焦生，下絡大腸出賁門。上膈屬肺從肺系，系横出腋臑中行。肘臂寸口上魚際，大指內側爪甲根。支絡還從腕後出，接次指屬陽明經。此經多氣而少血，是動則病喘與咳。肺脹膨膨缺盆痛，兩手交瞀爲臂厥。所生病者爲氣嗽，喘渴煩心胸滿結。臑臂之內前臁痛，小便頻數掌中熱。氣虚肩背痛而寒，氣盛亦疼風汗出。欠伸少氣不足息，遺矢無度溺變別。

陽明之脈手大腸，次指內側起商陽。循指上廉出合谷[一]，兩筋歧骨循臂肪。入肘外廉循臑外，肩端前廉柱骨傍。從肩下入缺盆內，絡肺下膈屬大腸。支從缺盆直上頸，斜貫頰前下齒當[二]。環出人中交左右，上俠鼻孔注迎香。此經氣盛血亦盛，是動頸腫並齒痛。所生病者爲鼻衄，目黄口乾喉痹生。大指次指難爲用，肩前臑外痛相仍。

【校記】

[一]“廉”，原誤作“連”，今據《靈樞經·經脈》改。
[二]“貫”，原誤作“賁”，今據《靈樞經·經脈》改。

胃足陽明交鼻起，下循鼻外上入齒。還出俠口繞承漿，頤後大迎頰車裏。耳前髮際至額顱，支下人迎缺盆底。下膈入胃絡脾宫，直者缺盆下乳內。一支幽門循腹裏，下行直合氣街中[一]。遂由髀關抵膝臏，䯒跗中指內間同[二]。一支下膝注三里，前出中指外間通。一支別走足跗指，大指之端經盡已。此經多氣復多血，是動欠伸面顔黑[三]。淒淒惡寒畏見人，忽聞木音心震懾。登高而歌棄衣走，甚則腹脹仍賁響。凡此諸疾皆骭厥[四]。所生病者爲狂瘧，溫淫汗出鼻流血[五]。口喎唇胗又喉痹，膝臏疼痛腹脹結。

氣膺伏兔骱外廉[六]，足跗中指俱痛徹。有餘消穀溺色黃，不足身前寒振慄。胃房脹滿食不消[七]，氣盛身前皆有熱。

太陰脾起足大指，上循內側白肉際。核骨之後內踝前，上腨循骱經膝裏。股內前廉入腹中，屬脾絡胃與膈通。俠喉連舌散舌下，支絡從胃注心宫。此經氣盛而血衰，是動其病氣所爲。食入即吐胃脘痛，更兼身體重難移[八]。腹脹善噫舌本強，得後與氣快然衰。所生病者舌亦痛，體重不食亦如之。煩心心下仍急痛，泄水溏瘕寒瘧隨。不臥強立股膝腫，疸發身黃大指痿。

【校記】

[一]"街"，原誤作"衝"，今據《靈樞經·經脈》改。

[二]"間"，原誤作"關"，今據《靈樞經·經脈》改。

[三]"是動欠伸面顔黑"，據《靈樞經·經脈》"是動則病灑灑振寒，善呻，數欠，顔黑"句，"伸"字當作"呻"。

[四]"厥"，此下疑缺一七言句。

[五]"溫淫"，原誤作"濕溫"，今據《靈樞經·經脈》改。

[六]"氣膺伏兔骱外廉"，據《靈樞經·經脈》"循膺、乳、氣衝、股、伏兔、骭外廉、足跗上皆痛"句，"氣"字當作"循"。

[七]"房"，《靈樞經·經脈》作"中"。

[八]"重"，原誤作"痛"，今據《靈樞經·經脈》改。

手少陰脈起心中，下膈直與小腸通。支者還從心系走，直上咽喉系目瞳。直者上肺出腋下，臑後肘內少海從。臂內後廉抵掌後，兑骨之端注少衝。多氣少血屬此經，是動心脾痛難任。渴欲飲水咽乾燥，所生脅痛目如金。臑臂之內後廉痛[一]，掌中有熱向經尋。

手太陽經小腸脈，小指之端起少澤。循手外側出踝中，循臂骨出肘內側。上循臑外出後廉，直過肩解繞肩甲。交肩下入缺盆內，向腋絡心循咽嗌。下膈抵胃屬小腸，一支缺盆貫頸頰。至目鋭眦卻入耳，復從耳前仍上頞。抵鼻升至目內眦，斜絡於顴別絡接。此經少氣還多血，是動則病痛咽嗌。頷下腫兮不可顧，肩如拔兮臑似折。所生病主肩臑痛，耳聾目黃腫腮頰。肘臂之外後廉痛，部分猶當細分別。

【校記】

[一]“臑”，原誤作“脇”，今據《靈樞經·經脈》改。

足經太陽膀胱脈，目內眦上起額尖。支者巔上至耳角，直者從巔腦後懸。
絡腦還出別下項，仍循肩髆俠脊邊，抵腰膂腎膀胱內，一支下與後陰連。
貫臀斜入委中穴，一支髆內左右別。貫胛俠脊過髀樞，髀外後廉膕中合[一]。
下貫踹內外踝後，京骨之下指外側。是經血多氣猶少，是動頭疼不可當。
項如拔兮腰似折，髀強痛徹脊中央。膕如結兮腨如裂，是爲踝厥筋乃傷。
所生瘧痔小指廢，頭顖項痛目色黄[二]，腰尻膕脚痛連背，淚流鼻衄及顛狂。

足經腎脈屬少陰，小指斜趨湧泉心。然谷之下內踝後，別入跟中腨內侵。
出膕內廉上股內，貫脊屬腎膀胱臨。直者屬腎貫肝膈，入肺循喉舌本尋。
支者從肺絡心內，仍至胸中部分深。是經多氣而少血，是動病饑不欲食。
喘嗽唾血喉中鳴，坐而欲起面如垢，目視肮肮氣不足，心懸如饑常惕惕。
所生病者爲舌乾，口熱咽痛氣賁逼。股內後廉並脊疼，心腸煩痛疸而澼。
痿厥嗜臥體怠惰[三]，足下熱痛皆腎厥。

【校記】

[一]“髀外”，原誤作“臂內”，今據《靈樞經·經脈》改。
[二]“項”，原誤作“頂”，今據《靈樞經·經脈》改。
[三]“惰”，原誤作“橢”，今據珍本醫書集成本改。

手厥陰心主起胸，屬包下膈三焦宫。支者循胸出脅下，脅上連腋三寸同[一]。
仍上抵腋循臑內，太陰少陰兩經中。指透中衝支者別，少指次指絡相通。
是經少氣原多血，是動則病手心熱。肘臂攣急腋下腫，甚則胸脅支滿結。
心中澹澹或大動，善笑目黄面赤色。所生之者爲煩心，心痛掌中熱之病[二]。

手經少陽三焦脈，起自小指次指端。兩指歧骨手腕表，上出臂外兩骨間。
肘後臑外循肩上，少陽之後交別傳。下入缺盆膻中分，散絡心包膈裏穿[三]。
支者膻中缺盆上，上項耳後耳角旋。屈下至頤仍注頰，一支出耳入耳前。
卻從上關交曲頰，至目鋭眦乃盡焉[四]。是經少血還多氣，是動耳鳴喉腫痹。

所生病者汗自出，耳後痛兼目鋭眦。肩臑肘臂外皆疼[五]，小指次指亦如廢。

【校記】

[一]“上”，原誤作“下”，今據珍本醫書集成本改。

[二]“病”，珍本醫書集成本作“極”。

[三]“散絡心包膈裏穿”，原誤作“散落心膈膏裏穿”，今據珍本醫書集成本改。

[四]“鋭”，原誤作“內”，今據《靈樞經·經脈》改。

[五]“皆”，原誤作“背”，今據珍本醫書集成本改。

足脈少陽膽之經，始從兩目鋭眦生。抵頭循角下耳後，腦空風池次第行。手少陽前至肩上，交少陽右上缺盆。支者耳後貫耳內，出走耳前鋭眦循。一支鋭眦大迎下，合手少陽抵項根。下加頰車缺盆合，入胸貫膈絡肝經。屬膽仍從脅裏過，下入氣街毛際縈。横入髀厭環跳內，直入缺盆下腋膺。過季脅下髀厭內，出膝外廉是陽陵。外輔絕骨踝前過，足跗小指次指分。一支別從大指去，三毛之際接肝經。此經多氣乃少血，是動口苦善太息。心脅疼痛難轉移，面塵足熱體無澤。所生頭痛連鋭眦，缺盆腫痛並兩腋。馬刀挾癭生兩旁，汗出振寒痎瘧疾。胸脅髀膝至胻骨，絕骨踝痛及諸節。

厥陰足脈肝所終，大指之端毛際叢。足跗上廉太衝分，踝前一寸入中封。上踝交出太陰後，循膕內廉陰股充。環繞陰器抵少腹，俠胃屬肝絡膽逢。上貫膈裏布脅肋，俠喉頏顙目系同。脈上巔會督脈出，支者還生目系中。下絡頰裏環唇內，支者便從膈肺起。此經血多氣少焉，是動腰疼俯仰難。男疝女人少腹腫，面塵脱色及咽乾。所生病者爲胸滿，嘔吐洞泄小便難。或時遺溺並狐疝，臨證還須子細看[一]。

【校記】

[一]“子”，珍本醫書集成本作“仔”。

十五絡脈

（一首，出《鍼經》）

人身絡脈一十五，我今逐一從頭舉。手太陰絡爲列缺，手少陰絡即通裏。手厥陰絡爲內關，手太陽絡支正是。手陽明絡偏歷當，手少陽絡外關位。

足太陽絡號飛陽，足陽明絡豐隆記[一]。足少陽絡爲光明，足太陰絡公孫寄。足少陰絡名大鍾，足厥陰絡蠡溝配[二]。陽督之絡號長強，陰任之絡爲尾翳[三]。脾之大絡爲大包，十五絡名君須記。

【校記】

[一]"隆"，原誤作"除"，今據珍本醫書集成本改。

[二]"溝"，原誤作"洊"，今據珍本醫書集成本改。

[三]"尾"，原誤作"屏"，今據珍本醫書集成本改。

經脈交會八穴

（一首，同前）

公孫衝脈胃心胸，內關陰維下總同。臨泣膽經連帶脈，陽維目鋭外關逢[一]。後谿督脈內眥頸，申脈陽蹺絡亦通。列缺肺任行肺系，陰蹺照海隔喉嚨。

【校記】

[一]"陽"，原誤作"陰"，今據珍本醫書集成本改。

經穴起止

（一首，同前）

手肺少商中府起，大腸商陽迎香二。足胃厲兑頭維三，脾部隱白大包四。膀胱睛明至陰間，腎經湧泉俞府位。心包中衝天池隨，三焦關衝耳門繼。膽家竅陰瞳子窌，厥肝大敦期門至。手心少衝極泉來，小腸少澤聽宫去。十二經穴始終歌，學者銘於肺腑記。

十二經氣血

（一首，集見《內經·形志篇》）

多氣多血經需記，大腸手經足胃經。少血多氣有六經，三焦膽腎心脾肺。多血少氣心包絡，膀胱小腸肝所異。

十二經井滎腧經合穴

（一首，出《鍼經》）

少商魚際與太淵，經渠尺澤肺相連。商陽二三間合谷，陽谿曲池大腸原。

少衝少府屬於心，神門靈道少海尋。少澤前谷後谿腕，陽谷小海小腸經。
大敦行間太衝看，中封曲泉屬於肝。竅陰俠谿臨泣膽，丘墟陽輔陽陵泉。
隱白大都太白脾，商丘陰陵切要知。湧泉然谷太谿穴，復溜陰谷腎之經。
厲兑內庭陷谷胃，衝陽解谿三里隨。至陰通谷束京骨，崑崙委中是膀胱。
中衝勞宮心包絡，大陵間使曲澤傳。焦關衝液門中渚，陽池支溝天井源。

經脈流注

（一首，同前）
肺寅大卯胃辰經，脾巳心午小未中。申膀酉腎心包戌，亥三子膽丑肝通。

十二經納甲

（一首，同前）
甲膽乙肝丙小腸，丁心戊胃己脾鄉。庚屬大腸辛屬肺[一]，壬屬膀胱癸腎臟。
三焦亦向壬中寄，包絡同歸入癸方。

【校記】

[一]“肺”，原誤作“脾”，今據珍本醫書集成本改。

周身經穴賦

手太陰兮大指側，少商魚際兮太淵穴。經渠兮列缺，孔最兮尺澤。俠白共天府爲鄰，雲門與中府相接。（凡十一穴，左右二十二穴）

手陽明兮大腸之經，循商陽兮二三而行（二間、三間也）。歷合谷陽谿之腧，過偏歷溫溜之濱。下廉上廉，三里而近；曲池肘髎，五里之程。臑髃（即臂臑、肩髃二穴）上於巨骨，天鼎紆乎扶突。禾髎唇連，迎香鼻迫。（凡二十穴，左右共四十穴）

胃乃足之陽明，厲兑趨乎內庭。過陷谷衝陽之分，見解谿豐隆之神。下巨虛兮條口陳，上巨虛兮三里仍。犢鼻引入於梁丘陰市之下，伏兔上貫於髀關氣衝之經。歸來兮水道，大巨兮外陵。運天樞兮滑肉，禮太一兮關門。梁門兮承滿，不容兮乳根。乳中之膺窗屋翳，庫房之氣戶缺盆。氣舍水突，人迎大迎。地倉兮巨髎續，四白兮承泣分。御頰車於下關，張頭維於頷垠。（凡四十五穴，左右共九十穴）

足太陰兮脾中州，隱白出兮大指頭。赴大都兮瞻太白，訪公孫兮至商丘。越三陰之交[一]，而漏谷地機可即；步陰陵之泉，而血海箕門是求。入衝門兮府舍軒豁，解腹結兮大横優游。腹哀食竇兮，接天谿而同流；胸鄉周榮兮，綴大包而如鉤。（凡二十一穴，左右共四十二穴）

追夫真心，爲手少陰。少衝出乎小指，少府直乎神門。陰郄通理兮，靈道非遠；少海青靈兮，極泉何深。（凡九穴，左右共一十八穴）

手之太陽，小腸之榮。路從少澤，步前谷後谿之隆；道遵腕骨，觀陽谷養老之崇。得支正於小海，逐肩貞以相從。值臑腧兮遇天宗，乘秉風兮曲垣中[二]。肩外俞兮肩中俞，啓天窗兮見天容。匪由顴髎，曷造聽宫？（凡十九穴，左右三十八穴）

足膀胱兮太陽，交背部之二行。窮至陰於通谷之口，尋束骨於京骨之鄉。申脈命僕參以前導[三]，崑崙闢金門於踝傍。奮跗陽飛陽之志，轉承山承筋之行。至於合陽，委中委陽。浮郄殷門以歧往，承扶秩邊而胞肓。入志室兮肓門胃倉，開意舍兮振彼陽綱。出魂門兮膈關[四]，迺譩譆乎神堂。膏肓兮在四椎之左右，魄户兮隨附分而會陽。下中次上之髎，白環中膂之房。膀胱俞兮小腸，大腸俞兮在傍。三焦腎俞兮胃俞接，脾膽肝膈兮心俞當。厥陰肺俞之募，風門大杼之方。天柱豎兮玉枕絡卻，通天豁兮見彼承光。自五處曲差而下，造攢竹睛明之場。（凡六十三穴，左右共一百二十六穴）

足少陰兮腎屬，湧泉流於然谷。太谿大鍾兮水泉緑，照海復溜兮交信續。從築賓兮上陰谷，掩横骨兮大赫麓。氣穴四滿兮中注，肓俞上通兮商曲。守右關兮陰都寧，閉通谷兮幽門肅。步廊神封而靈墟存，神藏彧中而俞府足。（凡二十七穴，左右五十四穴）

手厥陰心包之絡，中衝發中指之奇。自勞宫大陵而往，逐内關間使而馳。叩郄門於曲澤，酌天泉於天池。（凡九穴，左右一十八穴）

手少陽三焦之脈，在小指次指之端。關衝開乎液門，中渚陽池外關。支溝會宗三陽絡，四瀆天井清泠淵。消濼臑會，肩髎相連。天髎處天牖之下，翳風讓瘈脈居先。顱息定而角孫近耳，絲竹空而和髎倒懸。耳門既闢，夏蚋聞焉。（凡二十三穴，左右共四十六穴）

足少陽兮膽經，穴乃出乎竅陰。泝俠谿兮地五會，過臨泣兮丘墟平。懸鍾兮陽輔光明，外丘兮陽交陽陵。西出陽關兮，抵中瀆風市之境；環跳居髎兮，循維道五樞之名。考夫帶脈，詢至京門。日月麗兮輒筋榮，淵液泄兮肩井盈。臨風池兮腦空鳴，窮竅陰兮完骨明。舉浮白於天衝，接承靈於正營。目窗兮臨泣，陽白兮本神。率谷回兮曲鬢出，懸釐降兮懸顱承。頷厭兮嘉客主人，聽會兮童子髎迎。（凡四十三穴，左右八十六穴）

厥陰在足，肝經所鍾。起大敦於行間，循太衝於中封。蠡溝中都之會，膝關曲泉之宮[五]。襲陰包於五里兮，陰廉乃發；尋羊矢於章門兮，期門可攻。（凡十三穴，左右二十六穴）

至若任脈，行乎腹與胸，承漿泄兮廉泉通。窺天突於璇璣，搗華蓋於紫宮。登玉堂兮膻中集，履中庭兮鳩尾衝。瞻巨闕兮二脘上中，過建里兮下脘攸同。水分兮神闕縹緲，陰交兮氣海鴻濛。石門直兮關元中極，曲骨横兮會陰乃終。（凡二十四穴）

督脈行乎背部中，兑端接兮齦交從。素髎在鼻兮，水溝疏通；神庭入髮兮，上星瞳朦。顖會現兮前項，百會儼兮尊崇。後項輔兮強間逢，腦戶蔽兮風府空。啞門通於大椎兮，陶道夷坦；身柱縹於神道兮，靈臺穹窿。至陽立下，筋縮脊中。接脊懸樞，命門重重。歌陽關兮舞腰腧，願長強兮壽無窮。（凡二十七穴）

【校記】

[一]“三”，原誤作“二”，今據珍本醫書集成本改。
[二]“秉”，原誤作“乘”，今據《素問·氣府論》改。
[三]“申”，原誤作“甲”，今據珍本醫書集成本改。
[四]“膈”，原誤作“隔”，今據文義改。
[五]“宮”，珍本醫書集成本作“營”。

醫經小學卷之三終

醫經小學卷之四

病機第四

五運主病

（一首，集見《原病式》）

諸風掉眩乃肝木，痛癢瘡瘍心火屬。濕腫滿本脾土經，氣膹鬱痿肺金伏。寒之收引腎水鄉，五運主病樞要目。

六氣爲病

（六首，同前）

諸暴强直，支痛裏急，筋縮腰戾，本足肝膽，二經厥陰[一]，風木之氣。

諸病喘嘔及吐酸，暴注下迫轉筋難。小便渾濁血溢泄，瘤氣結核瘍疹班[二]。癰疽吐下霍亂證，膹鬱腫脹鼻塞乾。鼽衄淋秘身發熱，惡寒戰慄驚惑間。笑悲譫妄衄衊污，腹脹鼓之有聲和。少陰君火手二經，真心小腸氣之過。

痓與强直積飲澼，霍亂中滿諸膈痞。體重吐下胕腫痿，肉如泥之按不起。太陰濕土二足經，脾與從中胃之氣。

諸熱瞀瘛筋惕惕，悸動搐搦瘛瘲極。暴瘖冒昧躁擾狂，罵詈驚駭氣上逆。胕腫疼酸嚏嘔瘡，喉痹耳鳴聾欲閉。嘔湧溢食下不能，目昧不明瞤瘛翳。或禁慄之如喪神，暴病暴死暴注利。少陽相火手二經，心包絡與三焦氣。

諸澀枯涸閉，乾勁揭皴起。陽明之燥金，肺與大腸氣。

上下水液出澄冷，癥瘕㿗疝堅痞病。腹滿急痛利白清，食已不饑吐利腥。屈伸不便與厥逆，厥逆禁固太陽經。腎與膀胱爲寒水，陰陽標本六氣裏。

【校記】

[一]“本足肝膽”句，珍本醫書集成本作“本足厥陰，肝膽二經”。
[二]“班”，珍本醫書集成本作“斑”。

病機略

（一首，集次見凡例）

病本十形，風寒燥濕，暑火二分（春温，君火之氣；夏熱，相火之氣）。

內傷外傷，內積外積，六氣四因，病機以明（內傷者，不因氣動而病生於內，謂留飲、辟食、饑飽、勞傷、宿食、霍亂、悲恐、喜怒、想慕、憂結之類；外傷者，不因氣動而疾生於外，謂瘴氣、賊寇、蟲蛇、蠱毒、蜚食、鬼擊、衝薄、墜墮、風寒、暑濕[一]、斫射、刺割、捶撲之類。內積者，因氣動而內成，謂積聚、癥瘕、瘤氣、癭起、癲癇之類；外積者，因氣動而外成，謂癰疽、瘡瘍之類。六氣爲病見之左[二]）。

【校記】

[一]“暑濕”，珍本醫書集成本作“暑熱”。
[二]“病見”，此二字原誤倒，今據文義乙正。

氣固形實，形虛中風（風中府者，面加五色，有表證脈浮而惡風惡寒，拘急不仁，或中身之後，或中身之前，或中身之側，皆易治；中臟者，唇吻不收，舌不轉而失音，鼻不聞香臭，耳聾而眼昏，大小便閉結，皆難治。經云：風中腑臟之俞爲偏風，風氣循風府而上爲腦風，入系頭爲目風，飲酒中風爲漏風，入房汗出中之爲首風[一]，久風入中爲腹風飧泄，外在腠理爲泄風之類。久干於榮衛，則肌肉不仁，手足戰掉）。

或爲寒熱，或爲熱中（證多目黄）。

或爲寒中（目自泣下），或爲厲風（皮膚瘍潰爲癩病）。

或爲偏枯，半身不遂（左癱右瘓）。

此率多痰，或屬血虛（血虛少則血不養筋，筋不束骨）。在左死血，在右屬痰。

痰壅盛者，口眼喎斜，不能言語，皆用吐法（治法以發散順氣、祛痰清熱、疏風吐下之類，更以傷中感三證别辨爲治，乃妙）。

氣虚卒倒，降痰益氣。火熱而甚，燥熱潮熱，隨經治之。

陰虚補虚（陰虚火動亦發熱），勿驟涼治（虚熱勿用涼寒藥爲治）。

輕可降散，實則可瀉。重者難療，從治可施（此治熱之例，如寒涼藥正治，熱不退，加熱劑從而治之[二]）。

【校記】

［一］“入房汗出中之爲首風”，《素問·風論》作“入房汗出中風則爲内風，新沐中風則爲首風”一十八字。

［二］“治”，原誤作“遠”，今據珍本醫書集成本改。

中寒感寒，陰毒陰逆。四肢厥冷，腹痛唇青（經云：痛有不可按者，有按之無益者。乃寒氣客經脈之中，與正氣相搏則脈滿，故痛而不可按；寒氣客於俠脊之脈，深按之不能及，故按之無益。重中於寒，則痛久不能止。寒氣客於腸胃之間，膜原之下，血不得散，小絡急引，故痛，按之則血氣散，故按之而痛止。寒氣客於衝脈則脈不通，氣因之，故喘動應手[一]。寒氣客於背俞之脈則血脈泣，泣則血虚，虚則痛，其俞注於心，故相引心背而痛。寒氣客於脈中則血泣脈急，故脅肋與少腹相引而痛。厥氣客於陰股及小腹，血泣，在下相引，故腹痛引陰股。寒氣客於小腸募原之間[二]，絡血之中，血泣，不得注於大經，氣稽留不得行，故久而成積。寒氣客於五臟，厥逆上泄，陰氣竭，陽氣未入，故卒然痛如死狀，不知人，氣復反則生。寒氣客於腸胃，厥逆上出，故痛而嘔。寒氣客於小腸，小腸不得成聚，故後泄腹痛。寒氣在少腹，故痛而不得大小便，亦名曰疝，中謂不因氣動[三]，偶然當而爲病。感因形動[四]，虚而感入[五]。厥者，陰陽氣不相順接，便爲厥而手足逆冷是也）。

退陰正陽，急可溫中（治例見《陰證要略》）。

【校記】

［一］“手”，原誤作“乎”，今據《素問·舉痛論》改。

［二］“募原”，珍本醫書集成本、《素問·舉痛論》並作“膜原”。

［三］“中”，此字疑衍。

［四］“感”，原誤作“惑”，今據珍本醫書集成本改。

［五］“感”，原誤作“惑”，今據珍本醫書集成本改。

傷寒所致，痓病有二。發熱惡寒，頭頸項強，腰脊反張，口禁面赤，瘛瘲如痫，有汗柔痓，無汗名剛。

春傷於風，夏生飧泄（肝氣乘脾，故泄痢）。夏傷於暑，秋必痎瘧[一]。

秋傷於濕，冬生咳嗽。冬傷於寒，春必溫病（冬時中寒而即病者爲傷寒，不即病，寒毒藏於肌膚，至春變爲溫病，至夏變爲暑病者，熱極重於溫也。亦先夏至日爲病溫，後夏至日爲病暑。溫暑之病，皆本於傷寒也。古人言感四時乖戾之氣通謂之傷寒）。

【校記】

[一]“痎”，原誤作“痢”，今據《素問·生氣通天論》改。

夏月身熱，汗出惡寒，身重脈微，渴乃中暍（《傷寒論》中暍證者三，無治法，唯東垣清暑益氣之法至允，宜擴充之）。

春時病溫，溫疫溫毒，溫瘧風溫，脈證分異，五種疾因（溫疫病，如傳染一家盡病是也[一]。溫毒，或發斑致痙，爲病至重。有寒熱往來者爲溫瘧。風溫，多頭疼身熱、常自汗之類）。

中濕風濕，暑成濕溫，三種可別，濕熱可分（以上三證皆自表而之裏。中濕，或小便不利，大便反快；風濕，則一身盡痛，或熱；濕溫，則發熱頭痛，如傷寒狀。濕熱有自裏而之表，發黄是也，亦有寒濕病，則肌膚不仁，或痛爲痹也）。

寒痰脚氣，食積勞煩，要知四證，乃似傷寒（此四形證類似傷寒，診視宜分別）。

傷寒之病，見中風脈，中風之病，得傷寒脈，大小青龍，治例必識，調衛調榮，斯須兩得（桂枝湯則發衛之邪，麻黄湯者並榮衛而治之。至於青龍湯，治傷寒見風脈，傷風見寒脈。仲景云：汗出惡風者服之，則筋惕肉瞤。故此證尤難用，必須形證諦當，方可行之）。

瘧本傷暑，或痰有食，老瘧瘧母（有風暑爲病，或食致，或痰病。久瘧有癖塊者爲瘧母，久則羸疲，謂病如淩虐人之狀，久不已，令人瘦也）。

三日一發，病經一歲。間日發者，受病半年。一日一發，新病所以。連二日發，住一日者，氣血俱病。或用截法，或隨經治（五臟六腑瘧，有圖在後治例中。如但熱而不寒爲癉瘧，先熱而後寒爲溫瘧，先寒而後熱爲寒瘧。夏暑汗不出，秋成風瘧。連歲不已，脅下有積，是爲痎瘧，猶老瘧也）。

嗽多感寒，當分六氣（經云：風嗽者日夜無度，汗出頭痛，痰涎不利，甚則喘；熱嗽者急喘而嗽，面赤潮熱，手足寒；火嗽者咳喘上氣[二]，壅唾出血，甚者七竅血溢；燥嗽則氣壅不利，百節內痛，頭面汗出，寒熱往來，皮膚乾枯，細瘡燥癢[三]，大便澀，唾稠粘；寒嗽者，因形寒飲冷，坐臥濕地，或胃冷風寒感之[四]，喘急而嗽；濕嗽者脛重或腫，或腹大，或喘，飲發於中，喘咳有聲也。亦有五臟之咳久不已，乃移於六腑。又有氣嗽、痰嗽、勞嗽之類）。

【校記】

［一］“病”，原脱，今據珍本醫書集成本補。

［二］“氣”，原誤作“差”，今據珍本醫書集成本改。

［三］“燥”，原誤作“澡”，今據珍本醫書集成本改。

［四］“胃”，疑爲“冒”。

六本一標，病機所秘。風熱與寒，隨證治之。暑燥清金，濕則利水。有聲無痰，有痰咳少。痰可降蠲，咳隨本治（有聲無痰爲咳，當治其本）。

喘有氣虛，或因痰壅，或因氣逆，或倚息使（亦有熱甚而喘，腹脹而喘，咳甚而喘，水乘肺而喘之類）。

痢本濕熱（或暑暍鬱於下焦，或熱甚而不食，俗云禁口痢），或因食致，腹痛下血（或如豆汁魚腦、濁水黄膿、血沫之類），後重不利（裏急後重也）。

治可通散（或發散，或下），勿便澀住，濕熱未消，成休息痢（因澀藥之過，病少減則不能止，成休息痢）。

瀉泄多濕，熱氣食虛（此四證例）。如本脾泄，脹而嘔吐，洞泄不禁[一]，腸泄則疼。

瘕泄不便（小便不利），後重莖痛。胃泄色黄，食飲不化。《太素》分五（五等泄），溏泄鶩泄，飧濡滑泄（溏則便尚稠，鶩如鴨糞溏也，飧則米穀不化，濡或糞如水，滑則大便不禁）。

【校記】

［一］“洞”，原誤作“同”，今據珍本醫書集成本改。

滲秘闌門，澀實對證（闌門爲分水之道，在小腸下口也。如以上證候分治，疸乃濕熱𨡓麯相似，有食積亦發黄膽病也，因濕熱相𨡓出黄）。

消渴熱因（渴，飲水多而小便多者，名消渴；若飲食多而不甚渴，小便數而漸瘦者，名消中；渴而飲水不絶，腿消瘦，小便有脂液者，名腎消。其燥熱一也），水腫氣致（水腫治之利小便者，謂潔淨府，順氣而發散其表，謂開鬼門。木氣鬱爲病，或陰虛，或濕熱，或濕勝，皆宜分治）。

自汗陽虧，盜汗陰虧[一]，東垣有法，對證可施。

頭風頭痛，有痰者多，血虛與熱，分經治可（有氣虛頭痛，心煩頭痛，濕熱風動頭痛，足少陽經少壅爲偏頭痛。有真頭痛者，甚則腦盡痛[二]。犯大寒則厥逆頭痛，風湊於上成巔頂痛，或痰厥頭痛。六經頭痛者，太陽經則惡風，少陽則往來寒熱，陽明自汗發熱惡寒，太陰則痰盛體重，或腹痛，成痰癖[三]，少陰則經不流行而足寒氣逆，爲寒厥，厥陰則項亦痛，或痰吐涎沫，厥冷也。有大寒犯腦，齒亦痛，名曰腦風。有眉骨痛，亦曰眉棱痛）。

【校記】

［一］“虧”，珍本醫書集成本作“虚”。
［二］“痛”，原誤作“無”，今據珍本醫書集成本改。
［三］“成”，珍本醫書集成本作“或”。

頭眩眩暈，火積其痰，或本氣虚，治痰爲先。腰痛濕熱，本或腎虚，或兼瘀血（腰痛，有寒濕痛者多，風熱痛者少。大抵腰者腎之府[一]，腎氣虚，則邪氣客之爲痛矣。經云諸經腰痛，太陽則引項脊尻，背如重狀；少陽腰痛，如以針刺其皮中，循循然不可以俯仰反顧[二]；陽明腰痛，不可以顧，顧如有見者[三]，善悲；足少陰腰痛，引脊内廉[四]；厥陰則腰中如張弓弦，其病令人善言[五]，默默不慧。有太陽散行之解脈腰痛者，帶脈腰痛，同陰之脈、足少陽之别絡爲腰痛，陽維之脈腰痛，衡絡之脈（乃太陽之外絡）爲腰痛[六]，足太陽會陰之脈腰痛[七]，陰維、飛陽之脈腰痛，陰蹺、昌陽之脈腰痛，太陰别脈散脈爲腰痛，少陽肉裏之脈爲腰痛，其本各不同也。如閃挫實痛，又不同論。以上濕熱、腎虚、瘀血，皆當求本）。

【校記】

［一］“府”，原誤作“腑”，今據珍本醫書集成本改。
［二］“反”，原誤作“及”，今據珍本醫書集成本改。
［三］“顧如有”，原脱，今據《素問·刺腰痛篇》補。
［四］“廉”，原脱，今據珍本醫書集成本、《素問·刺腰痛篇》補。
［五］“善”，原脱，今據《素問·刺腰痛篇》補。
［六］“衡”，原誤作“衝”，今據《素問·刺腰痛篇》改。
［七］“陽”，原誤作“陰”，今據珍本醫書集成本改。“脈”，原脱，今據《素問·刺腰痛篇》補。

脅痛多氣，或肝火盛，或有死血，或痰流注（或感寒氣鬱，病多不同，必察其本）。

勞瘵陰虚（陰虚則陽無所附，火熾血涸，成勞瘵之類），癲狂陽熾（心熱極則病癲，肝熱極則病狂）。

嘔吐咯衄（謂口吐或嘔，或咯唾血也。衄，謂鼻中出血），氣虚脈洪，火載血上，錯經妄行。溺血便血，病同所因。

夢遺精滑，濕熱之乘（或腎氣虚脱）。

便濁本熱（小便混濁也），有痰或虛（痰結氣鬱，或腎氣不足，膀胱熱甚而濁）。白濁屬衛，赤濁屬榮（白者氣熱，赤，血熱也）。

熱極成淋，氣滯不通（謂小便淋瀝，有淋下痛甚者，成沙石淋也）。

血虛驚悸，氣虛耳聾（經云邪氣盛則實，精奪則虛，血不足則心虛而驚悸，氣不足則耳無精榮，故聾）。

噦因胃病（嘔吐噦俱屬胃，胃者總司物盛，滿而上溢也。吐或有物無聲，爲血病，有聲無物，爲氣病，有聲有物，血氣俱病也。如膈噎，皆本於熱，經云三陽結則爲膈，或有傷酒食，或因氣鬱，或冒感風寒，皆爲病吐，故有十膈五噎之分。但十膈例不能以盡病情，如血逆乾槁之類，學者自宜推格），疝本肝經（經云厥陰脈滑爲狐疝，少陰脈滑爲肺風疝[一]，太陰脈滑爲脾風疝，陽明脈滑爲心風疝，太陽脈滑爲腎風疝，少陽脈滑爲肝風疝[二]，雖他脈中皆言風疝者，本足肝經之氣也。亦有瘕疝、厥疝、㿗疝、寒疝、水疝、筋疝、血疝[三]、氣疝之類，皆厥陰發病，所謂本一標諸也）。

【校記】

[一]“陰”，原誤作“陽”，今據《素問·四時刺逆從論》改。

[二]“陽”，原誤作“陰”，今據《素問·四時刺逆從論》改。

[三]“血疝”，原脱，今據珍本醫書集成本補。

痿唯濕熱，氣弱少榮（經云：痿者多主於肺，肺氣熱葉焦也。大經空虛，爲脈痿；思想無窮，入房太甚，宗筋縱而爲筋痿；或傷於濕，發痹不仁，爲肉痿；勞役而大渴，渴則陽氣內伐[一]，熱舍於腎則髓空，爲骨痿之類）。

厥多痰氣，虛熱所乘（經云：陽氣衰於下爲寒厥[二]，陰氣衰於下爲熱厥。或令人腹滿，或暴厥不知人，或至半日，遠一日，乃醒而知人也。如六經厥者，太陽則腫首頭重，足不能行，發爲眴仆；陽明之厥則癲疾欲走呼，腹滿不得臥，面赤而熱，妄見而妄言；少陽之厥則暴聾，頰腫而熱，脅痛，胻不可以運；太陰厥則腹滿䐜脹，後不利，不欲食，食則嘔，不得臥；少陰之厥則口乾溺赤，腹滿心痛；厥陰之厥則少腹腫痛，腹脹，巠溲不利，好臥屈膝，陰縮腫，胻內熱之類是也）。

手麻氣虛，手木濕痰，或死血病（有感風濕手膊或痛或木者）。

霍亂吐瀉，感風濕暍（病則揮霍撩亂而吐瀉，或有風甚則轉筋，或有乾霍亂者，不吐瀉也）。

心痛脾疼，陰寒之設（有熱厥心痛者，身熱足寒，痛甚則煩躁而吐[三]，頭汗出；有大實心痛者，因氣而實[四]，卒然發痛也；寒厥心痛者，手足逆而通身冷汗出而不渴；有寒厥而暴痛者，其真心痛，手足青至節者即死。中脘痛者，亦屬脾疼之類）。

【校記】

[一]“陽”，原誤作“傷”，今據珍本醫書集成本改。
[二]“下”，原誤作“一”，今據珍本醫書集成本改。
[三]“吐”，原誤作“土”，今據珍本醫書集成本改。
[四]“實”，原誤作“食”，今據珍本醫書集成本改。

氣熱煩勞，令人煎厥（煎厥則氣逆，目盲耳閉）。

氣逆大甚，使人薄厥（因大怒傷肝，肝氣逆，胸中不和，甚則嘔血衄血也）。

濁氣在上，則生䐜脹；清氣在下，則生飧泄（濁氣不降，清氣不升爲病）。

陰火之動，發爲喉痹（心主與三焦氣熱一也，一陰一陽内結爲喉痹）。

陽水變病，飧泄乃是（即清氣在下生瀉痢也）。

三陽病結，乃發寒熱，下生癰腫，及爲痿厥（大小腸、膀胱之脈爲三陽。結，謂之隔也）。

二陽之病，病發心脾，男子少精，女子不月（手足陽明之脈爲二陽，結則爲消，心受之則血不流，脾受之則味不化）。

一陽發病，少氣嗽泄（三焦之脈不利，乃上爲咳，下爲泄利），心火不寧，其動若掣（心掣不定，胸中刺，氣痞壅，上若咳，下若泄利也）。

三陰俱寒，結氣化水，痿易不足，四肢不舉（脾肺肝脈爲病）。

二陰一陽，脹滿善氣（心腎膽脈俱逆，故下虚上盛爲病）。

二陽一陰，病發風厥（肝膽心主之脈變病）。

結陽肢腫（諸陽脈不行，陰府留結成熱，爲四肢腫滿），結陰便血（陰氣内結，不得通行，血氣無宗，滲入腸則下血也）。

榮虚衛寒，病乃肉苛。腎虚身冷，名爲骨痹。

肉苛不仁，骨痹腰痛（血虚則氣實，肌肉不仁，致乃㿉重。腎虚，風寒濕客之，則節攣腰痛。如人身寒，湯火厚衣不能熱，是腎脂枯不長[一]，虚而身冷）。

【校記】

[一]“脂”，原誤作“枝”，今據珍本醫書集成本改。

寒客在上，胃寒腸熱。水穀不化，痞脹而洩。熱氣居上，腸寒胃熱。

消穀善饑，腹脹便澀。藴熱怫鬱，乃生諸風。風寒與濕，合而成痹（經云：風寒濕合，疾爲行痹，獨陰勝者爲痛痹[一]，濕勝者爲著痹，在血脈之中，乃周於身爲周痹。小腹上按之內痛，若沃以湯，澀於小便，上爲清涕者，爲胞痹；如多飲，不得溲，時脹痛飧泄，食不消，或氣喘者，爲腸痹；陽氣多，陰氣少，肌肉熱，上如鼠行，熻然而悶，爲熱痹；陽氣少，陰氣多，與病相益，爲寒痹；濕勝則痹，多汗，筋攣節痛，不可行，爲筋痹；骨痛，不可舉而酸痛者，爲骨痹。凡痹之客五臟者，肺痹則煩滿，喘而嘔；心痹者脈不通，煩則心下鼓，暴上氣而喘，嗌乾[二]；肝痹者夜臥則驚，數小便；腎痹則善脹，行踵不前，頭不舉；脾痹者四肢怠墮，發咳嘔汁，上爲大寒。痹在於骨則重，在於脈則血凝而不流，在於筋則屈不伸，在於肉則不仁，在於皮則寒，此五者則又不痛也。凡痹之類，逢寒則屈，逢熱則縱也）。

【校記】

[一]“陰”，原誤作“陽”，今據《素問・痹論》改。
[二]“乾”，原誤作“軟”，今據珍本醫書集成本改。

膏粱之變，饒生大丁[一]（言飲食膏粱厚味之人，臟腑藴積熱毒，或服金石之藥，毒氣傷血，血結成諸瘡腫也。如丁瘡有發蛇眼丁者，則有兩個，麻子丁則如麻子，臍丁多生臍上者是。刀鐮丁者，因受傷成瘡；茱萸丁，內凹外起；水泡丁，極癢透骨，搔則快然；紅絲丁者，瘡邊有紅絡直上如線；火丁極紅，三日大發腫；墨丁者，如黑泡；櫻桃丁，如櫻桃之狀；浮漚丁，半低半高；脅丁，生脅上者是；爛丁，則瘡水流到處便成瘡；雌丁者，或又有一個在他處，以水噀之則見。有石丁，色黑如豆而硬。有每日添生三丁、六丁之類）。

榮氣不從，逆於肉理，乃生癰腫（諸惡毒成瘡，大而淺者爲癰，小而根深者爲疽也。有發腦者，生頭上，初如黍米，四畔焮赤腫硬，遍耳項，或發成癰也。如腦疽者，初如黃枳實，破後如盞底，深寸許。發背者，發於背俞，亦搭背之類。熱毒內聚，血氣不行，結而成胃脘癰，或生肺癰，或腸癰。或有著骨上生者，爲附骨癰、貼骨癰也。或諸惡瘡，有面露瘡，作膿窠如香瓣類；髭鬚瘡，則有膿窠；金腮瘡，能蝕透腮頰，初生如米豆大；鬈毛瘡，在頭中，初生如葡萄，痛不能止；髮際瘡，初生如黃米大，或癢或痛；咽漏瘡者，生結喉上，如癰腫，破後有眼子；緣唇瘡[二]、徹耳瘡、鼻疳瘡，能侵蝕鼻柱也；睛漏瘡，生目大眦，必出膿汁，有孔子；頣頰瘡，又名獨骨瘡，生顋後者是也；玉枕瘡[三]，生枕骨上，如癰，破後有筋頭；粉鈴瘡[四]，遶項赤爛多汁；天柱瘡，生脊大椎上，如錢大，赤色，出黃汁不止。婦人爲小兒吮乳所吹腫者，爲吹乳。或熱毒而成乳頭裂，有乳癰、乳嵒、乳核，亦名乳癰。有乳汁不出，蓄積內結成癰，名妬也。有魚眼瘡、臁瘡、透掌漏瘡。反花瘡，破則肉反於外。浸淫瘡生於身，初生微癢，後有水出。下注瘡，生於脚膝間，膿水不絕，連年不愈，水毒焮腫，因傷於濕，肌肉不仁成瘡也。冷瘡者，因經年不愈而成。熱瘡，初發赤根白頭，瘭汁出，甚者腐爲膿血，或痛或癢。月蝕瘡，小兒生於兩耳上及竅旁者是，或小兒指月而生，此未必然，蓋風濕熱毒也。凍爛腫瘡者，因寒氣血凝聚不流，則皮肉不溫，成聚，焮赤腫痛而成瘡也。俗謂之凍爛瘑瘡者，赤根白頭，相對並生，如小豆或如茱萸子，浸淫癢痛，抓之出汁。有漆瘡者，中漆毒也。有炙瘡，因爲火艾過多，焮毒不依六俞，及食毒不慎房室，腫痛久不差者。瘻瘡者，瘡久膿潰不止，《內經》謂陷脈爲瘻也。有熱腫、毒腫、氣腫、風腫、瘡腫。小而出膿血者爲癤。受風濕而肌膚中生浸淫[五]，或搔之汁者，或白屑起者，爲癬爲疥。熱毒莞於四肢而腫，爲結陽。筋骨熱甚，爪甲成瘡而脫落，名代指。丹毒者，熱毒之氣暴發於皮膚，其色如塗丹之赤，流移不定，暈入腹即死。疿瘡者，經謂汗出見濕，乃生痤疿，俗謂之疿子。有惡脈者，其狀赤絡忽起，巃嵸而聚，若死蟮之狀。有留氣上結如核，多生於耳旁，此留氣結核，及爲瘰癧。有马刀挾癭瘡、螻蛄瘡，則走串。櫻桃瘡者，有如顆粒高起，紅赤若其狀，若下垂瘡、便毒、天疱瘡、無名惡腫之類。故經云營逆則血鬱，血鬱則熱聚爲膿。以上瘡論治例並出《聖濟總録》）。

【校記】

[一]“饒”，《素問·陰陽應象大論》作“足”。
[二]“缘”，原誤作“緑”，今據《雜病治例·諸瘡》改。
[三]“枕”，原誤作“椀”，今據珍本醫書集成本改。
[四]“鈴”，原誤作“鈐”，今據珍本醫書集成本改。
[五]“肌膚中生浸淫”，“生”下原衍“中”字，今據文義刪。

瘡瘍憑脈，治乃不惑。身重脈緩，濕勝除濕。身熱脈大，躁熱發腫，退熱涼榮。眩暈動搖，痛而脈弦，降痰去風。氣澀衛滯，燥渴脈澀，補血瀉氣。食少惡寒，脈緊細者，宜瀉寒水。辨經部分，詳審爲治。（已上治瘡脈訣也）

濕熱生蟲（厥陰風木生蟲。三焦陽火熱甚，而肺金受剋，不能制木，木甚，兼脾胃溫熱，是以生蟲，如寸白、長蛔、血鱉之類），水積痰飲（如人素壯今瘦，水走腸間，歷歷有聲，謂之痰飲；有飲後水流在脅下，咳唾引痛，謂之懸飲；水流於四肢，當汗出而不出汗，身體重痛，謂之溢飲；咳逆倚息，短氣不得卧，其形如腫，謂之支飲。又有留飲者，背寒如手太[一]，或短氣而渴，四肢歷節疼，脅下痛引缺盆，咳則轉甚。則伏飲者，膈滿嘔吐喘咳，發則寒熱，腰背痛，目泣出[二]，其人振振惡寒，身瞤惕。痰證如風痰、熱痰、濕痰、酒痰、食痰、寒痰之類）。

【校記】

[一]“太”，珍本醫書集成本作“大”。
[二]“泣”，原誤作“注”，今據文義改。

目痛赤腫，精散榮熱（目之五輪，乃臟腑之精華，宗脈之所聚。其白人屬肺金，肉輪屬脾土，赤脈屬心火，黑水神光屬腎水，兼屬肝木。如白人變赤，火乘肺也；肉輪赤腫，火乘脾也；黑水神光被翳，火乘肝與腎也；赤脈貫目，火自甚也。有雀目病，則不能夜視。及內障，乃暴怒大憂所致。暴赤腫痛，羞明隱澀，腫痛不已，眼眶紅爛，生眵淚下，拳毛倒睫，視物昏花，翳膜遮睛，皆精榮失守，風熱盛及血熱也）。

牙痛斷宣，寒熱亦別（牙有惡寒作痛者，有惡熱作痛，有惡寒又惡熱而作痛者，有惡寒飲少熱飲多而作痛[一]，有惡熱飲少寒飲多而作疼，有牙齒動搖作痛，有齒袒而爲痛，有齒齗爲疳所蝕缺血出爲痛，有齒齗腫起爲痛，有脾胃中有風邪，但覺風而作痛[二]。又有牙上多爲蟲所蝕，其齒缺少而色變，爲蟲牙；齒縫中有血出不止，爲牙宣。有胃氣少不能於寒，袒露其齒作痛。有痛而穢臭不可近者。蓋手陽明之脈貫絡下齗，惡寒飲而喜熱；足陽明之脈貫絡上齗，喜寒飲而惡熱。牙者腎之餘，亦喜寒，寒者堅牢。爲病不一，熱甚則齒動，齗齗相脱作臭，痛不已。有風熱內甚而痛，有風寒客之爲痛，大寒犯腦亦連牙痛之類[三]）。

【校記】

[一]"有"，原脱，今據珍本醫書集成本補。

[二]"而"，原誤作"雨"，今據文義改。

[三]"亦"，原誤作"赤"，今據珍本醫書集成本改。

五臟本病，熱爭重痘。（經云：肝熱病者，小便先黄，腹痛多卧，煩赤身熱，熱爭則狂，脅下滿而痛，煩躁不安；心熱病則心不樂乃熱，熱爭心痛而煩悶善嘔，頭痛面赤，熱而無汗；脾熱則頭重頰痛，顔青欲嘔，身熱煩心，腹滿洩瀉，熱爭則腰痛；肺熱則洒洒然惡寒，舌黄而身熱，熱爭喘咳，痛走胸背，不得太息，頭痛不堪，汗出而惡寒；腎熱病則腰痛骺酸，渴而身熱，熱爭項強，胻寒且酸，足熱而言懶，頭痛憺憺然。如五氣所病，心爲意，肺爲咳，肝爲語，脾爲吞，腎爲欠，胃爲氣逆，爲噦爲恐，大小腸爲泄[一]，下焦溢爲水，膀胱不利爲癃，不約爲遺溺。五病所發，五邪所亂之類）。

六府不和，留結爲癰。五臟不和，九竅不通。腑臟相移，傳變爲病，不可勝紀（經云：心移寒於肺，則爲肺消證。心移熱於肺，則胸滿煩心，煩躁引飲，短氣鬲熱，爲鬲消證。肝移寒於心則狂，肝移熱於心，心病，謂之生陽，不過四日死。脾寒移肝，癰腫而筋攣。肺寒移腎，其證如囊裹漿，或遍身腫滿，按腹不堅，疾行則濯濯有聲，或嗽不定，爲湧水證。脾熱移肝則血溢，爲驚衄證。膽受胃熱，鼻中血妄行爲衄，或血污不止。膽移熱於腦，腦熱滲下，則濁涕不止，久而不已，成衄血疾。腎熱移脾，則傳爲虛、腸澼，死不治。膀胱本熱，則爲癃，病溺血。膀胱移熱於小腸，隔腸不便，上爲口糜證[二]。大腸移熱於胃，則善食而瘦。胃熱移膽，俱爲食㑊證。腎寒移脾，則癰腫少氣。腸有積熱，則津液壅滯，腹痛而便澀，爲虛瘕證。病機治例見《宣明論》）。

【校記】

[一]"腸"，原誤作"腹"，今據《素問·宣明五氣篇》改。

[二]"糜"，原誤作"縻"，今據《素問·氣厥論》改。

間臟者存，傳其所生（經云：假令心病傳脾，脾傳肺，肺傳腎，腎傳肝，肝傳心，是傳其所生，故有病雖重必生）。七傳者死，傳其所制（如心病傳肺，肺傳肝，肝傳脾，脾傳腎，腎傳心。火受水之傳，一也；肺金復受火之傳，再也。自心而始，以次相傳，至肺之再，是七傳也。故七傳者死，一臟不受，再傷也，是傳其所勝爾）。

五臟有積，肝曰肥氣，在左脅下，大而覆杯，或有頭足，久則變病，咳逆痎瘧，連歲不已；心積伏梁，病起臍上，其大如臂，上至心下，如久不愈，令人煩心；脾積痞氣，其在胃脘，覆大如盤，久而不愈，四肢不舉，乃發黃疸，雖食而瘦；肺積息賁，在右脅下，覆大如杯，如久不已，令人寒熱，喘發肺壅；腎積奔豚，發於小腹，上至心下，乃若豚狀，下上無時，如久不已，令人喘逆，骨痿少氣（經云：積者，一臟因受勝己之邪，而傳於己之所勝，適當旺時，拒而不受，復還於勝己者，不肯受，因留結爲積也。有食積則酸心腹痛，酒積目黃口乾，氣積噫氣痞塞，涎積咽如拽鋸，痰積涕唾稠粘，癖積兩脅刺痛，水積足脛脹滿，血積打撲肭瘀，及肉麵一切食物所積之類，在六腑爲聚）。

鼓脹發蠱（有腹脹、寒脹、熱脹、氣脹、大熱脹，水腫而脹，甚則爲蠱。夫脹者，由脾胃之氣虛弱，不能運化精微而制水穀，聚而不散，而成脹也。有心腹脹滿，旦食不能暮食，致胃逆不散者，名鼓脹。有小腹急痛，便溺失精，溲而出白液，亦名爲蠱病），中滿鬱結（經云臟寒生滿病，如太陰所至爲中滿，爲蓄滿。濕土之化，脾濕有餘，腹滿，食不消，無陽則不能生化也。如脹之類鬱，如氣不能消散升降，爲結聚而痞悶也。心下滿而不痛，爲虛痞，積飲隔滯，爲實痞也）。開提其氣，升降是宜（此治鬱閉痞滿之大法）。

人身之本，脾胃爲主。頭痛耳鳴，九竅不利，腸胃所生。胃氣之虛，虛極變病，五亂互作（五臟五行之氣不和，更相傳變爲病也）。東垣所論，王道之學（東垣李明之先生述《脾胃盛衰論》）。一虛一實（氣亂於衛，血逆於經[一]，血氣不和，故一虛一實，乃氣血之並也。見《素問·調經論》），五實五虛（五實者，脈盛爲心，皮熱爲肺，腹脹爲脾，前後不通爲腎，悶瞀爲肝也；五虛者，脈細爲心，皮寒爲肺，氣少爲肝，前後泄利爲腎，飲食不入爲脾也。謂一病五者悉具）。五勞七傷，六極乃痿（久視傷血，久臥傷氣，久坐傷肉，久立傷骨，久行傷筋。又，志、思、憂、心與疲勞，爲五勞也；肝傷善夢，心傷善忘，脾傷善飲，肺傷善痿，腎傷善唾，骨傷善饑，脈傷善嗽，爲七傷也。傷勞爲六極，氣、血、筋、骨、髓、精病也）。

【校記】

[一]“於”，原誤作“如”，今據珍本醫書集成本改。

五鬱七情，九氣所爲。怒則氣上，喜則氣緩，悲則氣消，恐則氣下，寒則氣收，炅則氣泄，驚則氣亂，勞則氣耗，思則氣結（此爲九氣）。

憂愁思慮，甚則傷心；形寒飲冷，過則傷肺；恚怒氣逆，逆則傷肝；飲食勞倦，甚乃傷脾；坐臥濕地，強力入水，故乃傷腎（次爲七情[一]）。

此因氣動，形神自病，喜怒不節，勞形厥氣，氣血偏盛，陰陽相乘。陰勝陽病，陽勝陰病。陽勝則熱，陰勝則寒。重寒則熱，重熱則寒。寒則傷形，熱則傷氣。氣傷則痛，形傷則腫。先痛後腫，氣傷形也；先腫後痛，形傷氣也。陰陽變病，標本寒熱。

如大寒甚，熱之不熱（謂以熱藥治寒不退），是無火也。熱來復去，晝見夜伏，夜發晝見[二]，時節而動，是無火也，當助其心（心虛則熱收於內，故外熱不常）。如熱而甚，寒之不寒（謂以寒涼藥治熱病，而熱不能退），是無水也。寒動復止[三]，倏忽往來，時動時止，是無水也，當助其腎（腎虛則寒動於中，故外寒不常）。內格嘔逆，食不得入，是有火也。病嘔而吐，食入反出（謂食入良久乃吐），是無火也。暴逆注下，食不及化，是有火也。溏泄而久，止發無常，是無水也。心盛生熱，腎盛生寒（此心火極而發熱，腎水盛而生寒，非虛熱虛寒比），又熱不寒，是無火也。寒不得熱，是無水也。寒之不寒，責其無水。熱之不熱，責其無火。熱之不久，責心之虛。寒之不久，責腎之少（又熱不寒者，或因寒勝格陽在外，本非熱也；寒不得熱者，或因陽極似陰，火盛拒寒在外而不得熱，本非寒也。寒之不寒，乃水之源衰，火之勝也；熱之不熱，火之源衰，水之勝也）。

【校記】

［一］“次”，當作“此”。

［二］“見”，當作“伏”。

［三］“寒”，原誤作“熱”，今據珍本醫書集成本改。

審察病機，無失氣宜。紀於水火，餘氣可知。婦室病多，帶下赤白，癥瘕㿉疝（婦人有病，六氣四因，皆同男子，餘胎產經水之疾，不可枚舉，如帶下，赤者熱入小腸，白者熱入大腸，若痢下也。若經水不調，血聚爲癥瘕，小腹下腫硬，爲㿉疝之疾）。

氣血爲病，經閉不行（婦人有胃熱善食，瘦而津液不生，血海竭而名血枯，或脾胃久虛，或形羸氣血俱衰，而致經水不行者，非以上之病經成孕乃不行也），或漏不止（濕熱太迫則經漏不止，或心氣不足，火熱大熾，旺於血脉中，或身體困熱，心煩不得眠，即而致經水漏下。陰虛陽搏爲崩）。

經過作痛，虚中有熱（經水行過而腹中作痛者，血虚有熱也）。

行而痛者，血實之設（將行而作痛乃血實）。

如不及期，血熱乃結。過期血少，閉或血枯。淡者痰多，紫者熱故。熱極則黑，調榮降火（婦人經水如行不依期，非有妊娠，皆以上之病，治須調血養血，清陽降火，有寒者温之）。

調理妊娠，清熱養血（妊娠有正氣不足，寒熱不調，陰陽不得升降，故病有發風痹，忽悶不識人而眩倒者，爲子癇證。有胎氣上逼，脹滿或痛者，爲子懸。身忽如水腫，多於足腫者，爲子腫。小便澀者，爲子淋。煩悶者，爲子煩。腹大甚者，胎有水氣。或發寒熱，或胎漏下血，或動爲轉胞，及不能言語之類，皆胎氣不足，治須順氣清熱養血也）。

一當産後，如無惡阻，大補氣血（惡阻者，如惡露不盡，血上搶心腹痛之類，治可下去其敗血。如虚汗不止，遍身疼痛，或虚煩，小便不禁，玉門不閉，蓐勞血虚而暈之類，皆虚甚也，皆當大補血益氣）。

雖有雜證，以末治之（産後如中風傷寒，六氣爲病之類，雖正治，亦須兼補其氣血。經言切不可犯禁[一]，謂汗下利小便也）。

【校記】

[一]“切”，原誤作“且”，今據珍本醫書集成本改。

大凡小兒，過暖生熱，熱極生風，風痰積熱，隨病爲治。

生有胎惡，月裏生驚，生赤生嘔，生黄不便，臍風撮口（受胎毒甚者，則發驚搐。生赤則如丹塗肌肉，邪氣上而嘔吐。母受濕熱，傳胎而發黄。有生下日久不得大便者。臍風多在生下半月内有此證，蓋受胎惡之甚也），變蒸發熱（小兒變蒸乃長經脈及腑臟智意也）。

風癇癲癇（錢氏分五癇，有犬癇、羊癇、牛癇、雞癇、豬癇，其狀各不同），急慢驚風（如身熱面赤，即發搐搦，目睛上視，牙關緊急者陽證，爲有餘；如因吐利，或吐不瀉，日漸困而色黄，脾虚冷發驚，不甚搐搦，目微上視，手足動者陰證，不足也[一]）。

瘛瘲驚愕（驚風熱甚，則手足戰掉攣瘛，驚恐愕然也），驚悸昏冒（驚則心悸不寧，熱甚則昏昧）。

暴喘吐哯（有喘甚者，俗言馬脾風。吐乳食爲哯），腹脹齁嗽（脹有寒脹、熱脹、脾脹之類。傷風寒爲嗽者多，或爲乳喰鹽物所傷而發齁喘）。

中惡天吊（有中惡氣卒然而病，如目直上視，搦身直强，目瞪之類，爲天吊），鵝口重舌（白屑滿舌爲鵝口，舌下附腫如舌而短爲重舌，心脾熱甚也）。

木舌弄舌（舌脹大爲木舌，脾熱甚。舌絡緊，乃弄舌也），客忤夜啼（心氣不足，遇人客或物則忤而驚。脾藏冷而痛，多夜啼）。

膿耳鼻疳（耳內生瘡，膿耳汁出，三焦氣熱病也，鼻內有瘡生疳），眉煉丹流（眉骨上生瘡，太陽經風熱也。丹流者，俗云火焰丹，肌肉上若塗丹，血熱甚也）。

陰腫便濁（睾丸發腫，肝經熱勝也，小便或白濁赤濁），舌爛口臭（心熱下陷，風自盛也。胃熱則口臭），齗蝕牙疳（風熱所勝，蝕牙齗至快，俗言走馬牙疳）。

蟲痛吐蚘（小兒哭而坐臥不安，自按心腹，時大叫，或青或黄，唇白[二]，目無精光，蟲痛也），疳瘦解顱（錢氏分五臟疳、筋疳、骨疳之類，腎虚解顱也）。

便青頰赤（驚氣內感，脾氣不和，故瀉色青。心熱上攻，故頰赤），食土飲水（食土者，胃氣不足也。身熱飲水，病在內，不飲水，熱在外也）。

吐瀉青白（瀉利青白色，穀不化者胃寒，乳不化者傷食，瀉黄紅赤黑者，脾胃熱毒故也），昏睡露睛（睡而露睛者胃虚熱，不露睛者胃實熱。睡而嚏悸者[三]，將發瘡疹也）。

【校記】

[一]“足”，原誤作“完”，今據珍本醫書集成本改。

[二]“白”，原誤作“慢”，今據文義改。

[三]“嚏”，原誤作“嚏”，今據《小兒藥證直訣》卷上改。

呵欠面黄（呵欠而面赤者風熱，青者驚風，黄者脾虚。驚而睡者內熱。呵欠氣熱者，傷風也），呷牙咬齒（手足陽明內熱爲病），瀉痢脱肛（瀉痢久則肛門縱下，濕熱甚而緩縱也）。

癰瘍癮疹，瘡痘發班[一]（錢氏論小兒受胎惡發瘡痘[二]，初欲發時有五臟現證[三]：呵欠頓悶者，肝也；時發驚悸，心也；乍涼乍熱，手足冷，脾也；面赤，腮頰赤，噴嚏，肺也。唯腎在腑下，不能食穢，胎毒不受，無候也。毒出歸一證：肝水疱、肺膿疱、心班[四]、脾疹也）。

驚疳諸積（如食積、乳積之類），大率爲病，肝與脾經（此二經病多），脈治憑允（小兒虎口色脈，如紫傷風，紅傷寒，青驚，白色疳，黑即中惡，黄脾病也）。

錢氏方論，男女病情，飲食居處，暴樂暴苦，始樂後苦，皆傷精氣。先富後貧，病曰失精。先貴後賤，雖不中邪，病從內生，名曰脱營，身體日減，氣虚無精。良工勿失，脈病證治，知微可已。舉腹痛經，陰證治例，海藏所云，玄機之秘。

【校記】

[一]“班”，珍本醫書集成本作“斑”。

[二]“痘”，珍本醫書集成本作“疹”。

[三]“發”，原脱，今據珍本醫書集成本補。

[四]“班”，珍本醫書集成本作“斑”。

中脘痛者屬脾土，臍腹痛者屬少陰。少腹小腹厥陰分，三部殊途細酌斟。
太陰中土主理中，少陰四逆真武同。厥陰宜當歸四逆，重則回陽霹靂攻。

當汗不汗即生黄，當汗汗多因致痓。不當汗而若汗之，蓄血定應無改易。
汗多或有變亡陽，陰證脈候須子細[一]。（並出《此事難知》）

傷寒咳逆脈散死，仲景之言不虚僞。大抵源流失下生，咳逆喉中陰不内。
便軟唯宜用瀉心，便硬尤宜大承氣。二藥神功作者誰？東垣潔古爲良制。
（以上三病例，並傷寒法，出《陰證略例》）

【校記】

[一]“子細”，珍本醫書集成本作“仔細”。

傷寒一日在太陽，頭頸項痛腰脊強（太陽傳陽明爲巡經傳，少陽名越經傳，傳太陰名誤下傳，傳少陰名表裏傳，傳厥陰名巡經得度傳）。
二日陽明傳已受，身熱目疼鼻乾候。三日少陽胸脅疼，耳聾俱病在表經。
三陽經絡或一病，未入於臟實汗證（經大略言之，三陽亦有入腑者，入腑則宜下）。
四日陽極傳太陰，腹滿嗌乾脈近沉。五日少陰傳向裏，口燥舌乾渴不已。
六日病經循厥陰，煩滿囊縮熱劇深。
三陰已病即當下（三陰亦有在經者，在經則宜汗之温之），若重感之未易瀉。
何知病爲兩感寒？太陽病與少陰連。頭痛口乾煩滿渴，榮衛不通腑臟熱。
陽明即與太陰病，腹滿身熱食不進。譫語傳見二日中，三日少陽與厥陰。
耳聾囊縮更乃厥，水漿不入不知人。五臟已傷六腑閉，榮衛不行委和滯。
凡此之際宜切思，濕吐汗下須子細[一]。其不兩感病傳者，七日太陽病且愈。
以下一日退一經，六經病愈臟脈通。至十二日大邪盡，病人神爽血氣平。

若感異氣變他病，大法當如治壞證。表之表者大發汗，表之裏者下且緩。
裏之裏者下即通，裏之表者潤漬同。適當盡脈陰陽理，表裏因之勿妄攻。

【校記】

[一]“子細”，珍本醫書集成本作“仔細”。

傷寒證候

（一首，集次見《傷寒百證歌》）

傷寒之候，悉須審別。

證傳唯六（足三陰三陽爲六經證），經常有九（六經外有太陽陽明、正陽陽明、少陽陽明三證也）。

陽表陰裏（表爲陽，裏爲陰也），傳變兩感（傳爲次第傳經，變爲不傳經而成異證者。陰陽俱病曰兩感，又曰雙傳，謂表裏證俱也）。

病有壞異（有失於治之誤爲壞證者，有形證相應，服藥間病忽變異，是災怪也），合病並病（二陽俱病爲合病。若二陽先俱病，後一陽自病，曰並病也），一病百合（病有首尾只在一經者，如百脈一宗俱病，曰百合病）。

辨風與暑，濕溫痓暍（六證與傷寒不同）。

寒本陰邪，鬱而發熱。

怫結轉盛，手經寃熱（傷寒只病足經。如不大便、煩躁、發喘、班證[一]、衄血之類，皆手經之寃熱病也。又，守真云陽邪爲病傳手經，陰邪爲病傳足經）。

表裏虛實（謂表虛裏實，表實裏虛），表裏寒熱（有外寒內熱，外熱內寒者）。

表裏停水（表有水則多熱，或咳或利，裏有水則脅下痞或硬，身涼汗出，脅疼），寒熱發厥（有寒厥熱厥證）。

陽證陽毒（三陽獨盛，陰虛暴絕也），陰證陰毒（三陰病深陷而陽絕也）。

陽證似陰（陰證見而脈沉滑有力），陰證似陽（陽證見而脈沉微）。

陽盛拒陰，陰盛拒陽。

陰陽偏盛，陽結陰結（陽熱之邪，偏結於內，陰氣不能相雜，故其證能食，不大便，此爲內實，名曰陽結。陰寒之邪，偏結於內，陽氣不能相雜，故其證不能食，身體重，大便反硬，名曰陰結）。

陰易陽易（男子病新差而婦人與之交，病曰陽易；婦人新病差而男子與之交，病曰陰易也），發熱潮熱（熱動復止而熱不常，或日晡發熱，皆爲潮熱）。

惡風惡寒（傷風則惡風。如惡寒發熱者，病在陽。只惡寒，病在陰。如汗後惡寒者，表虛也），往來寒熱（或寒或熱，休作有時也）。

汗後熱在（汗後復熱，多內實，或他經熱在），下之仍熱（有表證未盡，或陰微而復熱）。

結胸與痞（按之心下痛，爲小結胸；不按自痛，爲大結胸；按之不痛，胸中氣結，或滿，爲痞也），臟結蚘厥（大便閉爲臟結。胃中虛冷，因成蚘厥，吐長蟲也）。

發黄發狂（有畜血發黄，太陽傳本也；有結胸發黄，下之早，太陽陽明本也；有濕熱發黄，陽明與太陰也；有寒濕發黄，少陽與太陰也。肝熱者狂，心熱者顛），發癍癮疹（有下早，有失下，或胃熱極而發，皆陽明熱甚，入於手太陰。癍則紅點暈，癮疹起疙瘩也）。

發喘咳逆（氣逆則喘，難布息也。裏病失於下，則咳逆），衄血證諦（鼻出血曰衄，熱結下焦爲畜血、失血證諦）。

唾膿咯血（重亡津液，熱在上焦，肺痿而吐膿血也），譫語鄭聲（實則譫語，虛則鄭聲）。

煩躁發渴（火入於肺成煩，火入於腎成躁，少陰證多渴飲水也[二]。六經皆有渴證），心中懊憹（反覆顛倒不安，心亂如有所失也）。

心下悸動（振寒而動曰悸，亦曰怔忡[三]），氣上衝胸（若吐若下後而裏虛，心下逆滿，氣衝上也）。

【校記】

［一］“班”，珍本醫書集成本作“斑”。

［二］“飲”，原誤作“欬”，今據《注解傷寒論》卷六改。

［三］“曰”，原誤作“叮”，今據珍本醫書集成本改。

外氣怫鬱（汗吐或下後虛極復熱，則外邪鬱於表），驚惕冒悶（忽身體振動曰驚惕，昏冒如悶）。

霍亂頭疼（吐利並作曰霍亂，三陽與厥陰傷寒俱有頭痛多），乾嘔吐逆（啘曰乾嘔，食入即吐曰吐逆）。

腹脅咽疼（有腹內時發痛者，有脅下痛者，咽嗌乾痛者），膈內拒痛（表未解，更胃中虛邪乘入，結於內，故痛）。

身疼身重（榮血不利爲疼，濕勝也；汗後疼者，邪未盡也），咳嗽涎盛（火乘肺爲嗽，停水、傷風、寒濕氣皆爲嗽。脾熱則涎盛）。

頭汗自汗（裏虛表實，陽氣上行，故頭上汗出，或際頸而還，病發黄也。凡傷風、風溫、風濕、中暑、柔痓、霍亂、下利、四肢逆冷及陽明證，皆自汗），漏汗不止（陽氣不足，因發汗而益虛，皮膝不固而汗不止）。

陽躁無汗（陽極而躁熱無汗），腹滿遺尿（氣澀不通，壅而爲腹滿。下焦不禁，遺溺出也）。

舌上滑胎（丹田有熱，胃中有寒也），下利便血（泄瀉曰下利，曰飧泄。下焦不約，熱甚而便血也）。

晝夜偏劇（陰虛則夜不寧，陽虛則晝不安），口燥咽乾（陰證內熱，津液不足也）。

婦人傷寒，熱入血室（發熱間經水適來而血室空虛[一]，故邪氣乘入也）。

傷寒似瘧（忽寒忽熱，休作有時，或汗已復熱），邪中二焦（清邪中於上，濁邪中於下）。

有多眠證（衛氣陷於陰病及風濕狐惑等證皆多眠），或不得眠（陰躁或熱甚心煩則不能眠）。

二便不通（大便堅曰脾約，不通曰不更衣。小便不通，下焦不利也，胃中乾或熱甚故爾），耳聾喉痹（經壅而不利爲聾，清氣不得上通也[二]。熱氣上壅爲痹）。

渾身壯熱（陰微陽勝也），食復勞復（差後勞復，肉食所傷，再病曰食復也）。

小腹硬滿（熱氣深陷，客於下焦，便小腹硬滿也，甚則尿血），大便堅黑（熱邪深陷也）。

手足逆冷（陽虛陰勝，厥逆也），漱水不嚥（熱邪在經，未傳裏也）。

肉上粟起（發熱病，因冷水潠之故也），腹內雷鳴（寒氣相搏也），下痢溏垢（寒則泄如鴨溏，熱則垢膩）。

身難轉側（濕勝也），或如蟲行（身癢如蟲行者，久虛故也）。

臍內築動（心氣虛而腎氣發動也），項強几几（太陽病表實也）。

揚手擲足，循衣撮空（肝熱甚，乘肺也）。

狐惑聲嗄（蟲食上部，聲嗄曰惑，蝕下部，咽乾曰狐），筋惕肉瞤（體惕振搖而動，痓證也）。

瞪目直視（心腎氣欲絶也），汗出如油（正氣已脱）。

瘖瘂不言（熱傷少陰之絡脈也），舌卷囊縮（陰邪下陷也）。

鼻內煤烟（陰毒之深也），指甲青黑（肝氣絶也）。

目盲見鬼（脱陰脱陽也），九竅出血（下厥上竭也）。

環口黧色（脾氣絶也），瘛瘲口禁（變痓證也），轉筋入腹（邪氣入裏，與宿積相連，引痛入陰筋也）。

脚攣齧齒（風痹甚，陰氣不足也），叉手冒心（胸中陽氣不足故也）。

常須識此，傷寒壞異。觀其脈證，傳變復逆（傳爲有常之傳經也。變爲不常，陽忽變陰也。復如食復勞復。逆謂若汗吐下後仍不解，此犯逆也。若以上壞證之類，許叔微《傷寒百證歌》分類可見，並宜熟讀）。

謹熟陰陽，隨證爲治，各使其宜（傷寒傳變不常，宜熟辨陰陽之證，各得治法之宜）。

可汗可和，可下可潤，可吐可火，可灸可水，可鍼可溫（可汗者，表之證也；可和者，榮衛不諧，宜和解也；可下者，裏證也；可潤者，陰燥也；可吐者，食在上脘之類；可火者，陰毒證也；可灸者，陰證下陷也；可水者，熱而燥也；可鍼者，並病也；可溫者，裏寒也）。

詳其不可，究《傷寒論》。審識病機，制法之例。勉之秘之，誦之無斁（斁，猶厭也）。

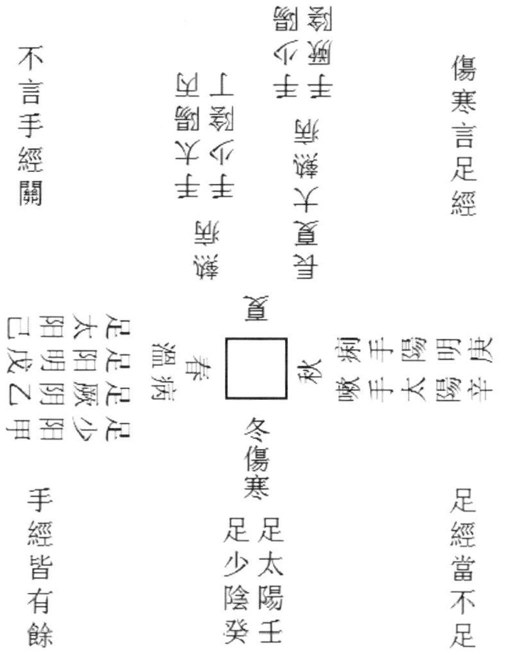

【校記】

［一］“間”，原誤作“問”，今據珍本醫書集成本改。

［二］“清”，原誤作“情”，今據珍本醫書集成本改。

陰虛本病

（一首，集見《格致餘論》）

夫天地物，各一太極。動而生陽，靜而生陰。陽動則變，陰動則合，而生五行，各禀其性。唯人得備，形氣所受，天地氣生。陽氣爲氣，陰氣爲血。身中之神，元氣之根。根於內者，名曰神機。根於外者，名曰氣立。與天地參，氣正而通。氣交之中，隨天地氣。升降浮沉，陽實陰虛。氣常有餘，血常不足。所與天地，日月四時，虛盈並同。陰平陽秘，形志以寧。陽本在外，爲陰之衛。陰本在內，爲陽之守。性或物感，精神外馳。嗜慾無節，陰氣耗散。陽無所附，遂致病作。惡寒非寒，惡熱非熱。證類實邪，此陰虛熱。熱乃火動，有君相別。相火所謂，龍雷天火。君火所謂，人火暑熱。故火乃二，備於六氣。以名而言，形氣相生，配於五行，命曰君火。以位而言，生於虛無，守位稟命，因動而見，謂之相火。天以此火，而爲陽氣，以生萬物。人以此火，以生一身，道氣沖和，助我元氣。元氣不足，相火獨盛。火與元氣，不能兩立。一勝一負，乃致陰虛。陰虛火動，五亂俱施。金危木盛，土困水微，迭相爲制，母子背違。陽強不密，陰氣乃離。腑臟經絡，偏實偏虛，遂失其正，邪悉由矣。虛邪外入，實邪內起。取經治正，補瀉所宜。肝主司瀉，腎主藏閉。肝爲相火，有瀉無補。腎爲真水，有補無瀉[一]。水火變病，虛實所以。夏月陽極，其已陰虛，水少火多，陽實陰虛，虛甚傷暑。冬月陰極，其本陽虛，水多火少，陰實陽虛，虛甚傷寒。病未傳變，初治責虛。傷寒助陽，清暑益氣。虛者十補，勿一泄之。除邪養正，平則守常。陽動陰靜，五行之義。根本化源，由乎土水。水爲物元，土爲物母。人能自存，益其根本。遞相濟養，是謂和平，生化不已。交互剋伐，變亂失常，鬱而無伸，甚而無制，造化息矣。病雖爲邪，造化之道，在其中矣。

【校記】

[一]“有補無瀉”，原脱，今据珍本醫書集成本补。

醫經小學卷之四終

醫經小學卷之五

治法第五

五鬱

（一首，集見《內經·六元正紀大論》[一]）

木鬱達之謂吐越，火鬱發之乃汗泄。奪土下利令無壅，金泄滲利解表同。

水鬱折之充逆爾，治之大體須明此。

三法

（一首，集見《內經·至真要大論》[二]）

法無定體，應變而施。藥不執方，合宜而用。備三法焉，初中與末，乃更變權。初治之道，猛峻可先，緣病新感，大劑急蠲。中治之道，寬猛劑兼，緣病少久，得中藥然，去邪養正，罔或不痊。末治之道，藥必寬緩，性味平善，廣服必安。此其大法，所用之體，制君臣佐，各使其宜。主病爲君，佐君爲臣，應臣爲使，適大小制，各安其氣。寒者熱之，熱者寒之，微者逆之，甚者從之，堅者削之，客者除之，勞者溫之，結者散之，留者行之，燥者潤之，急者緩之，散者收之，損者溫之，逸者行之，驚者平之，上之下之[三]，摩之浴之，薄之劫之，開之發之，適事爲故。逆者正治，從者反治。反治之謂：熱因寒用，寒因熱用，塞因塞用，通因通用。伏其所主，先其所因，其始則同，其終則異。可使破積，可使潰堅，可使氣和，可使必已。其病之氣，惟標與本[四]。先受爲本，次者爲標，或爲兼證，知逆與從，正行無問。知標本者，萬舉萬全。不知標本[五]，是謂妄行。六氣爲本，三陰三陽。經病爲標，病氣爲本。受病經絡，臟腑爲標。急則治標，緩則治本。治之要極，無失色脈。用之不惑，治之大則。逆從倒行，標本不得，神亡命失。

【校記】

[一]“六”，原誤作“全”，今據《素問·六元正紀大論》改。

[二]“要”，原脱，今據《素問·至真要大論》補。

[三]“上之”，原誤作“上者”，今據《素問·至真要大論》改。

[四]“標”，原誤作“表”，今據珍本醫書集成本改。

[五]“不知標本”，原脱，今據珍本醫書集成本、《素問·標本病傳論》補。

五治

（一首，集見《此事難知》）

夫抑火升水，養陰退陽，流濕潤燥，推陳致新，漬形爲汗，潤腸爲下，溫經散寒，補中益氣，調經破血，痛隨利減，風從汗出，發表攻裏，斂表滲泄，雙解獨攻，應變從權。治由有五，其細未之[一]，和取從折，屬其備兮。如假小熱，以涼和之，和之不已，次用取之。爲熱勢大，寒藥以取，取之不已，更用從之。因熱既甚，從以溫藥，從之不已，以法折之。爲恐衝逆，味隨所爲。寒因熱用，或更發之。折之不已，求屬衰之。求屬之法，同氣同聲。法制之體，五治所因。經言不分，邪僻內作。工不能禁[二]，此之謂也。

【校記】

[一]“未”，珍本醫書集成本作“味”。

[二]“工”，原誤作“二”，今據珍本醫書集成本改。

七方

（一首，集見《儒門事親》，本《內經·至真要大論篇》[一]）

七方之法爲繩墨，大小緩急奇偶復。小方劑少飲須徐，大方劑兼宜頓服。

戀膈味薄自緩遲，攻下氣厚乃峻促。奇謂單奇只一法，偶方相合如配匹。

復重併制三四方，病謂寒溫反佐術。劑和方合實類聚[二]，各據方隅更審悉。

大抵處方要在合宜而用，不可務取品味，數多過制，越此反不爲效矣。《本草》云：三百六十五種內，相須者止二十種，其單行者七十一，相使者九十，畏者七十八，相惡者六十，相反者十八，相殺者二十六。是以丹溪先生曰余以某藥治某病，某藥監某藥，某藥爲引經[三]，其意則得之矣。

【校記】

[一]“要”，原脱，今據《素問·至真要大論》補。

[二]“方”，珍本醫書集成本作“六”。

[三]“某藥”，原脱，今據珍本醫書集成本補。

十劑

（一首，集見《儒門事親》）

十劑補瀉宣與通，滑澀燥濕重輕倫。瀉爲泄實治閉滿，補即能調虚損人。宣非瀉劑乃越吐，通亦開流輕義均。滑知養竅濡結燥，澀以酸同收斂因。燥攻水液寒清冷，濕潤乾枯涸揭皴。重當鎮墜抑而減，輕爲熏揚泄汗陳。十劑由來三法中，發汗燥澀輕可掄。下本重濕通滑瀉，吐唯宣劑旨須論。三法用之猶有補，驅邪扶正益天真。

望聞審切例

（一首，出《脈訣》）

醫門理法至微玄，大要胸中有轉旋。望聞審切四件事，缺一偏枯不備全。第一看他神氣色，潤枯肥瘦起和眠。活潤死枯肥是實，瘦爲虚弱古今傳。謙體即知腰內苦，攢眉頭痛與頭眩。手不舉兮肩背痛[一]，步行艱苦脚間疼。叉手按胸胸內痛，按中臍腹痛相連。但起不眠痰夾熱，貪眠虚冷使之然。面壁蜷身多是冷[二]，仰身舒挺熱相煎。身面目黄脾濕熱，唇青面黑冷同前。第二應聲清與濁，鑒他真語及狂言。聲濁即知痰壅滯，聲清寒內是其源。言語真誠非實熱，狂言號叫熱深堅。稱神説鬼逾牆屋，胸膈停痰證號癲。更有病因循日久，音聲遽失命歸泉。三問病因經幾日，日間便利幾番行。飲食少多宜冷熱，更兼多少不同論。飲食稍通容易治，不進之時療必難。喜冷定知心內熱，尿清定是冷相干。切脈是居爲四末，浮沉遲數病之端。四事略陳通梗概，舉隅善反一同看。

【校記】

[一]“肩”，原誤作“眉”，今據珍本醫書集成本改。

[二]“蜷”，原誤作“踡”，今據珍本醫書集成本改。

察病輕重

（一首，出《圖經本草》）

凡欲療病，先察其源，先候病機。五臟未虛，六腑未竭，血脈未亂。精神未散，服藥必活。若病已成，可得半愈。病勢已過，命將難全。自非明醫，聽聲察色，至於診脈[一]，其孰能知，未病之病？

【校記】

[一]“診”，原誤作“真”，今據《證類本草》卷一改。

水火分治

（一首，出《玉匱金鑰》）

肝膽由來從火治，三焦包絡都無異。脾胃常將濕處求，肺與大腸同濕類。
腎與膀胱心小腸，寒熱臨時旋商議。惡寒表熱小膀溫，發熱表寒心腎熾。
十二經，最端的，四經屬火四經濕，四經有熱有寒時，攻裏解表細消息。
裏熱裏寒宜越竭，表熱表寒宜汗釋。濕同寒，火同熱，寒熱到頭無兩說。
六分分來火熱寒，寒熱中停真浪舌。熱寒格拒病機深，亢則害，承乃制[一]。
緊寒數熱脈正邪[二]，標本求之真妙訣。休治風，休治燥，治得火時風燥了。
當解表時莫攻裏，當攻裏時莫解表。表裏如或兩可攻，後先內外分多少。
治濕無過似決川，此個筌蹄最分曉。感謝軒岐萬世恩，爭奈醯雞笑天小。

【校記】

[一]“制”，原誤作“治”，今據珍本醫書集成本改。

[二]“緊寒數熱脈正邪”，“緊”上原衍“別”字，今據《仁齋直指方論》卷一删。

三陰三陽標本分治

（一首，同前）

少陽從本爲相火，太陰從中濕土坐。厥陰從中火是家，陽明從中濕是我。
太陽少陰標本從，熱寒二氣相包裹。風從火斷汗之宜，燥與濕兼下之可。
萬病能將火濕分，掣開軒岐無縫鎖。

辨證用藥例略

（一首，集見《此事難知》《元戎》《保命》等書）

大抵醫之用藥，必本七方、十劑，旋爲增損，求合聖賢之旨，以自通變。今不得已而逐證具其方例，智者幸勿哂其拘執也。故附東垣先生立方本旨於後，可以求其旨趣爲法。又如海藏云：凡治中風，用藥止可扶持疾病，要收全功，火艾爲良。《內經》言針法多於用藥是也。其要並見《針灸四書》《資生》等經，故不復贅云。

傷寒雜病殊非定[一]，陰陽內外先明證。

陰證：身靜重，語無聲，氣難布息，目睛不了了，鼻中呼不出，吸不入，往來口與鼻中氣冷，水漿不入，面上惡寒如刀刮。

陽證：身動輕[二]，語有聲，目睛了了，鼻中呼吸出入，能往能來，口與鼻中氣皆熱。

身表涼：知在陰經也，名曰陰證。

身表熱：知在陽經也，名曰陽證。

傷風：鼻中氣出粗，合口不開，肺氣通於天也。

傷食：口無味，液不納，鼻息氣勻，脾氣通於地也。

外傷：一身盡熱，先太陽也，從外而之內者，先無形也。

內傷：手足不和，面脅俱熱如火，先少陽也，從內而之外者，先有形也。

內外俱傷者：人迎、氣口俱盛，或舉按皆實大，發表熱而惡寒，腹不和而口多液，此內外俱傷也。

凡診，則先捫手心背，手心熱則內傷，手背熱則外傷，次以脈別之。

【校記】

[一]“定”，原誤作“病”，今據珍本醫書集成本改。
[二]“動”，原誤作“稍”，今據珍本醫書集成本改。

證脈傷寒無所疑，攻裏解表須詳訂。

表：實，麻黄湯，虚，桂枝湯。表裏俱虚，汗之則愈。腑臟之表，桂枝麻黄各半湯；腑臟之裏，芍藥甘草附子湯。

裏：實，大承氣湯，虚，四逆湯。

中：實，調胃承氣湯，虚，小建中湯。表裏俱實，下之則愈。六腑之表，承氣湯；五臟之裏，承氣、抵當等湯。

表證當汗：脈浮，宜急汗之，用麻黄湯；脈沉，宜緩汗之，用麻黄附子細辛湯。

裹證當下：脈浮，宜緩下之，用小承氣湯；脈沉，宜急下之，用大承氣湯。

三陽證：汗則當急，而下當緩。

三陰證：汗則當緩，而下當急。

熱在表：黄芩；

寒在表：桂枝、黄芪、附子。

熱在裹：大黄；

寒在裹：乾薑、良薑、吴茱萸、附子。

傷寒中風，發表攻裹，本自不同，如麻黄湯，太陽經表藥也，五苓散爲太陽之裹藥也。六經皆有表裹藥也，因病有内外虚實，邪氣深淺不同，亦不能拘，而隨病變爲治也。如《傷寒論》方證及諸變病方，分見《保命集》中。桂枝湯二十八證，方有一十四道；麻黄湯十證，方五道；葛根湯四證，方三道；青龍湯五證，方二道；柴胡二十證，方五道；承氣湯一十七證，方三道；陷胸湯十二證，方三道；瀉心湯九證，方五道；抵當湯六證，方三道；梔子湯五證，方二道；發黄四證，方三道；五苓十五證，方七道；乾薑四逆十五證，方七道。雲岐子云：大抵脈爲人之司命，故以脈爲主，多從脈而少從證也[一]。舉脈證交互二法，亦當臨時消息，從標本之化爲法可也。詳見雲岐子《脈訣》。

【校記】

[一]“從證”，“從”字原脱，今據珍本醫書集成本補。

有汗不得服麻黄，無汗桂枝湯豈應？

傷寒：發汗之劑，各隨經用之。如太陽麻黄湯、少陽小柴胡湯、陽明葛根湯之類；止汗之劑，如太陰桂枝湯、少陰四逆湯之類。

雜病：發汗之劑，隨病用之。如風證，小續命湯、排風湯；熱[一]，防風通聖散；痹氣寒濕，不换金正氣散、五積散之類，更依傷寒法各分經用之，則無犯禁逆之害矣。止汗之劑，如二建湯、麥煎散、知母茯苓湯之類。

【校記】

[一]“熱”，珍本醫書集成本作“風熱”二字。

陽證忽得脈候弦，急宜和解莫犯禁。

如傷寒少陽證，脅痛，往來寒熱而嘔，或咳而耳聾，脈尺寸俱弦者，忌發汗，忌利小便，忌下，宜小柴胡湯，漬形而汗解也，謂不可犯經禁。

陰證如見脈沉遲，正陽回陰當用意。

用正陽散、附子、乾薑之類溫之，或灸之。

脈病當分何一經，如渴便從所制例。

太陽病渴，脈浮無汗者，用五苓散、滑石之類；

陽明渴，脈長有汗者，白虎湯、涼膈之類；

少陽渴，脈弦而嘔者，小柴胡加瓜蔞根之類；

太陰渴，脈細不欲飲，縱飲，思湯不思水之類；

少陰渴，脈沉自利者，猪苓湯、三黄湯之類；

厥陰渴，脈微引飲者，可少少與之。

結胸審用陷胸三，虚痞瀉心分五劑。

傷寒心下硬滿，狀若柔痓，宜大陷胸丸；頭痛項強，反下之，心中懊憹，邪動於膈，故陽氣内陷，心下結硬，手不可近，宜大陷胸湯；如心下按之痛，脈浮而滑，表證未罷，宜小陷胸湯。

熱痞，用大黄黄連瀉心湯；陰陽不和而痞[一]，附子瀉心湯；陰盛陽虚而痞，半夏瀉心湯、甘草瀉心湯、生薑瀉心湯，選有隨證用之[二]。非瀉心之熱，瀉心之痞也。

【校記】

[一]“痞”，原誤作“痁”，今據珍本醫書集成本改。

[二]“有”，珍本醫書集成本作“而”。

四時腹痛證不同，海藏例其玄所秘。

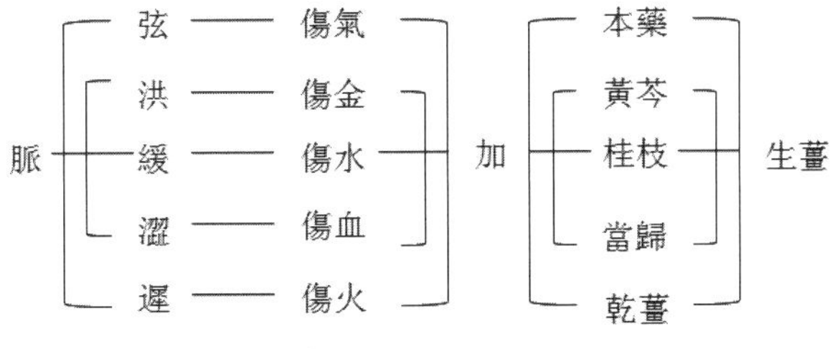

中脘痛，太陰也，理中、建中、黄芪湯之類；臍腹痛，少陰也，四逆、真武、附子湯之類；少腹痛，厥陰也，當歸四逆湯，重則正陽、回陽之類；雜病腹痛，四物苦楝湯、酒煮當歸丸、增損當歸丸、導氣湯之類；四時腹痛，芍藥甘草湯之類。如腹不滿者，加棗。若滿者，不加，犯病禁也。脾虚滿，黄芪湯。芍藥停濕。如中滿勿食甘，二藥用甘引至滿所。脾實滿，平胃散，蒼术燥濕。如大便秘，實痞，厚朴、枳實。如大便利，虛痞，芍藥、陳皮。

痞滿燥實四證全，急治可施大承氣。

太陽陽明： 大承氣湯。如大滿，則胸腹脹滿，狀若合瓦，大實，則不大便也。痞、滿、燥、實四證，備則用之。

少陽陽明： 小承氣湯。痞、實、滿者用之。

正陽陽明： 調胃承氣湯。實而不滿，腹中轉矢氣，有燥屎，不大便而譫語。燥實堅證見，可用仲景小承氣湯。雜病同此，名三物厚朴湯。

大黃、芒硝： 大實，燥屎。

浮： 手足陽明，大腸、胃。

沉： 手足太陰，肺、脾。

痞、大滿： 枳實、厚朴。

大柴胡湯： 治表復有裏，或脈浮，或頭痛，或惡風，或惡寒，四證或有一二尚在者，過經不解是也。或譫语妄言，或直手扬视，皆裏之急者也。欲汗之則裏證已急，欲下之則表證仍在，故以小柴胡中藥加味，調和三陽，使不犯三陽禁忌。以芍藥下安太陰，令邪氣不內，以大黃去地道不通；以枳實去心下痞悶。或濕熱自利蒸[一]，表裏證已急，通宜用之。

【校記】

[一]“蒸”，此字疑衍。

三焦寒熱藥所宜，濕溫中暑法猶異。

上焦熱，梔子、黃芩；上焦寒，陳皮、厚朴、藿香。

中焦熱，黃連、芍藥；中焦寒，白术、乾薑、丁香。

下焦熱，黃柏、大黃；下焦寒，肉桂、附子、沉香。

有一身盡熱，有一身盡寒。

地骨皮瀉腎火，總治熱在外。地爲陰，骨爲裏，皮爲表。

牡丹皮治胞中火，無汗之骨蒸；知母瀉腎火，有汗之骨蒸。

如平旦發熱，熱在行陽之分，肺氣主之，故用白虎湯以瀉氣中之火；如日晡潮熱，熱在行陰之分，腎氣主之，故用地骨皮散以瀉血中之火。

如瀉各經火熱，俱有主治本經氣血之藥。

肺： 氣，石膏；血，黃芩。

腎： 氣，知母；血，黃柏。

肝：氣，柴胡；血，黄芩。

心：氣，麥門冬；血，黄連。

脾：氣，白芍藥；血，生地黄。

大腸：氣，連翹；血，大黄。

小腸：氣，赤茯苓；血，木通。

三焦：氣，連翹；血，地骨皮。

膽：氣，連翹；血，柴胡。

胃：氣，葛根；血，大黄。

膀胱：氣，滑石；血，黄柏。

心包絡：氣，麥門冬；血，牡丹皮。

瀉各經之寒，俱有主治本經氣血之藥。

肝：氣，吴茱萸；血，當歸。

心：氣，桂心；血，當歸。

脾：氣，吴茱萸；血，當歸。

肺：氣，麻黄；血，乾薑。

腎：氣，細辛；血，黑附子。

膽：氣，生薑；血，川芎。

胃：氣，生薑；血，吴茱萸。

大腸：氣，白芷；血，秦艽。

小腸：氣，茴香；血，玄胡。

三焦：氣，黑附子；血，川芎。

膀胱：氣，麻黄；血，桂枝。

心包絡：氣，黑附子；血，川芎。

上焦熱，連翹飲子、清神散、涼膈散、犀角地黄湯。

中焦熱，小承氣湯、洗心散、調胃承氣湯、四順清涼飲。

下焦熱：大承氣湯、石韋散、八正散。

上焦寒，桂附丸、鐵刷湯、胡椒理中丸。

中焦寒，二氣丹、大建中湯、附子理中丸。

下焦寒，還少丹、天真丹、八味丸。

氣分熱，柴胡飲子、白虎湯。

血分熱，清涼飲子、桃仁承氣湯。

通治大熱，三黄丸、黄連解毒湯。

氣分寒，桂枝加芍湯、人參新加湯、桂枝加附湯。

血分寒，巴戟丸、神珠丹。

通治大寒，大已寒丸、四逆湯。

熱蒸病，用五蒸湯爲主，隨各證虛實加減用之，方見《醫壘元戎》。

身熱病有五，其狀各異。以手捫摸，有三法：如以輕手捫之則熱，重按之則不熱，是熱在皮膚血脈也；重按至筋骨之分則熱蒸手，輕手按之則不熱，是邪熱在筋骨間也；輕手按之不熱，重手加力不熱，不輕不重按之而熱，是邪在筋骨之上，皮毛脈之下，乃熱干肌肉也。此爲三法，以三黄丸通治之。

細分之，則五等各異也。

肺熱者，輕手乃得，但微按全無，是督督然見於皮毛之上，爲肺主皮毛故也，日西尤甚，乃皮毛之熱。其證必見喘咳，灑淅寒熱。輕者瀉白散，重者涼膈散、白虎湯之類及地骨皮散治之。

心熱者，心主血脈，微按至皮膚之下，肌肉之上，輕手乃得，微按至皮毛則熱，少加力按之則全不熱，是熱在血脈也。日中大甚，乃心之熱也，其證煩心心痛，掌中熱而啘，以黄連瀉心湯、導赤散、硃砂安神丸、清涼散之類治之。

脾熱者，輕手捫之不熱，重按至筋又不熱，不輕不重，在輕手重手之間，此熱在肌肉，遇夜尤重。其證怠惰嗜臥，四肢不收，無氣以動，瀉黄散、調胃承氣湯治實熱用之。人參黄芪散、補中益氣湯，治中虛有熱者用之。

肝熱者，按之肌肉之下，至骨之上，乃肝之熱，寅卯間尤甚。其脈弦，四肢滿悶、便難轉筋，多怒多驚，四肢困熱，筋痿不能起於床，瀉青丸、柴胡飲子之類主之。

腎熱者，輕手重手俱不熱，加重手按至骨分，其熱蒸手如火，骨蘇蘇如蟲食其骨，困熱不任，亦不能起床，滋腎丸、六味地黄丸主之。

濕溫：
- 汗少者，白虎湯加蒼术
- 先傷濕，後傷暑，名曰重暍（阳　濡而弱；阴　小而急）
- 汗多者，白虎湯加桂枝

身熱脈虛，自汗惡寒，先傷寒，後傷熱，中暑：白虎加桂湯。

身熱脈浮，自汗欲睡，先傷風，後傷濕，濕溫：白术防已湯。

臓腑去風行濕潤燥本經藥：

肝：燥，當歸；風，川芎；濕，白术。

心：燥，麥門冬；風，細辛；濕，白术。

肺：燥，杏仁；風，防風；濕，白术。

脾：燥，麻子仁；風，升麻；濕，白术。

腎：燥，柏子仁；風，獨活；濕，澤瀉。

膽：燥，酸棗仁；風，川芎；濕，防己。

胃：燥，麻子仁；風，升麻；濕，白术。

大腸：燥，硝石；風，白芷；濕，秦艽。

小腸：燥，茴香；風，藁本；濕，車前子。

三焦：燥，山藥；風，黄芪；濕，陳皮。

膀胱：燥，茴香；風，羌活；濕，茵陳。

心包絡：燥，桃仁；風，川芎；濕，苦茶。

燥證甚者，通用酥、蜜、猪羊血、郁李仁之類。

風證甚者，通用全蝎、川烏、蒼术、天麻、草烏治破傷風之類。

濕證甚者，通用大戟、甘遂、芫花、牽牛、苦飲之類。

各經見血有實虚，蓄血乃爲血證諦。

脈浮而寸芤，血在上部，宜犀角地黄湯。

血結胸中，心下手不可近，爲中部蓄血，無寒熱，胸滿，漱水不欲咽，喜忘昏迷，其人如狂，宜桃仁承氣湯。

其人發狂，小腹滿硬，小便自利，大便反黑，臍下手不可近，爲下部蓄血，宜抵當湯。

並仲景傷寒例。

以下同雜病法：

嘔吐，血出於胃，實者犀角地黄，虚者小建中加黄連。

衄涕，血出於肺，犀角、升麻、黄芩、芍藥、紫參、丹參、生地黄。

咯唾，血出於腎，天門冬、紫菀、知母、貝母、熟地黄、麥門冬、桔梗、遠志。

痰涎，血出於脾，葛根、黄芪、黄連、芍藥、沉香、甘草。

下血，先便後血，此遠血也，先血後便，此近血也，仲景赤小豆當歸散等方。

痔漏下血及便血，子和淨固丸、槐角丸。

腑臟瘧法湯液圖，更有吐截亦可治。

心瘧，令人煩心甚，欲得清水，反寒多不甚熱，桂枝加黄芩湯。

肝瘧，令人色蒼蒼然，太息，其狀若死者，四逆湯、通脈四逆湯。

脾瘧，令人寒，腹中痛，熱則腸中鳴，鳴已汗出，小建中湯、芍藥甘草湯。

肺瘧，令人心寒，寒甚則熱，間善驚如有見者，桂枝加芍藥湯。

腎瘧，令人洒洒，腰脊痛宛轉，大便難，目眴眴然，手足寒，桂枝加當歸芍藥湯。

太陽證，令人腰痛頭腫，寒從脊起，先寒後熱，熇熇然熱止，汗出難已，羌活加生地黄湯、小柴胡加桂湯。

少陽證，令人身體解㑊，寒不甚，熱不甚，惡見人，見人心惕惕然，熱多汗出甚，小柴胡湯。

陽明證，令人先寒，灑淅甚，久乃熱，熱去汗出，喜見日光，火氣乃快然，桂枝二白虎一湯、黄芩芍藥加桂枝湯。

太陰證，令人不樂，好太息，不嗜食，多寒熱，汗出，病至則喜嘔，嘔已乃衰，小建中湯、異功散。

少陰證，令人嘔吐甚，多寒熱，熱多寒少，欲閉戶牖而處，其病難已，小柴胡加半夏湯。

厥陰證，令人腰痛，小腹滿，小便不利如癃狀，非癃也，數便意，恐懼，氣不足，腹中悒悒，四物玄胡苦楝附子湯。

已上皆各經解表和解之劑也。

治濕熱燥脾之劑：寶鑑雙解飲子、局方常山飲、易簡七寶飲、人參養胃湯、嚴氏清脾湯、三因四獸飲。

消瘧母之劑：仲景鱉甲煎丸，嚴氏鱉甲飲子。

消食瘧之劑：三因紅丸子。

吐瘧之劑：常山飲、藜蘆散。

截瘧之劑：宣明辟邪丹、辰砂丹、寶鑑溫脾散。

痰飲從來本所殊，用藥要知方各備。

風之嗽，防風通聖散、大人參半夏丸。

暑之嗽，白虎湯、洗心散、涼膈散。

火之嗽，黄連解毒湯、三黄丸。

濕之嗽，五苓散、桂苓甘露飲、白术丸。

燥之嗽，木香葶藶散、大黄連阿膠丸。

寒之嗽，寧神散、寧肺散、桂枝湯。

痰氣嗽，二陳湯、橘蘇飲、導痰湯、四七湯。

肺熱嗽而自汗，人參清肺飲、知母茯苓湯。

咳嗽《素問》論玄微，各隨臟腑圖湯液。

心嗽，桔梗湯，小腸失氣，芍藥甘草湯。

肝嗽，小柴胡湯，膽嘔，黄芩加半夏生薑湯。

脾嗽，升麻湯，胃吐，烏梅丸。

肺嗽，麻黄湯，大腸遺矢，赤石脂禹餘糧湯、桃花湯，不可用猪苓湯。

腎嗽，麻黄附子細辛湯。膀胱遺溺，苓茯甘草湯。

久嗽不已，三焦受之，其狀咳而腹滿，不欲飲食，痰聚於胃，關之於肺，使人多涕唾而面浮腫，氣逆也。

痰飲：

有解表之劑，大青龍湯、參蘇飲、金沸草散。

治懸飲濕痰攻下之劑，十棗湯、三因控涎丹、三花神佑丸，治支飲脅滿者，金匱厚朴大黄湯。

吐劑：瓜蒂散、三聖散、稀涎散之類。並出三陽可吐藥例。古今吐法，以病在頭，或在胸中，但在上焦，皆可用也。

治風痰之劑：青州白丸子、天南星丸、玉壺丸、水煮金花丸。

治熱痰之劑：小陷胸湯、機要小黄丸、人參半夏丸。

治寒痰之劑：深师消飲丸、實鑑溫胃丸、溫中化痰丸。

理氣降痰之劑：局方四七湯、指迷茯苓丸。

降氣墜痰溫補之劑：蘇子降氣湯。

降痰滋陰之劑：金匱腎氣丸。

中風風熱與傷寒，對證設施無不遂。

中風：

發表之劑：寶鑑秦艽升麻湯、金匱續命湯、小續命湯、排風湯。

攻裏之劑：機要三化湯、子和搜風丸。

發表攻裏之劑：防風通聖散、川芎石膏湯。

調血養氣之劑：大秦艽湯、羌活愈風湯、天麻丸。

理氣之劑：烏藥順氣散、八味順氣散。

理血之劑：六合湯、愈風湯。

通關透肌骨之劑：至寶丹、牛黄清心丸。《發明》云：凡用丹劑者，爲風入骨髓，不能得出，故用龙腦、牛黄等，皆入骨髓透肌骨之劑，使風邪得以外出也。若中血脈、中腑之病，初不宜用龍、麝、牛黄，恐引風入骨髓，如油入麵，莫之能出。若中臟，痰涎昏冒煩熱者，宜用之，下痰鎮墜清神。

治痰通經去風之劑：青州白丸子、三生飲、省風湯。

風熱：

天麻散、神芎散、防風通聖散、川芎石膏湯、宣明神术芎散。

傷寒：

分六經用藥，可謂發諸家之本末，如足太陽經用桂枝湯，足陽明用杏子湯，足少陽用柴胡加桂湯，足太陰用桂枝芍藥湯，足少陰用桂附湯，足厥陰用八物湯。其方以桂枝三味，加以各經之藥，皆是辛溫解表之劑，與傷寒傳變相似，此六方以盡其變也。

辛平解表之劑：消風百解散、川芎茶調散、消風散。

辛涼解表之劑：柴胡升麻散。

辛溫解表之劑：小續命湯。

辛涼解表攻裏之劑：錢氏大青膏、防風通聖散。

泄痢治之勿參差，升汗實腸分注利。

泄瀉：

治濕之劑：胃苓湯、茯苓湯、五苓散、機要白术芍藥湯。

治風之劑：神术散、胃風湯、蒼术防風湯、機要防風芍藥湯。

治熱之劑；局方戊己丸。

治暑之劑：來復丹、香薷飲、桂苓甘露飲。

治寒之劑：白术湯、理中湯、機要漿水散。

治風寒濕之劑：本事麴芎丸。

止澀之劑：仲景桃花湯、實腸散、真人養臟湯。

去積之劑：本事溫脾湯。

升發之劑[一]：東垣升陽除濕湯、益胃升陽湯、升陽除濕防風湯。

調補脾胃之劑：錢氏白术散、易簡白术湯。

滯下諸痢：

治熱之劑：黄連阿膠丸、芍藥柏皮丸、導滯湯、仲景白頭翁湯、機要黄芩芍藥湯。

治寒之劑：局方桃花丸、嚴氏當歸丸、訶黎勒散。

冷熱之劑：古方駐車丸、局方香連丸、戊己丸。

治風濕之劑：與泄瀉方選而用之。

治暑之劑：黄連香薷飲、桂苓甘露飲。

攻下之劑：大承氣湯、宣明玄青丸、導滯湯。

消積之劑：脾胃論聖餅子、元戎聖功丸。

止澀之劑；仲景桃花湯、真人養臟湯、水煮木香丸、宣明香連丸、嚴氏禹餘糧丸。

收斂之劑：嚴氏烏梅丸、元戎烏梅散。

補劑：十全大補湯。

噤口痢，倉廩湯（《百一選方》《澹寮方》）。

【校記】

[一]“升”，原誤作“非”，今據珍本醫書集成本改。

六經頭痛無牙疼，各以引經爲佐使。

諸經頭痛：

陽明頭痛，自汗發熱，白芷。

少陽頭痛，脈弦，往來寒熱，柴胡。

太陽頭痛，惡風惡寒，川芎。

太陰頭痛，痰實，體重腹痛，半夏、蒼术。

少陰頭痛，手三陰三陽經不流行而足寒逆，爲寒厥，細辛。

厥陰頭痛，吴茱萸。

虚頭痛，黄芪、當歸。

巔頂痛，藁本；

眉棱痛，白芷、羌活。

有一身盡痛，疏風，秦艽羌活湯之類。

除濕，守真除濕丹之類。

傷寒頭痛：

太陽經，無汗，麻黄湯，有汗，桂枝湯。

陽明經，白虎湯。

少陽經，小柴胡湯。

太陰脈浮，桂枝湯，脈沉，理中湯。

少陰脈沉發熱，麻黄附子細辛湯。

厥陰經，桂枝麻黄各半湯。

諸牙齒痛治例：

治風熱牙疼，喜冷惡熱，生地黄、牡丹皮、當歸、升麻、黄連。

治寒多熱少牙疼，草豆蔻、細辛、升麻、骨灰、當歸、黄連、防風。

治大寒犯腦，牙齒疼痛，白芷、桂枝、升麻、吴茱萸、草豆蔻、藁本。

治寒邪風邪犯腦牙痛，細辛、白芷、桂枝、麻黄、骨灰、羌活、升麻、防風。

治人口臭不可近，牙齒疳蝕，牙齗肉脱落，血不止，東垣神功丸。

治蟲牙疼，蝕動甚者，取蟲，或薰之，蓋手足陽明濕熱甚而生蟲也，熱痛，涼膈散，疳蝕出血者，桃仁大黄下之。

陽明經標有風濕客痛，大戟、芫花、細辛、蒼耳葉、花椒、小麥；標有血滯，經鬱而痛，用葱白、艾葉、黑豆、花椒；或風毒腫痛，細辛、草烏、白芷。

化蟲治積本其因，甚者隨例當默識。

諸積藥例：

肉積，硇砂、巴豆，甚者信石。

酒積，乾葛、神麯、麥蘖，甚者甘遂、牽牛。

血積，當歸梢、桃仁，甚者水蛭、䗪蟲。

氣積，木香、檳榔，甚者枳殼、牽牛。

水積，牽牛、澤瀉、郁李仁，甚者芫花、甘遂、大戟。

涎積，雄黄、膩粉，甚者瓜蒂、甘遂。

食積，砂仁、香附、牽牛，甚者礞石、巴豆。

痰積，半夏、南星，甚者瓜蒂、藜蘆。

癖積，三棱、蓬术，甚者甘遂、蝎梢。

蟲積，寶鑑化蟲丸、補金散。

膈噎方隨治十般，寒熱明分散與丸。

十般膈氣，冷膈、熱膈、風膈、氣膈、痰膈、憂膈、悲膈、喜膈、水膈、食膈，皆病源也，寶鑑十膈氣散、五膈嘉禾散、木香流氣散。

治喘滿痰嗽，脾胃壅滯成熱膈[一]，寶鑑人參利膈丸。

治五噎寒膈，寶鑑漢防己散、豆蔻散。

破經調血微行衛，補氣猶滋血乃安。

調諸經閉而不行方，兼行其氣者，溫經湯、通經丸。

經血虚實，經因氣結不通，實痛者玉燭散，血虚，四物湯。

血虚寒，小腹痛，增損四物湯、薑黄湯。

血虚，寒熱勞倦者，逍遥散。

經過作痛，良方當歸散、小柴胡湯合四物之類。

經行而痛，良方桃花散[二]。

去惡血，活血，當歸梢、蘇木、紅花。

經水暴下，崩漏不止，蒲黄散、寶鑑涼血地黄湯、備金散。

乾血氣，經不行，大全良方琥珀散、桃仁散之類。

血積癥瘕，良方通經丸之類。

諸虚不足：

髓竭不足，生地黄、當歸。

肺氣不足，天門冬、麥門冬、五味子。

心氣不足，上黨參、茯神、菖蒲。

肝氣不足，天麻、川芎。

脾氣不足，白朮、白芍藥、益智。

腎氣不足，熟地黄、遠志、牡丹皮。

膽氣不足，細辛、酸棗仁、地榆。

神昏不足，朱砂、預知子、茯神。

非天雄，不能治上焦之陽虚；非附子，不能治下焦之陽虚。

天真丸、三建丹，皆補陽虚之劑也；地黄丸、滋腎丸，皆補陰虚之劑也；補陰虚陽竭，仲景八味地黄丸。

調陰陽，升降脾胃之氣，飲食勞役者，補中益氣湯隨證加減用之，此補氣滋血之大法也。

補元氣，須用人參、黄芪。

補胃虚，進飲食，陳皮、人參、甘草。

補三焦元氣，調和諸藥，共力成功者，炙甘草。

【校記】

[一]“脾”，原誤作“悶”，今據《玉機微義》卷二十五改。
[二]“桃花散”，疑爲“桃仁散”。

治諸虚痛宜調理，實痛唯施下乃痊。

脅下痛：往來熱，用柴胡、丹溪龍薈丸；氣刺痛，用枳殼，以引經藥導之；血刺痛，用當歸。

莖中痛：用甘草梢。

胃脘痛：用草果。

內傷物食諸痛：備急丹之類。

心痛：藥臨時隨證爲用，當分寒熱虚實。寒痛，鐵刷湯；熱痛，瀉心湯；氣痛，木香、乳香之類；血痛，四物湯。

臂痛：用蒼术、半夏、南星、陳皮、香附、茯苓之類。

腰痛：腎虚者，杜仲、補骨脂；瘀血作痛，桃仁、紅花；濕熱而痛，用蒼术、杜仲、黄柏、川芎類，或子和煨腎散；痰者，南星；閃肭打擊諸實痛者，宜當歸、承氣等湯下之。

眼暴赤腫瀉諸熱，喉痹淋癃治亦然。

赤腫及痛：氣實而熱腫[一]，用涼膈散；氣虚而熱腫，用清心蓮子飲；血實而熱腫，犀角地黄湯、柴胡之類；血虚而熱腫，四物湯、黄連之類。

風熱目赤或自淚：用防風通聖散、川芎石膏湯之類。

內障青盲雀目：羊肝丸。

瞀昏翳膜：明目地黄丸之類。

喉痹：輕者甘桔湯、涼膈散，腫痛者僵蠶、大黄，閉者膽礬、巴豆（入明礬枯過者[二]）、雄黄、塵煤、芒硝等吹之，皆可選用。

淋赤白濁閟痛：白屬氣熱而淋，八正散、寶鑑海金砂散；赤屬血熱而淋[三]，導赤散、石葦散。

【校記】

[一]“而熱”，原倒，今據珍本醫書集成本乙正。“腫”，原脱，今據珍本醫書集成本補。
[二]“入明礬枯過者”，“枯”字原脱，今据珍本醫書集成本補。
[三]“熱”，原脱，今據珍本醫書集成本補。

內傷痞鬱及氣滯，脹滿當分熱與寒。

東垣內傷法：消食強胃，枳术丸、丁香爛飯丸、寬中進食丸；傷冷物胃脘痛，感應丸、木香見晛丸、草豆蔻丸、備急丸。

虚痞者氣也，實痞者物也。非白术不能行濕，非枳實不能消痞。

五志所過，非藥可治者，五勝爲宜。

憂勝怒，肝屬木，在志爲怒，過節則反自傷，故曰怒傷肝，故以所勝者制之。

恐勝喜，心屬火，在志爲喜，過節則反自傷，故曰喜傷心，故以所勝者制之。

怒勝思，脾屬土，在志爲思，過節則反自傷，故曰思傷脾，故以所勝者制之。

喜勝憂，肺屬金，在志爲憂，過節則反自傷，故曰憂傷肺，故以所勝者制之。

思勝恐，腎屬水，在志爲恐，過節則反自傷，故曰恐傷腎，故以所勝者制之。

六鬱，隨丹溪越鞠丸加減用之。

氣，香附、蒼术、撫芎。

濕，蒼术、撫芎、白术。

痰，海石、香附、瓜蔞、半夏。

熱，香附、撫芎、青黛、蒼术、山梔。

血，桃仁、香附、紅花、撫芎、青黛。

食，蒼术、神麴、香附、山楂、針砂。

氣鬱，乃因憂愁思慮甚多所成，局方分心氣飲、木香分氣飲、七氣湯、鹽煎散、蟠葱散之類。

氣虛氣弱者，陳皮、黄芪、人參。

氣實氣結者，青皮、厚朴、木香、沉香。

熱脹及中滿鼓脹、氣脹、水氣脹、大熱脹，寶鑑中滿分消丸。

寒脹及中滿寒疝，大小便不通，陰躁，足不收，四肢厥逆，食入反出，下虛中滿，腹中寒，心下痞，脈沉虛弱者，宜中滿分消丸。

大實腹滿，大小承氣湯選用之。

虛脹，則升降其氣，陳皮、厚朴、升麻、柴胡之類。

水氣實滿，宣明神金散、十棗湯之類。

十二經中但有瘡，皆血結氣聚，必用連翹於諸托裏散內出瘡毒。消瘡腫，黍粘子。

瘡出膈以上，須用防風上節、羌活、桔梗；瘡出身中已下，須用酒水各半煎藥。

瘡堅而潰者，昆布、廣术、三棱。

瘡痛者，黄芩、知母、黄連。

瘡出而嘔吐者，半夏、生薑。

瘡出而渴悶者，黄連。

大便燥結而常難者，桃仁、麻子仁、郁李仁。

上焦有瘡，須用黄芩；中焦有瘡，黄連；下焦有瘡，黄柏、知母、防風。

瘡藥中用皂角刺者，以其能引藥直達入瘡也。

丁瘡惡腫，初起甚者，有用毒藥攻，如穿山甲、蟾酥、枯礬、全蝎、乳香、信石、輕粉、蝸牛、蜈蚣之類也。

必先歲氣分時令，三法隨宜大意完。

必先歲氣，無伐天和，隨四時用之，爲去病之藥，不可犯时禁。

春，防风、升麻；夏，黄芩、知母、白芍藥；秋，澤瀉、茯苓；冬，桂、薑。

三法藥[一]：

吐劑如瓜蒂、銅綠、齏汁、滄鹽可以吐痰，梔子、豆豉吐傷寒懊憹，黄連、黄芩吐風熱，苦參、藜蘆吐中風，常山吐瘧，木香、厚朴吐氣鬱，當隨證而用之。

汗劑如桂枝、麻黄、五積、敗毒，皆發汗辛熱之藥也；升麻、葛根解肌逼毒，皆辛溫之汗藥也；大、小柴胡飲子，苦寒之汗藥也；通聖、當歸飲子，皆辛涼之汗藥也。故外寒內熱宜辛涼，外熱內寒宜辛溫之類。

下劑如枳實、檳榔、杏仁，下氣之痞滯也，巴豆、膩粉下諸積，大黄、朴硝下諸熱，芫花、大戟、甘遂、牽牛下諸水，石蜜、郁李仁、猪、羊血下燥。當擇氣味，隨證選而用之。

欲求活要知方制，試舉《元戎》掌上看。

王海藏《醫壘元戎》備見加減用藥例，今以六氣分方制法陳於下，臨證當審內外虛實，加減如《元戎》用之可也。

風制法：風淫於內，治以辛涼，佐以甘辛，以甘緩之，以辛散之，防風通聖散、防風天麻散、消風散、排風散、小續命湯、防風湯。

暑制法[二]：熱淫於內，治以鹹寒，佐以甘苦，以酸收之，以苦發之，桂苓甘露飲、白虎湯、玉壺丸、益元散、玉露散、石膏湯。

濕制法：濕淫於內，治以苦熱，佐以鹹淡，以苦燥之，以淡泄之，白术木香散、葶藶木香散、五苓散、橘皮白术散、桂苓白术散、神助散、大橘皮湯、益元散。

火制法：火淫於內，治以鹹寒，佐以甘辛，以酸收之，以苦發之，黄連解毒湯、涼膈散、諸承氣湯、八正散、調胃散、神芎丸、瀉心湯。

燥制法：燥淫於內，治以苦溫，佐以甘辛，以辛潤之，以苦下之，神功丸、麻仁丸、脾約丸。

寒制法：寒淫於內，治以甘熱，佐以苦辛，以辛散之，以苦堅之，薑附湯、四逆湯、二薑湯、附子理中湯、大已寒丸、术附湯。

【校記】

［一］“三”，原誤作“二”，今據珍本醫書集成本改。

［二］“制”，原誤作“治”，今據文義改。

東垣立方本旨：夫脾胃虛者，因飲食勞倦，心火亢甚[一]，而乘其土位[二]，其次肺氣受邪，須用黄芪最多，人參、甘草次之。脾胃若虛，肺氣先絶，故用黄芪，以益皮毛而閉腠理，不令自汗。上喘氣短，損其元氣，人參以補之。心火乘脾，炙甘草之甘溫以瀉火熱，而補脾胃中元氣。若脾胃急痛，腹中急縮者，宜多用之，經云急者緩之。白术苦甘溫，除胃中熱，利腰臍間血。胃中清氣在下，升麻、柴胡以引之，引黄芪、甘草甘溫之氣味上升，能補衛氣之散解，而實其表也。又緩帶脈之縮急，二味苦平[三]，味之薄者[四]，陰中之陽，引清氣上升也。氣亂於胸中，爲清濁相干，用陳皮以理之，又能助陽氣之升，以散滯氣，助諸甘辛爲用也。脾胃氣虚，不能升浮，爲陰火傷其生發之氣，榮血大虧，陰火熾盛，是血中伏火日漸煎熬，血氣日減。心主血，血減則心無所養，致使心亂而煩，病名曰悗。悗者，心惑而煩悶不安也。故加辛甘微溫之劑生陽氣，陽旺則能生陰血，更以當歸和之，是名補中益氣湯。或少加黄柏以救腎水，能消陰中之伏火。如煩不止，少加生地黄補腎水，腎水旺而心火自降。如心氣浮亂，更以朱砂安神丸鎮固之。

補中益氣湯加減例略：如心下痞或痛，中寒者，加附子；痞而腹脹，加枳實、厚朴、木香、砂仁；痞而有痰，脈緩，加半夏、黄連；心下痞，不能食，加生薑、陳皮；心下痞，夯悶者，加芍藥、黄連；頂痛腦痛，加藁本、細辛；嗌痛頷腫，脈洪面赤，加黄芩、桔梗、鼠粘子；腹中痛，加白芍藥；在寒時加益智[五]、豆蔻；頭痛，加蔓荊子、川芎；脅下痛，倍加柴胡。

【校記】

[一]"火"，原誤作"大"，今據珍本醫書集成本、《内外傷辨惑論》卷中改。

[二]"土"，原誤作"上"，今據珍本醫書集成本、《内外傷辨惑論》卷中改。

[三]"平"，原誤作"正"，今據珍本醫書集成本、《内外傷辨惑論》卷中改。

[四]"味"，原脱，今據《内外傷辨惑論》卷中補。

[五]"在寒時"，《内外傷辨惑論》卷中作"如冬月"。

傷寒汗吐下禁例略

（三首[一]，集見《傷寒論》）

咽喉閉燥莫發汗，淋家若治同斯斷。瘡家發汗瘡即愈，猶畏表虚作痓變。
汗多又發必恍惚，亡血發之自寒慄。榮氣微或衄吐人，不可汗此奪血證。
陰陽俱虚本不宜，陽盛陰虚汗之忌。心之悸者汗不須，津液和時形自濆。
太陽少陽病合作，頭項強痛或眩悶。時又結胸心下痞，法刺大椎汗卻未。
脈弦而細雖頭疼，發熱只屬少陽經。法當下之不可汗，汗則譫煩悸不寧。
上下左右有動氣，如若發之他病至。諸脈得數微弱動，濡弱弦微上下易。
嗽極煩吐似瘧形，有寒無熱虚而慄。厥而脈緊本少陰，不可汗此諸病勢。
咳而遺溲諸厥逆，又有病之微汗出。類中風熱更頭疼[二]，汗藥施之恐增劇。

心中懊憹自宜吐，太陽脈細吐之誤。寸脈微浮胸痞硬，氣上衝咽吐可用。
少陽中風耳自聾，目赤心煩吐不中。胸中實則可越之，膈上有寒越又禁。
食留上脘支厥冷，吐法施之氣自順。中風痰實猶可施，嘔吐咯血吐還忌。
此其大法春所宜，中病則止不盡劑。

陽虚陰盛下勿用，外證未罷猶爲禁。太陽陽明喘而滿，只可汗而逆自定。
下於汗後脈浮者，此爲施早轉逆甚。結胸臟結實可攻，藏結無熱未可同。
結胸煩躁脈浮大，此其危殆難所通。病先解表後攻痞，攻之早者協熱利。
嘔多心滿合面紅，諸病陽明下不中。溏而不滿勿大推，微和胃者小承氣。
汗出溲行下非閉，可下宜行蜜導劑。裏證赤濇脈弦遲，勿以下之爲可治。
諸虚脈弱反寸關，四肢厥逆攻亦難。動氣咽塞下虚極，慎勿下攻誠定式。

【校記】

[一]“三”，原誤作“二”，今據珍本醫書集成本改。
[二]“熱”，原脱，今據珍本醫書集成本補。

針法

（一首，已下並出《鍼經》）

先説平針法，含鍼口内温。按揉令氣散，陷穴故教深。持鍼安穴上，令他嗽一聲。

隨嗽歸天部，停鍼再至人。再停歸地部，待氣候鍼沉。氣若不來至，指甲切其經。

次提針向病，鍼退天地人。

先以揉按令其氣散，次掐穴定，力重些最好。

右手持針，安於穴上，隨令患者嗽一聲，左右用針，轉入天部，皮膚之間也；少時左右進至人部，肌肉之間也；再少時進至地部，筋骨之間也。凡穴當一寸許，如此作三次進之。

大抵疼痛實瀉，麻痹虚補。經云：針法手如握虎，如待貴人。

凡取穴手指，前哲又有八法：彈而怒之，迎而奪之，使經氣脹滿，令邪氣散而正氣行也；循而捫之，隨而濟之，撫摩上下，見動脈之處；攝而按之，推而納之，以手指加力，按所針之穴，使邪氣泄而易散，病者不知其針；爪而下之，切而散之，方寸既見，其穴端正，使針易入不差，病人亦不知其病。

補必隨經刺，令他吹氣頻。隨吹隨左轉，逐歸天地人。待氣停針久，三彈更熨溫。

出針口吸氣，急急閉其門。瀉欲迎經取，吸則內其針。吸時須右轉，依次進天人。

轉針仍復吸，依法要停針。出針吹出氣，搖動大其門。

凡出針不可猛出，必須作兩三次，徐徐轉而出之則無血，若猛出者必見血也。

有暈針者，奪命穴救之，男左女右，取左不回，卻再取右，女亦然。此穴正在手膊上側筋骨陷中，即是蝦蟇兒上邊也，從肩至肘，正在當中。

凡刺之道，必須知禁忌。經云：毋刺渾渾之脈、熇熇之熱、漉漉之汗。如大風大雨，嚴寒盛暑，卑濕煩躁，便黑吐血，暴然失聽[一]、失明、失意、失便溺、失神，及七情五傷醉飽，皆不可刺。乘車馬遠來，亦候氣血定，然後刺之。

【校記】

[一]“聽”，原誤作“明”，今據珍本醫書集成本改。

太乙人神

（一首）

立春艮上起天留，戊寅己丑左足求。春分左脅倉門震，乙卯日見定爲仇。
立夏戊辰己巳巽，陰絡宮中左手愁。夏至上天丙午日，正值膺喉離首頭。
立秋玄委宮右手，戊申己未坤上游。秋分倉果西方兑，辛酉還尋右脅謀。
立冬右足加新洛，戊戌己亥乾位收。冬至坎方臨葉蟄，壬子腰尻下竅流。
五臟六腑並臍腹，招遙諸戊己中州。潰治癰疽當須避，犯其天忌疾難瘳。

血忌

（一首）

行針須明血忌，正丑三寅二未，四申五卯六酉，七辰八戌九巳，十亥十一月午，臘子更逢日閉。

逐年尻神

（一首。上古尻神法，一歲起坤中[一]，二歲來加辰，逐年飛九宮）

坤踝尻神震齒牙，巽頭口乳並無差。中宮正作肩尻位，乾背那堪面目遮。

兑宫手膊難砭灸，艮項腰間艾莫加。離宫膝肋針難下，坎肘都來肚脚家，

【校記】

[一]“坤”，珍本醫書集成本作“宫”。

逐日人神

（一首）

初一十一廿一晷，足拇鼻柱手小指。初二十二二十二，外踝髮際外踝位。
初三十三二十三，股內牙齒足及肝。初四十四廿四右，腰間胃脘陽明手。
初五十五廿五並，口內遍身足陽明。初六十六廿六同，手掌胸前又在胸。
初七十七二十七，內踝氣衝及在膝。初八十八廿八辰，腕內股內更在陰。
初九十九並廿九，在尻在足膝脛後。初十二十三十日，腰背內踝足趺覓。

禁針穴

（一首）

禁針穴道要先明，腦戶顖會及神庭。絡卻玉枕角孫穴[一]，顱顖承泣隨承靈。
神道靈臺膻中忌，水分神厥並會陰。横骨氣衝手五里，箕門承筋並青靈。
更加臂上三陽絡，二十二穴不可針。孕女不宜針合谷，三陰交內亦通倫。
石門針灸應須忌，女子終身無妊娠。外有雲門並鳩尾，缺盆客主人莫深。
肩井深時人悶倒，三里急補人還平。

【校記】

[一]“枕”，原誤作“腕”，今據《明堂灸經》卷中改。

禁灸穴

（一首）

禁灸之穴四十五，承光啞門及風府。天柱素窌臨泣上，睛明攢竹迎香數。
禾窌顴窌係竹空，頭維下關與脊中。肩貞心俞白環俞，天牖人迎共乳中。
周榮淵液並鳩尾，腹哀少商魚際位。經渠天府及中衝，陽關陽池地五會。
隱白漏谷陰陵泉，條口犢鼻兼陰市。伏兔髀關委中穴，殷門申脈承扶忌。

醫經小學卷之五終

醫經小學卷之六

運氣第六

（並出《玉匱金鑰》）

天元五運經天

（一首）

甲己黅天其色黃，土運宮音長夏當。乙庚素天白色流，金運商音應秋收。丁壬蒼天青色行，木運角音應春生。戊癸丹天赤色朗，大運徵音應夏長。丙辛玄天黑色彰，水運羽音應冬藏。五太甲丙戊庚壬，陽爲大過速來臨。五少乙丁己辛癸，陰爲不及常徐起。五正如期命曰平，支干加臨見之矣。

六化司十二支

（一首）

巳亥厥陰，風木飄怒。子午少陰，君火爲暑。丑未太陰，濕土爲溽。寅申少陽，相火爲燠。卯酉陽明，燥金清肅。辰戌太陽，寒暑爲主。

運與天歲德符異名

（一首）

運同天化號天符，運臨本辰名歲直。運同歲直又同天，是謂三合名太乙。太運若與在泉俱，此年名曰同天符。少運若與在泉類，此年名曰同歲會。運臨四孟歲無殊，又有同天支德符。壬寅之歲斯云乎？又有同歲支德符。癸巳之年斯謂歟？運如不及雖寒氣，得逢月干來相契。或當大寒氣交初，日時干與運相配。三者皆名干德符，氣化及期是平歲。

天地左右六步主氣交時候

（一首[一]）

大寒厥陰爲初氣，春分少陰二氣逢。小滿少陽三氣至，大暑太陰四氣通。秋分陽明五之氣，小雪太陽六氣終。

【校記】

[一]"一首"，原脱，今據文例補。

天地三用時位

（一首）

司天主一歲之天，在泉主一歲之地。司天又主上半年，在泉又主下半年。司天又主三之氣，在泉又主終之氣。左右間是陰陽路，每到六旬移一步。司天三位以兹分，時位初終隨度數。

六十年運氣相臨異名

（一首）

司天生運父臨子，名爲順化當如此。運生司天子臨父，名爲小逆倒之故。司天剋運號天刑，大過天刑運反平。五運若犯司天克，當分太少觀差忒。少運勝天爲不和，大運勝天爲大運。少運勝天或天勝，其位反同天正化。順化小逆無勝負，此由運與天和睦。天刑不和與天逆，災變分争想非一。三者皆從何處來？運與司天不相得。運同天化是相符，名逐加臨與消息。

定交六氣時刻

（一首）

法以四年爲一紀，年遇三合周復始。申子辰爲初六天，寅子亥酉申午起。巳酉丑爲六二天，蛇兔虎鼠豬雞裏。寅午戌爲六三天，申午巳卯寅子是。亥卯未爲六四天[一]，定入晡早禺出爾。每氣六十日方换，常餘八十七刻半。初三與五欲交時，從初一刻依期算。二四與六欲交時，從申定刻隨時斷。二十四步百刻周，方成一度如魚貫。前三十日謂之初，天氣用時地氣伏。

後三十日謂之中，地氣用時天來從。天用事則地氣上，地用事則天氣降。地氣升時入太虛，天氣降時入有質。升已而降降而升[二]，升降相因變乃出。凡言天者求之本，風暑火濕燥寒附。凡言地者求之位，二火土木金水議。凡言人者求氣交，多少常差其分際。天氣不足地氣隨，地氣不足天氣來。運居其中常先應，歸所同和惡不勝。上勝天氣降而下，下勝地氣還而上。微者小差甚大差，佐易變生觀病狀。

【校記】

[一]"爲"，原脱，今據珍本醫書集成本補。

[二]"升已而降降而升"，"已而"二字原倒，今據文義乙正。

六化標本正對生成

（一首）

午未酉戌亥及寅，正化從本其數生。子丑寅卯巳及申，對化從標其數成。正化令實勝無復，對化令虛勝復行。運從成數皆因少，生數都緣太與平。

一歲之中五運交日

（一首）

初起大寒無改易，二起清明前三日。三起夏至前之五[一]，四起處暑後之七。五起立冬後五朝，各七十二循環畢。主運木火土金水，運生一運周而始。陽年起太陰年少，太少之名相間起。角徵宫商羽迭排，每年自覺輪無已。欲推客氣尋誰問？當年運是初之運。五音支小逐陰陽，運運相生體前論。

【校記】

[一]"前"，原誤作"三"，今據珍本醫書集成本改。

五太從運化

（一首）

五太之年雖異紀，司天上有羽與徵。太角運與上商同，上徵逢時氣逆衝。戊火然爲太徵歲，上羽還同正徵議。大徵更見徵司天，收氣必晚難齊至。太商若更遇上徵，便與正商無少異。運或本羽見上羽，長氣不化乖常度。

唯大宫年本氣專，更無他候奪其權。縱逢上羽及上徵，終莫虧盈土化宣。

五少從運化

（一首）

五少之年從鬼化，司天唯有角商宫。若逢相克比和者，更逐天音與正同。

五運不及災宫

（一首）

辛一丁三己五中，乙七癸九是災宫[一]。勝從各分時與位，誰知五臟與宫同。

【校記】

[一]"乙"，原誤作"一"，今據珍本醫書集成本改。

五鬱發期

（一首）

土火之鬱發於四，金發於五爲常事。木鬱之發無相期，水鬱二火前後至。

氣有多少發微甚，微厥下承如氣應。盛者差三十度奇[一]，氣猶未去乖常令。

運太過者其至先，運不及者其至後。當先反後後反先，發不如期是災咎。

木達火發土奪之，金泄水爲之折制。觀其虚盛與調之，過者折之以其畏。

鹹瀉腎兮酸瀉肝，甘瀉脾兮辛瀉肺。苦瀉心兮自古同，客勝無妨假其氣[二]。

【校記】

[一]"三"，原誤作"二"，今據珍本醫書集成本改。

[二]"妨"，原誤作"方"，今據珍本醫書集成本改。

五臟五邪相乘

（一首[一]）

虚邪之病母乘子，心火熱乘脾土是。實邪之病子乘母，肺金燥乘脾土裹。

微邪之病妻乘夫，腎水寒乘脾土耳。賊邪之病夫乘妻，肝木氣乘脾土矣。

正邪之病爲本病，脾土自甚濕如此。所謂微實正虚邪，從微至甚求其理。

細言各有甚與微，其餘以此類推之。

【校記】

[一]“一首”，原脱，今據文例補。

六氣先取化元

（一首）

辰戌之紀號太陽，瀉水補火當在九。卯酉之紀號陽明，瀉金補水六月取。
寅申之紀號少陽，瀉火補金在龍口。丑未之紀號太陰，瀉土補水迎馬首。
子午之紀號少陰，瀉火補金辰上候。巳亥之紀號厥陰，瀉木補土年在丑。
只要先時取化元，此是玄珠斡天手。啓玄注素别些個，用藥施針兩俱可。
卻於四月始迎風，乍前十二先發火。玄珠五穴分明説，數有生成多少别。
木瀉太衝火太陵，土白金淵水谿穴。衰者還宜預補之，陰陽自有玄珠説。

天地藥食所宜

（一首）

上角或下角，治以辛涼且無駁。上下徵或火，鹹而寒者自來可[一]。上宫或下宫，若加之熱古今同。上宫中或角與徵，上用苦熱而已矣。下宫如遇徵其中，下使甘溫如喝起。下宫中若更逢宫[二]，下主苦溫隨表裏。下宫或值中商羽，下非甘熱將何據？上商與下商，苦小溫又良。下商中角徵商羽，治下酸溫是正方。上羽宜苦溫，下羽宜苦熱。上羽中逢宫羽商，上宜甘熱一言怯。下羽中商角羽宫，下當甘熱則無説[三]。下屬地，上屬天，藥食隨宜慎勿偏。假若上宫宜苦熱，苦若用時須發泄。苦能燥熱濕能通，甚者更加奪與越。苦熱如將補濕家，縱無肉潰須皮裂。

【校記】

[一]“鹹”，原誤作“鹹”，今據文義改。

[二]“中”，珍本醫書集成本作“下”。

[三]“則”，珍本醫書集成本作“别”。

運氣活法

（一首）

病如不是當年氣，看與何年運氣同。便向某年求活法，方知都在至真中。

六氣化變勝復淫治略

（一首）

夫六化六變，勝復淫治，不可綱紀。六氣所至，和平暄埃，炎暑清勁，時化之常；璺啟舒榮，圓盈行出，庚倉藏斂[一]，司化之常；風雨霧露，形見蕃鮮，生長收藏，氣化之常；六氣生終，寒溫溽潤，毛羽倮介，鱗生羽化，皆謂生成，德化之常；生榮濡茂，堅藏之謂，布政之常；大涼驟注，燔燎散落，白埃冰雹[二]，氣變之常；高明光顯，沉陰暝晦，勁切悽鳴，堅芒剛固，令行之常；爲病裏急，瘍疼身熱，積飲否隔，嚏嘔瘡瘍，浮虛身腫，病形之常；支痛驚惑，惡寒戰慄，譫妄驚躁，瞀昧畜滿，尻膝骱病，病內之常；煛戾悲妄，衄衊嘔湧，霍亂吐下，喉閉耳鳴，皴揭寢汗，經病之常；脅痛嘔泄，語笑重胕，暴注瞤瘛，流注禁止，病主之常。

凡十二變，報德以德，報化以化，報政以政，報令以令。氣高則高，氣下則下，氣後則後，氣前則前，氣中則中，氣外則外，位之常也。風勝則動，熱勝則腫，燥勝則乾，寒盛則浮，濕勝濡泄，甚則變病，水閉跗腫[三]，隨氣所在，以言其變。六氣之用，各歸不勝，而故爲化。太陰雨化，施於太陽；太陽寒化，施於少陰；少陰熱化，施於陽明；陽明燥化，施於厥陰；厥陰風化，施於太陰。各命所在，徵兆之耳。

【校記】

[一]“庚倉”，《素問·六元正紀大論》作“庚蒼”。
[二]“白”，原誤作“自”，今據《素問·六元正紀大論》改。
[三]“腫”，原誤作“踵”，今據珍本醫書集成本改。

司天勝復六診

（一首）

衝陽胃土足趺上，微則食減絕則喪（厥陰司天視診）。
尺澤在肘內廉文，金肺內絕火邪旺（少陰司天）。
太谿內踝後跟中，土來克水腎家恙（太陰司天）。
天府肺氣肘內側，腋下三寸火應相（少陽司天）。
太衝在足大指後，本節三寸屬肝藏（陽明司天）。

神門掌後鋭骨端[一]，心氣難與太陽亢。
經言六脈絶不治，聊爲歌式備遺忘（太陽司天）。

【校記】

[一]“門”，原誤作“明”，今據珍本醫書集成本改。

十二月七十二候

（一首）

立卻春來春氣動，一夜東風能解凍。土底蟄蟲已振搖，水上跳魚相戲泳。
自從交得雨水後，獺也祭天貪應候。忽聞鴻雁音聲來，那知草木萌芽透？
驚蟄如箭去難留，開卻桃花未肯休。倉庚叫罷還重叫，催得胡鷹變作鳩。
春色平分纔一半，向時玄鳥重相見。三聲五聲天際雷，一閃二閃雲間電。
正芳菲裏清明候，忙殺梧桐枝上英。田鼠化鴽人不見，虹橋垂漢雨初晴。
洽數歷日早穀雨，浮萍上斷間洲渚。鳴鳩自拂其羽毛，戴勝降在何桑樹。
立夏那曾與物爭，知他螻蟈爲誰鳴。無端蚯蚓縱横出，有意王瓜取次生。
可憐小滿成虛度，閒尋苦菜曾榮處。靡草於村死欲枯，微暑一簾推不去。
芒種一番新換互，不謂螳螂遽如許。鳴鵙千聲及萬聲，反舌都盧無半語[一]。
夏至始知造化功，鹿頭角解養新茸。陰陰柳上鳴蜩日，細細田間半夏風。
小暑乍來渾未覺，溫風特特褰簾幙。屋壁纔容蟋蟀居，山崖已見蒼鷹學。
大暑雖炎猶自好，且看螢光流腐草。匀匀潤土散溽蒸，時時大雨蘇焦槁[二]。
大火西流又立秋，涼風且透曲房幽。一庭新露空如玉，幾個寒蟬聒樹頭。
一瞬中間處了暑，鷹啣鳥祭誰教汝？天地屬金始肅清，禾稼登場漸清楚。
無可奈何白露秋，大鴻小雁來南州。且教玄鳥都歸去[三]，教令諸禽各養羞。
自入秋分轉寂寞，許大雷聲也收卻。蟄戶如何敢不坯，水痕只見從今涸。
寒露人言晚節佳，鴻爲賓客也離家。雀投大水化一蛤，菊繞疏籬黄幾花。
休言霜降非天意，豺狼用獸班秋祭。草木皆黄落葉天，蟄蟲更不抬頭起。
誰著書來立冬信？水始成冰寒日進。地凍荒郊裂似龜，雉入大水潛爲蜃。
逡巡小雪年華暮，斷虹不見藏何處。天騰地降兩不交，閉塞如城如禁固。
入得大雪轉凄迷，鶡鴠嫌誰不肯啼[四]。虎初交後風生壑，荔挺出時霜滿蹊。
短日漸長冬至矣，蚓結黄泉都不起。漸漸林間角解麋，溫溫井底泉搖水。

去歲小寒今歲又，雁聲北鄉春去舊。鵲尋高處始來巢，雉入寒煙時一雊。
一年時盡大寒來，雞始乳兮如乳孩。鷙心厲疾飛還勁，澤腹彌堅凍不開。
五朝一候如鱗次，二歲從頭七十二。達人觀此發天機，多少乾坤無限事。

【校記】

[一]“都盧”，珍本醫書集成本作“盧都”。
[二]“焦槁”，原誤作“集稿”，今據珍本醫書集成本改。
[三]“都”，原誤作“親”，今據珍本醫書集成本改。
[四]“鳴”，原誤作“睢”，今據珍本醫書集成本改。

醫經小學卷之六終

後　記

《陝西古代文獻集成》是陝西省自建國以來實施的最大的古籍整理項目。這一課題的任務是，將歷史遺留下來，而又没有經今人整理過（或雖經今人整理，但是整理本有較多問題），並且具有很高歷史和文化價值的典籍，做成供中等文化程度以上讀者可以閱讀的整理本。工程浩大，任務繁重，時間緊迫，要求很高，需要課題組織者和參與者付出很大努力。將這項世紀工程做好，不僅爲當代，而且可以爲後世貢獻一份珍貴的精神遺產。

中國歷史上凡是經濟繁榮、富庶安泰的時代，執政者往往會在文化建設方面投入較多的精力和財力。宋初的四部大書《太平御覽》《太平廣記》《文苑英華》《册府元龜》，明初的《永樂大典》，清代康熙乾隆年間的《古今圖書集成》和《四庫全書》等，無不基于這種背景，這就是所謂“盛世修書”的傳統。

改革開放以來，陝西省在全國經濟發展方面長期居於中游甚至偏下，上一輩學者欲整理陝西古代文獻者不乏其人，但都因所需鉅資無法籌措而望洋興嘆。國家實施西部大開發的戰略以來，在國家扶持和陝西人民的努力之下，陝西經濟有了快速提升。陝西乃中華民族的發祥地，古長安又是十三朝古都，憑此地緣優勢，陝西省人民政府不失時機地提出了要將陝西省建設成中國的文化大省和文化强省的戰略目標。近年來陝西省在文化遺址的修復和文物保護方面，採取了大力度的措施，恢復和整修了相當多的文物古跡，例如目前已列入《世界遺產名録》的漢長安城未央宫遺址、漢城湖公園以及漢昆明池遺址公園、唐長安城大明宫遺址、唐芙蓉園、曲江遺址公園等；文物的修護保護也取得很大成就，秦始皇陵兵馬俑的彩繪保護、古代紙質文獻的修復保護等，這些成就舉世矚目。但是這些成果，主要是從空間上展現文物和遺址的形貌，而這些文化遺產内在的精神支撑，也就是其產生的時代與背景、存在與湮毁等豐富的文化信息，更須依靠文獻的記述。正如本課題主持人所説："歷史上的文明，文物只是一端，而文獻則構成另外一端。無文物則不睹其容，無文獻則不知其故。文物爲體，文獻爲神，著此一睛，則飛龍在天。"更何况有些精神遺產是地面文物所無法負載的。例如，宋代以後，理學成爲中國官方的主要意識形態，而陝西關中理學即關學是其重要的組成部分。關學的代表人物張載、蕭𣂏、馬理、吕柟、馮從吾、康乃心、李顒、李因篤和王心敬等人的著作，不僅是陝西省的珍貴文化遺產，也是中華民族的精神財富。張載的"爲天地立心，爲生民立命，爲往聖繼絶學，爲萬世開太平"的豪言壯語，成爲世世代代立志爲國捐軀的有志之士的座右銘。而這些遺產，也到了搶救的時刻了。

陝西堪稱中國古代文獻的淵藪。產生於這塊土地上的古代經典文獻有《周易》《周禮》《史記》《漢書》等，《詩經》和《尚書》中亦有相當篇目與這一地域有關，而歷代這裏出現的文獻瑰寶，更是不勝枚舉。

有鑑於此，我們認爲編纂一套能比較全面反映陝西省古代文化輝煌成就的大型叢書時機已經成熟，並且刻不容緩。2011年初，我們向陝西省政府提出建議：抓住當前有利時機，傾省内外可以利用的學術資源，盡速啟動，用十年左右時間編纂一套全面反映陝西古代文獻成就的大型叢書《陝西古代文獻集成》。

陝西省人民政府主要領導迅速做出批示："對我省歷史上形成的，目前又没有被整理出版的典籍，應下力氣投入，以傳承歷史文化和文明。"

項目組經過審慎的摸底調查，决定精選出三百種左右的典籍進行整理，在"十二五"和"十三五"期間各完成一百五十種左右，約需投入兩千萬元左右。經過以著名古籍整理專家周天游教授爲主任的陝西省古籍整理出版工作領導小組專家委員會的數次開會研究論證，認爲方案切實可行，上報省政府。陝西省發展和改革委員會、陝西省財政廳對這項工作非常重視，决定撥出專項資金予以支援，並立項爲陝西省"十二五"古籍整理重大項目。

其后，課題組精心落實了課題的實施。

一、成立《陝西古代文獻集成》編輯修纂工作班子。一是編修委員會，由陝西省省長任主任，中共陝西省委宣傳部部長和主管文化的副省長任副主任，各相關主要單位的領導任成員；二是成立專家委員會，由陝西省古籍整理出版工作領導小組（簡稱"省古籍整理領導小組"）專家委員會代行職責；三是成立編纂委員會，設在項目直接承擔單位西北大學，負責項目的編纂實施工作。由一批在國内享有盛譽的專家擔任顧問，另由一批以陝西省内爲主的年富力强的古代文獻學者擔任委員會成員。編纂委員會確定了一期工程的具體進展計劃，並且提出，這一項目在省古籍整理領導小組統一領導下實施開展，省古籍整理出版辦公室負責項目的總體協調和日常行政事務工作，督促檢查項目的進展情況和經費使用情況。西北大學爲項目的第一承擔單位，負責項目的具體組織和實施。爲落實這些要求，省古籍整理領導小組於2012年9月下發文件，通知了各相關單位。

西北大學還在項目主持人賈三强教授所在的文學院成立了重大項目管理辦公室，從辦公場所、人員配備方面提供了必要條件，使項目順利啟動。

二、確定子課題。按照省政府文件精神，課題組決定先整理一批没有經過近人整理，或雖有近人整理本，但整理本存在較多問題的典籍。爲了有利於今人閱讀，以便使這些文化資源成爲今天的經濟建設、文化建設、社會建設和環境建設的有用信息，我們決定不採用國内有些省市採取的古籍影印的方式，而是採用古籍點校本，並用繁體字横排本的形式，這樣既尊重了古代文獻的原有形式，又便於今人閱讀。既然確定爲目前只做尚未有今人整理本的陝西古代典籍，課題組經過反復研究論證，確定下來300多個子課題，依傳統古籍分類法，分成經、史、子、集四部。按前後兩期實施，“十二五”期間先行完成150多個子課題。在這些子課題的確定中，專家委員會意見得到了極大的重視。

三、開展項目的招標工作。根據專家委員會的建議，對於子課題的承擔，我們決定採用招標制和委託制結合的辦法，以招標制爲主，無人投標或投標者明顯不合要求者，再採用委託專家承擔的方法。省古籍整理領導小組在2012年9月下發文件，公開向省内徵集一期工程151個子課題的承擔者。以省内高校和科研單位爲主，學者踴躍申報，經編纂委員會初審，决定將74位學者申報的117項子課題交付專家委員會審查。2013年1月，專家委員會審定107項子課題合格。入選者絶大多數是近年來從事文獻研究已有成就的中青年學者，有一部分已對所申報的子課題有了相當深入的研究。對於無人申報或申報者不合要求的課題，還有專業性太强如中醫藥方面的子課題，我們採取了委託具有高水準的相關專家承擔的方式。因此，所有150余子課題都已先后確定了整理者。

四、多次召開相關會議，進行學術交流，互促互進，並及時解决實際問題。在項目規劃時，我們就提出了課題進行中，每年召開一次學術研討會、一次行政事務會的設想。前者主要交流課題研究中的學術問題，後者主要針對項目進行中出現的各種事務性問題，及時加以解决。2013年3月，東亞漢學研究學會（秘書處設日本長崎大學）、西北大學文學院和陝西省社會科學院古籍研究所聯合舉辦，西北大學文學院承辦了“陝西地方文獻國際學術研討會”。與會專家學者50余人，分别來自日本、中國大陸和臺灣地區，共提交論文41篇。論文專業性强，水準高，圍繞陝西古籍整理、古代文獻編年、宗教文獻的文學闡釋、陝西地方方言、域外漢學的開拓與發展等學術問題，進行了深入的交流。會議期間，舉行了“陝西古代文獻”課題開題報告會。與會專家一致認爲項目具有重大文化意義，並且對項目的各方面問題提出了許多好的意見和建議。對於這次會議，《中國社會科學報》2013年3月4日曾專發消息《“陝西古代文獻集成”項目啟動》予以報導。會議論文由東亞漢學研究學會會刊《東亞漢學研究》出版特别號《“陝西地方文獻國際學術研討會”論文集》。

2014年6月，西北大學文學院和陝西省社會科學院古籍研究所舉辦了“第二屆陝西地方文獻學術研討會”，會議的參加者全部是項目的承擔者，各位學者專家對自己承擔課題中的學術問題做了歸納研究，發表的論文有很强的現實針對性。對于項目的深入開展和將項目做成高品質的學術成果，這可謂是高調的集結號。會議論文集由商務印書館出版。

行政事務會議也力争開成辦實事、解决實際問題、不務空談的交流會。雖然我們已給各位課題承擔者發了《工作手册》，專門規定了體例，但是在實際操作中，仍然出現了一些問題。于是2013年10月召開的行政事務會議，專就體例不一展開了研討。集思廣益，將各位專家學者的意見建議分門别類做了梳理，又重新修訂了《工作手册》，大家反映良好。

根據實際需要，從事編修編纂的單位建立了暢通的管道，問題一發生，就做出快速反應，及時溝通，及時解决。2015年年末，省政府主管文化的副省長過問了項目的進展，明確表示，這個項目是省上親自抓的重大文化項目，也是建國以來投資最多的軟文化工程，受到省委省政府主要領導的關注，必須抓緊、抓好。爲此，陝西省社會科學院、陝西省古籍整理辦公室、陝西省古籍整理專家委員會、西北大學四家單位的領導和項目主持人開會，對當前面臨的問題一一過濾，採取相應對策。如稿件完成後的審閲、成書的分集等具體問題均有涉及，並且有了明確的應對之策。

五、利用電子信息時代的優勢，建立隨時應答的動態管理模式。項目日常的工作人員主要由在校博碩士生等組成。他們利用年輕上進、精通電子信息技術的優勢，提出了很多很好的建議。例如建立了全員電子通信網，隨時隨地可與各位項目承擔者進行聯繫，實現無紙交流、無紙辦公，並且建立了聯絡群，可以隨時發佈各種信息，對各種問題進行及時應答。具有普遍性的問題，還可由專門或專業人士進行解答。

與此同時，我們建設了“陝西古代文獻集成”信息終端，硬件軟件已經採購到位，待安裝調試成功後，計劃將一些共用的資源録入，逐步建成課題組的大資料庫、大信息庫。這個終端的建成，必將爲課題的開展起到重要的促進作用。

陝西省古籍整理辦公室從項目的選題到項目的立項，從經費的管理到經費的監督，從督促項目的進展到聯絡出版、印刷等事宜，認真負責落實，先後召開了五次專家委員會會議、五次項目進展情況督促檢查會、六次專項出版印刷會，下發正式文件三次，認真組織實施，積極協調各方相關單位，使項目有序推進，對于項目按時間、保質量地完成，起到了重要的作用。

陝西人民出版社承擔項目的出版工作。從社領導到編輯均表現出了極强的責任心和專業素質，在此表示誠摯的謝意。

賈三强

丁酉年春日